RĪGA
Seiten 138–161

WEST-LETTLAND
Seiten 162–181

VILNIUS
Seiten 216–247

OST-LETTLAND
Seiten 182–199

VIS à VIS

BALTIKUM

ESTLAND, LETTLAND & LITAUEN

DK
DORLING KINDERSLEY
www.dk.com

EIN DORLING KINDERSLEY BUCH

www.travel.dk.com

PRODUKTION
Dorling Kindersley India, Delhi
MANAGING EDITOR Aruna Ghose

TEXTE
Howard Jarvis, John Oates, Tim Ochser, Neil Taylor

FOTOGRAFIEN
Demetrio Carrasco, Nigel Hicks, Linda Whitman

ILLUSTRATIONEN
Chinglemba Chingtham, Sanjeev Kumar, Surat Kumar Mantoo, Arun Pottirayil, Suman Saha, Gautam Trivedi, Mark Warner, Chapel Design & Marketing Ltd

KARTOGRAFIE
Uma Bhattacharya, Mohammad Hassan, Jasneet Kaur

REDAKTION UND GESTALTUNG
Dorling Kindersley Delhi: Sunita Gahir, Priyanka Thakur, Alka Thakur, Rajnish Kashyap, Jyoti Kumari, Ipshita Nandi, Namrata Adhwaryu, Anchal Kaushal, Vinod Harish, Azeem Siddiqui

•

Titel der englischen Originalausgabe:
Eyewitness Travel Guide *Estonia, Latvia & Lithuania*
Zuerst erschienen 2009 in Großbritannien
bei Dorling Kindersley Ltd., London
A Penguin Company

•

Für die deutsche Ausgabe:

Aktualisierte Neuauflage 2009/2010

PROGRAMMLEITUNG Dr. Jörg Theilacker, Dorling Kindersley Verlag
PROJEKTLEITUNG Stefanie Franz, Dorling Kindersley Verlag
ÜBERSETZUNG Dr. Benjamin Schwarz, Berlin
REDAKTION Matthias Liesendahl, Berlin
SCHLUSSREDAKTION Peter Botzler, München
SATZ UND PRODUKTION Dorling Kindersley Verlag
LITHOGRAFIE Colourscan, Singapur
DRUCK L. Rex Printing Co. Ltd., China

ISBN 978-3-8310-1326-5
1 2 3 4 5 6 12 11 10 09

Dieser Reiseführer wird regelmäßig aktualisiert. Angaben wie Telefonnummern, Öffnungszeiten, Adressen, Preise und Fahrpläne können sich jedoch ändern. Der Verlag kann für fehlerhafte oder veraltete Angaben nicht haftbar gemacht werden. Für Hinweise, Verbesserungsvorschläge und Korrekturen ist der Verlag dankbar. Bitte richten Sie Ihr Schreiben an:

Dorling Kindersley Verlag GmbH
Redaktion Reiseführer
Arnulfstraße 124 • 80636 München

◁ Über den Dächern von Rīga *(siehe S. 138–161)*
◁◁ Umschlag: Inselfestung Trakai *(siehe S. 252f)* in Litauen

INHALT

Türklopfer am Historischen Museum in Tallinn *(siehe S. 61)*

Orthodoxe St.-Nikolaus-Kathedrale in Karosta bei Liepāja, Lettland

Statue König Gustavs II. Adolf von Schweden in Tartu, Estland

Die malerische Inselfestung Trakai (*siehe S. 252f*) in Litauen

Bernsteinschmuck findet man in Souvenirläden im ganzen Baltikum

Die klassizistische Kathedrale im litauischen Vilnius (*siehe S. 224f*)

Benutzerhinweise

Dieser Reiseführer mit seinen vielen Informationen und Empfehlungen soll Ihren Besuch in den baltischen Staaten zu einem Erlebnis machen. *Das Baltikum stellt sich vor* beleuchtet den historischen und kulturellen Kontext der drei Staaten. Jedem Land ist ein eigenes Kapitel gewidmet, das ein Porträt, einen Abriss seiner Geschichte sowie Beschreibungen seiner Sehenswürdigkeiten umfasst. Informationen zu Hotels, Restaurants, Shopping, Unterhaltung und Sport finden Sie im Kapitel *Zu Gast im Baltikum*. Die *Grundinformationen* bieten praktische Infos u.a. zu ärztlicher Hilfe, den Landeswährungen und öffentlichen Verkehrsmitteln.

Das Baltikum auf der Karte

Die Übersichtskarte zeigt die Lage der baltischen Staaten zu ihren Nachbarländern. In diesem Reiseführer ist jeder dieser Staaten in drei Kapitel unterteilt, wie z.B. *Tallinn*, *West-Estland* und *Ost-Estland*. Den Kapiteln ist in allen Abschnitten des Buchs eine eindeutige Farbcodierung zugeordnet.

Eine Orientierungskarte zeigt die Lage der Staaten im gesamteuropäischen Kontext.

Die Regionen des Baltikums

Jeder Staat ist in drei Kapitel unterteilt. Eine Karte steht am Anfang des jeweiligen Abschnitts. Die Symbole werden auf der hinteren Umschlagklappe erklärt.

1 Einführung
Hier werden die Landschaft und der Charakter jeder Region sowie ihre Entwicklung in den letzten Jahrhunderten bis zur Gegenwart beschrieben.

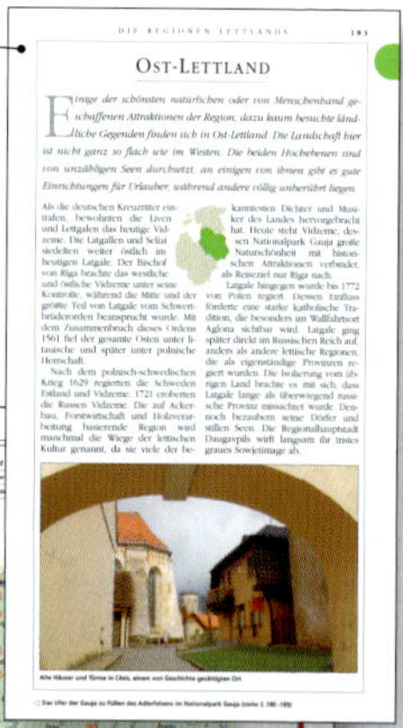

Sehenswürdigkeiten auf einen Blick listet die Attraktionen jedes Kapitels nach Kategorien wie Kirchen, Orten, Inseln oder Nationalparks auf.

2 Regionalkarte
Die Karte bietet einen topografischen Überblick über die ganze Region. Alle Sehenswürdigkeiten sind nummeriert. Man findet außerdem Tipps für die Erkundung des Gebiets mit Auto, Bus oder Bahn.

3 Detailkarte
Besonders interessante Stadtteile werden aus der Vogelperspektive dargestellt. Die Nummerierung der Sehenswürdigkeiten entspricht der auf der Regional- oder Zentrumskarte und findet sich auch auf den folgenden Seiten.

Die Routenempfehlung (rot gestrichelte Linie) führt Sie durch interessante Straßen.

Die **Nummern** beziehen sich auf die Lage der Sehenswürdigkeit auf der Zentrums- bzw. Regionalkarte.

Jede Region ist anhand der Farbcodierung (siehe vordere Umschlaginnenseiten) leicht zu finden.

Sterne bezeichnen Attraktionen, die Sie nicht versäumen sollten.

4 Detaillierte Informationen
Alle wichtigen Attraktionen einer Region werden ausführlich beschrieben. Die Reihenfolge entspricht der Nummerierung auf der Regionalkarte am Anfang des jeweiligen Abschnitts.

Die **Infobox** enthält alle Informationen, die man für einen Besuch benötigt.

Textkästen geben zusätzliche historische oder kulturelle Informationen zu Sehenswürdigkeiten.

Praktische Informationen enthalten Adressen, Öffnungszeiten und Telefonnummern von Sehenswürdigkeiten. Kartenverweise beziehen sich auf die Straßenkarte auf den hinteren Umschlaginnenseiten oder im Fall der drei Hauptstädte auf deren *Stadtpläne*.

5 Hauptsehenswürdigkeiten
Den Highlights des Baltikums werden zwei oder drei Seiten gewidmet. Historische Bauten werden in Aufrisszeichnungen dargestellt.

Sterne verweisen auf besonders wichtige Attraktionen, die Sie nicht versäumen sollten.

Das Baltikum stellt sich vor

Das Baltikum entdecken

Die drei Staaten Estland, Lettland und Litauen, die auch als baltische Staaten oder Baltikum bezeichnet werden, sind einander landschaftlich sehr ähnlich. Ihre Ostseeküsten verbinden sich gleichsam zu einem geschwungenen, scheinbar endlosen Strand, der sich von Litauen bis Estland erstreckt. An ihm liegen schöne Badeorte wie Palanga, Jūrmala und Pärnu. Estlands Inseln verkörpern die Vielfalt in der Natur des Baltikums, während der Südosten des Landes einige der bergigsten und malerischsten Teile der gesamten Region enthält. In West-Lettland und Litauen findet man Urwälder und sanft hügelige Landschaften, die weiter östlich immer wilder werden. Die Hauptstädte haben viele historische Gemeinsamkeiten, sind aber dennoch ganz verschieden: Den Besucher erwarten mittelalterlicher Glanz im estländischen Tallinn, dekadenter Jugendstil im lettischen Rīga und elegantes Barock in litauischen Vilnius.

Herbstfärbung im Kadriorg-Park in Tallinn, Estland

Tallinn

- **Mittelalterliche Altstadt**
- **Exzellente Museen**
- **Lebendige Kunstszene**
- **Munteres Nachtleben**

Die Altstadt ist das Herz Tallinns und idealer Startpunkt für Besichtigungen. Der **Rathausplatz** *(siehe S. 58f)* ist das Zentrum der mittelalterlichen Stadtgeschichte. In seiner Nähe liegen die anderen Attraktionen der Altstadt. **Toompea** *(siehe S. 68f)* mit schönem Blick auf die Stadt ist Sitz der estnischen Regierung. Zu den kleinen, aber faszinierenden Museen zählt vor allem das **Stadtmuseum Tallinn** *(siehe S. 63)* mit seinem prägnanten Überblick über die Stadtgeschichte. Das **Estnische Freilichtmuseum** *(siehe S. 81)* bietet Einblicke in alte Lebensformen. In der schönen Umgebung des **Kadriorg-Parks** *(siehe S. 74–77)* findet man viele kleine Spezialmuseen sowie das eindrucksvolle **Kunstmuseum KUMU** *(siehe S. 76)*. Hinter dem Park ragt der beliebte **Fernsehturm** *(siehe S. 80)* auf.

Zwischen kulturellem Raffinement und jugendlichem Hedonismus hält Tallinn perfekt die Balance. Viele gute Restaurants, Cafés und Bars findet man in der Altstadt und in ihrer Nähe.

West-Estland

- **Unberührte Inseln**
- **Wunderbare Seebäder**
- **Hinreißende Naturparks**
- **Sowjetrelikte in Paldiski**

West-Estland ist reich an Naturschönheiten. Seine unberührten Inseln ermöglichen herrliche Autofahrten und Wanderungen. **Saaremaa** *(siehe S. 92–95)* ist die größte Insel. In ihrer Hauptstadt **Kuressaare** *(siehe S. 94)* steht die Bischofsburg. Die Insel **Kihnu** *(siehe S. 101)* ist einer der wenigen verbliebenen Orte mit traditionellen estnischen Lebensformen.

Pärnu *(siehe S. 98f)* ist ein adretter Kurort mit reizvoller Architektur und einem äußerst attraktiven langen Strand. Der Kurort **Haapsalu** *(siehe S. 88)* hat sich seit seiner Glanzzeit im 19. Jahrhundert wenig verändert.

Die Nationalparks **Soomaa** *(siehe S. 100f)* und **Matsalu** *(siehe S. 89)* sind sehenswerte Naturschutzgebiete mit überaus komplexen Ökosystemen. In ihrer Umgebung findet man einige historische Sehenswürdigkeiten.

Von der ehemaligen sowjetischen Marinebasis in **Paldiski** *(siehe S. 88)* an der Küste sind viele Reste aus dieser Geschichtsperiode erhalten.

Windmühlentaverne in Kuressaare, Insel Saaremaa, West-Estland

◁ **Prächtig bemalte Uhr an der Fassade der Heiliggeistkirche in der estnischen Hauptstadt Tallinn** ***(siehe S. 60)***

Ost-Estlands weitläufige Küstenlandschaft, zwischen deren Kiefern das Seebad Narva-Jõesuu versteckt liegt

Ost-Estland

- **Nationalpark Lahemaa**
- **Malerische Städte**
- **Religiöses Erbe**
- **Setu-Kultur**

Ost-Estland bietet viele Attraktionen. In dem schönen **Nationalpark Lahemaa** *(siehe S. 106ff)* findet man kleine Fischerdörfer und herrschaftliche Villen.

Faszinierende Industriegebiete wie die frühere sowjetische Stadt **Sillamäe** *(siehe S. 111)* liegen an der Küste, bevor man die alte russische Grenzstadt **Narva** *(siehe S. 112)* erreicht. Das Seebad **Narva-Jõesuu** *(siehe S. 112)* hat einen der schönsten Strände des Landes.

In dem Dorf **Kuremäe** *(siehe S. 112)* steht das pittoreske russisch-orthodoxe Kloster Pühtitsa. Der **Peipsi-See** *(siehe S. 123)* beherrscht Estlands Ostgrenze. An seinen stimmungsvollen Ufern lebt eine Gemeinde von Altgläubigen *(siehe S. 122)*.

Die pulsierende, so moderne wie historische Stadt **Tartu** *(siehe S. 114–117)* im Osten Estlands ist die intellektuelle Hauptstadt des Landes. In dieser landschaftlich schönen Region finden sich viele Dörfer und Städte, z. B. **Rõuge** *(siehe S. 120)* und **Viljandi** *(siehe S. 118)*, dazu zahllose historische Sehenswürdigkeiten. Im äußersten Südosten Estlands hält das einzigartige Volk der Setu *(siehe S. 120)* unbeirrbar an seiner alten Lebensform fest.

Rīga

- **Stimmungsvolle Altstadt**
- **Exzellente Restaurants**
- **Jugendstil-Architektur**
- **Vitale Kulturszene**

Rīgas bunte Altstadt birst vor Sehenswürdigkeiten, Läden, Museen, Cafés, Bars und Restaurants. Der großartige **Dom** *(siehe S. 142)* beherrscht den Domplatz. Eines der bekanntesten Wahrzeichen der Stadt ist die imposante **Petrikirche** *(siehe S. 149)*. Von den vielen Museen Rīgas ist das **Okkupationsmuseum** *(siehe S. 148)* eines der besten, das man nicht versäumen sollte. Das imposante **Freiheitsdenkmal** *(siehe S. 150)*, ein Symbol nationaler Identität Lettlands, markiert die Grenze zwischen Altstadt und Neustadt.

Jugendstil-Architektur *(siehe S. 152f)* findet man im gesamten Zentrum, am eindrucksvollsten in der Alberta iela. Das elegante Viertel **Mežaparks** *(siehe S. 156)* liegt nahe beim Zoo von Rīga und den ehrwürdigen **Friedhöfen** *(siehe S. 157)*.

Am **linken Daugava-Ufer** (siehe S. 155) findet man mehrere faszinierende Sehenswürdigkeiten, darunter den **Siegespark** *(siehe S. 155)* und das **Eisenbahnmuseum** *(siehe S. 155)*. Weiter außerhalb liegt das **Lettische Ethnografische Freilichtmuseum** *(siehe S. 159)*, das zu Rīgas schönsten Museen zählt.

Kopfsteinstraße mit historischen Gebäuden in Rīga, Lettland

Das westlettische Schloss Rundāle in seiner grünen Umgebung

West-Lettland

- **Seebäder von Jūrmala**
- **Reizvolle Städte**
- **Livländische Küste**
- **Erlesene Schlösser**

In West-Lettland liegen einige der wichtigsten Sehenswürdigkeiten des Baltikums. Das Seebad **Jūrmala** *(siehe S. 170f)* hat von Kiefernwald gesäumte Strände und dicht aneinandergedrängte Sommerhäuser, zum Teil im Jugendstil aus Holz, kleine Architekturwunder.

Ventspils *(siehe S. 176f)* ist ein Küstenort mit schön restaurierter Altstadt. **Liepāja** *(siehe S. 180f)* ist neben Rīga die wohl attraktivste Stadt Lettlands und für die lebhafte Musikszene berühmt. Die üppige Landschaft der Region ist mit vielen reizvollen Orten wie **Tukums** *(siehe S. 171)*, dem Weindorf **Sabile** *(siehe S. 178)* und **Kuldīga** *(siehe S. 179)* übersät.

Die landschaftlich schöne livländische Küste an der Rīgaer Bucht und der Ostsee ist von vielen hübschen alten Fischerdörfern gesäumt, ehe sie am **Kap Kolka** *(siehe S. 173)* endet. Kolka ist Teil des dicht bewaldeten Nationalparks Slītere, in dem die Liven *(siehe S. 172)* wohnen, das älteste indigene Volk Lettlands.

Das barocke **Schloss Rundāle** *(siehe S. 168f)* und das klassizistische **Schloss Mežotne** *(siehe S. 166)* sind nur einige der Sehenswürdigkeiten, die die glanzvolle Geschichte West-Lettlands belegen.

Ost-Lettland

- **Gauja-Nationalpark**
- **Unberührte Küste**
- **Seen ohne Ende**
- **Historisches Daugavpils**

Die atemberaubendste Landschaft Lettlands erlebt man im **Nationalpark Gauja** *(siehe S. 186–189)*, der das Gauja-Tal umfasst, ein bewaldetes Becken mit steilen Sandsteinrändern und jähen Kliffs. Die vermeintlich harmlosen Windungen der Gauja sind ideal für Kajak- und Kanufahrten. Der Park ist durch eine Reihe von interessanten Naturlehrpfaden gut erschlossen. **Sigulda** *(siehe S. 188)* ist ein vorzüglicher Ausgangspunkt für die Erkundung, aber auch die historische Stadt **Cēsis** *(siehe S. 188f)* am Ostrand des Parks bietet einen guten Zugang.

Mädchen in Tracht vor der Burg Cēsis in Ost-Lettland

Die Küste östlich von Rīga ist nicht ganz so beliebt wie Jūrmala, aber nicht weniger schön. Der reizvolle Kurort **Saulkrasti** *(siehe S. 192)* ist Mittelpunkt einer ganzen Reihe kleiner Küstendörfer, die hier die wundervoll unberührten Strände säumen.

Im Südosten Lettlands ist die historische Region **Latgale** *(siehe S. 198)* für ihre vielen Seen berühmt, die von den Einheimischen zum Fischen oder für ein erfrischendes Bad genutzt werden.

Die vorwiegend russischsprachige Stadt **Daugavpils** *(siehe S. 196f)* ist reich an architektonischen Schätzen und Plätzen von historischem Interesse.

Vilnius

- **Gut erhaltene Altstadt**
- **Barockarchitektur**
- **Herrliche Umgebung**
- **Ausgelassenes Nachtleben**

Die Altstadt von Vilnius ((Wilna) zählt zum UNESCO-Welterbe. Hier findet man die meisten Sehenswürdigkeiten, z. B. die labyrinthischen Höfe der **Universität** *(siehe S. 220–222)* und die Kasimir-Kapelle im Inneren der **Kathedrale** *(siehe S. 224f)*. Die Mauern katholischer Kirchen wie **St. Johannis** *(siehe S. 222)*, **St. Anna** *(siehe S. 228)* und **St. Theresa** *(siehe S. 234)* sowie das mystische **Tor der Morgenröte** *(siehe S. 235)* haben die Jahrhunderte überdauert.

Die für Vilnius typische Barockarchitektur unterscheidet es von jeder anderen Großstadt Europas. Die **Kirche Peter und Paul** *(siehe S. 242f)*, eines der schönsten Barockkleinode, liegt unweit der Altstadt.

Das Künstlerviertel **Užupis** *(siehe S. 240)* und der Blick von der Höhe des **Schlosses Verkiai** *(siehe S. 245)* lohnen

Vilnius' Kathedrale und Gediminas-Turm in abendlicher Beleuchtung

einen Tagesausflug. Das **Puškin-Museum** *(siehe S. 244)* und die **Holocaust-Gedenkstätte in Paneriai** *(siehe S. 244f)* am Stadtrand laden zum Nachdenken ein.

Neben seinem Nachtleben ist Vilnius für sein reiches Kulturleben berühmt. Es besitzt zwei Sinfonieorchester und veranstaltet mehrere wichtige Musikfestivals.

Zentral-Litauen

- **Inselfestung von Trakai**
- **Riesige Nationalparks**
- **Idyllische Kurorte**
- **Die Museen von Kaunas**

Ein ideales Ausflugsziel von Vilnius ist **Trakai** *(siehe S. 252f)* mit seiner Wasserburg inmitten eines Sees mit zahllosen Inseln. Neben der Burgbesichtigung und einem Bad im See kann man die dorftypischen Karäer-Gerichte probieren und die Stadt Trakai selbst besichtigen.

Eine grüne Landschaft und klare Seen prägen die Region. Der herrlich unberührte **Nationalpark Aukštaitija** *(siehe S. 266f)* mit seinem Netz aus Seen und Flüssen ist ein Eldorado für Kanuten. In den alten Wäldern des **Nationalparks Dzūkija** *(siehe S. 256)* finden sich einsame Dörfer mit reetgedeckten Hütten zwischen murmelnden Bächen.

Einer der besten Kurorte Litauens, **Druskininkai** *(siehe S. 255)*, liegt an einer Biegung der Memel (Nemunas), die riesige Kiefern säumen. Es ist für die Moorbäder und sein Mineralwasser berühmt. Im Kurort **Birštonas** *(siehe S. 257)* gibt es Birštonas Jazz, Lettlands ältestes Jazzfestival.

Kaunas *(siehe S. 258–261)* ist das Herz Zentral-Lettlands und eine der faszinierendsten Städte des Baltikums. Das reiche Angebot an Museen in der Stadt gibt Einblick in den Charakter des litauischen Volkes.

West-Litauen

- **Idylle: Nehrung und Haff**
- **Der ruhige Kurort Palanga**
- **Die Hafenstadt Klaipėda**
- **Žemaitija-Nationalpark**

West-Litauen ist recht weit von Vilnius entfernt und scheint relativ isoliert, besitzt aber dennoch viele reizvolle Orte. Hauptattraktion ist die einzigartige Küstenlandschaft, vor allem der Nationalpark **Kurische Nehrung** *(siehe S. 284f)*, ein schmaler Landstreifen aus hohen Dünen und Kiefernwäldern, der fast 100 Kilometer lang die Ostsee quert. Die Fischerdörfer und Yachthäfen, die auf das geschützte Kurische Haff blicken, tragen zur ungeheuren Schönheit der Gegend bei. Das Städtchen Nida und ein Sandstrand, der sich am Meer entlangzieht, bilden eine reizvolle Küstenszenerie. Im Gegensatz zu dieser friedlichen, von der UNESCO geschützten Landschaft platzt das Seebad **Palanga** *(siehe S. 282)* weiter nördlich im Sommer von Urlaub machenden Familien und spaßsüchtigen Jugendlichen aus allen Nähten. Aber Palanga lohnt einen Besuch wegen seiner Attraktionen wie des Bernsteinmuseums.

Die Hafenstadt **Klaipėda** (dt. Memel; *siehe S. 280f)* mit ihrer malerischen Altstadt hat sich ihren alten preußischen Charakter bewahrt. Beispiel für Feierlaune der Stadt ist das Meeresfest, das jedes Jahr Ende Juli Scharen von Besuchern anzieht.

Die Abgeschiedenheit der Region wird in und um den **Nationalpark Žemaitija** *(siehe S. 278f)* am deutlichsten. Einsame Dörfer und Gehöfte sind der Hintergrund mystischer katholisch-heidnischer Bilderwelten, wie sie in Wegkreuzen und Schreinen oder im **Orvydas-Garten** *(siehe S. 277)* zu sehen sind.

Einer der beliebten Strände nahe Palanga in West-Litauen

Das Baltikum auf der Karte

Die baltischen Staaten, Estland im Norden, Lettland in der Mitte und Litauen im Süden, liegen am südöstlichen Rand der Ostsee. Die Region grenzt im Osten an Russland und im Süden an Polen, Weißrussland und die russische Enklave Kaliningrad. Die drei Staaten nehmen zusammen eine Fläche von 175 000 Quadratkilometern ein. Lettland und Litauen sind ungefähr gleich groß, während Estland etwa um ein Drittel kleiner und im Vergleich zu den beiden anderen Ländern viel flacher ist. In den drei Hauptstädten – Tallinn, Rīga und Vilnius (Wilna) – lebt ein Viertel der sieben Millionen Bewohner der Region.

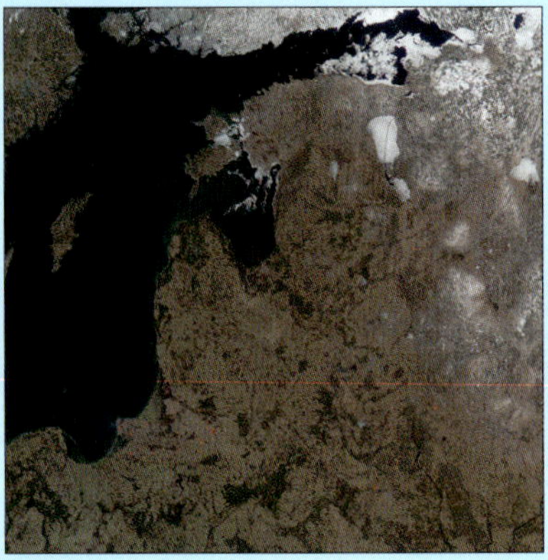

Satellitenfoto der baltischen Staaten

Luftaufnahme von Sillamäe, Estland

Architektur

Seit die Palisaden der baltischen Stämme im 13. und 14. Jahrhundert durch steinerne Burgen ersetzt wurden, haben ausländische Einflüsse die Architektur Estlands, Lettlands und Litauens bestimmt. Heute sind ihre Hauptstädte architektonische Schatzkammern: Tallinn mit mittelalterlichen Bauten, Vilnius mit italienischem Barock und Rīga mit Jugendstil-Architektur. In sowjetischer Zeit wurden billige Massenunterkünfte gebaut. Seit der Unabhängigkeit haben Privatinvestitionen zu ehrgeizigen neuen Projekten geführt.

Detail der reichen Backsteingotik des Perkūnas-Hauses in Kaunas

Romanik und Gotik

Die Romanik mit ihren schweren Gewölben, Rundbogen und dezenten Verzierungen, die von Deutschen nach Tallinn und Rīga gebracht wurde, lebte nur kurz in der Region. Die gotischen Rippengewölbe, Spitzbögen und Schmuckfassaden waren beliebter. Tallinn besitzt die schönsten Beispiele, während in Rīga bei der Stadterneuerung im 19. Jahrhundert viele Zeugnisse zerstört wurden.

Das Estnische Historische Museum *in Tallinn wurde für die Große Gilde deutscher Kaufleute errichtet. Der Bau vom Beginn des 15. Jahrhunderts hat eine strenge gotische Fassade und Gewölbesäle.*

St. Anna, *Vilnius' berühmtestes gotisches Bauwerk, wurde aus 33 Arten roter Ziegeln erbaut. Napoléon war so beeindruckt, dass er sagte, am liebsten würde er die Kirche nach Paris mitnehmen.*

Die Burg Kuressaare *(Arensburg) auf der Insel Saaremaa ist die einzige intakte gotische Burg im Baltikum. Sie ist aus heimischem Dolomit erbaut.*

Renaissance und Barock

Die Wiedergeburt der Antike im 15. und 16. Jahrhundert, die in die Architektur Ebenmaß und den Zentralbau einführte, fand in Litauen kaum ein Echo. In Lettland und Estland dagegen führte sie zum Bau neuer Fassaden für existierende Gebäude. Der gewagte Barockstil des 17. und 18. Jahrhunderts, den die katholische Kirche förderte, fand dagegen im religiösen Klima von Vilnius Gefallen.

Kloster Pažaislis *in Kaunas ist eines der berühmtesten Barockdenkmäler Osteuropas. Die im 17. Jahrhundert von italienischen Architekten erbaute Klosterkirche hat eine Doppelturmfassade, hinter der sich eine 52 Meter hohe Kuppel erhebt. Das Innere ist überreich mit Marmor ausgekleidet.*

Das Schwarzhäupterhaus *in Tallinn gehörte der Kaufmanns-Bruderschaft der Schwarzhäupter. Das Haus des 14. Jahrhunderts wurde 1597 im Renaissancestil erneuert. Die Innenräume wurden 1908 neoklassizistisch umgestaltet.*

Klassizismus und Historismus

Der Klassizismus gelangte erst in den 1780er Jahren ins Baltikum. Vor allem in Tartu machte sich sein Einfluss bemerkbar. Einige der schönsten Herrenhäuser Estlands sind klassizistisch. Die meisten Beispiele findet man heute in Tallinn, oft als Fassaden an älteren Gebäuden. Auch einige lettische und litauische Schlösser zeigen diesen Stil. Um 1820 wurde der Historismus beliebt, der Anregungen aus verschiedenen Stilen bezog, darunter aus der Gotik, der Renaissance und dem Neobarock.

Das Rathaus in Tartu *ist ein eleganter klassizistischer Bau, der im 18. Jahrhundert von J. H. B. Walter als Palais für die Familie Pistohlkors errichtet wurde.*

Kaunas' Rathaus, *das auch »Weißer Schwan« genannt wird, wurde 1870 neoklassizistisch umgestaltet. Es zeigt barocke Anklänge, am sichtbarsten an seinem 53 Meter hohen, gestaffelten Turm.*

Das Lettische Nationaltheater *in Rīga ist in prächtigem Neobarock erbaut. Es wurde 1902 von Augusts Reinbergs, der von der Ästhetik des Historismus beeinflusst war, vollendet.*

Jugendstil, Modernismus und Gegenwart

Ende des 19. Jahrhunderts kam der Jugendstil nach Rīga. Nach dem Ersten Weltkrieg wurde der frühere Prunk verworfen. Der Modernismus wurde durch den strengen Funktionalismus der Sowjets abgelöst. Seit der Unabhängigkeit wurde in den Hauptstädten neu gebaut, aber nicht immer im Einklang mit der bestehenden Architektur.

Der Europa-Tower *in Vilnius und andere Wolkenkratzer in den baltischen Hauptstädten stehen für die Rückkehr privater Investoren.*

Die Alberta iela 13 *in Rīga zeigt einen eklektischen Jugendstil, in dem sich klassische und symbolistische Motive mit neobarocken Stilmerkmalen mischen.*

Die Nationalbibliothek *in Tallinn ist einer der architektonischen Triumphe der späten Sowjetzeit. Der Este Raine Karp erbaute die Bibliothek aus heimischem Dolomit.*

Flora und Fauna

Die drei baltischen Länder sind dicht von Kiefern-, Tannen- und Birkenwäldern bewachsen und überwiegend flach, sieht man von hügeligen Regionen wie der Vidzeme-Hochebene in Lettland ab. Höchster Punkt der Region ist der estnische Suur Munamägi mit 318 Metern. Das Baltikum ist für seine herrliche Küste sowie die zahllosen Seen und Flüsse berühmt. Die ausgedehnten Marschen umfassen neben weiten Wäldern die Habitate einer reichen Flora und Fauna. Außerdem liegen die drei Länder auf der Route großer Zugvogelwanderungen, was sie bei Ornithologen aus aller Welt beliebt macht. Die Landschaften sind noch immer weithin von Torfmooren, Feuchtgebieten und Seen bedeckt.

Erratische Findlinge, *die teilweise sehr groß sind, liegen an der Küste der estnischen Halbinsel Käsmu* (siehe S. 110). *Sie wurden während der letzten Eiszeit von Gletschern hierher transportiert.*

Wald

Etwa 40 Prozent der gesamten Fläche Estlands, Lettlands und Litauens sind mit Kiefern, Tannen und Birken bewaldet. Hinzu kommen Eichen, Eschen, Ulmen und Ahorne. In den vorchristlichen Religionen dieser Länder wurden Bäume als heilig verehrt.

Marschen

Die riesigen Feuchtgebiete der Region sind ideale Habitate für Zugvögel sowie für Pflanzen wie Moosbeeren und Orchideen. In Estland sind Hochmoore, in denen sich dicke Torfschichten abgelagert haben, weit verbreitet. Viele sind durch Nationalparks geschützt.

Fauna

Im Baltikum sind große Säugetiere wie Luchs, Elch, Hirsch, Wolf und Braunbär zu Hause. Da es an wichtigen Zugvogelrouten liegt, findet man hier Arten wie Weißstörche, Kraniche, Rauchschwalben und Moorhühner. In den Flüssen und Seen wimmelt es von Barschen, Forellen und Karpfen.

Bienen *sind hier sehr geschätzt. Die Bienenzucht ist eine wichtige Industrie und gehört zum kulturellen Erbe des Baltikums.*

Weißstörche *sind Wahrzeichen der Region. Oft nisten sie auf Schornsteinen und Telegrafenmasten. Schwarzstörche sind ein relativ seltener Anblick.*

Wölfe *leben in den Wäldern der Region, vor allem in Litauen. Doch sie sind selten, da die Jagd die Zahl dieser Raubtiere hat dramatisch schwinden lassen.*

Flora

Die riesigen Wälder und Marschen des Baltikums bilden die Heimat vieler Pflanzenarten. Viele essbare Pilze und Beeren gedeihen hier. Nahe dem Engure-See in Lettland gibt es einen Orchideen-Lehrpfad. Klappertöpfe und Stranddisteln wachsen in Saaremaa und an der Kurischen Nehrung.

Arktische Flechten *sind eine Pilzart, die im Naturschutzgebiet Hiiumaa gedeiht. Sie wachsen in zwei Schichten mit einer Schicht Algen dazwischen.*

Pilze *sind meist Holzzersetzer oder Parasiten. Da die Urwälder abnehmen, werden die erstgenannten Arten immer seltener.*

Orchideen *wachsen in Mooren und Wäldern. Die hiesigen zählen zu den vom Aussterben bedrohten nordeuropäischen Arten.*

Beeren *wie Moosbeeren werden gegessen und zu Wein verarbeitet.*

Seen und Flüsse

Die Region ist reich an Seen, der Peipsi-See in Estland ist der größte. Auch viele kurze Flüsse gibt es hier. Der geringe Salzgehalt der Ostsee begrenzt die Zahl der Pflanzen- und Tierarten, die sie ernähren kann. Daher gehören hier die meisten zu Süßwasserarten.

Küste

Estlands lang gestreckte Küste umfasst einen Teil des Baltischen Glints, eines langen Steilabbruchs, der sich von Schweden bis Russland erstreckt. Faszinierend ist auch die Kurische Nehrung, eine lange Landzunge in Litauen, die bis nach Kaliningrad reicht.

Die Rauchschwalbe, *Estlands Nationalvogel, baut ihr Nest oft in menschlichen Behausungen.*

Ringelrobben *sind geschützt und vor Saaremaa und anderen estnischen Inseln zu beobachten.*

Braunbären *sind Allesfresser, die man in den Wäldern Estlands und Lettlands finden kann, allerdings meist nur mit Hilfe eines erfahrenen Führers.*

Der Elch *ist eine meist in Wäldern und Marschen lebende Tierart. Im Baltikum ist sein Fleisch oft auf Speisekarten zu finden.*

Religionen

Das Baltikum wurde Ende des 14. Jahrhunderts offiziell christlich, aber nichtchristliche Religionen überdauerten und vermischten sich mit dem neuen Glauben. Im 16. Jahrhundert hielt kurz die Reformation Einzug. Litauen kehrte bald zum Katholizismus zurück. Es ist heute das einzige baltische Land, in dem diese Religion Bedeutung hat, in Estland und Lettland hatte sie nach der Unabhängigkeit 1991 nur vorübergehend Zulauf. Viele der baltischen Russen gehören der russisch-orthodoxen Kirche an. Juden und Muslime sind im heutigen Baltikum religiöse Minderheiten.

Blick auf die russisch-orthodoxe Kathedrale im lettischen Rīga

Priester bei einem Romuva-Ritual, einer beliebten Volksreligion

Alte Religionen

Das Christentum kam spät ins Baltikum, wo das Großfürstentum Litauen bis 1387 Widerstand leistete. Ein Jahr zuvor war Großfürst Jogaila getauft worden. Wie die vorchristlichen Religionen aussahen, kann nur aus erhaltenen Traditionen und Volksliedern erschlossen werden. Der Animismus herrschte vor. Vor allem Bäume hatten große Bedeutung, an die in heiligen Hainen Gebete gerichtet wurden.

Schamanen kommunizierten mit Göttern, eine Priesterkaste gab es nicht. Letten und Litauer hatten als Götter: Dievs (Himmelsgott), Saule (Sonne), Pērkons/Perkūnas (Donner), Velns (»Teufel«), Mēness (Mond) und Laima (Schicksal). Esten und Liven *(siehe S. 172)* verehrten Taara (Krieg), Uku (Blitz und Donner), Vanetooni (die Toten), Maaema (Erde), Ahti (Wasser) und Vanejumi (Fruchtbarkeit). Aber diese verschiedenen Götter können auch Seiten einer einzigen Gottheit darstellen. Anklänge dieser Religionen sind in einer Reihe christlicher Feiern noch heute spürbar.

Nach 1917 wurden alte Traditionen wiederbelebt, z. B. durch Gemeinschaften wie Dievturība in Lettland, die auch nach dem Ende der sowjetischen Herrschaft wieder Zulauf fand. In Litauen hat die Romuva-Bewegung seit 1992 erneut eine größere Gefolgschaft.

Orthodoxe Kirchen

Orthodoxe Missionare kamen bereits im 10. Jahrhundert in die Region, hatten aber wenig Erfolg. Die Orthodoxie wurde vom Katholizismus weitgehend verdrängt. Das änderte sich erst unter russischer Herrschaft im 19. Jahrhundert, als viele orthodoxe Kirchen gebaut wurden.

Heute sind fast alle orthodoxen Gläubigen in der Region Russen. Ihre Kirchen sind für den Ikonenreichtum bekannt – Bildnisse Christi, Mariä und verschiedener Heiliger, die oft reihenweise an einer Wand zu sehen sind, die Ikonostasis genannt wird. In der Region findet man auch kleine Gemeinden von Altgläubigen *(siehe S. 122)*, die sich 1652 aus Protest gegen Reformen des Patriarchen Nikon von der orthodoxen Kirche getrennt hatten. Er hatte, religiös und politisch motiviert, den russisch-orthodoxen Ritus mit dem griechischen zu versöh-

Gläubige in der Alexander-Newski-Kathedrale in Tallinn

nen versucht. Die Altgläubigen suchten die Reinheit ihres Glaubens zu erhalten, aber das Ergebnis waren *raskol,* russisch für Schisma, und die Verfolgung der *raskolniki* (Altgläubigen). Viele flohen aus Russland.

Heute findet man die Hauptgemeinden im Baltikum rund um den Peipsi-See *(siehe S. 123)* in Estland und in der Region Latgale in Lettland. Sie schlagen nicht wie die Orthodoxen das Kreuz mit drei, sondern mit zwei Fingern, ihr Glaubensbekenntnis lautet etwas anders, sie sehen das Scheren von Bärten als Sünde an und beschränken das Tabakrauchen. Ihre Mitglieder tragen oft die traditionellen langen russischen Hemden.

Holzkirche der Altgläubigen nahe dem Peipsi-See

Katholizismus

Mit einem Kreuzzug gegen die nordischen Völker wurde der Region 1198 durch Papst Innozenz III. der Katholizismus aufgezwungen. Die heutigen Länder Estland und Lettland wurden als erste bekehrt, Litauen wehrte sich bis 1387.

Die neue Religion war den Menschen der Region fremd, hinzu kam der Gebrauch des Lateinischen im Gottesdienst. Seinen stärksten Halt fand der Katholizismus aufgrund Polens Einfluss in Ost-Lettland und Litauen. Diese Fundamente wurden durch die Gegenreformation verstärkt, die Reaktion der katholischen Kirche auf die Bedrohung durch das Luthertum. Der Jesuitenorden baute Schulen, förderte die heimische Sprache und stellte die Bedeutung der Muttergottes heraus, um Gläubige zurückzugewinnen. Heute ist Litauen das einzige Land im Baltikum, in dem diese Religion wesentlicher Teil der nationalen Identität ist.

Katholische Heiliggeistkirche in Vilnius, Litauen

Protestantismus

Die Reformation fasste in Estland und West-Lettland rasch Fuß. Die Thesen des Luthertums, etwa die Idee, dass man der Gnade Gottes allein durch den Glauben und nicht durch Taten teilhaftig werde, fanden großen Anklang. Sie tauchten zuerst um 1520 in städtischen Zentren Estlands auf. Anfangs widerstanden die Landbesitzer dem Protestantismus, aber bald erkannten sie in ihm einen Weg, sich dem Einfluss des Papstes zu entziehen. Die Bauern hatten sich ohnehin dem Glauben ihrer Grundherren anzuschließen. Der neue Glaube wurde zudem durch die schwedische Herrschaft im 17. Jahrhundert gefördert, unter der die Gottesdienste vermehrt in der jeweiligen Landessprache gehalten wurden. Die erste Bibel auf Lettisch publizierte 1689 der lutherische Theologe Ernst Glück (1654–1705).

Nach der Unabhängigkeit vom Sowjetregime, unter dem viele Kirchen zweckentfremdet worden waren, gab es ein kurzes Wiederaufleben religiöser Aktivitäten. Doch das ist in den letzten Jahren wieder abgeflaut. Obwohl Estland und Lettland noch immer offiziell lutherisch sind, gibt es heute in Lettland etwas mehr Katholiken als Lutheraner.

Lutherische Marienkirche in Otepää

Künstler und Sportler

Die fortwährende kulturelle Beherrschung durch andere Nationen erklärt, warum nur wenige Balten international bekannt wurden. Erst mit dem nationalen Erwachen im 19. Jahrhundert wurde man sich eigenständiger baltischer Kulturen bewusst. Der kurzzeitigen Unabhängigkeit der baltischen Republiken folgte die restriktive Sowjetzeit, weshalb die meisten Berühmtheiten der Region entweder russischer Herkunft waren oder außerhalb ihrer Heimatländer lebten. Seit der Unabhängigkeit 1991 stehen der Entwicklung der Künste geringe staatliche Fördermittel und das geringe Einkommen der Bevölkerung entgegen.

Ein Werk des Malers Michael Sittow aus Tallinn (15. Jh.)

Bildende Künste

Estlands bekanntester Maler ist Eduard Wiiralt (1898–1954). International bekannt wurden die Trickfilmzeichner Elbert Tuganov (1920–2007) und Priit Pärn (geb. 1946). In Lettland wird der Maler Janis Rozentāls (1866–1916) sehr verehrt, im Ausland berühmter aber ist Mark Rothko *(siehe S. 196)*. Aus Litauen stammen einige berühmte Fotografen, darunter Antanas Sutkus (geb. 1939).

Sergej Eisenstein *(1898–1948), einer der größten Filmregisseure und -theoretiker, wurde in Rīga geboren. Seine revolutionäre Schnitttechnik ist besonders gut in seinen frühen marxistischen Filmen wie* Streik! *(1924) und* Panzerkreuzer Potemkin *(1925) zu studieren.*

Mikalojus Konstantinas Čiurlionis *(1875–1911), Litauens berühmter Komponist, war auch ein vielseitiger Maler. Als solcher stand er dem Symbolismus nahe. Der Einfluss der Musik auf seine Bilder ist an der Bedeutung von Stimmungen und an der Entwicklung von Themen in Gemäldeserien erkennbar. Das oben abgebildete Temperabild trägt den Titel* Das Opfer *(1909).*

Literatur

Zur nationalen Bewusstwerdung im 19. Jahrhundert trugen Schriftsteller wie der Lette Andrejs Pumpurs (1841–1902), der Este Friedrich Kreutzwald (1803–1882) und der Litauer Jonas Mačiulis (1862–1932) bei. In der modernen Literatur spielen Autoren wie die estnischen Dichter Jaan Kaplinski (geb. 1941) und Jaan Kross (1920–2007) sowie der litauische Romancier Ričardas Gavelis (1950–2002) eine bedeutende Rolle.

Anton Hansen Tammsaare *(1878–1940) gilt als der größte estnische Autor. Sein fünfbändiger Roman* Wahrheit und Gerechtigkeit *kreist um die Themen des bäuerlichen Lebens und der russischen Revolution 1905.*

Czesław Miłosz *(1911–2004) wurde in Litauen als Sohn einer polnischen Adelsfamilie geboren und studierte in Vilnius. Der Dichter und Denker Miłosz erhielt 1980 den Literatur-Nobelpreis. Am bekanntesten ist wohl sein Buch* Verführtes Denken, *eine Abrechnung mit dem Kommunismus.*

Musik

Estland hat eine große klassische Musiktradition. Veljo Tormis (geb. 1930) verarbeitet estnische Volksmusik, Erkki-Sven Tüür (geb. 1959) mixt Avantgardetechniken mit alter Musik und progressivem Rock. Der Vater der lettischen Klassik ist Jāzeps Vītols (1863–1948), aber auch für Rock- und Popmusiker wie die Band Brainstorm ist das Land berühmt. Aus Litauen kennt man Jazzmusiker wie das Ganelin Trio, sein berühmtester klassischer Komponist aber war M. K. Čiurlionis.

Arvo Pärt *(geb. 1935) experimentierte anfangs mit der Zwölftontechnik und aleatorischen Verfahren. International bekannt ist der Este für seinen »sakralen Minimalismus«, der auf mittelalterlichen Traditionen und christlicher Orthodoxie basiert. Pärt nennt seine Musik* tintinnabuli *(wie Glocken).*

Theater und Tanz

Das Theater war einst die Domäne der Herrschenden, aber ab der Mitte des 19. Jahrhunderts schrieben Autoren wie der Este Eduard Vilde (1865–1933) und der Lette Rūdolfs Blaumanis (1863–1908) Dramen. Litauens lebendiges Theater dominiert der Regisseur E. Nekrošius (geb. 1952). Unter den Sowjets blühte das Ballett, u. a. in Rīga mit Alexander Godunov (1949–1995) als Tänzer.

Michail Baryšnikov *(geb. 1948), in Rīga geboren, ist russischer Herkunft. Er besuchte die Ballettschule in Rīga und ging später nach Leningrad (heute St. Petersburg). 1974 setzte er sich nach Kanada ab. Er wurde amerikanischer Staatsbürger und gründete in New York ein Ballettzentrum.*

Voldemar Panso *(1920–1977), legendärer Theatermann, lehnte die Sowjetideologie zugunsten komplexer, vieldeutig symbolistischer Charaktere ab. Er gründete das Estnische Jugendtheater (später das Tallinner Stadttheater).*

Sport

Das Talent baltischer Athleten wurde jahrzehntelang verschleiert, da sie als Sowjetbürger galten. Estlands bekanntester Olympionike war der Ringer Kristjan Palusalu (1908–1987). Der lettische Geher Jānis Daliņš (1904–1978) gewann 1932 die Silbermedaille. Litauens bester Olympiaathlet ist der Diskuswerfer Virglijus Alekna (geb. 1972). Auch hervorragende Basketballer kommen aus dem Baltikum, darunter der Litauer Arvydas Sabonis (geb. 1964), die Lettin Uljana Semjonova (geb. 1952) und der Este Tiit Sokk (geb. 1964).

Erki Nool *(geb. 1970) wurde im Jahr 2000 in Sydney Olympiasieger im Zehnkampf, ein kontroverses Ergebnis, da ein Punktrichter alle drei Diskuswürfe nicht anerkannt hatte und erst vom Wettkampfleiter überstimmt wurde. 2007 wurde Nool ins Estnische Parlament gewählt.*

Uljana Semjonova *(geb. 1952), Basketballspielerin russisch-lettischer Herkunft, gewann 1976 und 1980 olympische Goldmedaillen. Sie dominierte die Weltelite im Basketball während der 1970er und 1980er Jahre und verlor kein einziges internationales Match.*

Volksmusik

Die Volkslieder Estlands, Lettlands und Litauens besingen meist Alltagsereignisse, Jahrestage sowie Tod und Leben, aber es gibt auch Gesänge über Ruhm und episches Heldentum. Sie werden vorwiegend von Frauen gesungen. Ende des 19. Jahrhunderts, im Zuge der nationalen Bewegung, wurden die Lieder erstmals zusammengetragen. Zwischen 1987 und 1990 wurde der Kampf um die Befreiung vom Sowjetregime als die »Singende Revolution« bekannt, weil dabei riesige Freiluftkonzerte eine wichtige Rolle spielten.

Cover des Albums (1998) ***Beyond the River: Seasonal Songs of Latvia***

Litauische Volkslieder, dainos, *besingen das tägliche Leben. Sie werden solo, ein- oder mehrstimmig gesungen. Eine der bekanntesten Formen ist die zweistimmige* sutartinė *aus dem Nordosten.*

Einstimmige estnische Lieder, runo, *sind mit finnischen Liedern verwandt und viel älter als die Lettlands und Litauens. Die Setu in Ost-Estland haben eigene unverwechselbare mehrstimmige Liedtraditionen.*

Baltica-Festival

Das internationale Folklorefestival fand 1987 zum ersten Mal in Estland statt und wird alljährlich von den baltischen Staaten gefeiert. Beim zweiten Festival 1988 wurden erstmals die Fahnen der drei Staaten gemeinsam gehisst. Inzwischen hat das Festival, das aus Konzerten, Paraden und Workshops besteht, rund 3000 Teilnehmer.

Lettische Volkslieder, dainas, *bestehen aus einer oder zwei zweizeiligen, nicht gereimten Strophen. Diese Liedtradition ist lyrisch und bezieht Anregungen meist aus der lettischen Mythologie oder dem täglichen Leben. Die Lieder wurden traditionell mit Dudelsäcken und Psaltern, ab dem 17. Jahrhundert auch mit Akkordeons und Geigen begleitet.*

Veljo Tormis *(geb. 1930) komponiert Chormusik auf der Basis von Volksliedern seiner Heimat Estland. Viele seiner eher politischen Lieder der 1970er und 1980er Jahre wurden von der sowjetischen Regierung verboten.*

Iļģi, *die berühmte lettische Folkloregruppe, wurde 1981 gebildet. Wie die meisten Volksmusiker des Landes belebten sie vergessene Traditionen neu und nutzten die Folklore als Inspiration, um daraus ihre eigene Musik zu schaffen.*

Baltische Volksmusiker

In der Sowjet-Ära »veredelten« regierungstreue Künstler Volkslieder mit klassischen Harmonien und Begleitungen, aber Traditionalisten bemühten sich um den Erhalt des echten Liedguts. Heute gibt es in der Region mehrere Festivals.

Veronika Povilioniene *(geb. 1946) war seit Ende der 1960er Jahre mit Volksliedern als antisowjetischen Protestliedern erfolgreich. In letzter Zeit hat sie auch Pop- und Jazzalben aufgenommen.*

Volksmusikinstrument Psalter

Das typische Instrument der baltischen Volksmusik ist das Psalterium (Psalter). Davon gibt es viele Varianten: In Lettland heißt er *kokle*, in Litauen *kanklės* und in Estland *kannel*. Ende des 19. Jahrhunderts kamen Mischformen aus Psalter, Zither uind Hackbrett in Gebrauch.

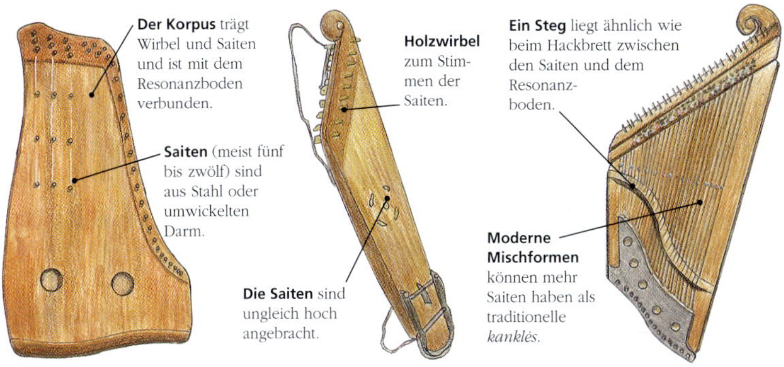

Kannel **Kokle** **Kanklės**

Bernstein

Bernstein wird seit Jahrtausenden hoch geschätzt. Bernsteinschmuck gab es schon im frühen Neolithikum (etwa 7000 v. Chr.). In der Antike glaubten viele medizinische Autoritäten wie z. B. Hippokrates, dass Bernstein Heilkräfte besitzt. Ein Handelsnetz, die sogenannte Bernsteinstraße, entstand in der Blütezeit des Römischen Reiches. Im Mittelalter wurden aus Bernstein Rosenkränze gefertigt. Noch heute wird er in Lettland und Litauen angeschwemmt, aber 90 Prozent des Weltbedarfs werden in der Kurischen Nehrung nahe Kaliningrad im Tagebau gefördert.

Einer der vielen Bernsteinstände in den Urlaubsgegenden

Echten Bernstein erkennen

Kopal oder Plastik wird bisweilen als Bernstein angeboten. Echter Bernstein schwimmt in Salzwasser und duftet, mit einer heißen Nadel berührt, nach Kiefer. Doch nur Labortests sind verlässlich.

Unpolierter Bernstein in verschiedenen Farben

Bernsteintaucher *in der Ostsee zeigt diese Lithografie (ca. 1850). Die Kreuzritter verboten im 13. Jahrhundert das Bernsteinsammeln. Ihr Monopol wurde erst im 19. Jahrhundert aufgehoben, was die Bernsteinbearbeitung wiederbelebte.*

Bernstein *wird regelmäßig in der kleinen lettischen Hafenstadt Pāvilosta* (siehe S. 179) *angeschwemmt. Hier gibt es einige professionelle Bernsteinfischer, die Urlauber auf ihren Beutezug mitnehmen.*

Entstehung von Bernstein

Bevor er an die Ostseeküsten geschwemmt wird, braucht Bernstein Millionen von Jahren, um aus Kiefernharz zu dieser begehrten Substanz zu werden. Der oft klare Bernstein kann auch Kiefernnadeln oder Insekten enthalten, die eingeschlossen wurden, ehe das Harz fest wurde.

Ein Harz schwitzender Baum
Bestimmte Bäume geben ein klebriges Harz ab, das defensive Funktionen hat: Es wirkt antiseptisch gegen Bakterien und Pilze und wehrt den Angriff von Insekten ab.

Bernstein mit Einschluss
Ein Insekt, das in Harz festsitzt, verwest nicht, weil Harz antiseptisch wirkt und kein Wasser enthält. Die ätherischen Komponenten verdunsten allmählich – zurück bleibt Kopal.

Kopalbildung
Kopal, gehärtetes Harz, sinkt nach dem Tod des Baumes in den Boden. Der Härtungsprozess geht Millionen von Jahren weiter, bis die zähe Substanz zu Bernstein geworden ist.

Gebrauch von Bernstein

Neben seinem Schmuckwert schrieb man Bernstein Heilkräfte zu. Noch heute gilt er bei manchen Litauern als Mittel gegen den Kropf. Die Azteken und Maya benutzten Bernstein als Räuchermittel.

Schön gearbeiteter Bernsteinschmuck

Mit Bernstein verziertes Messer

Typisches Bernsteinkästchen

Eine erlesene Brosche aus Bernstein

Das Bernsteinmuseum in Palanga (siehe S. 282) *besitzt herrliche Bernsteinstücke, in die prähistorische Insekten eingeschlossen sind, sowie Bernsteinschmuck. In einer Vitrine wird die Naturgeschichte des Bernsteins erklärt.*

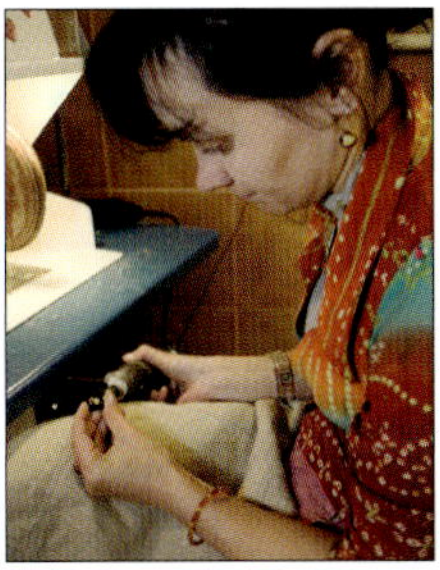

In Bernsteinpolier-Workshops *können Teilnehmer unter fachmännischer Leitung eigenen Schmuck gestalten. Einige Bernsteinmuseen im Baltikum bieten solche Workshops an.*

Bernsteinstrasse

Ein EU-Projekt hat eine moderne Bernsteinstraße geschaffen, die eine Reihe von Orten an der Ostsee miteinander verbindet. Sie beginnt in Ventspils *(siehe S. 176f)* und führt über Liepāja *(siehe S. 180f)*, Palanga *(siehe S. 282)* und Klaipėda *(siehe S. 280f)*. Einige dieser Orte besitzen Bernsteinmuseen, Palanga sogar eine Bernstein-Verarbeitungswerkstatt. Die Route führt durch Karklė und Pāvilosta, wo es professionelle Bernsteinsammler gibt. In Juodkrantė, einst ein Ort intensiver Bernsteinsuche, kann man prähistorische Bernsteinartefakte bewundern. Weiter südlich liegt das russische Kaliningrad, wo der Großteil des Weltbedarfs an Bernstein zu Tage gefördert wird.

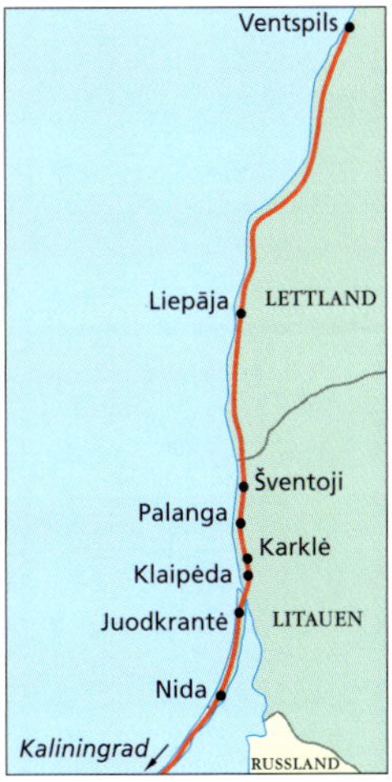

Legende

— Bernsteinstraße

Bernstein in der Volkssage

Eine litauische Volkssage erzählt von der Liebe zwischen dem Fischer Kastytis und der Göttin Juratė, die in einem Bernsteinschloss am Meeresgrund lebten. Aus Zorn, dass ein Sterblicher es gewagt hatte, eine Göttin zu berühren, schickte Gott Perkūnas einen Blitz, der das Schloss zerstörte. Seitdem, so glaubt man, werden Bernsteinstücke ans Ufer geschwemmt. Die allseits bekannte Geschichte wurde 1842 von Liudvikas Adomas Jucevičius zum ersten Mal aufgezeichnet und inzwischen auch zu einer Rockoper verarbeitet.

Jūratė kaj Kastytis von Nijolė Ona Gaigalaitė

Klima

Mit der Ostsee als Puffer hat das Baltikum ein gemäßigtes Klima ohne die Extreme, die dem benachbarten Russland mitunter zusetzen. Die Winter in diesen Breitengraden sind lang, mit kurzen Tagen und rauen Winden. Der erste Schnee fällt meist im November, im Landesinneren kann er von Dezember bis April liegen bleiben. An der Küste ist die Schneesaison kürzer, hier sind die Temperaturen im Sommer merklich niedriger und im Winter höher. Zu anderen Zeiten ist das Wetter wenig voraussehbar: Es kann auch mitten im Sommer regnen, wenn die Tage lang und warm sind.

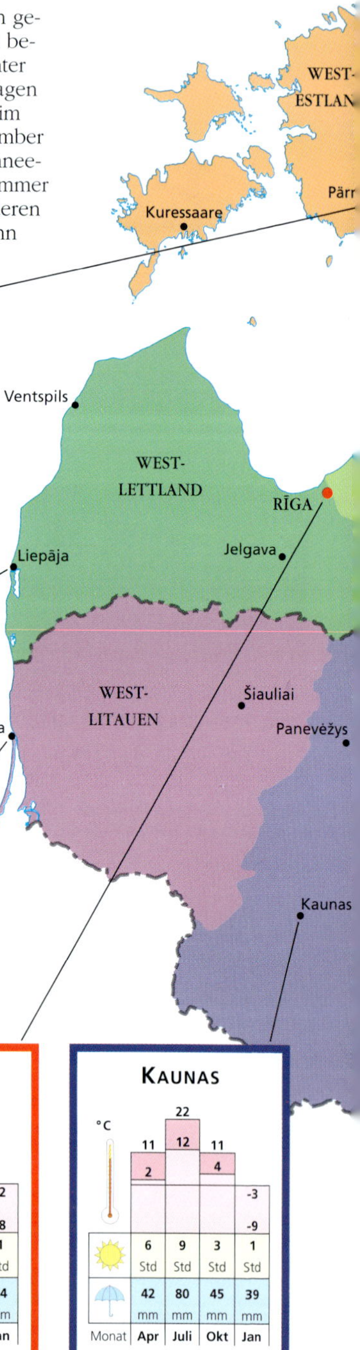

Pärnu

°C	Apr	Juli	Okt	Jan
Höchst	7	21	9	-3
Tiefst	0	13	4	-9
Sonne	6 Std	10 Std	3 Std	1 Std
Niederschlag	36 mm	72 mm	60 mm	36 mm
Monat	Apr	Juli	Okt	Jan

Durchschnittliche monatliche Höchsttemperaturen

Durchschnittliche monatliche Tiefsttemperaturen

Durchschnittliche tägliche Sonnenscheindauer

Durchschnittliche monatliche Niederschläge

Liepāja

°C	Apr	Juli	Okt	Jan
Höchst	8	20	11	-1
Tiefst	2	14	6	-5
Sonne	6 Std	9 Std	3 Std	1 Std
Niederschlag	37 mm	66 mm	77 mm	53 mm
Monat	Apr	Juli	Okt	Jan

Klaipėda

°C	Apr	Juli	Okt	Jan
Höchst	9	20	12	0
Tiefst	2	14	6	-5
Sonne	6 Std	9 Std	3 Std	1 Std
Niederschlag	36 mm	74 mm	80 mm	50 mm
Monat	Apr	Juli	Okt	Jan

Rīga

°C	Apr	Juli	Okt	Jan
Höchst	10	22	10	-2
Tiefst	1	12	4	-8
Sonne	6 Std	10 Std	3 Std	1 Std
Niederschlag	41 mm	85 mm	60 mm	34 mm
Monat	Apr	Juli	Okt	Jan

Kaunas

°C	Apr	Juli	Okt	Jan
Höchst	11	22	11	-3
Tiefst	2	12	4	-9
Sonne	6 Std	9 Std	3 Std	1 Std
Niederschlag	42 mm	80 mm	45 mm	39 mm
Monat	Apr	Juli	Okt	Jan

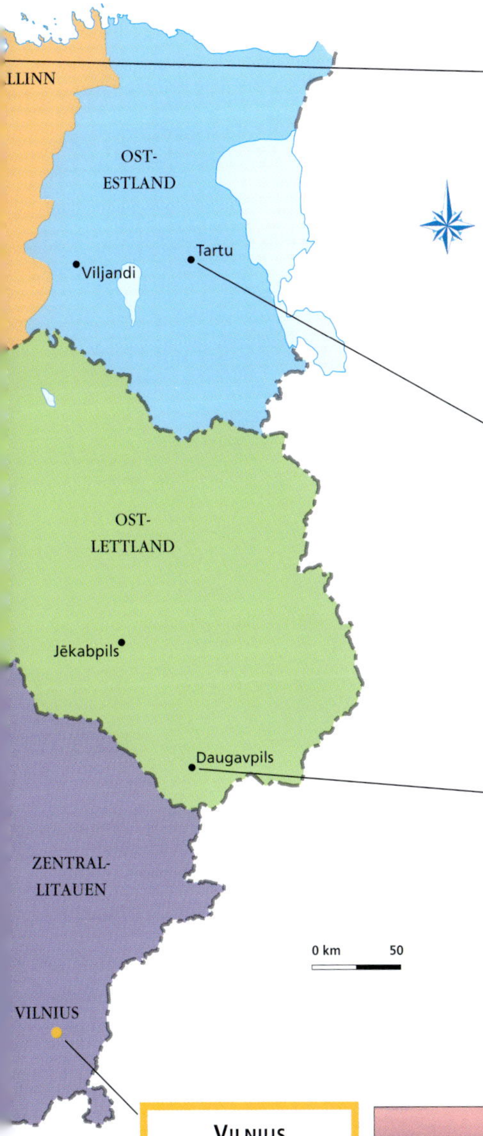

Tallinn

Monat	Apr	Juli	Okt	Jan
°C	8 / 0	21 / 12	9 / 4	-2 / -8
Sonne	6 Std	10 Std	2 Std	1 Std
Niederschlag	36 mm	78 mm	73 mm	48 mm

Tartu

Monat	Apr	Juli	Okt	Jan
°C	9 / 0	22 / 11	9 / 3	-4 / -11
Sonne	8 Std	10 Std	3 Std	1 Std
Niederschlag	33 mm	71 mm	52 mm	29 mm

Daugavpils

Monat	Apr	Juli	Okt	Jan
°C	10 / 1	23 / 12	10 / 3	-4 / -10
Sonne	6 Std	8 Std	3 Std	1 Std
Niederschlag	42 mm	79 mm	52 mm	37 mm

Vilnius

Monat	Apr	Juli	Okt	Jan
°C	11 / 2	22 / 12	10 / 3	-4 / -9
Sonne	6 Std	10 Std	3 Std	1 Std
Niederschlag	46 mm	78 mm	53 mm	41 mm

Estnische Winterlandschaft mit verschneitem Wald

Die Geschichte des Baltikums

Die Geschichte des Baltikums beginnt 3000 v. Chr. mit dem Auftauchen der ersten baltischen Stämme in der Region, den Ahnen der heutigen Esten, Letten und Litauer. Trotz gleicher Erfahrungen mit Eroberung, Fremdbesetzung und Unabhängigkeitskämpfen haben die Länder ihre jeweils eigene kulturelle Identität entwickelt. 1991 sind sie souveräne Staaten geworden.

Münze für das litauische Kernavė

Archäologische Funde legen nahe, dass die baltische Region schon 10000 v. Chr., am Ende der Eiszeit, bewohnt war. Am frühesten besiedelt war Kernavė in Litauen um 9000 v. Chr. Diese Steinzeitmenschen benutzten Bogen, Pfeil und Speer zum Jagen und Fischen. Doch erst ab 3000 v. Chr. gelangten die eigentlichen Vorfahren der heutigen Bewohner in die Region. Die von Jagd und Fischfang lebenden Finno-Ugrier – die späteren Finnen und Esten – gehörten zu den Ersten, die aus Asien quer durch Europa wanderten. Sie wurden von den indoeuropäischen Gruppen verdrängt, die 2000 v. Chr. in die Region kamen. Die Indoeuropäer, die die traditionellen Ertragsmethoden um Ackerbau und Viehzucht bereicherten, mischten sich mit bestehenden Gruppen, was schließlich die Rassen ergab, die heute kollektiv Balten genannt werden.

In den ersten nachchristlichen Jahrhunderten bildeten sich mehrere regionale Stämme heraus: die Samogiten und Aukschtaiten in West- und Ost-Litauen, die Kuren entlang der Küste, die Pruzzen jenseits der Memel, die Semgallen in Zentral-Lettland und die Selonen und Lettgallen weiter östlich. Mehrere Jahrhunderte lang blieben die Balten strikt bäuerlich. Bis ins frühe 13. Jahrhundert entstanden ähnliche Siedlungen entlang der gesamten Küste vom heutigen Klaipėda bis St. Petersburg, zwischen denen es aber keinen Austausch gab. Wenig erinnert an das Leben von damals, da die Gemeinden ihre Befestigungen und Häuser aus Holz statt aus Steinen errichteten. Man weiß aber, dass die Region ausgedehnte Handelsbeziehungen mit Schweden und Deutschland sowie mit Russland unterhielt. Die wenigen Schriftzeugnisse der Zeit berichten von den Balten als guten Schiffsbauern und gefürchteten Piraten.

Als das übrige Europa schon christlich war, hielten die Balten standhaft an ihrem eigenen Glauben fest. Westeuropäische Missionare unternahmen vergebliche Versuche, die Region zu christianisieren. Papst Innozenz III. billigte deshalb 1198 einen ersten Kreuzzug gegen die Balten.

Zeitskala

10000 Erste Spuren menschlichen Lebens im Baltikum

3000 Finno-Ugrier gelangen in die Region

98 Tacitus beschreibt das Volk der Aestii

700 Wikinger nutzen lettische Flüsse zum Handel mit Persien und der Türkei

Papst Innozenz III. (1160–1216)

1198 Erster baltischer Kreuzzug durch Papst Innozenz III. gebilligt

10000 v. Chr. | **5000 v. Chr.** | **1 n. Chr.** | **600 n. Chr.** | **1190 n. Chr.**

9000 Gruppen von Jägern und Fischern in Kernavė

2000 Indoeuropäische Gruppen in der Region

Neolithische Knochenobjekte, Narva, Estland

100 Römer treiben Bernsteinhandel entlang der Ostseeküste

1009 Der Name Litauen erscheint zum ersten Mal in Schriftform

◁ **Detail aus Jan Matejkos *Schlacht bei Tannenberg* (1878): Großfürst Vytautas besiegt die Kreuzritter** ***(siehe S. 212)***

Deutsche in Estland und Lettland

Nach dem päpstlichen Aufruf zum Kreuzzug unternahmen die Ritter des Deutschen Ordens Vorstöße an die baltische Küste. Der aus dem Zweiten Weltkrieg berühmt-berüchtigte Ausdruck »Drang nach Osten« stammt aus dieser Zeit. Religiöser Eifer, aber auch handfeste wirtschaftliche Interessen trieben die Kreuzritter zur Gründung von Kolonien an der Ostsee. Ab 1201 war Rīga eine Diözese, die zur Basis der baltischen Eroberung wurde. Im Jahr 1207 hatten die Ritter ein Territorium unter Kontrolle, das sie Livland nannten. Es bestand aus dem heutigen Lettland und Estland und wurde mit Rīga als Hauptstadt Teil des Heiligen Römischen Reiches. Saaremaa wurde 1227 unterworfen. Eine 1260 in ihrer Hauptstadt Kuressaare erbaute Burg ist die einzige, die im Baltikum weitgehend erhalten blieb, da die Kreuzritter sie aus Stein errichteten. Livland gedieh unter den Rittern, die in der gesamten Region Städte bauten. Nach ihrem Beitritt zur Hanse, einer Handelsvereinigung deutscher Hafenstädte und Kaufmannsgilden, setzte im damaligen Reval (Tallinn) und Rīga eine Blüte ein. Die von den Deutschen dominierte soziale Ordnung schloss die Einheimischen nicht nur von Handelstätigkeiten aus, sondern auch von der Landwirtschaft, in der sie nur als Leibeigene arbeiten durften.

Polnische Herrschaft in Litauen

Litauen hatte eine ganz andere Geschichte als die Region weiter nördlich. Während in weiten Teilen des Baltikums das Christentum herrschte, hielt Litauen an seinen eigenen religiösen Traditionen fest, bis 1385 Fürst Jogaila eine polnische Prinzessin heiratete, sich taufen ließ und so die Kronen Polens und Litauens einte. Bereits 1251 war Mindaugas für kurze Zeit christlich geworden, sodass er vom Papst gekrönt werden konnte. 1410 schlugen Jogaila und sein Vetter Vytautas, Großfürst von Litauen (reg. 1410–1430), die Kreuzritter in der Schlacht bei Tannenberg (Grunwald). Unter Vytautas wurde das Großfürstentum Litauen *(siehe S. 212f)* zu einem der größten Flächenstaaten Europas. Schließlich aber geriet es zunehmend unter die Kontrolle der Polen, bis die Beziehung 1569 zur staatsrechtlichen Vereinigung Polens und Litauens in der Union von Lublin führte. Mit der polnischen Machtübernah-

Schlacht bei Tannenberg (1410): Lithografie, 19. Jahrhundert

Zeitskala

- **1201** Deutscher Orden gründet eine Diözese in Rīga
- **1207** Livland wird Teil des Heiligen Römischen Reiches
- **1230** Mindaugas eint das Großfürstentum Litauen
- **1237** Der Schwertbrüderorden fasst Fuß in Livland
- **1260** Bau der Burg Kuressaare beginnt
- **1282** Rīga tritt der Hanse bei, Tallinn (Reval) folgt drei Jahre später
- **1372** Deutsch ersetzt Latein als liturgische Sprache in Rīga und Reval (Tallinn)
- **1385** Litauen und Polen unter Jogaila vereint
- **1410** Litauer und Polen besiegen die Kreuzritter in der Schlacht bei Tannenberg (Grunwald)
- **1430** Das Großfürstentum reicht bis ans Schwarze Meer

Burg Kuressaare

1200 | 1250 | 1300 | 1350 | 1400 | 1450

Russische Belagerung von Narva 1558 im Livländischen Krieg

me ging das Recht auf eigenes Land verloren, Privilegien der Bauern wurden beschnitten und die Leibeigenschaft in Litauen festgeschrieben.

Schweden und Russen

Schweden und Russland führten zwei Kriege um die Kontrolle über die Ostsee und ihre Anrainerstaaten. Im Livländischen Krieg (1558–83) leisteten Polen und Litauen dem russischen Zaren Iwan IV. (reg. 1533–1584) angesichts dessen Zerstörungen in Livland Widerstand. Direkte Folge des Krieges war, dass Estland zum größten Teil unter schwedische Herrschaft kam, während Lettland polnisch besetzt und Litauens Vereinigung mit Polen formell bekräftigt wurde. Süd- und Ost-Lettland, gemeinhin als Kurland bzw. Lettgallen bekannt, wurden Herzogtümer unter polnischer Kontrolle.

Bald brach erneut Krieg aus, diesmal zwischen Polen und Schweden. 1621 eroberten die Schweden Rīga und Nord-Lettland. Das Herzogtum Kurland blieb in polnischer Hand, allerdings wurden die Herzöge fast eigenständige Herrscher. Der bekannteste von ihnen, Herzog Jakob Kettler (reg. 1642–1682), führte das Land auf den Gipfel von Macht und Reichtum. Anders als ihre Vorgänger schonten die schwedischen Besatzer Livland weitgehend. Die Deutschen herrschten unterdessen gesellschaftlich und kulturell weiter in Litauen. Als in den Kirchen eine Alternative zum Latein benötigt wurde, war Deutsch die nahe liegende Wahl. An den Universitäten Rīga und Tartu wurde ausschließlich auf Deutsch gelehrt. Deutsche Kaufleute erhielten Sonderrechte von den schwedischen Königen Karl XI. (reg. 1660–1697) und Karl XII. (reg. 1697–1718), um den Fortbestand des Handelsverkehrs zu sichern.

Nach der Enteignung der deutschen Barone durch die schwedische Krone wandten diese sich um Hilfe an Russland. 1700 besiegte Karl XII. Peter den Großen von Russland bei Narva, was den Großen Nordischen Krieg (1700–21) auslöste. Der Verlust Narvas veranlasste den Zaren, eine moderne Armee zu schaffen, mit der er 1709 die Schweden in der Schlacht von Poltava besiegte. 1710 wurden Reval (Tallinn) und Rīga besetzt, bald darauf kamen Estland und Lettland unter russische Kontrolle.

Schlacht von Poltava **von M. Lomonosov (1711–1765)**

1520 Estland wird lutherisch, ein Jahr später Lettland

1572 Erste Erwähnung einer Synagoge in Vilnius

1600–29 Polnisch-schwedischer Krieg

1642–82 Kurland erlebt wirtschaftliche Blüte unter Herzog Jakob Kettler

1500 | **1550** | **1600** | **1650** | **1700**

1536 Erste Erwähnung jüdischer Kaufleute in Rīga

1558–83 Livländischer Krieg zwischen Schweden und Russland

1700–21 Großer Nordischer Krieg zwischen Schweden und Russland

König Karl XII. von Schweden (1682–1718)

Zar Alexander I. und ein Soldat mit der kaiserlichen Standarte

Zaristische Herrschaft

Peter der Große behandelte seine neuen Eroberungen mit Respekt, wie es zuvor die Schweden getan hatten. Er ließ der deutschen Gemeinde beträchtliche Freiheiten sowohl beim Handel in den Städten als auch in ihren Herrenhäusern auf dem Land. Nach seinem Tod 1725 folgte ein ungewohntes Jahrhundert des Friedens ohne Invasionen oder regionale Aufstände. Auch die Juden *(siehe S. 36f)*, denen es im Großfürstentum Litauen gut gegangen war, konnten weiterhin Handel betreiben. Bis zum 18. Jahrhundert entwickelte sich Vilnius zur jüdischen Hauptstadt Osteuropas. Unter Katharina der Großen (reg. 1762–1796) wuchs das Russische Reich und umschloss nach der dritten und letzten Teilung Polens 1795 auch das Fürstentum Litauen.

Zar Alexander I. (reg. 1801–1825) musste seine Idee von der Neuordnung Europas aufgeben, als 1812 Napoléons Große Armee durch Vilnius nach Moskau marschierte und vom Volk als Befreierin begrüßt wurde. Im gleichen Jahr kehrte Napoléon dorthin mit Schmach beladen zurück, nicht weil die Russen ihn erfolgreich geschlagen, sondern weil sie ihn vom Nachschub abgeschnitten hatten. Als Präventivmaßnahme brannten die Russen die Vororte Rīgas nieder, um zur Verteidigung der Stadt eine freie Schusslinie zu haben. Schließlich war die französische Armee zum Rückzug gezwungen.

Hundert Jahre unsicherer Frieden

Unter Alexander I. wurden mehrere Agrargesetze verabschiedet. Die Leibeigenschaft wurde zwischen 1816 und 1819 aufgehoben. Bauern durften Land kaufen und verkaufen. Unruhe entstand aber unter den Intellektuellen in den Städten, denen die Vorherrschaft der orthodoxen Kirche und der zunehmende Gebrauch des Russischen missfiel. Zwischen 1830 und 1831 war die Bewegung in Litauen am stärksten. Als eine der Gegenmaßnahmen der russischen Behörden wurde 1832 die Universität von Vilnius geschlossen, um die Unruhen zu unterdrücken. 1864 wurden litauische Bücher in lateinischer Schrift verboten, sie mussten nun kyrillisch transkribiert werden. Daraufhin druckten Verleger in Preußen Bücher in lateinischer Schrift und schmuggelten sie über die Grenze. Ab den 1860er Jah-

SENAS
AUKSA AŁTORIUS
ARBA
SURINKIMAS IWAYRIU MAŁDUN
IR GIESMIUN,
DIEWA BAYMINGAM KATALIKUY
WYSOKIUNSY ATSYEJIMUNSY REYKALINGU
parwejsietas
ir su pridieimu trumpu pamokima apey Sakramenta Pakutos S. ir nekuriun rejkalingesniu Małdun ir Giesmiun.
SPAUSTUWIEN PADUOTAS.
WILNIUJE
Kasztu ir spaustuwi Jozapa Zawadzki.
1864.

Litauischer Druck (1864) in lateinischer Schrift

Zeitskala

1721 Schweden tritt Estland und Lettland an Russland ab

Napoléon Bonaparte (1769–1821)

1812 Napoléon verfehlt den Sieg über Russland

1725 — 1750 — 1775 — 1800

Katharina die Große (1729–1796)

1767 Vollendung von Schloss Rundāle in Lettland unter Katharina der Großen

1795 Litauen ins Russische Reich eingegliedert

ren waren die Nationalbewegungen in Lettland und Estland ebenso aktiv. 1869 gab es das erste Estnische Liederfest, im Jahr darauf verfasste Lydia Koidula, die zuvor nur auf Deutsch geschrieben hatte, ihr erstes Theaterstück auf Estnisch. Es ist von Bedeutung, dass beide Ereignisse in Tartu und nicht in Reval (Tallinn) stattfanden, wo der deutsche und russische Einfluss noch zu stark war. Auch der lettische Autor Krišjānis Valdemārs sorgte in Tartu für Aufregung, weil er ein lettisches Namensschild an der Tür hatte. Erst 1900 konnten Esten, Letten und Litauer in ihren Hauptstädten frei ihre Nationalität kundtun.

Der lettische Autor Krišjānis Valdemārs (1825–1891)

Im 19. Jahrhundert delegierten die Russen wie im Jahrhundert zuvor die Ortsverwaltung an die Deutschen. Die kommerziellen Vorteile von Massenproduktion, Eisenbahn und Dampfschifffahrt konnten daher die Deutschen nutzen, nicht aber die Russen. Rīga und Reval expandierten gewaltig als Häfen und Industriezentren. Die Aussicht auf Arbeit lockte viele Menschen aus ländlichen Gebieten in die größeren Städte.

Erneuter Krieg

Streiks und Demonstrationen gab es 1905 in vielen Städten Russlands, um den Zar zu zwingen, Bürgerrechte zu gewähren und die soziale Lage zu bessern. Rīga mit seinen vielen Fabrikarbeitern nahm aktiv an den Unruhen teil. Auf dem Land richteten sich die Proteste gegen den deutschen Landadel, in der ganzen Region wurden Herrenhäuser angegriffen. Es handelte sich hierbei eher um soziale als um nationalistische Bewegungen, zum Teil, weil die Balten inzwischen offen ihre eigenen Sprachen gebrauchen und sich auch an der örtlichen Verwaltung beteiligen durften. Doch nationale Hoffnungen wurden durch den Ausbruch des Ersten Weltkriegs (1914–18) gewaltsam gedämpft. Die Russische Revolution von 1917, die zum Zusammenbruch des zaristischen Russland führte und die Bolschewiken an die Macht brachte, veränderte den Gang der Geschichte in der Region nachhaltig. In dem bald darauf folgenden Bürgerkrieg sahen die baltischen Staaten die Gelegenheit, ihr Schicksal selbst in die Hand zu nehmen.

Ansichtskarte (um 1900) von Rīga, einer der lebendigsten Großstädte Osteuropas

1825 | **1850** | **1875** | **1900**

1832 Russen schließen Universität Vilnius, um nationalistische Ideen zu unterdrücken

1854 Ausbruch des Krimkriegs; britische Marine blockiert russische Ostseehäfen

1870 Eisenbahnlinie zwischen Reval und St. Petersburg eröffnet

1899 Erste baltische elektrische Tram in Liepāja

Die Tram 1 auf der Liela iela in Liepāja, Lettland

1905 Angriffe auf deutsche und russische Geschäfte

1916 Erster lettischer Bürgermeister in Rīga

1917 Russische Revolution und Bürgerkrieg stärken die baltische Unabhängigkeitsbewegung

Jüdische Geschichte

Judenstern der Nazizeit

Die ersten Juden kamen im 14. Jahrhundert ins Baltikum, als Großfürst Gediminas Händler und Handwerker nach Litauen holte. In Estland leben seit je nur wenige Juden. Im 15. Jahrhundert siedelten sich Juden in Lettland an, wobei sie sich erst viel später in Rīga niederlassen durften. Während des Zweiten Weltkriegs wurden fast alle Juden, die nicht flohen, ermordet. Heute werden die baltischen jüdischen Gemeinden auch wegen der Auswanderung nach Israel immer kleiner.

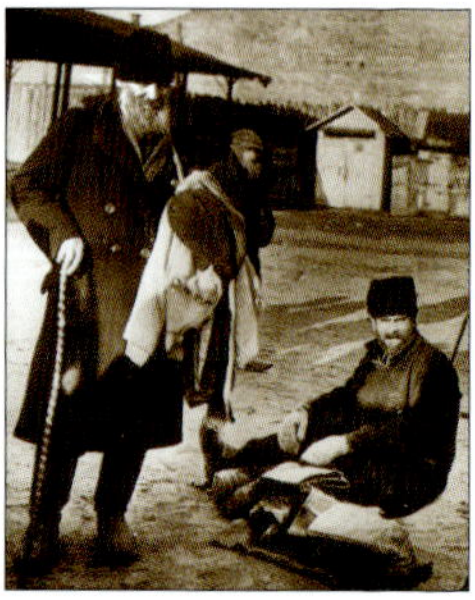

Wandernde jüdische Kleiderhändler in Vilnius im Jahr 1915

Der Gaon von Vilnius (1720–1797) *war der berühmteste jüdische Gelehrte Litauens. Seine Schriften sind noch heute für viele Menschen in der jüdischen Gemeinde richtungsweisend. Zu seinem 200. Todestag 1997 kamen ehemalige litauische Juden,* litvaks *genannt, aus aller Welt nach Vilnius.*

Juden im Baltikum

Bis Ende des 19. Jahrhunderts waren Juden Grundbesitz und bürgerliche Berufe verboten, weshalb sie meistens als fliegende Händler und Marktbudenbesitzer lebten. Nach dem Ersten Weltkrieg erhielten sie volle Bürgerrechte. Bis zu ihrer Verfolgung durch die Nazis ab 1941, als sie massenhaft ermordet wurden, waren die Juden in allen Berufen sowie in Handel und Politik aktiv.

Rīgas Große Chor-Synagoge *wurde 1869 erbaut. Ab 1840 zogen viele Juden in die Stadt, nachdem die Wohnrechtsbeschränkungen für sie aufhoben worden waren. Die Nazis richteten hier 1941 ein Massaker an, bei dem auch die Synagoge zerstört wurde.*

Kinder beim Purimfest *in Vilnius (Foto von 1933). Purim, ein fröhliches Fest im jüdischen Kalender, wird noch heute von den jüdischen Gemeinden im Baltikum gefeiert.*

Die Kenesa, die Synagoge der Karäer (siehe S. 253) *in Trakai. Die turkstämmige Gemeinde vom Nordufer des Schwarzen Meeres siedelte sich im 14. Jahrhundert in Trakai an.*

Der Sportverein Makkabi *war eine der jüdischen Organisationen, die im unabhängigen Lettland zwischen 1920 und 1940 blühten, als die Regierung massiv gegen den Antisemitismus vorging.*

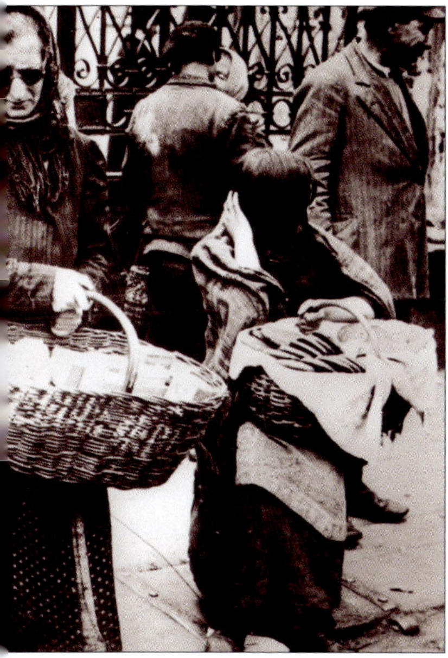

Das Holocaust-Mahnmal in Paneriai (siehe S. 244f) *bei Vilnius erinnert an die 70 000 Juden, die hier während der Nazi-Besetzung ermordet wurden. In Lettland starben 66 000 Juden. Estland, wo vor dem Zweiten Weltkrieg 4300 Juden lebten, wurde 1942 als »judenfrei« bezeichnet.*

Rīgas Museum der Juden Lettlands *dokumentiert 500 Jahre jüdischer Geschichte in der Region und zeigt u. a. dieses antisemitische Plakat.*

Tallinns Beit-Bella-Synagoge *wurde am 16. Mai 2007 eröffnet. Seit der Zerstörung ihrer Synagoge im Zweiten Weltkrieg war die Stadt ohne jüdisches Gotteshaus. Heute gibt es 3000 Juden in Estland, während in Lettland über 9000 Juden leben. In Litauen zählt die jüdische Gemeinde mehr als 4000 Mitglieder.*

Estlands verfassunggebende Versammlung 1919

Unabhängigkeitserklärung

Als Westeuropa im November 1918 den Krieg beendete, war das Baltikum ein riesiges Schlachtfeld. Die Anti-Bolschewiken hofften noch immer, das Sowjetregime zu stürzen, die Deutschen wollten mit Siegen im Osten Verluste im Westen wettmachen. Polen war darauf aus, eine neue Einheit mit Litauen zu bilden. So bestand wenig Interesse, die Unabhängigkeitserklärungen der drei baltischen Staaten vom Frühjahr 1918 zu unterstützen. Nur eine starke englische Flotte vor der estnischen Küste war bereit, Waffen an Estland und Lettland zu liefern und ihnen so zur Unabhängigkeit zu verhelfen.

1920 gelang es Estland und Lettland, ihre Feinde dazu zu bewegen, ihre Grenzen anzuerkennen, die bis 1940 gültig bleiben sollten. Litauen musste Vilnius nach seiner Besetzung 1920 an Polen abtreten. Darauf wurde Kaunas zeitweise seine Hauptstadt. Litauen hielt sich schadlos, indem es 1923 Memel (Klaipėda) annektierte, das unter französischer Verwaltung stand.

In den nächsten 20 Jahren operierten die drei Länder auf sehr ähnliche Weise. Schwache, ständig wechselnde Regierungen in den 1920er Jahren wichen in den 1930er Jahren »starken Männern«, die die Staaten nach Mussolinis Vorbild regierten. Obwohl keiner der Verantwortlichen in einer der baltischen Regierungen vor der Unabhängigkeit eine führende Position innegehabt hatte, erreichten sie in so kurzer Zeit bemerkenswert viel. In Estland und Lettland wurden deutsche Grundbesitzer enteignet, aber die vielen erfolgreichen, im Jahrhundert davor gegründeten Unternehmen durften weiterarbeiten wie vorher.

Sowjetische Besetzung

Am 17. Juni 1940 wurde das Baltikum von der UdSSR besetzt, wie es im geheimen Zusatzprotokoll des Hitler-Stalin-Pakts vorgesehen war. Alle Spuren der Unabhängigkeit der letzten 20 Jahre wurden getilgt, führende Mitglieder der drei baltischen Regierungen exekutiert und Fahnen, Nationalhymnen und Bibeln verboten. Nichts sollte daran erinnern, dass die Sowjetunion am Ende des Ersten Weltkrieges auf die baltischen Staaten verzichtet hatte. Im Juni 1941 fand eine Massendeportation von 10 000 Esten, 15 000 Letten und 30 000 Litauern nach Sibirien statt, von denen die meisten umkamen. Eine Woche darauf brach Deutschland den Hitler-Stalin-Pakt und fiel in den baltischen Staaten ein.

Die UdSSR und Deutschland unterzeichnen den Hitler-Stalin-Pakt von 1939

Zeitskala

1918 Unabhängigkeitserklärung der drei Baltenstaaten

1920 Russland erkennt die Unabhängigkeit der drei Baltenstaaten an

1922 Russland wird Sowjetunion (UdSSR)

1939 Hitler-Stalin-Pakt zwischen UdSSR und Deutschland unterzeichnet

1940 Das Baltikum wird Bestandteil der UdSSR

1941 Deutsche Besetzung des Baltikums beginnt

1945 Sowjetische Wiederbesetzung

1956 Deportierte Balten dürfen aus Sibirien heimkehren

1960 Ausländische Urlauber dürfen baltische Hauptstädte besuchen

1925 | 1935 | 1945 | 1955 | 196

Sowjetische Panzer in Riga, 1940

Eine Menschenkette quer durch die baltischen Staaten symbolisiert 1989 den »Baltischen Weg«

Die Sowjettruppen, die sich »Befreier« nannten, eroberten im Herbst 1944 den größten Teil des Baltikums zurück und trieben die Deutschen nach Westen. Vor den zurückkehrenden Sowjets flohen viele Balten nach Schweden oder Deutschland. Andere schlossen sich den Partisanen an. Diese »Waldbrüder« waren bis Mitte der 1950er Jahre eine effektive Guerilla, die der Sowjetverwaltung im Baltikum Widerstand leistete. Alle Verbindungen nach außen, auch Handelsbeziehungen, wurden gekappt.

Die Eingliederung der baltischen Staaten in die Sowjetunion konnte, da sie kaum Rückhalt im Volk hatte, nur mit brutaler Gewalt erreicht werden. In jedem Land besetzte das russische Militär große Teile, zu denen der Zugang streng kontrolliert und nur mittels Papieren auf Russisch möglich war. Die Russifizierungspolitik, wie sie die Zaren verfolgt hatten, wurde noch einmal verschärft, um die nationalen Identitäten Estlands, Lettlands und Litauens zu tilgen. Den baltischen Staaten wurde eine solche Gleichförmigkeit aufgezwungen, dass es für einen Außenstehenden schwierig war, sie zu unterscheiden. 1989 bildeten Einwohner der drei Staaten eine Menschenkette durch die drei Länder: Der »Baltische Weg« sollte die Welt auf ihre gemeinsame Leidensgeschichte aufmerksam machen.

Präsident Michail Gorbatschow

Erneute Unabhängigkeit

Perestroika (Umbau) und *glasnost* (Offenheit), die zwei Schlagwörter von Michail Gorbatschows Regierung (1985–91), hatten dramatische Auswirkungen auf das Baltikum. Es durfte wieder offen über Unabhängigkeit gesprochen werden. 1990 war die Unabhängigkeit der Baltenstaaten absehbar, wenn auch nur langfristig. Doch ihre Realisierung am 21. August 1991, als ein Putsch gegen Gorbatschow scheiterte, kam unerwartet. Innerhalb von 48 Stunden, als in Moskau Konfusion herrschte, ergriffen die drei Staaten die Gelegenheit und erklärten ihre Unabhängigkeit. Russland unter Boris Jelzin tat desgleichen und löste die UdSSR auf. Aus provinziellen Randgebieten wurden europäische Länder mit eigenen Fluglinien, Währungen und Botschaften und vor allem einer weltweiten Anerkennung. 2004 wurden die drei baltischen Staaten Mitglieder der EU und der NATO, 2007 traten sie dem Schengener Abkommen bei.

1994 Letzte russische Truppen verlassen das Baltikum

1991 Erneute Unabhängigkeit der drei baltischen Staaten

2002 Eurovision Song Contest in Tallinn; ein Jahr darauf in Rīga

Eurovision Song Contest 2002

2007 Beitritt zum Schengener Abkommen

1975 | 1985 | 1995 | 2005 | 2015

1980 Olympiade: Segelwettbewerbe in Tallinn

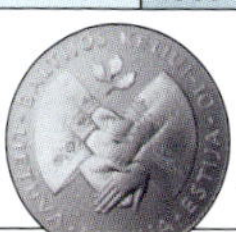

1989 Zwei Millionen bilden Menschenkette von Tallinn nach Vilnius: den »Baltischen Weg«

2004 Baltische Staaten in der Europäischen Union (EU) und in der NATO

Münze (1999) zum 10. Jahrestag des »Baltischen Weges«

VIVIAN
VAU

Estland

Estland im Überblick

Der kleinste baltische Staat, Estland, ist in diesem Buch in zwei geografische Regionen, West- und Ost-Estland, unterteilt. Von der hügeligen Region im Südosten abgesehen ist das Land meist flach und von unzähligen Seen und Flüssen durchsetzt. Estlands zerklüftete Küste und die vielen Inseln sind von einmaliger Schönheit. Estland ist dünn besiedelt (1,3 Mio. Einwohner auf 45 227 km²). Seine Landschaften bestehen aus Wäldern, Feuchtgebieten und Mooren mit einer artenreichen Flora und Fauna.

Zur Orientierung

Tallinn (siehe S. 54–83), *die Hauptstadt Estlands, gehört zu den besterhaltenen Städten Nordeuropas. Sie ist eine kompakte, harmonische Mischung aus mittelalterlicher und moderner Architektur.*

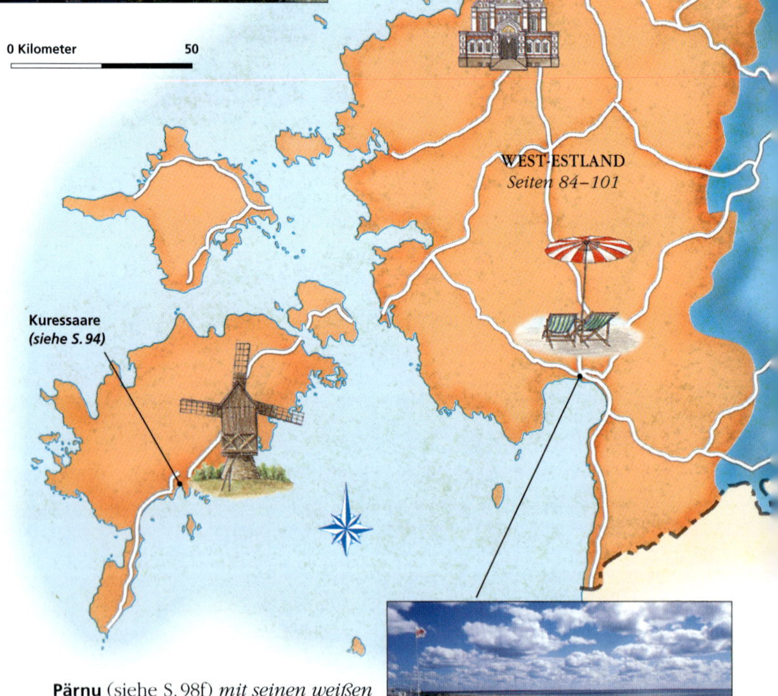

Pärnu (siehe S. 98f) *mit seinen weißen Stränden ist Estlands Sommerhauptstadt. Hier gibt es viel zu unternehmen und schöne Architektur zu sehen. Auch die Insel Kihnu und zwei Nationalparks liegen nicht weit entfernt.*

◁ **Straße in der Altstadt von Tallinn mit der Nikolaikirche (Niguliste kirik) im Hintergrund** ***(siehe S. 54–83)***

Lahemaa *(siehe S. 106–110), der größte Nationalpark Estlands, ist von Wanderwegen durchzogen. In ihm liegen einige Landgüter wie z. B. Palmse, in dessen Haupthaus sich das Besucherzentrum befindet.*

Narva (siehe S. 112) *besitzt eine mittelalterliche Burg, denn die vorwiegend russischsprachige Stadt lag lange in vorderster Front regionaler Machtstreitigkeiten.*

Der riesige **Peipsi-See** (siehe S. 123) *grenzt an Russland. An seinem Ufer findet man Siedlungen mit Holzhäusern. Die Altgläubigen leben in zahlreichen kleinen Dörfern am nördlichen Ufer, die Setu dagegen wohnen im Süden.*

Tartu (siehe S. 114f), *die zweitgrößte Stadt Estlands, ist berühmt für ihre Universität und das aufregende Kultur- und Nachtleben. An Charme, Glanz und historischer Bedeutung kommt die Stadt Tallinn gleich.*

Ein Porträt Estlands

Estland ist ein aufregender Mix aus mittelalterlichem Erbe und technischem Fortschritt. In der nachsowjetischen Zeit hat sich das Land den Erfordernissen der modernen Welt entsprechend neu erfunden, ohne seine kulturelle Identität zu verlieren. Reiche historische Architektur, natürliche Landschaften und viel Kultur beeindrucken eine ständig wachsende Zahl von Besuchern.

Estlands turbulente Geschichte war das Resultat seiner geografischen Lage an einem Kreuzungspunkt zwischen West- und Osteuropa. Mit Russland an seiner Ostgrenze, Skandinavien im Norden und Westen und den beiden anderen baltischen Ländern im Süden galt Estland die Jahrhunderte hindurch als strategisch wichtiges Beutegut.

Schild des Restaurants Olde Hansa

Nach der Unabhängigkeit von der Sowjetunion 1991 lag Estland völlig marode da. Während des langen, steinigen Wegs in Richtung NATO- und EU-Mitgliedschaft in den 1990er Jahren wurde Estland von Osteuropa oft als Beispiel dafür hingestellt, wie man sich rasch modernisiert und zugleich das nationale Erbe bewahrt und die allgemeinen Lebensbedingungen verbessert. Estland wird wegen seines technologischen Rufes manchmal als e-Estland bezeichnet. Es ist fast flächendeckend mit WLAN-Technik versorgt und hat mit die höchste Handynutzerrate der Welt. Die ländlichen Gebiete hinken zwar im Lebensstandard den Großstädten hinterher, dennoch ist das Land ein begehrtes Reiseziel geworden. Seine Wälder, Moore, unberührten Inseln und alten Dörfer sind so reizvoll wie Tallinn, die pulsierende City mit mittelalterlicher Altstadt.

Typisch estnische Flusslandschaft mit gelbem Laub und grün bemoosten Steinen

◁ Estnische Volkstanzgruppe in Nationaltracht

Teilnehmer warten auf ihren Auftritt beim Estnischen Sängerfest

Gesellschaft und Kultur

Im Allgemeinen sind die Esten von der skandinavischen Kultur stärker beeinflusst als von der ihrer baltischen Nachbarn. Die Finnen und Esten sind auch durch die finno-ugrische Sprachenfamilie enger miteinander verbunden. Nach dem Rückzug der Sowjets blieb eine recht umfangreiche russischsprachige Minderheit in Estland, was im Lauf der Jahre zu einigen diplomatischen Auseinandersetzungen mit Russland führte. Doch inzwischen gibt es weniger Konfliktfälle zwischen Russen und Esten.

Sehr stolz sind die Esten auf ihr kulturelles Erbe. Die mittelalterliche Vergangenheit des Landes ist nicht nur in Teilen ihrer Architektur sichtbar, sondern auch in Festen, die aus dieser Zeit stammen. Volkskultur ist für die nationale Identität der Esten von zentraler Bedeutung, da sie bis zur ersten Unabhängigkeit 1918 überwiegend zu Leibeigenschaft ohne Recht auf Eigentum verurteilt waren. Das Estnische Sängerfest, das 1869 zum ersten Mal abgehalten wurde und seither alle fünf Jahre stattfindet, hat nach wie vor Symbolcharakter für die Nation und die estnische Identität.

Die Religion spielt keine besonders große Rolle im Leben der Esten, obwohl lange Zeiten fremder Besetzung dazu führten, dass sich viele zum Christentum und später zum Luthertum und der russischen Orthodoxie bekannten. Aber die wichtigsten Seiten der estnischen Kultur sind im Grunde ausgesprochen archaisch. Das landesweit beliebte Mittsommerfest Jaanipäev (Johannistag) ist eindeutig vorchristlichen Ursprungs.

Politisches Leben

Die Kommunistische Partei Estlands, die zuvor das politische Leben bestimmt hatte, machte in den Jahren nach der Unabhängigkeit einem Mehrparteiensystem Platz. Die bekannteste dieser Parteien, die Estnische Zentrumspartei, tat sich mit mehreren Gruppen anderer politischer Richtungen zusammen, was dazu führte, dass die estnische Regierung aus zerbrechlichen Koalitionen besteht.

Die meisten Politiker mit wichtigen Posten gehörten früher der Kommunistischen Partei an, was viele Esten die Politik mit einem gewissen Zynismus betrachten lässt. Doch während

Sitzungstag im estländischen Parlament

Tallinns neues modernes Zentrum mit dem Radisson SAS Hotel *(links)* und dem SEB-Uhispank-Gebäude *(rechts)*

die Korruption in den 1990er Jahren fraglos ein Problem war, hat sich die Situation inzwischen durch strenge EU-Gesetze und eine viel stabilere Wirtschaft gebessert.

Wirtschaft

Nachfolgende Regierungen haben beständig daran gearbeitet, die Konkurrenzfähigkeit und Flexibilität der Wirtschaft zu steigern. Estland hat die größte Zunahme der baltischen Staaten beim Bruttoinlandsprodukt und eine der geringsten Arbeitslosenquoten innerhalb der EU. In Tallinn wimmelt es von schicken Läden, Restaurants, Bars und Clubs, Zeichen der ungehemmten Lebensfreude der jungen Esten mit gutem Einkommen.

Die Löhne sind noch immer niedriger als in Westeuropa, aber Estland holt rasch auf. Hauptexportgüter sind Maschinen und Elektronik sowie Holz und Papier. Die Wirtschaft hängt außerdem stark von der blühenden Informationstechnik, dem Fremdenverkehr und dem Umschlag russischen Erdöls in estnischen Häfen ab.

Fremdenverkehr

Große Teile der ländlichen Regionen Estlands verfielen nach dem Zusammenbruch der UdSSR, die um einzelne Industrie- oder Agrargebiete ganze Plattenbaukomplexe errichtet hatte. Der Tourismus hat geholfen, Estland von einem tristen nachsowjetischen Staat zu einer blühenden Nation umzugestalten. Als das Estnische Fremdenverkehrsamt begann, Estland als Reiseziel zu vermarkten, hat der private Sektor schnell auf die dadurch eröffneten geschäftlichen Möglichkeiten reagiert. Als Erste hat natürlich die Hauptstadt vom Tourismusboom profitiert. In den letzten Jahren hat der Tourismus Teile des Landes sozial wiederbelebt, die lange Jahre in Armut dahingesiecht waren. Die estnischen Inseln und Dörfer, aber auch die Städte im ganzen Land konnten sich ständig steigender Investitionen im Tourismusbereich erfreuen.

Urlauber genießen Tallinns Dächerpanorama

Das Jahr in Estland

Die Esten begehen im Lauf des Jahres viele Feste, die sich um Religion, Volkskultur, Handwerk, Kunst, Tanz und Theater drehen und den Fest- und Festivalkalender so bunt wie umfangreich machen. Ein großer Teil findet im Sommer statt, wobei die Feiern während der Johannisnacht einen Höhepunkt darstellen. Der Sommer ist auch die Zeit vieler Konzerte im ganzen Land sowie des Folklorefestivals Baltica *(siehe S. 132)*, bei dem die charakteristische Volkskultur Estlands zur Schau gestellt wird. Zusätzlich zu den alljährlichen Festen und Festivals werden in ganz Estland unterschiedlichste Gedenktage begangen.

Estnisches Volkstanzpaar

Frühling

Nach einem langen Winter ist der Frühling für die Esten eine fröhliche Zeit, die allerorts mit traditionsreichen Festen begangen wird.

März

Estnische Filmtage *(Anfang März)*, Tallinn. Die besten estnischen Filme werden ausgezeichnet. Einige werden mit Untertiteln gezeigt.

Studenten-Jazzfestival *(Anf. März)*, Tallinn, Tartu, Viljandi. Seit Langem bestehendes Festival mit Jazzkonzerten.

April

Estnische Musiktage *(Mitte Apr)*. Zeitgenössische estnische E-Musik in Tallinn und anderen Städten.

Jazzkaar *(Ende Apr)*. Das größte Jazzfestival im ganzen Land mit heimischen und internationalen Künstlern.

Saxophonist während eines Konzerts beim Jazzkaar

Reiter in mittelalterlicher Tracht während der Altstadttage in Tallinn

Studententage Tartu *(Ende Apr–Anf. Mai)*. Tartus Studenten veranstalten bizarre Konzerte, Shows und Partys, die jedermann zugänglich sind.

Mai

Tourismus- und Handwerksmesse *(Ende Mai)*, Tallinn. Jährliche Handwerksmesse im Estnischen Museumsdorf mit den besten traditionellen Erzeugnissen und zahlreichen Kulturveranstaltungen.

Tallinner Altstadttage *(Ende Mai–Anfang Juni)*. Tallinns mittelalterliches Erbe wird mit Traditionen wie Turnieren gefeiert. Die Straßen sind mit Marktständen und Menschen in Volkstracht gefüllt.

Sommer

Die Esten machen mit einer Fülle von Festen das Beste aus ihren kurzen und mäßig warmen, aber schönen Sommern.

Juni

Sommer-Musikfestival *(Anf. Juni–Ende Aug)*, Tartu. Konzerte mit Klassik, moderner Musik und Jazz.

Johannisnacht *(24. Juni)*. Mittsommernachtsfest mit fröhlichem Essen und Trinken sowie uralten Riten rund um ein Freudenfeuer.

Hansetage Pärnu *(Ende Juni)*. Zweitägiges Festival mit Umzug, Handwerksmesse und Ritterturnier.

Strandparty Pühajärve, ein beliebtes Popmusik-Festival mit Livebands und DJs.

Juli

Festival Alter Musik Haapsalu *(Anf. Juli)*. Ein Festival mit Musik aus Mittelalter und Barock in der schönen Umgebung der Burg Haapsalu.

Õllesummer-Festival *(Anfang Juli)*, Tallinn. Einzigartiges Bierfest mit Konzerten von Jazz bis Rock und vielen Nebenveranstaltungen.

Publikum und Künstler beim Volksmusikfestival Viljandi

Mittelalterlicher Altstadtmarkt *(Anf. Juli)*, Tallinn. Konzerte, Workshops, kostümierte Künstler und traditionelle Marktstände.
Volksmusikfestival Viljandi *(Ende Juli)*. Ensembles aus ganz Estland treten im Areal der Burgruine auf.

August

Birgitta-Festival *(Mitte Aug)*, Tallinn. Opern, Konzerte und Soloauftritte in der Ruine des Klosters Pirita. Speisen gibt es auf der Sommerterrasse.
August-Tanzfestival *(Ende Aug)*, Tallinn. Das Beste aus dem Bereich zeitgenössischer Tanz inklusive Gastauftritten internationaler Truppen.

Herbst

Die Festivalsaison lässt im Herbst etwas nach, aber die meisten Städte bieten alljährliche Veranstaltungen.

September

Herbstliche Bauerntage *(Mitte Sep)*, Tallinn. Erntefest. Auch traditionelle Anbaumethoden werden vorgeführt.
Credo – Internationales Kirchenmusikfestival *(Anf.–Ende Sep)*, Tallinn. Konzerte orthodoxer Kirchenmusik in Kirchen und Konzertsälen.
Naturfilm-Festival Matsalu *(Ende Sep)*. Ein ungewöhnliches Filmfestival, das Werke von Naturfilmern zeigt.

Oktober

NYYD *(Mitte Okt)*, Tallinn. Die besten experimentellen Kompositionen aus Estland und dem Ausland.

November

Filmfestival Schwarze Nächte *(Nov–Dez)*, Tallinn. Eine umfassende Auswahl bester unabhängiger Filme und Weltkinoproduktionen ringt um den Preis. Die meisten Filme sind untertitelt.

Winter

Trotz der langen bitterkalten Zeit birgt der Winter auch das Versprechen schöner verschneiter Landschaften und wundervoller Feste.

Dezember

Weihnachts-Jazzfestival *(Anf. Dez)*. Eine Reihe von Jazzkonzerten in Tallinn und mehreren anderen Städten in der Vorweihnachtszeit.

Ein stimmungsvoller Weihnachtsmarkt in Tallinn

Altstadt-Weihnachtsmarkt *(Dez–Anf. Jan)*, Tallinn. Bei Besuchern so beliebt wie bei Einheimischen. Viele Waren von traditionell bis neuartig liegen in den Buden aus.

Januar

Tage zeitgenössischer Musik Pärnu *(Mitte–Ende Jan)*. Ein Festival zeitgenössischer E-Musik, dazu gibt es Vorträge, Workshops und Theateraufführungen.

Langläufer bei dem sehr beliebten Tartu Ski-Marathon

Februar

Barockmusik-Festival *(Anf.–Mitte Feb)*, Tallinn. Beliebtes Festival mit einer Reihe von Barockmusikkonzerten an verschiedenen Orten der Altstadt.
Tartu Ski-Marathon *(Anfang Feb)*. Äußerst populäres Skifest mit Veranstaltungen und Wettkämpfen. Das Highlight ist aber der Ski-Marathon über 63 Kilometer.

Feiertage

Neujahr *(1. Jan)*
Unabhängigkeitstag *(24. Feb)*
Karfreitag *(März/Apr)*
Tag der Arbeit *(1. Mai)*
Siegesfest Vidupüha *(23. Juni)*
St. Johannistag Jaanipäev *(24. Juni)*
Tag der Wiederherstellung der Unabhängigkeit *(20. Aug)*
Weihnachten *(24.–26. Dez)*

Die Geschichte Estlands

Erste Verweise auf Estland datieren aus dem frühen 13. Jahrhundert, als die Kreuzritter dort eine neue Gesellschaftsordnung etablierten, in der die Deutschen mehrere Jahrhunderte die Herrschaft innehatten. Einer kurzen gütigen Herrschaft der Schweden im 17. Jahrhundert folgte die Unterdrückung durch Russen und Deutsche, unterbrochen durch eine kurze Unabhängigkeit zwischen den Weltkriegen. Erst 1991 wurde Estland unabhängige Republik.

Der Kreuzritter- oder Schwertbrüderorden führte einen erbitterten Kampf um die Kontrolle Estlands, der von 1208, als der Orden Otepää eroberte, bis 1211 währte. Auch die Dänen kämpften um Estland. 1206 versuchten sie vergeblich, Saaremaa, die größte und reichste Insel des Landes, zu unterwerfen. 1219 besetzte der dänische König Waldemar II. (reg. 1202–41) Tallinn, aber seine Versuche, die dänische Herrschaft auszuweiten, waren erfolglos.

Fragment eines Siegels von König Waldemar II.

Deutsche Eroberung

Im Jahr 1227 eroberten die Kreuzritter ganz Estland und auch Tallinn, das sie 1238 an die Dänen zurückgeben mussten. Die Ritter übernahmen eine von den Dänen errichtete Burg und bauten sie im selben Jahr zur Burg Toompea aus. Eine neue Sozialordnung wurde festgelegt, in der die Deutschen den Adel stellten sowie den Handel und das Handwerk bestimmten. Die Esten wurden zwangschristianisiert, ihr Land wurde an die Ritter und Bischöfe verteilt. Das Feudalsystem, in dem die Deutschen Rittergüter besaßen und die Esten als Leibeigene zu arbeiten gezwungen waren, hatte bis ins 19. Jahrhundert Bestand.

1347 fiel Tallinn erneut an die Deutschen, als Proteste großen Ausmaßes gegen unmäßige Forderungen des Adels die Dänen zwangen, ihre estnischen Besitzungen aufzugeben. In dieser Zeit entstanden viele Gilden und Kaufmannsvereine. Städte wie Tallinn (deutsch: Reval), Tartu (Dorpat), Viljandi (Fellin) und Pärnu (Pernau) wurden Mitglieder der Hanse. Vor allem Reval wuchs zu einer der reichsten und größten Städte Nordeuropas heran.

Tallinns Burg Toompea im Jahr 1227

Zeitskala

1208 Kreuzritter erobern Otepää in Süd-Estland

1219 Dänen nehmen Tallinn ein

1227 Deutsche erobern ganz Estland

1300

1343 Bauernaufstand (St.-Georgs-Nacht) gegen die Dänen

1347 Dänen verkaufen Tallinn an die Deutschen

1372 Deutsch ersetzt Latein als offizielle Schriftsprache

1400

1422 Ratsapotheke in Tallinn eröffnet

Tür der Ratsapotheke in Tallinn (Detail)

1500

1574 St.-Olafskirche i Tallinn: Erster lutherische Gottesdienst in Estlan

St.-Olafskirche in der Tallinner Altstadt

Estlands angesehene Universität Tartu

Schwedische Herrschaft

Im 16. Jahrhundert war Estland das Schlachtfeld der Russen und Schweden im Livländischen Krieg *(siehe S. 33)*. 1629 befand sich das gesamte Land in schwedischer Hand. In den folgenden 50 Jahren leisteten die Schweden vieles, darunter die Gründung der Universität Tartu, die Bildung von Schulen in ganz Estland, den Druck von Büchern auf Estnisch und die Errichtung von Bauten, vor allem in Narva und Tartu. Narva wurde zur zweiten schwedischen Hauptstadt ausgebaut. Das von den Deutschen geschaffene Sozialsystem blieb jedoch erhalten. Spätere schwedische Könige griffen ein und beschlagnahmten deutschen Grundbesitz, worauf die Deutschen den russischen Zaren Peter den Großen um Hilfe baten.

Kampf gegen die Russen

Zunächst konnten die Schweden den Russen Widerstand leisten, aber im Jahr 1709 besiegelte die Entscheidungsschlacht zwischen dem schwedischen König Karl XII. und Peter dem Großen das Schicksal Estlands für die nächsten 200 Jahre, in denen die Zarenherrschaft kaum bedroht war. Die Russen wie die Baltendeutschen hielten die Esten mit Nachdruck von allen verantwortlichen Stellungen fern und unterdrückten die estnische Sprache. Der Missmut der Intellektuellen fand ein Ventil im Aufstand der Studenten der Universität Tartu im 19. Jahrhundert.

1905 erlebte Estland wie viele andere Regionen Russlands Unruhen, die auf die Städte übergriffen. Viele Fabrikarbeiter unterstützten die Bewegung des Bolschewismus. Auf dem Land wurden mehrere deutsche Herrenhäuser niedergebrannt. Im Ersten Weltkrieg (1914–18) erschien die Aussicht auf eine estnische Unabhängigkeit düster. Doch die Revolution von 1917, die das Zarenregime in Russland beendete, ermutigte Estland, im Februar 1918 in Pärnu seine Unabhängigkeit zu erklären. In dem 1920 mit Russland geschlossenen Friedensvertrag von Tartu wurde die Unabhängigkeit Estlands formell anerkannt.

Anwerbungsplakat der Armee Estlands 1918

Erklärung der Unabhängigkeit im Februar 1918, Pärnu

1600 | 1700 | 1800 | 1900

1629 Estland kommt in schwedische Hand

1632 Eröffnung der Universität Tartu durch schwedische Lutheraner

1710 Vertrag von Nystadt: Estland fällt ans Zarenreich

Diamantenorden von Peter dem Großen

1864 Erste estnische Zeitung, *Postimees*, erscheint

1869 Erstes Estnisches Sängerfest in Tartu

1872 Erster Streik, von Narvas Frauen organisiert

1885 Russifizierung des Baltikums beginnt

1905 Aufstände in Tallinn

1918 Erste estnische Unabhängigkeitserklärung

1920 Vertrag von Tartu bestätigt Estlands Unabhängigkeit

Präsident Konstantin Päts *(Mitte)* im Jahr 1939

Freiheit und Zweiter Weltkrieg

Zwischen 1919 und 1933 gab es zwar 20 Koalitionsregierungen, aber alle stimmten darin überein, den baltendeutschen Grundbesitz sofort an estnische Gemeinden zu verteilen. Bildungs- und Pensionssysteme wurden landesweit eingeführt. Wer vor dem Ersten Weltkrieg in der nationalen Bewegung aktiv gewesen war, erhielt eine führende Stellung in der Regierung. Der bekannteste dieser Politiker war Konstantin Päts, der im Februar 1934 mit einem Staatsstreich das Parlament auflöste, 1938 aber demokratische Institutionen wiederherstellte. Die meisten Esten berührte das kaum. Industrie, Landwirtschaft und internationaler Handel funktionierten weiter wie zuvor. Päts regierte bis zur sowjetischen Invasion am 16. Juni 1940, die die estnische Unabhängigkeit brutal beendete. Die Russen richteten mehrere prominente Esten hin, darunter auch Päts, und deportierten viele andere nach Sibirien. Die deutsche Invasion ein Jahr später sahen viele Esten als eine Art Befreiung an. Der in Tallinn geborene Alfred Rosenberg, den die Nazis mit der Verwaltung des Baltikums beauftragten, behandelte die Bevölkerung weniger hart als es in den meisten von den Nazis besetzten Ländern geschah. Im September 1944 rückte die Rote Armee in Estland ein und zwang die Deutschen zur Kapitulation. Wieder wurde Estland ein Teil Russlands, diesmal der Sowjetunion.

Sowjetpanzer vereiteln im September 1941 den deutschen Versuch, in Estland zu landen

Estland als Sowjetrepublik

Die der russischen Wiederbesetzung folgenden zehn Jahre waren für Estland traumatisch. Die 1944 wieder aufgenommenen Deportationen erreichten im März 1949 mit der Verhaftung von 20000 Esten ihren Höhepunkt. Die Sowjets wollten jeden Widerstand gegen die Bildung von Landkolchosen unterbinden, mit den Deportationen aber auch die erfolgreiche Guerilla der Waldbrüder sabotieren, einer bis in die frühen 1950er Jahre in ganz Estland aktiven Widerstandsgruppe. Stalins Tod 1953 hatte wie in der UdSSR eine Abschwächung der Unterdrückung zur Folge. Ab 1960 verstärkten sich Estlands Verbindungen zur nicht-sowjetischen Welt. Ab 1965 verkehrte zweimal pro Woche eine Fähre zwischen Tallinn und Helsinki. Bei der Moskauer Olympiade 1980 trug Estland die Bootswettbewerbe aus, zu denen Tausende von ausländischen Gästen nach Tallinn kamen. Es gab plötzlich ausländische Zeitungen,

Zeitskala

1921 Flugverkehr zwischen Tallinn und Stockholm

1924 Putschversuch estnischer Kommunisten

1934 Unblutiger Putsch von Konstantin Päts

1937 Marine erwirbt ihr erstes britisches U-Boot

1939 Hitler-Stalin-Pakt schlägt Estland der UdSSR zu

1940 Sowjetische Besetzung

1941 Nazi-Deutschland besetzt Estland

1944 Rote Armee kehrt zurück, stalinistische Ära beginnt

1953 Tod Stalins, sowjetische Unterdrückung leicht gemildert

1964 Finnischer Präsident besucht Estland

1965 Fähre Tallinn–Helsinki nimmt den Dienst auf

1925 | 1935 | 1945 | 1955 | 1965

Estlands Tallink-Fährdienst, der Tallinn mit Helsinki verbindet

Die olympischen Bootswettbewerbe 1980 werden in Tallinn eröffnet

Durchwahl-Telefonate ins Ausland und viele Konsumgüter, die es seit 1940 nicht mehr gegeben hatte. Nach den Spielen verschwand das alles rasch wieder, nicht aber die Erinnerung daran. Die Enttäuschung wurde in den 1980er Jahren zur totalen Ernüchterung: Im finnischen Fernsehen war zu sehen, welch anderer Lebensstil nur 50 Kilometer nördlich von Tallinn entfernt herrschte.

Als Michail Gorbatschow 1985 als Generalsekretär der KP der Sowjetunion an die Macht kam, nutzten die Esten seine liberale Politik dazu, die Kulturszene wiederzubeleben und Fabriken und kleine Unternehmen wiederaufzubauen. Es gab Pläne, die Wirtschaft zu reformieren, deren Kernelement die Einführung einer stabilen Währung war. Als 1991 der Zusammenbruch der UdSSR erfolgte, waren die Esten zumindest theoretisch deutlich besser auf eine kapitalistische Wirtschaft vorbereitet als viele andere Sowjetrepubliken.

Der estnische Ministerpräsident Mart Laar

Unabhängigkeit

Die Jahre 1992 und 1993 waren für Estland schwierig. Die sofortige Wiedereinführung der Krone als Währung vernichtete Sparguthaben in sowjetischen Rubel. Die Inflation konnte nicht auf der Stelle eingedämmt werden. Ministerpräsident Mart Laar prägte in seiner ersten Amtszeit von 1992 bis 1994 den Satz: »Das kleine Land, das es kann«, und es konnte es sehr schnell. Viele litten zeitweilig, als Fabriken und Kolchosen schlossen, aber wenige litten lange, weil der Fremdenverkehr, finnische Montagewerke und internationale Callzentren rasch alle freien Arbeitskräfte auffingen. Laar, der 1999 wieder an die Macht kam, konnte das Land aus der Finanzkrise steuern, die der Zusammenbruch der russischen Wirtschaft 1998 verursacht hatte.

Bis Ende 2007, 16 Jahre nach der Unabhängigkeit, gab es keinen Abschwung. Estlands Beitritt zur EU 2004 verlieh dem Land weitere Dynamik. Etwa zehn Prozent der potentiellen Arbeitskräfte leben inzwischen im Ausland. Die Arbeitslosigkeit ist dennoch ein Problem. Das Verhältnis zu Russland wird schwierig bleiben, das den Verlust seines »Bruderlandes« noch immer nicht ganz verschmerzen kann. Doch mit dem Westhandel und der NATO, die dauernde Sicherheit garantiert, wird diese Frage in Zukunft immer weniger eine Rolle spielen.

1980 Olympische Bootswettbewerbe in Tallinn eröffnet

1992 Lennart Meri Staatspräsident

Präsident Lennart Meri (1929–2006)

2004 Estland tritt der NATO und EU bei

1975 **1985** **1995** **2005** **2015**

1991 Estland erklärt Unabhängigkeit

Yachtzentrum Pirita, der Ort der Bootswettbewerbe bei der Olympiade 1980

1994 Russische Truppen ziehen ab. Die *Estonia* sinkt: 850 Tote

2007 Estland führt die weltweit erste per Internet abgehaltene Parlamentswahl durch

TALLINN

Die estnische Hauptstadt hat sich seit der Unabhängigkeitserklärung 1991 zu einer dynamischen und schicken Großstadt entwickelt. Neben erstaunlichen Gebäuden aus dem Mittelalter bietet Tallinn aufregende moderne Architektur, die das neue Selbstvertrauen seiner Bewohner widerspiegelt. Das Kulturangebot der Stadt zieht ganzjährig viele interessierte Besucher an.

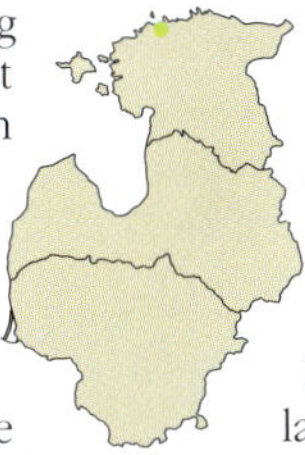

Ein Blick vom Domberg (Toompea) auf Tallinn mit seinen 400 000 Einwohnern zeigt, dass die Stadt aus ihren ungewöhnlichen historischen Gegebenheiten das Beste gemacht hat. Auf Karten tauchte Tallinn 1154 erstmals auf. Es wurde Tallinn getauft, nachdem die Dänen es 1219 erobert und eine Festung auf dem Toompea errichtet hatten. »Tallinn« ist eine Kurzform von estnisch Taani Linnus, »dänische Festung«. Offiziell trug die Stadt bis zur ersten Unabhängigkeit Estlands 1918 den deutschen Namen Reval. Nach der Ankunft deutscher Kaufleute im Jahr 1230 wurde Reval in Oberstadt (Toompea) und Unterstadt geteilt.

1347 verkaufte der dänische König Tallinn an Deutschland. Die Stadt erblühte im 14. und 15. Jahrhundert, als sie eines der führenden Mitglieder der mächtigen Hanse war. Die grandios restaurierte Altstadt, seit 1991 UNESCO-Welterbe, ist ein eindrucksvolles Denkmal dieser goldenen Zeit in der wechselreichen Geschichte Tallinns.

In der zaristischen Zeit, die unter Peter dem Großen 1710 begann, blieb es um die Stadt relativ still. Fast das ganze 19. Jahrhundert war sie wenig mehr als ein Sommerbad reicher Russen. Aber die Eröffnung der Eisenbahn nach St. Petersburg 1870 stellte den Ruf der Stadt als wichtiges Handelszentrum wieder her. Während der sowjetischen Besetzung ließ der riesige Zufluss meist russischsprachiger Arbeiter die Einwohnerzahl Tallinns anschwellen.

Seit der Unabhängigkeit 1991 haben bessere Flug- und Schiffsverbindungen Tallinn leicht erreichbar gemacht. Die Stadt hat enge Bande zum Nachbarn Finnland geknüpft. Die Fähre Tallinn–Helsinki gehört zu den weltweit am meisten ausgelasteten.

Kleine Ballerinen tanzen während der Sommerfestivals auf einer Straße in Tallinn

◁ **Die wunderschönen Kuppeln der Alexander-Newski-Kathedrale erheben sich aus üppigem Grün**

Überblick: Tallinn

Die meisten Sehenswürdigkeiten Tallinns liegen am oder rund um den Rathausplatz und den Domberg (Toompea) in der mittelalterlichen Altstadt, die relativ leicht zu Fuß zu erkunden ist. In den gewundenen Kopfsteinstraßen stößt man auf hübsche Seitengassen, Innenhöfe und Kirchen sowie auf faszinierende Museen, die das historische und kulturelle Erbe der Stadt präsentieren. Auch rund um die Altstadt gibt es viele leicht erreichbare bemerkenswerte Gebäude. Das Viru-Tor im Ostteil der Stadtmauer ist einer der Hauptzugänge zur Altstadt.

Das Viru-Tor, eines der bekanntesten Wahrzeichen der Stadt

Sehenswürdigkeiten auf einen Blick

Kirchen und Klöster

Alexander-Newski-Kathedrale 19
Dominikanerkloster 10
Heiliggeistkirche 3
Kirche der Verklärung Christi 14
St. Nikolauskirche S. 64f 6
St.-Olafskirche 15
Tallinner Domkirche (Mariendom) 20

Museen

Adamson-Eric-Museum 24
Große Gilde 4
Museum für angewandte Kunst und Design 13
Museum für Fotografie 5
Museum für Theater- und Musikgeschichte 7
Okkupationsmuseum 21
Tallinner Stadtmuseum 11

Historische Bauwerke und Sehenswürdigkeiten

Dicke Margarete 17
Drei Schwestern 16
Haus der Ritterschaft 22
Katharinengang 9
Kiek-in-de-Kök 23
Rathaus 1
Ratsapotheke 2
Schloss Toompea 18
Schwarzhäupterhaus 12
Viru-Tor 8

Siehe auch

• ***Übernachten*** S. 292–294
• ***Restaurants*** S. 322–225

Legende

- Detailkarte siehe S. 58f
- Detailkarte siehe S. 68f
- Information
- Post
- Polizei
- Kirche

Pikk Herman (Langer Hermann) auf dem Toompea

In Tallinn unterwegs

Die Altstadt von Tallinn erkundet man am besten zu Fuß. Zu einigen wichtigen Sehenswürdigkeiten muss man freilich fahren, z. B. zum Kadriorg-Park östlich der Altstadt, nach Pirita, zum Fernsehturm und zum Botanischen Garten, die alle nordöstlich des Kadriorg-Parks liegen. Öffentliche Verkehrsmittel sind Busse, Trolleybusse und Trams. Fast alle Busse fahren vom Vabaduse väljak oder der Zentralstation Viru Keskus ab. Die meisten Trams führen an der Altstadt vorbei. Verkehrsverbindungen gibt es in alle größeren Orte und Großstädte Estlands.

Blick vom Domberg (Toompea) auf die Skyline der Stadt

Im Detail: Altstadt

Schnitzfigur am Rathausplatz

Der beeindruckende Rathausplatz im Herzen der Altstadt dient schon seit vielen Jahrhunderten als lebendiger Marktplatz. Den sanft geneigten, mit Kopfsteinen gepflasterten Platz umgibt ein Ring anmutiger mittelalterlicher Gebäude. Das Rathaus aus dem frühen 14. Jahrhundert ist das einzige noch erhaltene spätgotische Rathaus Nordeuropas. Der Platz, Treffpunkt für Einheimische und Besucher, ist Inbegriff und Seele der Altstadt. Im Sommer sitzt man hier im Freien an den Tischen der Cafés.

Blick vom Rathausturm auf den Marktrummel des Rathausplatzes

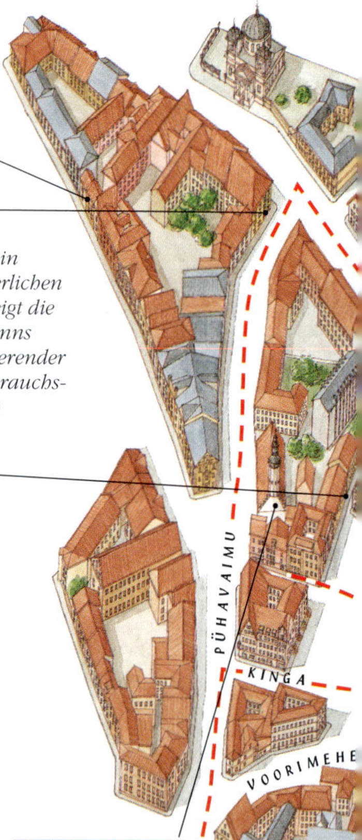

Schwarzhäupterhaus

Tallinner Stadtmuseum
Dieses Museum in einem mittelalterlichen Handelshaus zeigt die Geschichte Tallinns anhand faszinierender Kunst- und Gebrauchsgegenstände. ⓫

★ Ratsapotheke
Die alte Apotheke, deren eindrucksvolles Interieur allein einen Besuch lohnt, betreibt auch ein bezauberndes kleines Museum mit allerlei Kuriositäten. ❷

Heiliggeistkirche
Dieses wunderbar erhaltene Bauwerk gilt als eine der schönsten Kirchen Tallinns und ist eine Schatztruhe voller Kunst aus Mittelalter und Renaissance. ❸

Legende

– – – Routenempfehlung

Nicht versäumen

★ Rathaus

★ Ratsapotheke

Dominikanerkloster
Zu dem Kloster, einem der ältesten Bauwerke Tallinns, gehört auch ein eindrucksvolles Museum mit schönen Steinmetzarbeiten. ⑩

Viru tänav
Die quirlige Straße ist eine der bekanntesten der Altstadt. Hier findet man eine Vielzahl von Restaurants, Bars, Cafés und Läden.

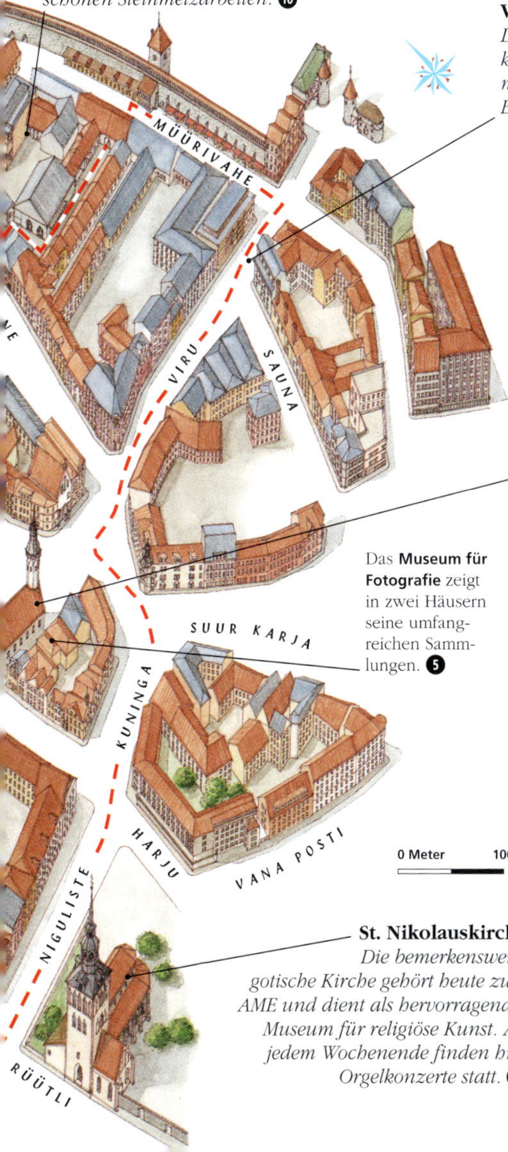

★ Rathaus
Der imposante gotische Bau mit achteckigem Turm steht gut sichtbar am Rathausplatz. Er ist seit dem Mittelalter das Zentrum des städtischen Lebens. ❶

Das **Museum für Fotografie** zeigt in zwei Häusern seine umfangreichen Sammlungen. ❺

St. Nikolauskirche
Die bemerkenswerte gotische Kirche gehört heute zum AME und dient als hervorragendes Museum für religiöse Kunst. An jedem Wochenende finden hier Orgelkonzerte statt. ❻

Rathaus 1

Tallinna raekoda

Raekoja plats 1. **Stadtplan** 1 C2. *645 7900.* *5, 40.* *1, 2, 3, 4.* *Juli–Aug: Mo–Sa 10–16 Uhr (nach Vereinb.); Sep–Juni: Mo–Fr 9–16 Uhr.* **www**.tallinn.ee/raekoda

Das Rathaus von 1404 ist eines der wichtigsten Symbole Tallinns. Sein steiles Spitzdach wird von zwei hohen Giebeln flankiert, den achteckigen Turm krönt eine Spitze der Spätrenaissance. Schmale Fenster und eine zinnenbewehrte Attika vervollständigen das imposante Äußere. Zum Rathausplatz hin läuft eine gewölbte Arkade an der Nordfassade entlang, wo ein Café im Sommer Tische aufstellt. Drinnen kann man den Bürgersaal und den Ratssaal besichtigen, aber die meisten Besucher eilen zum Turm und steigen die 115 Stufen zur Spitze hinauf.

Ratsapotheke 2

Raeapteek

Raekoja plats 11. **Stadtplan** 1 C2. *631 4860.* *5, 40.* *1, 2, 3, 4.* *Mo–Fr 9–19 Uhr, Sa 10–17 Uhr.*

Die Raeapteek gilt als eine der ältesten Apotheken Europas. Das Äußere des Gebäudes stammt aus dem 17. Jahrhundert, aber es gibt Belege dafür, dass die Apotheke an dieser Stelle bereits im Jahr 1422 existierte. In einer Ecke des Ladeninneren gibt es ein bescheidenes Museum mit historischen Exponaten, zu denen medizinische Instrumente und allerlei kuriose Heilmittel gehören. Bitten Sie um eine Probe des Würzweins, der im Mittelalter gern gekauft wurde. Einer lokalen Legende zufolge wurde hier per Zufall das Marzipan erfunden und Martini panis (»Martins Brot«) getauft.

Der schlanke Barockturm der Heiliggeistkirche

Heiliggeist-kirche 3

Pühavaimu kirik

Pühavaimu 2. **Stadtplan** 1 C2. *644 1487.* *5, 40.* *1, 2, 3, 4.* *Mai–Sep: Mo–Sa 9–17 Uhr; Okt–Apr: Mo–Sa 10–15 Uhr.* *15 Uhr (auf Englisch).* **www**.eelk.ee/tallinna.puhavaimu

Die Kirche aus dem 13. Jahrhundert ist eine der schönsten Tallinns. Der gotische Bau diente als Rathaus- und Leprosoriumskapelle, bevor er in eine Kirche umgewandelt wurde. Das weiß getünchte Äußere ziert die älteste öffentliche Uhr der Stadt mit Schnitzereien aus dem Jahr 1684. Den Treppengiebel überragt ein eindrucksvoller Barockturm, dessen Spitze 2002 fast völlig ausbrannte, aber binnen Jahresfrist restauriert wurde. Das Innere birgt viele sakrale und architektonische Kunstschätze, von den kunstvollen barocken Kirchenbänken bis zu der Renaissancekanzel. Das Altartriptychon *Ausgießung des heiligen Geistes* (1483) des Lübeckers Bernt Notke ist die Hauptattraktion der Sammlung. In dieser Kirche wurden im Jahr 1535, nach der Reformation, die ersten Predigten in estnischer Sprache gehalten.

Inneres der Ratsapotheke mit wohlgefüllten Regalen

Große Gilde 4

Suurgildi hoone

Pikk jalg 17. **Stadtplan** 1 C2. *641 1630.* *5, 40.* *1, 2, 3, 4.* *Do–Di 11–18 Uhr.* **www**.eam.ee

Das Haus von 1417 ist eines der bedeutendsten des mittelalterlichen Tallinn. Es gehörte einer mächtigen Vereinigung reicher Kaufleute und hat einen wichtigen Platz in der Stadtgeschichte. Es diente vor allem als Versammlungsort der Gildemitglieder, wurde aber bisweilen auch für Hochzeitsfeiern und Gerichtssitzungen genutzt. Es war Start und Ziel der meisten Festumzüge in Tallinn. Das spätgotische Gebäude hat sich durch die Jahrhunderte sein originales Äußeres bewahrt, nur die Fenster wurden nach 1890 neu gestaltet.

Das prachtvolle Innere der Großen Gilde bildet den perfekten Rahmen für eine Abteilung des **Historischen Museums** *(siehe S. 78)*, dessen Sammlung historischer Kunst- und Gebrauchsgegenstände die estnische Geschichte von der Steinzeit bis zur Mitte des 19. Jahrhunderts abdeckt. Die Exponate reichen von Schmuck bis hin zu Waffen. Sie werden von erklärenden Texten auf Estnisch, Russisch und Englisch begleitet.

Hotels und Restaurants in Tallinn *siehe Seiten 292–294 und 322–325*

Mittelalterliche Architektur

Tallinns mittelalterliche Altstadt ist eine der besterhaltenen in Nordeuropa. Mit ihren gewundenen Kopfsteinstraßen und den Reihen anmutiger spitzgiebliger Fassaden hat sich die Altstadt den echten Charakter eines mittelalterlichen Stadtkerns bewahrt. Das Straßenlabyrinth entwickelte sich zwischen dem Machtzentrum des Toompea oben und dem Hafen unten sowie dem bedeutenden Markt- und Rathausplatz in der Mitte. Tallinn (Reval) boomte als Handelszentrum im Mittelalter, aber im 19. Jahrhundert herrschte relative Ruhe, was die Altstadt möglicherweise vor ihrer Zerstörung bewahrt hat. Auch die mittelalterlichen Befestigungen sind sehr gut erhalten: Zwei Kilometer der Stadtmauer und die Hälfte der ursprünglich 46 Türme sind noch immer intakt.

Türklopfer, Historisches Museum

Der Dachboden diente als Speicher, in den die Waren mittels Seilwinde gehievt wurden.

Das Modell eines mittelalterlichen Handelshauses *ist im Stadtmuseum* (siehe S. 63) *zu betrachten, einem Bau des 14. Jahrhunderts. Im Dach wurden Waren gespeichert, während man Gäste im ersten Stock empfing.*

Mittelalterliche Türme *sind berühmte Zeugen der Stadtgeschichte. Kiek-in-de-Kök* (siehe S. 71) *und Dicke Margarete* (siehe S. 67) *sind heute Museen. Von den benachbarten Türmen Nunna, Sauna und Kuldjala hat man einen schönen Blick.*

Die Weckengasse *(Saiakang) direkt hinter dem Rathausplatz ist eine der engen mittelalterlichen Gassen, die die Altstadt so faszinierend machen.*

Lühike jalg, *auch »Kurzes Bein« genannt, ist eine steile stimmungsvolle Gasse, die im 13. Jahrhundert als Verbindung zwischen der Festung Toompea oder Oberstadt und dem übrigen Reval (Tallinn) gebaut wurde. Im Mittelalter hatten mehrere Kupferschmiede und Schlosser ihre Werkstätten in der Lühike jalg.*

Der Drachenkopf-Wasserspeier *springt unter dem Rathausdach hervor. Die Wasserspeier des Rathauses sind Beispiele der humoristischen Details an zahlreichen mittelalterlichen Bauten Tallinns.*

Foto aus dem Jahr 1898 im Museum für Fotografie

Museum für Fotografie ❺

Fotomuuseum

Raekoja tänav 4/6. *Stadtplan* 1 C3. *644 8767. 5, 40. 1, 2, 3, 4. März–Okt: Do–Di 10.30–18 Uhr; Nov–Feb: Do–Di 10.30–17 Uhr.* **www**.linnamuuseum.ee

Das Museum für Fotografie liegt versteckt hinter dem Rathaus. Es besteht aus zwei separaten Gebäuden, von denen das eine aus dem 14. und das andere aus dem 18. Jahrhundert stammt. Sie dienten früher als Stadtgefängnisse und wurden auch zu Gerichtssitzungen benutzt. Heute enthalten sie eine umfangreiche Sammlung estnischer Fotografien aus der Zeit von 1840 bis 1940. Die Ausstellung, die seltene Daguerreotypien, Ambrotypien und Ferrotypien enthält, bietet einige der schönsten Arbeiten bekannter früher estnischer Fotografen, darunter von H. Tiidermann, B. Lais und N. Nyländer. Auf einem Ehrenplatz steht die winzige Minox-Kamera, deren Prototyp 1936 in Estland entwickelt wurde. In dem Museum sind auch Wechselausstellungen zeitgenössischer Fotografen zu sehen.

St. Nikolauskirche ❻

Niguliste kirik

Siehe S. 64f.

Museum für Theater- und Musikgeschichte ❼

Teatri-ja muusikamuuseum

Müürivahe 12. **Stadtplan** 1 C3. *644 6407. 5, 40. 3, 4. Mi–So 10–18 Uhr. nach tel. Vereinbarung.* **www**.tmm.ee

Das Museum im Assauwe-Turm der Stadtmauer befasst sich mit einem hoch geschätzten Kulturerbe des Landes und dient auch als wissenschaftliches Zentrum. Zu dem 1924 gegründeten Museum für Musikgeschichte kam 1941 das für Theater hinzu. Für Musik- und Theaterfans gibt es viel zu sehen, von schönen Volksmusikinstrumenten bis hin zu Originalprogrammen von Theaterproduktionen. Die Noten und Instrumente des wichtigen estnischen Komponisten Peeter Süda (1883–1920) bilden einen weiteren Schwerpunkt. Für eine geringe Gebühr spielt das Personal auf den Instrumenten. Das Museum besitzt die Rechte am Werk des Komponisten Heino Eller (1887–1970) und verleiht seit 1998 den angesehenen Heino-Eller-Musikpreis an bedeutende Persönlichkeiten.

Viru-Tor ❽

Viru tänav. **Stadtplan** 2 D3. *5, 40. 1, 2, 3, 4.*

Dieses Tor im Ostteil der Stadtmauer ist einer der Hauptzugänge in die Altstadt. Die leicht schräg geneigten steinernen Türme sind ein malerischer Anblick und eines der bekanntesten Motive Tallinns. Die beiden Türme des Tors wurden im 14. Jahrhundert erbaut und waren Bestandteil eines größeren Torsystems. Die umgebenden Teile der Stadtmauer sind aus dem 16. Jahrhundert. Der Wassergraben und die Wassermühle, die es einmal vor dem Tor gab, wurden 1843 abgerissen. Anfang des 20. Jahrhunderts galt die Viru tänav als eine der schicksten Straßen der Stadt und ist heute ein beliebter Treffpunkt.

Die steinernen Türme des Viru-Tors, eine der bekanntesten Ansichten Tallinns

Katharinengang ⑨

Katariina käik

Katariina käik. **Stadtplan** 2 D2. *5, 40.* *1, 2, 3, 4.*

Das bezaubernde mittelalterliche Gässchen mit unebenen Steinmauern und Gewölbebogen verbindet die Straßen Vene und Müürivahe miteinander. Galerien und Kunsthandwerksläden säumen den Durchgang, wo man den Ladeninhabern dabei zuschauen kann, wie sie Keramik und Schmuck herstellen, Glas bearbeiten oder Bücher binden. Die Gasse verläuft entlang der erhaltenen Mauer der Katharinenkirche, die 1246 erbaut wurde. Zu ihrer Zeit war sie die größte Kirche Tallinns. Mehrere Grabsteine, einige aus dem 14. Jahrhundert, stehen noch immer in dieser schmalen Gasse.

Der mit Kopfsteinen gepflasterte Katharinengang

Durchgang im mittelalterlichen Dominikanerkloster in der Altstadt

Dominikanerkloster ⑩

Dominiiklaste klooster

Vene 16/18. **Stadtplan** 2 D2. *644 4606.* *5, 40.* *1, 2, 3, 4.* *Mitte Mai–23. Sep: tägl. 10–18 Uhr. Andere Zeiten nur für angemeldete Gruppen.* *durch die Innenräume des Klosters und den Kreuzgang.* **www**.kloostri.ee

Das 1246 von Dominikanern gegründete Kloster war ein berühmtes Bildungszentrum. Ihm setzten die Reformationsunruhen 1524 ein Ende. Die Lutheraner zerstörten das Kloster und zwangen die Mönche ins Exil. 1531 brannte die entweihte Katharinenkirche, die den Klostersüdflügel gebildet hatte, zu größten Teilen ab.

Für 400 Jahre versank der Klosterbau in Vergessenheit, ehe er 1954 restauriert wurde. Heute locken ein Kreuzgang, stille Korridore und der Garten die Besucher an. Die Hauptattraktion aber ist das schöne **Dominikanerkloster-Museum**, das Estlands größte Sammlung von Steinmetzarbeiten heimischer Künstler aus Mittelalter und Renaissance besitzt. Eines der bedeutenden Werke, ein Relief eines Engels auf einem dreieckigen Stein, wird Hans von Aachen zugeschrieben, dem deutschen manieristischen Maler des 16. Jahrhunderts.

Dominikanerkloster-Museum
Mitte Mai–Mitte Sep: tägl. 10–18 Uhr.

Tallinner Stadtmuseum ⑪

Tallinna linnamuuseum

Vene 17. **Stadtplan** 1 C2. *644 6553.* *5, 40.* *1, 2, 3, 4.* *März–Okt: Mi–Mo 10.30–18 Uhr; Nov–Feb: Mi–Mo 10.30–17 Uhr.* **www**.linnamuuseum.ee

Das Stadtmuseum in einem Handelshaus des 14. Jahrhunderts wurde 1937 eröffnet, um den Tallinnern das reiche Kulturerbe der Stadt zu präsentieren. Heute bietet die riesige Sammlung auf drei Etagen einen faszinierenden Überblick über die Stadtgeschichte. Highlights sind das Schnittmodell eines Handelshauses des 16. Jahrhunderts, der schöne Nachbau eines bürgerlichen Interieurs des 19. Jahrhunderts sowie die Kopie des »Alten Thomas«, des berühmten Wetterhahns auf dem Rathausturm. Über die Etagen verteilen sich lebensgroße Wachsfiguren in zeitgenössischen Kostümen. Zu sehen sind auch Silber-, Porzellan- und Zinngeschirre und zahlreiche Gobelins.

Zu den Exponaten aus dem 20. Jahrhundert gehören Fotos der riesigen Menschenmengen, die in der Altstadt zusammenströmten, als Estland 1991 die Unabhängigkeit von der Sowjetunion wiedererlangt hatte. Eine der Hauptattraktionen ist die Ausstellung mit dem Titel *Die Stadt, die nie fertig sein wird*. Ihr liegt die lokale Legende zu Grunde, dass Tallinn in dem Moment untergeht, da jemand behauptet, es sei als Stadt endlich vollendet.

Tallinn um 1820, Modell im Tallinner Stadtmuseum

St. Nikolauskirche ❻

Niguliste kirik

Die dem hl. Nikolaus geweihte Kirche wurde bereits im 13. Jahrhundert erbaut, aber fast alles, was man heute sieht, stammt aus dem 15. Jahrhundert. Die meisten mittelalterlichen Kunstwerke Tallinns wurden in den Reformationsunruhen 1524 zerstört, aber der Sage nach entging die Kirche der Plünderung, weil ein Kirchendiener die Tür mit flüssigem Blei versiegelt hatte. Nach der Zerstörung im Zweiten Weltkrieg wurde die Kirche während der sowjetischen Ära wiederaufgebaut. Seither dient sie als Museum, in dem Tallinns eindrucksvollste Sammlung sakraler mittelalterlicher Kunstwerke zu sehen ist. In der Kirche finden zudem regelmäßig Orgel- und Chorkonzerte statt.

Die St. Nikolauskirche, eines der mittelalterlichen Kleinode Tallinns

★ Altarbild mit Szenen aus dem Leben des hl. Nikolaus
Dieses hinreißend detailliert gemalte Altarbild (1482) von Hermen Rode aus Lübeck zeigt Szenen aus dem Leben des hl. Nikolaus sowie die Enthauptung des hl. Georg.

Triptychon Mariä und der Schwarzhäupter-Bruderschaft
Das Mittelbild zeigt die Heiligen Georg und Mauritius neben Maria und, auf den Seitenflügeln, die Heiligen Franz und Gertrud.

NICHT VERSÄUMEN

- ★ Altarbild *Leben des hl. Nikolaus*
- ★ *Totentanz* von Bernt Notke

Steinfigur
Die Skulptur ist eine der eindringlichen Steinfiguren, die Teil des ursprünglichen Baus der St. Nikolauskirche sind.

Eine Sammlung von Glocken aus Kirchen ganz Estlands ist in der Kirche zu sehen.

Die Silberkammer liegt in der äußersten Ecke der Kirche.

Eingang

Hotels und Restaurants in Tallinn *siehe Seiten 292–294 und 322–325*

Steinmetzarbeit
Schädel und Gebeine, in Stein gemeißelt, sind am Eingang zur Kapelle nahe der Kirchentür zu sehen. Steinmetzarbeiten, ein Hauptelement estnischer Architektur, wurden meist in Dolomit und Sandstein ausgeführt.

INFOBOX

Niguliste 3. **Stadtplan** 1 C3. ☎ *631 4330.* ◯ *Mi–Fr 10–17 Uhr.* *Eintritt bis 16.30 Uhr (Reservierung unter 644 9903).* *nach Voranmeldung; fremdsprachige Führungen (bis zu 35 Personen) gegen Extragebühr.* **Silberkammer** ◯ *10–13.30, 14–17 Uhr.* *gegen Extragebühr (bis zu 10 Personen).* **Orgelmusik** *Sa, So um 16 Uhr; Dauer: ca. 30 Minuten.* **www**.ekm.ee

★ ***Totentanz* von Bernt Notke**
Der Fries von Bernt Notke (ca. 1440–1509) gilt weithin als krönendes Hauptwerk der Kirche. Nur ein Fragment des ursprünglich 30 Meter langen Originals ist erhalten.

Silberkammer
In der kleinen ehemaligen Sakristei sind prunkvolle Silberschätze zu sehen, die verschiedenen Gilden und Vereinen gehörten, wie zum Beispiel der mächtigen und reichen Bruderschaft der Schwarzhäupter.

TOTENTANZ

Das Fragment des Frieses *Totentanz* von Bernt Notke aus dem 15. Jahrhundert gilt als eines der wertvollsten Kunstwerke Estlands, da es das einzige erhaltene Beispiel dieses Genres auf Leinwand ist. Man sieht darauf Skelette, die einen König und sein Gefolge zum Tanz auffordern. Niemand weiß genau, wie das Gemälde nach Tallinn gelangte, es ist aber möglich, dass Notke einen ähnlichen Fries, den er 1461 in seiner Heimatstadt Lübeck gemalt hatte, kopiert hat.

König im Totentanz

Stadtplan Tallinn *siehe Seiten 82f*

Schwarzhäupterhaus aus der Renaissance mit Prunkportal

Schwarzhäupterhaus ⓬

Mustpeade maja

Pikk 26. **Stadtplan** 1 C2. 631 3199. 5, 40. 1, 2, 3, 4. *nur zu Kammerkonzerten (Termine erfragen).* **www**.mustpeademaja.ee

In diesem Renaissancehaus des 15. Jahrhunderts versammelte sich die Bruderschaft der Schwarzhäupter, einer Vereinigung lediger Kaufleute und Reeder, die nach ihrer Verheiratung der mächtigeren Großen Gilde beitreten durften. Der Name leitet sich von dem nordafrikanischen Heiligen Mauritius her, dem Schutzpatron der Organisation, dessen Bildnis am prunkvollen Portal zu sehen ist.

Anders als die Schwarzhäupter in Riga *(siehe S. 148)* waren die in Tallinn in Kriegszeiten zur Verteidigung der Stadt verpflichtet. Sie zeichneten sich im Livländischen Krieg (1558–83) besonders aus, ansonsten jedoch scheinen die jungen reichen Herren ein ruhiges, genussreiches Leben geführt zu haben. Die Vereinigung gab es bis zur sowjetischen Invasion 1940. Heute finden im Schwarzhäupterhaus regelmäßig Kammerkonzerte in dessen eleganten Hauptsaal statt, der für seine schöne Holztäfelung bekannt ist.

Museum für angewandte Kunst und Design ⓭

Eesti tarbekunsti ja disainimuuseum

Lai 17. **Stadtplan** 1 C2. 627 4600. 3. 1, 2. *Mi–So 11–18 Uhr.* **www**.etdm.ee

Das Museum in einem umgebauten Kornspeicher des 17. Jahrhunderts zeigt das Beste an estnischem Design vom Beginn des 20. Jahrhunderts bis heute. Die riesige Sammlung an Schmuck, Keramik, Glas, Möbeln und Textilien belegt eindrucksvoll die große Tradition der Gebrauchskunst in Estland.
In vielen Exponaten mischt sich wirkungsvoll skandinavisches Raffinement mit subtiler baltischer Ironie. Einige fantasievolle Möbel, Träume für Kunstsammler, fallen besonders ins Auge. Außerdem gibt es wunderschönes Porzellan aus den 1930er bis 1960er Jahren, die der große estnische Künstler Adamson-Eric *(siehe S. 71)* geschaffen hat.

Seit seiner Eröffnung 1980 hat das Museum für estnisches Design im In- und Ausland wirkungsvoll Werbung gemacht. Nehmen Sie sich von hier eine Karte mit, auf der Beispiele von Design im öffentlichen Raum in ganz Tallinn verzeichnet sind.

Kirche der Verklärung Christi ⓮

Issandamuutmise kirik

Suur-Kloostri 14. **Stadtplan** 1 C2. 646 4003. 3. 1, 2. *So 9–13 Uhr.* **www**.teelistekirikud.ekn.ee

Die nahe der mittelalterlichen Stadtmauer, etwas versteckt gelegene Kirche besitzt einen eindrucksvollen barocken Turmaufsatz und ein reich verziertes Inneres. Die Kirche gehörte ursprünglich zum St. Michaelskloster des Zisterzienserordens, wurde aber während der Reformation geschlossen. Nachdem sie kurz schwedische Garnisonskirche gewesen war, fiel sie 1716 unter Peter dem Großen an die orthodoxe Kirche. Der Zar stiftete ihr die außergewöhnlich schöne Ikonostasis des russischen Architekten Iwan Zarudny. Die Glocke der Kirche aus dem Jahr 1575 ist die älteste Glocke von Tallinn.

Barocker Turmaufsatz der Kirche der Verklärung Christi

Blick von der St. Olafskirche auf Tallinn und die Ostsee

St. Olafskirche ⓯

Oleviste kirik

Lai 50. **Stadtplan** 1 C1. *641 22 41.* 3. *1, 2. Apr–Okt: tägl. 10–18 Uhr.* **www**.oleviste.ee

Der 124 Meter hohe Turm von St. Olaf ist ein Wahrzeichen Tallinns. Die Kirche hat einen Ehrenplatz in der Stadtgeschichte. Der Sage nach wollten die Revaler den höchsten Turm der Welt bauen, um Handelsschiffe anzulocken. Ein Fremder versprach ihnen hierbei seine Hilfe. Als Bezahlung wünschte er, die Bürger sollten seinen Namen erraten. Als die Kirche fast fertig war, schickten die Stadtväter einen Spion in seine Heimat und erfuhren seinen Namen. Sie riefen »Olev«, als er gerade das Turmkreuz befestigte – er verlor das Gleichgewicht und stürzte ab. In Wahrheit wurde die Kirche nach König Olaf II. von Norwegen benannt. Der damals 159 Meter hohe Turm war der höchste der Welt, bis 1625 die Kirche nach einem Blitzschlag niederbrannte. Bis 1820 schlug noch sechsmal der Blitz ein, noch zweimal brannte sie ab.

Der ursprüngliche Bau (16. Jh.) wurde im 19. Jahrhundert umfassend restauriert. Sein Inneres ist nicht besonders beeindruckend, sehenswert ist die gewölbte Decke. Von der Aussichtsplattform des Turms hat man eine wunderbare Sicht. An der Außenmauer an der Rückseite der Kirche findet man den kunstvollen Grabstein (15. Jh.) eines Johann Ballivi, der an der Pest gestorben ist.

Steinrelief an der Rückseite der St. Olafskirche

Drei Schwestern ⓰

Kolm õde

Pikk 71. **Stadtplan** 2 D1. 3. *1, 2.*

Die Drei Schwestern am Nordende der Pikk sind drei benachbarte mittelalterliche Handelshäuser, die geschmackvoll zu einem Luxushotel *(siehe S. 294)* verbunden worden sind. Sie wurden 1362 als Handelsniederlassungen samt Ladeluken und Seilwinden zum Hinauf- und Hinunterhieven von Säcken errichtet. Ihre ursprünglichen Besitzer, meist Gildevorstände, Ratsherren und Bürgermeister, brachten in ihnen aber auch ausländische Gäste unter, die sie auf ihren Geschäftsreisen kennengelernt hatten. Die Häuser mit ihren eleganten Spitzgiebeln gehören zu den besterhaltenen Gebäuden aus dem 14. Jahrhundert und ergänzen wertvoll die grandiose Umgebung der Pikk. Das Hotel »Three Sisters« zählt stolz die englische Königin Elisabeth II. und den Sänger Sting zu seinen vielen prominenten Gästen.

Dicke Margarete ⓱

Paks Margareeta

Pikk 70. **Stadtplan** 2 D1. *641 1408.* 3. *1, 2. Mi–So 10–18 Uhr. nach Voranmeldung.* **www**.meremuuseum.ee

Der Name des Turms aus dem 16. Jahrhundert ist der Tatsache zu danken, dass er mit vier Meter dicken Mauern der stärkste Teil der Stadtbefestigung war. Er wurde zur Verteidigung des Hafens errichtet, sollte aber auch per Schiff ankommende Besucher beeindrucken. Später wurde er zum Gefängnis umgebaut. Während der Februarrevolution von 1917 wurden die Gefängniswärter von Arbeitern, Soldaten und Matrosen ermordet.

Heute dient die Dicke Margarete rein friedlichen Zwecken: in ihr befindet sich das **Estnische Schifffahrtsmuseum** (Eesti meremuuseum) mit seiner über vier Etagen verteilten kuriosen Sammlung von nautischen Utensilien. Die Exponate bieten aber auch einen Einblick in den Schiffsbau und historische Darstellungen der estnischen Häfen. Man findet zudem ein maßstabgetreues Modell der *Estonia*, der Auto- und Passagierfähre, die 1994 zwischen Tallinn und Stockholm sank. Von der Spitze des Turms hat man einen schönen Blick auf die Altstadt sowie auf Tallinns Hafen und Bucht.

Estnisches Schifffahrtsmuseum
Pikk 70. *641 1408. Mi–So 10–18 Uhr.*

Schiffsmodell als Lampe am Eingang zum Estnischen Schifffahrtsmuseum

Im Detail: Toompea

Schloss Toompea thront südwestlich der Altstadt auf dem etwa 50 Meter hohen Domberg (Toompea). Seine Anfänge liegen im 13. Jahrhundert, als die Dänen hier eine Burg errichteten. Der Berg hat im Lauf der Jahrhunderte viele Male den Besitzer gewechselt, ist aber noch immer von den eindrucksvollen Kalkstein-Befestigungsanlagen aus dem Livländischen Krieg (1558–83) umgeben. Der eklektische Komplex des Schlosses Toompea beherbergt heute das Riigikogu, Estlands Parlament, am Schlossplatz. Die Platzmitte wird von der imposanten Alexander-Newski-Kathedrale beherrscht. Der Domberg bietet eine spektakuläre Aussicht auf die Altstadt und ist ein idealer Ausgangspunkt für die Besichtigung von Tallinn.

Pikk Herman, eines von Tallinns Hauptwahrzeichen

★ Schloss Toompea

Der Domberg-Schlosskomplex zeigt mehrere Architekturstile, von mittelalterlichen Türmen bis hin zur rosafarbenen Barockfassade. ⓲

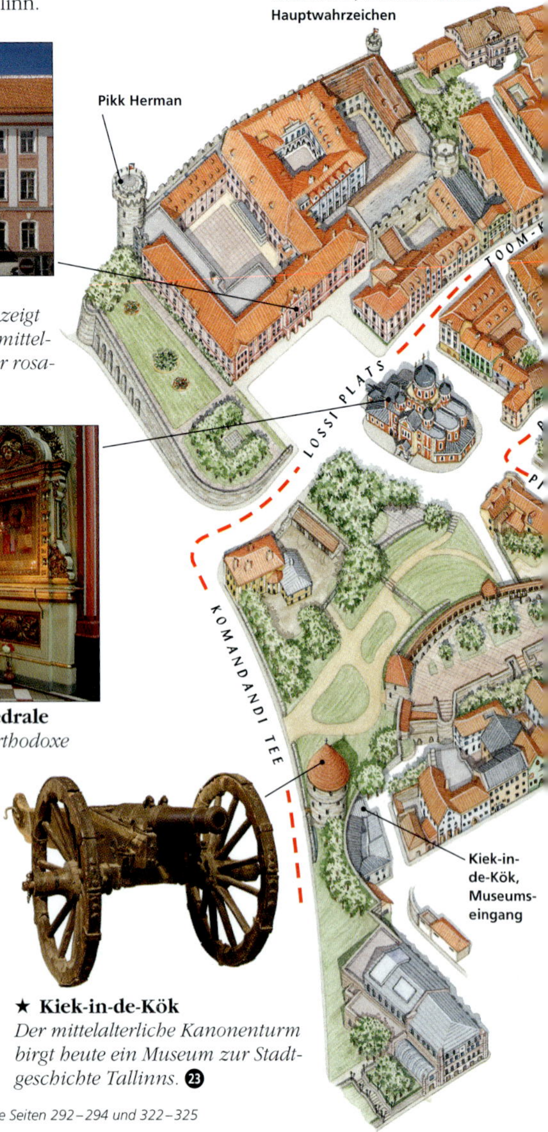

★ Alexander-Newski-Kathedrale

Tallinns grandiose russisch-orthodoxe Kathedrale ist nach dem Kriegshelden benannt, der das russische Heer 1242 siegreich in die Schlacht am Peipsi-See führte. ⓳

Nicht versäumen

- ★ Alexander-Newski-Kathedrale
- ★ Kiek-in-de-Kök
- ★ Schloss Toompea

★ Kiek-in-de-Kök

Der mittelalterliche Kanonenturm birgt heute ein Museum zur Stadtgeschichte Tallinns. ㉓

Kathedrale St. Marien
St. Marien, von den Dänen 1240 zunächst als Holzkirche erbaut, ist die älteste Kirche auf dem estnischen Festland. Ihre strenge gotischen Fassade erhielt sie erst im 14. Jahrhundert. ⓴

Aussichtsplattform Patkuli
Dieser malerische Punkt, eines der abgelegenen Refugien auf dem Domberg, bietet einen weiten Blick über die Altstadt und den Hafen.

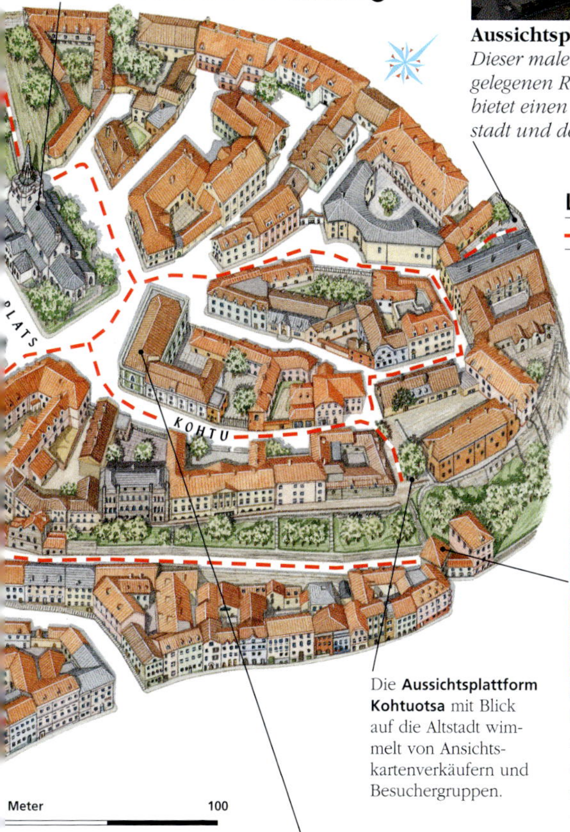

Legende

Routenempfehlung

Die **Aussichtsplattform Kohtuotsa** mit Blick auf die Altstadt wimmelt von Ansichtskartenverkäufern und Besuchergruppen.

Stadttor-Turm Pikk jalg
Der Turm am Ende des mit Kopfsteinen gepflasterten Pikk jalg stammt aus dem 14. Jahrhundert.

Haus der Ritterschaft
Der Neorenaissancebau wurde 1848 als Hauptquartier der Ritterschaft, der lokalen Aristokratie, errichtet. Das gut erhaltene Innere zeigt eine Mischung verschiedener Stile. ❿

Stadtplan Tallinn *siehe Seiten 82f*

Neobyzantinische Alexander-Newski-Kathedrale

Schloss Toompea ⓲

Toompea loss

Lossi plats 1a. **Stadtplan** 1 B3. *631 6357. 3, 4. Mo–Fr 10–16 Uhr. nach Voranmeldung.* **www**.riigikogu.ee

Die elegante, unprätentiöse klassisch rosafarbene Fassade von Schloss Toompea täuscht über die Geschichte dieses Machtzentrums hinweg. Es ist heute Sitz des Riigikogu, Estlands Parlament, aber etwa 700 Jahre lang gehörte es verschiedenen Besatzungsmächten. Seit dem 9. Jahrhundert stand hier ein hölzernes Bollwerk, das die Dänen 1219 eroberten. Sie errichteten die steinernen Befestigungen rund um den Berg, die zum großen Teil noch heute erhalten sind.

Der architektonisch vielgestaltige Schlosskomplex umfasst den 50 Meter hohen Pikk Herman mit der estnischen Flagge an seiner Spitze. Das einzigartige Riigikogu, 1922 erbaut, steht auf dem Schlosshof. Der Toompea als Ganzes besaß eigene Rechte und Privilegien bis 1878, als er offiziell mit der übrigen Stadt vereint wurde.

Alexander-Newski-Kathedrale ⓳

Aleksander Nevski katedraal

Lossi plats 10. **Stadtplan** 1 B3. *644 3484. 3, 4. tägl. 8–19 Uhr.* **www**.teelistekirikud.ekn.ee

Die imposante Alexander-Newski-Kathedrale wurde zwischen 1894 und 1900 auf Befehl Zar Alexanders III. erbaut. Wie beabsichtigt, beherrscht der neobyzantinische Bau mit seinen hohen Zwiebeltürmen und goldenen Kreuzen den Schlossplatz.

Angeblich wurde die Kirche über dem Grab des estnischen Volkshelden Kalev errichtet. Benannt ist sie nach dem russischen Fürsten und Heiligen Alexander Newski (1220–1263), der die Kreuzritter 1242 am Ufer des Peipsi-Sees schlug. Als Symbol der Russifizierungspolitik Alexanders III. war die Kirche bei vielen Esten unbeliebt. 1924 war man drauf und dran, sie zu zerstören, zum Glück wurde der Plan nicht realisiert.

Der prunkvolle Altar besteht aus einer verwirrenden Menge von Ikonen, aber allein das riesige Innere der Kirche ist schon eindrucksvoll.

Tallinner Domkirche ⓴

Toomkirik

Toomkooli 6. **Stadtplan** 1 B2. *644 4140. 3, 4. Di–Sa 9–16 Uhr, So 11.30–16 Uhr.* **www**.eelk.ee/tallinna.toom

Die im Volk »Mariendom« genannte Kirche ist angeblich das älteste Gotteshaus Estlands. Sie wurde 1240 von den Dänen gebaut und erlebte im Lauf der Zeit umfassende Umbauten. Das etwas schlichte gotische Äußere stammt aus dem 14. Jahrhundert, eine kunstvolle Barockkanzel und eine viel bewunderte Orgel von 1878 ziert den schönen Kirchenraum. Sehenswert sind außerdem 107 Adelswappen und das herrliche Renaissancegrabmal des französischstämmigen Heerführers Pontus de la Gardie, der 1581 im Livländischen Krieg (1558–83) Narva den Russen abrang und für die Schweden eroberte. 1684

Kunstvolle Barockkanzel in der Kathedrale St. Marien

wurde die Kirche Opfer einer Feuersbrunst auf dem Toompea und musste von Grund auf neu gebaut werden. Sie ist nach wie vor das Zentrum der estnischen Lutheraner.

Okkupationsmuseum ㉑
Okupatsioonide muuseum

Toompea 8. **Stadtplan** 1 B3. *668 0250.* *3, 4.* *Di–So 11–18 Uhr.* *nach Voranmeldung.* **www**.okupatsioon.ee

Das 2003 eröffnete Museum ermöglicht einen sehr präzisen Blick ins Leben der Esten im 20. Jahrhundert unter der Zwangsherrschaft von Nazis und Sowjets. Zu den faszinierenden Exponaten gehören Beispiele der bürokratischen Schreibarbeiten, grauenerregende Berichte von Deportationen und Hinrichtungen sowie Propagandaplakate, die eine wichtige Waffe für die Besatzungsmächte waren.

Das Freilichtmuseum am Fuß des Toompea erinnert an die zahllosen Opfer der Besetzungen. Zu verdanken ist das Museum Olga Kistler-Ritso, einer in den Vereinigten Staaten lebenden Exilantin. Sie stiftete dem Museum zwei Millionen Dollar, die größte private Schenkung in der Geschichte Estlands.

Haus der Ritterschaft ㉒
Rüütelkonna hoone

Kiriku plats 1. **Stadtplan** 1 B2. *3, 4.*

Das 1848 erbaute Haus der Ritterschaft diente einst als Tagungsstätte des einflussreichen Adels von Toompea. Während der ersten Republik (1920–1940) war es Sitz des Außenministeriums. In der Sowjetära war in dem Haus die Estnische Nationalbibliothek untergebracht.

Es beherbergte vorübergehend die Hauptsammlung des Kunstmuseums Estlands, ehe sie in ihre neue dauerhafte Bleibe im Kunstmuseum KUMU *(siehe S. 76)* umzog.

Haus der Ritterschaft (19. Jh.), in dem auch Konzerte stattfinden

Das Haus, in dem auch Konzerte veranstaltet wurden, ist derzeit nicht zugänglich.

Kiek-in-de-Kök ㉓

Komandandi 2. **Stadtplan** 1 B3. *644 6686.* *3, 4.* *Di–So 10.30–18 Uhr.* *Führung durch die Geheimtunnel unter der Bastion unter 644 6553 vereinbaren.* **www**.linnamuuseum.ee

Kiek-in-de-Kök, einer der mächtigsten Kanonentürme Nordeuropas im 16. Jahrhundert, wurde 1475 als Hauptbastion des Dombergs errichtet. Er ist 38 Meter hoch, seine Mauern sind vier Meter dick. Der seltsame niederdeutsche Name bedeutet »Guck-in-die-Küche«, was vermuten lässt, dass die Soldaten auf dem Turm den Feind gut im Blick hatten. Manche glauben aber, dass sie den Leuten buchstäblich in die Töpfe guckten. Ab der Mitte des 18. Jahrhunderts wurde der Turm nicht mehr gebraucht. Heute enthält er ein Museum zu Tallinns Stadtgeschichte, das u. a. mittelalterliche Waffen und die Schutzkleidung eines Pestarztes zeigt.

***Bitterer Tod*, Kopie einer Kanone in Kiek-in-de-Kök**

Adamson-Eric-Museum ㉔

Lühike jalg 3. **Stadtplan** 1 C3. *644 5838.* *3, 4.* *Mi–So 11–18 Uhr.* *Gruppenführungen nach Voranmeldung.* *erlaubt nur ohne Blitz.* **www**.ekm.ee

Das Adamson-Eric-Museum ist eine Abteilung des estnischen Kunstmuseums. Es ist in einem mittelalterlichen Haus an einer engen Treppe zwischen Altstadt und Toompea untergebracht. Adamson-Eric (1902–1968) ist eine der Hauptgestalten der estnischen Kunst im 20. Jahrhundert. Sein eigenwilliges Werk umspannt mehrere Jahrzehnte und beeinflusste zahlreiche Künstler nach ihm.

Bemalter Porzellanteller, Adamson-Eric-Museum

Adamson-Eric wurde in Tartu geboren und arbeitete vorwiegend als Maler, gestaltete aber auch Keramiken, Metallformen, Schmuck und Leder. Ab 1940 hatte er mehrere prominente Positionen in sowjetischen Kunstkomitees inne. 1949 wurde er aus der KP ausgeschlossen und zu vierjähriger Fabrikarbeit verurteilt. Nach einem Schlaganfall 1955 und der Lähmung seiner rechten Hand malte er mit der Linken weiter. Die hier gezeigte Sammlung wurde dem Kunstmuseum von der Witwe des Künstlers überlassen.

Stadtplan Tallinn *siehe Seiten 82f*

Abstecher

Tallinn hat nicht nur eine hinreißende Altstadt: Etwas weiter östlich liegt der Kadriorg-Park mit dem schönen Schloss, dem KUMU-Kunstmuseum und dem Platz des Sängerfestes. Weiter östlich findet man Schloss Maarjamäe mit dem Historischen Museum und nördlich davon das faszinierende Kloster Pirita. Das Estnische Freilichtmuseum westlich der Altstadt bewahrt die wohl älteste bäuerliche Architektur Estlands. Auch der Villenvorort Nõmme im Süden lohnt einen Besuch. Die meisten Orte sind mit öffentlichen Verkehrsmitteln leicht erreichbar.

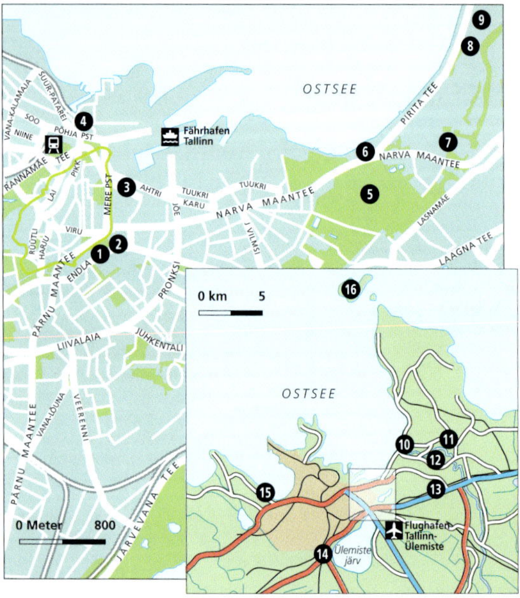

Sehenswürdigkeiten auf einen Blick

Historische Gebäude
- Fernsehturm 11
- Kloster Pirita 10
- Rotermann-Viertel und Salzspeicher 3
- Russalka-Denkmal 6
- Sowjetisches Ehrenmal 9

Theater, Konzertsäle und Museen
- Energiezentrum 4
- Estnische Konzerthalle 2
- Estnisches Dramentheater 1
- Estnisches Freilichtmuseum 15
- Schloss Maarjamäe 8
- Tallinner Sängerfeld 7

Parks und Gärten
- Botanischer Garten 12
- *Kadriorg-Park S. 74–77* 5

Inseln und Vororte
- Insel Aegna 16
- Lasnamäe 13
- Nõmme 14

Legende
- Flughafen
- Bahnhof
- Fährhafen
- Autobahn
- Hauptstraße
- Nebenstraße

Estnisches Dramentheater 1
Eesti draamateater

Pärnu mnt 5. 680 5555. 5, 36, 40. 3, 4. *Sep–Juli: tägl. 11–19 Uhr (Kasse).*
www.draamateater.ee

Das beliebte Theater ist eines der eindrucksvollsten Bauwerke am Rand der Altstadt. Das Haus, das 1910 als deutschsprachiges Theater erbaut worden war, wurde 1939 vom Estnischen Dramentheater erworben.

Die elegante Jugendstil-Fassade nimmt in einer im Baltikum einzigartigen Weise rustikale Stilelemente in sich auf. Unter den Sowjets wurde der Name des Theaters in Tallinner Dramentheater geändert, um keine nationalistischen Assoziationen aufkommen zu lassen. Seit 1989 hat das Haus wieder seinen alten Namen.

Mit einem 40-köpfigen Ensemble und etwa 500 Vorstellungen pro Saison ist es das größte Theater Estlands. Die Produktionen sind meist auf Estnisch, Ausnahmen gibt es nur auf Festivals.

Die prächtige Eingangsfront des Estnischen Dramentheaters

Estnische Konzerthalle 2
Kontserdisall

Estonia pst 4. 683 1260. 5, 36, 40. 3, 4. *tägl. 11–19 Uhr (Kasse).*
www.opera.ee

Die beeindruckende Fassade der Estnischen Konzerthalle beherrscht den Teil des Estonia Prospekt, der den Ostrand der Altstadt streift.

Eindrucksvolle Fassade der Estnischen Konzerthalle

Das weitläufige Gebäude bietet in einem Flügel der Estnischen Nationaloper (Rahvusooper Estonia) und in einem anderen dem Philharmonischen Orchester Tallinn Platz, während der Wintergarten regelmäßig für Staatsfeiern genutzt wird.

Die Konzerthalle wurde 1913 durch Spenden finanziert. Als Schaufenster der estnischen Kultur sollte sie ähnliche deutsche und russische Einrichtungen in Tallinn in den Schatten stellen. In den letzten Jahren hat sich die Nationaloper einen hervorragenden internationalen Ruf erworben. Ihre innovativen Produktionen sind für einen Bruchteil der Preise zu sehen, die man in den meisten europäischen Hauptstädten zahlen müsste.

Rotermann-Viertel und Salzspeicher ❸

Eesti arhitektuurimuuseum

Ahtri 2. 625 7000. alle Busse zum Busbahnhof Viru. 1, 2, 3, 4.
Estnisches Architekturmuseum
Mitte Mai–Sep: Mi–Fr 12–20 Uhr, Sa, So 11–18 Uhr; Okt–Mitte Mai: Mi–So 11–18 Uhr.
www.arhitektuurimuuseum.ee

Das Rotermann-Viertel liegt östlich des Mere Prospekt am Rand des Tallinner Hafenviertels. Von der Altstadt Tallinns kann man es gut zu Fuß erreichen. Das Viertel ist nach Charles Abraham Rotermann, einem Industriellen des 19. Jahrhunderts, benannt und war ein wichtiges Industriezentrum, bevor die meisten Fabriken und Speicher unter den Sowjets stillgelegt wurden und verfielen. Das Viertel wird derzeit im Rahmen eines gewaltigen Sanierungsprojekts erneuert, sodass daraus ein schickes neues Geschäfts- und Wohngebiet zu werden verspricht.

Charles Abraham Rotermann

In dem imposanten Kalksteinbau des Salzspeichers, den man in der Nähe findet, ist heute das **Estnische Architekturmuseum** untergebracht. Einst wurde hier das Salz für die Stadt gespeichert. Heute bietet das Haus in seinem riesigen dreigeschossigen Inneren genügend Platz für wechselnde Architekturausstellungen.

Energiezentrum ❹

Tehnika-ja teaduskeskus

Põhja pst 29. 715 2650. 3. 1, 2. Mo–Sa 10–17 Uhr.
www.energiakeskus.ee

Das in einem ehemaligen Kraftwerk gelegene Energiezentrum ist ein riesiges Museum, das zum Tallinner Museum für Wissenschaft und Technik gehört. An vielen interaktiven Exponaten werden naturwissenschaftliche Grundlagen demonstriert.

Das Zentrum ist bezaubernd altmodisch und baut auf das Vergnügen, spielend zu lernen, statt auf Hochglanzpräsentationen und Hightech-Apparate wie in vielen anderen Institutionen. Besonders amüsante benutzbare Ausstellungsstücke gibt es unten. In dem Zentrum finden auch verschiedene andere, ernstere wissenschaftliche Ausstellungen und Seminare statt.

Salzspeicher, heute das Estnische Architekturmuseum

Kadriorg-Park ❺

Dieser Park ist eine der größten Attraktionen Tallinns außerhalb der Altstadt. Er umgibt das herrliche Barockschloss (18. Jh.), das als Sommerresidenz für Peter den Großen erbaut wurde, und enthält eine Vielzahl kleiner Museen, historischer Denkmäler und Galerien. Von seiner Südwestecke bis nach Nordosten misst der Park 1,5 Kilometer. Er ist eine beliebte, malerische Flaniermeile. Auch die eleganten, wohlhabenden Wohnstraßen nahe dem Südeingang sind sehenswert. Hier finden sich Museen, die Eduard Vilde und Anton Hansen Tammsaare gewidmet sind, zwei der berühmtesten Gestalten der Literatur Estlands im 20. Jahrhundert.

Friedrich-Reinhold-Kreutzwald-Denkmal
Es ehrt den Verfasser des Versepos Kalevipoeg, *das als Beginn einer eigenständigen estnischen Literatur gilt.*

Schwanensee
Der rechteckige See mit dem eleganten Inselpavillon liegt im Zentrum des weitläufigen Parks.

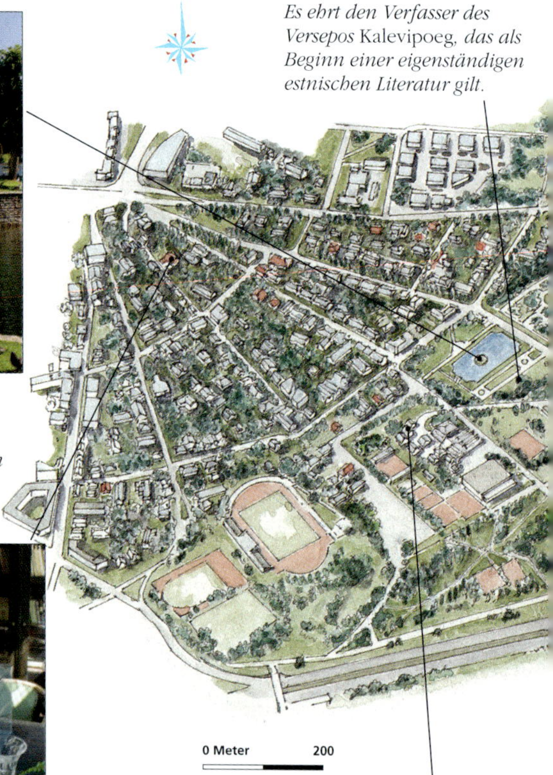

Anton-Hansen-Tammsaare-Museum
Das Museum informiert über das Leben des Autors Tammsaare (1878–1940) und stellt sein literarisches Werk aus.

Nicht versäumen

★ Kunstmuseum KUMU

★ Schloss Kadriorg

Eduard-Vilde-Museum
Das hübsche Sommerhaus dient als lebendes Denkmal für einen der beliebtesten Dichter Estlands. Vilde lebte hier bis zu seinem Tod im Jahr 1933.

Infobox

2 km östlich der Altstadt. 1, 19, 34, 35, 38. 1, 3. *Zu empfehlen ist ein Spaziergang durch die Wohnstraßen rund um den Park, die architektonische Perlen zu bieten haben.*

★ Schloss Kadriorg
Im Barockschloss Peters des Großen ist die ausländische Kunstsammlung des Estnischen Kunstmuseums zu sehen, dessen Hauptwerke sich im Kunstmuseum KUMU befinden.

Russalka-Denkmal
Das Denkmal (siehe S. 78) *erinnert an den Untergang des Panzerschiffs* Russalka *vor Finnland 1893.*

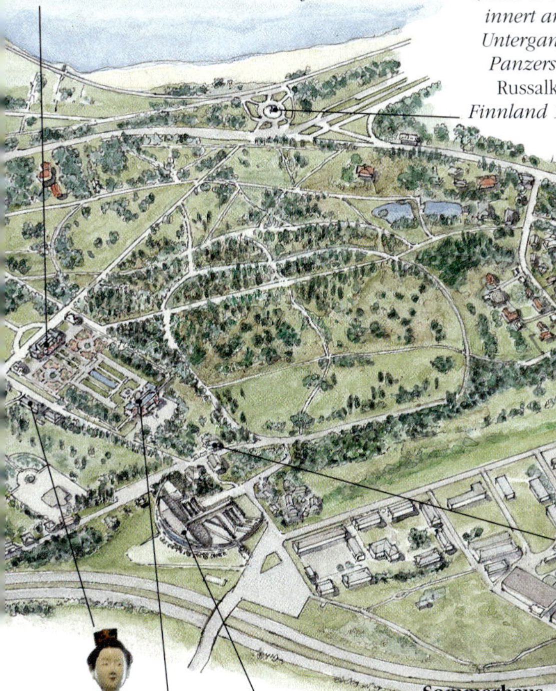

Sommerhaus Peters des Großen
Der große Zar nutzte das Landhaus zeitweilig als Wohnung.

Präsidentenpalast

Mikkel-Museum
Das kleine Museum ist für seine Porzellanvasen und -figurinen bekannt.

★ Kunstmuseum KUMU
Das hinreißende und architektonisch wohl eindrucksvollste Museum im Baltikum enthält die wichtigsten Sammlungen des Estnischen Kunstmuseums.

Kadriorg-Park: Attraktionen

Dieser Park mit seinen Waldwegen, Statuen und Teichen ist zauberhaft. In ihm finden sich eine Reihe schöner Häuser und gepflegter Gärten, zusätzliche Attraktivität gewinnt er durch die hier ansässigen Museen wie das Kunstmuseum KUMU und das Mikkel-Museum. Fast alle Hauptsehenswürdigkeiten des Parks liegen an oder nahe der Weizenbergi. Der Park ist nicht sehr groß und ohne Mühe zu Fuß zu durchwandern. Von der Altstadt Tallinns liegt das stille Viertel einen angenehmen 30-minütigen Spaziergang entfernt. Es verkehren aber auch regelmäßig Busse und Trams zwischen Kadriorg-Park und Altstadt.

Der schöne Garten des Schlosses Kadriorg

Schloss Kadriorg

Weizenbergi 37. *606 6400.*
Mai–Sep: Di–So 10–17 Uhr; Okt–Apr: Mi–So 10–17 Uhr.
www.ekm.ee

Das Schloss wurde 1718 im Auftrag des russischen Zaren Peter I. als Sommerresidenz für die Zarenfamilie erbaut. Peter nannte das Tal, in dem das Schloss liegt, Kadriorg (Katharinental), zu Ehren seiner Frau Katharina. Der berühmte italienische Architekt Nicola Michetti entwarf das Schloss im Stil des nordischen Barock. Aber der russische Kaiser wünschte, dass das dreiflügelige Schloss wie eine italienische Villa wirken sollte. Für diese Pracht im Stil des italienischen Barock, den der Zar so liebte, wurden keine Kosten gescheut.

Nach umfangreichen Renovierungen zeigt das Schloss jetzt die interessante Sammlung ausländischer Kunst des Estnischen Kunstmuseums. Johannes Mikkel (1907–2006), dessen Sammlung das Mikkel-Museum zeigt, stiftete dem Estnischen Kunstmuseum 1994 etwa 600 Kunstwerke. Das Museum besitzt eine hervorragende Sammlung europäischer Malerei. Die Hauptattraktion des Museums ist jedoch der prunkvolle Große Saal, der zu den schönsten Beispielen barocken Überschwangs in Nordeuropa zählt. Auch der wundervoll gepflegte Barockgarten mit Fontänen auf der Rückseite des Schlosses ist für die Allgemeinheit zugänglich.

Van Dyck: *Porträt von Thomas Chaloner*

Mikkel-Museum

Weizenbergi 28. *601 5844.*
Mi–So 10–17 Uhr.
www.ekm.ee

Das Museum in der früheren Küche von Schloss Kadriorg stellt die Privatsammlung von Johannes Mikkel aus. Er begann zwischen den Weltkriegen Kunst zu kaufen und trug mit der Zeit eine Sammlung zusammen, die heute als eine der besten Privatsammlungen Estlands gilt.

Die Exponate stammen aus dem 16. bis 20. Jahrhundert und umfassen eine eindrucksvolle Auswahl an Porzellanvasen und -figurinen. Auch schöne Beispiele der klassischen europäischen Kunst sind vorhanden, wie etwa das *Porträt Thomas Chaloners*, das dem Flamen Anthonis van Dyck zugeschrieben wird.

Kunstmuseum KUMU

Weizenbergi 34. *602 6000.*
Mai–Sep: Di–So 11–18 Uhr; Okt–Apr: Mi–So 11–18 Uhr.
www.ekm.ee

Das im Jahr 2006 eröffnete Kunstmuseum KUMU (KUMU kunstimuuseum) ist das erste als reiner Museumsbau für das Estnische Kunstmuseum errichtete Gebäude. Es wurde für die Hauptsammlung des Museums entworfen. Das Haus ist in eine Kalksteinböschung am Rand des Kadriorg-Parks hineingebaut und selbst ein Kunstwerk.

Das riesige, schön gestaltete Innere ist ein Labyrinth voller Kunstentdeckungen, in dem ein Saal in den nächsten führt. Die Stücke sind chronologisch geordnet. Unter den vielen ausgestellten Kostbarkeiten ragen Konrad Mägis leuchtend farbige Gemälde als wundervolle Beispiele der estnischen Kunst des frühen 20. Jahrhunderts heraus. Eduard von Gebhardts Gemälde *Bergpredigt* besticht durch seine epische Groß-

Reihen von Büsten in einem Saal des Kunstmuseums KUMU

artigkeit und subtile Ironie. Die vierte Etage ist einer Dauerausstellung mit dem Titel »Schwierige Entscheidungen« über das komplizierte Verhältnis von Kunst und Sowjetstaat gewidmet, der fünfte Stock bietet das Beste aus der zeitgenössischen Kunst. Am beeindruckendsten aber ist jener Saal, der mit Hunderten von Büsten gefüllt ist, die schauerlich ins Leere starren.

Schlafzimmer Katharinas I. im Sommerhaus Peters des Großen

Museum Sommerhaus Peters des Großen

Mäekalda 2. 644 6686. *Mai–Aug: Di–So 11–17 Uhr; Sep–Apr: Di–So 11–13.30 Uhr.*
www.linnamuuseum.ee

Dieses Museum befindet sich in dem Landhaus (17. Jh.), das der Zar während des Baus von Schloss Kadriorg als Sommerresidenz nutzte. Das Haus mit dem umgebenden Land wurde 1713 erworben und um einen zusätzlichen Flügel erweitert, sodass es einen Saal, eine Küche und vier Zimmer umfasste.

Nach dem Tod Peters des Großen 1725 wohnten seine Nachfolger in dem großzügigeren Schloss. Das Landhaus verfiel, bis Alexander I. nach einem Besuch in Tallinn 1804 seine Instandsetzung anordnete. Das Haus enthält nur Weniges aus der Zeit Peters I., bietet aber dennoch einen Einblick in das Leben dieses Herrschers. Im Schlafzimmer finden sich ein Himmelbett und ein Paar Pantoffeln, die angeblich dem Zar persönlich gehörten. Im Keller gibt es eine Ausstellung über sein Leben und seine Leistungen.

Eduard Vilde (1865–1933)

Eduard Vilde, Autor und Diplomat

Der bis heute tief verehrte estnische Autor von Klassikern wie *Aufruhr in Mahtra* und *Der Milchpächter von Mäeküla* gilt allgemein als der erste professionelle Schriftsteller Estlands.

Vilde verbrachte einen Großteil seiner Zeit mit Auslandsreisen und lebte in den 1890er Jahren einige Zeit in Berlin, wo ihn Sozialismus und Materialismus anregten. Auch der Naturalismus von Émile Zola (1840–1902) übte Wirkung auf sein schriftstellerisches Werk aus. Daneben war Vilde ein freimütiger Kritiker der zaristischen Herrschaft und der deutschen Großgrundbesitzer. Nach der Gründung der ersten Estnischen Republik 1919 tat Vilde mehrere Jahre als Diplomat in Berlin Dienst. Die letzten Lebensjahre verbrachte er mit der Überarbeitung und Herausgabe seiner umfangreichen gesammelten Werke.

A.H.-Tammsaare-Museum

Koidula 12a. *601 3232.* *Mi–Mo 10–17 Uhr.*
www.linnamuuseum.ee

Anton Hansen Tammsaare (1878–1940) ist Estlands bedeutendster Schriftsteller. Sein fünfbändiger Roman *Wahrheit und Gerechtigkeit* ist ein Bild der estnischen Gesellschaft zwischen den 1870er und 1930er Jahren.

Das Museum befindet sich in dem hübschen Holzhaus im Kadriorg-Park, in dem der Romancier mit seiner Frau ab 1932 bis zu seinem Tod lebte. 1978 wurde es in ein Museum umgestaltet. Im ersten Stock liegt die Fünfzimmerwohnung des Paares, während das Museum zu Leben und Werk des Autors in einem separaten Flügel untergebracht ist. Die Sammlung von fast 6000 Stücken umfasst Fotos, Briefe, Manuskripte und auch Tammsaares Totenmaske.

Das Äußere des bescheidenen A.-H.-Tammsaare-Museums

Eduard-Vilde-Museum

Roheline aas 3. *601 3181.* *tägl. 11–16 Uhr.*
www.linnamuuseum.ee

Das Eduard-Vilde-Museum ist in einem neobarocken Sommerhaus am Kadriorg-Park untergebracht, das der Autor zum 60. Geburtstag von der estnischen Regierung als Geschenk erhielt.

Vilde war einer der produktivsten Schriftsteller Estlands: sein Werk umfasst atemberaubende 33 Bände. In dem Museum ist die Sechszimmerwohnung zu besichtigen, in der Vilde mit seiner Frau von 1927 bis 1933 gelebt hat. Die authentischen Möbel sind durch Kunstgegenstände aus der Zeit ergänzt, die einen faszinierenden Einblick in das Literaturleben in Tallinn in den 1920er Jahren geben. Es heißt, man habe Vilde oft im nahe gelegenen Park in lange Gespräche mit seinem Nachbarn, dem berühmten Schriftsteller A. H. Tammsaare, vertieft gesehen.

Das Museum existiert seit 1946 und ist auch ein architektonisch interessantes Denkmal. Die Geländer der Holztreppe aus der Zeit um 1900 sind erhalten.

Russalka-Denkmal 6

Nahe der Kreuzung von Pirita tee & Narva mnt. *1a, 34, 38.*

Das imposante Denkmal erinnert an die 177 Soldaten, die ertranken, als das russische Panzerschiff *Russalka* (»Nixe«) 1893 auf der Fahrt nach Finnland unterging. Das Werk des bekannten estnischen Bildhauers Amandus Adamson (1855–1929) wurde 1902 enthüllt. Es zeigt einen bronzenen Engel, der ein orthodoxes Kreuz in die Höhe hält. Der Sockel, auf dem der Engel auf Zehenspitzen steht, besteht aus grob behauenen Granitblöcken, die an raue See erinnern. Das Denkmal ist einer der Orte in Tallinn, den junge Paare an ihrem Hochzeitstag aufsuchen, um sich fotografieren zu lassen.

Engel mit dem orthodoxen Kreuz auf dem Russalka-Denkmal

Tallinner Sängerfeld 7

Lauluväljak

Narva mnt 95. *611 2102.* *1, 1a, 34, 38 (nach Lauluväljak); 19, 29, 35, 44, 60, 63 (nach Lasnamägi).* *Mi–Mo.* **www**.lauluvaljak.ee

Das Zentrum des Tallinner Sängerfeldes nimmt die **Sängerfestbühne** ein, eine gigantische Musikmuschel aus den 1960er Jahren. Bei dem alle fünf Jahre stattfindenden Estnischen Sängerfest (2009, 2014) fasst die Bühne bis zu

Blick auf die eindrucksvolle muschelförmige Sängerfestbühne

15 000 Choristen, auf einer Extraplattform finden noch mehr Sänger Platz. Tausende Menschen demonstrierten hier beim Sängerfest 1988 gegen die sowjetische Besetzung und lösten damit die »Singende Revolution« aus. Im Sommer gibt es hier Rock- und Klassikkonzerte sowie das Bierfest Öllesummer. Von dem 42 Meter hohen Lichtturm neben der Bühne hat man einen schönen Blick auf die Altstadt. Der Turm wird gern als Klettermast benutzt.

Schloss Maarjamäe 8

Pirita tee 56. *601 4535.* *5, 34, 38.* *nach Voranmeldung.* **www**.eam.ee

Die elegante neogotische Sommerresidenz Schloss Maarjamäe ließ der russische Graf Orlow-Dawydow 1874 errichten. Das Haus diente seitdem als Konsulat, Hotel, Restaurant, Lehrstätte für Flugschüler sowie der Sowjetarmee. Heute befindet sich hier eine weitere Abteilung des **Estnischen Historischen Museums** *(siehe S. 60).*

Die Sammlung des 1987 eingeweihten Museums beginnt dort, wo die des Altstadt-Schwestermuseums endet: Sie behandelt die politischen und sozialen Umbrüche des 20. Jahrhunderts. Die Ausstellung zeigt Puppen in historischer Kleidung sowie Nachbildungen häuslicher Interieurs. Die 1940er und 1950er Jahre sind mit Uniformen, Fotos und Waffen vertreten. Zu sehen ist auch eine Originalhütte der Waldbrüder *(siehe S. 118)*, der Partisanen, die gegen die sowjetische Besetzung kämpften, sowie eine Kopie des Schreibtischs eines KP-Sekretärs.

Auf der Rückseite des Schlosses sieht man einige der riesigen Bronzedenkmäler der Sowjetära wenig feierlich auf einem Haufen liegen.

Historisches Museum
März–Okt: Mi–So 11–18 Uhr; Nov–Feb: 11–17 Uhr. Forschung: Mo–Fr 9–17 Uhr nach Vereinbarung.

Schloss Maarjamäe mit einer Abteilung des Historischen Museums

Peter der Große (1672–1725)

Büste des Zaren im Kadriorg-Park

Lange hatte Russland Estland als notwendige Öffnung nach Westeuropa im Auge. Es war Peter der Große, der das Land schließlich eroberte. Der Vertrag von Nystad 1721 beendete den Großen Nordischen Krieg zwischen Russland und Schweden, Estland fiel an Russland. Der russische Zar besuchte Tallinn elfmal und hinterließ ein imposantes Erbe. Von der großartigen kaiserlichen Sommerresidenz Schloss Kadriorg *(siehe S. 76)* bis zum Ausbau der Häfen in Tallinn und Paldiski ist der enorme Einfluss Peters des Großen noch heute sichtbar. Der Zar liebte Estland dermaßen, dass er einmal sagte: »Hätten Tallinn und Rogewiek (Paldiski) 1702 mir gehört, hätte ich meine Residenz und die Hauptstadt des europäischen Russland nicht im Sumpfgebiet der Newa, sondern hier gegründet.«

Peter der Große *wird in diesem posthumen Porträt (1838) von Hippolyte Delaroche als großer Staatsmann dargestellt. Die politische und militärische Intelligenz des Zaren verwandelten Russland in eine europäische Großmacht.*

Die Schlacht bei Narva *zwischen Russland und Schweden fand 1700 im Großen Nordischen Krieg statt. Peter I. erlitt dabei eine schwere Niederlage. 1721 aber besiegte Russland Schweden und wurde zur dominierenden Regionalmacht.*

Das Landhaus im Kadriorg-Park (siehe S. 77) *diente Peter dem Großen und seiner Frau Katharina I. während des Baus von Schloss Kadriorg als Sommerresidenz. Heute ist es ein Museum.*

Porträt Katharinas I., gemalt von Jean-Marc Nattier 1717

Katharina I. (1684–1727)

Sie hieß ursprünglich Marta Skawronska, war die Tochter eines litauischen Bauern und soll im heutigen Estland geboren sein. Die schöne Marta kam als Mädchen in den Haushalt des Fürsten Aleksandr Menschikov, der sie 1703 Peter dem Großen vorstellte. Bald danach wurden Peter und sie ein Paar. 1705 trat sie der orthodoxen Kirche bei und änderte ihren Vornamen in Katharina. Während des Baus von St. Petersburg lebte das Paar bescheiden in einer Blockhütte mit zwei Zimmern und wurde 1707 heimlich getraut. 1709 brachte Katharina die Tochter Elisabeth zur Welt, die Russland von 1741 bis 1762 regierte. 1724 wurde Katharina offiziell zur Mitregentin ihres Gatten erklärt. Kadriorg *(siehe S. 74–77)*, zu Deutsch Katharinental, erhielt ihr zu Ehren diesen Namen.

Sowjetisches Ehrenmal ❾

Maarjamäe

Pirita tee. 🚌 *5, 34, 38.* ♿

Das Ehrenmal ist typisch für sowjetische Kriegsdenkmäler, sowohl was seine Ausmaße als auch die Ästhetik betrifft. Der 35 Meter hohe Obelisk in der Mitte der Anlage wurde 1960 zur Erinnerung an russische Seeleute errichtet, die im Ersten Weltkrieg gefallen sind. Die Teile darum herum stammen aus den 1970er Jahren und erinnern an die Sowjetsoldaten, die 1941 beim Überfall der Nazis starben. Die heute recht verfallene Anlage umfasst ein schauerliches Betonamphitheater sowie große Beton- und Eisenfiguren.

Ein deutscher Soldatenfriedhof voller Steinkreuze liegt direkt hinter dem Ehrenmal und erinnert seinerseits mahnend an den heftigen Kampf um diese Region.

Das zwischen Bäumen versteckte Kloster Pirita mit seinem Friedhof

Kloster Pirita ❿

Pirita klooster

Kloostri 9. ☎ *605 5044.* 🚌 *1, 8, 34, 38.* ◯ *Apr–Mai, Sep–Okt: tägl. 10–18 Uhr; Juni–Aug: tägl. 10–19 Uhr.* **www**.piritaklooster.ee

Das 1407 vom Brigittenorden gegründete Kloster Pirita wurde 1436 geweiht. Es war das größte Kloster in Livland (dem heutigen Estland mit Nord-Lettland), bis es bei einer Belagerung Iwans des Schrecklichen 1577 schwer beschädigt wurde. In den folgenden Jahrzehnten diente das Kloster den Einheimischen als Steinbruch, aus dem sie Baumaterialien wegschleppten. Im 17. Jahrhundert wurde auf dem Gelände ein Friedhof angelegt.

Trotz jahrhundertelanger Vernachlässigung wirken die Ruinen durchaus imposant. Am eindrucksvollsten sind die intakte 35 Meter hohe Giebelwand und die Mauern der Haupthalle. Die Anlage leiten Nonnen des Brigittenordens, die in einem hypermodernen Bau in der Nähe leben. Man kann bei ihnen übernachten, womit sie eine Tradition fortsetzen, die der Orden seit Jahrhunderten pflegt.

Fernsehturm ⓫

Teletorn

Kloostrimetsa 58a. ☎ *600 5511.* 🚌 *34, 38.* ● *für die Öffentlichkeit.* 🍴 **www**.levira.ee

Der Fernsehturm oder Tallinner Turm wurde 1980 eingeweiht. Er sollte die Dominanz sowjetischer Technik demonstrieren. 1991 war er Schauplatz einer Krise zwischen Esten und sowjetischen Truppen, die durch den Rückzug der Sowjets friedlich gelöst wurde. Trotz seiner zunehmenden Baufälligkeit ist der Turm mit seiner Höhe von 314 Metern ein spektakulärer Anblick.

Brillantes Beispiel russischer Technik: Tallinner Fernsehturm

Botanischer Garten ⓬

Tallinna botaanikaaed

Kloostrimetsa tee 52, 10 km nordöstlich des Stadtzentrums. ☎ *606 2666.* 🚌 *34a, 38.* ◯ *Mai–Aug: tägl. 11–18 Uhr; Sep–Apr: tägl. 11–16 Uhr.* ♿ **www**.tba.ee

Hauptattraktion des in einem schönen Waldgebiet gelegenen Botanischen Gartens ist das Palmenhaus. Mehrere Gewächshäuser unmittelbar daneben enthalten seltene Orchideen und eindrucksvolle Kakteen. Unter freiem Himmel gibt es einen Rosengarten, ein Arboretum, einen Steingarten und eine Dauerausstellung von Nutzpflanzen.

Der Garten nimmt 123 Hektar eines geschützten Areals im Pirita-Flusstal ein. Ein ausgeschilderter, vier Kilometer langer Naturlehrpfad führt durch eine Reihe von Habitaten, von trockener Wiese bis zum Kiefernwald.

Lasnamäe ⓭

5 km nordöstl. von Tallinn.

Der riesige Vorort aus Sowjetzeiten wurde 1977 auf einem Kalksteinplateau gegründet. In Lasnamäe wohnt fast ein Drittel aller Tallinner. Sein Industrieviertel liegt rund um die Peterburi tanäv. Scheinbar endlos reihen sich Häuserblocks an der Laagna tanäv aneinander, die durch den sogenannten »Cañon« führt, der in den Fels gesprengt wurde. Die Ausbaupläne für Lasnamäe wurden nie vollendet. Mehrere Bauprojekte, die abrupt abgebrochen wurden, als Estland aus der Sowjetunion austrat, sind noch immer zu sehen. Obwohl es wenig Interessantes zu sehen gibt, ist das Viertel als Ganzes seltsam beeindruckend und bietet einen Einblick in eine Seite der Stadt, die die meisten Besucher kaum zu sehen bekommen.

Nõmme ⓮

8 km südlich von Tallinn.
ab Tallinn. *36.*

Das schöne Wohnviertel Nõmme wurde als Vorort angelegt, nachdem hier 1872 der Bahnhof eröffnet worden war. Wenig später begannen reiche Tallinner, sich hier elegante Sommervillen mit großen Gärten zu bauen, und 1926 war das Viertel so groß geworden, dass es sich offiziell Stadt nennen durfte. Die Sowjets gemeindeten es 1940 in Tallinn ein.

Heute ist Nõmme eines der attraktivsten Viertel der Stadt und besitzt einen eigenen Markt, eine Altstadt, Cafés, Restaurants und einige gute Museen. Das **Kristjan-Raud-Museum** ist dem Künstler gewidmet, der das Versepos *Kalevipoeg* illustriert hat. Ein imposanter Anblick ist das **Schloss Glehn** eines baltendeutschen Barons, der das

Schloss des Barons von Glehn in Nõmme

Viertel größtenteils gründete. Das Schloss ist nicht zugänglich, aber sein Park mit ein paar besonders ins Auge fallenden Statuen kann jederzeit besucht werden.

Kristjan-Raud-Museum
Raua 8. *670 0023.* *Do–Sa 10–17 Uhr.* *nach Voranmeldung.*

Estnisches Freilichtmuseum ⓯

Eesti vabaõhumuuseum

Vabaõhumuuseumi tee 12.
654 9100. *21, 21b.* *Mai–Sep: tägl. 10–20 Uhr; Okt–Apr: tägl. 10–18 Uhr.* *nach Voranmeldung.* **www**.evm.ee

Das Estnische Freilichtmuseum ist eine der wenigen Attraktionen außerhalb Tallinns. Es liegt auf dem Gelände des einstigen Sommerbades Rocca al Mare an der wunderschönen Kopli-Bucht. Das Museum ist ein riesiges Dorf aus historischen Bauernhäusern aus ganz Estland. Sie entstammen dem 18. bis 20. Jahrhundert und geben einen faszinierenden Überblick über die Entwicklung der bäuerlichen Architektur in Estland. Man findet hölzerne Windmühlen, reetgedeckte Scheunen, ein Dorfgasthaus, eine 300 Jahre alte Holzkirche sowie zahlreiche Gehöfte und Wirtschaftsgebäude.

Viele Aktivitäten werden geboten, darunter Naturlehrpfade, Reiten und Kutschfahrten, außerdem gibt es hier regelmäßig Musik- und Theaterdarbietungen. Alljährliche Highlights sind die Feiern zur Johannisnacht *(siehe S. 48)* und der Herbstjahrmarkt.

Insel Aegna ⓰

Aegna saar

14 km nordöstlich von Tallinn.
ab Hafen Pirita.

Die nur drei Quadratkilometer große Insel Aegna liegt im Nordosten der Tallinner Bucht. Ihre makellosen Sandstrände und ihre unberührte Natur mögen zu künftigen Bauprojekten reizen.

Spuren menschlicher Aktivitäten sind hier fast sämtlich militärischer Art. In der Zarenzeit gab es hier eine Artilleriestellung. Nachdem die estnische Armee Aegna kurze Zeit während der ersten Unabhängigkeit genutzt hatte, wurde die Insel sowjetisches Militärsperrgebiet.

Jetzt untersteht die Insel der Stadt Tallinn, und verbesserte Fährverbindungen haben zu immer mehr Besuchern geführt. Im Sommer ist sie ein beliebter Platz zum Zelten.

Altes Holzhaus am Meer, Estnisches Freilichtmuseum

1
Tallinn
Wichtige Sehenswürdigkeit
Sehenswürdigkeit
Bahnhof
Fährhafen
Busbahnhof
Information
Post
Polizei
Krankenhaus
Kirche
Parken
Eisenbahn
Massstab
0 Meter
300
A
B
C
1
2
3
4
5
Põhja Puie
Niine
Vana-Kalamaja
Põhja Puiestee
Rannam
Kotzebue
Vabriku
Kopli
Busbahnhof
Balti Jaam
Suurtüki
St. Ola
kirc
Lai
Hauptbahnhof
Rannamäe Tee
Tornide Väljak
Aida
Vaimu
Museum für angewandte Kunst und Design
Kirche der Verklärung Christi
Suur-Kloostri
Nunne
Pikk
Schw
häupte
Toompuiestee
Snelli Pond
Tallinn
Stadtmuseu
Große Gilde
Pühavaim
Heiliggeist-kirche
Rats-apotheke
Kunstimuuseum
Haus der Ritterschaft
Tallinner Domkirche
Kiriku Plats
Pikk Jalg
Dunkri
Raekoja Plats
Rat-haus
Raekoja Tänav
Vene
Tehnika
Toom Park
Toomkooli
Adamson-Eric Museum
Niguliste
Museum für Fotografie
Schloss Toompea
Alexander-Newski-Kathedrale
Lühike Jalg
St. Nikolaus-kirche
Väike-Karja
Suur-Karja
Lossi Plats
Taani Kuninga Garden
Rüütli
Vana-Posti
Harju
Paldiski Maantee
Falgi Tee
Kiek-in-de-Kök
Müürivahe
Museum für Theater- und Musikgeschichte
Lindamägi
Komandandi Tee
Toompea
Ao
Eha
Koidu
Vabaduse Väljak
Johanniskirch
A. Adamsoni
Hirve Park
Falgi Park
Wismari
Harjumägi
Estonia Puiestee
Okkupations-museum
Russisches Theater
Kaarli Puiestee
Wismari
A. Kapi
Kaarli kirik
Villardi
Roosikrantsi
Roopa
Luise
Endla
National-bibliothek
Haridusе
Koidu
Tõnismägi
P. Süda
Endla
Tõnismägi
Suur-Ameerika
Liivalaia
Komeedi
Kesk-Ameerika
Toom-Kuninga
Pärnu Maantee
Saturni
Koidu
Väike-Ameerika
Luha
Uue Maailma
Tatari
Videviku
Kristiina
Kesk-Luha

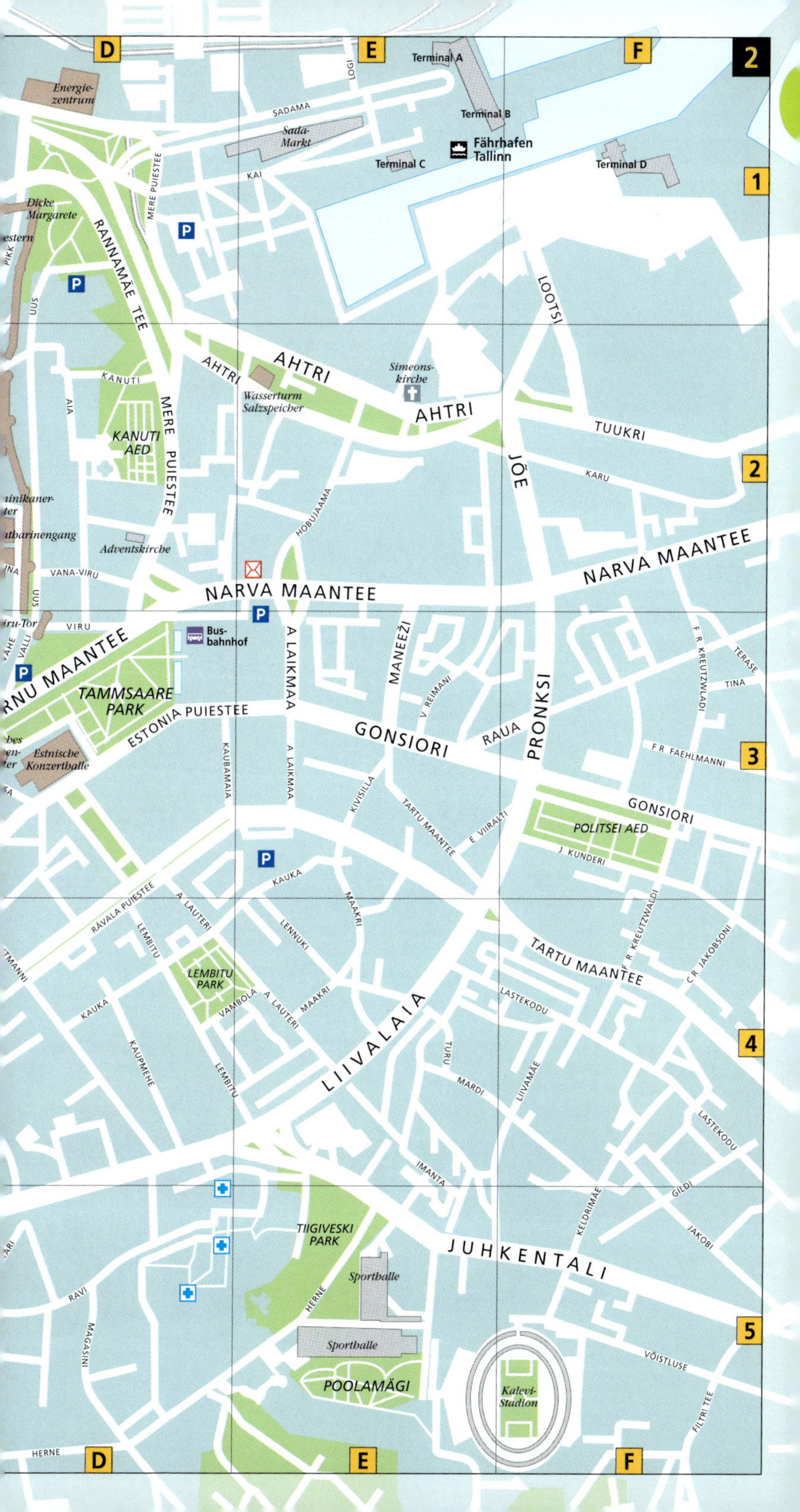

2
D
E
F
1
2
3
4
5
Energie-zentrum
Sada-Markt
SADAMA
LOGI
Terminal A
Terminal B
Terminal C
Terminal D
Fährhafen Tallinn
KAI
MERE PUIESTEE
Dicke Margarete
RANNAMÄE TEE
UUS
PIKK
LOOTSI
AHTRI
Simeons-kirche
Wasserturm Salzspeicher
KANUTI
AIA
KANUTI AED
MERE PUIESTEE
TUUKRI
JÕE
KARU
HOBUJAAMA
Adventskirche
VANA-VIRU
NARVA MAANTEE
VIRU
VALLI
Bus-bahnhof
A LAIKMAA
MANEEŽI
F R KREUTZWALDI
TERASE
TINA
TAMMSAARE PARK
ESTONIA PUIESTEE
V REIMANI
RAUA
PRONKSI
GONSIORI
F R FAEHLMANNI
Estnische Konzerthalle
KAUBAMAJA
KIVISILLA
TARTU MAANTEE
E VIIRALTI
POLITSEI AED
J KUNDERI
KAUKA
MAAKRI
RÄVALA PUIESTEE
A LAUTERI
LEMBITU
LENNUKI
LEMBITU PARK
VAMBOLA
TARTU MAANTEE
F R KREUTZWALDI
C R JAKOBSONI
LASTEKODU
KAUKA
KAUPMEHE
LIIVALAIA
TURU
MARDI
LIIVAMÄE
LASTEKODU
IMANTA
GILDI
TIIGIVESKI PARK
JUHKENTALI
KELDRIMÄE
JAKOBI
Sporthalle
HERNE
RAVI
MAGASINI
Sporthalle
POOLAMÄGI
Kalevi-Stadion
VÕISTLUSE
FILTRI TEE
HERNE

WEST-ESTLAND

Diese Region ist in mehrfacher Hinsicht eng mit der nationalen Identität der Esten verknüpft. Sie bietet einige der aufregendsten Landschaften des Landes. Die zerklüftete Küste ist mit zahlreichen historisch wie kulturell interessanten Städten und hübschen Urlaubsorten durchsetzt, während die Inseln für ihre unberührte, zeitlose Schönheit berühmt sind.

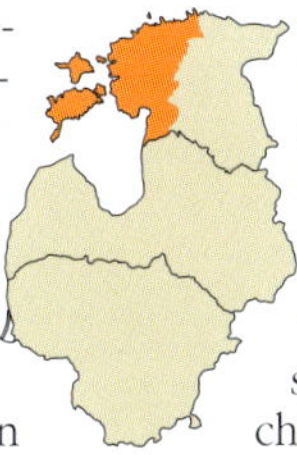

Estlands Geschichte ist weitgehend an seiner Westküste geformt worden. Viele Schweden ließen sich auf den Inseln um Haapsalu nieder, weil diese an den nordischen Handelsrouten lagen. Peter der Große eroberte Estland und baute 1718 in Paldiski einen Hafen und eine Marinebasis, weil er ein »Fenster nach Westen« haben wollte. Unter den Sowjets war die Küste eine schwer bewachte Grenzzone.

West-Estlands größte Küstenstadt ist Pärnu im Süden, die »Sommerhauptstadt« des Landes. Haapsalu, weiter nördlich, ist seit dem 19. Jahrhundert bis zum heutigen Tag ein elegantes Seebad. Der Nationalpark Soomaa im Landesinneren ist ein Feuchtgebiet voller Moore und Flüsse, während der Nationalpark Matsalu einen der größten Vogelbrutplätze Europas schützt. An der Nordwestküste ist Paldiski ein Relikt der sowjetischen Besetzung, mit seinen unzähligen baufälligen Gebäuden, die zu der gewaltigen U-Boot-Basis gehörten. Die schönen Kliffs rund um die Halbinsel eignen sich wunderbar zum Wandern, der gesamte Küstenstrich ist von malerischen Dörfchen durchsetzt. Auf einer Reise durch die Region stößt man auf zahlreiche Herrenhäuser, mittelalterliche Kirchen, Leuchttürme und andere interessante Orte.

Von den estnischen Inseln ist Saaremaa die größte und beliebteste. Die Insel Vilsandi bildet den entlegensten der estnischen Nationalparks, aber mit seinen vielen Sehenswürdigkeiten ist er auch einer der lohnendsten. Die Inseln Hiiumaa, Vormsi und Muhu sind weniger erschlossen, aber ihre schroffe Schönheit ist eine große Attraktion für jeden, der die Ruhe einer ursprünglichen und etwas abgelegenen Umgebung sucht.

Frauen in traditioneller Tracht tanzen bei einem Fest auf der Insel Hiiumaa

◁ **Atemberaubende Felsformation an der Küste nahe Paldiski** ***(siehe S. 88)***

Überblick: West-Estland

West-Estland bietet dem Besucher eine unwiderstehliche Mischung aus alter Kultur und wilder Naturschönheit. Pärnu ist ein guter Ausgangspunkt für die Erkundung der Sümpfe und Feuchtgebiete des Nationalparks Soomaa im Osten und des Vogelparadieses Matsalu im Norden. In das beliebte Seebad Haapsalu kommt man von Tallinn aus rasch mit dem Auto. Auf dem Weg dorthin kann man die wild-schöne Küstenlandschaft um Paldiski genießen. Die Inseln Kihnu, Muhu, Saaremaa, Vormsi und Hiiumaa sind durch Fähren gut mit dem Festland verbunden und von Pärnu und Haapsalu aus erreichbar.

Bohlenweg durch ein Moor im Nationalpark Soomaa

Alte Häuser an der Rüütli iela in Pärnu

Legende

- Autobahn
- Schnellstraße
- Hauptstraße
- Nebenstraße
- Eisenbahn
- Staatsgrenze

Sehenswürdigkeiten auf einen Blick

Orte

Haapsalu 2
Lihula 6
Paldiski 1
Pärnu S. 98f 9

Nationalparks

Nationalpark Matsalu 4
Nationalpark Soomaa S. 100f 10

Inseln

Hiiumaa 5
Kihnu 11
Muhu 7
Saaremaa S. 92–95 8
Vormsi 3

Sehenswürdigkeit

Gestüt Tori 12

Weitere Zeichenerklärungen *siehe hintere Umschlagklappe*

SIEHE AUCH

- ***Übernachten*** S. 295–297
- ***Restaurants*** S. 325–327

IN WEST-ESTLAND UNTERWEGS

Wichtigste Schnellstraße in der Region ist die Autobahn 4, die von Lettland über Pärnu nach Tallinn führt. Sie wird auch das estnische Teilstück der Via Baltica genannt. Die Landstraße 9 verbindet Tallinn mit Haapsalu und zweigt in Risti in die Landstraße 10 ab, die zur Hafenstadt Virtsu und den Fähren nach Saaremaa und Muhu führt. Von Rohuküla, keine drei Kilometer westlich von Haapsalu, verkehren Fähren zu den Inseln Hiiumaa und Vormsi. Zu den Inseln Kihnu und Saaremaa kann man von Pärnu auch fliegen. Zwischen Tallinn und Pärnu verkehren Züge. In entlegenen Gegenden kommt man auf kleinen Schotterstraßen nur langsam voran.

Blick vom Wachtturm der Festung Haapsalu

Paldiski ❶

Straßenkarte C1. *4000.* *157, 241 ab Tallinn.* **www**.paldiski.ee

Paldiski hat seinen Namen vom russischen *baltijskij*, was »baltisch« bedeutet. Der Ort wurde 1718 von Peter dem Großen gegründet, der die für das Russische Reich strategisch wichtige Lage erkannte. Als hier 1962 das Atom-U-Boots-Ausbildungszentrum der Sowjetmarine eingerichtet wurde, gab es bereits zwei Atomreaktoren und etwa 16000 Beschäftigte in der Region. 1994 zogen sich die Sowjets zurück, die Stadt verfiel in der Folge rasant. Der schwedische Regisseur Lukas Moodysson drehte seinen extrem düsteren Film *Lilya 4-ever* (2002) in Paldiski, das darin allerdings als namenlose »frühere Sowjetrepublik« bezeichnet wird.

Das 52 Kilometer westlich von Tallinn gelegene Paldiski ist ein faszinierender Ort, der viele Besucher anlockt. Die unzähligen verfallenen Militärbauten sind Beleg für die wichtige Rolle, die Paldiski im sowjetischen Verteidigungssystem gespielt hat. Inzwischen wird die Stadt langsam wieder zum Leben erweckt. Das Hafenviertel boomt, die natürliche Schönheit von Paldiski macht es für den Bau von Wohnsiedlungen attraktiv.

Bischofskirche von Haapsalu und die Ruine der mittelalterlichen Burg

Umgebung: Auf **Pakri**, der schönen Halbinsel drei Kilometer westlich von Paldiski, stehen Estlands höchster Leuchtturm und die Ruine einer nie fertiggestellten Festung Peters des Großen.

Der rot gestrichene Leuchtturm in Pakri in der Nähe von Paldiski

Haapsalu ❷

Straßenkarte C2. *12000.* *ab Tallinn.* *ab Hiiumaa, Vormsi.* *Posti 37, 473 3248.* *Festival Alter Musik (4.–8. Juli), Fest der Weißen Dame (Aug).* **www**.haapsalu.ee

Auf einer kleinen Landzunge, die in eine schmale Bucht ragt, liegt das beliebte im 13. Jahrhundert gegründete Seebad Haapsalu. Die Ruine der imposanten Bischofsburg ist noch immer ein Hauptanziehungspunkt im Ort, ungeachtet der Tatsache, dass Peter der Große 1715 ihre gewaltigen Befestigungen größtenteils schleifen ließ. Im Wachtturm der Burg findet man das **Burgmuseum**, das mittelalterliche Waffen zeigt. Die **Bischofskirche** daneben ist die größte einschiffige Kirche des Baltikums.

Im Lauf des 19. Jahrhunderts wurde aus Haapsalu ein schicker Ferienort, der für seine Heilschlammbehandlungen und die schönen Strände bekannt war. Der berühmte 216 Meter lange Bahnsteig der Stadt ist ein Denkmal aus jener Zeit, als der russische Hochadel und die High Society jeden Sommer hierher strömten. Der Bahnsteig mit seiner schönen hölzernen Überdachung wurde 1904 für Zar Nikolaus II. und sein Gefolge gebaut. Der Bahnhof wurde 1995 geschlossen und enthält jetzt das **Estnische Eisenbahnmuseum** mit alten Lokomotiven, die vom Ende des 19. bis ins frühe 20. Jahrhundert in Gebrauch waren.

Der **Paralepa-Strand** direkt westlich des Bahnhofs ist Haapsalus beliebtester Bade-

Estlands schwedische Einwohner

Schwedische Siedler in Estland wurden erstmals 1294 in der Stadtchronik von Haapsalu erwähnt. Man nimmt an, dass sie sich im 13. und 14. Jahrhundert an der Westküste ansiedelten, um die Handelsrouten zu sichern. Von 1561 bis 1700 war Estland unter schwedischer Herrschaft. Zu Anfang des 20. Jahrhunderts gab es etwa 8000 schwedischsprachige Esten, die meisten auf Vormsi und rund um Haapsalu. Sie galten als Minderheit mit einer ausgeprägten kulturellen Identität. Aber die meisten von ihnen flohen im Zweiten Weltkrieg nach Schweden. Es wird geschätzt, dass etwa 2000 Estland-Schweden im Land blieben. Das Leben in der Sowjetunion löschte bald ihre kulturelle Eigenständigkeit aus, sie verschwanden praktisch als Minderheit.

Schwedische Rundkreuze, Friedhof der St. Olafskirche in Hullo

strand. Die Promenade an der Ostküste ist ein weiteres hübsches Zeugnis glorreicher kaiserlicher Zeiten. Vom Afrikastrand schlängelt sich die Promenade am Kursaal vorbei zum **Museum der Estland-Schweden**, das der Kultur und Geschichte dieser Volksgruppe ein Denkmal setzt.

Museum der Estland-Schweden
Sadama 31/32. 473 7165. *Mai–Mitte Sep: Di–Sa 10–16 Uhr; Mitte Sep–Apr: Di–Sa 10–18 Uhr.*

Malerische Häuser in einem Dorf auf der Insel Vormsi

Insel Vormsi ❸

Straßenkarte C1. *350. ab Haapsalu. ab Rohuküla, 10 km W von Haapsalu.* **www**.vormsi.ee

Estlands viertgrößte Insel hat eine Fläche von 92 Quadratkilometern. Vormsi ist von rauer Schönheit und herrlich unberührt, obwohl es nur drei Kilometer vom Festland entfernt liegt. Durch die Größe und die schönen Landschaften ist die Insel perfekt zum Wandern und Radeln geeignet. Sie ist für ihre dichten Kiefernwälder und vielen Wacholderbüsche, aber auch für atemberaubende Abschnitte ihrer Felsenküste bekannt.

Manche meinen, Vormsi bedeutet »Schlangeninsel«, da sich der Name vom altschwedischen Wort für Schlange herleitet. Andere wieder behaupten, sie wurde nach einem Piraten namens Orm benannt. Vor dem Zweiten Weltkrieg lebten etwa 2000 Schweden auf Vormsi, deren Einfluss noch heute auf der ganzen Insel zu bemerken ist.

Die Hauptsiedlung der Insel ist **Hullo**, drei Kilometer westlich vom Fährhafen Sviby. Die **St. Olafskirche** aus dem 14. Jahrhundert lohnt einen Besuch wegen ihrer Barockkanzel und des Friedhofs mit seinen schwedischen Rundkreuzen, die aus Rasenhügeln emporragen.

Čajkovski in Haapsalu

Pjotr Čajkovski und seine Brüder Anatolj und Modest waren im Sommer 1867 in Haapsalu. In einem kleinen Haus an der Suur Mere tanäv arbeitete der 27-jährige Čajkovski an *Der Wojewode*, seiner ersten Oper. Die Čajkovski-Bank an der Seepromenade erinnert daran und lässt auf Knopfdruck ein Stück aus der 6. Symphonie ertönen, zu der den Meister ein estnisches Volkslied inspiriert haben soll.

Čajkovski-Bank an der Seepromenade in Haapsalu

Nationalpark Matsalu ❹

Matsalu rahvuspark

Straßenkarte C2. *Matsalu-Parkverwaltung, Penijõe Manor; 472 4236. Mi–So 8–17 Uhr, Fr 8–15.45 Uhr.* **www**.matsalu.ee

Der rund um die schmale Matsalu-Bucht gelegene Nationalpark wurde 1957 als Zuflucht für Nist- und Zugvögel angelegt. Mit etwa 275 Arten in seinen Küstenfeuchtgebieten ist er ein Eldorado für Vogelkundler. Sechs Hochstände entlang der Küste bieten die Gelegenheit, Wild und Vögel aus der Nähe zu sehen. Von Aussichtsplattformen hat man den Blick auf Schilfinseln und Küstenauen. Zu den meisten Hochständen kommt man mit dem Auto oder Bus, der Penijõe-Turm am Ufer des Flusses Penijõe ist nur zu Fuß von der Matsalu-Parkverwaltung aus erreichbar.

Schilfinsel in der Matsalu-Bucht, die zum idyllischen Nationalpark Matsalu gehört

Blick auf die unberührte Küste der Insel Hiiumaa

Insel Hiiumaa ❺

Straßenkarte C2. ✈ *Hiiesaare, 5 km O von Kärdla.* 🚌 *ab Tallinn.* ⛴ *ab Rohuküla, Triigi.* ℹ *Hiiu 1, Kärdla, 462 2232.* *Johannistag (Juni).* **www**.hiiumaa.ee

Estlands zweitgrößte Insel ist mit ihrer schroffen, vielgestaltigen Landschaft ein Paradies für Naturfreunde. Sie liegt nur 22 Kilometer vom Festland entfernt, dennoch ist sie viel weniger erschlossen als ihre Nachbarin Saaremaa *(siehe S. 92–95)*. Mehr als die Hälfte der Insel bedeckt Wald, in dem zahlreiche Wildtiere wie Elche, Luchse und Wildschweine zu Hause sind. Der Rest besteht aus Auen, Torfmooren, Heide und endlosen Kilometern unberührter Küste. Obwohl es auf der Insel viel Interessantes zu sehen gibt, kommen die meisten Besucher wegen ihrer unglaublichen Naturschönheiten und des belebenden Klimas hierher. Das flache Meer vor der Nordostküste ist im Sommer bei Kanu- und Kajakfahrern beliebt. Erfreulich viele Wander- und Radwege durchziehen die Insel. Das Angebot an öffentlichen Verkehrsmitteln ist begrenzt, man sollte sich auf sie als Möglichkeit, auf der Insel herumzukommen, nicht verlassen.

Kärdla

4000. ℹ *Hiiu 1, 462 2232.* **www**.hiiumaa.ee **Hiiumaa-Museum** Vabrikuväljak 8. *Mo–Fr 10–17 Uhr, Sa 11–14 Uhr.*

Die Kleinstadt ist vor allem als Basis für Erkundungen von Hiiumaa interessant. Die vielen hübschen Holzhäuser der malerischen Ortschaft haben fast alle einen gepflegten Garten. Eine Abteilung des **Hiiumaa-Museums** befindet sich in einem einstöckigen Holzhaus, das im 19. Jahrhundert einem schwedischen Textilindustriellen gehörte. Ein Strandpark gleich nördlich des Museums ist den ganzen Sommer über mit Familien und Sonnenanbetern gefüllt.

Der eindrucksvolle **Kreuzberg** (Ristimägi) liegt vier Kilometer westlich von Kärdla. Der Berg steht voller Kreuze aus heimischem Holz. Die Tradition, hier Kreuze aufzustellen, begann wohl 1781 mit der Deportation von Schweden durch die Russen. Inzwischen werden die meisten Kreuze auf dem Gelände von Besuchern hierher gebracht.

Herrenhaus Suuremõisa

Suuremõisa.

Die Esten bezeichnen Suuremõisa (Großenhof) zwar oft als Schloss, aber in Wirklichkeit ist es ein Herrenhaus. Es wurde 1755 für Ebba Margarethe Stenbock erbaut. Sie stammte aus der mächtigen Familie de la Gardie, der Hiiumaa größtenteils gehörte, bis es 1710 an Russland fiel. Die verwitwete Stenbock wohnte hier mit ihren Kindern, nachdem sie die Rechte über das Land wiedererlangt hatte. 1796 erwarb das Haus ein Reeder, der 1803 nach Sibirien deportiert wurde,

Zeichenerklärung *siehe hintere Umschlagklappe*

Weitläufiges Herrenhaus Suuremõisa mit einem Rasenplatz davor

weil er hier einen seiner Kapitäne ermordet hatte. Das prächtige Herrenhaus hat 64 Zimmer und bietet zurzeit zwei Schulen Platz. Das Haus selbst ist zwar nicht zugänglich, aber man kann auf dem Gelände spazieren gehen.

Kassari

90. ab Kärdla.

Hiiumaa-Museum *Mo–Fr 10–17 Uhr.*

Die kleine, mit Hiiumaa durch einen Damm verbundene Insel Kassari ist ein kleines Naturparadies. Ihre Kapelle aus dem 18. Jahrhundert hat als einzige in Betrieb befindliche Kirche Estlands ein Reetdach. In ihrer Nähe liegt das Dorf Kassari mit dem interessanten **Hiiumaa-Museum**, das über Hiiumaas Geschichte von der Steinzeit bis zur Gegenwart informiert. Hauptattraktion der Insel ist die hinreißende Halbinsel Sääre Tirp im Süden, eine zwei Kilometer lange Landzunge, zu der man zu Fuß oder mit dem Auto gelangt.

Der Orjaku-Naturlehrpfad führt um die Käina-Bucht, ein Vogelschutzgebiet. Das Meerwasser rund um Kassari soll das wärmste in Estland sein. Die Insel hat viele gute Strände, vor allem im Süden. Mit nur vier Dörfern bleibt Kassari selbst im Hochsommer ruhig und friedlich.

Leuchtturm Kõpu

Dorf Kõpu, 35 km W von Kärdla.

Mai–Mitte Sep: tägl. 10–20 Uhr.

469 3474.

Mitten auf der felsigen Halbinsel Kõpu steht der drittälteste funktionierende Leuchtturm der Welt. Die Hanse ließ den 67 Meter hohen Kõpu tuletorn zwischen 1500 und 1531 auf dem höchsten Berg Hiiumaas erbauen. Ende der 1980er Jahre wurde der baufällige Turm durch vier dicke schräge Stützpfeiler verstärkt, die ihm sein höchst markantes Aussehen geben.

Der ebenso unverwechselbare Leuchtturm Ristna (1874) steht zehn Kilometer westlich an der Spitze der Halbinsel.

Uralter Leuchtturm Kõpu mit seinen markanten Stützpfeilern

Lihula ❻

Straßenkarte C2. *1600.* *Tiigi 5, 477 8214.* **www**.lihula.ee

Das stille Dorf Lihula führt zum Nationalpark Matsalu *(siehe S. 89)* und ist der letzte Haltepunkt auf dem Weg zu den Inseln Muhu und Saaremaa. In Lihula stand im 13. Jahrhundert eine wichtige Burg, die im Livländischen Krieg (1558–83) fast völlig zerstört wurde. Von der imposanten Ruine auf einem Berg hat man eine tolle Aussicht auf die Gegend. Das **Lihula-Museum** in einem alten Herrenhaus in der Nähe bietet einen umfassenden Überblick über die Geschichte des Ortes.

Lihula-Museum

Linnuse tee 1. *477 8880.* *Öffnungszeiten telefonisch erfragen.*

Insel Muhu ❼

Straßenkarte C2. *ab Tallinn, Pärnu.* *ab Virtsu.* **www**.muhu.info

Die meisten Urlauber passieren Muhu auf dem Weg nach Saaremaa, ohne die Insel zu besichtigen. Tatsächlich aber lohnt es sich, auf der zauberhaften Insel zu verweilen und die Attraktionen zu erkunden: Nur sechs Kilometer von der Fährstation entfernt steht in dem Dorf Liiva die St. Katharinenkirche aus dem 13. Jahrhundert. Das nahe Küstendorf **Koguva** ist eine malerische Ansammlung steinerner Bauernhäuser mit Reetdächern.

Auf der Insel Muhu herrscht die schöne Tradition, die Bauernhaustüren bunt zu bemalen. Manche enthalten Zeichen, von denen es heißt, sie hielten böse Geister fern.

Die schroffe Naturschönheit der Insel macht sie wunderbar für lange Spaziergänge geeignet, vor allem entlang der unberührten Küste.

Steinernes Bauernhaus im Fischerdorf Koguva auf der Insel Muhu

Insel Saaremaa ❽

Saaremaa ist die größe Insel Estlands und das Herz seiner Inselwelt. Die Hauptstadt Kuressaare ist ein auffallend malerischer Ort, dessen relative Ruhe ihn zur idealen Basis für Ausflüge macht. Die Insel bietet einige Sehenswürdigkeiten und Freizeitangebote, aber ihre große Schönheit ist die eigentliche Attraktion und der Grund, warum so viele Menschen immer wieder hierher zurückkehren. Der atemberaubende Nationalpark Vilsandi, die Vielzahl alter Kirchen und faszinierende historische Überbleibsel überall auf der Insel sind nur einige der vielen Highlights *(siehe S. 94f)*.

Jugendstillöwen vor dem Informationszentrum in Kuressaare

★ Nationalpark Vilsandi
Der Park mit seinen unberührten Landschaften, Inselchen und Vogelreservaten wurde 1993 zum Schutz der Ökologie der Küste Estlands angelegt.

Die **Dorfkirche in Kihelkonna**, ein schönes Gotteshaus aus dem 13. Jahrhundert, besitzt einen eindrucksvollen Turm, der 1897 hinzugefügt wurde.

Das **Mihkli-Bauernhofmuseum**, ein authentisches Gehöft (19. Jh.), bietet faszinierende Einblicke in das Inselleben in der Vergangenheit.

Halbinsel Sõrve
Die Halbinsel Sõrve gehört zu den herrlichsten Landschaften der Insel, die in der wilden, winddurchtosten Landspitze ihren Höhepunkt finden. Am besten erkundet man diese hinreißende Küste per Fahrrad oder Auto.

NICHT VERSÄUMEN

- ★ Bischofsburg
- ★ Nationalpark Vilsandi
- ★ Windmühlen von Angla

★ Windmühlen von Angla
Die fünf Bockwindmühlen von Angla stehen an der Straße von Kuressaare nach Leisi. Sie sind ein Kultsymbol der Insel Saaremaa und eines der am meisten fotografierten Motive in Estland.

INFOBOX

Straßenkarte C2. ✈ *Kuressaare.* 🚌 *ab Tallinn, Tartu, Pärnu nach Kuressaare.* ⛴ *von Virtsu nach Kuivastu (Insel Muhu), von Insel Hiiumaa nach Triigi, von Roomassaare nach Ruhnu. Tickets vorbestellen!* ℹ *Tallinna 2, Kuressaare, 453 3120.* ◯ *Mitte Mai–Mitte Sep: tägl. 9–19 Uhr; Mitte Sep–Mitte Mai: tägl. 9–17 Uhr.* **www**.saaremaa.ee

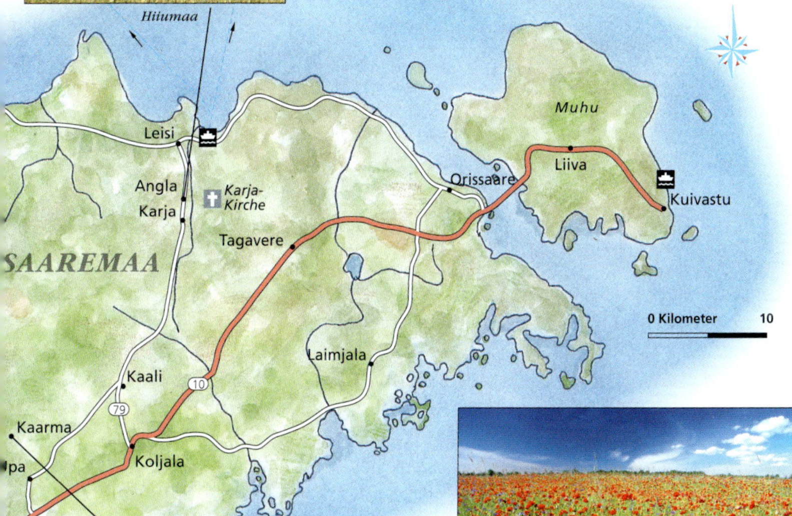

In der **Kirche in Kaarma** aus dem 13. Jahrhundert gibt es eine eindrucksvolle Kanzel aus dem 15. Jahrhundert.

Mohnfelder
Wegen ihres gemäßigten Klimas und der fruchtbaren Böden hat Saaremaa eine reiche Flora. Über 200 einheimische Arten sind geschützt. Orchideen und Mohn wachsen bisweilen wild.

★ Bischofsburg
Die gewaltige Burg ist die größte Attraktion in Kuressaare. Die Festung des Deutschritterordens hat einen mächtigen Bergfried und einen schlanken Wachtturm. Heute befindet sich in der Burg das informative Saaremaa-Museum.

LEGENDE

- Flughafen
- Fährhafen
- Information
- Kirche
- Hauptstraße
- Nebenstraße
- Fährroute
- Parkgrenze

Überblick: Insel Saaremaa

Die Insel Saaremaa erkundet man am besten mit dem Auto – für Fahrradtouren ist die Insel zu groß, zudem sind die öffentlichen Verkehrsmittel nicht sehr zuverlässig. Die Straßen sind meist in gutem Zustand und ausgeschildert, in entlegenen Gegenden ist aber mit unbefestigten Feldwegen zu rechnen. Besucher wohnen meist in Hotels in Kuressaare, wer aber echtes Landleben genießen möchte, quartiert sich vorzugsweise in einem der vielen bäuerlichen Gasthöfe ein. Alle wichtigen Sehenswürdigkeiten sind von der Hauptstadt wenige Autominuten entfernt.

Häuser zwischen sattem Grün in dem attraktiven Städtchen Kuressaare

Kuressaare

16 000. 4 km SW des Zentrums. Tallinna 2. Johannisnacht (23. Juni). **www**.kuressaare.ee

Der kleine, attraktive Ort verkörpert gewissermaßen den Geist von Saaremaa. Kuressaares Hauptdurchgangsstraße Lossi, die in die Tallinna einmündet, ist von einer Reihe hinreißend schöner alter Bauwerke gesäumt, darunter die St. Nikolauskirche (Nikolai kirik) mit ihren grünen Kuppeln sowie das Haus der Gewichte mit seiner Stufengiebel-Fassade, in dem die Kneipe Vaekoja untergebracht ist. Vor allem an milden Abenden lässt es sich wunderbar durch die Straßen der Ortschaft flanieren.

Bischofsburg

Lossihoov 1, Kuressaare. 455 6307. Mai–Aug: tägl. 10–19 Uhr; Sep–Apr: Mi–So 11–19 Uhr. nach Voranmeldung.

www.kuressaare.ee

Die Bischofsburg (Piiskopilinnus) in Kuressaare stammt aus dem 14. Jahrhundert. Sie ist eine der besterhaltenen mittelalterlichen Burgen im Baltikum. Aus heimischem Dolomit erbaut, bietet sie einen prächtigen Anblick, wenn man durch den Park auf sie zugeht. Sie enthält das faszinierende Saaremaa-Museum, dessen labyrinthisches Inneres zu erkunden ein Vergnügen ist. Die Exponate lassen die Geschichte der Insel auf eindrucksvolle Weise lebendig werden.

Highlights in der Burg sind die bischöflichen Wohnräume mit einer schmuddeligen, spartanischen Kammer, in die sich der Bischof zum Meditieren zurückziehen konnte, und ein besonders erinnerungswürdiges mittelalterliches Klosett.

Meteoritenkrater von Kaali

Kaali. von Kuressaare nach Kõnnu, 15 km nordöstlich, dann 3 km zu Fuß. Besucherzentrum Kaali, 514 4889.

www.kaali.kylastuskeskus.ee

Der Meteoritenkrater in Kaali ist eine der größten geologischen Attraktionen in Estland. Zunächst wirkt er wie ein kleiner See, bis man das vollkommen runde Ufer und die Dolomittrümmer bemerkt, die durch den Einschlag in die Höhe geschleudert wurden.

Wissenschaftler vermuten, dass der Meteor irgendwann vor 4000 bis 7500 Jahren eingeschlagen ist. Mit seinem Durchmesser von 110 Metern ist der Kratersee der achtgrößte der Welt. Er verbreitet eine Atmosphäre, die die Besucher unwillkürlich gen Himmel blicken lässt.

Windmühlen von Angla

15 km N von Kaali. ab Kuressaare.

Die fünf Angla-Windmühlen (Angla tuulikud) an der Straße zwischen Upa und Leisi sind die letzte erhaltene Windmühlengruppe auf Saaremaa. Mitte des 19. Jahrhunderts drehten sich auf der Insel noch 800 ihrer Art.

Vier der Angla-Mühlen sind nach dem traditionellen Saaremaa-Modell erbaut, während die größte die Holzversion einer holländischen Windmühle ist. Zusammen bieten sie einen faszinierenden Anblick in der weiten

Bischöfliche Wohnräume im Park der Bischofsburg

Hotels und Restaurants in West-Estland *siehe Seiten 295–297 und 325–327*

Zwei der fünf Windmühlen von Angla

Landschaft. Sie sind nicht zugänglich, aber direkt dahinter findet man eine sehenswerte Ansammlung traditioneller Spielgeräte für Kinder.

Kirche von Karja

2 km NO der Windmühlen von Angla, Dorf Karja. Mitte Mai–Mitte Sep: tägl. 10–18 Uhr.

Die mittelalterliche Kirche in Karja (Karja kirik) ist die kleinste auf Saaremaa, aber auch eine der schönsten. Sie ist für ihre kunstvollen Steinreliefs bekannt, zu denen eine Kreuzigung über der Seitentür und einige bemerkenswerte Heiligenfiguren im Inneren gehören. Berühmt ist auch das Relief, das Maria und Johannes beim Kreuz zeigt. Die Seelen der beiden Schächer verlassen den Körper in Gestalt von Kindern.

Steinrelief an der Kirche in Karja

Kirche von Kaarma

15 km NW von Kuressaare, Dorf Kaarma. *459 5322. Juni–Aug: täglich 9–17 Uhr.*

Die Kirche in Kaarma (Kaarma kirik) aus dem 13. Jahrhundert ist eine der ältesten in West-Estland. Eine Steintafel über dem Hauptportal belegt Reparaturen an der Kirche im Jahr 1407 und gilt als das erste Schriftzeugnis in estnischer Sprache. Die Kanzel aus dem 15. Jahrhundert mit einer farbigen Josephsfigur darunter ist besonders eindrucksvoll. Die Kirche mag unpassend groß erscheinen, wie sie so mitten in der Landschaft steht, aber früher strömten die Gläubigen aus den umliegenden Dörfern zum Sonntagsgottesdienst hierher.

Mihkli-Bauernhofmuseum

28 km NW von Kuressaare. Viki. *454 6613. Mitte Apr–Sep: täglich 10–18 Uhr.*
www.muuseum.ee

Dieses Museum (Mihkli talumuuseum) im Dörfchen Viki ist ein malerisches Gehöft, das aus schönen reetgedeckten Häusern, einer Windmühle, einer Brauerei und einer alten Sauna besteht, die größtenteils aus der Zeit von 1827 bis 1856 stammen. Das Museum bietet eine der authentischsten Darstellungen bäuerlicher Architektur und traditioneller Lebensweisen. Der Hof war bis zur Kollektivierung durch die Sowjets aktiv. Heute kann man hier die traditionelle Herstellung von Brot und Butter lernen.

Kirche von Kihelkonna

3 km NW von Kihelkonna. *454 6558. Juni–Aug: tägl. 10–17 Uhr.*

Die Kirche aus dem 13. Jahrhundert an der Westküste der Insel und nahe beim Nationalpark Vilsandi ist eine Schatztruhe der Sakralarchitektur und religiöser Kunstgegenstände. Die Orgel von 1805 ist die älteste im Land, die schöne Kanzel ist von 1604. Das Triptychon *Das letzte Abendmahl* ist ein großartiges Beispiel sakraler Kunst aus der Renaissance.

Nationalpark Vilsandi

10 km W von Kihelkonna. *ab Papisaare. 454 6880. Besucherzentrum Nationalpark Vilsandi, Gutshof Loona. Mo–Fr 9–17 Uhr.* **www**.vilsandi.ee

Der riesige Nationalpark umfasst die Insel Vilsandi nebst etwa 150 Inselchen und einem schmalen Küstenstreifen, der in der schroffen Halbinsel Harilaid gipfelt. Der Park ist einem Leuchtturmwärter namens Artur Toom zu verdanken, der hier 1910 ein Vogelschutzgebiet angelegt hat. Der heute 180 Quadratkilometer große Park wurde 1971 gegründet.

Die bedeutendsten Vogelschutzgebiete liegen auf den Vaika-Inseln vor der Westspitze von Vilsandi, von wo man den 40 Meter hohen Vilsandi-Leuchtturm sehen kann. Mit am schönsten ist die Landschaft der Halbinsel Harilaid. Von hier kann man eine Wanderung bis zum etwas schiefen Leuchtturm unternehmen. Am Weg liegen unvergessliche Landschaften.

Nachbau eines Zimmers in einem Bauernhaus, Mihkli-Bauernhofmuseum

Tallinns mittelalterliche Stadtmauer im Winter ▷

Pärnu ❾

Tür-schnitzerei

Pärnu mit seinen historischen Gebäuden, pastellfarbenen Holzhäusern und eleganten Villen des späten 19. Jahrhunderts wird oft Estlands Sommerhauptstadt genannt. Das Stadtzentrum liegt zwischen Pärnumündung und Ostsee, alle Hauptsehenswürdigkeiten sind leicht zu Fuß erreichbar. Die Altstadt drängt sich um die Fußgängerzone Rüütli tänav. Der beliebteste Strand liegt von hier zehn Gehminuten entfernt. Mit seiner hochmodernen Konzerthalle und dem sehr guten Theater verfügt Pärnu über eine exzellente Kulturszene.

Rathaus

Uus 4/Nikolai 3.

Der elegante klassizistische Bau von 1797 war ursprünglich das Wohnhaus eines reichen Kaufmanns. 1819 wurde es umgebaut, um dem Stadtkommandanten als Bleibe zu dienen, im Jahr 1839 erhielt es seine heutige Funktion als Pärnus Rathaus. Was es so sehenswert macht, ist der herrliche Jugendstil-Anbau von 1911. Dessen düsteres Äußeres bildet einen totalen Gegensatz zur leuchtend gelben Fassade des alten Baus, sodass sich ein faszinierendes Nebeneinander von zwei radikal unterschiedlichen Baustilen ergibt.

Elisabethkirche

Nikolai 22. *443 1381.* *Juni–Aug: tägl. 12–18 Uhr; Sep–Mai: Mo–Fr 10–16 Uhr.*

www.eliisabet.ee

Ein exzellentes Beispiel der lokalen Barockarchitektur ist die Elisabethkirche (Eliisabeti kirik) mit ihrem ockerfarbenen Äußeren und dem rotbraunen Turm, der die engen Gassen rundum überragt. Sie wurde 1747 eigens als lutherische Kirche von der russischen Kaiserin Elisabeth (1709–1762) gegründet. Heute ist sie die größte protestantische Kirche in Pärnu.

Das holzgetäfelte Innere ist elegant und zurückhaltend und dadurch um so eindrucksvoller. Den Turm baute Johann Heinrich Wülbern, der auch Rigas Petrikirche entwarf. Die Elisabethkirche ist außerdem für ihre Orgel bekannt, die 1929 von H. Kolbe gebaut wurde und eine der besten Estlands ist.

Grüne Kuppeln und gelbe Mauern der Katharinenkirche

Katharinenkirche

Vee 16. *444 3198.*

tägl. 9–17 Uhr.

Die 1768 unter der Regierung Katharinas der Großen für die Garnison Pärnu erbaute Katharinenkirche (Ekateriina kirik) ist wohl die schönste Barockkirche Estlands. Mit ihren flaschengrünen Kuppeln und den zitronengelben Mauern ist sie außen so anmutig wie sie innen prächtig ist. Die als architektonisches Paradestück geplante Kirche übte bedeutenden Einfluss auf die russisch-orthodoxen Kirchenbauten in allen baltischen Ländern aus.

Konzerthalle

Aida 4. *445 5800.* *tägl. 11–20 Uhr (Kasse).*

www.concert.ee

Auf ihre Konzerthalle, die 2002 fertiggestellt wurde, sind die Bewohner von Pärnu sehr stolz. Der geschwungene Bau aus Glas und Stahl ist ein gutes Beispiel der modernen Architektur des Landes, die den Vergleich mit ähnlichen Bauten in Europa nicht zu scheuen braucht. Die Muschelform sollte darauf anspielen, dass Pärnu Küstenstadt ist. In dem Multifunktionsbau finden vor allem Theateraufführungen und Konzerte statt, aber es gibt darin auch eine Galerie, eine Musikschule und einen Musikalienladen.

Tallinner Tor

Mere pst.

Das Tor ist der einzige Überrest der Wälle des 17. Jahrhunderts, die Pärnu einst schützten. Es bietet dennoch einen Eindruck von den imposanten Befestigungen. Bis 1710, als die schwedische Herrschaft endete, hieß das Tor Gustavstor, benannt nach König Gustav Adolf von Schweden (1594–1632).

Heute dient das Tallinner Tor nur noch als schönes Portal zwischen der Altstadt und der Gegend, von der aus man ans Meer gelangt. Der kopfsteingepflasterte Durchgang ist ein hübscher Spazierweg.

Tallinner Tor, das früher einmal Gustavstor hieß

Hotels und Restaurants in West-Estland *siehe Seiten 295–297 und 325–327*

Jugendstildekor an der Villa Ammende (Detail)

Villa Ammende

Mere pst 7. *447 3888.*
tägl. 12–23 Uhr (Restaurant).
www.ammende.ee

Die Villa Ammende wurde 1905 von einem reichen Kaufmann für die Hochzeitsfeier seiner geliebten Tochter errichtet. Sie ist eine der eindrucksvollsten Jugendstil-Bauten des Landes. Im Lauf der Jahre diente die Villa als Spielcasino, Kurhaus und Bibliothek, bevor zwei estnische Geschäftsleute sie restaurierten und in ein Luxushotel *(siehe S. 296)* umwandelten. Die Villa liegt einen kurzen Spaziergang vom Meer und der Altstadt entfernt.

Lydia-Koidula-Museum

Jannseni 37. *443 3313.*
Mi–So 10–17 Uhr. nach *Voranmeldung.* **www**.pernau.ee

Das Museum liegt unweit vom Zentrum auf der anderen Flussseite. Es ist ein bewegendes Zeugnis der Liebe Estlands zu seiner verehrten Dichterin. Das 1945 gegründete Museum befindet sich in dem Haus, in dem ihr Vater, Johann Valdemar Jannsen, von 1857 bis 1863 eine Volksschule leitete.

Eine der Attraktionen des Museums ist der Nachbau des Schlafzimmers, in dem Lydia Koidula 1886 in der russischen Stadt Kronstadt an Krebs starb. Das Werk der Dichterin ist zwar im deutschsprachigen Raum so gut wie unbekannt, aber das Museum lohnt einen Besuch wegen der interessanten Einblicke in die Geschichte der estnischen Literatur der damaligen Zeit.

Infobox

Straßenkarte D2. *44 000.*
Riia mnt 116. *Pikk tänav.* *Rüütli 16, 447 3000.*
Filmfestival Pärnu (Juli), Oistrach-Festival (Juli).
www.parnu.ee

Lydia Koidula (1843–1886)

Lydia Emilia Florentine Jannsen ist die große Nationalromantikerin Estlands. Ihre Dichtungen, die sie anonym unter dem Pseudonym Koidula (»Morgenröte«) publizieren musste, wurden begeistert aufgenommen. Ihr Gedicht *Mein Land ist meine Liebe* wurde unter den Sowjets zur inoffiziellen Nationalhymne. Manche Kritiker halten ihren leidenschaftlichen Briefwechsel mit dem Schriftsteller Friedrich Reinhold Kreutzwald, dem dessen eifersüchtige Frau ein Ende setzte, für das Schönste, was sie geschrieben hat. Später heiratete sie einen lettischen Arzt und starb im russischen Kronstadt an Krebs, voller Sehnsucht nach ihrer geliebten Heimat.

Lydia Koidula, Estlands geliebte Dichterin

Nationalpark Soomaa ❿

Der 1993 gegründete, 371 Quadratkilometer große Nationalpark ist eine reizvolle, in sich geschlossene Welt aus Mooren, Flüssen, Sumpfland, Wiesen und Urwald. Im Frühling wird er überflutet, was hier die »fünfte Jahreszeit« genannt wird. Seine größte Attraktion sind die fünf Moore. Sie sind bis zu sechs Meter tief, über Bohlenwege kann man sie gefahrlos durchwandern. Zu dem reichen Wildtierbestand des Parks gehören Wölfe, Rehe, Braunbären, Luchse, Elche und Wildschweine. Weniger häufig sind Adler zu erspähen.

Zur Orientierung

☐ Nationalpark Soomaa

★ **Riisa-Moor-Pfad**
Der fünf Kilometer lange Moor-Wanderweg dicht an der Parkgrenze führt zu einer Reihe von Moorteichen.

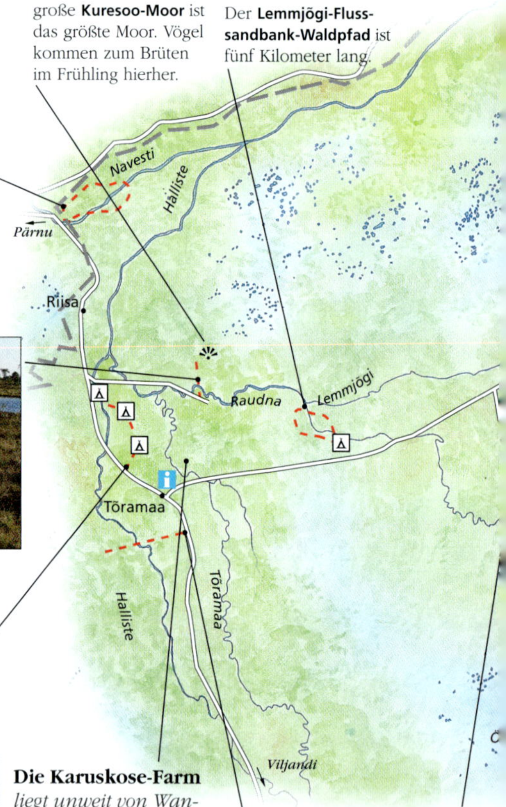

Das 11 000 Hektar große **Kuresoo-Moor** ist das größte Moor. Vögel kommen zum Brüten im Frühling hierher.

Der **Lemmjõgi-Flusssandbank-Waldpfad** ist fünf Kilometer lang.

Ingatsi-Moor-Pfad
Der vier Kilometer lange Pfad ist zur Hälfte ein Bohlenweg durch Sumpfwald und Moorteiche.

Der **Meiekose-Wanderweg**, ein fünf Kilometer langer Pfad, eignet sich auch zum Radfahren.

Die Karuskose-Farm
liegt unweit von Wanderwegen und Sumpfland. Sie bietet Unterkünfte, Angel- und Kanutouren sowie Kurse im Bootsbau.

Am **Kuuraniidu-Lehrpfad** beschreiben Informationstafeln die lokale Flora.

Nicht versäumen

- ★ Riisa-Moor-Pfad
- ★ Tõramaa-Waldwiesen-Pfad

★ **Tõramaa-Waldwiesen-Pfad**
Ein zwei Kilometer langer Spaziergang führt zu diesem Pfad, der durch den Park und über seine schöne Waldwiese führt.

Hotels und Restaurants in West-Estland *siehe Seiten 295–297 und 325–327*

INFOBOX

Straßenkarte D2. *ab Tallinn.* *ab Pärnu.* *Nationalpark-Besucherzentrum, Tõramaa, 435 7164.* *Mai–Sep: tägl. 10–18 Uhr, Okt–Apr: tägl. 10–16 Uhr.* *Aivar Ruukel, 506 1896.* **www**.soomaa.com *Karuskose Farm.*

Der **Hüpassaare-Wanderweg** (5 km) führt durch Wald und an Moorteichen vorbei. Er endet beim Mart-Saar-Museum.

Flora
Das Torfmoos der Moore ist der ideale Boden für Erika, Moosbeeren und Sumpfporst. Der Sonnentau ernährt sich zusätzlich von Insekten.

Der **Öördi-Wanderweg**, ein sieben Kilometer langer Waldweg, beginnt bei dem Dorf Iia an der Straße Kõpu–Jõesuu und führt zum Öördi-See.

LEGENDE

- Information
- Camping
- Aussichtspunkt
- Nebenstraße
- Pfad
- Parkgrenze

Kihnu Jõnns Grab in Linaküla, dem Hauptdorf auf der Insel Kihnu

Insel Kihnu ⓫

Straßenkarte *C2.* *600.* *ab Pärnu.* *ab Munalaid, 40 km SW von Pärnu.* **www**.kihnu.ee

Das Inselchen Kihnu hat einen wichtigen Platz in der estnischen Kultur. Nur hier tragen die Frauen noch die alten Trachten, und die Insulaner haben ihre weitgehend traditionelle Lebensweise bewahrt. Der Fischfang sowie der Verkauf der schönen selbstgemachten Kleider und Handschuhe sind die wichtigsten Verdienstquellen. Vier Dörfer gibt es auf der sieben Kilometer langen und 3,5 Kilometer breiten Insel, auf der man leicht herumkommt.

Im Hauptdorf **Linaküla** liegt das Grab des legendären Kihnu Jõnn (1848–1913), des berühmtesten Bewohners der Insel. Der auf Kihnu geborene Jõnn, ein hühnenhafter, trinkfester Seemann, hat die ganze Welt umsegelt.

Gestüt Tori ⓬

Tori hobusekasvandus

Pärnu mnt 13, Tori. **Straßenkarte** D2. *ab Pärnu.* *522 6538.* *Mo–Fr 8–17 Uhr.* *1 Tag vorher anrufen.* **www**.torihobune.ee

Das Gestüt Tori in dem gleichnamigen schönen Dorf lohnt einen Halt auf dem Weg zum nahen Nationalpark Soomaa. Das älteste Gestüt Estlands wurde 1856 vom livländischen Adel mit dem Ziel gegründet, eine starke eigene Pferderasse zu züchten. Nach mehreren gescheiterten Versuchen, die heimische Rasse zu verbessern, holte man einen Norfolk-Roadster-Hengst hinzu, mit dem man die Basis der neuen Rasse schuf. Noch heute werden in dem Gestüt Mehrzweckpferde gezüchtet, allerdings werden seine Pferde offenbar weit mehr zu Reitstunden als zum Pflügen benutzt.

Das Gestüt Tori ist aber auch für Nicht-Reiter interessant. Besucher des Gehöfts erwartet eine Reihe von Aktivitäten, zu denen eine Führung durch das Gestüt mit seinen etwa 90 Pferden gehört. Wer an altmodischen Beförderungsmitteln interessiert ist, kann stündlich für wenig Geld eine Fahrt mit dem Pferdefuhrwerk durch das Gestüt und das Dorf unternehmen. Im Winter gibt es auch Pferdeschlittenfahrten.

Außerdem besitzt das Gestüt ein wunderbares kleines Museum in einer reetgedeckten Scheune. Die faszinierenden Ausstellungsstücke erzählen von der Geschichte der Pferdezucht und des Dorfes.

In dem Gestüt Tori werden die wohl schönsten Pferde Estlands gezüchtet

Ost-Estland

Die Landschaft Ost-Estlands mit ihren sanften Hügeln, dichten Wäldern, schroffen Felsabbrüchen und unberührten Seen ist vielgestaltiger als die im Westen des Landes. Die Region fasziniert ihre Besucher mit Naturschönheit, mit malerischen alten Herrenhäusern und dem einzigartigen Kulturerbe der Setu und Altgläubigen, das die Jahrhunderte überdauert hat.

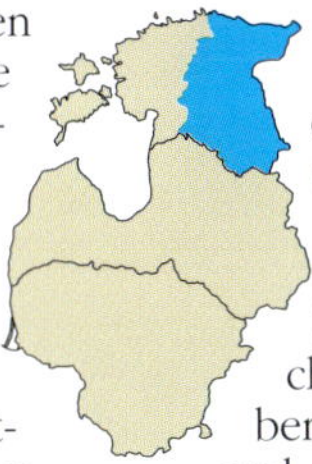

Trotz ihrer landschaftlichen Schönheit werden einige Teile Ost-Estlands noch von wenigen Urlaubern besucht: der äußerste Nordosten, Südosten und die Gegend um den Peipsi-See. Der riesige Peipsi-See beherrscht die Mitte dieser Region. Am Westufer des Sees findet man die ansehnlichen Siedlungen der russischen Altgläubigen, die hier schon seit unzähligen Generationen leben.

Die alte Festungsstadt Narva, die seit 1558 mehrmals von den Russen belagert und eingenommen wurde, zeugt noch immer von der enormen Rolle, die Russland in der Geschichte Estlands gespielt hat. Im Zweiten Weltkrieg stieg der Wert von Ölschiefer erheblich, was Kohtla-Järve in den Brennpunkt des Geschehens rückte. Heute ist diese Industriestadt ein riesiges lebendes Denkmal der Industrie der Sowjetzeit.

Der Nationalpark Lahemaa östlich von Tallinn ist wegen der Vielfalt seiner Landschaften der wohl schönste Naturschutzpark des Landes. Die Küste um Ontika weiter östlich mit ihren Kalksteinabbrüchen und Wasserfällen ist atemberaubend schön. Sozial, kulturell und politisch ist der ganze Südosten Estlands bedeutsam. In Viljandi fand das erste Sängerfest des Landes statt, in Otepää wurde Estlands Fahne geweiht, und Tartu, die zweitgrößte Stadt Estlands und seine geistige Hauptstadt, liegt im historischen und kulturellen Zentrum des Landes.

Der Süden und Südosten mit Schloss Sangaste und dem Aussichtsturm auf dem Suur Munamägi, dem höchsten Berg des Landes, gehören zu den schönsten Teilen Estlands. Im äußersten Südosten der Region pflegt das ethnisch eigenständige Volk der Setu seine reichen Traditionen.

Möwenschwärme fliegen über den Peipsi-See

◁ **Der Fluss Jägala auf seinem Weg durch die üppige Landschaft des Nationalparks Lahemaa** ***(siehe S. 106–109)***

Überblick: Ost-Estland

Ost-Estland bietet Attraktionen in großer Vielfalt. Im Nationalpark Lahemaa findet man einige wunderschöne Landschaften, in denen sich kleine Dörfer entdecken lassen. Eine hinreißende Küstenlinie erstreckt sich zum mittelalterlichen Narva und dem makellosen Strand in Narva-Jõesuu. Weiter südlich liegt der Peipsi-See. Die malerische Landschaft im Südosten liefert die schöne Kulisse für attraktive Städte wie Viljandi und Otepää sowie für zahlreiche historisch bedeutsame Orte. Tartu ist der ideale Ausgangspunkt für Erkundungen der Region.

Sehenswürdigkeiten auf einen Blick

Städte und Ferienorte

Kuremäe 7
Narva 5
Narva-Jõesuu 6
Otepää 16
Paide 11
Põltsamaa 12
Põlva 23
Rakvere 8
Rõuge 19
Sillamäe 4
Tartu S. 114–117 13
Väike-Maarja 9
Vastseliina 21
Viljandi 15
Võru 22

Bauwerke und Sehenswürdigkeiten

Freilichtmuseum Mõniste 18
Schloss Sangaste 17
Unterirdisches Bergwerksmuseum Kohtla 2
Wassermühle Kiidjärve 24

Nationalpark und Naturschutzgebiet

Nationalpark Lahemaa S. 106–110 1
Naturschutzgebiet Endla 10

Naturschönheiten

Küste um Ontika 3
Suur Munamägi 20
Taevaskoja-Sandsteinabbrüche 25
Võrtsjärv-See 14

Tour

Findlinge in Käsmu S. 110
Peipsi-See S. 123 26

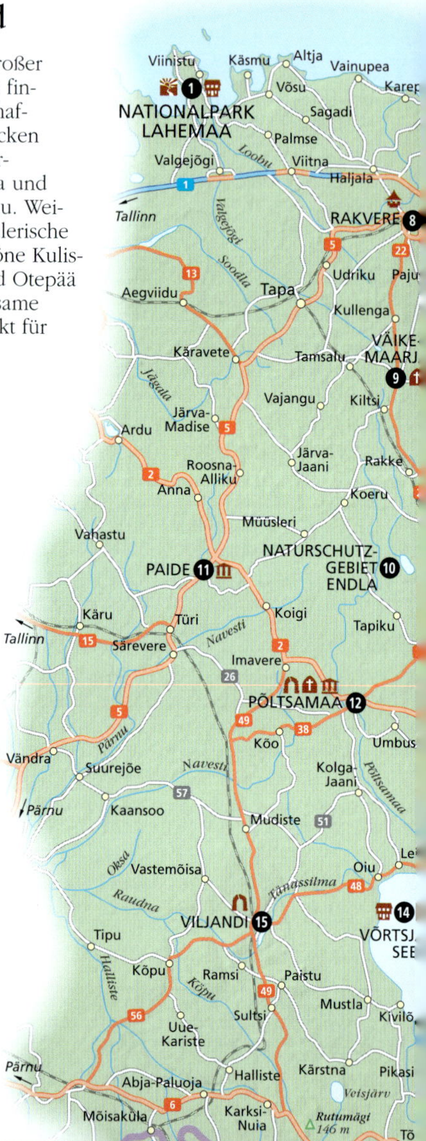

Die Burg Iwangorod, von Narva aus gesehen

0 Kilometer 20

Legende

- Autobahn
- Schnellstraße
- Hauptstraße
- Nebenstraße
- Panoramastraße
- Eisenbahn
- Staatsgrenze
- Gipfel

Siehe auch

- ***Übernachten*** S. 297–299
- ***Restaurants*** S. 327–329

In Ost-Estland unterwegs

Die Autobahn 1 führt von Tallinn nach Osten, vorbei am Nationalpark Lahemaa, und folgt dann der Küste bis Narva. Die A2 verbindet Tartu mit Võru. Die A3 führt von Tartu nach Valga und streift dabei den Norden des Peipsi-Sees. Auch von Rakvere führt eine Straße nach Tartu. Eine Eisenbahnlinie verbindet Tallinn mit Rakvere, Narva, Tartu und Viljandi. In Tartu gibt es einen kleinen Flughafen. Im Südosten verbindet ein Netz gut ausgeschilderter Schotterstraßen fast alle Dörfer miteinander.

Fischerdorf im Nationalpark Lahemaa

Nationalpark Lahemaa ❶

Der Nationalpark Lahemaa an der Nordküste Estlands ist ein Paradies für Naturfreunde. Er ist der größte Park Estlands und das erste Gebiet, das in der damaligen Sowjetunion zum Nationalpark erklärt wurde. Das vielgestaltige Gelände erstreckt sich mit vier Halbinseln in den Finnischen Meerbusen und nimmt insgesamt eine Fläche von 725 Quadratkilometern ein. Im Park leben viele Tierarten. Mehrere markierte Wege führen durch Wälder und Moore und an der Küste entlang. Schöne Gutshäuser und malerische Dörfer liegen über die ganze Region verstreut *(siehe S. 108f)*.

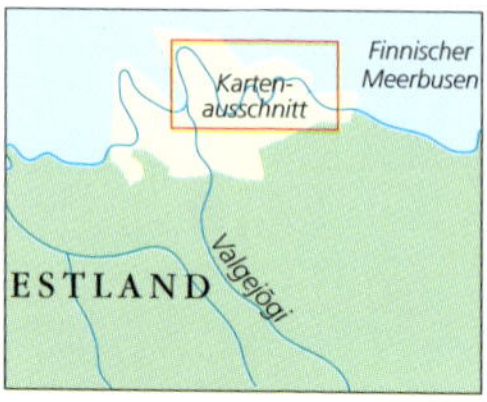

Zur Orientierung

☐ Nationalpark Lahemaa

Viinistu

Das einstige Fischerdorf hat sich zu einem Kulturzentrum entwickelt. Es besitzt auch ein eindrucksvolles Kunstmuseum.

★ Halbinsel Käsmu

An der zerklüfteten Küste der Halbinsel Käsmu haben die zurückgehenden Gletscher der letzten Eiszeit riesige Findlinge zurückgelassen.

Flora und Fauna

Da 70 Prozent von Lahemaa mit Wald bedeckt sind, ist der Park reich an Flora und Fauna. Zu den vielen Hochmooren gehört das 7000 Jahre alte unberührte Laukasoo-Moor. Unter den vielen Wildtieren finden sich Wölfe, Bären und Luchse.

Nicht versäumen

- ★ Fischerdorf Altja
- ★ Gutshaus Palmse
- ★ Halbinsel Käsmu

Võsu
Ein schöner Strand, die ruhige Atmosphäre und eine hinreißende Umgebung machen dieses alte Dorf zu einem sehr beliebten Ferienort.

INFOBOX

Straßenkarte D1. *von Tallinn nach Võsu, Altja, Käsmu, Viinistu.* *Park-Besucherzentrum, Palmse, 329 5555.* *Mai–Aug: Mo–Fr 9–19 Uhr; Sep: Mo–Fr 9–17 Uhr; Okt–Apr: Mo–Fr 9–17 Uhr.* *in Võsu möglich (Mai–Sep).* **www**.lahemaa.ee

Der Oandu-Waldweg ist fünf Kilometer lang und ausgeschildert. An dem meist mit Moos bewachsenen Weg ist Wild auf Futtersuche zu sehen.

★ Fischerdorf Altja
Die kunstvoll mit Reet gedeckten Holzhäuschen von Altja bieten einen authentischen Einblick in vergangene Zeiten, als das Überleben des Dorfes vom Meer abhing.

Gutshof Sagadi
Im weitläufigen Park des reizvollen Gutshofs stehen zahlreiche Skulpturen. In einem der vielen Nebengebäude befindet sich ein Forstmuseum.

★ Gutshaus Palmse
Das prächtige Barockhaus ist heute ein Museum. Auch die umgebauten Nebengebäude und der weitläufige Park sind sehenswert.

LEGENDE

- Bushaltestelle
- Information
- Camping
- Nebenstraße
- Wanderweg
- Parkgrenze

Überblick: Nationalpark Lahemaa

Die Größe des Parks macht seine Erkundung per Auto oder Fahrrad ratsam. Auf dem Weg nach Lahemaa verlässt man die Autobahn Tallinn–Narva bei der Abfahrt Viitna und fährt nordwärts zum Dorf Palmse, wo es ein Park-Besucherzentrum gibt. Von Palmse sind es jeweils nur kurze Fahrten zu den sehenswerten Dörfern und landschaftlich schönen Punkten. Käsmu und Võsu mit vielen guten Unterkünften eignen sich als Basis für Rad- und Wandertouren, allerdings sind die meisten Orte oft lange vor dem Sommer ausgebucht.

Eleganter Saal im prunkvoll dekorierten Gutshaus Palmse

Gutshaus Palmse

8 km N von Viitna. *324 0070.* *Mai–Sep: tägl. 10–19 Uhr; Okt–Apr: Mo–Fr 10–15 Uhr.* *nach Voranmeldung.*
www.palmse.ee

Das schöne Dorf Palmse ist eine ideale Basis für eine Tour durch den bezaubernden Nationalpark Lahemaa. Hier gibt es auch ein gutes Besucherzentrum. Attraktion des Dorfes ist das herrliche Gutshaus Palmse, ein elegantes Barockgebäude, das ursprünglich ein Zisterzienserkloster war. 1677 kam es in den Besitz der deutschbaltischen Familie von Pahlen.

Heute ist das Gutshaus ein Museum mit einer interessanten Ausstellung zur Geschichte des Anwesens. Die alte Schnapsbrennerei wurde in ein Hotel mit exzellentem Restaurant umgebaut, während aus dem Badehaus ein hübsches Café wurde.

Das Gutshaus veranstaltet eine Weintour, auf der man Sekt oder hier hergestellten Wein aus Beeren kosten kann, die in der Umgebung angebaut werden. Der Gutspark ist wunderschön angelegt. Im Sommer kann man eine Bootsfahrt über den stillen Schwanensee unternehmen und die Ruhe der Umgebung auf sich wirken lassen.

Võsu

8 km N von Palmse. *ab Tallinn.* *Mai–Sep: tägl. 10–19 Uhr; Okt–Apr: Mo–Fr 10–17 Uhr.*
www.lahemaa.ee

Das reizende, stille Küstendörfchen Võsu ist ein beliebtes Seebad. Wegen seiner friedlichen Umgebung und seiner Naturschönheiten ist es seit Ende des 19. Jahrhunderts ein bevorzugter Sommerferienort für Familien. Das Dorf ist zwei Kilometer lang und von einem Ende zum anderen voller hübscher Holzhäuser.

Von Kiefern gesäumter Strand in Võsu

Das markanteste Gebäude des Dorfes ist der alte Feuerturm, der heute eine Galerie beherbergt. Der blitzsaubere Strand ist zudem einer der schönsten an der Nordküste. Die Kiefern, die die weichen weißen Sanddünen säumen, spenden an heißen Sommertagen Schatten. Der Ort ist auch ein ausgezeichneter Ausgangspunkt für Touren nach Oandu und Altja.

Käsmu

16 km N von Palmse.
Schiffsmuseum *Mai–Sep: tägl. 10–19 Uhr; Okt–Apr: Mo–Fr 10–17 Uhr.*

Das reizende Dorf Käsmu mit seinen 130 Einwohnern liegt auf der kleinsten der vier Halbinseln im Nationalpark Lahemaa. Wegen seiner bemerkenswerten Geschichte und der mit Stolz gepflegten Häuser wird es oft das schönste Dorf der Region genannt.

Käsmu war im 19. Jahrhundert ein angesehenes Schiffsbauzentrum. Die meist eisfreie Bucht machte es zum sicheren Ankerplatz im Winter. 1884 wurde eine Seefahrtsschule gegründet, in der sich heute das **Schiffsmuseum** befindet, das die 1920er und 30er Jahre, den Zweiten Weltkrieg und die Sowjetära zum Thema hat. Es besitzt eine umfangreiche Sammlung an Gerätschaften, die an die lange Seefahrerzeit des Dorfes erinnern.

Das Dorf wird auch Kapitänsdorf genannt, weil hier zwischen dem Ersten und Zweiten Weltkrieg 62 Kapitäne wohnten. Käsmu wurde in den 1940er Jahren von den Sowjets fast entvölkert, die viele Familien nach Sibirien deportierten, während andere übers Meer entflohen.

Heute gilt das Dorf als einer der besten Ferienorte im Park. Seine aufregende Küste ist mit riesigen Findlingen übersät, die als erratisches Steinfeld nahe dem Dorf am und im Meer liegen. Es ist das Highlight des berühmten Findlings-Wanderwegs Käsmu *(siehe S. 110)*.

Altja

15 km O von Võsu. *Mai–Sep: tägl. 10–19 Uhr; Okt–Apr: Mo–Fr 10–17 Uhr.* **Oandu** 10 km S von Võsu. *kostenloser Campingplatz im Nationalpark.* **www**.altja.ee

Altja im Osten des Lahemaa-Nationalparks ist ein hübsches Fischerdorf an der zerklüfteten Küste des Parks. Sein wichtigstes Wahrzeichen ist eine riesige hölzerne Schaukel auf einer Freifläche am östlichen Ende des Dorfes. Gleich dahinter stehen am Strand die verlassenen Hütten von Fischern. Die Holzhütten mit Reetdächern lassen das Dorf wie ein Freilichtmuseum erscheinen. In derselben Ecke des Dorfes findet man eine malerische hölzerne Hängebrücke.

Hinter Altja, im nahen **Oandu**, gibt es zwei herrliche Naturlehrpfade, auf denen man einen Eindruck von den verschiedenen Waldlandschaften des Parks bekommt. Der zwei Kilometer lange Biberpfad führt an mehreren Biberdämmen und vielen gekonnt benagten Baumstämmen vorbei. Der Oandu-Urwald-Rundweg (5 km) dagegen führt auf Bohlenstegen durch süß duftenden üppigen Kiefernwald. Hier kann man eventuell die Spuren von Luchsen, Elchen und Wildschweinen sehen, die hier durchgezogen sind.

Viinistu

9 km W von Käsmu. *Jan–Aug: tägl. 11–18 Uhr; Sep–Mai: Mi–So 11–18 Uhr.* **Kunstmuseum Viinistu** *tägl. 11–18 Uhr.* **www**.lahemaa.ee

Viinistu an der Nordostseite der Halbinsel Pärispea ist ein reizvolles Dorf. Während der Prohibitionszeit der 1920er Jahre profitierte es vom Wodkaschmuggel nach Finnland, aber in der Sowjetzeit wurde es in den nahen Industriekomplex Loksa integriert.

Wassertank, Kunstmuseum Viinistu

Heute ist das Dorf dank des Engagements von Jaan Manitsky (geb. 1943), einem Geschäftsmann, zu neuem Leben erwacht, der hier ein Hotel und 2003 das **Kunstmuseum Viinistu** eröffnete. Das Museum besitzt eine imposante Sammlung estnischer Kunst des 20. Jahrhunderts und nutzt zwei umgebaute Wassertürme für Wechselausstellungen.

Wiederaufgebaut ist auch der Hafen, von dem man zu der unbewohnten Insel Mohni übersetzen kann.

Die berühmte hölzerne Schaukel in dem malerischen Fischerdorf Altja

Blick auf das schöne Herrenhaus (18. Jh.) des Gutshofs Sagadi

Gutshof Sagadi

8 km NO von Palmse. *676 7888. Mai–Sep: tägl. 10–18 Uhr; Okt–Apr: nach Absprache.* *nach Voranmeldung.* **www**.sagadi.ee

Der 1749 erbaute Gutshof Sagadi (Sagadi mõis) besteht aus mehreren Bauten, die symmetrisch um einen weiten Hof angeordnet sind. Ein gepflegter Park mit Teich liegt auf der Rückseite. Das barocke Gutshaus des 18. Jahrhunderts enthält heute ein Museum, das einen authentischen Einblick in das Leben einer baltendeutschen Aristokratenfamilie gestattet, die hier Mitte des 18. Jahrhunderts residierte. Später diente das Herrenhaus als Volksschule und Sitz einer Landkolchose, bis es endlich 1987 als Museum eröffnet wurde.

Das barocke Torhaus, der frühere Hauptzugang zu dem Gutshaus, ist besonders prachtvoll. Über das Gutsgelände verteilt findet man einige äußerst faszinierende Skulpturen.

Heute sind die Nebengebäude auf der einen Hofseite durch ein Forstmuseum (Metsamuuseum) belegt, das einen detaillierten Überblick über die Flora und Fauna estnischer Wälder bietet. In dem Gebäude daneben residiert das Hotel Sagadi Manor *(siehe S. 298)*. Das Gutsverwalterhaus ist jetzt Jugendherberge. Auf dem Anwesen ist auch eine Landwirtschaftsschule zu Hause, in der ökologische Forschung betrieben wird.

Tour: Findlinge in Käsmu

Käsmu, die kleinste der vier Halbinseln des Lahemaa-Parks, besitzt eindrucksvolle Findlinge. Im flachen Wasser der Küstenlinie sind sie in ihrer Menge ein eindrucksvoller Anblick. Der Alte Jüri, mit 5,5 Metern der höchste Felsblock, liegt unweit der Spitze im Nordwesten. Vom Dorf Käsmu schlängelt sich ein Weg an der Küste entlang zur Nordwestspitze der Halbinsel, ehe er durch dichten Wald zu dem Dorf zurückführt. Es gibt deutlich markierte Wanderwege und eine Fahrradroute.

Schmuckes Holzhaus im Herzen des Dorfes Käsmu

Panoramaweg ③
Dieser Weg, eine der hinreißendsten Routen im Park, folgt der Küste in ganzer Länge.

Fahrradroute ④
Der 14 Kilometer lange, mit blauen Bändern markierte Weg führt durch wunderschöne Landschaften.

Saartneem ②
Ein Weg führt vom Dorf Käsmu zur Nordwestspitze der Halbinsel, von wo eine Kette erratischer Findlinge sich bis zur Insel Saartneem erstreckt.

Käsmu ①
Das Dorf Käsmu ist einer der beliebtesten Ferienorte im Lahemaa. Mit seinen vielen preiswerten Unterkünften ist er eine ideale Basis für die Erkundung der Halbinsel Käsmu wie auch der anderen Regionen des Nationalparks.

0 Kilometer 1

Legende

- Bushaltestelle
- Information
- Camping
- Wanderroute
- Fahrradroute
- Andere Straße

Routeninfos

Start: *Dorf Käsmu.*
Länge: *11 km.*
Wanderwege: *Ein 11 Kilometer langer, mit roten Bändern markierter Weg führt vom Alten Jüri von Käsmu aus nach Norden. Ein kürzerer Weg ist der westlich von Käsmu, der sich durch das Findlingsfeld schlängelt.*

Erratische Felsblöcke ⑤
Im Findlingsfeld am Weg westlich des Dorfes Käsmu stehen bizarre Felsblöcke. Sie locken Besucher in großer Zahl in die Gegend.

Unterirdisches Bergwerksmuseum Kohtla ❷

Kohtla kaevanduspark-muuseum

Straßenkarte E1. *332 4017. ab Kohtla-Järve. Mo–Fr 10–17 Uhr, Sa, So 11–15 Uhr. nach Voranmeldung. nur im Sommer.* **www**.kaevanduspark.ee

Dieses Museum ist zweifellos eines der faszinierendsten in Estland. Es liegt in dem weitläufigen Industriegebiet von Kohtla-Nõmme. Im Rahmen von fachkundigen Führungen durch das riesige Ölschieferbergwerk werden Geschichte, Technik und Zweck der Ölschieferförderung erläutert. Anschließend können die Besucher das dunkle, feuchte Labyrinth der Minen erkunden.

Man sieht die höllischen Abbaumaschinen bei der Arbeit und kann sogar selbst zu bohren versuchen, auf einem Bergwerksfahrrad fahren oder, wenn man will, unter Tage ein Bergmannsmittagessen probieren.

Über Tage geht die Führung weiter zu den gewaltigen Abraumhalden, dabei sieht man einen der mächtigsten Bagger der Welt. Klettern und Bergsteigen sind einige der hier gebotenen Abenteuersportarten. In der Nähe liegt die Industriestadt **Kohtla-Järve**. Noch Kleinstadt vor dem Zweiten Weltkrieg, erlebte der Ort unter den Sowjets und mit der Ausweitung der Ölschieferförderung in der Region eine rasante Entwicklung.

Exponat an dem faszinierenden Bergwerksmuseum Kohtla

Küste um Ontika ❸

Straßenkarte E1. *von Tallinn nach Jõhvi, dann Bus oder Taxi nach Toila, Ontika.* **www**.ida-virumaa.ee

Die Kalksteinkliffs an der Küste bei Ontika gehören zu den eindrucksvollsten Naturschönheiten Estlands. Das Plateau, das sich zwischen Saka und Toila über fast 20 Kilometer erstreckt, ist der höchste Punkt des nordestnischen Kalksteinabbruchs. In Ontika erreicht das Kliff eine Höhe von 57 Metern mit einem weiten Blick über den Finnischen Meerbusen. In **Valaste**, das fünf Kilometer östlich liegt, findet man Estlands höchsten Wasserfall. Das 26 Meter tief herabstürzende Wasser hat sich sein Bett durch 470 bis 570 Millionen Jahre alten Fels gegraben und diesen fantastischen Anblick geschaffen.

Umgebung: Der schöne **Toila-Oru-Park**, 14 Kilometer östlich von Ontika, lohnt einen Besuch. Er erstreckt sich über eine Fläche von 105 Hektar entlang der Küste.

Sillamäe ❹

Straßenkarte E1. *17 000. ab Tallinn, Narva.* **www**.sillamae.ee

Das auf halbem Weg zwischen Kohtla-Järve und Narva liegende Sillamäe lohnt einen Ausflug. In dem Ort aus Sowjetzeiten wurde Uran für das sowjetische Atomprogramm gefördert. Dieses war aber so geheim, dass Sillamäe auf keiner offiziellen Landkarte verzeichnet war.

Die Stadt ist ein Beispiel für die elegantere Seite spätstalinistischer Wohnarchitektur. Viele der prächtig verzierten Wohnblocks, die an von Bäumen gesäumten Straßen und Parks liegen, sind sehr attraktiv. Die Mine wurde 1991 geschlossen, stattdessen haben sich andere Industrien angesiedelt. Langsam aber sicher entwickelt sich Sillamäe inzwischen zu einer aufstrebenden Küstenstadt und einem interessanten Reiseziel.

Blick auf die Kalksteinkliffs an der azurblauen Ostsee der Küste bei Ontika

Hotels und Restaurants in Ost-Estland *siehe Seiten 297–299 und 327–329*

Narva ❺

Straßenkarte E1. *68 000.* *ab Tallinn.* *ab Tallinn, Tartu.* *Puškini 13, 356 0184.* *Narva-Tage (5.–10. Juni), Geschichtsfestival Narva-Schlacht (Aug).* **www**.narva.ee

Nach jahrhundertelangen Kämpfen um Narva markiert es heute die EU-Grenze zu Russland. Das schöne mittelalterliche Zentrum fiel zwar gegen Ende des Zweiten Weltkriegs sowjetischen Bomben zum Opfer, dennoch gibt es viel zu sehen.

Am Westufer der Narva steht die imposante Burg mit dem vor allem dem Thema Krieg gewidmeten **Narva-Museum** im Hauptturm »Langer Hermann«. Ein herrlicher Uferpark umgibt die Burg.

Mit 96 Prozent russischsprachigen Bewohnern unterscheidet sich die Atmosphäre in Narva völlig von der in Tallinn. In der Nähe findet man eine ganze Reihe von Sehenswürdigkeiten.

Narva-Museum
359 9245. *tägl. 10–18 Uhr.*
www.narvamuuseum.ee

Burg von Narva mit dem Narva-Museum

Besucherandrang beim Kloster Pühtitsa in Kuremäe

Narva-Jõesuu ❻

Straßenkarte E1. *ab Narva.* **www**.narva-joesuu.ee

Der Badeort Narva-Jõesuu ist berühmt für seinen makellosen, von Kiefern und alten Holzhäusern gesäumten Strand, der sich sieben Kilometer von Narva-Jõesuu bis Meriküla erstreckt. Schon im 19. Jahrhundert war es ein eleganter, bei der St. Petersburger High Society beliebter Kurort. Heute bietet Narva neben dem Strand ein pralles Nachtleben und eine boomende Wassersportindustrie.

Kuremäe ❼

Straßenkarte E1. *ab Tallinn, Narva.*

Das Dorf Kuremäe ist für sein russisch-orthodoxes **Kloster Pühtitsa** berühmt, eine der größten Sehenswürdigkeiten Estlands. Das Kloster, in dem heute etwa 170 Nonnen leben, wurde 1891 gegründet. In dem Komplex gibt es sechs Kirchen, deren wichtigste die herrliche, 1910 erbaute Uspenskij-Kathedrale ist. Das Kloster umgibt eine dicke Granitmauer. Das Eingangstor hat einen Turm mit sieben Glocken. Das harmonische Erscheinungsbild des Klosters verleiht ihm etwas Fröhliches. Ihm ist eine Herberge für Gäste und Pilger angeschlossen.

Kloster Pühtitsa
339 2124. *tägl. 8–20 Uhr.*
www.orthodox.ee

Rakvere ❽

Straßenkarte D1. *17 000.* *ab Tallinn, Narva.* *Laada 14, 324 2734.* **www**.rakvere.ee

Die Stadt Rakvere mit ihren restaurierten historischen Bauten und dem schönen Rathausplatz hat sich in jüngster Zeit zu einem attraktiven Reiseziel entwickelt.

Ihre größte Attraktion, die **Burg Rakvere** aus dem 13. Jahrhundert auf dem Linnamägi, ist heute ein Mittelalter-Themenpark zur Geschichte der Burg von den Anfängen bis zu ihrer Zerstörung. Eine majestätische, leicht picassohafte Stierplastik, die

Stierplastik auf dem Berg Vallimägi in Rakvere

der Bildhauer Tauno Kangro (1966 in Rakvere geboren) schuf, steht als neues Wahrzeichen der Stadt auf dem Vallimägi (Wallberg). Rakvere ist stolz darauf, dass der berühmte Komponist Arvo Pärt *(siehe S. 23)* hier zur Schule ging und sein Musikstudium begonnen hat.

Burg Rakvere
Rakvere linnus. *322 5500.*
Mai–Sep: tägl. 11–19 Uhr.
www.svm.ee

Väike-Maarja 9

Straßenkarte D1. *5000.* *ab Rakvere.* *Pikk 3, 326 1625.*
www.v-maarja.ee

Die typisch estnische Provinzstadt blickt auf eine lange Geschichte zurück und besitzt eine Reihe eigentümlicher Sehenswürdigkeiten. Das **Väike-Maarja-Museum**, in dem sich auch das Verkehrsamt befindet, informiert detailliert über die Stadtgeschichte und über das Leben der Waldbrüder *(siehe S. 118)*. In einem rekonstruierten Bunker kann man an einem »Waldbrüder-Picknick« teilnehmen. Weitere Attraktionen sind eine sowjetische Raketenbasis, das Vao-Museum in einem Festungsturm und die Stadtkirche (14. Jh.).

Väike-Maarja-Museum
Pikk 3. *326 1625.* *Mai–Sep: Di–Sa 10–17 Uhr; Okt–Apr: Mo–Fr 10–17 Uhr.*

Naturschutzgebiet Endla 10
Endla looduskaitseala

Straßenkarte D1. *ab Tartu.*
Verwaltung des Schutzgebiets, Tooma, 70 km NW von Tartu, 776 3375. *nach Voranmeldung.*
www.endlakaitseala.ee

Das Naturschutzgebiet ist ein wunderschönes Labyrinth aus Torfmooren, Flüssen, Sumpfwäldern und Seen. Es gilt als eines der wichtigsten Süßwassersysteme des Landes. Trotz seiner Ausdehnung über drei Bezirke ist es relativ klein, sodass es viel leichter zu erkunden ist als die größeren Nationalparks. Einer der sechs Wanderwege, der herrliche **Männikjärve-Pfad**, führt einen Kilometer weit über einen Plankenweg. Der Berg **Emumägi** im Osten des Naturschutzgebietes ist die höchste Erhebung der Gegend. Von seinem Aussichtsturm überblickt man erstklassig die Umgebung.

Der achteckige mittelalterliche Turm in der Burgruine von Paide

Paide 11

Straßenkarte D1. *10 000.* *ab Tallinn.* *Pärnu 6, 385 0400.*
www.paide.ee

Paide im Zentrum Estlands ist idealer Ausgangspunkt für Ausflüge ins Herz des Landes. Um seine zentrale Lage zu unterstreichen, hat die Stadt ein Herz als offizielles Logo gewählt. Paides größte Attraktion ist der bestens restaurierte achteckige Burgturm aus dem 13. Jahrhundert und die ihn umgebende Burgruine. In dem Turm gibt es ein Museum zur Frühgeschichte der Stadt. Noch eingehender befasst sich das **Järvamaa-Museum** mit Natur und Geschichte der Gegend. Der Rathausplatz mit einigen bescheidenen Restaurants und Cafés bildet das gepflegte Zentrum der Stadt.

Järvamaa-Museum
Lembitu 5. *385 1867.*
Apr–Okt: Mi–So 11–18 Uhr; Nov–März: Mi–So 10–17 Uhr.
www.jarva.ee/muuseum

Põltsamaa 12

Straßenkarte D2. *5000.* *ab Tallinn, Tartu.* *Lossi 1, 775 1390.*
www.poltsamaa.ee

Das idyllische Põltsamaa liegt auf dem Areal der Burgruine Põltsamaa. Das einstige Machtzentrum von Fürst Magnus, dem König von Livland im 16. Jahrhundert, ist ein unglaubliches Durcheinander historischer Stile. Das wundervolle Rokokoschloss wurde im 18. Jahrhundert an der Stelle eines ehemaligen Klosters errichtet, die anmutige lutherische **St. Nikolauskirche** dagegen ist von 1633 und wurde 1952 saniert. Das in einem alten Speicher auf dem Burgplatz untergebrachte **Põltsamaa-Museum** besitzt einige schöne Exponate.

St. Nikolauskirche
Lossi 3. *776 9915.* *Juni–Aug: tägl. 10–15 Uhr.* *So 11 Uhr.*

Põltsamaa-Museum
Loss tänav 1. *775 1390.*
Mo–Sa 10–18 Uhr.

Burgruine und St. Nikolauskirche in Põltsamaa

Tartu ⑬

Statue König Gustav Adolfs

Als Sitz einer ehrwürdigen Universität wird Tartu häufig als die intellektuelle Hauptstadt Estlands bezeichnet. Die Universität wurde 1632 von König Gustav II. Adolf von Schweden (1594–1632) gegründet und spielt seitdem eine wichtige Rolle in der Geschichte des Landes. Die zweitgrößte Stadt Estlands hat eine blühende Kulturszene und ein überaus vitales Nachtleben. Tartu ist der ideale Ausgangspunkt für Erkundungen des Südwestens Estlands.

Rathausplatz von Tartu mit dem Brunnen der küssenden Studenten

Rathausplatz

Die Altstadt liegt zwischen dem Fluss Emajõgi und dem Toomemägi *(siehe S. 116f)*. Ihr zentraler, leicht abschüssiger Rathausplatz (Raekoja plats) gibt sich ausgesprochen klassizistisch. Seine höchste Seite dominiert das schöne rosafarbene Rathaus. 1775 zerstörte ein Großfeuer fast die ganze Stadt. Das klassizistische Aussehen des Platzes harmoniert bestens mit dem übrigen Zentrum. Der berühmte **Brunnen der küssenden Studenten** vor dem Rathaus wurde 1998 enthüllt.

Hauptgebäude der Universität Tartu

Ülikooli 18. 737 5384. Mo–Fr *11–17 Uhr.* **www**.ut.ee

Das Hauptgebäude der Universität Tartu (Tartu ülikooli peahoone) von 1809 ist einer der schönsten klassizistischen Bauten Estlands. Hier befindet sich auch das eindrucksvolle Kunstmuseum, von wo aus man die schöne Aula und den drolligen Karzer besichtigen kann, in den renitente Studenten gesperrt wurden. Ihre Kritzeleien und Männchen an den Wänden sind eine äußerst amüsante Lektüre.

St. Johanniskirche

Jaani 5. *744 2229.* *Mai–Sep: Di–Sa 10–18 Uhr, So 10–13 Uhr.* **www**.eelk.ee/tartu.jaani

Die Johanniskirche (Jaani kirik) von 1330 wurde im Zweiten Weltkrieg durch Bomben schwer beschädigt. Ab dem Ende der 1980er Jahre wurde sie umfassend restauriert, erhielt 1999 einen neuen Turm und ist heute wieder eines der besten Beispiele der nordeuropäischen Backsteingotik. Hunderte kunstvoller Terrakottafiguren aus dem Mittelalter schmücken das Innere der Kirche. Einst sollen es mehr als 1000 gewesen sein, die die Kirche außen und innen zierten.

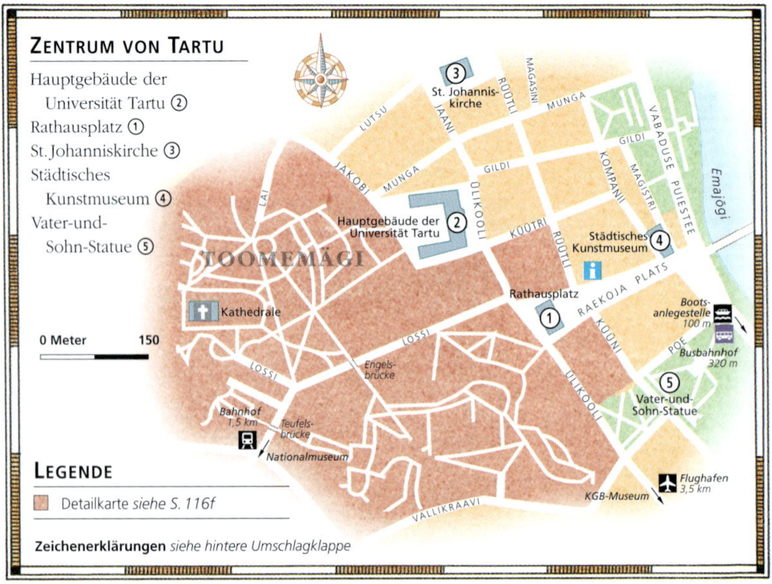

Das Schiefe Haus mit dem Städtischen Kunstmuseum

Städtisches Kunstmuseum

Raekoja plats 18. *744 1080.* *Mi–So 11–18 Uhr.* *Fr frei.* *nach Voranmeldung.*
www.muuseum.ee

Das Städtische Kunstmuseum (Tartu kunstimuuseum) besitzt eine der besten Sammlungen des Landes, mit Werken berühmter estnischer Künstler wie Elmar Kits (1913–1972), Ülo Sooster (1924–1970) und Marko Mäetamm (geb. 1965). Auch ein spannender Überblick über die estnische Kunst vom 19. Jahrhundert bis heute wird geboten. Eindrucksvoll ist aber auch das Gebäude, indem sich das Museum befindet. Das sichtbar sich zu einer Seite neigende Haus gehörte dem russischen Feldmarschall Barclay de Tolly *(siehe S. 118)*, der 1812/13 die siegreiche russische Armee gegen Napoléon befehligte.

Vater-und-Sohn-Statue

Küüni (nahe Poe-Str).

Die ursprünglich für Tallinn vorgesehene entzückende kleine Statue von Ülo Õun (1940–1988) ist von 1977. 1987 wurde sie in Bronze gegossen. Die Tartuer Stadtverwaltung erwarb sie 2001, am Tag des Kindes (1. Juni) 2004 wurde das Werk enthüllt. Die Figur des Vaters ist nach dem Künstler und die des Kindes nach seinem Sohn Kristjan gestaltet, als er ungefähr anderthalb Jahre alt war. Interessanterweise sind Vater und Sohn in diesem ungewöhnlichen und äußerst anrührenden Denkmal gleich groß.

KGB-Museum

Riia 15b. *746 1717.* *Di–Sa 11–16 Uhr.*
http://linnamuuseum.tartu.ee

Das KGB-Museum (KGB kongidest) im Keller der regionalen KGB/NKWD-Zentrale ist ein düsteres Zeugnis des Albtraums der sowjetischen Besetzung. Einige der ehemaligen Zellen wurden zu Ausstellungsräumen umgestaltet, andere versetzte man in ihren Originalzustand zurück, um eine Vorstellung davon zu geben, was viele Esten unter dem Sowjetregime erleiden mussten. Viel Aufmerksamkeit erhalten die Massendeportationen zwischen 1940 und 1949, einschließlich der offiziellen Pläne für ihre Durchführung. Es sind entsetzliche Zeugnisse aus den Gulags, den berüchtigten Umerziehungslagern, zu sehen, in denen tausende Esten starben.

Schreibtisch im KGB-Museum mit einem Stalinbild an der Wand

INFOBOX

Straßenkarte E2. *101 000.*
A3, Vaksali 6, 1,5 km W des Zentrums. *C2, Soola 2, O des Zentrums.* *Narva mnt 2.*
Raekoja plats 14, 744 2111.
Tartu-Tag (29. Juni), Studententage (um den 1. Mai).
www.tartu.ee

Nationalmuseum

Kuperjanovi 9. *742 1311.*
Mi–So 11–18 Uhr. *Fr frei.*
nach Voranmeldung.
www.erm.ee

Estlands bedeutendstes ethnologisches Zentrum, das Estnische Nationalmuseum (Eesti rahva muuseum), besitzt über eine Million Artefakte, die in den letzten 100 Jahren gesammelt wurden. Die Themen des Museums sind Estland und andere finno-ugrische Kulturen. Seine Sammlungen decken alle denkbaren Aspekte des Lebens ab. Von Stühlen aus knorrigem Birkenholz bis zu krummen Bierkrügen zeugen die Exponate beredt von Lebensformen, die heute seltsam anachronistisch erscheinen.

Außerdem gibt es viel Fotografisches und Dokumentarisches zu sehen, wie z. B. eine Punkjacke (etwa 1982–85) in der faszinierenden Kostümsammlung. Das Museum ist dem großen estnischen Ethnologen und Linguisten Jakob Hurt (1839–1907) gewidmet. Gelegentlich zeigt es Wechselausstellungen zu verschiedenen Themen, die von Möbeln bis zur Fotografie reichen.

KARL ERNST VON BAER (1792–1876)

Der baltendeutsche Biologe Karl Ernst von Baer war einer der Begründer der Embryologie. Seine bahnbrechende Arbeit auf dem Gebiet wurde von Darwin anerkannt, obwohl Baer die Evolutionstheorie äußerst kritisch sah. Baer studierte in Tartu und lehrte später in Königsberg und St. Petersburg und verbrachte die letzten Jahre in Tartu. Ein Bronzebildnis von ihm, in dem er nachdenklich auf einem hohen Sockel sitzt, hat einen Ehrenplatz auf dem Toomemägi. In einer liebenswerten Tradition waschen Tartus Studenten dem bronzenen Baer jedes Jahr am Vorabend des St. Philippstages (1. Mai) die Haare.

Bronzebildnis Karl Ernst von Baers

Im Detail: Toomemägi (Domberg)

Mit seinen labyrinthischen, engen Straßen und eleganten historischen Gebäuden ist der Toomemägi (Domberg) voller reizvoller Überraschungen. Im Mittelalter standen hier eine Burg und eine Domkirche, die aber im Livländischen Krieg (1558–83) aufgegeben wurden. Heute findet man auf dem Toomemägi eine Reihe bedeutender öffentlicher Gebäude. Viele davon gehören der Universität Tartu, die 1802 hier wiedereröffnet wurde. Den Park rund um den Berg schmücken mehrere eindrucksvolle Denkmäler einiger der berühmtesten Absolventen der Universität. Von der Höhe des Berges hat man einen herrlichen Blick auf die Dächer der adretten Universitätsstadt Tartu.

Bronzestatuen der beiden Dichter Wilde vor dem Wilde Irish Pub

Teufelsbrücke
Die Brücke wurde 1913 zum 300-jährigen Jubiläum der Herrschaft der russischen Romanow-Dynastie gebaut und Zar Alexander I. gewidmet.

Legende

- - - Routenempfehlung

0 Meter 100

★ Observatorium
Als das Observatorium 1820 eröffnet wurde, besaß es das stärkste achromatische Fernrohr der Welt. 1946 wurde es von der Universität getrennt und arbeitet heute als Wissenschaftszentrum.

Nicht versäumen

★ Bronzebildnis Karl Ernst von Baers

★ Engelsbrücke

★ Observatorium

★ Engelsbrücke
Es heißt, wenn man sich auf dieser gelbschwarzen Brücke (19. Jh.) etwas wünscht und den Atem anhält, wird der Wunsch erfüllt.

Domruine
Die mächtige Ruine des im Livländischen Krieg zerstörten Doms belegt dessen einstige Größe und Erhabenheit. In den wiederaufgebauten Chor zog 1802 die Universitätsbibliothek. Man kann die restaurierten Türme besteigen.

Am Opferstein beteten die Esten einst zu ihren Göttern.

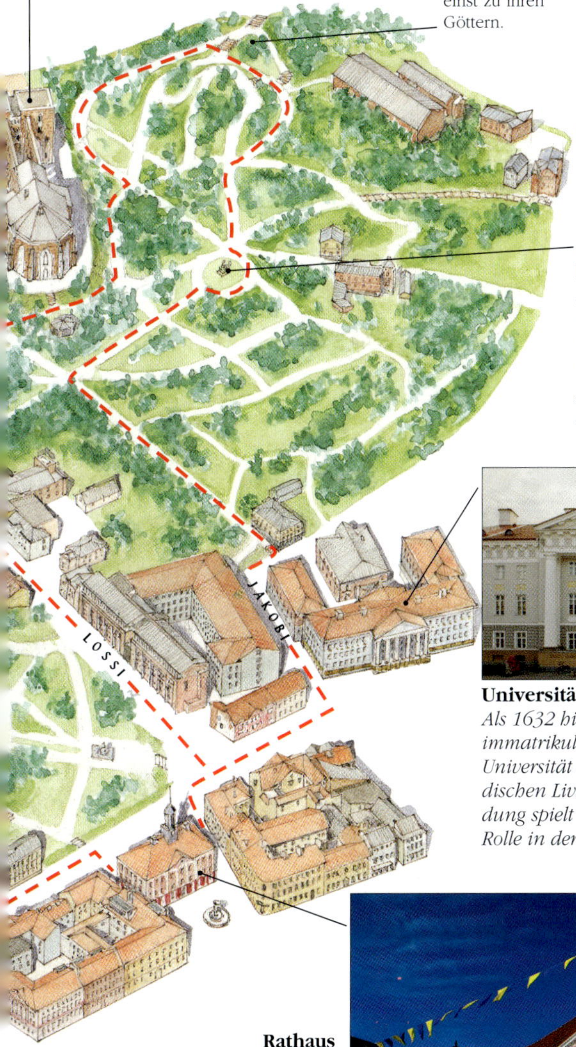

★ Bronzebildnis Karl Ernst von Baers
Das eindrucksvolle Denkmal ehrt den berühmtesten Absolventen der Universität Tartu und Begründer der modernen Embryologie.

Universität Tartu
Als 1632 hier die ersten Studenten immatrikuliert wurden, war die Universität erst die zweite im schwedischen Livland. Seit ihrer Gründung spielt sie eine entscheidende Rolle in der Geschichte Estlands.

Rathaus
Das heutige Rathaus aus dem Jahr 1786 ist das dritte an dieser Stelle im Herzen von Tartu. Die anmutige frühklassizistische Architektur galt im 18. Jahrhundert als äußerst schick.

Võrtsjärv-See ⑭

Straßenkarte D2. *ab Viljandi, Otepää.* *Zentrum für Limnologie, Vehendi, 529 8561.* *Mai–Sep: Mo–Sa 10–18 Uhr, So 11–16 Uhr; Okt–Apr: tägl. 10–17 Uhr.* *nach Voranmeldung.* **www**.vortsjarv.ee

Der Võrtsjärv-See ist nach dem Peipsi-See *(siehe S. 123)* der zweitgrößte See Estlands. Er erstreckt sich über die drei Landkreise Viljandi, Tartu und Valga. Im Norden bietet er für Besucher einige schöne Sandstrände, während das Südufer erheblich sumpfiger ist.

Rund um den See gibt es einige Sehenswürdigkeiten. Die Gruft von Barclay de Tolly (1757–1818), dem russischen General, der Einiges zum Sieg über Napoléon beitrug, befindet sich in **Jõgeveste**, südlich des Sees. Der Sackpfeifenhof in Riidaja südwestlich des Sees ist eine ungewöhnliche Attraktion. Eine beliebte Unternehmung im Sommer ist eine Tour über den See an Bord eines *kale*, eines hölzernen Fischerbootes, mit dem man früher auf dem Võrtsjärv-See herumfuhr.

Teil der mittelalterlichen Burgruine auf dem Burgberg in Viljandi

Viljandi ⑮

Straßenkarte D2. *20 000.* *ab Tallinn.* *ab Tartu.* *Vabaduse 6, 433 0442.* *Folklorefest Viljandi (Ende Juli).* **www**.viljandi.ee

Das liebenswerte Viljandi drängt sich um die mittelalterliche Burgruine auf dem Burgberg, von wo man einen hinreißenden Blick auf den nahen See und die ganze Umgebung hat. Viljandi war früh ein Stützpunkt auf dem Handelsweg der Hanse *(siehe S. 32)*. Im 16. Jahrhundert wurde es zu einer der wichtigsten Festungen Estlands. Am Ende des 19. Jahrhunderts war die Stadt eine der wohlhabendsten des Landes.

Die quirlige Provinzstadt ist für ihre gut erhaltenen historischen Bauten berühmt, wozu viele hübsche Holzhäuser und Backsteinhäuser des frühen 20. Jahrhunderts zählen. Auch einige Herrschaftshäuser sind zu nennen.

Auf dem kleinen Platz an der Kreuzung Lossi und Tartu ehrt eine Statue Carl Robert Jakobson (1841–1882). Dieser estnische Nationalist des 19. Jahrhunderts verlieh der Nationalbewegung Schwung, indem er 1878 in Viljandi die estnischsprachige Zeitung *Sakala* gründete. Die Statue ist heute ein beliebter Treffpunkt innerhalb der Stadt.

Blick auf das in der herrlichen grünen Hügellandschaft gelegene Otepää

Otepää ⑯

Straßenkarte E2. *2300.* *ab Tartu, Võru, Tallinn.* *Tartu mnt 1, 766 1200.* *Tartu-Ski-Marathon (Feb).* **www**.otepaa.ee

Das inmitten der sanften Hügel Südost-Estlands gelegene Otepää ist als Sommer- wie als Winterferienort gleichermaßen beliebt. Es hat zudem einen besonderen Platz in der Geschichte Estlands. 1884 wurde die estnische Flagge in der hiesigen Kirche geweiht, die heute das **Flaggenmuseum** enthält. Die totemartige Energiesäule in der Mäe tänav zeigt, wie stark archaische Vorstellungen sich in Estland erhalten haben.

Am **Pühajärv-See**, drei Kilometer südlich von Otepää, gibt es schöne Strände und Speiselokale. Die herrliche Landschaft lohnt den Besuch.

Flaggenmuseum
765 5075. *nach Anmeldung.*

Waldbrüder

Nach der erneuten sowjetischen Besetzung Estlands im Jahr 1944 flohen einheimische Männer zu Tausenden in die Wälder, um zu den Waffen zu greifen. Diese »Waldbrüder« führten einen partisanenartigen Kampf gegen das Sowjetsystem, vor allem in Viljandi und Tartu mit starker Unterstützung der Bevölkerung. Aber die NKWD-Einheiten nahmen erbarmungslos deren Familien ins Visier, bis 1949 ihr Hilfsnetzwerk weitgehend zerstört war. 1953 waren nur noch wenige Waldbrüder am Leben. Das letzte aktive Mitglied starb im Jahr 1980.

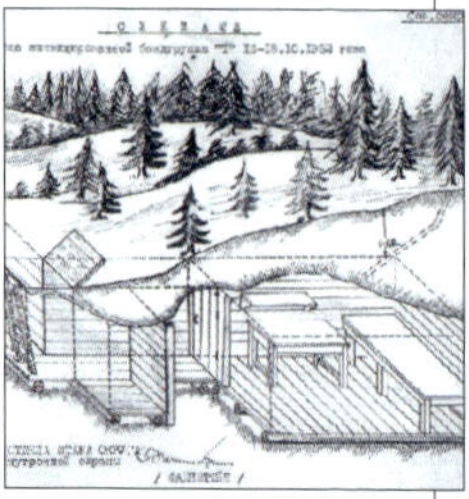

Unterirdischer Bunker der Waldbrüder (Zeichnung)

Skilaufen und Snowboarding

Skilaufen ist in Estland ein beliebtes Wintervergnügen. Als Estland bei der Winter-Olympiade 2006 drei Goldmedaillen in Skiwettbewerben gewann, wurden die Sieger als Nationalhelden gefeiert. Ein regelrechtes »Skifieber« erfasste das Land. Estland ist zwar flach, aber es gibt zahlreiche Skiberge wie den 318 Meter hohen Suur Munamägi, die Snowboarding und Abfahrten ermöglichen. Rund um Otepää gibt es viele Wintersportorte. Weil Estland den ganzen Winter hindurch eingeschneit ist, sind die Skiorte meist bis zum Frühjahr überfüllt. Am alljährlichen Tartu-Ski-Marathon *(siehe S. 49)* im Wintersportort Kuutsemäe nehmen nicht weniger als 10 000 Läufer teil. Auch Snowboarding wird hier rasch beliebt, und baltische Snowboarder können es in »Trickpark«-Akrobatik mit den Besten in Europa aufnehmen.

Snowboarding

Der Tartu-Ski-Marathon *ist eines der Highlights der Wintersportsaison in Estland. Der 63-Kilometer-Lauf im Rahmen der Worldloppet-Marathons lockt Läufer aus allen Teilen der Welt an. Die geselligen Veranstaltungen bieten auch viele andere Ski-Aktivitäten sowohl für Ski-Laien als auch für Kinder.*

Der Winter in Otepää *lockt Massen von Skifans an, da diese idyllische »Winterhauptstadt« mehrere Abfahrten besitzt, wie den Väike Munamägi (Kleiner Eierberg), zwei Kilometer von Otepää entfernt. In der südestnischen Stadt sind Snowboarding, Snowtubing und Schlittschuhlaufen beliebt.*

Der Skiort Kuutsemäe *bietet sieben Abfahrten etwa 14 Kilometer außerhalb von Otepää. Seine Langlaufloipen sind hervorragend abgesteckt.*

Kristina Šmigun (geb. 1977)

Die aus Tartu stammende Skilangläuferin Kristina Šmigun hat bemerkenswerte Siege errungen, die sie bei estnischen Sportfans zu einer Nationalheldin gemacht haben. Auch ihre Eltern, Anatoli Šmigun und Rutt Rehemaa, waren erfolgreiche Skiläufer. Kristina hat bei den Nordischen Skiweltmeisterschaften sechs Medaillen gewonnen, darunter eine Goldmedaille im Jahr 2003. Ihr größter Erfolg bisher jedoch war, als sie bei den Olympischen Winterspielen in Turin 2006 als erste Estin zwei Goldmedaillen gewann: in 2 x 7,5 Kilometer Verfolgung und in zehn Kilometer klassisch.

Kristina Šmigun bei der Winter-Olympiade in Turin

Andrus Veerpalu, *der Gewinner von zwei olympischen Goldmedaillen und einer Silbermedaille, ist Estlands erfolgreichster Olympionike. Der Skilangläufer hat auch bei den Weltmeisterschaften Gold und Silber gewonnen.*

Schloss Sangaste im Stil der englischen Neogotik

Schloss Sangaste ⓱

Sangaste loss

Straßenkarte D2. 767 9300. ab Tartu, Otepää. tägl. 10–16 Uhr. nach Voranmeldung. **www**.sangasteloss.ee

Dieses Schloss ist eines der schönsten seiner Art in Estland. Es wurde zwischen 1879 und 1883 im Stil der englischen Neogotik erbaut. Der Auftraggeber, Graf Friedrich von Berg, wollte mit dem Bau einem englischen Aristokraten, dessen Tochter er umwarb, beweisen, dass er nicht der »Wilde aus Russland« sei, für den ihn der voreingenommene Brite hielt. Die rote Backsteinfassade, zinnenbewehrte Giebel und elegante Türme geben Sangaste eher das Aussehen eines Schlosses als eines Provinzherrenhauses. In dem gewölbten Kuppelsaal im Erdgeschoss fanden früher die großen Bälle statt. Noch immer atmet er alte Pracht. Eindrucksvoll ist auch der geräumige Speisesaal, dessen Decke ein Sparrenwerk im Tudorstil füllt. Schloss Sangaste umgibt ein 75 Hektar großer waldiger Park, der es zu einem bevorzugten Ort für Hochzeitsempfänge macht.

Freilichtmuseum Mõniste ⓲

Mõniste muuseum

Straßenkarte E2. Kuutsi, Dorf Mõniste. ab Tartu. 789 0622. Apr–Sep: tägl. 10–17 Uhr; Okt–März: Mo–Fr 10–14 Uhr. **www**.hot.ee/monistem

Das 1948 gegründete Freilichtmuseum Mõniste ist das älteste seiner Art in Estland. Es besteht aus Bauernhäusern des 19. und frühen 20. Jahrhunderts, die von den stillen und wunderschönen Wäldern des Landkreises Võru umgeben sind. Das Museum bietet seinen Besuchern jede Menge Aktivitäten. Den ganzen Sommer über gibt es regelmäßig Veranstaltungen, in denen die grundlegenden Seiten des Landlebens, wie das Melken von Kühen, die Arbeit mit Holz und Flachs und das Backen von Brot im Mittelpunkt stehen. Neben echter Landarbeit können die Gäste Wolle spinnen, Wäsche mangeln und Seile drehen. Eines der interessantesten Dinge, die man hier lernen kann, ist, wie estnische Bauern heimische Pflanzen als Arzneimittel verwandt haben.

Kirche St. Marien in Rõuge inmitten satter hügeliger Felder

Rõuge ⓳

Straßenkarte E2. ab Võru. Haanja mnt, 785 9245. Mo–Fr 10–18 Uhr. **www**.rauge.ee

Das Dörfchen Rõuge verkörpert auf vollkommene Weise den wohltuend trägen Charme von Südost-Estland und wird von vielen Esten zurecht als das schönste Dorf des Landes angesehen. Es liegt am stillen Ufer des Rõuge Suurjärv, des mit 38 Metern tiefsten Sees des Landes. Dahinter tut sich in der Ferne das idyllische Tal der Nachtigallen auf.

Eine Reihe von Naturlehrpfaden, die hinter der **Kirche St. Marien** beginnen, führen durch das Tal. Die Kirche stammt aus dem Jahr 1730 und erhebt sich an der Stelle, die bis ins 12. Jahrhundert

Volksgruppe der Setu

Setu-Frau in traditioneller weißer Tracht

Die im Südosten Estlands lebenden Setu bilden eine eigenständige ethnische Gruppe. Anders als die meisten Esten sind die Setu christlich-orthodox, weil sie in einer Region leben, die von der russisch-orthodoxen Kirche christianisiert wurde. Sie haben ihr eigene Sprache, Võru-Setu, die sich erheblich vom normalen Estnisch unterscheidet. Die traditionelle Volksmusik der Setu gehört zur schönsten in Estland. Ihre klagende Polyphonie klingt auffallend slawisch. Die Setu (Seto, Setukesen) sind auch berühmt für ihre Trachten und ihre Handwerkskunst. Der beste Ort, um die Setu-Kultur kennenzulernen, ist Obinitsa. Das kleine Dorf in der Mitte von Setumaa, dem »Land der Setu«, feiert jedes Jahr mehrere Setu-Feste.

eine estnische Festung einnahm. Neben der Kirche steht ein altes hölzernes Schulhaus aus dem Jahr 1888, an dessen Äußerem einige schöne Holzschnitzereien und Skulpturen zu entdecken sind. Das Denkmal gegenüber der Kirche erinnert an die Esten, die ihr Leben in den Unabhängigkeitskriegen (1918–20) verloren haben.

Suur Munamägi ⑳

Straßenkarte E2. *ab Võru.* *786 7514.* *Mitte Apr–Aug: tägl. 10–20 Uhr; Sep: tägl. 10–17 Uhr; Okt: Sa, So 10–17 Uhr; Nov–Mitte Apr: Sa, So 12–17 Uhr.*
www.suurmunamagi.ee

Der unmittelbar südlich des Dorfes Haanja aufragende Suur Munamägi (Großer Eierberg) ist die höchste Erhebung des Baltikums. Mit einer Höhe von lediglich 318 Metern gibt er einen Eindruck davon, wie flach das Baltikum ist. Aber die Umgebung mit ihren Bauernhöfen, Wäldern und Hügeln ist so schön, dass die Besteigung des Berges lohnt. An klaren Tagen kann man bis nach Russland und Lettland sehen.

Auf dem Gipfel steht ein schlanker Aussichtsturm, der 1939 errichtet und kürzlich umgebaut wurde: Nun gibt es hier ein gläsernes Turmcafé *(siehe S. 329)* und einen Lift. Köstlich schrullige Holzschnitzereien blicken aus den Bäumen auf einen herab, während man den steilen Weg zur Spitze des bewaldeten Berges erklimmt.

F. R. Kreutzwald (1803–1882)

Kreutzwald-Denkmal in Võru

Der Schriftsteller und Dichter Friedrich Reinhold Kreutzwald wird von den Esten als eine der maßgeblichsten Figuren der estnischen Nationalbewegung des 19. Jahrhunderts verehrt. Sein umfangreiches literarisches Werk in estnischer Sprache gibt patriotischen Esten noch heute das Gefühl von Identität und Selbstvertrauen. Trotz großer Armut studierte Kreutzwald Medizin an der Universität Tartu, wo in ihm ein leidenschaftliches Interesse an nationaler Folklore erwachte. Von ihr inspiriert verfasste er mehrere Versepen, deren berühmtestes *Kalevipoeg* (Kalevs Sohn, 1857–1859) ist. Für die Esten war das Epos der Beweis, dass sich das Estnische als Literatursprache eignet.

Vastseliina ㉑

Straßenkarte E2. *ab Võru.*
www.visitvoru.ee

Der kleine Ort Vastseliina wird vor allem wegen der Burg (14. Jh.) vier Kilometer weiter östlich besucht. Sie war ursprünglich eine Grenzburg der Deutschen zur Verteidigung gegen die Russen. 1353 ereignete sich hier ein Wunder: Man sah das Kreuz der Burgkapelle über dem Altar schweben. Der Vorfall wurde vom Bischof in Rīga nach Rom berichtet, worauf ein Pilgerstrom zu der Burg einsetzte. 1702 wurde die Burg im Großen Nordischen Krieg (1700–21) völlig zerstört, aber ihre Ruine ist ein lebendes Zeugnis in diesem einst heftig umkämpften Gebiet.

In Vana-Vastseliina, am Fuß des Burgbergs, wird in der Taverne **Piiri** (1695 zuerst erwähnt) noch immer Deftiges serviert.

Holzhäuser an der Jüri tänav in Võru

Võru ㉒

Straßenkarte E2. *14 000.* *Tartu 31, 782 1881.* *Folklore-Festival Võru (19.–22. Juli).* **www**.voru.ee

Das im Südosten Estlands gelegene Võru ist eine gute Basis für die Erkundung der Umgebung. Der Ort ist vor allem für seine eindrucksvolle Holzarchitektur des 18. Jahrhunderts bekannt.

Hauptsehenswürdigkeit von Võru ist das **Kreutzwald-Museum**, das frühere Haus des Dichters, der hier als Arzt praktizierte. Die sandigen Ufer des Tamula-Sees reichen fast ins Stadtzentrum hinein und eignen sich herrlich für Spaziergänge.

Umgebung: 30 Kilometer östlich von Võru befindet sich **Obinitsa**, das größte Dorf der Volksgruppe der Setu.

Kreutzwald-Museum
Mi–So 11–18 Uhr.

Blick vom Aussichtsturm auf dem Suur Munamägi

Blick auf den Põlva-See mit dem Turm der Marienkirche im Hintergrund

Põlva ㉓

Straßenkarte E2. *6500.* *ab Tartu.* *Kesk 42, 799 5001.* *Stadtfest (vorletztes Maiwochenende).* **www**.polva.ee

Der Ort liegt an dem künstlichen Põlva-See, dessen sandige Ufer im Sommer von Badenden bevölkert sind. Der Legende nach wurde in die **Marienkirche** ein kniendes Mädchen eingemauert, um den Teufel fernzuhalten. So soll Põlva, das auf Estnisch »Knie« bedeutet, zu seinem Namen gekommen sein.

Der Ort wuchs rund um die Marienkirche, die lange eine Ruine war, bis sie nach dem Großen Nordischen Krieg *(siehe S. 33)* wiederaufgebaut wurde. In dem preisgekrönten Kulturzentrum in der Nähe findet man eine Galerie, einen Konzertsaal und ein Café, von dessen Dachterrasse man einen schönen Blick auf die Stadt hat. Põlva ist auch für seine Sängerfestbühne Intsikurmu bekannt, die in einem kleinen Waldgebiet im Westteil des Ortes liegt. Hier gibt es regelmäßig Konzerte.

Wassermühle Kiidjärve ㉔

Straßenkarte E2. *ab Põlva.* *Dorf Kiidjärve, 799 2122.* **www**.polvamaa.ee

Die 1914 erbaute Wassermühle Kiidjärve liegt im Erholungsgebiet Kiidjärve-Taevaskoja, einem 32 Quadratkilometer großen Talkessel von atemberaubender Schönheit. Die Wassermühle ist der größte Backsteinbau seiner Art im Baltikum. Viele Wanderwege beginnen bei dem Dorf Kiidjärve. Reiten, Fahrrad- und Kanufahren sind ebenfalls beliebte Sportarten. Die berühmten Ameisenhügel in Akste, die zum Teil zwei Meter hoch sind, tragen ebenfalls zur Attraktivität des Gebiets bei.

Taevaskoja-Sandsteinabbrüche ㉕

Straßenkarte E2. *ab Põlva.* *ab Tartu.* *Tourismus- & Ferienzentrum Taevaskoja, 799 2067.* **www**.taevaskoja.ee

Taevaskoja (»Himmelshalle«) ist berühmt für seine Sandsteinabbrüche. Die Große und Kleine Taevaskoja gehören zu den größten Attraktionen der Gegend von Põlva. Sie liegen entlang der Ahja, die als Estlands schönster Fluss gilt. Die Mädchenhöhle wurde dicht bei der Kleinen Taevaskoja durch Quellwasser aus dem devonischen Sandstein gegraben. Sie ist von zahlreichen Sagen und Mythen umrankt. Die beeindruckende Sandsteinwand der Großen Taevaskoja in der Nähe gilt weithin als nationales Symbol.

Sandsteinabbruch in Taevaskoja am Fluss Ahja

Russische Altgläubige

Als Gegner der Reformen des Patriarchen Nikon (1605–1681) trennten sich die Altgläubigen im 17. Jahrhundert von der russisch-orthodoxen Kirche. Da sie verfolgt wurden, zogen viele nach Südost-Estland, vor allem an den Peipsi-See, wo sie weiter an ihrer Lebensweise festhalten. Heute gibt es hier elf Altgläubigen-Gemeinden mit etwa 15 000 Mitgliedern. Man kennt ihre Vorliebe für Zwiebeln, die sie massenhaft anbauen, weil sie glauben, dass Zwiebeln vor verschiedenen Krankheiten schützen, wenn man sie in großen Mengen verzehrt.

Eine Gemeinde der Altgläubigen

Tour: Peipsi-See 26

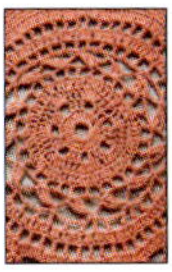

Setu-Handarbeit

Der Peipsi-See ist der fünftgrößte See Europas. Er erstreckt sich über einen großen Teil der Ostgrenze Estlands zu Russland. Der riesige, stille See ist mit der Geschichte und dem Leben in der Region bis heute eng verknüpft. Hier wohnen die russischen Altgläubigen und die Setu *(siehe S. 120)*. An dem See gibt es schöne Sandstrände, die von kleinen Fischerdörfern durchzogen sind.

Angeln ist eine verbreitete Beschäftigung am Peipsi-See

Mustvee ①
Ein kleines Museum über die Altgläubigen und drei Kirchen sind hier die Hauptsehenswürdigkeiten.

Raja ②
Raja ist für seine Kirche der Altgläubigen berühmt. Mit 4,5 Kilometern gilt es als das längste Dorf in Estland.

Kolkja ③
Das Museum der Altgläubigen ist das Highlight von Kolkja. Es gibt auch ein gutes Restaurant, in dem man die lokale Küche probieren kann.

Kasepää ④
Kasepää ist Teil einer sieben Kilometer langen Kette von Dörfern, in denen Altgläubige leben.

Piirissaar ⑤
Diese Insel, auf der Fischer und Zwiebelbauern leben, erreicht man per Schiff von Tartu und Värska aus.

Värska ⑥
Sandstrände und Heilquellen sichern einen angenehmen Aufenthalt. Das Setu-Bauernhofmuseum ist sehenswert.

Routeninfos

Start: *Mustvee.*
Länge: *Von Mustvee nach Varnja sind es 46 Kilometer und von Meerapalu nach Värska 56 Kilometer.*
Zur Beachtung: *Man kann den See nicht in ganzer Länge entlangfahren. Nördlich von Kalaste gibt es viele Unterkünfte.*

Legende

- Bootsanlegestelle
- Information
- Routenempfehlung
- Andere Straße
- Fährroute
- Staatsgrenze

Lettland

Lettland im Überblick

Die vier historischen Regionen Lettlands entsprechen in etwa denen der alten baltischen Stämme. An seiner langen Küste liegen zwei der größten Häfen des Landes. Das westliche Kurzeme (Kurland) ist zum Teil dicht bewaldet. Im Süden grenzt die flache, fruchtbare Ebene von Zemgale an Litauen. Vidzeme ist mit Wäldern, Sümpfen und Bergen landschaftlich am vielgestaltigsten. Die kulturell markante östlichste Region Latgale, die an Russland und Weißrussland grenzt, ist nach wie vor bäuerlich und wenig entwickelt.

Zur Orientierung

Rīga (siehe S. 138–161) *ist die größte Stadt im Baltikum. Die Altstadt und ein Teil der Neustadt mit einem der größten Jugendstil-Architekturensembles der Welt zählen zum UNESCO-Welterbe.*

Schloss Rundāle (siehe S. 168f), *der imposanteste von Lettlands Palästen, wurde von Rastrelli (1700–1771), dem italienischen Architekten des St. Petersburger Winterpalais, erbaut. Die meisten Räume sind im üppigen Rokokostil der zweiten Hälfte des 18. Jahrhunderts gestaltet.*

◁ **Blick auf die Sandsteinabbrüche am Fluss Salaca in Ost-Lettland**

Das Gauja-Tal (siehe S. 186–189) *gehört zu den schönsten und von Letten wie Urlaubern viel besuchten Gegenden des Landes. Neben den zahlreichen Naturschönheiten und historischen Stätten findet man hier viele Angebote für Aktivitäten im Freien: vom Wandern und Kanu- bzw. Bobfahren bis zum Skilaufen.*

Latgale *(Lettgallen)* (siehe S. 198) *ist von fast 5000 Seen bedeckt. Die Hochebene – ihre höchste Stelle misst gerade mal 300 Meter – wurde von unterschiedlichsten Ethnien besiedelt. Die kristallklaren Seen liegen in zum Teil völlig unberührten Landschaften.*

Aglona (siehe S. 195), *der wichtigste katholische Wallfahrtsort der Region, ist berühmt für ein angeblich wundertätiges Bildnis der Muttergottes (17. Jh.), das nur zu besonderen Anlässen gezeigt wird. Höhepunkt ist das Fest Mariä Himmelfahrt am 15. August, wenn Tausende von Gläubigen in die barocke Kirche strömen.*

EIN PORTRÄT LETTLANDS

Herrliche Wälder und Seen, faszinierende uralte Dörfer und dynamische Städte, die im Ausland noch wenig bekannt sind, charakterisieren Lettland. Die hinreißende Hauptstadt des Landes, Rīga, hingegen lockt das ganze Jahr über Massen von Gästen an. Diese größte Stadt des Baltikums schwelgt in Kulturschätzen und einem ausgelassenen Nachtleben.

Lange vor der Ankunft der deutschen Kreuzritter im Jahr 1201 hatten lettische Stämme schon Handelsbeziehungen mit so weit entfernten Orten wie Byzanz, während das orthodoxe Christentum von Osten her eindrang. Doch erst mit den Kreuzrittern begannen acht Jahrhunderte Fremdherrschaft. Eine kurze Zeit der Selbstbestimmung im frühen 20. Jahrhundert endete mit der Besetzung zuerst durch Deutschland und dann durch die Sowjetunion. Während der Sowjetzeit wurde das Land massiv industrialisiert. Die erneute Unabhängigkeit 1991 beschleunigte die Modernisierung Lettlands. Dennoch konnte sich eine eigenständige lettische Kultur entwickeln und erhalten, die fremde Einflüsse und regionale Unterschiede in sich zu vereinen wusste. Die Nähe zur Natur als Spiegel jahrhundertelanger bäuerlicher Arbeit blieb erhalten. Während das Land heute noch damit zu tun hat, die sozialen, ökonomischen und politischen Altlasten des 20. Jahrhunderts abzutragen, sieht es vertrauensvoll in die Zukunft. Die Altstadt Rīgas und die anderer Städte sind restauriert, die ländlichen Gegenden bereiten sich auf den Ökotourismus vor.

Statue am Rīgaer Schwarzhäupterhaus

Blick auf die wunderschöne Landschaft um Sigulda im Nationalpark Gauja

◁ **Lettische Frauen in traditioneller Tracht vor der Burg von Turaida im Nationalpark Gauja** ***(siehe S. 188)***

Letten beim Volkstanz im Ethnografischen Freilichtmuseum in der Nähe von Rīga

Volk

Die größte ethnische Kluft besteht zwischen den lettischen und russischen Gemeinden des Landes, die 58 bzw. 29 Prozent der 2,3 Millionen Bewohner Lettlands (Fläche: 64589 km²) ausmachen. Die Russen stellen zwar die Mehrheit in den größeren Städten, sind aber meist keine lettischen Staatsangehörigen, weil sie den geforderten Sprach- und Staatsbürgertest nicht bestanden haben. Sie dürfen an Wahlen nicht teilnehmen und auch nicht frei in der EU umherreisen und arbeiten.

Andere Minderheiten sind Litauer, Polen, Weißrussen und Ukrainer. Die meisten Juden Lettlands kamen im Zweiten Weltkrieg um oder flohen. Von den Überlebenden sind nur wenige ins Land zurückgekehrt.

Gesellschaft und Kultur

Letten sind eher konservativ. Obwohl das Arbeitsplatzangebot für Frauen und Männer gleich ist, werden Männer meist besser bezahlt. Frauen haben oft eine wichtige Rolle in der Öffentlichkeit gespielt und sich in der Politik profiliert, dennoch gilt oft das Haus als ihr eigentlicher Platz.

Die von den Baltendeutschen aufgezwungene strikte soziale Hierarchie sorgte für das Überleben vieler Volkstraditionen. Lettlands nichtchristliche Vergangenheit ist noch heute spürbar, vor allem im begeisterten Feiern der Johannisnacht, selbst Stadtbewohner bekennen ihre Nähe zur Natur. Sie zeigt sich auch in der Beliebtheit von Blumen als Geschenk, doch dürfen die Sträuße nur eine ungerade Zahl Blumen enthalten, da gerade Zahlen mit dem Tod assoziiert werden.

Die Letten konnten sich nie richtig für institutionalisierte Religionen erwärmen: Heute sich nur rund ein Drittel Christen, zumeist evangelisch-lutherischen Glaubens.

Politik und Wirtschaft

Seit Lettlands erneuter Unabhängigkeit sind Dutzende politischer Parteien entstanden, die eine Reihe kurzlebiger Mitte-Rechts-Regierungen gebildet haben. Das Ende des Kom-

Zuschauer beim Jahrestag der Ausrufung der Republik Lettland in Rīga

munismus hat nicht das Ende der weitverbreiteten Korruption bedeutet. Mächtige Oligarchen nutzen ihren politischen Einfluss, um persönliche finanzielle Interessen durchzusetzen. All das hat zu einer allgemeinen Skepsis gegenüber dem politischen System geführt.

Schiffe im Hafen von Liepāja, einer Ex-Marinebasis der Sowjets

Die Sowjets formten eine vorwiegend agrarische Wirtschaft in ein System um, das weitgehend auf Schwerindustrie beruhte, womit der Zufluss russischer Arbeiter in die Städte verbunden war. Durch den Kollaps der sowjetischen Planwirtschaft verlor Lettland die Märkte für seine Waren. Die Krise verschärfte sich noch, als 1995 vier jüngst privatisierte Banken zusammenbrachen. Seitdem haben Privatisierungen, Reformen und niedrige Löhne ein rasches Wachstum gefördert. Die meisten Rohstoffe bis auf Holz werden importiert, aber die Industrie hat Auslandsinvestitionen gut genutzt. Exportiert werden Pharmaprodukte, Holz, Textilien, Elektrowaren und Elektronik, Schiffe, Milchprodukte, Fleisch und Getreide. Aus seinem Status als Ost-West-Drehscheibe zieht Lettland Nutzen, wobei der Erdöltransit von Russland nach Westeuropa besonders lukrativ ist.

Obwohl Geld ins Land fließt, haben sich die Lebensbedingungen der einfachen Leute nicht sehr gebessert. Fehlende Chancen haben die Abwanderung aus ländlichen Gebieten in die lettischen Großstädte oder in andere EU-Länder zur Folge.

Fremdenverkehr

Eine sichtbare Veränderung in den letzten Jahren war der rasch zunehmende Tourismus. Große Teile Lettlands werden zwar nach wie vor kaum von Fremden besucht, aber Rīga hat sich als Reiseziel fest etabliert. Rund um die Altstadt der Metropole entstehen wegen der steigenden Besucherzahlen immer mehr Hotels. Rīga ist bestrebt, seinen Beinamen »Paris des Nordens« zurückzugewinnen, den es einst mit mehreren europäischen Städten teilte.

Die größten Wachstumspotentiale liegen indes außerhalb der Ballungsgebiete in den weithin unberührten Wäldern, Flüssen und Seen. Die Infrastruktur ist zwar erst im Entstehen, aber der Fremdenverkehr bietet echte Chancen, die heimische Landwirtschaft neu zu beleben, denn schon öffnen sich einige Gehöfte den Möglichkeiten des Agrotourismus.

Floßfahrer im Waldgebiet von Kurzeme

Das Jahr in Lettland

Die Kreuzritter hatten mit ihrer Christianisierung nur teilweise Erfolg. Im lettischen Kalender finden sich noch heute viele Feste, die den Wechsel der Jahreszeiten feiern. Viele Volkstraditionen sind in christliche Feste eingeflossen, sodass wir jene heute nachempfindend erleben können. Internationale Kulturereignisse gibt es vor allem in Rīga, aber auch in anderen Städten, vor allem in Liepāja. Viele kleinere Orte halten Volksfeste ab. Für einen Besuch Lettlands eignet sich am besten die Zeit zwischen Mai und Mitte September. Wegen seines pulsierenden Kulturlebens kommen das ganze Jahr über viele Urlauber nach Rīga, das auch an einem klaren Wintertag sehr schön aussehen kann.

Geigensolistin in einem Konzert

Frühling

Regen und Schlamm können im Vorfrühling die Stimmung trüben. Aber ab April belebt sich das Land mit Tanz und Musik.

März

Piano Stars *(Anf. März)*, Liepāja. Dieses Festival wurde 1993 gegründet und lockt bekannte Pianisten aus der ganzen Welt in die Stadt.

April

Internationales Ballett-Festival *(Apr–Mai)*. Bei dem Festival, das in Rīga und anderen Städten stattfindet, sind Tanzstile von Klassisch bis Avantgardistisch vertreten.

Mai

Skaņu Mežs *(Anfang–Mitte Mai)*, Rīga. Auftritte von Experimental- und Avantgardemusikern in einer stillgelegten Werft.

Kunsttage und Museumsnächte. Bei dieser munteren Veranstaltung stellen Künstler ihre Werke auf Straßen und Plätzen im ganzen Land aus. Konzerte und Theateraufführungen umrahmen das Ganze, viele Museen bleiben bis spät nachts geöffnet.

Sommer

Die Sommermonate sind die beste Reisezeit, nicht nur weil das Wetter am angenehmsten ist, sondern auch, weil Festivalsaison herrscht.

Juni

Kunsthandwerker-Festival und -Messe *(1. Wochenende)*, Rīga. Seit 1971 wird neben Musik, Theater und Tanz traditionelles Kunsthandwerk präsentiert.

Rīgaer Opernfestival *(Mitte Juni)*, Rīga. Internationales Festival zum Saisonabschluss der Lettischen Nationaloper mit einem Überblick über das vergangene Jahr.

Künstler beim Skaņu Mežs, einem Musikfestival in Rīga

Kämpfende Ritter beim Baltischen Mittelalter-Festival

Baltisches Mittelalter-Festival *(2. Wochenende)*, Valmiera. Mittelalterliche Musik, Speisen, Kunsthandwerk und nachgestellte Schlachten am Fuß des Berges mit der Ruine der Ordensburg.

St. Johannis *(23.–24. Juni)*. Johannisnacht und -tag (Līgo und Jāņi). Häuser und Ställe werden mit Zweigen und Blumen geschmückt. Abends werden Lieder um Feuer gesungen, die bis zum Johannistag (Jāņi) brennen.

Juli

Meeresfest *(2. Wochenende)*. Fischer sowie der Meergott werden mit diesem ausgelassenen Fest geehrt.

Lettisches Sängerfest, Rīga. Dieses wichtige Ereignis findet nur alle fünf Jahre statt, das nächste Mal 2013.

Baltica-Festival, Rīga. Die drei baltischen Hauptstädte haben die Veranstaltung reihum zu Gast.

Eine Volkstanzgruppe auf dem Rīgaer Stadtfest

Baltic Beach Party *(Ende Juli)*, Liepāja. Untermauerung des Anspruchs, Wiege der lettischen Rockmusik zu sein.

August

Mariä Himmelfahrt *(15. Aug)*, Aglona. Tausende von Pilgern wallfahren zu Lettlands wichtigster katholischer Kirche.
Rīgaer Stadtfest *(Mitte Aug)*. 2001 zum 800. Jahrestag der Stadtgründung zum ersten Mal gefeiert. Das Fest besteht aus vielen Konzerten.

Herbst

Die Herbstfarben lassen bei Fahrten aufs Land Freude aufkommen, aber ab Mitte September fallen die Temperaturen ziemlich rasch.

September

Eisenbahnfest *(1. Samstag)*, Schmalspurbahn Gulbene–Alūksne. Veranstaltungen auf Bahnhöfen der Linie. Eine restaurierte Dampflok ist dabei die größte Attraktion.

Oktober

Arēna Festival Neuer Musik *(Okt–Nov)*. Einen Monat lang ist Rīga das Podium zeitgenössischer Kompositionen.

November

Mārtiņdiena *(10. Nov)*. Start in den Winter. Veranstaltungen in Rīgas Ethnografischem Freilichtmuseum.
Lāčplēšis-Tag *(11. Nov)*. Eine Reihe von Veranstaltungen zu Ehren lettischer Freiheitskämpfer.

Rīga an einem schönen Herbsttag

Winter

Kurze Tage und schlechtes Wetter können die Laune dämpfen, aber an klaren Tagen ist die Schneelandschaft wunderschön.

Dezember

Weihnachten *(25.–26. Dez)*. Christklötze werden von Haus zu Haus gezogen, damit sie das Pech des vergangenen Jahres aufnehmen, ehe sie verbrannt werden.
Altstadt-Weihnachtsmarkt *(Dez–Anf. Jan)*, Rīga. Bei Einheimischen wie Gästen beliebter Markt mit viel traditionellem Kunsthandwerk.

Januar

Lettisches Blues-Festival *(Mitte Jan)*, Rīga. Seit 2002 kommen Künstler aus vielen Nationen zu dem Festival.
Silver Bells. Internationales Kirchenmusikfestival *(Mitte Jan)*, Daugavpils. Musikalischer Wettstreit mit Auftritten von Chören, Ensembles und Solisten.

Exponat beim Internationalen Eisskulpturen-Festival in Jelgava

Februar

Internationales Eisskulpturen-Festival *(Anf. Feb)*, Jelgava. Eines der größten Festivals seiner Art in der Welt. Danach bleiben die Skulpturen stehen, bis sie in der Sonne geschmolzen sind.

Feiertage

Neujahr *(1. Jan)*

Karfreitag *(März/April)*

Ostersonntag und -montag *(März/April)*

Tag der Arbeit *(1. Mai)*

Wiedererlangung der Unabhängigkeit der Republik Lettland *(4. Mai)*

St. Johannis Ligo/Jani *(23./24. Juni)*

Proklamation der Republik Lettland *(18. Nov)*

Weihnachten *(24.–26. Dez)*

Die Geschichte Lettlands

Traditionell lässt man die Geschichte Lettlands mit der Ankunft der Kreuzritter 1201 beginnen, womit die dreihundertjährige deutsche Herrschaft über das Gebiet einsetzte. Ab der Mitte des 16. bis zum frühen 18. Jahrhundert war Lettland zwischen Polen und Schweden aufgeteilt. Ab 1795 war ganz Lettland russisch. Die endgültige Unabhängigkeit von fremder Herrschaft wurde erst 1991 erlangt.

Die strategisch wichtige Lage Lettlands bestimmte weitgehend den Lauf seiner Geschichte: Seine mächtigeren Nachbarn waren bestrebt, die Region zu kontrollieren. Ab dem späten 12. Jahrhundert nutzten westeuropäische Kaufleute zunehmend Lettlands Handelsweg die Daugava (Düna) aufwärts. Die Kreuzritter, deutsche Kriegermönche, die hier ab 1200 auftauchten, waren auf Eroberung des Landes und Christianisierung seiner Bevölkerung aus. 1201 gründeten sie Rīga, das sich zu einem bedeutenden Handelszentrum zwischen dem Baltikum und Westeuropa entwickelte.

Kreuzritter in Kampfrüstung

König Gustav Adolf landet 1630 nahe der baltischen Küste

Deutsche und Schweden

Rasch hatten die Deutschen ganz Lettland unter Kontrolle. Sie bauten Burgen in Cēsis (1209), Kuldīga (1242) und Valmiera (1283), um regionalem Widerstand zuvorzukommen. Unterdessen gelangten Rīga, Cēsis und Ventspils als Mitglieder der Hanse *(siehe S. 32)* zu großer Blüte. Nutznießer waren die Deutschen, die große Rittergüter auf dem Land besaßen. Die Letten hingegen wurden enteignet und in die Leibeigenschaft gezwungen.

Im frühen 16. Jahrhundert unterstützten die Stadtbevölkerungen begeistert die Reformationsbewegung. Bald wurde der Protestantismus zur Staatsreligion erklärt. 1561 eroberte Polen während des Livländischen Krieges *(siehe S. 33)* Lettland, forthin war der Katholizismus fest etabliert. Ein eigenständiges Herzogtum Kurland, das Polen treuepflichtig war, wurde im Süden und Westen geschaffen.

Der Konflikt zwischen den protestantischen Schweden und den katholischen Polen im späten 16. Jahrhundert endete damit, dass die Schweden fast das

Zeitskala

1201 Rīga von Albrecht von Bremen gegründet

1282 Rīga tritt der Hanse bei

Steinernes Wappenschild der Hanse

1561 Lettland von Polen besetzt

1558 Livländischer Krieg beginnt

1200 | **1300** | **1400** | **1500**

1211 Bau des Rīgaer Doms beginnt

Dom zu Rīga

1372 Deutsch ersetzt Latein als Amtssprache

1520 Erster lutherischer Gottesdienst

1536 E… Erwäh… jüdisch… Kaufle… in Rīga…

ganze 17. Jahrhundert Nord-Lettland beherrschten. Sie führten den Schulunterricht in lettischer Sprache im ganzen Land ein. Unter Gustav II. Adolf (reg. 1611–32) verstärkten sie ihren Einfluss auf das damals polnisch beherrschte Livland. Um dieselbe Zeit blühte das Herzogtum Kurland unter Jakob Kettler (reg. 1642–82), der in Ventspils eine starke Marine aufbaute und Lettlands einzige Kolonie auf der Karibikinsel Tobago gründete.

Jakob Kettler, Herzog von Kurland

Russisches Reich

Im Großen Nordischen Krieg *(siehe S. 33)* traten die Schweden Rīga an Peter den Großen von Russland ab. Die Russen brachten 200 Jahre Stabilität. Die Leibeigenschaft wurde 1819 abgeschafft, sodass die Landarbeiter in die Städte abwandern konnten, wo Industrialisierung und Eisenbahnen viele neue Arbeitsplätze schufen. Macht und Geld blieben jedoch fest in deutscher und russischer Hand. Die deutschen Kaufleute genossen noch immer die Privilegien, die ihnen die Schweden eingeräumt hatten.

Ende des 19. Jahrhunderts versuchten die Russen, Deutsch als Landessprache durch Russisch zu ersetzen. Das brachte die lettischen Intellektuellen in Rage, die darin ein Zeichen von Unterdrückung sahen. Sie riefen zarenfeindliche politische Bewegungen ins Leben und verteidigten die deutsche Kontrolle über Firmen und Güter. Die russischen Aufstände 1905 stießen in Rīga und den ländlichen Bezirken Lettlands auf große Sympathie, wo mehr als 100 Herrenhäuser niedergebrannt wurden.

Freiheitskampf

Als 1914 der Erste Weltkrieg ausbrach, wurde Lettland zum Hauptschlachtfeld zwischen Deutschland und Russland, aber keine der beiden Mächte eroberte es je ganz. Die Letten, denen 1915 gestattet wurde, eigene Regimenter, die »Lettischen Schützen«, aufzustellen, führten einen beherzten Kampf gegen die Deutschen in der sogenannten Weihnachtsschlacht, die am 23. Dezember 1916 begann. Doch die Letten wurden schließlich geschlagen, und die Deutschen nahmen Rīga ein. Der Sieg der Alliierten 1918 zwang die deutschen Truppen zum Rückzug. Innerhalb weniger Tage, am 18. November, wurde die Unabhängigkeit Lettlands erklärt.

Schiffe in einem lettischen Hafen. Gemälde aus dem 19. Jahrhundert

König Gustav Adolf von Schweden (1594–1632)

- **1621** Riga von Gustav Adolf von Schweden erobert
- **1629** Schweden besiedelt Lettland
- **1680** Rigas erste Zeitung auf Deutsch
- **1689** Lettische Bibelübersetzung
- **1700**
- **1710** Rīga durch Peter den Großen erobert
- **1800**
- **1817** Leibeigenschaft in Kurzeme verboten
- **1822** Erste lettische Zeitung
- **um 1850** Nationalbewusstsein erwacht
- **1873** Erstes Lettisches Sängerfest
- **1900**
- **1905** Sozialistische Revolution fordert Unabhängigkeit
- **1914** Deutsche Besetzung Lettlands beginnt
- **1917** Russische Revolution
- **1918** Formelle Erklärung der lettischen Unabhängigkeit

Erste Unabhängigkeit

Lettlands neu gebildete Regierung floh im Januar 1919 nach Liepāja und kehrte im Juli nach Rīga zurück, als die Stadt von den Bolschewiken befreit war. Das ganze Jahr über gingen viele Kräfte gegen die lettische Unabhängigkeit und gegeneinander vor, darunter Deutsche, Polen und Russen. Lettland war sich seiner Unabhängigkeit erst sicher, als es am 11. August 1920 einen Friedensvertrag mit Russland schloss.

Präsident Kārlis Ulmanis (1877–1942)

Trotz der bis 1934 ständig wechselnden Regierungen wurde in dieser Periode der Unabhängigkeit vieles erreicht. Der Handel wandte sich von Russland wieder dem Westen zu, Lettisch wurde im ganzen Land gesprochen, und Rīga wurde als Hauptstadt des Baltikums angesehen. Die führende politische Gestalt dieser Zeit war Kārlis Ulmanis (1877–1942), der 1934 den Ausnahmezustand über Lettland verhängte, das Parlament auflöste und sich nach dem Vorbild Mussolinis zum Staatspräsidenten erklärte.

Sowjetsoldaten marschieren 1940 durch Rīga

Aller Fortschritt kam abrupt zum Stehen, als am 17. Juni 1940 die Sowjets einfielen und Lettland der UdSSR einverleibten. Wer eine Rolle in der lettischen »Bourgeoisie« gespielt hatte, wurde hingerichtet oder nach Sibirien deportiert. Die deutsche Invasion folgte ein Jahr später in Juni 1941. Binnen zehn Tagen war Lettland größtenteils besetzt. Die Naziherrschaft war ebenso brutal, hatte aber andere Ziele. Die Opfer kamen meist aus der jüdischen Gemeinde, die nach der Abschaffung der antijüdischen Gesetze 1840 erheblich gewachsen war.

Rückkehr der Russen

Im Herbst 1944 kehrten die Sowjets als »Befreier« nach Ost-Lettland und Rīga zurück, aber die Deutschen hielten bis Mai 1945 den Westen des Landes. So konnten fast 100 000 Letten nach Deutschland und Schweden fliehen und von da weiter nach England, Kanada und Australien. Im März 1949 führten die Sowjets weitere Deportationen durch, diesmal waren es meist Bauern, die sich den neuen Kollektiven verweigerten. Wo Letten aus ihrem eigenen Land vertrieben wurden, nahmen Russen erfreut ihren Platz ein, ihre Zahl stieg in der sowjetischen Ära. 1990 war die Hälfte der Bevölkerung russischsprachig, und es war ernsthaft zu befürchten, dass Lettisch als Landessprache verschwinden würde. Den ersten öffentlichen Protest gegen diese Tendenzen gab es 1987, als eine Menge am Freiheitsdenkmal in Rīga an die Deportationen nach Sibirien im Jahr 1941 erinnerte. Neue politische Gruppierungen entstanden ein Jahr darauf. Die mächtigs-

Zeitskala

1919 Bolschewistische Regierung für sechs Monate in Rīga an der Macht

1920 Russland erkennt Lettlands Unabhängigkeit an

1925

1934 Durch Putsch wird Kārlis Ulmanis Präsident

1935

1935 Freiheitsdenkmal in Rīga enthüllt

Freiheitsdenkmal in Rīga

1939 Hitler-Stalin-Pakt zwischen Russland und Deutschland

1940 Erste sowjetische Besetzung

1941 Besetzung durch deutsche Truppen

1945

1945 Sowjetische Wiedereroberung

1955

1956 Inese Jaunzeme erringt als erste Lettin olympisches Gold (in der Disziplin Speerwurf)

LTF-Anhänger während des Wahlkampfs 1990

te, die Lettische Volksfront (LTF), forderte die volle Unabhängigkeit und gewann 1990 die Wahl.

Unabhängigkeit

Die Gewalt im Januar 1991 zeigte die Entschlossenheit der Letten, die Unabhängigkeit zu erringen. Acht Menschen kamen in Rīga bei Zusammenstößen mit den Sowjets um. Im August zettelten konservative Kommunisten in Moskau gegen Präsident Gorbatschow einen Putsch an, aber er brach binnen zwei Tagen zusammen. Lettland war plötzlich frei.

In den ersten acht Jahren der Unabhängigkeit wurde das Land von Guntis Ulmanis (geb. 1939) geführt. Die Regierungen wechselten wie in den 1920er Jahren, aber sie praktizierten meist eine langsamere Privatisierungspolitik als ihre estnischen Nachbarn. Durch die niedrigen Löhne im öffentlichen Bereich drang die aus Sowjetzeiten bekannte Korruption aus den unteren Bereichen auch in die höheren Ebenen ein.

Am Anfang des 21. Jahrhunderts wurde Lettland erfolgreich in Westeuropa integriert, vor allem mit seinem Beitritt zur EU im Jahr 2004. Trotzdem konnte es die Handelsbeziehungen zu Russland aufrechterhalten. Die Nationalität der Hälfte der Bewohner Lettlands, die Russisch als Muttersprache sprechen, könnte den heutigen Regierungen Sorgen bereiten. Aber eine sensible Behandlung dieses Problems kann die Sicherheit des Landes langfristig garantieren.

Juden in Lettland

Deutschfreundliche Lettenmilizen bewachen 1941 in Liepāja verhaftete Juden

Im frühen 19. Jahrhundert waren die Juden im Russischen Reich von Universitäten, der Regierung und dem Offizierskorps der Armee ausgeschlossen. Unter Zar Alexander III. (1881–1894) nahm der Antisemitismus noch zu. Zwischen den beiden Weltkriegen unterdrückte Präsident Ulmanis entschlossen Randgruppen, die den Antisemitismus propagierten. Doch nach der Besetzung Lettlands im Juni 1941 setzte Nazideutschland seine Vernichtungspolitik gegen die Juden sogleich in die Praxis um. Der Völkermord wurde in zwei Phasen durchgeführt. 1945 waren von den 95 000 Juden vor dem Krieg nur noch 1000 am Leben. Jüdische Institutionen wurden 1988, gegen Ende der Sowjetära, neu gegründet. Eine richtige Einschätzung der jüdischen Geschichte in allen Perioden des Landes war erst nach der Unabhängigkeit 1991 möglich.

1999–2007 lettische Präsidentin: Vaira Vīķe-Freiberga (geb. 1937)

1991 Lettlands erneute Unabhängigkeit

1999 Vaira Vīķe-Freiberga wird Lettlands erste Staatspräsidentin

2004 Lettland in NATO und EU

2007 Valdis Zatlers als Präsident vereidigt

1975	1985	1995	2005	2015

…0 Zahl der …en in Lettland …gt auf 50 000, denen die meisten in Rīga leben

1990 LTF gewinnt Wahl

1993 Demokratische Verfassung gebilligt

2001 Rīga feiert 800-jähriges Bestehen

2006 70. IIHF-Eishockey-WM in Lettland zu Gast

ANNO 1334 RENOV. ANNO 1999
WIDER GESETZ UND GEWISSEN HANDELN, THUT GOTTES SEGEN IN FLUCH VERWANDELN
SUVENIRI

Rīga

Mit ihrer langen Geschichte als Handelszentrum ist Rīga die größte und kosmopolitischste Stadt im Baltikum. Das zeigt sich auch in den Bauten an ihren Straßen und Plätzen. In der Altstadt stehen bezaubernde mittelalterliche Speicher und Renaissance-Wohnhäuser. Herrliche Jugendstil-Bauten, die neben der Altstadt zum UNESCO-Welterbe gehören, sind in der Neustadt zu finden.

Als der Kreuzritter Bischof Albert von Buxhoeveden 1201 Rīga als Ort für seine Festung wählte, war die Region bereits von Stämmen bewohnt, die mit russischen und skandinavischen Kaufleuten Handel trieben. Von der deutschen Siedlung, einem Mitglied der Hanse, ging die Unterjochung der ganzen Region aus. 1621 bis 1710 wurde die Stadt von den Schweden regiert. Im 19. Jahrhundert erlebte Rīga unter den Russen eine erste Hochblüte. Neue Vororte wurden für zuziehende Arbeiter gebaut, der Hafen wurde erweitert, anstelle der alten Festungswälle wurde ein Ring von Boulevards angelegt. Im 20. Jahrhundert entstanden Industrien wie etwa der Autobau.

Rīga, die Hauptstadt eines unabhängigen Lettland zwischen den Weltkriegen, litt schwer unter beiden Konflikten, in denen viele seiner ältesten Bauten zerstört wurden. Einige, darunter das Schwarzhäupterhaus, wurden jüngst wiederaufgebaut oder restauriert. Die »Befreiung« durch die Rote Armee 1944 führte zu fast 60 Jahren kommunistischer Herrschaft. Noch immer leben mehr Russen in Rīga als Letten, die freundlichen, aber selten herzlichen Umgang miteinander pflegen.

Seit Lettland 1991 seine Unabhängigkeit wiedererlangte, hat sich Rīga zu einem pulsierenden Reiseziel mit eindrucksvollen Museen und einem munteren Nachtleben entwickelt. Der Übergang ging rasch und nicht immer glatt vonstatten, wobei insbesondere die Billigfluglinien eigene Probleme mit sich brachten. Schicke neue Bars und Restaurants sorgen für immer mehr Gäste, neue Glas- und Stahlpaläste sind neben den ehrwürdigen Kirchtürmen der Altstadt in die Höhe geschossen. Rīga ist keine an der Vergangenheit klebende Bilderbuchstadt, sondern eine überaus vitale Metropole, die die Zeichen der Sowjetherrschaft abzustreifen sucht.

Straßencafé am Domplatz (Doma laukums)

◁ **Holländische Renaissancefassade des Schwarzhäupterhauses in Rīgas Altstadt** ***(siehe S. 148)***

Überblick: Rīga

Viele Jahrhunderte lag Rīga (724 000 Einwohner), größtenteils von Stadtmauern umschlossen, am rechten Daugava-Ufer. Dieser Teil, die heutige Altstadt, enthält die meisten Sehenswürdigkeiten. Hauptstraße in dem Gewirr malerischer Straßen und Plätze ist die Kaļķu iela, die von der Steinbrücke *(Akmens tilts)* zum Brīvības bulv. und zum Freiheitsdenkmal führt. An der Stelle der abgerissenen Stadtmauern legte man einen Ring aus Boulevards und Parks an. Hauptbahnhof und Busbahnhof liegen am Südostrand dieses Ringes. Die Stadterweiterung im Norden aus dem späten 19. und frühen 20. Jahrhundert, das sogenannte Zentrum *(Centrs)*, enthält einige der eindrucksvollsten Jugendstil-Häuser der Stadt.

Café am Rathausplatz

Legende

- Detailkarte *siehe S. 146f*
- Information
- Post
- Polizei
- Kirche
- Parken

Siehe auch

- ***Übernachten*** S. 300–302
- ***Restaurants*** S. 330–332

In Rīga unterwegs

Die Altstadt ist kompakt und am besten zu Fuß zu erkunden: Autos brauchen eine teure Lizenz, öffentliche Verkehrsmittel verkehren hier nicht. Das Viertel mit den meisten Jugendstil-Bauten ist von der Altstadt zu Fuß erreichbar. Trams, Trolleybusse und Busse fahren zu den entlegeneren Sehenswürdigkeiten. Auch Taxis gibt es außerhalb der Altstadt reichlich. Das Fremdenverkehrsbüro informiert über Führungen.

Sehenswürdigkeiten auf einen Blick

Kirchen

Anglikanische Heilandskirche 4
Dom 1
Johanniskirche 23
Orthodoxe Kathedrale 28
Petrikirche 20
St.-Jakobs-Kathedrale 7

Museen und Sammlungen

Fotomuseum 24
Janis-Rozentāls- und Rūdolfs-Blaumanis-Museum 32
Krišjānis-Barons-Museum 27
Kunstmuseum Arsenal 9
Lettisches Kunstmuseum 29
Museum der Barrikaden von 1991 2
Museum der Juden Lettlands 30
Museum für angewandte Kunst und Design 21
Museum für Stadtgeschichte und Schifffahrt 3
Okkupationsmuseum 17
Pauls-Stradiņš-Museum der Medizingeschichte 31
Porzellanmuseum 22
Pulverturm/Kriegsmuseum 12
Rīgaer Schloss 5

Gebäude und Denkmäler

Bastejkalns-Park 25
Denkmal der Lettischen Schützen 18
Drei Brüder 6
Freiheitsdenkmal 26
Große Gilde 14
Jakobskaserne 11
Katzenhaus 13
Kleine Gilde 15
Mentzendorff-Haus 19
Parlament 8
Schwarzhäupterhaus 16
Schwedentor 10

Blick auf Rīgas Altstadt und die Daugava (Düna)

Kreuzgewölbegalerie des romanischen Kreuzgangs im Dom

Dom ❶

Doma baznīca

Doma laukums 1. **Stadtplan** 1 C3. *6721 3498. Mo–Do, Sa, So 10–18 Uhr, Fr 10–17 Uhr. bei Sonderveranstaltungen. Mo–Sa 8 Uhr, So 12 Uhr.* **www**.doms.lv

Die im Jahr 1211 von Albert von Buxhoeveden als St. Marien gegründete Kathedrale wurde neben Rathaus und Burg eines der drei Machtzentren der Stadt. Ihre jetzige Bezeichnung erhielt der Dom während der Reformation. Es sieht so aus, als sei der Dom eingesunken, aber in Wahrheit ist das Land um ihn aufgeschüttet worden, um ihn vor Daugava-Überflutungen zu schützen.

Der Rīgaer Dom, das größte Gotteshaus im Baltikum, ist im Lauf der Zeit mehrmals umgebaut worden und weist eine Vielzahl von Baustilen auf. Der Chor und die Vierung sind romanisch und besitzen Kreuzgewölbe und Reihen von Rundbogenfenstern. Einfachere gotische Ergänzungen zeigen Spitzbogen, große Fenster und Sterngewölbe, während Ostgiebel und Turm im Barockstil des 18. Jahrhunderts errichtet sind. Das Portal wurde im 19. Jahrhundert hinzugefügt, gefolgt von einer Jugendstil-Vorhalle im 20. Jahrhundert.

Die Innenausstattung wurde während der Reformation zum größten Teil zerstört und ist heute bis auf die Kaufmannsgräber und das Buntglas des 19. Jahrhunderts sehr schlicht. Die Schnitzereien an der Kanzel des 17. Jahrhunderts sind jedoch prachtvoll, ebenso der manieristische Orgelprospekt mit Ergänzungen aus Barock und Rokoko. Die Orgel selbst wurde 1884 in Deutschland gebaut und war damals die größte der Welt. Im Sommer kann man die **Kreuzgewölbegalerie des Doms** besichtigen, einen romanischen Kreuzgang mit Hof.

Museum der Barrikaden von 1991 ❷

1991 Gada barikāžu muzejs

Krāmu iela 3. **Stadtplan** 1 C4. *6721 3525. Mo–Fr 10–18 Uhr, Sa 11–17 Uhr. Spende.* **www**.barikades.lv

Das Museum erinnert an die entscheidenden Tage im Januar 1991, als die Rīgaer an den drei »schwarzen Tagen« auf die Straße gingen, um vor den Panzern der Sowjetmacht ihren Wunsch nach Unabhängigkeit zu zeigen. Zu sehen sind Fotos von den Demonstrationen und ein Diorama des Domplatzes (Doma laukums), auf dem sich die Menschen um Freudenfeuer scharten. Videomaterial zeigt, wie Betonblocks zu Barrikaden aufgeschichtet wurden, um strategische Punkte wie das Innenministerium und den Fernsehturm zu verteidigen. In nächtlichen Szenen sind Schüsse und Schreie zu hören. Ein letzter Raum ist den Menschen gewidmet, die im Bastejkalns-Park *(siehe S. 150)* zu Tode kamen.

Museum für Stadtgeschichte und Schifffahrt ❸

Rīgas vēstures un kuģniecības muzejs

Palasta iela 4. **Stadtplan** 1 C4. *6721 1358. Mi–So 10–17 Uhr.* **www**.rigamuz.lv

Das 1773 gegründete Museum ist das älteste Rīgas. Der Bau mit Kachelöfen und Buntglasfenstern ist eines der interessantesten und vielseitigsten Museen der Stadt. Die Schifffahrts-Abteilung dokumentiert den Schiffbau der Stadt bis zum Ersten Weltkrieg und zeigt mehrere große Modelle und Materialien über Krišjānis Valdemārs *(siehe S. 191)*. In anderen Räumen wird alles von der Prähistorie bis zur Unabhängigkeit behandelt, wobei besonderes Gewicht auf die Zeit von der Mitte des 19. bis zur Mitte des

Im Museum der Barrikaden von 1991

20. Jahrhunderts gelegt wird. Highlights aus dem Mittelalter sind die *Mondsichel-Madonna*, eine Skulptur der Schutzpatronin der Großen Gilde, die im Zweiten Weltkrieg nach Deutschland entführt wurde, und der *Große Kristaps*, eine St.-Christopherus-Statue (16. Jh.).

Modell im Museum für Stadtgeschichte und Schifffahrt

Anglikanische Heilandskirche ❹

Anglikāņu baznīca

Anglikāņu iela 2a. **Stadtplan** 1 C3. 6722 2259. *Erster So im Monat 11 Uhr. Kostenlose Mittagskonzerte jeden Mi 13 Uhr.*

Die kleine neogotische, 1857 von englischen Kaufleuten erbaute Kirche ist die einzige anglikanische Kirche der Stadt. Die Ziegel kamen mit Handelsschiffen als Ballast aus England. Der Bau wurde sogar auf einer eigens herbeigeschafften Schicht englischen Bodens errichtet. In der Sowjetzeit diente die Kirche als Disco und Aufnahmestudio, aber seit der Unabhängigkeit 1991 steht sie wieder einer englischsprachigen Ausländergemeinde für Gottesdienste zur Verfügung.

Rīgaer Schloss ❺

Rīgas pils

Pils laukums 3. **Stadtplan** 1 C3. **Museum ausländischer Kunst** 6722 6467. *Di–So 11–17 Uhr.* **www**.amm.lv **Museum der Geschichte Lettlands** 6722 1357. *Mi–So 10–17 Uhr.*

Die einstige Burg des Schwertritterordens wurde von Rīgas Bürgern im Krieg gegen die Ritter 1297–1330 zerstört. Nach ihrer Niederlage mussten sie an der heutigen Stelle gleich außerhalb der Stadt eine neue Burg bauen. Neuer Streit zwang den Ordensmeister, die Stadt zu verlassen – wiederum zerstörten die Rīgaer im Jahr 1484 die Burg. Erneut wurden sie besiegt, die nächste Burg, zu deren Bau die Bewohner von Rīga verpflichtet wurden, bildet den Kern des heutigen Schlosses, in dem sich bis 1561 das Hauptquartier des Schwertritterordens befand.

Das Schloss ist die offizielle Residenz des lettischen Staatspräsidenten und enthält zudem zwei Museen. Das **Museum ausländischer Kunst** (Ārzemju mākslas muzejs) zeigt Kopien ägyptischer und griechischer Skulpturen sowie eine Gemäldesammlung. Die meisten Besucher werden das **Museum der Geschichte Lettlands** (Latvijas vēstures muzejs) interessanter finden. Zu sehen sind hier religiöse Bildwerke, regionale Trachten und Gebrauchsgegenstände aus der Zeit der ersten Unabhängigkeit. Einige Räume sind im Stil des Biedermeier und im Jugendstil ausgestattet.

Drei Brüder ❻

Trīs brāļi

17–21 Mazā pils iela. **Stadtplan** 1 C3. **Architekturmuseum** 6722 0779. *Mo 9–18 Uhr, Di–Do 9–17 Uhr, Fr 9–16 Uhr. Spende.* **www**.archmuseum.lv

Dieses Häuserensemble an der Mazā pils zeigt drei unterschiedliche Architekturstile. Nummer 17 mit Stufengiebel und gotischen Nischen ist ein Handwerkerhaus aus dem späten 15. Jahrhundert und Rīgas ältestes Wohnhaus. Die steinernen Weizenähren neben der Tür zeigen, dass es einem Bäcker gehörte. In dem Haus Nummer 19 aus dem 17. Jahrhundert befindet sich heute das kleine **Architekturmuseum**. Das grüne Haus Nummer 21 wurde im 18. Jahrhundert errichtet.

Eingang der St.-Jakobs-Kathedrale, Sitz des Rīgaer Erzbischofs

St.-Jakobs-Kathedrale ❼

Sv Jēkaba katedrāle

Klostera iela 1. **Stadtplan** 1 C3. 6732 6419. *Mo–Fr, So 9–19 Uhr.*

St. Jakob wurde 1225 außerhalb der Stadtmauer für die umliegenden Dörfer erbaut. Die Kirche war berühmt dafür, dass ihre Glocke nicht in dem gotischen Turm hing, sondern in einer Kuppel, die noch heute an der Südseite zu sehen ist. Die Glocke, heißt es, wurde bei jeder Hinrichtung geläutet. Angeblich läutete sie auch immer, wenn eine treulose Frau an der Kirche vorbeiging. Heute ist die Kirche der Sitz von Rīgas katholischem Erzbischof.

Wachablösung vor dem Rīgaer Schloss in der Altstadt

Stadtplan Rīga *siehe Seiten 160f*

Parlament ❽

Saeima

Jēkaba 11. **Stadtplan** 1 C3.
www.saeima.lv

Der recht anonyme, 1863 bis 1867 errichtete Bau im Stil der Florentiner Renaissance, der seitdem mehrmals restauriert wurde, diente ursprünglich Versammlungen des lokalen Landadels. Von 1919 bis 1934 war er, wie heute, Sitz des Parlaments. Im Zweiten Weltkrieg residierte hier Friedrich Jeckeln, der SS-General, der den Massenmord an Lettlands Juden, Roma und anderen »Unerwünschten« leitete. Später saß in dem Gebäude der Oberste Sowjet Lettlands. 2001 wurde in der Nähe das Museum der Barrikaden von 1991 eröffnet, das an die Tage im Januar 1991 erinnert *(siehe S. 137)*.

Eindrucksvolle Fassade des lettischen Parlaments

Kunstmuseum Arsenal ❾

Mākslas muzejs Arsenāls

Torņa 1. **Stadtplan** 1 C3. *6735 7527.* *Apr–Sep: Di–So 11–19 Uhr; Okt–März: Di–So 11–17 Uhr.* **www**.lnmm.lv

Bis zur Fertigstellung des sehnlich erwarteten Museums moderner Kunst durch den Architekten Rem Koolhaas, die für 2011 geplant ist, ist das Arsenal *die* Adresse Rīgas für Ausstellungen zeitgenössischer Kunst. Es gibt keine ständige Sammlung, aber die Wechselausstellungen sind meist von hoher Qualität. Der Akzent liegt auf der Kunst ab der Mitte des 20. Jahrhunderts, die in Lettland oder von lettischen Künstlern im Ausland geschaffen wurde. Der Bau am Jēkaba laukums entstand 1828 bis 1832 im Stil des russischen Klassizismus als Zollstelle. Den Namen »Arsenal« (Zeughaus) hat er von einem früheren Bau an derselben Stelle, den die Schweden errichtet hatten. Den Ausstellungen kommen die luftigen Räume und hohen Decken zugute.

Schwedentor ❿

Zviedru vārti

Zwischen Torņa iela & Aldaru iela. **Stadtplan** 1 C3.

Das Schwedentor, das einzige erhaltene von acht Stadttoren, wurde 1698 in der Zeit der Schwedenherrschaft in Rīga erbaut. Es führt durch das Erdgeschoss der Torņa iela 11. Es heißt, ein reicher Kaufmann habe es illegal hindurchgebrochen, um direkten Zugang zu seinem Speicher zu haben. Wahrscheinlich aber wurde es für die Soldaten gebaut, die in der St.-Jakobs-Kaserne stationiert waren. Es bietet einen Durchgang von der lebhaften Torņa iela mit ihren Läden und Bars zur stilleren Aldaru iela. Hochzeitspaare gehen auf dem Weg durch die Stadt einmal durch das Tor, weil dies Glück bringen soll.

Das Schwedentor führt durch das Erdgeschoss eines alten Hauses

Jakobskaserne ⓫

Jēkaba kazarmas

Torņa iela. **Stadtplan** 2 D3.

Der im 17. Jahrhundert für schwedische Soldaten gebaute Block enthält heute Kanzleien, Läden und Restaurants. Die Kaserne spielte 1917 kurz eine Rolle im Kulturleben der Nation, als eine Künstlerkommune einzog, der Bau aber gleichzeitig seinen militärischen Zweck behielt. Viele Mitglieder der Kommune schlossen sich später der wichtigen Rīgaer Künstlergruppe der 1920er und 1930er Jahre an. Gegenüber steht das letzte Stück der Stadtmauer des 13. bis 16. Jahrhunderts, das während der Sowjetära restauriert wurde.

Gemälde und Skulpturen im Kunstmuseum Arsenal

Pulverturm/ Kriegsmuseum ⓬

Pulvertornis/Latvijas kara muzejs

Smilšu 20. **Stadtplan** 2 D3. 6722 8147. *Mai–Sep: Mi–So 10–18 Uhr; Okt–Apr: Mi–So 10–17 Uhr.* *Spende.* **www**.karamuzejs.lv

Der runde Pulverturm ist als einziger der 18 Türme der Stadtbefestigung erhalten. Seine Fundamente (14. Jh.) gehören zu den ältesten der Stadt, das Übrige stammt aber von 1650, als der Turm wiedererrichtet wurde, nachdem schwedische Truppen ihn 1621 zerstört hatten. Die 2,5 Meter dicken Mauern sollten das in ihm lagernde Schießpulver schützen, nach dem der Turm benannt ist. Neun russische Kanonenkugeln stecken in den Mauern als Beweis für die Stärke der Mauern des Turms.

Ende des 19. Jahrhunderts erwarb eine deutsche Studentenverbindung den Turm. 1919 zog ein Kriegsmuseum ein, das den Unabhängigkeitskampf und den Ersten Weltkrieg zum Thema hatte. Der Anbau wurde zwischen 1937 und 1940 errichtet, aber durch die sowjetische Besetzung erfüllte er seinen Zweck erst einige Jahrzehnte später. Ab 1957 enthielt der Turm das Museum der Revolution in der Sowjetrepublik Lettland.

Das heutige Museum befindet sich im Turm und im Anbau. Das älteste Exponat – Teil einer in den 1930er Jahren gefundenen Kanone – stammt aus dem 15. Jahrhundert, doch eigentliches Thema des Museums ist das Kriegsgeschehen im 20. Jahrhundert. Aus dem Ersten Weltkrieg werden Waffen, Uniformen, Propagandaplakate und Andenken an die Lettischen Schützen *(siehe S. 148)* gezeigt. Andere Räume untersuchen die Rolle der Letten in der Russischen Revolution, im lettischen Unabhängigkeitskampf, im Zweiten Weltkrieg und während der sowjetischen Besetzung. Neu ist eine eindrucksvolle Sammlung von Militärmaschinerie in Form von 360 Modellen.

Alte Ausgabe der Zeitschrift *Lāčplēšis* im Kriegsmuseum

Katzenhaus ⓭

Kaķu māja

Meistaru iela 10. **Stadtplan** 2 D3.

Dieses gelbe Jugendstilhaus an der Ecke Meistaru und Amatu iela ist wegen der zwei Katzenstatuen ein beliebtes Fotomotiv in Rīga. Es heißt, einem Kaufmann, der das Haus besaß, sei vor dem Ersten Weltkrieg die Aufnahme in die Große Gilde verweigert worden, weil er Lette war und die Gilde nur Deutsche aufnahm. Aus Rache ließ er die Statuen zweier Katzen mit gekrümmtem Rücken und gerecktem Schwanz, das Hinterteil der Gilde zugewandt, aufs Dach stellen. Nach langem Rechtsstreit nahm man den Kaufmann schließlich auf, woraufhin er die Katzen herumdrehte.

Plastik auf dem Dach des Katzenhauses

Große Gilde ⓮

Lielā Ģilde

Amatu 6. **Stadtplan** 2 D3. *6721 3798.*

Die im 13. Jahrhundert gegründete Große Gilde hatte jahrhundertelang das Handelsmonopol in Rīga. Das Gildehaus wurde Mitte des 19. Jahrhunderts umgebaut. Die Alte Gildestube enthält Embleme von Hansestädten. In der Brautkammer verbrachten einst Kinder von Gildemitgliedern ihre Hochzeitsnacht. Heute befindet sich in dem Haus die Philharmonie.

Kleine Gilde ⓯

Mazā Ģilde

Amatu iela 5. **Stadtplan** 2 D3. *6722 3772.* *nur zu Konzerten und Vorträgen.* **www**.gilde.lv/maza

Während in der Großen Gilde Kaufleute Mitglieder waren, förderte die weniger mächtige Kleine Gilde die Interessen des deutschen Handwerks in Rīga. Doch mit ihrem Turm besaß die Kleine Gilde das weitaus attraktivere Gebäude. Der italienische Mosaikfußboden in der Eingangshalle ist besonders sehenswert. Der heutige Bau wurde zwischen 1864 und 1866 begonnen und nach 20 Jahren Pause schließlich vollendet. Im Jahr 2000 wurde er restauriert.

Attraktives Gebäude der Kleinen Gilde

Im Detail: Um den Rathausplatz

Patron der Schwarzhäupter

Bis zu einer regionalen Regierungsreform im Jahr 1877 war der Rathausplatz Rīgas Verwaltungszentrum. Das 1334 erbaute Rathaus war neben dem Dom und der Burg einer der drei Brennpunkte der Macht und repräsentierte die Interessen der Rīgaer Bürger. Der Platz diente als Markt-, Fest- und Hinrichtungsplatz. Das Schwarzhäupterhaus mit seinem eindrucksvollen Treppengiebel ist vollständig wiederaufgebaut worden, während das Rathaus ein moderner Bau hinter einer neoklassizistischen Fassade ist. Völlig unpassend wirkt am Rand des Platzes ein Bau aus sowjetischer Zeit, in dem sich das Okkupationsmuseum befindet.

Das in den 1980er Jahren restaurierte Mentzendorff-Haus

Rathausplatz
Viele der schönen Häuser des Platzes, die im Zweiten Weltkrieg von Russen und Deutschen zerstört wurden, sind zur 800-Jahr-Feier der Stadt wiederaufgebaut worden.

Legende

– – – Routenempfehlung

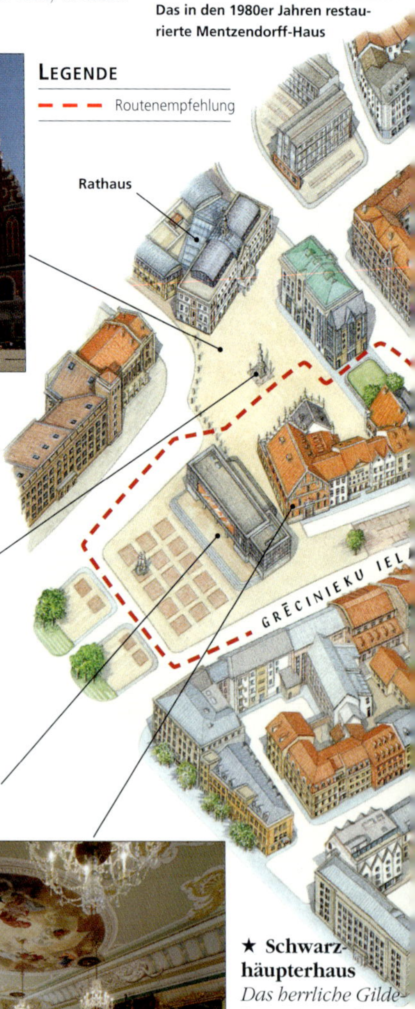

Rolandstatue
Die legendäre mittelalterliche Gestalt eines der Ritter Karls des Großen zeigte symbolhaft an, dass die Stadt vom heimischen Adel unabhängig war.

Nicht versäumen

- ★ Okkupationsmuseum
- ★ Petrikirche
- ★ Schwarzhäupterhaus

★ Schwarzhäupterhaus
Das herrliche Gildehaus entstand in den 1990er Jahren in alter Pracht neu. ⓰

★ **Okkupationsmuseum**
Dieser hässliche Betonklotz enthält die schaurige und detaillierte Schilderung der Leiden der Letten unter sowjetischer und deutscher Besetzung im 20. Jahrhundert. ⓱

Konventa Sēta
Der labyrinthische Konventshof wurde restauriert. Er enthält heute Läden, Galerien und das Porzellanmuseum (siehe S. 149).

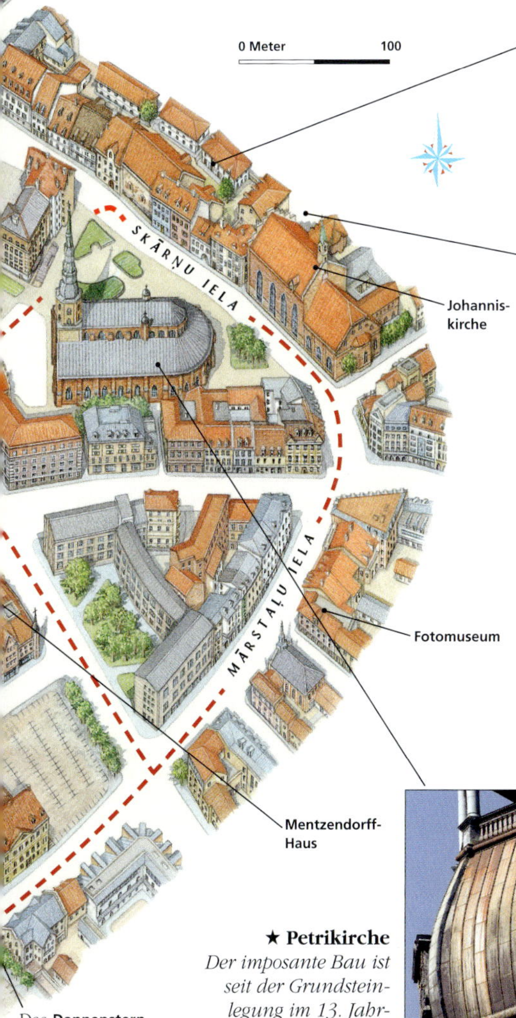

Jāņa Sēta
Im Klosterhof der Johanniskirche werden im Sommer Tische und Stühle aufgestellt.

★ **Petrikirche**
Der imposante Bau ist seit der Grundsteinlegung im 13. Jahrhundert mehrmals zerstört und wieder aufgebaut worden. ⓴

Das **Dannenstern-Haus** war im 17. Jahrhundert das größte Wohnhaus Rīgas.

Stadtplan Rīga *siehe Seiten 160f*

Das Schwarzhäupterhaus, links davor das Schwab-Haus

Schwarzhäupterhaus ⓰

Melngalvju nams

Rātslaukums 7. **Stadtplan** 1 C4. *6704 4300.* *Schwab-Haus.* *Di–So 11–17 Uhr.*

Neben dem Schwab-Haus ist das Schwarzhäupterhaus eines der eindrucksvollsten Rekonstruktionsprojekte in Rīga. Ursprünglich war das Gebäude 1334 für die Gilden der Stadt erbaut worden, nachdem der Schwertbrüderorden die existierenden Gildehäuser requiriert hatte. Mit der Zeit gehörte das Haus allein den Schwarzhäuptern, einer Gilde lediger ausländischer Kaufleute. Benannt sind sie nach ihrem Schutzpatron, dem schwarzhäutigen St. Mauritius. Sie waren für ihre ausschweifenden Feste berühmt.

Im Erdgeschoss gab es Läden, der Gildesaal lag im ersten Stock. Der stufenförmige Renaissancegiebel kam im 16. Jahrhundert hinzu, die astronomische Uhr 1622 und die Hanseembleme und die vier Figuren (Neptun, Merkur, Einigkeit und Frieden) 1896. Das Schwab-Haus daneben wurde 1891 errichtet.

Die Schwarzhäuptergilde löste sich auf, als Hitler zu Beginn des Zweiten Weltkriegs die baltischen Deutschen zur Rückkehr in die Heimat aufforderte. Beide Häuser wurden 1941 durch Bomben beschädigt und sieben Jahre später von den Sowjets gesprengt. Die heutigen Bauten sind von 1999. Zu den zugänglichen Räumen gehören der Große Festsaal und ein Konzertsaal, in dem einst Komponisten wie Richard Wagner und Franz Liszt zu Gast waren. Das Fremdenverkehrsbüro befindet sich im Schwab-Haus.

Okkupationsmuseum ⓱

Latvijas okupācijas muzejs

Strēlnieku laukums 1. **Stadtplan** 1 C4. *6721 2715.* *Mai–Sep: tägl. 11–18 Uhr; Okt–Apr: Di–So 11–17 Uhr.* *Spende.* **www**.occupationmuseum.lv

Der Betonbau aus der Sowjetära wurde als Museum für die Lettischen Schützen errichtet. Seit 1993 wird hier auf ernüchternde Art gezeigt, wie die Letten unter den Nazis im Zweiten Weltkrieg und später unter der sowjetischen Besetzung zu leiden hatten. Zur Sammlung gehören Fotos und Augenzeugenberichte über Deportationen und politische Unterdrückung. Der Nachbau eines Raumes einer Gulag-Barracke bietet einen Einblick in die Nöte, die die Deportierten zu erdulden hatten.

Denkmal der Lettischen Schützen ⓲

Strēlnieku piemineklis

Strēlnieku laukums. **Stadtplan** 1 C4.

Die Granitskulptur dreier Lettischer Schützen steht seit 1970 auf dem gleichnamigen Platz. Die Schützen waren eine Einheit in der russischen Armee, die 1915 ihre Heimat gegen die Deutschen verteidigen sollte. Radikalisiert durch schwere Verluste, die sie bei Kämpfen erlitten hatten, unterstützten sie Lenin in der Revolution von 1917. Einige von ihnen kehrten später nach Lettland zurück, andere wurden Lenins zuverlässigste Truppe. Einige Rīgaer sehen in den Lettischen Schützen Kriegshelden, andere fühlen sich durch sie an die sowjetische Unterdrückung erinnert.

Mentzendorff-Haus ⓳

Mencendorfa nams

Grēcinieku 18. **Stadtplan** 2 D4. *6721 2951.* *Mi–So 10–17 Uhr.* **www**.mencendorfanams.com

Das 1695 für einen Apotheker errichtete Wohnhaus hat seinen Namen von einem Delikatessengeschäft, das es zu Beginn des 20. Jahrhunderts im Erdgeschoss gab. In

Schön restaurierte Wandmalereien im Mentzendorff-Haus

Hotels und Restaurants in Rīga *siehe Seiten 300–302 und 330–332*

den 1980er und 1990er Jahren wurde das Haus umfassend restauriert. Heute dient es als Museum über das Leben der Rīgaer Kaufleute im 17. und 18. Jahrhundert. Jeder Raum (Salon, Küche, Ballsaal) ist im Stil der Zeit eingerichtet. Sehr schön ist eine sich an Antoine Watteau orientierende Wandmalerei, die sich entspannende reiche Leute darstellt.

Arbeit von Vera Viduka im Museum für angewandte Kunst und Design

Petrikirche ⓴

Sv. Pētera baznīca

Skārņu 19. **Stadtplan** 2 D4. *6722 9426. Di–So 10–17 Uhr. nur Turm. außer Turm & Ausstellung.* **www**.peterbaznica.lv

Die 1209 erstmals erwähnte Petrikirche wurde anders als andere Kirchen weitgehend von Liven *(siehe S. 172)* und nicht von Ausländern erbaut. Von dieser Holzkirche ist nichts erhalten, aber Mauerteile sind aus dem 13. Jahrhundert. Die halbrunde Apsis und ihre fünf Kapellen wurden im 15. Jahrhundert gebaut, die drei barocken Dolomitportale kamen im späten 17. Jahrhundert hinzu. Die Kirche, die 1523 lutherisch geworden war, brannte 1721 ab. Peter der Große soll damals eigenhändig beim Löschen geholfen haben.

Der Kirchturm ist mehrere Male wiederaufgebaut worden. Der gegenwärtige Bau wurde 1973 errichtet. Aus einer Höhe von 123 Metern bietet er einen hinreißenden Blick auf die Stadt.

Leninteller, Porzellanmuseum

Museum für angewandte Kunst und Design ㉑

Dekoratīvās mākslas un dizaina muzejs

Skārņu iela 10/20. **Stadtplan** 2 D4. *6722 7833. Di, Do–So 11–17 Uhr, Mi 11–19 Uhr.* **www**.dlmm.lv

Dieses Museum ist in der früheren St. Georgskirche untergebracht, Rīgas ältestem erhaltenen Steinbau. Sie wurde 1208 als Kapelle für Rīgas erste Ordensburg erbaut und nach der Zerstörung der Burg 1297 in eine eigenständige Kirche umgewandelt. Nach der Reformation diente sie als Speicher. Spuren religiöser wie profaner Nutzung haben sich in dem Bau erhalten.

Das Museum gibt einen Überblick über die Entwicklung der Gebrauchskunst von etwa 1890 bis heute. Wechselausstellungen gibt es im Erdgeschoss, während die erste Etage mit Arbeiten der 1890er bis 1960er Jahre der schönste Teil der Dauerausstellung ist, darunter Keramiken aus dem Atelier Baltars und Teppiche von Jūlijs Madernieks.

Porzellanmuseum ㉒

Rīgas porcelāna muzejs

Kalēju 9/11. **Stadtplan** 2 D4. *6750 3769. Di–So 11–18 Uhr.* **www**.porcelanamuzejs.lv

Das 2001 im Konventshof eröffnete Museum spiegelt die Geschichte der Porzellanherstellung in Lettland ab dem frühen 19. Jahrhundert. Unter den 6000 Exponaten finden sich viele prächtige Tafelgeschirre sowie eine riesige rot-goldene Vase, die 1901 zur 700-Jahr-Feier der Stadt geschaffen wurde. Historisch bedeutend ist eine Sammlung von Vasen und Statuen mit den Bildnissen sowjetischer Führer.

Johanniskirche ㉓

Jāņa baznīca

Jāņa 7. **Stadtplan** 2 D4. *6722 4028. Di–Sa 10–17 Uhr. Mo–Fr 8 Uhr, Sa 8, 18 Uhr; So 8, 9, 11, 18.30 Uhr (auf Lettisch).*

St. Johannis wurde 1234 als Kapelle eines Dominikanerklosters erbaut und im 15. Jahrhundert bei Kämpfen zwischen dem Schwertbrüderorden und der Stadt zerstört. Nur Portal und Vorhalle blieben erhalten. Das Backsteinschiff mit Netzgewölbe, Apsis, Chor und Turm wurden gotisch wiederaufgebaut. 1582 schenkte der polnische König Stephan Báthory den Lutheranern die Kirche, die im manieristischen Stil erweitert wurde. Sehenswert sind ein Barockaltar von 1769 und ein Gemälde, *Krustā sistais* (Der Gekreuzigte, 1912), von Janis Rozentāls in der Sakristei.

Das eindrucksvolle Innere der Johanniskirche

Stadtplan Rīga *siehe Seiten 160f*

Bootfahren auf dem Stadtkanal im Bastejkalns-Park

Fotomuseum ㉔
Latvijas fotogrāfijas muzejs

Mārstaļu iela 8. **Stadtplan** 2 D4. *6722 7231.* *Mi, Fr–So 10–17 Uhr, Do 12–19 Uhr.* **www**.fotomuzejs.lv

Dieses Museum zeigt die Entwicklung der Fotografie in Lettland von 1839 bis 1941 anhand von Fotos und Kamerageratschaften. Die Bilder veranschaulichen aber auch zugleich das Leben in Lettland mit Darstellungen von der Revolution von 1905 *(siehe S. 135)* sowie von Szenen des täglichen Lebens während der Zeit der ersten Unabhängigkeit. In einem Raum ist ein Fotoatelier des frühen 20. Jahrhunderts nachgebaut worden, ein anderer ist der »Spionage«-Kamera Minox gewidmet, die der in Rīga geborene Walter Zapp (1905–2003) erfand. Des Weiteren sind 3-D-Fotos und -Betrachter zu sehen. Auch eine Galerie für Wechselausstellungen ist vorhanden.

Große Plattenkamera, Ausstellungsstück im Fotomuseum

Bastejkalns-Park ㉕

Basteja bulvāris. **Stadtplan** 2 D3.

Zu zwei Seiten des Freiheitsdenkmals wurde in der Mitte des 19. Jahrhunderts dieser Park rund um einen Bastionshügel des 17. Jahrhunderts angelegt. Er ist ein angenehmer Ort, der aber zugleich daran erinnert, dass Lettlands Weg zur Unabhängigkeit nicht unblutig war. In der Nacht des 20. Januar 1991 versuchten russische Milizen Regierungsgebäude zu stürmen. Zwei Filmemacher (Gvido Zvaigzne und Andris Slapiņš), zwei Milizionäre (Sergejs Konoņenko und Vladimirs Gomanovics) und ein Junge (Edijs Riekstiņš) kamen bei einem Schusswechsel im Bastejkalns-Park ums Leben. Auf den Gedenksteinen mit ihren Namen, nahe einer kleinen Brücke, liegen immer frische Blumen.

Freiheitsdenkmal ㉖
Brīvības piemineklis

Brīvības bulvāris. **Stadtplan** 2 D3.

Das 42 Meter hohe Freiheitsdenkmal wurde 1935 an der Stelle errichtet, an der zuvor eine Statue Peters des Großen gestanden hatte. Es symbolisiert auf treffende Weise Lettlands Unabhängigkeit. Entworfen wurde das Denkmal von Kārlis Zāle, von dem Skulpturen auf dem Brüderfriedhof *(siehe S. 157)* zu sehen sind. Den Granitsockel zieren Reliefs und Statuen der vier Tugenden – Arbeit, geistiges Leben, Familie und Schutz des Vaterlands – sowie lettischer Helden wie Lāčplēšis. Eine Inschrift lautet: *»Tēvzemei un brīvībai«* (Für Vaterland und Freiheit). Auf der schlanken Granitsäule steht eine weibliche Figur, allgemein Milda genannt, die drei goldene Sterne in die Höhe hält, die die drei historischen Regionen Lettlands symbolisieren: Kurzeme, Vidzeme und Latgale. Während der Sowjetzeit verboten die Behörden, Blumen an dem Denkmal niederzulegen, zudem wurde ein kleines Stück entfernt eine Leninstatue aufgestellt.

Imposantes Freiheitsdenkmal von Kārlis Zāle

Krišjānis-Barons-Museum ㉗
Krišjāņa Barona memoriālais muzejs

Kr Barona iela 3. **Stadtplan** 2 E3. *6728 4265.* *Mi–So 11–18 Uhr.* **www**.baronamuzejs.lv

Das Museum befindet sich in der Wohnung, in der der berühmte Volkskundler seine letzten Lebensjahre verbrachte. Es zeigt Fotos und Dokumente aus Barons' Leben und Werk. Das wichtigste Exponat ist der *Dainu skapis* (Schrank lettischer Volkslieder), eine speziell angefertigte Kommode, in der Barons die Texte von über 350 000 vierzeiligen Volksliedern aufbe-

Krišjānis Barons

Foto von Krišjānis Barons

In einer Nation, in der das Singen eine der wichtigsten kulturellen Ausdrucksformen ist, hält man Krišjānis Barons (1835–1923) für einen Helden. Beeinflusst von Krišjānis Valdemārs *(siehe S. 191)* und Teilen der nationalistisch-intellektuellen Gruppe Junge Letten, systematisierte Barons Lettlands vierzeilige Volkslieder *(dainas)*. Er sammelte sie nicht selbst, sondern wählte bestimmte Lieder als zentral aus, ordnete ihnen die verschiedensten Abweichungen zu und konnte so 217 996 Lieder in das sechsbändige Werk aufnehmen, das er zwischen 1894 und 1915 veröffentlichte.

wahrte, die ihm Tausende Sänger und Informanten zugeschickt hatten. Jeder Text war Barons' Anweisung gemäß auf einen Zettel im Format von Zigarettenpapierpackungen geschrieben, die er zur Aufbewahrung benutzte, ehe der Schrank gebaut wurde. Entgegen einer verbreiteten Ansicht hat Barons nicht alle Zettel neu geschrieben.

Orthodoxe Kathedrale ㉘

Pareizticīgo katedrāle

Brīvības iela 23. **Stadtplan** 2 D3. *6721 1297. Mo–Fr 8, 17 Uhr, Sa 7, 9.30, 17 Uhr, So 8, 10, 17 Uhr.*

Die neobyzantinische russische Kathedrale am Rand des Esplanadeparks (Esplanāde) heißt offiziell Kathedrale der Geburt Christi (Kristus dzimšanas katedrāle). Die schöne Kirche mit fünf Kuppeln wurde von 1876 bis 1884 für die wachsende russische Gemeinde errichtet und war Teil eines wohlkalkulierten Russifizierungsprogramms. Während der kurzen deutschen Besetzung Rīgas im Ersten Weltkrieg wurde die Kirche lutherisch, 1921 aber wieder russisch-orthodox.

Wie es mit vielen Kirchen der Fall war, fanden die sowjetischen Behörden während ihrer Besetzung andere Nutzungen für den Bau. In den 1960er Jahren machten sie daraus einen Vortragssaal mit Planetarium. Das innere Dekor wurde fast völlig zerstört und wird noch immer mühsam restauriert.

Lettisches Kunstmuseum ㉙

Latvijas Nacionalāis mākslas muzejs

Kr Valdemāra 10a. **Stadtplan** 2 D2. *6732 5051. Apr–Sep: Mo, Mi–So 11–19 Uhr; Okt–März: Mo, Mi–So 11–17 Uhr.* **www**.vmm.lv

Der neobarocke Bau des frühen 20. Jahrhunderts zeigt im Inneren noch immer seinen Gold- und Marmorzierrat. Anfangs war die Sammlung ohne Linie, aber in den 1920er und 1930er Jahren schwor der Direktor Vilhelms Purvītis (1872–1945), selbst ein berühmter Künstler, das Haus auf lettische Kunst ein. Der erste Stock zeigt die Entwicklung der lettischen Kunst von der Mitte des 19. Jahrhunderts bis 1945, während im Parterre baltendeutsche und russische Kunst des 18. und 19. Jahrhunderts zu sehen ist. Neben zahlreichen Ikonen aus dem 16. bis zum 20. Jahrhundert hängen hier natürlich auch viele Bilder von Lettlands berühmtestem Maler, Janis Rozentāls *(siehe S. 22)*, darunter *Beim Verlassen des Friedhofs* (1895) und *Porträt von Malvīne Vīgnere-Grinberga* (1916). Gezeigt werden zudem Werke der Letten Jēkabs Kazaks (1895–1920) und Romāns Suta (1896–1943), die beide der Rīgaer Künstlergruppe angehörten.

Museum der Juden Lettlands ㉚

Muzejs Ebreji Latvijā

Skolas iela 6. **Stadtplan** 2 D2. *6728 3484. Mo–Do, So 12–17 Uhr. Spende.*

Das Museum in einem jüdischen Kulturzentrum hat die Sammlungen der Holocaust-Überlebenden Zalman Elelson und Marģers Vestermanis als Basis. Es erzählt die Geschichte der jüdischen Gemeinde in Lettland, die im 16. Jahrhundert mit der ersten Erwähnung von Juden im Land beginnt und über Familienfotos des frühen 20. Jahrhunderts unvermeidlich zu den Horrorjahren der Nazi-Besetzung führt. Vor grauenhaften Bildern des Holocaust wird nicht zurückgeschreckt, auch nicht vor Filmaufnahmen des Massakers an Juden am Strand von Liepāja. Bei Führungen durch die jüdischen Stätten Rīgas werden die Orte gezeigt, von denen die einst lebendige Gemeinde getilgt wurde.

Blick auf die eindrucksvollen Kuppeln der orthodoxen Kathedrale

Pauls-Stradiņš-Museum der Medizingeschichte ❸❶

Paula Stradiņa medicīnas vēstures muzejs

Antonijas iela 1. **Stadtplan** 2 D2. *6722 2656.* *2, 24. Trolleybus 1, 19.* *Di, Mi, Fr, Sa 11–17 Uhr, Do 11–19 Uhr.* *letzter Fr im Monat.* **www**.mvm.lv

In diesem 1961 eröffneten Museum wird die Geschichte der Medizin, insbesondere ihre historische Entwicklung, beleuchtet. Die Basis für die Sammlung legte der Krebsspezialist Pauls Stradiņš. Der uralte Gebrauch von Heilkräutern, die Trepanation (die schon im Neolithikum bekannte Öffnung der Schädeldecke) sowie sowjetische Entdeckungen in der Raumfahrt-Biologie und -Medizin werden anschaulich dargestellt. Zu sehen ist auch ein ausgestopfter Hund mit zwei Köpfen, das Ergebnis eines Transplantationsversuchs.

Janis-Rozentāls- und Rūdolfs-Blaumanis-Museum ❸❷

Jaņa Rozentāla un Rūdolfa Blaumaņa memoriālais muzejs

Alberta iela 12, App. 9. **Stadtplan** 2 D2. *6733 1641.* *Mi–So 11–18 Uhr.* **www**.rtmm.lv

Das Museum in einem Jugendstil-Haus war einst die Wohnung, in der der Maler Rozentāls *(siehe S. 22)* und seine Frau von 1904 bis 1915 lebten. Schon das kunstvoll ausgemalte Treppenhaus, das zum Museum im vierten Stock hinaufführt, ist sehenswert. Einige Bilder Rozentāls' sind in der Wohnung und im Atelier, in dem er lehrte, ausgestellt. Die Zimmer weisen herrliche Jugendstil-Motive auf.

Der Schriftsteller Rūdolfs Blaumanis (1863–1908) mietete von 1906 bis 1908 ein Zimmer neben dem Atelier, in dem heute Kopien seiner Manuskripte ausgestellt sind.

Jugendstil-Architektur

Eulenmotiv, Elizabetes iela 10b

Rīgas Jugendstil-Gebäude sind von der UNESCO als einmalig in der Welt eingestuft worden und entsprechend geschützt. Überwiegend stehen sie im Stadtteil Centrs. Zahlreiche frühe Beispiele aus der Zeit um 1900 werden dem eklektischen Jugendstil zugerechnet, der von Asymmetrie, Symbolornamentik und floralem Dekor Gebrauch macht. Zwei weitere hier vertretene Richtungen sind der »senkrechte« Jugendstil mit betont vertikaler Komposition sowie die Neu- oder Nationalromantik, die viele folkloristische Motive und Naturmaterialien verwendet.

Elizabetes iela 13 ⑫

Weniger prächtig als andere in der Gegend und besonnen in der Raumnutzung, ist die Fassade dieses Hauses ein Beispiel des Prinzips des *amor vacui* (Liebe zur Leere).

Strēlnieku iela 4a ⑨

Siegessymbole, darunter Jungfrauen mit Siegerkränzen und Adler, zieren dieses Gebäude im eklektischen Jugendstil, das von Michail Eisenstein entworfen wurde. Es ist heute eine Privatschule.

Strēlnieku iela 2 ⑪

Ein Beispiel des »senkrechten« Jugendstils, der relativ zurückhaltend ist und dessen ornamentale Details in den Bau integriert sind, so auch die Ährenreliefs am Giebel.

Elizabetes iela 23 ⑩
Das Haus besitzt anthropomorphe Reliefs und ein Giebelfeld mit der Inschrift »*Labor vincit omnia*« (Arbeit besiegt alles), dem Wahlspruch des Architekten Mārtiņš Nukša.

Alberta iela 13 ⑧
Weibliche Figuren an diesem Haus zeigen eine Reihe von Gefühlslagen.

Alberta iela 4 ④
Löwen sind im Jugendstil unüblich, aber an diesem eklektischen Bau deuten ihre Flügel die traditionelle Beziehung zur Sonne an.

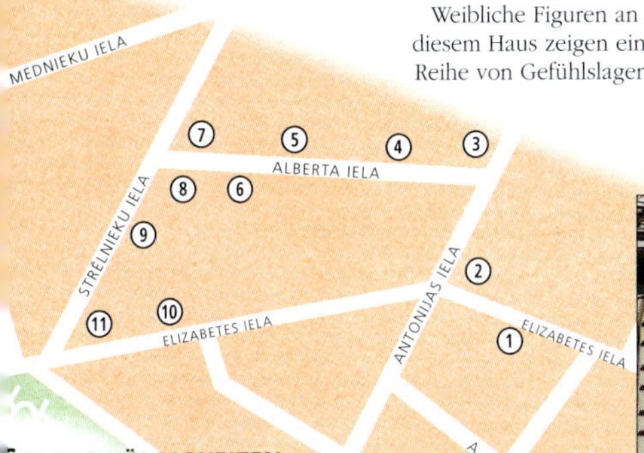

SEHENSWÜRDIGKEITEN

Alberta iela 2a ③
Alberta iela 4 ④
Alberta iela 8 ⑤
Alberta iela 11 ⑥
Alberta iela 12 ⑦
Alberta iela 13 ⑧
Elizabetes iela 10b ①
Elizabetes iela 13 ⑫
Elizabetes iela 23 ⑩
Elizabetes iela 33 ②
Strēlnieku iela 2 ⑪
Strēlnieku iela 4a ⑨
Vīlandes iela 2 ⑬

Elizabetes iela 33 ②
Dieses frühe Experiment mit dem Jugendstil von Michail Eisenstein, einem der wichtigsten Verfechter des eklektischen Stils, beruft sich auf die historistische Architektur.

Alberta iela 11 ⑥
Dieses schöne aus Naturstein erbaute Beispiel der Nationalromantik besitzt Erkerfenster in Form von Türmchen.

ANDERE STADTVIERTEL

Außer in Centrs mit einigen der schönsten Jugendstil-Häuser Rīgas findet man viele weitere sehenswerte Gebäude in anderen Teilen der Stadt. Dazu zählen in der Altstadt die Kalēju iela 23 mit dem Portal in Baumform und das älteste Jugendstil-Haus der Stadt in der Audēju iela 7. Schöne Beispiele der Nationalromantik sind Tērbatas iela 15/17, A Čaka iela 26 und mehrere eindrucksvolle Häuser in der Brīvības und Hamburgas iela. *Der Jugendstil von Rīga* von Silvija Grosa, Jumava Verlag, ist (auf Deutsch) in Verkehrsämtern erhältlich und schlägt schöne Stadtspaziergänge vor.

Die bunte Fassade des Hauses Kalēju iela 23

Abstecher

Rīgas Vororte sind vor allem Wohnviertel, bieten aber dennoch viel Sehenswertes. Die »Moskauer Vorstadt« südöstlich der Altstadt war lange ein Einwandererviertel, so auch für viele Juden vor dem Zweiten Weltkrieg. Im Gegensatz dazu wurde das exklusive Viertel Mežaparks im Norden für reiche Baltendeutsche gebaut. Am linken Daugavaufer liegt Pārdaugava mit alten Holzhäusern und einer Reihe von Museen.

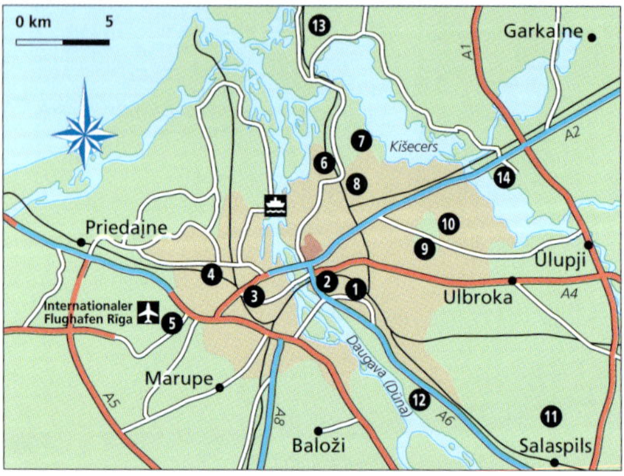

Sehenswürdigkeiten

Biķernieki-Wald 9
Botanischer Garten 4
Dauderi 6
Ethnografisches Freilichtmuseum 14
Linkes Ufer 3
Luftfahrtmuseum 5
Mežaparks 7
Moskauer Vorstadt 1
Motormuseum 10
Rīgas Friedhöfe 8
Rumbula-Wald 12
Salaspils 11
Vecāķi 13
Zentralmarkt 2

Legende

Zentrum von Rīga
Flughafen
Fährhafen
Autobahn
Hauptstraße
Nebenstraße

Moskauer Vorstadt 1

Maskavas forštate

18, 18a; Trolleybus 15. *3, 7, 9.*

Das Viertel östlich des Zentralmarkts heißt seit Langem Moskauer Vorstadt, denn hier führt die Straße nach Moskau hindurch, zudem waren viele seiner Bewohner verarmte Russen. Zu ihnen gesellten sich in der zweiten Hälfte des 19. Jahrhunderts Juden, denen es zuvor verboten war, sich in der Stadt niederzulassen. Als die Deutschen 1941 einrückten, errichteten sie hier ein Judengetto, das von den Straßen Kalna, Lauvas, Ebreju, Jersikas und Daugavpils begrenzt war.

In diesem stillen Viertel mit Kopfsteingassen und vielen Häusern und Sakralbauten aus Holz wohnen auch heute viele Nicht-Letten. Im Museum der Juden Lettlands *(siehe S. 151)* gibt es eine Broschüre über frühere jüdische Stätten im Viertel, auch wenn es nicht mehr viel zu sehen gibt. Am 4. Juli 2007 wurde an der **Ruine der Chorsynagoge** ein Mahnmal enthüllt, genau 66 Jahre nachdem deutsche Soldaten das Gebäude mit jüdischen Familien vollgestopft und niedergebrannt hatten. Das Mahnmal enthält die Namen von 270 Letten, die Juden im Krieg gerettet haben, und das Bildnis von Žanis Lipke, der zusammen mit seiner Frau mehr als 50 Juden das Leben rettete.

Weitere Sakralbauten hier sind die **Russisch-orthodoxe Verkündigungskirche** (Tserkva blagoveshtenya) und die **Grebenščikov-Kirche** (Grebena baznīca) der Altgläubigen *(siehe S. 122)*. Auch die evangelische **Jesuskirche** (Jēzus baznīca), die größte Holzkirche der Stadt, ist sehenswert.

Die **Akademie der Wissenschaften** (Latvijas zinātņu akadēmija) ist ein eher umstrittenes Wahrzeichen. Der erste Wolkenkratzer Rīgas wurde 1953 bis 1957 in einem pseudobarocken Stil erbaut, der ihm den Spitznamen »Stalins Geburtstagstorte« eintrug. Verziert ist er mit lettischen Folkloredarstellungen und Hammer-und-Sichel-Motiven. Er ist nach wie vor ein imposanter Bau. Der Balkon im 17. Stock ist für die Allgemeinheit zugänglich.

Ruine der Chorsynagoge
Ecke Gogoļa & Dzirnavu iela.

Russisch-orthodoxe Verkündigungskirche
Gogoļa iela 9. *6722 0566.*

Grebenščikov-Kirche
Krasta iela 73. *6714 4565.*

Jesuskirche
Elijas iela 18. *6722 4123.*
Do 18 Uhr, So 10 Uhr.

Akademie der Wissenschaften
Akadēmijas laukums 1. *6722 5361.* **Balkon** *Mai–Sep: tägl. 9–20 Uhr.* *Mo–Fr 11–15 Uhr.*

Akademie der Wissenschaften, genannt »Stalins Geburtstagstorte«

Hotels und Restaurants in Rīga *siehe Seiten 300–302 und 330–332*

Gut erhaltene Lokomotiven im Eisenbahnmuseum Pārdaugava

Zentralmarkt ❷
Centrāltirgus

Centrāltirgus 1. *tägl. 8–17 Uhr.* www.centraltirgus.lv

Rīgas in fünf Zeppelinhallen untergebrachter Zentralmarkt gehört zu den markantesten Europas. Die Hangars, im Ersten Weltkrieg von den Deutschen in Kurzeme zurückgelassen, wurden in den 1920er Jahren hierher geschafft. Der Markt bietet meist frische Lebensmittel an, aber draußen drängen sich Buden mit Waren aller Art.

Linkes Ufer ❸
Pārdaugava

8, 9. *1, 2, 4, 5, 8, 10.*

Die meisten Sehenswürdigkeiten liegen zwar am rechten Daugava-Ufer, aber am linken Ufer findet man Spezialmuseen und im Viertel Āgenskalns wohl die beste Holzarchitektur des Landes.

Direkt hinter der Steinbrücke (Akmens tilts) liegt Rīgas **Eisenbahnmuseum** (Latvijas dzelzceļa muzejs), dessen Attraktion die Schienenfahrzeuge auf der Freifläche sind. In einem renovierten Lokomotivschuppen sind Fotos lettischer Bahnhöfe, alte Fahrkarten und Plakate, Eisenbahneruniformen und Signaltechnik zu sehen.

Der nahe **Siegespark** (Uzvaras parks) ist nach dem Sieg der Roten Armee über die Nazis benannt, der vom Sowjetregime als »Befreiung« der Stadt gefeiert wurde. Ein Denkmal, das Soldaten zeigt, die von einer Figur des Sieges begrüßt werden, haben lettische Nationalisten zweimal in die Luft zu sprengen versucht.

Ebenfalls am linken Ufer liegt das **Eduards-Smiļģis-Theatermuseum** (Eduarda Smiļģa teātra muzejs) im ehemaligen Haus des Ingenieurs und späteren Schauspielers Smiļģis (1886–1966). Herzstück ist das kleine Privattheater, in dem er auftrat. Erinnert wird auch an Bühnenschauspieler aus der Zeit der ersten Unabhängigkeit Lettlands.

Eisenbahnmuseum
2–4 Uzvaras bulvāris. *6723 2849.* *Di–Sa 10–17 Uhr.* www.railwaymuseum.lv

Eduards-Smiļģis-Theatermuseum
Smiļģa iela 37/39. *6761 1893.* *Mi–So 11–18 Uhr.*

Botanischer Garten ❹
Botāniskais dārzs

Kandavas iela 2. *6745 0852.* *5 bis Konsula iela.* *Mai–Sep: 9–19 Uhr; Okt–Apr: 9–16.30 Uhr.* *auf Englisch, Russisch oder Deutsch nach Voranmeldung.*

Der 1922 als Bestandteil der Universität gegründete Botanische Garten findet sich seit 1926 an dieser Stelle. Der Garten umfasst 5400 Pflanzenarten, von denen etwa 400 in Lettland heimisch sind; viele sind selten oder bedroht. In der Mitte des Gartens erhebt sich ein Komplex aus fünf Gewächshäusern, zu denen ein Palmenhaus, eine große Farnsammlung sowie ein Tropenhaus mit Kakteen und anderen Dickblattgewächsen gehören. Schön ist der Garten vor allem im Frühling und Sommer.

Gewächshaus in Rīgas saftiggrünem Botanischen Garten

Luftfahrtmuseum ❺

Aviācijas muzejs

Flughafen Rīga. ☎ *2686 2707.* ◯ *Apr–Nov: Di–So 8–19 Uhr; Dez–März: Di–Sa 8–17 Uhr.* **www**.aviamuseum.org

Das privat geführte Freilichtmuseum neben Rīgas Flughafen besitzt nach eigenen Angaben die größte Sammlung sowjetischer Flugzeuge außerhalb der Gemeinschaft Unabhängiger Staaten. Das eindrucksvolle Aufgebot an Flugzeugen und Hubschraubern ist die Hinterlassenschaft des 1956 gegründeten Jungpiloten-Clubs, dem gebrauchte Militärmaschinen zu Ausbildungszwecken zur Verfügung gestellt wurden. Nach dem Kollaps der UdSSR versiegten die Finanzmittel, 1998 wurde das Material auf das Flughafengelände verbracht. Außer militärischen und zivilen Flugzeugen werden Uniformen und militärisches Gerät gezeigt. Die Öffnungszeiten variieren, man sollte also vorher anrufen.

Neogotische Villa Dauderi aus dem 19. Jahrhundert

Ein Mil-Mi-6-Helikopter auf dem Gelände des Luftfahrtmuseums

Dauderi ❻

Sarkandaugavas iela 30. ☎ *6739 1780, 6739 2229.* *5, 9 bis Aldaris.* ◯ *Mo, Mi–So 11–17 Uhr.* **www**.dauderi.lv

Die neogotische Villa vom Ende des 19. Jahrhunderts liegt sechs Kilometer vom Rīgaer Zentrum entfernt. 1937 bis 1940 war sie die Sommerresidenz des lettischen Präsidenten Kārlis Ulmanis, allerdings hielt er sich immer nur kurz hier auf. Später besetzten die Sowjets das Haus, die Deutschen wiederum bauten auf dem Grundstück Fliegerabwehrgeschütze auf. Das Haus diente außerdem als Kindergarten und Probierstube des Ernährungsministeriums.

Heute ist es ein Museum. Die Zimmer sind im Stil der 1920er und 1930er Jahre dekoriert und möbliert. Schaukästen sind dem Leben von Ulmanis, der ersten Unabhängigkeit Lettlands und den Aktivitäten lettischer Exilanten im Zweiten Weltkrieg und der folgenden sowjetischen Besatzungszeit gewidmet. Die etwas wirr zusammengestellte Sammlung enthält Fotos, Orden, Puppen und Trachten. Die Villa ist von einem Park mit Skulpturen und künstlichen Ruinen umgeben.

Mežaparks ❼

11.

Dieser Teil im Nordosten Rīgas, der früher, in Anspielung auf seine Nutzung im 17. Jahrhundert als Basis des schwedischen Königs Gustav Adolf, Kaiserwald hieß, wurde im frühen 20. Jahrhundert Europas erste Gartenstadt. In Mežaparks, »Waldpark«, umbenannt, wurde er als Vorstadt für reiche Baltendeutsche gestaltet, die später zu Beginn des Zweiten Weltkriegs größtenteils nach Deutschland gingen. Während des Krieges richteten die Nazis hier ein Konzentrationslager für die Juden ein, die aus aufgelösten Gettos in Osteuropa hierher verschleppt wurden. Nach der Invasion der Roten Armee 1944 wurde das Lager geschlossen, von ihm ist nichts erhalten.

Amoretten zieren eine Decke in der Villa Dauderi

In der Sowjetära verfielen viele Häuser der Vorstadt. Doch seit der Unabhängigkeit sind die Grundstückspreise in Mežaparks gestiegen. Die Bewohner sind meist Letten sowie eine erkleckliche Zahl von Ausländern einschließlich mehrerer Botschaften. Einige der neuen Bewohner sind dabei, Häuser zu bauen, die prächtig, aber oft nicht geschmackvoll sind, während andere ältere Häuser herrichten. Faszinierend ist die Mischung aus heutigen, modernistischen und Jugendstil-Häusern, wobei die Hamburgas iela ein besonders schöner Straßenzug ist.

Ein anderer Grund für einen Besuch ist der **Rīgaer Zoo** (Rīgas zooloģiskais dārzs), ein gepflegter, bei Familien beliebter Tierpark. Er ist für seine Bären bekannt und hat ein hervorragendes Tropenhaus. Hauptattraktion des Zoos sind zwei Exemplare des seltenen sibirischen Tigers. Kutschfahrten kann man im Sommer unternehmen, Sonderveranstaltungen finden das ganze Jahr hindurch statt, so das Wiegen der Schildkröten des Zoos im Juni und der Tag der Wölfe im September.

In der Nähe des Zoos liegt das **Sängerfest-Stadion** (Mežaparka estrāde), das für das alle fünf Jahre (2013, 2018…) stattfindende Lettische Sängerfest gebaut wurde. Dann stehen auf der riesigen Bühne mehr als 10000 Menschen und singen Volkslieder, und 30000 hören unten zu.

Rīgaer Zoo
Meža prospekts 1. 6751 8669.
Mai–Sep: tägl. 10–18 Uhr; Okt–Apr: tägl. 10–16 Uhr.

Rīgas Friedhöfe 8

Aizsaules iela. *4, 9.* *11.*
täglich.

Rīgas drei interessanteste Friedhöfe liegen unmittelbar südlich von Mežaparks an der Aizsaules iela. Der großartigste ist der **Brüderfriedhof** (Brāļu kapi), der für Letten angelegt wurde, die im Ersten Weltkrieg und im Unabhängigkeitskampf gefallen waren. Die bekanntesten Skulpturen hier sind die drei patriotischen Arbeiten von Kārlis Zāle: *Zwei Brüder, Verwundeter Reiter* und *Mutter Lettland*. Das Mahnmal enthält die 19 Wappen der lettischen Verwaltungsbezirke und Erde von jeder *pagasts* (Pfarrei).

Den **Rainis-Friedhof** (Raiņa kapi) gab es schon, ehe der atheistische Schriftsteller Janis Pliekšāns, genannt Rainis, hier 1929 beerdigt wurde, aber er wurde ihm zu Ehren umbenannt. Sein Grabmal stellt ein junges Lettland dar, das aus dem Schlaf erwacht. Rainis' Frau Elza Rozenberga, die unter dem Namen Aspazija schrieb, liegt neben ihm. Auch viele lettische Maler und Musiker sind hier begraben.

Der **Waldfriedhof** (Meža kapi) wurde 1913 eröffnet und ist der Begräbnisplatz vieler politischer Gestalten aus der Zeit von Lettlands erster Unabhängigkeit. Geplant war, dass die Hauptallee geradewegs zum Grabmal des ersten Präsidenten Lettlands, Janis Čakste (1859–1927), führt, aber während der Sowjetära wurde der Weg mit kleineren Grabsteinen verstellt. Auch Janis Rozentāls *(siehe S. 22)* liegt hier begraben. Die berühmteste Skulptur hier ist die *Trauernde Mutter*, die an den von vielen Unklarheiten begleiteten Tod des lettischen Außenministers 1925 erinnert.

***Mutter Lettland*, Brüderfriedhof**

Biķernieki-Wald 9
Biķernieku mežs

14 bis Ķeguma. *24a.*

In diesem Wald töteten und verscharrten die Nazis etwa 40000 Juden und andere »Unerwünschte«, die sie zwischen 1941 und 1944 aus Deutschland und mehreren besetzten europäischen Ländern hierher verschleppt hatten. Das 2001 enthüllte Mahnmal ist das bewegendste von allen in der Region Rīga. Ein Weg führt von der Biķernieku iela unter einen weißen Betonbogen, hinter dem sich ein Feld voll gezackter Steine auftut, die jeweils eine Stadt repräsentieren, aus der Juden deportiert wurden. In der Mitte erhebt sich ein Pavillon aus Beton, in dem ein schwarzer Stein mit der Inschrift steht: *»Ach Erde, bedecke mein Blut nicht, und mein Schreien finde keine Ruhestatt«* (Hiob 16, 18). Kleinere Mahnmale in der Nähe markieren Massengräber. Man kann zu Fuß vom Motormuseum *(siehe S. 158)* hierher gelangen, aber der Weg ist nicht ausgeschildert. Die Trolleybushaltestelle liegt einen Kilometer vom Mahnmal entfernt.

Das bewegende Holocaust-Mahnmal im Biķernieki-Wald

V16-Rennwagen der Auto Union im Motormuseum

Motormuseum ⑩

Rīgas motormuzejs

S Eizenšteina 6. *6709 7170.* 5, *21; Minibus 207, 263.* *tägl. 10–18 Uhr.* *Engl. o. Russ.*
www.motormuseum.lv

Reihenweise glänzende Autos, Motorräder und Fahrräder stehen in diesem modernen hangarartigen Gebäude, insgesamt 240 Fahrzeuge aus lettischer und ausländischer Produktion. Highlights sind eine Reihe Limousinen aus dem Kreml. Vor allem der frühere Generalsekretär der sowjetischen KP, Leonid Brežnev, war ein Autonarr. Eines der Exponate ist der 1966er Rolls Royce Silver Shadow, den er in Moskau zu Bruch fuhr – eine erschrockene Wachspuppe sitzt am Steuer. Auch Stalins gepanzerte ZIS-115S-Limousine ist hier. Schildchen informieren über die Fahrzeuge und über die Geschichte der lettischen Autoindustrie. Der Museumsshop verkauft Modellautos.

Salaspils ⑪

15 km SO vom Zentrum Rīgas. *Dārziņi.*

Salaspils' Geschichte reicht zwar ins 12. Jahrhundert zurück, aber berüchtigt ist es als Ort des deutschen KZ Kurtenhof im Zweiten Weltkrieg. Ursprünglich waren die Insassen Kriegsgefangene, aber nach der Schließung des Hauptgettos in Rīga kamen Juden aus mehreren besetzten Ländern hinzu. Die Zahl der im Lager Ermordeten ist umstritten, da das Sowjetregime später die Ziffern für seine Propaganda benutzte, aber sicher wurden Hunderte direkt getötet oder starben an den harten Lagerbedingungen.

Den Lagereingang markiert ein langer schräg geneigter Betonblock, der die Grenze zwischen Leben und Tod symbolisieren soll. Die Inschrift darauf lautet: *»Hinter diesem Tor stöhnt die Erde«* – eine Zeile aus einem Poem von Eižens Vēveris, der Gefangener in diesem Lager war. Im Inneren des Blocks findet man eine kleine Ausstellung, die wie das ganze Gelände einen ziemlich verwahrlosten Eindruck macht. Jenseits davon hat man die Form des Lagers mit weißen Steinplatten markiert. Ein Metronom tickt in einem schwarzen Steinblock – langsame Schläge, die aus der Erde zu kommen scheinen. Eine Reihe riesiger, 1967 aufgestellter Skulpturen beherrscht das Gelände. Sie tragen eindringliche Titel wie *Die Erniedrigten* und *Die Ungebrochenen.*

Skulptur in Salaspils

Rumbula-Wald ⑫

Rumbulas mežs

11 km vom Zentrum Rīgas über die Maskavas iela.

Mindestens 25 000 Juden wurden am 30. November und 8. Dezember 1941 im Wald von Rumbula ermordet. Die Opfer, meist Frauen, Kinder und Alte aus dem Getto Rīga, wurden erschossen und in fünf Massengräber geworfen. Nur drei Juden sollen überlebt haben. Das alles kam nach dem Krieg ans Licht, als zwei Einheimische Schmuck verkaufen wollten, den sie in dem Wald gefunden hatten.

Bis in die späten 1980er Jahre hieß es, die Toten seien Sowjetbürger gewesen, obwohl Leute aus der jüdischen Gemeinde illegal die Stätte pflegten und schließlich einen bescheidenen Stein mit hebräischer Inschrift aufstellen durften. Zentrum des Mahnmals von 2002 ist eine riesige Menora (ein siebenarmiger Leuchter), die von zerbrochenen Steinen umgeben ist, die jeweils den Namen einer ermordeten Familie tragen.

Vecāķi ⑬

15 km NO vom Zentrum Rīgas. *24a.*

Der Strand hier ist ein beliebtes Ziel derer, die im Sommer der Stadt entfliehen, aber er ist selten überfüllt. Das Ostende ist für Nudisten reserviert. Lohnend ist ein Strandspaziergang westwärts in Richtung Daugavamündung zu den Resten der Festungsanlagen, die einst einen der größten Häfen Europas schützten. Viele Bunker stammen noch aus der Zeit der Napoleonischen Kriege, wurden aber zuletzt im Ersten Weltkrieg benutzt. Die Anlagen sind nicht gut gesichert, seien Sie also vorsichtig.

Die weite sandige Küste von Vecāķi nordöstlich von Rīga

Hotels und Restaurants in Rīga *siehe Seiten 300–302 und 330–332*

Ethnografisches Freilichtmuseum ⓮

Latvijas etnogrāfiskais brīvdabas muzejs

Das 1924 gegründete Museum in einem 86 Hektar großen Wald am Jugla-See enthält über 118 Gehöfte, Kirchen und andere Bauten aus ganz Lettland. Es ist nach Lettlands Bezirken – Vidzeme, Kurzeme, Zemgale und Latgale – gegliedert und dokumentiert die verschiedenen Bauweisen und Lebensformen der vier Landesteile. Die Handwerker, die im Sommer bei der Arbeit zu beobachten sind, und die vielen Alltagsgegenstände in den Häusern bieten einen Einblick in das Landleben des 19. Jahrhunderts. Man sollte sich für den Besuch mindestens zwei Stunden Zeit nehmen.

INFOBOX

Brīvības gatve 440.
Tel. 6799 4510. Bus 1, 19, 28.
Mai–Sep: tägl. 10–17 Uhr.
So.
www.muzejs.lv

Holländische Windmühle
Die Mühle (1890) mit drehbarer Haube samt Flügeln, Welle und Übersetzung ist aus Latgale.

★ Bauernhaus aus Kurzeme
Dieses Holzhaus mit Reetdach ist typisch für die bäuerliche Architektur des 19. Jahrhunderts in Südwest-Kurzeme.

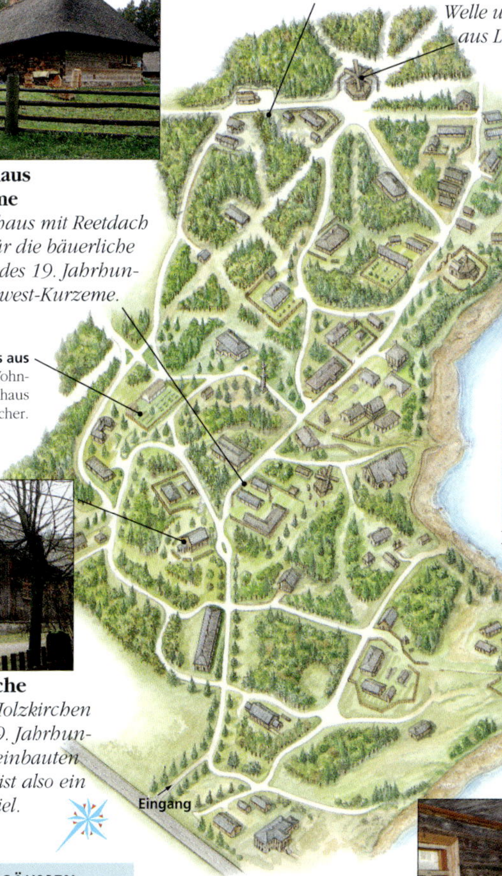

Kunsthandwerk
Korbwaren gehören zum traditionellen Handwerk.

★ Usma-Kirche
Die meisten Holzkirchen wurden im 19. Jahrhundert durch Steinbauten ersetzt. Diese ist also ein seltenes Beispiel.

Haus von Altgläubigen
Das Haus aus einem Dorf in Latgale enthält einen Webstuhl und einen Samowar für die Teezubereitung.

NICHT VERSÄUMEN

- ★ Bauernhaus aus Kurzeme
- ★ Usma-Kirche

1
A
B
C
RĪGA
Sehenswürdigkeit
Bahnhof
Fährhafen
Busbahnhof
Information
Post
Polizei
Krankenhaus
Kirche
Parken
Eisenbahn
MASSSTAB
0 Meter
400
2
3
4
5
VIESTURA PARK
EKSPORTA IELA
PULKVEŽA BRIEŽA
VIDUS IELA
RŪPNIECĪBAS IELA
AUSEKĻA IELA
VĪLANDES IELA
Fährhafen
Andrejosta
ELIZABETES IELA
KRONVALDA PARK
KRONVALDA BULVĀRIS
MIĶEĻA IELA
Kirche St. Peter und St. Paul
Daugava
CITADELES IELA
Nationaltheater
MUITAS IELA
K. VALDEMĀRA IELA
JĒKABA IELA
BASTEJA
KĪPSALAS IELA
BALASTA DAMBIS
Technische Universität
VANŠU BRIDGE
11 NOVEMBRA KRASTMALA
Rīgaer Schloss
Kunstmuseum Arsenal
Parlament
St. Jakob Kathedrale
Drei Brüder
POLU-TOR
PILS IELA
ĀZENES IELA
Olympisches Gelände
Anglikanische Heilandskirche
MIESNIEKU
DOMA LAUKUMS
Dom
Museum der Barrikaden
Museum für Stadtgeschichte und Schifffahrt
Rathaus
(Dūna)
Schwarzhäupterhaus
Okkupationsmuseum
Denkmal der Lettischen Schützen
Āgenskalna Līcis
DAUGAVGRĪVAS IELA
Technische Universität (RTU)
MEŽA IELA
AKMENS TILTS
KUĢU IELA
STARAJA RUSAS IELA
TRIJĀDĪBAS
VALGUMA IELA
RAŅĶA DAMBIS
SLOKAS IELA
UZVARAS BULVĀRIS
Eisenbahnmuseum
AKMEŅU IELA
UZVARAS PARK
Ķīleveina grāvis
Mazā Daugava

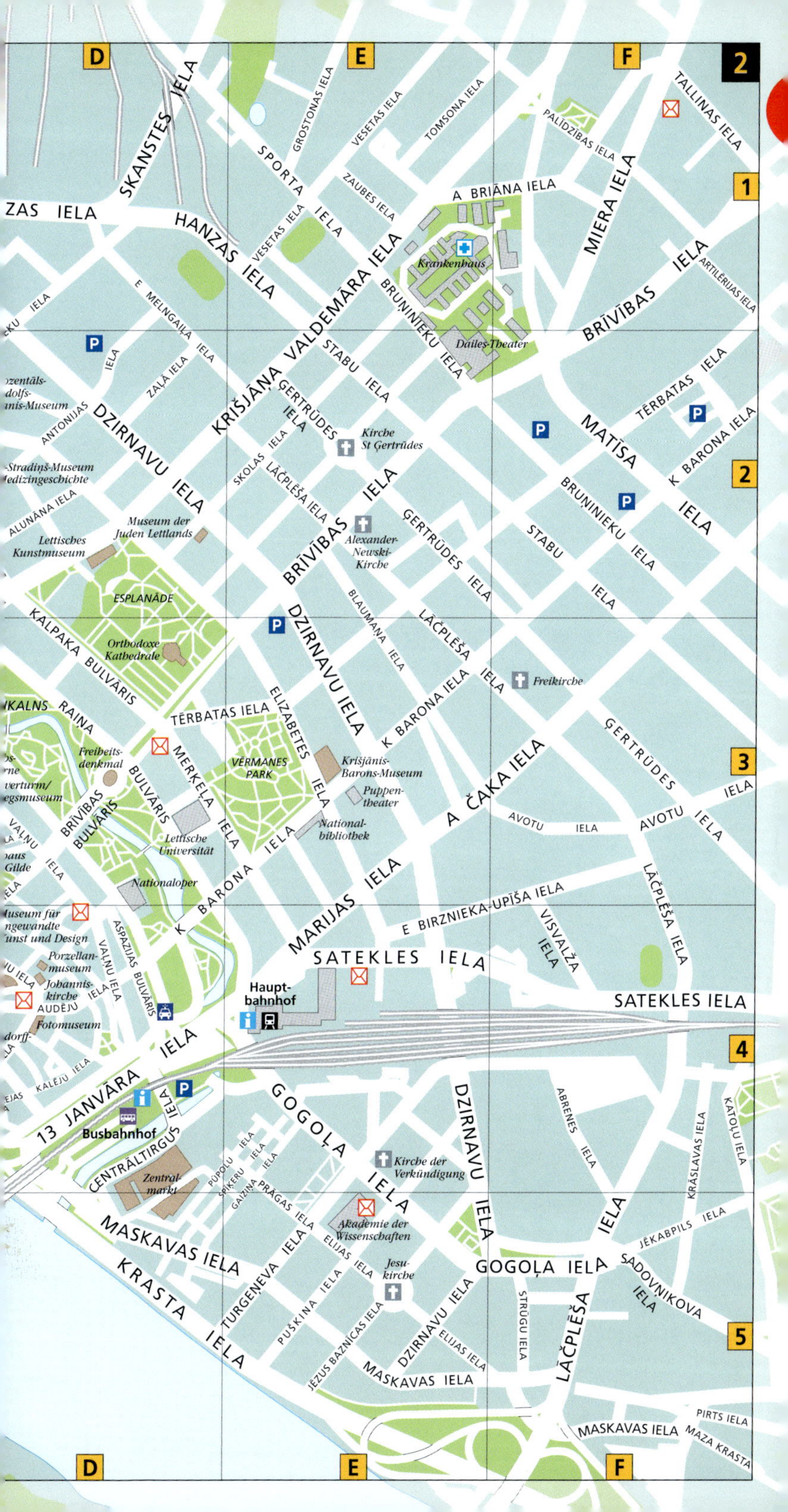

D
E
F
2
1
2
3
4
5
SKANSTES IELA
HANZAS IELA
SPORTA IELA
GROSTONAS IELA
VESETAS IELA
TOMSONA IELA
TALLINAS IELA
PALĪDZĪBAS IELA
ZAUBES IELA
A BRIĀNA IELA
MIERA IELA
Krankenhaus
ARTILĒRIJAS IELA
BRĪVĪBAS IELA
KRIŠJĀŅA VALDEMĀRA IELA
BRUŅINIEKU IELA
Dailes-Theater
E MELNGAIĻA IELA
STABU IELA
ZALĀ IELA
DZIRNAVU IELA
ANTONIJAS
GERTRŪDES IELA
Kirche St Gertrūdes
TĒRBATAS IELA
K BARONA IELA
MATĪSA IELA
SKOLAS IELA
LĀČPLĒŠA IELA
Alexander-Newski-Kirche
ALUNĀNA IELA
Museum der Juden Lettlands
Lettisches Kunstmuseum
ESPLANĀDE
Orthodoxe Kathedrale
KALPAKA BULVĀRIS
BLAUMAŅA IELA
Freikirche
RAIŅA
TĒRBATAS IELA
ELIZABETES IELA
Freiheitsdenkmal
VĒRMANES PARK
Krišjānis-Barons-Museum
Puppentheater
Nationalbibliothek
BRĪVĪBAS BULVĀRIS
MERKEĻA IELA
BULVĀRIS
Lettische Universität
Nationaloper
A ČAKA IELA
AVOTU IELA
MARIJAS IELA
E BIRZNIEKA-UPĪŠA IELA
VISVALŽA IELA
Museum für angewandte Kunst und Design
Porzellanmuseum
Johanniskirche
ASPAZIJAS BULVĀRIS
VAĻŅU IELA
AUDĒJU
Fotomuseum
SATEKLES IELA
Hauptbahnhof
13 JANVĀRA IELA
KALĒJU IELA
Busbahnhof
CENTRĀLTIRGUS IELA
Zentralmarkt
GOGOĻA IELA
PŪPOLU IELA
SPĪKERU IELA
GAIZIŅA
PRĀGAS IELA
Kirche der Verkündigung
ABRENES IELA
KRĀSLAVAS IELA
KATOĻU IELA
Akademie der Wissenschaften
MASKAVAS IELA
KRASTA IELA
TURGEŅEVA IELA
ELIJAS IELA
Jesukirche
PUŠKINA IELA
JĒZUS BAZNĪCAS IELA
DZIRNAVU IELA
STRŪGU IELA
LĀČPLĒŠA
JĒKABPILS IELA
SADOVŅIKOVA IELA
MASKAVAS IELA
PIRTS IELA
MAZĀ KRASTA

West-Lettland

West-Lettland bezaubert mit seinen Kontrasten aus dichten Wäldern, fruchtbaren Ebenen, vitalen Städten und verschlafenen Dörfern. Kurzeme ist bis auf die Häfen Ventspils und Liepāja spärlich besiedelt. Die vorwiegend landwirtschaftlich geprägte Region Zemgale entlang der litauischen Grenze ist mit Burgen und Herrenhäusern durchsetzt, die an fernen Ruhm erinnern.

Vor der Ankunft der Kreuzritter beherrschten die Kurši die dicht bewaldete, heute Kurzeme (dt. Kurland) genannte Westregion, während die Liven die Küste im Norden bewohnten. In dem fruchtbaren, trockengelegten Gebiet am Fluss Lielupe im Süden lebten die Zemgaļi. Zusammen mit der östlichen Region, die früher Selonien hieß, wird dieses Gebiet heute Zemgale (Semgallen) genannt. Kurzeme wurde 1267 unterworfen, etwas über zwei Jahrzehnte später erlitten die Zemgaļi als letzter lettischer Stamm dasselbe Schicksal.

Nach dem Kollaps des Schwertbrüderordens im 16. Jahrhundert behielt dessen letzter Meister, Gotthard Kettler, die Kontrolle über die gesamte Region als weitgehend unabhängiges Lehen Polens. Dieses Herzogtum Kurland und Semgallen erreichte unter Herzog Jakob Kettler (reg. 1640–82) seine Blüte. 1795 wurde es ins Russische Reich eingegliedert. Sein Schicksal blieb mit dem Rest des Gebiets verbunden, der heute Lettland ist.

Kurzeme hat seinen ländlichen Charakter weitgehend behalten, auch wenn Liepāja und Ventspils zu den größten und dynamischsten Städten des Landes zählen. Die wenigen Menschen, die noch Livisch sprechen, treiben weiter Fischfang an der Nordküste. Hier gibt es einige malerische Kleinstädte wie Kuldiga und Talsi. Die Region Zemgale besteht vor allem aus flachem Ackerland, wenn man von dem Waldlandschaftspark in den Hügeln rund um Tērvete absieht. Jelgavas Altstadt ging im Zweiten Weltkrieg verloren, lediglich das Herzogsschloss blieb erhalten. Die größte Attraktion hier ist aber das Barockschloss Rundāle mit seinem restaurierten Rokoko-Interieur.

Leuchtend gelbe Rapsfelder in voller Blüte in Kurzeme

◁ **Portal der schönen orthodoxen St.-Nikolaus-Kathedrale in Karosta nahe Liepāja** ***(siehe S. 181)***

Überblick: West-Lettland

An der langen Küste von Kurzeme liegen stille Dörfer sowie die Städte Ventspils und Liepāja. Ventspils ist einer der geschäftigsten Häfen Lettlands, während sich Liepāja von einem öden Hafen in ein reges Kulturzentrum verwandelt hat. Landeinwärts ist Kuldīga eine der attraktivsten Kleinstädte, die sich gut als Basis für Ausflüge eignet. Pedvāle ist für seinen Skulpturenpark berühmt. In Zemgale sind Schloss Rundāle, die Burg Bauska und das klassizistische Schloss in Mežotne die Attraktionen. Der Verkehrsknotenpunkt Jelgava ist eine gute Basis für die Erkundung der Region.

Sehenswürdigkeiten auf einen Blick

Städte und Dörfer

Bauska 4
Dobele 7
Dundaga 13
Jelgava 1
Ķemeri 9
Kuldīga 21
Liepāja S. 180f 23
Sabile 18
Saldus 20
Talsi 17
Tukums 10
Ventspils S. 176f 15

Gebäude und Stätten

Burg Jaunpils 8
Freilichtmuseum Pedvāle 19
Internationales Zentrum für Radioastronomie Ventspils (VIRAC) 16
Katholische Kirche Skaistkalne 5
Schloss Mežotne 2
Schloss Rundāle S. 168f 3

Naturschutzgebiete

Naturpark Pape-See 24
Naturpark Tērvete 6

Naturschönheit

Engure-See 12

Strände und Seebäder

Jūrmala S. 170f 11
Pāvilosta 22

Tour

Livländische Küste S. 173 14

Siehe auch

• ***Übernachten*** S. 303–305
• ***Restaurants*** S. 333–335

Weitere Zeichenerklärungen *siehe hintere Umschlagklappe*

Ruine der Burg Bauska (15. Jh.) auf einem grünen Hügel

Legende

- Autobahn
- Schnellstraße
- Hauptstraße
- Nebenstraße
- Eisenbahn
- Staatsgrenze

In West-Lettland unterwegs

Die entlegenen Städte und Dörfer West-Lettlands lassen sich am besten per Auto erkunden. Dagegen sind die vielen anderen Attraktionen der Region auch gut mit öffentlichen Verkehrsmitteln erreichbar. Busse sind die Wahl für Fahrten nach Bauska und die meisten Sehenswürdigkeiten Kurzemes. Nach Jelgava und Tukums fährt man besser mit dem Zug. Zwischen Rīga und Rundāle gibt es keine Direktverbindungen, am besten nutzt man den Bus über Bauska. Von Ventspils und Liepāja gibt es gute Fährverbindungen nach Rīga und in andere europäische Großstädte. Flughäfen haben Liepāja und Ventspils.

Schloss Jelgava liegt idyllisch auf einer Insel im Fluss Lielupe

Jelgava ❶

Straßenkarte C4. *66 000.* *ab Rīga.* *ab Rīga.* *Pasta iela 37, 6302 2751.* *Internationales Eisskulpturen-Festival (Feb).*
www.jelgava.lv

Von 1578 bis 1795 war Jelgava die Hauptstadt des Herzogtums Kurland. Im Zweiten Weltkrieg wurde es größtenteils zerstört. Wichtigstes Überbleibsel des Herzogtums ist das **Schloss Jelgava** (Jelgavas pils), das Winterpalais von Ernst Johann von Biron *(siehe S. 169)*. In dem 1737 von Francesco B. Rastrelli errichteten Bau ist heute die Landwirtschaftliche Universität untergebracht. Nichts von der ursprünglichen Ausstattung ist erhalten, aber ein kleines Museum zeigt Archivfotos vom Vorkriegszustand des Schlosses. Das Museumspersonal führt Sie ins Grabgewölbe der Herzöge von Kurland.

In der Altstadt gibt es eine Handvoll Sehenswürdigkeiten. Die schön restaurierte orthodoxe Kathedrale **St. Simon und St. Anna** (Sv Sīmaņa un Annas pareizticīgo katedrāle) wurde von Rastrelli für Birons Gönnerin Anna Ivanovna entworfen. Ein Barockbau enthält das **Stadt- und Kunstmuseum** (Vēstures un mākslas muzejs) über die Stadtgeschichte, das schrullige kleine **Eisenbahnmuseum** (Latvijas dzelzceļu muzejs) ist etwas für Eisenbahnfans.

Umgebung: Auf dem kleinen **Nikolai-Friedhof** vier Kilometer südöstlich von Jelgava findet man die Gräber von 36 englischen Soldaten und Matrosen, die 1917 im Ersten Weltkrieg als deutsche Kriegsgefangene starben.

Schloss Jelgava
Lielā iela 2. *6300 5617.*
Mai–Sep: tägl. 9–16 Uhr; Okt–Apr: Mo–Fr 9–16 Uhr.

Orthodoxe Kathedrale St. Simon und St. Anna
Raiņa iela 5. *6302 0207.*

Stadt- und Kunstmuseum
Akadēmijas iela 10. *6303 5830.*
Mi–Sa 10–17 Uhr.

Eisenbahnmuseum
Stacijas iela 3. *6309 6494.*
Mi–Sa 10–15 Uhr.

Schloss Mežotne ❷

Straßenkarte D4. *6396 0700.*
täglich 9–17 Uhr.
www.mezotnespils.lv

Das inzwischen restaurierte klassizistische Schloss wurde 1802 für Charlotte von Lieven, die Erzieherin der Enkel von Zarin Katharina II., erbaut. Die Originalpläne des Italieners Giacomo Quarenghi überarbeitete der hiesige Architekt J. G. Berlitz. Die Lievens verloren das Schloss 1920 bei der Agrarreform, im Zweiten Weltkrieg wurde es teilweise zerstört. Heute wird es für Festveranstaltungen und als Hotel *(siehe S. 304)* genutzt, aber man kann es besichtigen. Sehenswert ist der Kuppelsaal mit künstlichen Marmorsäulen und einem illusionistischen Kuppelgemälde. Der Park ist im Stil eines englischen Gartens angelegt. Im Sommer kann man mit dem Boot über den Fluss Lielupe fahren. Auf der anderen Flussseite sieht man einen Hügel, auf dem eine der größten Burgen der Semgallen stand. Hier fand ihr letzter Kampf gegen die Kreuzritter statt.

Teil des klassizistischen Schlosses Mežotne

Schloss Rundāle ❸

Siehe S. 168f.

Bauska ❹

Straßenkarte D4. *11 000.* *ab Rīga.* *Rātslaukums 1, 6392 3797.* *Festival Alter Musik (Juli).*
www.tourism.bauska.lv

Das Landstädtchen ist vor allem für seine **Burg Bauska** (Bauskas pils) bekannt, die im 15. Jahrhundert am Zusammenfluss von Mēmele und Mūsa errichtet wurde, um den Handel zwischen Rīga und Litauen zu kontrollieren. Später gehörte sie den Herzögen von Kurland und Semgallen, für die ein befestigter

Wohntrakt angebaut wurde. In den letzten Jahren sind durch Restaurierungsarbeiten falsche sowjetische Veränderungen beseitigt und der originale Sgraffitodekor an den Türmen wiederhergestellt worden. Einen der Türme kann man gegen eine kleine Gebühr besteigen.

Neben einer Reihe schöner Holzhäuser besitzt die Stadt eine evangelische Kirche des 16. Jahrhunderts und die Brauerei **Bauskas Alus** am Fluss.

Burg Bauska
6392 3793. *Mai–Okt: tägl. 9–19 Uhr.*

Bauskas Alus
6396 0013. *nach Voranmeldung.* **www**.bauskasalus.lv

Altar in der katholischen Kirche Skaistkalne

Katholische Kirche Skaistkalne 5

Skaistkalnes Romas katoļu baznīca

Straßenkarte D4. Slimnīcas iela 2, Skaistkalne. *6393 3154.*

Diese Kirche, die 1692 für die Jesuiten erbaut wurde und heute von Mönchen des Paulanerordens unterhalten und verwaltet wird, ist nach Aglona *(siehe S. 195)* die beliebteste Wallfahrtskirche Lettlands. Der auf einem Hügel stehende weiße Bau hat ein rotes Dach und eine runde Apsis. Das barocke Innere enthält eine Chorschranke aus falschem Marmor und einen prunkvollen Altar. Dicke pastellfarbene Engelchen zieren Kanzel und Orgel. Zwei Gemäldeserien stellen die Kreuzwegstationen dar. Rufen Sie vorher an, denn die Kirche ist oft verschlossen.

Naturpark Tērvete 6

Tērvetes dabas parks

Straßenkarte C4. *Pagasta ēka, 6376 3472. eingeschränkt.* **www**.tervetesnov.lv

Der Naturpark wurde in dem Wald von Tērvete angelegt, der die Heimat von Sprīdītis war, einer däumlingshaften Figur aus dem beliebten Märchen der Dichterin Anna Brigadere (1861–1933). Ihr Sommerhaus dient heute als **Anna-Brigadere-Museum**.

Das Thema des Märchens ist überall im Park präsent, etwa in dem Zwergen- und dem Märchenwald, in denen es von Schnitzfiguren wimmelt. Im Sommer begegnet man hier oft der parkeigenen Hexe. Ruhiger sind die Wege durch den alten Kiefernwald. In der Nähe findet man den Berg einer Ordensburg mit rekonstruiertem Fort und das **Stadtmuseum Tērvete**, das bäuerliche Utensilien und Kleider zeigt.

Holzfigur, Naturpark Tērvete

Anna-Brigadere-Museum
Sprīdīši. *2653 2691. Mai–Okt: Mi–So 10–17 Uhr.*

Stadtmuseum Tērvete
Jerumi. *2989 6804. Mai–Sep: Di–So 10–17 Uhr.*

Dobele 7

Straßenkarte C4. *11 100. Brīvības iela 15, 6370 7255.* **www**.zemgaletourism.lv

Der Ort am Ufer des Flusses Bērze wird vor allem wegen der Ruine der Ordensburg aus dem Jahr 1335 besucht. In den polnisch-schwedischen Kriegen (1600–29) wurde die Anlage mehrmals zerstört. Der Wiederaufbau der Burg begann erst 2002.

Das **Stadtmuseum Dobele** erzählt die Geschichte der Stadt und bietet Wechselausstellungen. Am Ortsrand unterhält die **Versuchsstation für Gartenbau und Pflanzenzucht** ein Museum, das dem bekannten Landschaftsgärtner Pēteris Upītis (1896–1976) gewidmet ist. Hier ist auch eine der größten Fliedersammlungen der Welt zu bewundern. Während der Blütezeit im Frühjahr finden im Garten Klassikkonzerte statt.

Umgebung: Eine Fahrt über 13 Kilometer Schotterstraße westlich von Dobele führt zum **Pokaiņi-Wald**, einem magischen Ort mit vielen außergewöhnlichen Felsformationen.

Stadtmuseum Dobele
Brīvības 7. *6372 1309. Mi 12–18 Uhr, Do–Sa 11–16 Uhr.*

Versuchsstation für Gartenbau und Pflanzenzucht
Graudu iela 1. *6372 2294. Mo–Fr 9–17 Uhr.*

Ruine der Ordensburg des 14. Jahrhunderts in Dobele

Schloss Rundāle ❸

Rundāle ist eines der schönsten Schlösser im Baltikum. Der Bau nach Plänen von Francesco Bartolomeo Rastrelli (1700–1771) begann 1736. Die Sommerresidenz für Ernst Johann von Biron blieb allerdings unvollendet, als der Herzog verbannt wurde. Nach seiner Rückkehr wurde das Schloss im Rokokostil fertiggestellt. Sein Sohn nahm fast das ganze Interieur mit, als er nach der Annexion durch Russland 1795 Kurland verlassen musste. Im 20. Jahrhundert diente die Anlage als Verwaltungssitz, Schule und Getreidespeicher. Die Restaurierung begann 1972 und ist noch immer im Gange.

Rosenzimmer (Detail)
Marmorstuck, Silberlineaturen und florale Motive zieren dieses Rokokozimmer.

★ Schlafgemach des Herzogs
Dieser Raum war das Zentrum von Birons Privatgemächern, die den Mittelteil des Schlosses einnahmen.

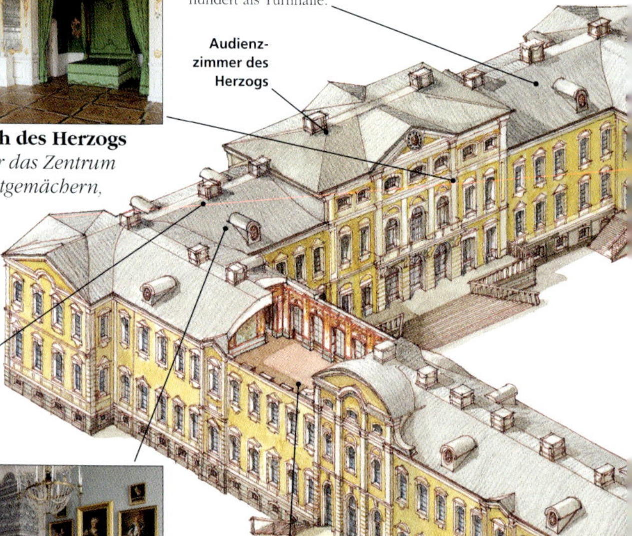

Der Marmorsaal diente im 20. Jahrhundert als Turnhalle.

Audienzzimmer des Herzogs

Rosenzimmer

In der **Großen Galerie** dinierten die Gäste vor dem Ball im Weißen Saal. Bei der Restaurierung wurden Wandbilder entdeckt.

Eckzimmer
Russischer Klassizismus spiegelt den Geschmack von Graf Zubow wider, der das Schloss bewohnte, nachdem Kurland ins Russische Reich eingegliedert worden war.

NICHT VERSÄUMEN

- ★ Goldener Saal
- ★ Schlafgemach
- ★ Weißer Saal

★ Goldener Saal
Die Initialen des Schlossherrn, »EJ«, sind zwischen den Goldschnörkeln versteckt.

Der französische Barockgarten nach den Originalplänen

INFOBOX

Straßenkarte D4. *ab Bauska.* *6396 2197.* *Mai, Sept–Okt: tägl. 10–18 Uhr; Juni–Aug: tägl. 10–19 Uhr; Nov–Apr: tägl. 10–17 Uhr.* **Park** *Mai–Okt: tägl. 10–19 Uhr; Nov–Apr: tägl. 10–17 Uhr.* **www**.rundale.net

Alte Fotos von Schloss Jelgava gehören zu den vielen Exponaten, die hier zu sehen sind.

Boudoir der Herzogin

Die Herzogin ruhte und empfing während des Tages Besucher in dem prachtvoll dekorierten Boudoir, das jetzt restauriert wurde. Die Herzogin und andere Familienmitglieder wohnten im Westflügel.

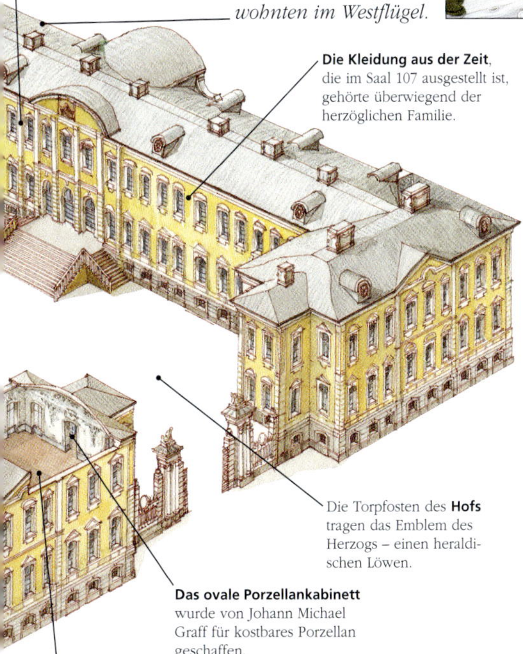

Die Kleidung aus der Zeit, die im Saal 107 ausgestellt ist, gehörte überwiegend der herzöglichen Familie.

Die Torpfosten des **Hofs** tragen das Emblem des Herzogs – einen heraldischen Löwen.

Das ovale Porzellankabinett wurde von Johann Michael Graff für kostbares Porzellan geschaffen.

★ Weißer Saal

Dieser Ballsaal hat nen Parkettboden und ippige Stuckaturen des Berliners Johann Michael Graff. Die zurückhaltende Farbgebung verhalf dem aal zu seinem Namen.

ERNST JOHANN VON BIRON

Der Sohn eines Kleinadligen musste die Akademie in Königsberg (heute Kaliningrad) wegen schlechter Führung verlassen. Er ging nach Jelgava zurück, wo er zum Günstling der verwitweten Herzogin von Kurland, Anna Ivanovna, aufstieg. 1730 wurde Anna Kaiserin von Russland, drei Jahre später war Biron Herzog von Kurland. Nach dem Tod seiner Gönnerin 1740 wurde der unbeliebte Biron verbannt. Er kehrte 1763 zurück und wurde von Katharina II. erneut zum Herzog ernannt. Im Jahr 1769 dankte er zugunsten seines Sohnes Peter ab.

Ernst Johann von Biron, Herzog von Kurland (1690–1772)

Burg Jaunpils ❽
Jaunpils pils

Straßenkarte C4. 📞 *6310 7082.* ◯ *Mo–Fr 10–18 Uhr.* *im Sommer.* **www**.jaunpilspils.lv

Die 1301 vom Schwertbrüderorden erbaute Burg mit dem im 15. Jahrhundert hinzugefügten markanten Rundturm gehörte von 1561 bis 1922 der deutschen Familie von der Recke. Am 24. Dezember 1905 wurde die Burg von Revolutionären *(siehe S. 135)* niedergebrannt, aber schon zwei Jahre darauf original wiederaufgebaut. Das kleine Museum zeigt Kopien von Waffen und Rüstungen und einige interessante Fotos der Burg aus der Zeit vor 1905. Auf dem Burghof, dem Museum gegenüber, gibt es eine urige Ritterkneipe, die Burg bietet zudem vier Gästezimmer *(siehe S. 303)*. Führungen schließen die lutherische Kirche in Jaunpils und die 200 Jahre alte Wassermühle ein.

Eine von einem Dutzend Brücken über den Fluss Vēršupīte im Ķemeri-Park

Ķemeri ❾

Straßenkarte C3. *ab Rīga.* *Meža Māja, 6714 6819.* *Kanu- & Naturparktrips über das Besucherzentrum.* **www**.kemeri.gov.lv

Der im frühen 20. Jahrhundert beliebte Kurort Ķemeri gilt als Teil von Jūrmala, allerdings wurde ihm nicht die gleiche Verjüngung zuteil wie den Orten weiter östlich.

Seine Hauptattraktion, der **Ķemeri-Park**, umschließt eine orthodoxe Kirche sowie einige Pavillons und Brücken über den Fluss Vēršupīte.

Ķemeri ist auch der Zugang zum **Nationalpark Ķemeri**, der Flüsse, Seen, Auen, Inlanddünen, Schwefelquellen und Wälder umfasst. Ein drei Kilometer langer Plankenweg führt durch ein großes Moor, ein Paradies für Vogelfreunde.

Jūrmala ⓫

An der Rīgaer Bucht bietet Jūrmala, lettisch »Meeresküste«, attraktive Strände, Kiefernwälder und Küstenorte. Im 19. Jahrhundert wurde die Region durch Heilschlamm und schwefelhaltiges Quellwasser berühmt. Schnell entwickelte sich Jūrmala zu einem beliebten Kurort, und es wurde chic, hier ein Sommerhaus zu besitzen. Die Holzhäuser und alten Sanatorien gibt es noch immer, sie stehen neben modernen Pensionen und Luxus-Wellnesszentren.

*Die **Jomas iela** in **Majori** ist eine Fußgängerzone im Herzen von Jūrmala. Sie ist von vielen Straßencafés, Restaurants und Hotels sowie einer Vielzahl von Läden gesäumt.*

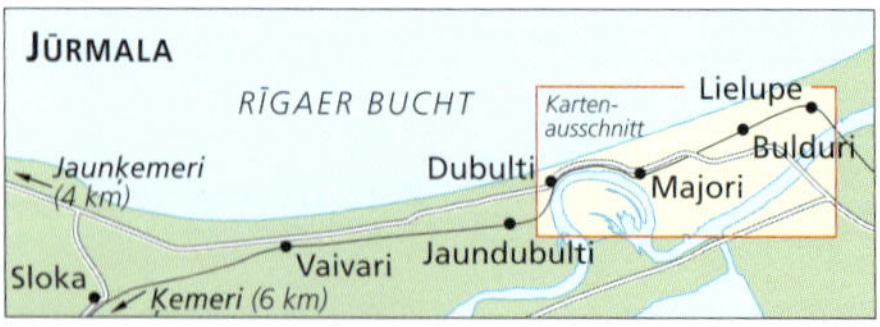

Aspazija-Haus
Hier starb die berühmte lettische Dichterin Elza Rozenberga (1865–1943), genannt »Aspazija«. Das Haus gehört heute zum Stadtmuseum Jūrmala.

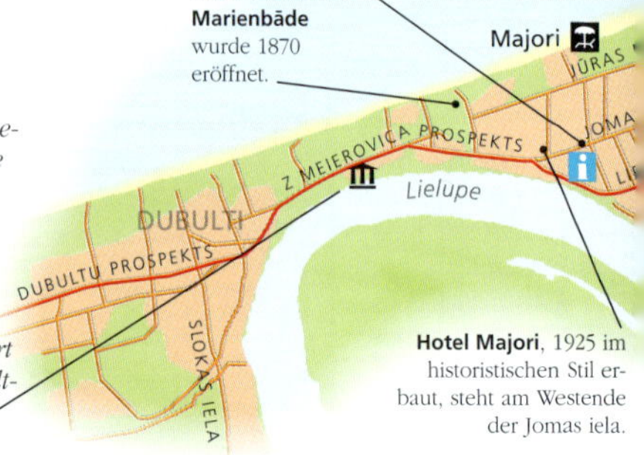

Das **Sanatorium Marienbāde** wurde 1870 eröffnet.

Hotel Majori, 1925 im historistischen Stil erbaut, steht am Westende der Jomas iela.

Tukums ⑩

Straßenkarte C3. 19 000. ab Rīga. Pils iela 3, 6312 4451. Di, Do, Sa. Festival der Frauen- und Männerchöre (Juni).
www.tukums.lv/turisms

Tukums, »Endland« auf Lettisch, liegt dort, wo die Ebenen von Zemgale und das Hochland von Kurzeme aufeinandertreffen. Aus der Zeit der ursprünglichen livischen Siedlung ist so gut wie nichts erhalten. Der einzige Überrest der Ordensburg ist der Schlossturm (Pils tornis), der im Jahr 1767 erneuert wurde. Er diente als Speicher und Gefängnis. Heute residiert in ihm das **Historische Museum**.

Die ältesten Bauten der Altstadt stammen aus dem späten 19. und frühen 20. Jahrhundert. Das **Kunstmuseum** zeigt lettische Kunst der 1920er und 1930er Jahre. Es gilt als beste Sammlung Lettlands außerhalb Rīgas.

Denkmal der Freiheitskämpfer, Tukums

Umgebung: Das Gutshaus **Durbes Pils** am Ostrand von Tukums ist ein klassizistischer Bau (um 1820) mit einem Kern des 17. Jahrhunderts. Die restaurierten Räume zeigen Lokalhistorisches, besonders interessant aber ist die volkskundliche Ausstellung im ehemaligen Dienstbotenflügel.

Etwa fünf Kilometer östlich von Tukums liegt das Landgut Šlokenbeka des 15. Jahrhunderts, heute das **Lettische Straßenmuseum**. Viele Exponate sind eher für Spezialisten interessant, aber die Pferdekutschen und Straßenbaumaschinen sind für jeden Besucher reizvoll.

Jaunmoku Pils *(siehe S. 303)*, fünf Kilometer westlich von Tukums, ist ein Backsteinschloss von 1901 mit Stufengiebeln und hohen Kaminen. Viele Zimmer des ehemaligen Jagdschlosses sind prächtig ausgestattet. Sehr schön ist der große Kachelofen mit Bildern von Rīga und Jūrmala. In seinem Forstmuseum sind Kuriositäten wie eine Sammlung silberner Zigarettenspitzen zu sehen. Man kann den Turm besteigen und den schönen Blick auf die Umgebung genießen.

Historisches Museum
Brīvības laukums 19a. 6312 4348. Di–Sa 10–17 Uhr, So 10–18 Uhr.

Kunstmuseum
Harmonijas 7. 6318 2392. Di–Sa 10–17 Uhr, So 11–16 Uhr.

Durbes Pils
Mazā parka 7. 6312 2633. Di–Sa 10–17 Uhr, So 11–16 Uhr.

Lettisches Straßenmuseum
Milzkalne. 6318 2354. Mo–Fr 8–12, 13–17 Uhr, Sa, So nach Vereinbarung.

Dzintari-Strand *lockt vor allem im Sommer massenhaft Urlauber an. In dieser Zeit ist er dicht an dicht mit Bierzelten und Volleyballnetzen gefüllt.*

Infobox

Straßenkarte C3. *ab Rīga.* *Jomas iela 42/2, Majori, 6776 4276.* **Aspazija-Haus** Meierovica prosp 20, Dubulti. *6776 9445.* **Hotel Majori** Jomas iela 29, Majori. *6776 1380.* **Konzertsaal Dzintari** Turaidas iela 1. *6776 2086.* **Oldtimermuseum** Turaidas iela 11, Dzintari. *2926 3329.* **Pegasa Pils** Jūras iela 60, Dzintari. *2923 6425.*

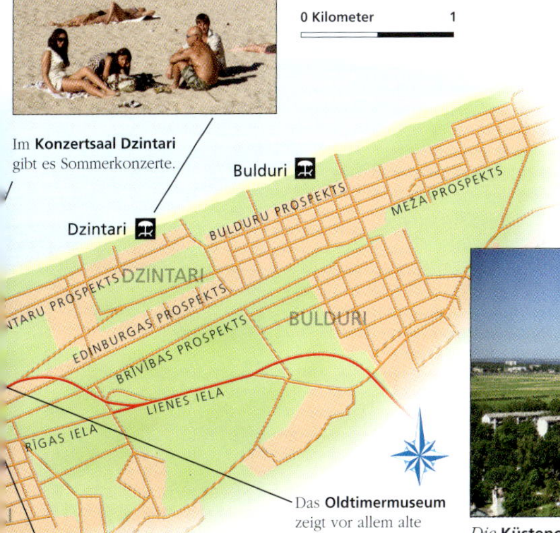

Im **Konzertsaal Dzintari** gibt es Sommerkonzerte.

Das **Oldtimermuseum** zeigt vor allem alte Autos und Fahrräder.

Pegasa Pils ist ein elegantes Jugendstilrestaurant *(siehe S. 333)*.

Die **Küstenorte**, *aus denen Jūrmala besteht, liegen in malerischen Kiefernwäldern. Strenge Bauvorschriften erhalten hier die hölzernen Sommerhäuser des 19. Jahrhunderts und begrenzen Neubauten.*

Zeichenerklärung *siehe hintere Umschlagklappe*

Boote im Schilf am Ufer des Engure-Sees

Engure-See ⓬

Engures ezers

Straßenkarte C3. *für Bootsfahrten: Abragciems Kempings, 4 km N von Engure, 6316 1668; Angelerlaubnis: Vogelkundezentrum, Bērzciems, 6947 4420 (nur nach Voranmeldung geöffnet).* **www**.eedp.lv

Lettlands drittgrößter See ist ein bedeutendes Vogelhabitat. Rund 160 Arten sind in den Feuchtgebieten beobachtet worden, darunter Kraniche und Graureiher. Im Westen führt zwischen den Orten Mērsrags und Engure eine Straße um den See. Das **Vogelkundezentrum** an der Ostseite des Sees erreicht man, indem man direkt nördlich von Bērzciems landeinwärts abbiegt. Ein Vogelbeobachtungsturm steht nahe am Zentrum, ein anderer am gegenüberliegenden Seeufer. Ein 3,5 Kilometer langer Orchideenpfad beginnt dicht beim Vogelkundezentrum und führt durch trockenen Kiefernwald und kalkige Grassümpfe, in denen man 22 Orchideenarten findet.

Große Teile des durch Kunstdünger verunreinigten Sees ersticken im Schilf, einige Fischarten sind verschwunden, aber Angelerlaubnisse sind im Vogelkundezentrum noch zu bekommen.

Wappen am Schloss Dundaga

Umgebung: Der kleine Fischerhafen **Roja**, 26 Kilometer nordwestlich von Mērsrags, bietet mehr Unterkünfte als die meisten Orte an der Küstenstraße von Rīga nach Ventspils. Die Exponate im **Hochseefischerei-Museum** des Ortes (Rojas jūras zvejniecības muzejs) haben die Seefahrtsschulen von Krišjānis Valdemārs *(siehe S. 191)*, Segelschiffe des späten 19. und frühen 20. Jahrhunderts, Fischkonserven und die örtliche Fischereigenossenschaft Banga zum Thema.

Hochseefischerei-Museum
Selgas iela 33. *6326 9594.*
Mai–Okt: Mi–Sa 10–18 Uhr, So 10–16 Uhr; Nov–Apr: Di–Sa 10–17 Uhr.

Küsten-Liven

Die Liven, ein finnisches, mit den Esten verwandtes Volk, siedelten vor rund 5000 Jahren an der Rīgaer Bucht, lange vor der Ankunft der lettischen Stämme. Sie nannten sich *raandalist* (Küstenbewohner) und *kalāmīed* (Fischer). Das Meer stand immer im Zentrum ihrer Lebensform. Im 13. Jahrhundert vernichteten die Kreuzritter die livische Kultur, die Liven gingen langsam in den anderen baltischen Stämmen auf. Im 19. und 20. Jahrhundert wurden die Kinder auf Deutsch, später auf Russisch statt auf Livisch unterrichtet. Viele der übrigen Liven mussten die Region verlassen, als die Sowjets die Küste zur militärischen Zone erklärten. Seit 1991 gibt es Bemühungen, die livische Kultur zu retten und zu stärken. Nicht mehr als 200 Personen sind heute offiziell als Liven registriert.

Denkmal der livischen Kultur in Mazirbe

Dundaga ⓭

Straßenkarte C3. *4000.* *Pils iela 14, 6323 7858.*

In den Chroniken wurde Dundaga erstmals im Jahr 1245 erwähnt. In seiner restaurierten Ordensburg des 13. Jahrhunderts residiert heute das Verkehrsamt. Die sieben Wappen an der Burg sind die ihrer Besitzer. Das Altarbild in der nahen evangelischen Kirche hat Janis Rozentāls (1866–1916) gemalt. Der hölzerne Prospekt der Orgel (19. Jh.) ist ungewöhnlich, da er das Werk lettischer Handwerker ist, die meist funktionelle Dinge herstellten, während für Dekoratives Ausländer zuständig waren.

An der Ecke Talsu und Dinsberga iela steht eine Skulptur eines Krokodils, die an den Krokodiljäger Arvīds Blūmentāls (1925–2006) erinnert. Er emigrierte im Zweiten Weltkrieg nach Australien und soll zu dem Film *Crocodile Dundee* (1986) inspiriert haben.

Großes Betonkrokodil auf einem Bett aus Steinen in Dundaga

Tour: Livländische Küste ⓮

Dieser schmale, von Sanddünen und Kiefernwäldern dominierte Küstenstreifen, der an der Rīgaer Bucht und der Ostsee entlangläuft, wird vom übrigen Kurzeme durch die Zilie kalni (Blaue Berge) getrennt. Hier ist eine der kleinsten Volksgruppen Europas zu Hause, die Liven. Die Küstenstraße führt in eine der schönsten Landschaften Lettlands. Fischerdörfer und reizvoll abgelegene Strände liegen hier nur wenige Meter auseinander.

Routeninfos

Länge: *60 Kilometer.*
Rasten: *In mehreren Küstendörfern gibt es kleine Pensionen sowie Campingplätze. Eine Reservierung ist ratsam.*
Straßenverhältnisse: *Abseits der Hauptstraßen können sie schwierig sein, vor allem bei schlechtem Wetter.*

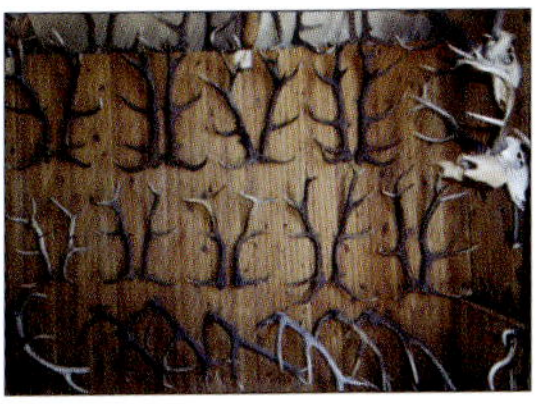

Vaide ③
Das Geweihmuseum ist die Hauptattraktion von Vaide. Es zeigt die über Jahrzehnte zusammengetragene Sammlung eines Försters.

Kap Kolka ②
Der Punkt, an dem Ostsee und Rīgaer Bucht zusammentreffen, ist bei lettischen Urlaubern beliebt.

Pūrciems – Weiße Düne ①
Ein Bohlenweg führt über die 20 Meter hohe Düne. Schilder weisen auf eine Steinzeitsiedlung hin.

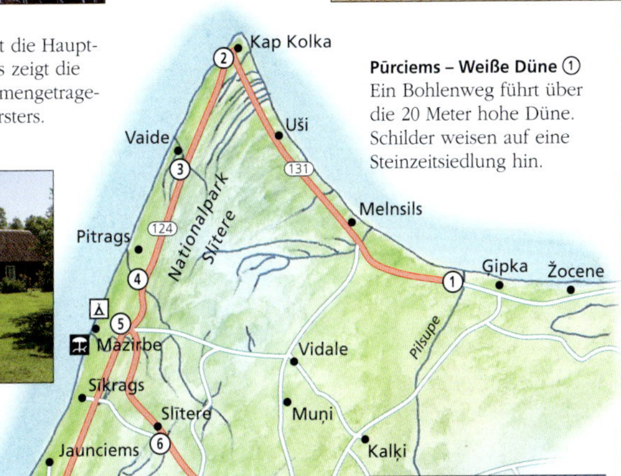

Košrags ④
Typisch für das Küstendorf sind die Holzkaten des 18. Jahrhunderts; in einer wurde eine Pension eingerichtet.

Mazirbe ⑤
Das Haus der Livischen Kultur im Dorf Mazirbe ist ein Museum mit einer Sammlung alter Fotos, die Liven bei ihrer täglichen Arbeit, z. B. beim Seildrehen oder Leder-Erweichen zeigen.

Leuchtturm von Slītere ⑥
Er steht am Anfang des Slītere-Naturlehrpfads und kann für die Aussicht auf die Wälder des Nationalparks bestiegen werden. Eine Ausstellung hat die Leuchttürme an der lettischen Küste zum Thema.

Legende

- Strand
- Routenempfehlung
- Andere Straße

Blick auf das malerische Dorf Sabile, genannt »Lettische Schweiz« ***(siehe S. 178)*** ▷

Ventspils ⓯

Das 1290 gegründete Ventspils war lange Handelszentrum und Mitglied der Hanse. Im 18. Jahrhundert suchten es Krieg und Pest heim, später erblühte es wieder als Teil des Russischen Reiches. Seit 1991 hat die Stadt als Drehkreuz für russisches Erdöl bescheidenen Wohlstand erlangt. Der Tourismus soll Ventspils unabhängiger von Russland machen. Die Stadt hat ein modernes Zentrum mit Parks und Brunnen und eine schön restaurierte Altstadt. Diese durchstreift man am besten zu Fuß. Bei einem Gang durch die Ostas iela kann man sich an den Plastikkühen erfreuen, die seit der Kuhparade 2002 noch immer hier stehen.

Burg des Schwertbrüderordens (13. Jh.) in Ventspils

① Ordensburg Ventspils

Jāņa iela 17. 📞 *6362 2031.*
Mai–Okt: tägl. 9–18 Uhr; Nov–Apr: Di–So 10–17 Uhr.
www.ventspilsmuzejs.lv

Diese Ordensburg am Ufer der Venta ist eine der schönsten Lettlands. Im 13. Jahrhundert stand hier zunächst nichts als ein Steinturm, ihre heutige Form erhielt die Burg im 14. Jahrhundert. Die 1659 von den Schweden zerstörte Anlage wurde seitdem mehrmals restauriert. Teile der Backsteingalerie im inneren Hof entstanden erst 1870.

Das Museum in der Burg erzählt ihre Geschichte anhand von eindrücklichen Schaubildern und interaktiven Monitoren. Als Festung des Schwertbrüderordens war die Burg eine in sich geschlossene Welt samt Dormitorium, Refektorium, Kapelle und Konferenzsaal. Später war die Kapelle eine lutherische Kirche, während die Burg in der Zeit zwischen 1824 und 1959 mehrmals als Gefängnis diente. Sie wurde Kaserne für deutsche Soldaten im Ersten Weltkrieg und für sowjetische Grenzwächter von 1962 bis 1983. In den Ausstellungsräumen findet man Reste von Wandmalereien des 15. bis 17. Jahrhunderts. Gezeigt werden auch Landestrachten und Schmuck.

Das nette Burgrestaurant Melnais Sivēns *(siehe S. 335)* ist eines der besten Speiselokale der Stadt. Im Sommer kann man sich im Bogenschießen versuchen und, nach Voranmeldung, eine kleine Kanone vor der Burg abfeuern.

Russisch-orthodoxe St. Nikolauskirche

Plosta iela 10. 📞 *6362 1616.*

Die russisch-orthodoxe Zwiebelkuppelkirche St. Nikolaus (Sv Nikolaja pareizticīgo baznīca) wurde Anfang des 20. Jahrhunderts geweiht. Das neobyzantinische Äußere benötigt zwar dringend eine Restaurierung, aber drinnen schimmern herrliche Ikonen.

Evangelische Nikolaikirche

Tirgus 2. 6362 2750.

Diese hübsche gelb-weiße Kirche (Sv Nikolaja Luterāļu baznīca) mit einem Portikus an der Stirnseite und einem Turm mit Aussichtsplattform erhebt sich am alten Marktplatz. Sie stammt aus dem Jahr 1835 und wurde ganz nach den Wünschen von Zar Nikolaus I. erbaut.

Fischerei-Freilichtmuseum

Riņka 2. 6362 4467. *Mai–Okt: tägl. 10–18 Uhr; Nov–Apr: Mi–So 11–17 Uhr.*
www.ventspilsmuzejs.lv
Schmalspurbahn *Mai–Okt: Sa, So.*

Das Fischerei-Freilichtmuseum (Piejūras brīvdabas muzejs) wurde 1954 eröffnet, um das Erbe der lettischen Fischerdörfer zu bewahren, das zu verschwinden drohte, als die Sowjets die Küsten als militärische Sperrzonen deklarierten. Sukzessiv wurden Häuser von ihrem alten Standort hierher transportiert. Heute umfasst das Gelände Fischerhäuser, Räucher- und Pökelkammern, Netzschuppen und eine große Windmühle.

Im Sommer werden auf dem Gelände alte Handwerke vorgestellt. Es gibt eine umfangreiche Sammlung von Fischerbooten und Ankern. Eine **Schmalspurbahn**, die bis in die 1960er Jahre zwischen den Dörfern verkehrte, macht nun ihre 1,4 Kilometer lange Runde durch das weitläufige Museumsgelände.

Zentrum von Ventspils

Aquapark ⑤
Evangelische Nikolaikirche ③
Fischerei-Freilichtmuseum ④
Ordensburg Ventspils ①
Russisch-orthodoxe
St. Nikolauskirche ②
Strand ⑥

Infobox

Straßenkarte C3. *44 000.*
Dzeaizceļnieku iela.
Kuldīga iela 5. *Plosta iela 7.*
Tirgus iela 7, 6362 2263.
www.ventspils.tourism.lv

Wasserrutschen und Schwimmbecken im Aquapark

Aquapark

Medņu iela 19. *6366 5853.* *Mai–Sep: tägl. 10–22 Uhr.*

Mit drei Becken, mehreren Rutschen, Whirlpools, Saunen und Kinderplanschbecken ist der Aquapark (Akvaparks) bei Familien sehr beliebt. Badekleidung kann man an Ort und Stelle ausleihen.

Strand

2 km S der Stadt.

Die Einwohner von Ventspils sind stolz auf ihren Strand, vor allem auf die 1,2 Kilometer, die 1999 von der EU mit der Blauen Flagge ausgezeichnet wurden. Das war bemerkenswert, zumal die Küste in der Sowjetzeit durch Industrieabwässer vergiftet worden war. Teile des Strandes sind für Windsurfer, Nudisten und Raucher reserviert, für Kinder gibt es Spielplätze. Am Nordende des aufwendig hergerichteten Strandes entstand eine Mole mit einer langen Strandpromenade, die zu einem Leuchtturm führt.

Internationales Zentrum für Radioastronomie Ventspils (VIRAC) ⑯

Ventspils Starptautiskais Radioastronomijas Centrs

Straßenkarte B3. *2923 0818.* *tägl. 10–17 Uhr.* *nach Voranmeldung.* **www**.virac.lv

Die in den 1970er Jahren in einer russischen Garnisonsstadt installierte militärische Anlage soll mindestens zehn Jahre lang den Nachrichtenaustausch zwischen Europa und den USA belauscht haben. Als die Russen 1994 abrückten, nahmen sie die kleinste Schüssel mit und ließen die beiden schweren da, die 16 und 32 Meter Durchmesser haben. Die größere ist das größte Radioteleskop in Nordeuropa und das achtgrößte der Welt.

Die Kombination aus Größe und Präzision machen die größere Parabolantenne für Wissenschaftler besonders wertvoll. Führungen beginnen in der Station im Erdgeschoss. Man kann zu einer Aussichtsplattform hinaufklettern und dann in eine der Arbeitsgondeln steigen. Das Ganze wurde von einer Schiffswerft in der Ukraine gebaut, und es erinnert wirklich an ein Schiff.

Die unbeschilderte Straße zum VIRAC, die an geisterhaft leeren Wohnblocks vorbeiführt, verläuft unmittelbar östlich eines Umspannwerks an der P124. Zu einer Führung muss man sich anmelden.

Radioteleskop im VIRAC, das größte in Nordeuropa

Talsi ⓱

Straßenkarte C3. 👥 *12 500.* 🚌
ℹ *19–21 Lielā, 6322 4165.* 🎪
Maras Handwerksmarkt (Aug).
www.talsi.lv

Die reizende Stadt Talsi ist Verwaltungszentrum und Verkehrsknotenpunkt in Nord-Kurzeme. Der Ort erstreckt sich um zwei Seen und über neun Hügel. Die Livensiedlung wurde im 10. Jahrhundert von den Kurši und schließlich 1263 vom Schwertbrüderorden eingenommen. Der Wassermühlenberg (Dzirnavkalns) ist alles, was vom Standort der Ordensburg erhalten ist.

Talsis ältestes erhaltenes Gebäude ist die lutherische Kirche (18. Jh.) auf dem Kirchberg (Baznīckalns). Ihr bekanntester Pastor war Karl Amenda (1771–1836), ein enger Freund von Beethoven und Mozart. In den nahen Kopfsteinstraßen Kalēju und Ūdens sind die Wasserrinnen bemerkenswert.

Das **Regionalmuseum Talsi** (Talsu novada muzejs) in einer neoklassizistischen Residenz (19. Jh.) zeigt eine interessante Ausstellung über die Liven. In einem der Räume ist die originale Deckenbemalung freigelegt worden.

Umgebung: Im **Laumas-Naturschutzpark**, 20 Kilometer nördlich, gibt es mehrere Wander- und Radwege. Führungen, darunter eine zum Thema Bienen, sind möglich. Ein Campingplatz ist vorhanden.

🏛 Regionalmuseum Talsi
K Milenbaha 19. 📞 *6323 2213.*
🕘 *Di–So 10–17 Uhr.* 🎫 📖

Vīna Kalns, der berühmte Weinberg von Sabile

Sabile ⓲

Straßenkarte C3. 👥 *3500.* 🚌
ℹ *Pilskalna iela 6, 6325 2344.*
🎪 *Weinfest (Juli).* **www**.sabile.lv

Die Kleinstadt am Ufer der Abava wurde 1253 erstmals erwähnt, als sie schon lange von den Kurši bewohnt war. Von deren Burg ist lediglich ein Hügel erhalten, da man mit den Steinen die lutherische Kirche (17. Jh.) repariert hat. Die ehemalige Synagoge von Sabile wurde 1890 erbaut und 2003 zu einem **Haus für zeitgenössische Kunst und kulturelles Erbe** umgestaltet.

Laut *Guinness-Buch der Rekorde* ist Sabiles Weinberg **Vīna Kalns** das nördlichste Weinanbaugebiet der Welt. Der kräftige, herbe Wein war am Hof des Herzogtums Kurzeme (1561–1795) beliebt, aber der Weinbau hat hier wohl schon viel früher begonnen. In den 1930er Jahren experimentierte man hier mit Rebsorten, während der Sowjetzeit mussten die Bemühungen eingestellt werden. 1989 hat man damit wieder begonnen. Heute gibt es hier 650 Rebstöcke von 15 Sorten. Beim jährlichen Weinfest kann man den Wein probieren.

Skulptur, Freilichtmuseum Pedvāle

Umgebung: Maras Höhlen (Māras kambari), benannt nach einer lettischen Göttin, liegen zwölf Kilometer südwestlich von Sabile. Im Mittelalter dienten die Sandsteinhöhlen Banditen als Versteck.

🏛 Haus für zeitgenössische Kunst und kulturelles Erbe
Strautu iela 4. 📞 *6325 2249.*
🕘 *Mai–Okt: tägl. 10–17 Uhr.* 🎫

Freilichtmuseum Pedvāle ⓳

Pedvāles brīvdabas mākslas muzejs

Straßenkarte C4. Strauta 4. 📞 *6325 2249.* 🚌 🕘 *tägl. 10–16 Uhr.* 🎫 📷 📖 **www**.pedvale.lv

Park und Gebäude des nahen Ritterguts Pedvāle, das von Sabile ein kurzes Stück bergauf liegt, erwarb 1991 der Bildhauer Ojārs Feldbergs. Ein Jahr darauf eröffnete hier das Freilichtmuseum Pedvāle, eines der reizvollsten Museen Lettlands. Auf dem 100 Hektar großen Gelände stehen über 150 Arbeiten lettischer und internationaler Künstler. Viele der Kunstwerke wurden in Workshops speziell für dieses Museum entworfen. An der Kasse erhält man eine Karte, die über die Kunstwerke und ihren Standort informiert. Einige von Feldbergs' eigenen Werken sind in den reizvoll baufälligen Gutsgebäuden am anderen Ende des Geländes ausgestellt, andere Gebäude sind zu Unterkünften für zu Besuch weilende Künstler ausgebaut worden. Das frühere Herrenhaus dient heute als Gästehaus für Besucher.

Das malerische Talsi mit dem grünen Laubdach dahinter

Reihen von Kreuzen auf Gräbern deutscher Soldaten nahe Saldus

Saldus ⓴

Straßenkarte C4. 12 500.
Avotu iela 12, 6388 1666.

Der Ort liegt eingebettet in eine schöne Landschaft nahe am Ciecere-See. Saldus ist vor allem für sein **Janis-Rozentāls-Museum für Geschichte und Kunst** (Jaņa Rozentāla Saldus Vēstures un Mākslas Muzejs) bekannt. Rozentāls *(siehe S. 152)* baute das Haus im Jahr 1900 wieder auf und bewohnte es bis 1901. Heute sind hier seine Werke zu sehen. Ein Nachbargebäude dient Wechselausstellungen.

Statue von Janis Rozentāls in Saldus

Umgebung: Auf dem Soldatenfriedhof **Vācu Karavīru Kapi**, sieben Kilometer südlich von Saldus, ruhen deutsche Soldaten, die in Lettland gefallen sind.

Janis-Rozentāls-Museum für Geschichte und Kunst
Striķu iela 22. *6388 1603.*
tägl. 10–16 Uhr.

Kuldīga ㉑

Straßenkarte B3. *14 000.*
Baznīcas iela 5, 6332 2259.
Stadtfest (Mitte Juli). **www**.kuldiga.lv

Mit seiner gut erhaltenen Altstadt und der schönen Lage an der Venta ist Kuldīga eine der reizvollsten Provinzstädte Lettlands. Die Kreuzritter gründeten den Ort 1242 an dieser Stelle aufgrund der strategisch günstigen Lage am Fluss und an einer Landstraße zwischen Preußen und dem unteren Daugava-Tal.

Im 16. Jahrhundert war die hiesige Burg eine der Residenzen von Herzog Gotthard Kettler. Die Stadt trieb regen Handel mit Rīga und Jelgava. In den Straßen nahe dem alten Rathausplatz, der an dem Flüsschen Alekšupīte liegt, findet man Holzhäuser des 17. und 18. Jahrhunderts. Hier stehen zwei hübsche Kirchen, St. Katharinen (Sv Katrīnas baznīca) und Dreifaltigkeitskirche (Sv Trīsvienības Katoļu baznīca). Unweit rauscht der Venta-Wasserfall (Ventas rumba), der breiteste Europas. Die nahe Backsteinbrücke ist mit 164 Metern eine der längsten Europas. Das auf den Fluss blickende **Regionalmuseum Kuldīga** (Kuldīgas novada muzejs) ist für seine Spielkartensammlung bekannt.

Umgebung: Die **Riežupe-Sandsteinhöhlen** (Riežupes smilšu alas), vier Kilometer nördlich von Kuldīga, bilden das längste Höhlensystem in Lettland. Ein Viertel des zwei Kilometer langen Labyrinths ist zugänglich.

Regionalmuseum Kuldīga
Pils iela 5. *6332 2364.*
Di–So 11–17 Uhr.

Pāvilosta ㉒

Straßenkarte B4. *1300.*
Dzintaru iela 2, 6349 8229.
Ostseefest (Juli).

Die 1879 gegründete Hafenstadt Pāvilosta ist nach Paul Lilienfeld benannt, dem Gouverneur Kurzemes von 1868 bis 1885. Hauptattraktion ist hier das Meer inklusive Yacht- und Bootsverleih und Ausfahrten im Fischerboot. Die Gegend ist auch bei Windsurfern sehr beliebt. 2006 wurde hier Lettlands erster Yachthafen der Weltklasse, die **Pāvilosta Marina**, eröffnet.

Das **Heimatmuseum** (Pāvilostas novadpētniecības muzejs), das in einem der ältesten Gebäude der Stadt residiert, zeigt Alltagsgegenstände aus der Region und eine Ausstellung zur Regionalgeschichte – leider nur auf Lettisch.

Pāvilosta Marina
Ostmalas iela 4. *6349 8581.*
www.pavilostamarina.lv

Heimatmuseum
Dzintaru iela 1. *6349 8276.*
Mitte Mai–Mitte Sep: Mi–Fr 11–17 Uhr, Sa, So 12–16 Uhr; Mitte Sep–Mitte Mai: Mo–Fr 9–17 Uhr.

Motorboote im Hafen von Pāvilosta

Liepāja ㉓

Holzskulptur im Stadtmuseum

Obwohl Liepāja seit 1625 Stadtrechte innehatte, wuchs es erst zu Beginn des 19. Jahrhunderts. Der Vertiefung des eisfreien Hafens und dem Bau einer Eisenbahn folgte 1890 die Gründung des zaristischen Kriegshafens Karosta. Heute ist Liepāja Lettlands drittgrößte Stadt mit einem pulsierenden Kulturleben. Seine zahlreichen reizvollen Sehenswürdigkeiten liegen meist in der Altstadt. Viele ältere Bauten der Stadt sind inzwischen umfassend restauriert worden.

Der schöne barocke Schnitzaltar der St. Annakirche

Dreifaltigkeitskirche

Baznīcas 1. *2943 8050.* *tägl. 10–18 Uhr.* *Spende.* **Orgelkonzerte** *Juli: Sa (Zeit telefon. erfragen).*
Hinter der schlichten Fassade birgt die Kirche (Svētās Trīsvienības baznīca, Mitte 18. Jh.) einen der schönsten, mit vergoldetem Schnitzwerk und Zierrat geschmückten Kirchenräume des Baltikums. Die Orgel (1773) von H.A. Contius, einem Lieblingsorgelbauer von J.S. Bach, wurde 1885 erweitert. Bis 1912 war sie die größte Orgel der Welt. Eine Holztreppe führt zur Aussichtsplattform des Uhrturms hinauf.

Details am Äußeren der Dreifaltigkeitskirche

Haus der Kunsthandwerker

Kungu iela 26. *6342 3286.* *Mo–Fr 9–17 Uhr.*
In diesem Haus (Amatnieku namiņš) mit seinem breiten Angebot an gutem Kunsthandwerk kann man den Könnern z.B. beim Weben traditioneller Stoffe zusehen. Die längste Bernsteinkette der Welt, 123 Meter lang und 60 Kilo schwer, ist hier ausgestellt, dazu sind Fotos zu sehen, mit denen die Herstellung der Kette dokumentiert wurde.

St. Annakirche

Veidenbauma iela 1. *6342 3384.*
Die St. Annakirche (Sv Annas baznīca) wurde 1508 erstmals erwähnt. Ihre heutige neugotische Gestalt stammt vom Ende des 19. Jahrhunderts. Das schlichte Innere wird von dem mächtigen Barockaltar beherrscht, den Nicolas Soeffrens 1697 für Herzog Jakob Kettler *(siehe S. 135)* schnitzte. Das Altarbild stellt die Passion Christi auf drei Tafeln dar: Die Kreuzigung bildet die untere Tafel, die Grablegung die in der Mitte und die Himmelfahrt die oberste.

Okkupationsmuseum

K Ukstiņa iela 7/9. *6342 0274.* *Mi–So 10–17 Uhr.*
Das interessante Okkupationsmuseum (Okupāciju režīmos) erzählt packend, wie die Stadt

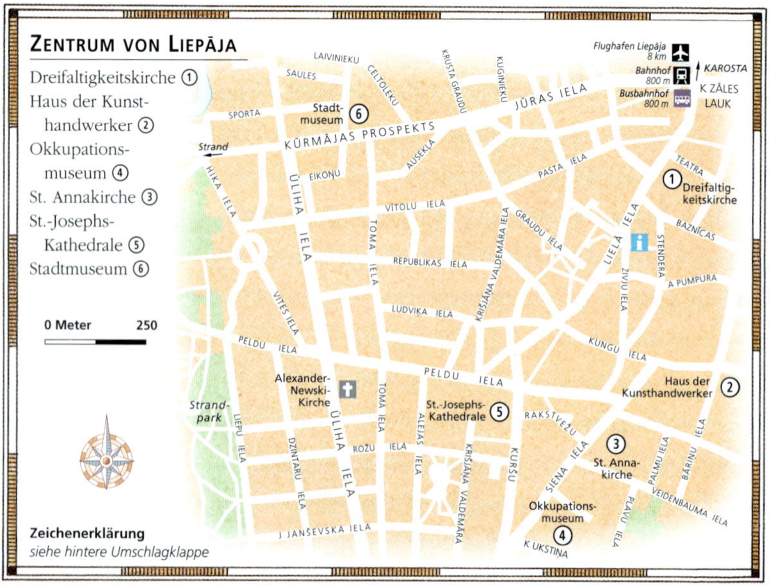

von Deutschland und der Sowjetunion behandelt wurde. Zu den Exponaten gehören Alltagsgegenstände, die die zu Beginn des Zweiten Weltkriegs repatriierten Baltendeutschen zurückließen, sowie Fotos von Menschen, die im Juni 1941 massenhaft von den Sowjets deportiert wurden, und Zeugnisse über die Ermordung der Juden und anderer »unerwünschter Personen« der Stadt.

Die Ausstellung endet mit einer Schau der Ereignisse, die zur Unabhängigkeit führten. Das Büro der Volksfront, die in dem Haus ihren Sitz hatte, ist intakt erhalten. In den Räumen oben sind alte Fotogerätschaften ausgestellt.

St.-Josephs-Kathedrale

Rakstvežu iela 16/18. *6342 9775.*

Die innen mit Bibelszenen geschmückte gelbe St.-Josephs-Kathedrale (Sv Jāzepa katedrāle) erhielt ihre heutige Höhe erst im 19. Jahrhundert. Die Gemeinde brauchte eine größere Kirche, hatte aber kein Land dafür, und so erweiterte sie die bestehende Kirche einfach nach oben.

Stadtmuseum

Kūrmājas prospekts 16/18. *6342 2327.* *Mi–So 10–18 Uhr.*
www.liepajasmuzejs.lv

Das von einem Skulpturengarten umgebene Stadtmuseum (Liepājas muzejs) ist in einem Bau des frühen 20. Jahrhunderts mit imposanter Eingangshalle untergebracht. Es widmet sich der Stadtgeschichte, mit Exponaten wie steinernen Engelsköpfen aus der Annakirche, zinnernen, mit Menschenfiguren gekrönten Trinkgefäßen und Trachten aus Süd-Kurzeme. Zu sehen ist auch die Kopie der Werkstatt des berühmten Bildhauers Mikelis Pankoks (1894–1983), der 1944 verschwand und für tot gehalten wurde. Er war inkognito aus dem Land geflohen und starb in einer Schweizer Heilanstalt.

Strand

Dieser Küstenabschnitt war früher eine einzige Umweltkatastrophe. Inzwischen ist er sauber und zeigt stolz die Blaue Flagge der EU. Der lange Sandstrand von Liepāja (Liepājas pludmale) ist von der Altstadt durch den waldigen **Strandpark** (Jūrmalas parks) getrennt. Die Straßen in der Nähe säumen elegante Jugendstil-Bauten, einstige bürgerliche Sommerhäuser.

INFOBOX

Straßenkarte B4. *87 000.*
Cimdenieki, Lidostas iela 8.
Rīgas iela. *Rīgas iela.* *Latvia Tours, Līva Hotel, Lielā iela 11, 6348 0808.* *täglich.* *Piano Stars (März), Baltic Beach Party (Juli), Internationales Orgelfestival (Sep).*
www.liepaja.lv

Fassade der orthodoxen Nikolaus-Kathedrale in Karosta

Karosta

4 km N der Stadt. *3, 4, 7.*
www.karosta.lv **Orthodoxe Nikolaus-Kathedrale** Katedrāles 7. **Militärgefängnis** Invalīdu 4.

Der von den Russen Ende des 19. Jahrhunderts gebaute Kriegshafen Karosta war für Zivilpersonen gesperrt. In der Sowjetära arbeiteten hier 40 000 Menschen. Heute haben die riesigen leeren Häuser etwas Geisterstadthaftes.

Ein Grund hierherzukommen, ist die hinreißende **Orthodoxe Nikolaus-Kathedrale** (Sv Nikolaja pareizticīgo catedrāle), die den Sowjets als Kino und Sporthalle diente. Das alte **Militärgefängnis** (Karostas cietums) ist die größte Attraktion. Hier hat man das zweifelhafte Vergnügen, von »Wachen« stundenweise oder über Nacht eingeschlossen und angebrüllt zu werden.

Naturpark Pape-See ㉔

Papes dabas parks

Straßenkarte B4. *2948 9775.*
Dabas Māja, Dorf Pape, 348 9485; Zvaniņš, Dorf Rucava, 349 4766.
tägl. 10–18 Uhr.
www.pdf-pape.lv

Die nur zehn Kilometer von der litauischen Grenze entfernten Feuchtgebiete, Kiefernwälder, Dünen und Ufer des Pape-Sees lohnen die Fahrt von Liepāja. Das vom WWF geförderte Naturschutzgebiet ist 52 000 Hektar groß und vor allem für seine *savvaļas zirgi* (halbwilde Pferde) und *sumbru ganības* (europäischer Bison) bekannt. Die 90-minütigen Führungen bucht man an der Kasse beim Zugang zu dem ausgeschilderten Weideplatz.

Bei Vogelbeobachtern ist der Naturpark wegen seiner Lage an einer Zugvogelroute beliebt. Bis zu 271 Vogelarten sind hier gesichtet worden, von denen 15 auf der europäischen Liste der gefährdeten Arten stehen. Das ganze Gebiet ist dünn besiedelt, auch wenn es innerhalb des Schutzgebiets drei Dörfer gibt. Eines davon ist die von Dünen umschlossene Streusiedlung Pape, wo man **Vītolnieki** findet, eine Zweigstelle des Ethnografischen Freilichtmuseums *(siehe S. 159)*.

Vītolnieki

Dorf Pape. *6340 0332.*
Di, Mi, Fr–So 9–17 Uhr.

Vogelbeobachtungsturm im Naturpark Pape-See

OST-LETTLAND

Einige der schönsten natürlichen oder von Menschenhand geschaffenen Attraktionen der Region, dazu kaum besuchte ländliche Gegenden finden sich in Ost-Lettland. Die Landschaft hier ist nicht ganz so flach wie im Westen. Die beiden Hochebenen sind von unzähligen Seen durchsetzt, an einigen von ihnen gibt es gute Einrichtungen für Urlauber, während andere völlig unberührt liegen.

Als die deutschen Kreuzritter eintrafen, bewohnten die Liven und Lettgalen das heutige Vidzeme. Die Latgallen und Seliai siedelten weiter östlich im heutigen Latgale. Der Bischof von Rīga brachte das westliche und östliche Vidzeme unter seine Kontrolle, während die Mitte und der größte Teil von Latgale vom Schwertbrüderorden beansprucht wurden. Mit dem Zusammenbruch dieses Ordens 1561 fiel der gesamte Osten unter litauische und später unter polnische Herrschaft.

Nach dem polnisch-schwedischen Krieg 1629 regierten die Schweden Estland und Vidzeme. 1721 eroberten die Russen Vidzeme. Die auf Ackerbau, Forstwirtschaft und Holzverarbeitung basierende Region wird manchmal die Wiege der lettischen Kultur genannt, da sie viele der bekanntesten Dichter und Musiker des Landes hervorgebracht hat. Heute steht Vidzeme, dessen Nationalpark Gauja große Naturschönheit mit historischen Attraktionen verbindet, als Reiseziel nur Rīga nach.

Latgale hingegen wurde bis 1772 von Polen regiert. Dessen Einfluss förderte eine starke katholische Tradition, die besonders im Wallfahrtsort Aglona sichtbar wird. Latgale ging später direkt im Russischen Reich auf, anders als andere lettische Regionen, die als eigenständige Provinzen regiert wurden. Die Isolierung vom übrigen Land brachte es mit sich, dass Latgale lange als überwiegend russische Provinz missachtet wurde. Dennoch bezaubern seine Dörfer und stillen Seen. Die Regionalhauptstadt Daugavpils wirft langsam ihr tristes graues Sowjetimage ab.

Alte Häuser und Türme in Cēsis, einem historisch reichen Ort

◁ **Das Ufer der Gauja zu Füßen des Adlerfelsens im Nationalpark Gauja** ***(siehe S. 186–189)***

Überblick: Ost-Lettland

Die größte Besucherattraktion in Ost-Lettland ist der Nationalpark Gauja, der schöne Wälder mit Sehenswürdigkeiten wie der historischen Stadt Cēsis und der restaurierten Burg Turaida verbindet. Einen großen Teil der Region nimmt das Biosphärenreservat Nord-Vidzeme ein, das für seine Küstenauen, Sandsteinkliffs und riesigen Feuchtgebiete bekannt ist. Die Route von Rīga zur Regionalhauptstadt Daugavpils führt durch das Daugava-Tal, vorbei an vielen einladenden Orten. Aglona ist ein wichtiger katholischer Wallfahrtsort. Doch für die meisten Besucher sind die Hauptattraktion in Latgale die vielen Seen, darunter die zwei größten des Landes, Rāzna- und Lubāns-See.

Sehenswürdigkeiten auf einen Blick

Städte, Kurorte und Dörfer

Aglona 17
Ainaži 3
Alūksne 23
Daugavpils S. 196f 15
Dunte 7
Jēkabpils 13
Krāslava 16
Lielvārde 10
Limbaži 6
Līvāni 14
Ludza 21
Mazsalaca 5
Preiļi 18
Rēzekne 19
Salacgrīva 4
Saulkrasti 8
Skrīveri 11
Valmiera 2
Vecpiebalga 22

Interessantes

Ikšķile 9
Koknese 12
Schmalspurbahn Gulbene–Alūksne 24

Nationalpark

Nationalpark Gauja S. 186–189 1

Tour

Seen in Latgale S. 198 20

Legende

- Autobahn
- Schnellstraße
- Hauptstraße
- Nebenstraße
- Eisenbahn
- Staatsgrenze

Sandsteinkliffs am Ufer der Salaca in Vidzeme

Weitere Zeichenerklärungen *siehe hintere Umschlagklappe*

SIEHE AUCH

- ***Übernachten*** S. 305–307
- ***Restaurants*** S. 335–337

IN OST-LETTLAND UNTERWEGS

Die Highlights des Nationalparks *Gauja* erreicht man von Rīga mühelos per Bus oder Bahn. Selbst in kleine Orte in Vidzeme fährt in der Regel mindestens ein Bus pro Tag. Rīga und Daugavpils sind durch mehrmals täglich verkehrende Busse und Bahnen gut miteinander verbunden. Das öffentliche Verkehrsnetz im übrigen Latgale ist nicht so gut, und vor allem für die Erkundung der Seen ist ein Auto anzuraten. Ein paar Busse pendeln zwischen den Städten, aber sie sind unzuverlässig.

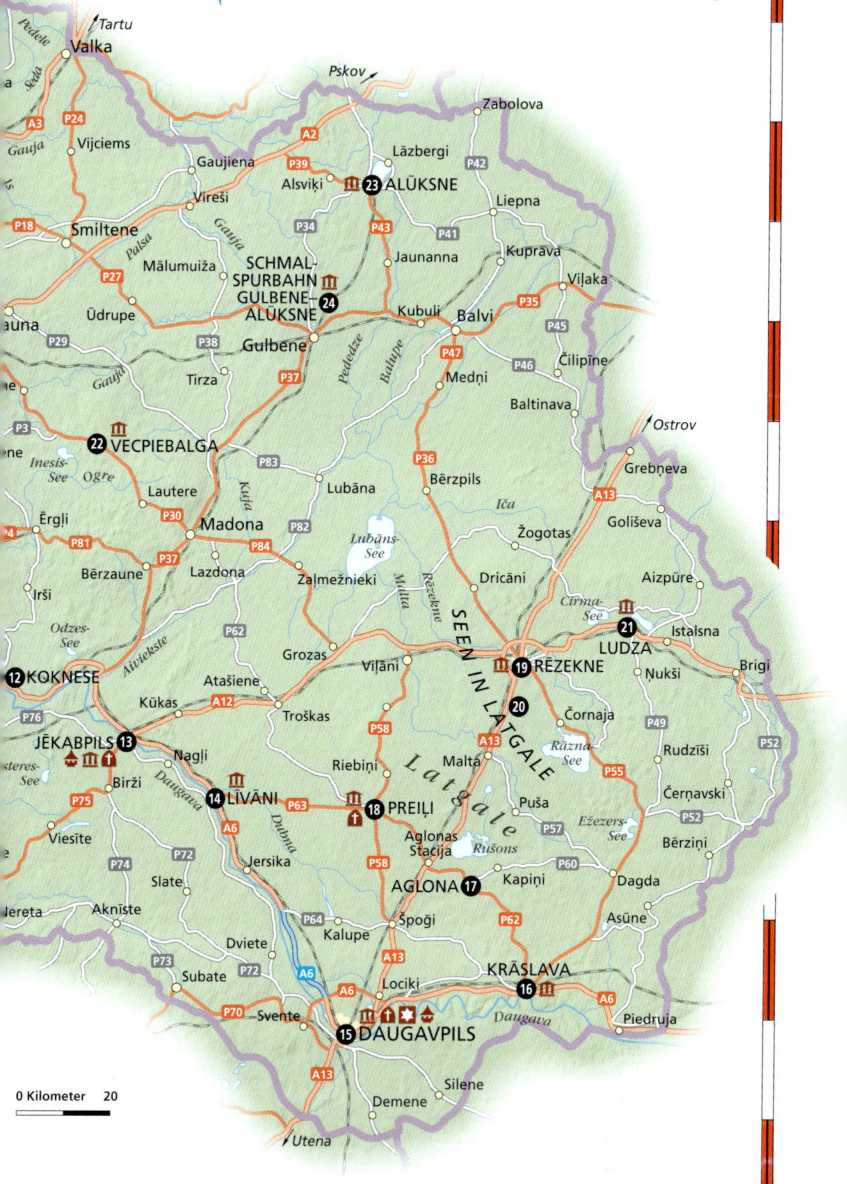

Nationalpark Gauja ❶

Lettlands erster und populärster Nationalpark, der sich etwa 100 Kilometer entlang dem Gauja-Tal erstreckt, wurde 1973 eröffnet. Seine »Alpenpfade« locken schon seit dem 19. Jahrhundert Besucher an. Fast die Hälfte der 92 000 Hektar des Parks ist bewaldet. Etwa 900 Pflanzenarten, 149 Vogel- und 48 Säugetierarten sind hier zu Hause. Vier Prozent des Parks sind ein geschlossenes Naturreservat, aber der Rest ist zugänglich. Bootstouren sind ideal für die Besichtigung der Höhlen, Kliffs und Schluchten, die der Fluss gegraben hat, seit sich vor 12 000 Jahren die Gletscher der Eiszeit zurückzogen. Im Park findet man einige der faszinierendsten historischen Stätten Lettlands *(siehe S. 188f)*.

Zur Orientierung

☐ Nationalpark Gauja

★ Museumsanlage Turaida
In der restaurierten Burg Turaida finden Ausstellungen zur Geschichte der Burg und des Schlosses Sigulda statt. Das Areal umfasst Nebengebäude und einen Skulpturenpark.

Neues Schloss in Sigulda
Dieses bizarre Schloss wurde 1867 nahe der Burg errichtet. Es ist eine der Attraktionen des Ortes und enthält das Restaurant Pilsmuiža (siehe S. 336).

Nicht versäumen

- ★ Bildungs- und Erholungszentrum Līgatne
- ★ Cēsis
- ★ Museumsanlage Turaida

Bobbahn
In Sigulda kann man für wenig Geld eine Weltklasse-Bobbahn hinabsausen. Im Sommer wird ein langsamerer aufblasbarer Schlitten benutzt.

★ Bildungs- und Erholungszentrum Līgatne
Im Park schlängeln sich Fuß- und Fahrwege an großen Gehegen vorbei, in denen Elche, Braunbären und europäische Bisons gehalten werden.

INFOBOX

Straßenkarte D3. *ab Rīga.* *ab Rīga.* *Besucherzentrum Gauja-Nationalpark, Baznicas iela 3, Sigulda, 6797 4006.* *geführte Bootstouren organisieren Campo in Rīga (2922 2339) und Makars in Sigulda (2924 4948).* **www**.gnp.gov.lv/public

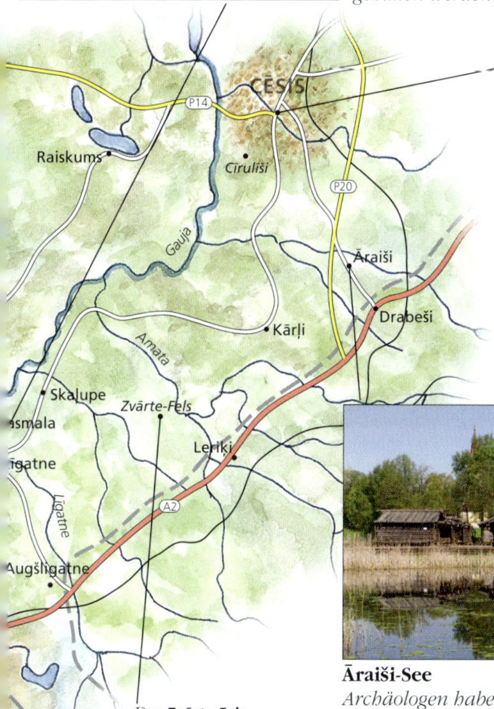

★ Cēsis
Der einstige Sitz der Kreuzritter ist ein romantisches Städtchen mit einem Park am See.

Āraiši-See
Archäologen haben im See Reste einer Wasserburg gefunden. Die Rekonstruktion bietet Einblicke ins Leben der Latgallen im 9. und 10. Jahrhundert.

Der **Zvārte-Fels**, ein 35 Meter hoher Sandsteinabbruch, bietet eine tolle Aussicht. Man hält ihn hier für einen Treffpunkt von Hexen und Geistern.

LEGENDE

- Bahnhof
- Information
- Seilbahn
- Camping
- Aussichtspunkt
- Hauptstraße
- Nebenstraße
- Andere Straße
- Eisenbahn
- Parkgrenze

ROSE VON TURAIDA

Einer Legende zufolge fand man 1601 im polnisch-schwedischen Krieg ein kleines Waisenmädchen auf dem Schlachtfeld. Es wurde Maija getauft und in der Burg Turaida aufgezogen. Es verliebte sich in Viktor, den Gärtner der Burg Sigulda. Eines Tages lockte sie ein polnischer Deserteur arglistig in die nahe Gūtmaņa-Höhle, aber statt ihm ihre Keuschheit zu opfern, brachte sie ihn mit einer List dazu, sie zu töten. Das sogenannte Grab der Rose von Turaida in der Museumsanlage Turaida gilt als romantischer Ort für frischvermählte Paare.

Grabstein der Rose von Turaida, der schönen Maija

Überblick: Nationalpark Gauja

Der Park folgt dem Tal der Gauja, die von Valmiera in Richtung Südwesten fließt. Die Zufahrt über die A2 und A3, die am Park vorbeiführen, ist gut. Die besten Zugänge von Rīga aus sind Sigulda, wo das Informationsbüro des Parks liegt, und Cēsis. Neben Hotels und Gästehäusern an den Hauptwegen und nahe bei den Sehenswürdigkeiten findet man im Park 22 Campingplätze. Sie liegen an den Flüssen Gauja, Amata und Brasla. Kanufahrten sind eine reizvolle Möglichkeit, den Park kennenzulernen. Die Strecke zwischen Sigulda und Cēsis ist besonders reizvoll.

Sigulda

ab Rīga. *ab Rīga.*
Valdemāra iela 1a, 6 797 1335.
www.sigulda.lv

Das Städtchen Sigulda inmitten schöner Waldlandschaft ist ein Zentrum für Freiluftaktivitäten und ein guter Ausgangspunkt, um Krimulda und Turaida zu besuchen. Nachdem der Schwertbrüderorden 1207 die Liven unterworfen hatte, gab er das rechte Ufer des Tals an den Bischof von Rīga ab und baute seine eigene Burg am linken Ufer. 1562 verlor der Orden die Stadt an die Polen, worauf sie 150 Jahre lang zwischen diesen und Schweden wechselte, bis sie im Großen Nordischen Krieg (1700–1721) an Russland fiel.

Die Burgruine liegt hinter dem Neuen Schloss (Jaunā pils, 19. Jh.), das sich die Stadtverwaltung und ein Restaurant teilen. Eine lutherische Kirche und den Malerberg (Gleznotāju kalns) genannten Aussichtspunkt findet man in der Nähe. Wege führen durch den Wald zum Burgberg Satzele, einer einst livischen Burg, und zur Peterhöhle am Ufer der Vējupīte.

Krimulda

ab Sigulda. *ab Sigulda (Mo–Fr 10–19.30 Uhr, Sa, So bis 18.30 Uhr).* **www**.krimuldaspils.lv

Nachdem der Bischof von Rīga 1207 das rechte Gauja-Ufer zugesprochen bekommen hatte, ließ er in Krimulda eine Burg bauen. Diese Burg (Krimuldas pils) wurde 1601 von den Schweden zerstört, auch von der Ruine ist kaum etwas erhalten. Das nahe klassizistische Schloss Krimulda (Krimuldas muižas pils, 1854) ist leichter zu finden. Es ist heute ein Tbc-Sanatorium für Kinder mit einem Café und schlichten Unterkünften.

Die Seilbahn bringt Besucher von Sigulda nach Krimulda

Museumsanlage Turaida

6 km N von Sigulda. *ab Sigulda.* *6797 1402.* *Mai–Okt: 10–18 Uhr (Anlage und einige Häuser bis 20 Uhr geöffnet); Nov–Apr: 10–17 Uhr.* *zweiter u. vierter So.* **www**.turaida-muzejs.lv

Die Anlage besteht zuvorderst aus einer Burg und mehreren Nebengebäuden. Die Burg Turaida wurde 1214 vom Schwertbrüderorden erbaut. Sie brannte 1776 aus und wurde inzwischen umfassend restauriert. Schilder erklären das Gelände. Ausstellungen in der Burg befassen sich mit ihrer Geschichte und erläutern die Restaurierungsarbeiten. Nahe dem Museumseingang findet man eine zur Burg gehörende noch aktive Schmiede und Ausstellungen über Ackerbau und Schnitzhandwerk.

Unweit der Burg steht die Kirche von Turaida. Der Bau von 1750 ist eine der ältesten Holzkirchen Lettlands. Davor steht ein Denkmal für die Rose von Turaida *(siehe S. 187)*. Hinter der Kirche versteckt liegt der Volksliederpark (Dainu kalns), in dem 25 Plastiken an das Werk von Krišjānis Barons *(siehe S. 151)* erinnern. Naturlehrpfade führen von hier ins Tal.

Cēsis

35 km NO von Sigulda. *ab Rīga.* *ab Rīga.* *Pils laukums 1, 6412 1815.* **www**.cesis.lv **Museum für Kunst und Geschichte** Pils laukums 9. *Der Eintritt gilt auch für das Neue Schloss.*

Die verwinkelten Straßen von Cēsis, einer der ältesten Städte Lettlands, sind von schönen Holz- und Steinhäusern gesäumt. Das einst wichtige Handelszentrum wurde 1383 Mitglied der Hanse. Die Stadt war zwischen 1237 und 1561 Zentrale der Schwertbrüder und später des Deutschen Ordens. 1577 eroberte Iwan der Schreckliche Cēsis. Weitere Schäden brachte der Große Nordische Krieg, äußerst schwere Kämpfe erlebte die Stadt zudem im Unabhängigkeitskrieg (1918–20).

Holz- und Steinhäuser in der Altstadt von Cēsis

Blick auf die malerischen Holzhäuser der rekonstruierten Wasserburg im Āraiši-See

Die Ruine der Burg Cēsis ist die größte Attraktion der Stadt mit heute 18 500 Einwohnern. Zur Führung in die Türme (15./16. Jh.) der Burg aus dem 13. Jahrhundert erhalten die Besucher Bauhelme und Laternen. In dem rosafarbenen Neuen Schloss von 1777 befindet sich das **Museum für Kunst und Geschichte** (Cēsu vēstures un mākslas muzejs). Das Highlight hier ist die exzellent gestaltete Ausstellung »Schätze aus Cēsis«. Das Ausstellungshaus Cēsis (Cēsu izstāžu nams), eine umgebaute Kutschremise des 18. Jahrhunderts, steht auf dem Platz vor dem Neuen Schloss. Der Schlosspark im Norden ist im Sommer ein beliebter Erholungsort. Die Altstadt liegt südöstlich vom Schloss.

Eine weitere Attraktion ist die Bierbrauerei von Cēsis (19. Jh.). Das Bier wird inzwischen auswärts gebraut.

Wasserburg im Āraiši-See

10 km S von Cēsis. 419 7288. Mai–Nov: tägl. 10–18 Uhr.

Versunkene Schlösser gehören zum Sagengut Lettlands, was wohl der latgallischen Sitte des 9. und 10. Jahrhunderts zu danken ist, Siedlungen auf Inseln zu errichten. 1965 fanden Archäologen eine Siedlung im Āraiši-See, die jetzt rekonstruiert zu bestaunen ist. Auf einer Holzplattform stehen 16 Einraumhäuser mit Holzwänden und Rindendächern. Jedes bot drei bis acht Menschen Platz. Ein Lehmofen wurde zum Heizen und Kochen benutzt. Ein Anbau rechts vom Eingang diente als Speicher oder Kuhstall.

Schild des Bildungs- und Erholungszentrums Līgatne

Kostümierte Führer lassen die Atmosphäre der Siedlung lebendig werden, auch ein Einbaum kann gemietet werden. Am Ufer findet man die Ruine einer Ordensburg sowie mehrere rekonstruierte Häuser aus der Stein-, Bronze- und Eisenzeit.

Bildungs- und Erholungszentrum Līgatne

15 km NO von Sigulda. *ab Cēsis.* *6415 3313.* *Mai–Okt: Mo 9.30–17 Uhr, Di–So 9.30–18.30 Uhr.* www.gnp.gov.lv/public

Ein waldiger Naturpark, der Bildungs- und Erholungspark Līgatne (Līgatnes mācību un atpūtas parks), ist das Domizil von Tieren wie Braunbären, Luchsen, Bibern, Elchen und europäischen Bisons. Große Gehege sind durch 5,5 Kilometer Wanderweg und 5 Kilometer Fahrweg verbunden. Zum Gelände gehören ein 22 Meter hoher Aussichtsturm, Reiterhöfe, Stellen für Lagerfeuer und mehrere Parkplätze. Auf den Wegen sind Hunde nicht erlaubt.

Lettlands Flagge

Der Sage nach entstand die lettische Flagge um 1280 in Cēsis. Es heißt, dass Krieger eines der lettischen Stämme ihren sterbenden Führer in eine weiße Fahne hüllten, die sie von den feindlichen Esten erobert hatten. Nach einer flammenden Rede starb der Heerführer, und als die Krieger die Leiche von der Fahne hoben, sahen sie, dass sein Blut zwei rote Streifen darauf zurückgelassen hatte. Der weiße Streifen in der Mitte war die Stelle, auf der er gelegen hatte. Mit dieser neuen Fahne besiegten die Letten ihre Feinde. Die heutige Version der Fahne entwarf der Maler Ansis Cīrulis im Mai 1917. Im Museum in Cēsis ist der lettischen Fahne eine Ausstellung gewidmet.

Die lettische Fahne auf dem Neuen Schloss Sigulda

Spärliche Reste der Ordensburg in Valmiera

Valmiera ❷

Straßenkarte D3. *30 000.* *ab Rīga.* *ab Cēsis.* *Rīgas iela 10, 6420 7177.* *Winter-Musikfestival (Jan), Stadtfest (Juli), Kunsthandwerkerfest (Aug), St. Simon-Mittelalter-Jahrmarkt (Okt).* **www**.valmiera.lv

Die einstige Hansestadt Valmiera wurde 1283 gegründet und war wegen ihrer Lage an der Gauja ein wichtiger Handelsplatz. Heute ist sie nach Rīga die zweitgrößte Stadt in Vidzeme, obwohl ihre Altstadt im Zweiten Weltkrieg zerstört wurde. Die meisten Sehenswürdigkeiten drängen sich am Fluss, unmittelbar östlich des Hauptverkehrskreisels der Stadt.

Die **Simonskirche** (Sv Sīmaņa baznīca, 13. Jh.) wurde mehrmals zerstört, der jetzige Bau ist von 1739. Das Altarbild, *Die Versuchung Christi*, ist von Christiana Vogels-Vogelstein. Vom Kirchturm kann man den wunderbaren Blick auf die Stadt und die Umgebung genießen.

Hinter der Kirche findet man die Ruine der Ordensburg und das **Museum für Regionalgeschichte** (Valmieras novadpētniecības muzejs), das die Historie anhand von Wachsfiguren und Gemälden veranschaulicht. In der Nähe steht das älteste Holzhaus der Stadt, eine ehemalige Apotheke von 1735. Der Hang hinter dem Museum führt hinunter zum Fluss.

Simonskirche
Bruņinieku iela 2. *6420 0333.*

Museum für Regionalgeschichte
Bruņinieku iela 3. *6422 3620.*
Di–Sa 10–17 Uhr.

Ainaži ❸

Straßenkarte D2. *1800.*
ab Cēsis.

Ainaži liegt dicht an der estnischen Grenze. Es nimmt einen wichtigen Platz in der lettischen Seefahrtsgeschichte ein. Jahrhundertelang war die Küste dünn besiedelt, was der Stadt ihren Namen eintrug, der dem livischen Wort *ainagi* (»einsam«) entlehnt ist. Doch im 19. Jahrhundert war sie zu einem wichtigen Fischereizentrum geworden. 1864 siedelte Krišjānis Valdemārs hier seine Seefahrtsschule an, die erst 1919 während des Bürgerkriegs schloss. Das alte Schulgebäude ist jetzt das **Seefahrtsmuseum** (Ainažu jūrskolas muzejs), in dem Fotos, Dokumente, Schiffsmodelle und eine Sammlung von Ankern zu sehen sind. Das **Feuerwehrmuseum** (Ainažu ugunsdzēsības muzejs) in Ainaži zeigt im Hauptgebäude u. a. handbetriebene Pumpen, Uniformen und Rangabzeichen sowie, in der Garage, Feuerwehrwagen. Das Museumspersonal besteht aus früheren Feuerwehrleuten.

Seefahrtsmuseum
Valdemāra iela 47. *6404 3349.*
tägl. 10–16 Uhr.

Feuerwehrmuseum
Valdemāra iela 69. *6404 3280.*
Mi, Fr, Sa 10–16 Uhr.

Nautische Objekte im Garten des Seefahrtsmuseums

Livische Kult- oder Opferhöhle in der Nähe von Salacgrīva

Salacgrīva ❹

Straßenkarte D3. *6000.* *ab Rīga.* *Rīgas iela 10a, 6404 1254.* **www**.salacgriva.lv

Der Fischerhafen Salacgrīva an der Salaca-Mündung wurde 1928 offiziell zur Stadt erklärt. Es gibt Belege dafür, dass deutsche Kaufleute die Salaca vor der Daugava erreichten. Salacgrīva ist ein guter Ausgangspunkt für die Erkundung der nahen Umgebung.

Umgebung: Am Ufer des Flusses Svētupe, zehn Kilometer östlich der Stadt, liegt eine **Livische Opferhöhle** (Lībiešu upurala) mit Runen an den Wänden. Münzen und andere Gegenstände aus dem 14. bis 19. Jahrhundert wurden hier gefunden. In den **Randu-Wiesen** (Randu pļavas), etwa acht Kilometer nördlich von Salacgrīva, findet man viele Vögel und seltene Pflanzen.

Hotels und Restaurants in Ost-Lettland *siehe Seiten 305–307 und 335–337*

Mazsalaca ❺

Straßenkarte D2. *1700.* *ab Rīga.* *Rīgas iela 1, 6425 1781.* **www**.mazsalaca.lv

Das Städtchen Mazsalaca hat dem Besucher wenig zu bieten außer dem **Teufelsmuseum**, einer Sammlung von eigentümlichen Holzschnitzereien von Valters Hirte. Aber die Stadt eignet sich ideal als Basis für die Erkundung der Umgebung, wie z. B. der schaurigen Werwolfkiefer und der Teufelshöhle, zwei Kilometer von Mazsalaca entfernt, wo das Quellwasser Heilkräfte besitzen soll.

Skaņaiskalns (Echofelsen), ein Sandsteinfels südwestlich von Mazsalaca, ist berühmt für sein Echo. Man erreicht ihn durch einen Park voller Holzskulpturen, die man auf der Durchfahrt sehen kann, aber besser zu Fuß betrachtet. Der zwei Kilometer lange Weg beginnt am Gutshaus Valtenburg (jetzt eine Schule), das an der Parka iela liegt.

Teufelsmuseum

Rīgas iela 1. *6425 1781.* *Mi–So 11–16 Uhr.*

Holzfiguren im Park zwischen Mazsalaca und dem Skaņaiskalns

Limbaži ❻

Straßenkarte D3. *9200.* *ab Rīga.* *Burtnieku iela 5, 6407 0608.* **www**.limbazi.lv

In Limbaži, einer der ältesten Städte Lettlands, ist weniges aus der reichen Vergangenheit erhalten. Die Region, die im 13. Jahrhundert Metsepole (lettisch Indriķis) hieß, war eines der livischen Territorien, die in der Chronik des Heinrich von Livland (frühes 13. Jh.) erwähnt werden.

Orthodoxe Kirche aus dem frühen 20. Jahrhundert in Limbaži

Die 1223 vom Schwertbrüderorden erbaut Burg von Limbaži diente dem Bischof von Rīga als Residenz. Um sie herum entstand eine Stadt, die später zur Hanse gehörte. Die Burg wurde 1602 im polnisch-schwedischen Krieg zerstört.

Führungen durch die Burgruine bietet das **Museum für Regionalgeschichte** (Limbažu muzejs) mit seiner faszinierenden Ausstellung über die Geschichte der Region. In der Nähe erhebt sich die **Orthodoxe Kirche** (1903), die sich etwas von ihrem alten Glanz bewahrt hat. Ein Standbild von Kārlis Baumanis, dem Komponisten der Nationalhymne, steht in der Jūras iela.

Museum für Regionalgeschichte

Burtnieku iela 7. *6407 0632.* *Mitte Mai–Mitte Okt: Di–Sa 10–18 Uhr; Mitte Okt–Mitte Mai: Di–Sa 10–17 Uhr.* *für die Burg.*

Krišjānis Valdemārs

Eine der Schlüsselfiguren der lettischen Nationalbewegung, Krišjānis Valdemārs (1825–1891) war Autor, Pädagoge und politischer Denker. Dass zu seiner Zeit die meisten lettischen Bücher von Baltendeutschen geschrieben wurden, versuchte er zu ändern. Von 1862 bis 1865 gab er mit Krišjānis Barons und Juris Alunāns die lettischsprachige Publikation *Pēterburgas Avīzes* heraus, die das kulturelle Überlegenheitsgefühl der Baltendeutschen anprangerte. Er regte Barons und Fricis Brīvzemnieks zu einer lettischen Volksliedersammlung an *(siehe S. 24f)* und war maßgeblich an der Gründung der Seefahrtsschule in Ainaži beteiligt, deren Besuch gratis war und nicht vom sozialen Status abhing.

Valdemārs-Büste, Seefahrtsmuseum

Idyllische Landschaft, die sich in einem der vielen klaren Seen in der Nähe von Dunte spiegelt

Dunte ❼

Straßenkarte D3. *ab Valmiera.*

Dunte ist für sein **Münchhausen-Museum** bekannt, das Karl Friedrich Hieronymus von Münchhausen (1720–1797) gewidmet ist. Der Offizier der russischen Kavallerie heiratete ein Mädchen aus Dunte. Ohne sein Zutun berühmt wurde er, als 1781 anonym eine Sammlung fantastischer Lügengeschichten mit ihm als Hauptfigur erschien. Übertreibungen werden noch heute mit ihm in Verbindung gebracht. Das Museumspersonal trägt Kostüme der Zeit. Einer der Räume ist ein fantasievoller Nachbau des Boudoirs seiner Frau. Gezeigt wird auch der Münchhausen-Film mit Hans Albers (1943). Oben stehen Wachsfiguren berühmter Letten.

Münchhausen-Museum
Daugavas iela 58. *6406 5633.* *Juni–Aug: Mo–Do 10–17 Uhr, Fr–So 10–19 Uhr; Dez–Feb: Mi–So 10–17 Uhr.*

Saulkrasti ❽

Straßenkarte D3. *5550.* *ab Rīga.* *ab Rīga.* Ainažu iela 10, *6795 2641.* *Stadtfest (Juli), Internationales Jazzfestival (Juli), Orgelfestival (Sep).* **www**.saulkrasti.lv

Seit dem 19. Jahrhundert ist Saulkrasti ein Seebad. Der Ort besteht aus wenig mehr als einer Reihe Häusern und Pensionen an der Hauptstraße. Noch heute ist er ein beliebtes Kurzurlaubsziel für gestresste Rīgaer. Spaziergänge an der Küste sind die Hauptaktivität hier. Ein vier Kilometer langer Wanderweg führt an mehreren Aussichtspunkten vorbei, darunter einem auf der Weißen Düne (Baltā kāpa). Das private **Fahrradmuseum** (Saulkrastu velosipēdu muzejs) findet man in einem Schuppen im Garten des Besitzers. Dort sieht man Kuriositäten wie das von einem Flugzeugingenieur gebaute Holzfahrrad, dazu Nachbauten einer Fahrrad-Reparaturwerkstatt und eines Ladens für Fahrradersatzteile.

Radplaketten im Fahrradmuseum, Saulkrasti

Fahrradmuseum
Rīgas iela 44a. *2962 1580.* *n. Voranm.* **www**.velomuseum.tk

Ikšķile ❾

Straßenkarte D3. *6250.* *ab Rīga.* *ab Rīga.*

Mitte des 12. Jahrhunderts begleitete der Augustinermönch Meinhard, der erste Bischof von Ikšķile, deutsche Kaufleute die Daugava entlang und errichtete dabei die **Marienkirche**, die erste Kirche auf dem Gebiet lettischer Stämme. Die hier lebenden Liven verweigerten sich jedoch dem Christentum – Meinhards Mission kam zum Erliegen. Seine Kirche war zugleich der erste Steinbau im Baltikum. Ihre Ruine wird heute durch ein Metalldach vor den Elementen geschützt. Nach dem Bau eines Staudamms im Fluss steht die Ruine auf einer Insel, dennoch gibt es nicht sehr viel zu sehen.

Ruine der Marienkirche in Ikšķile, einer der ältesten Kirchen Lettlands

Hotels und Restaurants in Ost-Lettland *siehe Seiten 305–307 und 335–337*

Lielvārde ⑩

Straßenkarte D4. 7500. ab *Rīga.* *Ausekļa prosp 7, Ogre, 19 km NW der Stadt, 6507 1883.* *Regionalfest (Juli), Andrejs Pumpurs' Geburtstag (Sep).* **www**.lielvarde.lv

Lielvārde gilt als der Ort des Entscheidungskampfes zwischen dem lettischen Helden Lāčplēsis und dem Schwarzen Ritter. Der Kampf endete mit dem Verschwinden beider in den Fluten der Gaugava nahe der Burg des 13. Jahrhunderts, deren Ruine auf einem Hügel liegt. Holzskulpturen erzählen Lāčplēsis' Geschichte, zwei Steine symbolisieren Bett und Decke des Helden, der angeblich nächtens am Ufer schläft.

Dicht am Fluss liegt auch das **Andrejs-Pumpurs-Museum** (Andreja Pumpura muzejs), das dem Dichter des Lāčplēsis-Epos gewidmet ist. Eine Auslage zeigt *Lielvārdes josta*, bei traditionellen Hochzeiten getragene Gürtel, die man hier kaufen kann.

Die **Burg Uldevena** (Uldevena pils) im Westen der Stadt ist der Nachbau einer livischen Holzfestung. Sie wurde 1997 nach Plänen eines heimischen Künstlers errichtet und nimmt Elemente anderer Bauten auf, ist also eher eine »ideale«, als die exakte Kopie einer bestimmten Burg.

Andrejs-Pumpurs-Museum
E Kauliņa aleja 20. *2505 3759.*
tägl. 10–17 Uhr.

Burg Uldevena
Parka iela 3. *2946 5792.*
Apr–Nov: tägl.10–19 Uhr.

Andrejs Pumpurs und Lāčplēsis

Der in Birzgale bei Lielvārde geborene Andrejs Pumpurs (1841–1902) war eine seltsame literarische Erscheinung. Er war Landarbeiter, ehe er sich 1876 zum Kampf gegen die Türken in Serbien meldete und Offizier in der russischen Armee wurde. Er war zudem ein treuer Förderer der lettischen Kultur. Von der Notwendigkeit eines Nationalepos überzeugt, wählte er die Geschichte von Lāčplēsis dem Bärentöter, dessen menschlich-tierische Abkunft an seinen Bärenohren erkennbar ist. Pumpurs reicherte sein Epos mit Figuren aus der lettischen Folklore an. Lāčplēsis besiegt den estnischen Riesen Kalapuisis und gewinnt ihn als Mitstreiter gegen ihre gemeinsamen Feinde. Gegen Ende des Epos eint Lāčplēsis die Letten und schlägt die Angreifer zurück. Der Verräter Kangars enthüllt das Geheimnis des Helden – seine Kraft liegt in seinen Ohren. Der Schwarze Ritter, ein germanischer Riese, schneidet ihm die Ohren ab und stößt so Lettland in 700 Jahre Elend. Es heißt, Lāčplēsis wird sich wieder erheben, wenn er seinen Rivalen besiegt hat.

Wandbild von Lāčplēsis und Laimdota im Andrejs-Pumpurs-Museum

Holzskulptur des Lāčplēsis

Skrīveri ⑪

Straßenkarte D4. ab *Rīga.*
www.skriveri.lv

Die Stadt mit ihrer langen Geschichte wurde im Ersten Weltkrieg zerstört. Ihre Hauptattraktion ist das **Andrejs-Upīts-Museum** (Andreja Upīša memoriālmājā), das für Liebhaber lettischer Literatur interessant und das frühere Wohnhaus des bekannten Autors, Kritikers und kommunistischen Aktivisten ist. Der weitläufige **Baumpark** (Dendroloģiskais parks) nahe bei Skrīveri enthält fast 400 Baumarten aus aller Welt. Er eignet sich herrlich für Spaziergänge. Jeder Baum ist lettisch und lateinisch gekennzeichnet, und sieht man von dem einen und anderen Herrn mit Hund ab, ist der Park ein völlig ruhiges Plätzchen.

Andrejs-Upīts-Museum
Daugavas iela 58. *2949 6725.*
Mitte Mai–Nov: Mo–Fr 10–17 Uhr.

Koknese ⑫

Straßenkarte D4. ab *Rīga.*
Internationales Volksmusikfestival (Juli).

Die einstige Hauptsiedlung der Selonen, die der Schwertbrüderorden 1208 unterwarf, ist in der Sage von Lāčplēsis der Heimatort von Laimdota, der schönen, tugendhaften jungen Frau, in die der Held sich verliebt. Die malerische Ruine der Ordensburg, die 1209 erbaut und im Großen Nordischen Krieg (1700–21) zerstört wurde, lohnt unbedingt einen Besuch. Noch attraktiver waren Stadt und Burg, bevor 1965 ein Wasserkraftwerk gebaut wurde, denn heute steht die Burg in einem Stausee der Daugava.

Ruine der Ordensburg in Koknese mit der Daugava im Hintergrund

Neobyzantinische orthodoxe Nikolauskirche in Jēkabpils

Jēkabpils ⓭

Straßenkarte D4. *28 000.* *ab Rīga.* *ab Rīga, Daugavpils.* *Brīvības iela 140/142, 6523 3822.* **www**.jekabpils.lv

Das von einer Gruppe Altgläubigen *(siehe S. 122)* gegründete Jēkabpils erhielt 1670 die Stadtrechte von Jakob Kettler, Herzog von Kurland *(siehe S. 135)*.

Die neobyzantinische **Orthodoxe Nikolauskirche** (Sv Nikolaja pareizticīgo baznīca) im Stadtzentrum wurde 1910 erbaut. Die private **Mans's Gallery** in der Nähe war eine der ersten Kunstgalerien im nachsowjetischen Lettland. Östlich des Zentrums liegt das **Freilichtmuseum Sēļu sēta** mit Bauten des 19. Jahrhunderts, darunter einem Bauernhaus, einer Schmiede und einer Windmühle.

Auf der anderen Seite der Daugava liegt die **Burg Krustpils** (Krustpils pils, 13. Jh.). Nach ihrer Zerstörung im Livländischen Krieg (1558–83) wurde sie 1585 wiederaufgebaut und 1849 umgestaltet. Die Burg ist heute ziemlich verfallen, aber einige Räume sind restauriert, in einem sind russische Militär-Erinnerungsstücke zu sehen.

Orthodoxe Nikolauskirche
Brīvības iela 202. *6523 1486.*

Mans's Gallery
Brīvības iela 154. *6523 1953.* *Mo–Fr 9–17 Uhr.* **www**.manss.lv

Freilichtmuseum Sēļu sēta
Filozofu iela 6. *6523 2501.* *Mai–Okt: Mo–Fr 9–17 Uhr, Sa, So 10–16 Uhr.*

Burg Krustpils
Rīgas iela 216b. *6523 3822.* *Mai–Okt: Mo–Fr 9–17 Uhr, Sa, So 10–15 Uhr; Nov–Apr: Mo–Fr 9–17 Uhr, Sa 10–15 Uhr.*

Līvāni ⓮

Straßenkarte E4. *11 000.* *Rīgas 77, 6530 7810.* *Stadtfest (Juli), Internationales Folklorefestival (Sep).* **www**.livani.lv

Als Industriezentrum blickt Līvāni auf eine lange Geschichte zurück. Die Stadt ist stolz auf ihre 120 Jahre alte Glasfabrik, in deren **Glasmuseum** (Stikla muzejs) man Glasbläsern bei der Arbeit zusehen kann. In der Nachkriegszeit errichteten die Sowjets hier gigantische biochemische und Baukombinate, von denen die meisten nicht mehr existieren. Zu den Versuchen, die Attraktivität der Stadt zu steigern, zählt die Gründung des **Kunsthandwerkszentrums Latgale**, das Ausstellungen und Keramik- und Webkurse anbietet.

Glasmuseum
Zaļa iela 23. *6530 7162.*

Kunsthandwerkszentrum Latgale
Domes 1. *6538 1855.* *Mai–Okt: Di–Fr 9–17 Uhr; Nov–Apr: Di–Fr 9–17 Uhr.*

Daugavpils ⓯

Siehe S. 196f.

Krāslava ⓰

Straßenkarte E4. *11 500.* *ab Daugavpils.* *Brīvības iela 13, 6562 2201.*

Das idyllisch am Ufer der Daugava gelegene Krāslava besteht hauptsächlich aus zweistöckigen Holzhäusern. Hier gibt es nur wenige Sehenswürdigkeiten, der Ort an sich ist aber reizend.

Auf einem aufgeschütteten Hügel steht das Barockschloss (Krāslavas pils) von 1750. Es enthält das **Stadtmuseum** für Kunst und Regionalgeschichte. Die katholische Kirche (Katoļu baznīca) thront auf dem anderen Hügel der Stadt. Sie ist die schönste Barockkirche in Latgale. Das imposante

Blick auf die Stadt Krāslava mit Reihen hübscher Häuschen entlang der Daugava

Hotels und Restaurants in Ost-Lettland *siehe Seiten 305–307 und 335–337*

Fresko, das den hl. Ludwig beim Aufbruch in den Kreuzzug zeigt, hat der Italiener Filippo Castaldi gemalt (18. Jh.).

Stadtmuseum
Pils iela 8. *6562 3586.*

Die strahlend weiße Basilika von Aglona

Aglona ⑰

Straßenkarte E4. *ab Rīga.*
Somersetas 34, 6532 2100.
Mariä Himmelfahrt (15. Aug).

Katholiken aus dem ganzen Baltikum und Russland strömen in diese ansonsten wenig interessante Stadt, um in der **Basilika von Aglona** die Himmelfahrt Mariä zu feiern. Litauische Dominikanermönche wurden 1697 von einem heimischen Landadeligen ersucht, ein Kloster und eine Schule zu bauen. Die Basilika entstand im 18. Jahrhundert. Papst Johannes Paul II. nannte sie bei seinem Besuch 1993 das wichtigste Wallfahrtszentrum Nordeuropas. Sie ist berühmt für das als wundertätig geltende Marienbildnis des frühen 17. Jahrhunderts, das die Dominikaer mitgebracht hatten. Es ist hinter einem geringeren Bildnis versteckt, das nur bei besonderen Gottesdiensten entfernt wird.

Preiļi ⑱

Straßenkarte E4. *10 000.*
ab Rīga. *Tirgus laukums 1, 6532 2041.* **www**.preili.lv

Von etwa 1475 bis 1866 war die Marktstadt Preiļi in der Hand der Familie Borgh, die ursprünglich aus Süditalien stammte. Das jüngste der drei Herrenhäuser der Familie ist erhalten, wenn auch in schlechtem Zustand. Das **Museum für Geschichte und Kunstgewerbe** (Preiļu vēstures un lietišķ mākslas muzejs) im Pförtnerhaus zeigt u.a. alte Fotografien der Stadt und Keramiken, für die Preiļi bekannt ist. Weitere Keramiken aus der Region sind im **Keramik-Werkstatt-Museum P Čerņavskis** (P Čerņavska keramikas darbnīca-muzejs) zu finden – und zu kaufen. Die **Katholische Kirche** (Romas katoļu bazīca) vom Ende des 19. Jahrhunderts birgt in ihrem Inneren ein Kruzifix des 18. Jahrhunderts. Von den zwei Skulpturen draußen ist die eine der Mutter Lettland und die andere den vom Sowjetregime politisch Unterdrückten gewidmet.

Krug im Museum von Rēzekne

Museum für Geschichte und Kunstgewerbe
Raiņa 28. *6532 2731.* *Di–Fr 11–18 Uhr, Sa 10–16 Uhr.*

Keramik-Werkstatt-Museum P Čerņavskis
Talsu iela 21. *6532 2946.*
telefonisch erfragen.

Katholische Kirche
Tirgus laukums 11. *6532 2801.*
nach Voranmeldung.

Rēzekne ⑲

Straßenkarte E4. *37 000.* *ab Rīga.* *ab Daugavpils.* *Hotel Latgale, Atbrīvošanas 98, 6460 5005.*

Trotz der Zerstörung der meisten alten Gebäude im Zweiten Weltkrieg ist Rēzekne eines der kulturellen Zentren des Latgale, dazu eine gute Basis für den Besuch der vielen Seen in der Region.

Wahrzeichen der Stadt ist die Statue *Latgales Māra*, die Leons Tomašickis geschaffen hat und die mitten auf der Verkehrsinsel der Atbrīvošanas aleja steht. Der religiöse Sinngehalt der Statue der Göttin Māra, die ein Kreuz in die Höhe hält, mag unklar sein, der politische aber nicht: Auf dem Sockel steht: »*Vienoti Latvija*« (»Vereint für Lettland«). Die 1939 enthüllte Statue erinnert an die Konferenz in Rēzekne 1917, auf der die Zugehörigkeit Latgales zur russischen Provinz Vitebsk aufgehoben wurde. Die Sowjets entfernten die Statue 1940, die deutsche Wehrmacht stellte sie 1941 wieder auf. 1950 wurde sie zerstört, aber nach der Unabhängigkeit 1991 ersetzte Tomašickis' Sohn die Statue durch eine Kopie. Die Einweihung fand 1992 statt.

Unmittelbar nördlich der Statue befindet sich das **Latgale-Museum für Kultur und Geschichte** (Latgales kultūrvēstures muzejs), das vor allem Keramikarbeiten aus der Region zeigt, darunter auch die traditionellen mehrarmigen Leuchter. Südlich der Statue findet man auf einem Hügel mit schönem Blick auf die katholische Kirche die Ruine der Ordensburg.

Latgale-Museum für Kultur und Geschichte
Atbrīvošanas aleja 102.
6462 2464. *Di–Fr 10–17 Uhr, Sa 10–16 Uhr.*

Ausstellungsraum des Museums für Geschichte und Kunstgewerbe in Preiļi

Daugavpils 15

Die zweitgrößte Stadt Lettlands wird oft eine »russische Stadt« genannt, da die Mehrzahl der Bewohner Russen sind. Ihre Geschichte beginnt 1275 mit einer Ordensburg namens Dünaburg. Im 16. Jahrhundert entstand eine Siedlung am Ufer der Daugava, die zu verschiedenen Zeiten von Polen, Russen und Schweden erobert wurde. Im 19. Jahrhundert machte man aus ihr eine zaristische Festung, die Bürger wurden auf das Land südöstlich umgesiedelt, das heute das Stadtzentrum bildet. Das einstige sowjetische Industriezentrum Daugavpils liegt seit der Unabhängigkeit weitgehend brach. Doch das Image der Stadt bessert sich inzwischen.

Prächtige Fassade des Kunst- und Heimatmuseums

Kunst- und Heimatmuseum

Rīgas iela 8. *6542 4155.*
Di–Sa 11–18 Uhr.
www.dnmm.lv

Das Museum ist in einem schönen Jugendstilbau untergebracht. Im Erdgeschoss wird die Regionalgeschichte ab der zweiten Hälfte des 18. Jahrhunderts bis 1918 beleuchtet. Highlight des Museums ist ein Saal mit Werken des Malers Mark Rothko *(siehe unten)*, der in der Sowjetzeit in Lettland fast unbekannt war. Die Kosten für ein Original überstiegen die Möglichkeiten des Museums, weshalb man eine Reihe qualitätvoller Kopien in Auftrag gab. Es gibt aber Überlegungen, ob nicht die Erben von Mark Rothko dem Museum einige Originalwerke als Dauerleihgaben überlassen könnten.

Synagoge

Cietokšņa 42. *6542 0092.*
nach Voranmeldung.

Vor dem Ersten Weltkrieg war über die Hälfte der Bevölkerung der Stadt jüdisch. Es gab einmal 48 Synagogen, von denen heute nur eine benutzt wird. Sie wurde 2006 mit Unterstützung von Rothkos Erben renoviert, die 2003 zum 100. Geburtstag des Malers die Stadt besucht hatten.

Boris-und-Gleb-Kathedrale

Tautas iela 2. *6545 3544.*

Dieser blau-weiße Bau, auf dem zehn goldene Kuppeln funkeln, ist die größte russisch-orthodoxe Kathedrale des Landes. Sie wurde 1905 gebaut und nach den zwei Heiligen benannt, an deren Festtag die russische Armee Daugavpils 1656 besetzte. Der russische Name der Stadt, Borisoglebsk, wurde ebenfalls den Namen der Heiligen entlehnt. Die Ikonen und Fresken im Inneren sind Kopien von denen in der Sophienkathedrale in Kiew.

St. Marien

Puškina 16a. *nur f. Gottesd.*

Diese Kirche der Altgläubigen *(siehe S. 122)*, ein rosafarbener Bau mit kleinen blauen

Hauptschiff der Boris-und-Gleb-Kathedrale

Mark Rothko (1903–1970)

Der Sohn jüdischer Eltern wurde als Marcus Rothkowitz in Daugavpils geboren, als im Russischen Reich furchtbare Pogrome tobten. Seine Familie emigrierte 1913 nach Portland, Oregon (USA). Er erhielt ein Stipendium für die Yale University, doch ging er schon zwei Jahre später nach New York, um Künstler zu werden. 1940 änderte er seinen Namen in Rothko und entwickelte ab 1950 seinen einzigartigen Stil, der weichkantige Rechtecke vor farbigen Hintergründen zeigt. Er gilt als Abstrakter Expressionist, obwohl Rothko versicherte, er sei nur an der reinen Form interessiert. Nach einer Erkrankung und dem Scheitern seiner Ehe beging Rothko 1970 Selbstmord.

Mark Rothko, Abstrakter Expressionist

Rosafarbene Fassade von St. Marien

Kuppeln, ist nur selten geöffnet. Man kann aber während Gottesdiensten hineinschauen, wenn Kerzen vor den Dutzenden von Ikonen brennen. Der fromme Gesang der Gemeinde steigert die feierliche Stimmung zusätzlich.

Martin-Luther-Kirche

18 Novembra iela 66. 2957 4349. *So oder nach Voranmeld.*

Die 1893 erbaute, neogotische Martin-Luther-Kirche aus rotem Backstein wurde in den letzten Jahren komplett renoviert. Während der Sowjetzeit wurde sie eine Zeit lang als Trainingshalle für Boxer zweckentfremdet.

Infobox

Straßenkarte E4. *110 000.*
Rīgas iela. *Viestura iela 10.*
Saules iela 23a, 6542 2818.
Stadtfest (Juni).

Katholische Marienkirche

A Pumpura 11a. *Abendmesse.*

Der Sage zufolge ertranken an der Stelle, wo heute die katholische Kirche steht, die Töchter eines reichen Kaufmanns in einem See.

Festung Daugavpils

Cietokšņa iela.

Der Bau dieser autarken russischen Festung begann 1810, wurde aber unterbrochen, als 1812 Napoléons Armee anrückte. Sie ist von Erdwällen umgeben. Der einstige Ringgraben war durch Tunnel mit der Daugava verbunden, sie sind aber inzwischen zugemauert. Die Festung diente als deutsches Konzentrationslager und wurde später bis 1993 von der Roten Armee genutzt. Heute steht am linken Flussufer ein Gefängnis, das rechte Ufer ist weitgehend verlassen. Man gelangt durch das Michaelstor (Mihaila vārti) in die Festung.

Tour: Seen in Latgale ⑳

Lettlands relativ hügelige Südostecke, das Hochland Latgale (Latgales augstiene), wird wie ein Flickenteppich von mehr als 800 Seen bedeckt. An einem sonnigen Tag erkennt man sofort, warum diese Gegend Land der blauen Seen genannt wird. Öffentliche Verkehrsmittel gibt es hier kaum, aber wenn man Zeit hat, kann man die Region per Bus erkunden. Die Route führt auch durch Rēzekne, wo das Verkehrsamt darüber informiert, wo man angeln und Vögel beobachten kann. Auch ein Abstecher nach Ludza ist von dort möglich.

Lubāns-See: einer der besten Plätze für die Vogelbeobachtung

Lubāns-See ⑧
Der flächenmäßig größte See des Landes ist einer der besten Angel- und Vogelbeobachtungsplätze.

Musikinstrumentenwerkstatt Gaiglava ⑥
Man sieht traditionelle Instrumente entstehen und kann auch Unterricht nehmen.

Teirumnīki ⑦
Ein Bohlenweg führt um den See und über einen Sumpf, in dem Moosbeeren gedeihen.

Rēzekne ⑤
Das kulturelle Zentrum von Latgale ist für die Statue der Göttin Māra bekannt.

Rāzna-See ④
Am dem Volumen nach größten See Lettlands findet man eine Reihe bescheidener Unterkünfte.

Mākoņkalns ③
Der 248 Meter hohe Wolkenberg ist ein beliebter Aussichtspunkt mit einer Burgruine.

Lielais Liepukalns ②
Mit 289 Metern ist dieser Berg der höchste der Region und der dritthöchste des Landes.

Legende

- Information
- Routenempfehlung
- Andere Straße

Routeninfos

Start: *Lielais liepukalns.*
Länge: *114 km.*
Rasten: *Rēzekne ist ein idealer Halt. An den Seen Ežezers, Rāzna und Lubāns findet man Unterkünfte.*
Straßenzustand: *Fahren Sie bei schlechtem Wetter nicht um das Westufer des Rāzna-Sees.*

Ežezers-See ①
Der See, auf Deutsch »Igelsee«, gilt als einer der schönsten Seen in Latgale. Seine 36 Inseln kann man per Boot erkunden.

Ludza 21

Straßenkarte E3. *10 500.* *Baznicas 42, 6570 7203.*

Die wohl älteste Stadt des Landes wurde 1177 gegründet. Am Hauptplatz findet man das Verkehrsamt und die orthodoxe Kathedrale.

Im **Kunsthandwerkszentrum** (Ludzas amatnieku centrs), nahe beim Hauptplatz, gibt es einen Töpferofen und Platz für Kunsthandwerker. Nach vorheriger Anmeldung kann man an Workshops teilnehmen. Kunsthandwerk steht zum Verkauf, allmonatlich gibt es einen Handwerks- und Viktualienmarkt.

Das **Regionalmuseum** (Ludzas novadpētniecības muzejs) befindet sich in der ehemaligen Villa von Jakov Kulnev (1763–1812), einem russischen Kriegshelden. Auf dem Grundstück stehen Holzhäuser des späten 19. und frühen 20. Jahrhunderts aus verschiedenen Gegenden in Latgale.

Kunsthandwerkszentrum
Tālavijas iela 27a. *6570 7203.*
www.ludzasamatnieki.lv

Regionalmuseum
Kulneva iela 2. *6572 3931.*
Mo–Fr 9–17 Uhr, Sa, So 10–17 Uhr.

Vecpiebalga 22

Straßenkarte D3. *1700.* *2656 5977.* **www**.vecpiebalga.lv

Diese Kleinstadt aus dem frühen 14. Jahrhundert rühmt sich, die Heimat berühmter Gestalten der Kultur zu sein, darunter der Brüder Reinis (1839–1920) und Matīss Kaudzīte (1848–1926), der Autoren von *Mērnieku laiki* (Die Zeit der Landvermesser). Dieser Roman, einer der beliebtesten Lettlands, erzählt vom Verkauf eines Landguts an arme Kleinbauern. Das Haus der Autoren ist heute das **Gebrüder-Kaudzīte-Museum**.

Umgebung: Es gibt noch andere interessante Orte in der Nähe von Vecpiebalga. Das Kārlis-Skalbe-Museum, etwa vier Kilometer entfernt, befindet sich im Sommerhaus des

Statue der Liena, der Heldin aus *Mērnieku laiki*, in Vecpiebalga

Revolutionärs und Schriftstellers Kārlis Skalbe (1878–1945). Die Straße ein Stück hinunter findet man das Janskola-Museum, das im ehemaligen Haus des Komponisten Emīls Dārziņš (1875–1910) untergebracht ist. Ausgestellt sind u.a. Werke des lettischen Dichters Janis Sudrabkalns (1894–1975).

Gebrüder-Kaudzīte-Museum
Kalna kaibēni. *6447 3037.*
Mai–Okt: tägl. 10–17 Uhr.

Alūksne 23

Straßenkarte E3. *9500.* *ab Gulbene.* *ab Cēsis.* *Pils 74, 6432 2804.* **www**.aluksne.lv

Mitglieder des Schwertbrüderordens bauten 1342 auf einer Insel im Alūksne-See eine Burg, nachdem sie die bestehende Festung zerstört hatten. Diese Burg schleiften die Schweden 1702, um sie nicht den Russen zu überlassen. In Alūksne lebte eine Zeit lang Ernst Glück (1654–1705), ein deutscher Pastor, der als Erster die Bibel ins Lettische übersetzt hat. Sein Haus ist heute das **Ernst-Glück-Bibelmuseum**.

Das Kunst- und Regionalmuseum befindet sich in dem Gutshaus, das 1861 für Baron Vietinghoff gebaut wurde. Zu sehen sind Exponate aus Regionalgeschichte, Kunst und Kunsthandwerk. Das Museum kann auch Exkursionen in die Umgebung arrangieren.

Ernst-Glück-Bibelmuseum
Pils 25a. *6432 3164.* *Mi–Sa 12–17 Uhr, So 13–17 Uhr.*

Schmalspurbahn Gulbene – Alūksne 24

Straßenkarte E3. *Eisenbahnfest (1. Sa im Sep).* **www**.banitis.lv

Diese 33 Kilometer lange Eisenbahnstrecke wird von der einzigen Schmalspurbahn Lettlands befahren. Die 90-minütige Fahrt wird unter anderem in Stāmeriena, wo es ein Schloss gibt, und in Umernieki unterbrochen.

Das **Mühlenmuseum Ates** ist der wichtigste Grund, Umernieki zu besuchen. Rund um die Mühle findet man ein Volkskundemuseum, das aus 13 Gebäuden besteht, die aus ganz Vidzeme stammen.

Mühlenmuseum Ates
Ate, Dorf Kalncempji. *2940 0393.* *Mi–Mo 9–17 Uhr.* *Erntedankfest (Sep).*

Alte sowjetische Dampflok im Bahnhof Gulbene

2000

Litauen

Litauen im Überblick

Die unberührten, hügeligen Landschaften Litauens sind mit Tausenden von Seen und einem komplexen Netzwerk aus Bächen und Füssen gesegnet. Das nacheiszeitliche Tiefland erreicht nur an wenigen Stellen die Höhe von gerade mal 200 Metern über dem Meeresspiegel. Die Osthälfte Litauens wird »Hochland« und die Westhälfte »Tiefland« genannt. Die Hauptattraktion der litauischen Küste sind die faszinierenden Sanddünen und Strände. Trotz der turbulenten Geschichte des Landes sind viele schöne historische Gebäude erhalten geblieben.

Zur Orientierung

Palanga (siehe S. 282) *ist ein beliebtes Seebad, das jeden Sommer Tausende Urlauber anlockt. Das einstige Fischerdörfchen hat sich zu einem pulsierenden Badeort mit zahlreichen Bars und Cafés entwickelt.*

Berg der Kreuze ***(siehe S. 273)***

Kloster Pažaislis ***(siehe S. 261)***

Die **Parnidis-Düne** *überragt das Fischerdorf Nida an der Kurischen Nehrung* (siehe S. 284f). *Vom Scheitel der Düne reicht der Blick über die Ostsee und das Kurische Haff südwärts bis nach Kaliningrad (Königsberg).*

◁ **Christusstatue auf dem Berg der Kreuze in West-Litauen *(siehe S. 273)***

Kernavė (siehe S. 254), *das zum UNESCO-Welterbe gehört, liegt im Tal des Flusses Neris. Die einstige Hauptstadt des Großfürstentums Litauen ist heute eine der größten Grabungsstätten im Baltikum. Das staatliche Museum, das hier 1989 gegründet wurde, ist seit 2004 ein Kulturreservat.*

Die **Kathedrale in Vilnius** (siehe S. 224f), *ein klassizistischer Bau, enthält die prunkvolle Barockkapelle St. Kasimir und eine Krypta, die Einblicke in die komplexe Geschichte Litauens gestattet.*

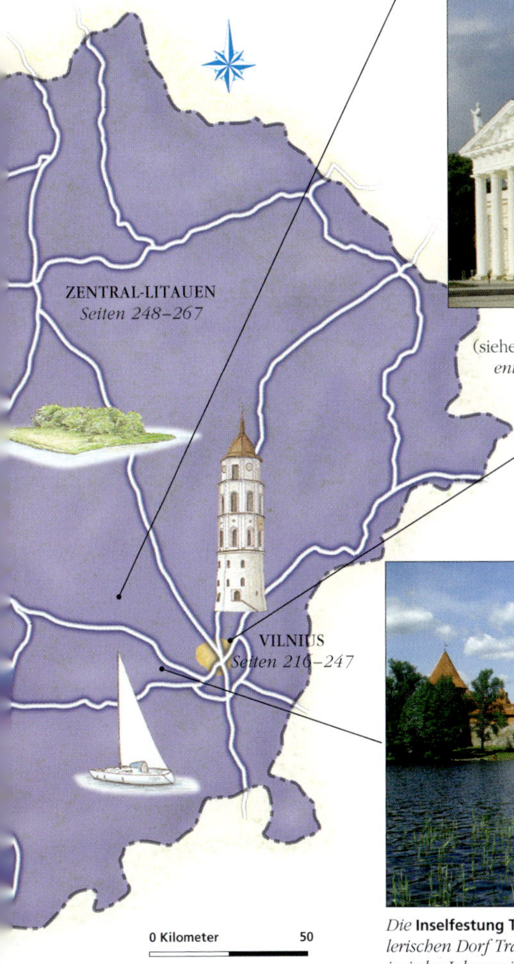

Die **Inselfestung Trakai** (siehe S. 252f) *in dem malerischen Dorf Trakai ist ein Märchenschloss, das in jeder Jahreszeit einen Tagesausflug von Vilnius aus lohnt. Auf Wunsch rundet eine Fahrt mit einer schicken Yacht oder einem Ruderboot das Erlebnis ab.*

Ein Porträt Litauens

Der größte der drei Baltenstaaten gilt mit seinen relativ einsamen Landschaften voll sauberer Seen, alter Wälder und weißer Dünen zurecht als eines der heimlichen Juwele Europas. Die Hauptstadt Vilnius (Wilna), deren Altstadt unter UNESCO-Schutz steht, verbindet atemberaubende Barockarchitektur mit den modernen Insignien einer Metropole des 21. Jahrhunderts.

Vytis, das Wappen Litauens

Litauen schlug die deutschen Invasoren 1410 in der Schlacht von Tannenberg erfolgreich zurück. Doch in den Jahrhunderten danach erlebte das Land eine Reihe heftiger Invasionen. In der jüngsten Vergangenheit folgte den beiden Weltkriegen und dem Massaker an einer der größten jüdischen Gemeinden Europas die Unterdrückung der Sowjetzeit.

Seit der Unabhängigkeit 1991 ist Litauen bemüht, seine nationale Identität wiederzugewinnen. Vilnius besitzt eine der schönsten barocken Altstädte Europas. Im ganzen Land sind herrliche Naturregionen zu Schutzgebieten mit wilder Fauna und Flora erklärt worden. Gut ausgebaute Straßen schlängeln sich durch attraktive, bemerkenswert ruhige Dörfer und Städte. Die erneuerte Volkskultur färbt jede Ecke des Landes bunt, Holzkreuze, Altäre und Schreine werden geschnitzt und die Traditionen von Volkslied und Volkstanz erforscht. Eine Flut an gedruckten und elektronischen Materialien auf Litauisch, das zum Teil dem Sanskrit verwandt ist, wurde seit der Zeit der Singenden Revolution (1987–92) publiziert. Zugleich schafft sich Litauen eine positive politische und kulturelle Rolle in der erweiterten Europäischen Union.

Weiter Blick von der Parnidis-Düne (Hohe Düne) im Nationalpark Kurische Nehrung

◁ Tanzgruppe in traditioneller Tracht bei einem Auftritt in der Universität Vilnius

Katholiken in Vilnius beim Gebet zur Jungfrau Maria

Ethnische und religiöse Identität

Litauen ist bis heute das ethnisch homogenste der drei baltischen Länder. Daran konnte auch die Industrialisierung des bis dahin landwirtschaftlich geprägten Landes in sowjetischer Zeit und die damit einhergegende massenhafte Ansiedlung von Russen und anderen Nationalitäten nichts ändern. Von seinen 3,4 Millionen Einwohnern sind 84 Prozent Litauer und nur fünf Prozent Russen sowie sechs Prozent Polen. Andere Minderheiten sind Weißrussen und Ukrainer neben wenigen Karäern. In Vilnius, der ethnisch buntesten Stadt, sind Russisch und Polnisch sehr oft zu hören.

Litauen ist streng katholisch, anders als Estland und Lettland, wo die Deutschen den Protestantismus einführten. Alle sowjetischen Bemühungen, die Religion auszumerzen, indem Kirchen zu Speichern, Kinos, Kunstgalerien und Museen gemacht, ihre Einrichtungen zerstört und die Priester in großer Zahl nach Sibirien deportiert wurden, scheiterten. Heute bekennen sich nur zehn Prozent der Litauer zu keiner religiösen Gruppe. Vilnius ist Sitz des Apostolischen Nuntius im Baltikum. Außer Katholiken gibt es im Land Russisch-Orthodoxe (fünf Prozent) und kleine Gemeinden Altgläubiger, Lutheraner und Juden.

Politik

Seit der erneuten Unabhängigkeit 1991 hat das Land zwischen linken und rechten Regierungen geschwankt, während es seinen Platz auf der internationalen Bühne zu finden suchte. Der Beitritt zur NATO und Europäischen Union 2004 war für das Baltikum von großer Bedeutung, das so dem Einfluss Russlands entzogen wurde. Seit Dezember 2007 ist Litauen zudem Mitgliedsstaat des Schengener Raums. Mit der Absetzung von Präsident Paksas wegen Korruptionsvor-

Eine litauische Volkstanzgruppe in prächtiger Nationaltracht

Präsident Valdas Adamkus vor der Kathedrale von Vilnius

würfen und Verstößen gegen die Verfassung im Jahr 2004 erreichte die öffentliche Skepsis gegenüber der Politik ihren Höhepunkt. Spätestens seit diesem Zeitpunkt wird politische Korruption rigoros bekämpft. Der zweimalige Staatspräsident Valdas Adamkus erfreut sind im In- und Ausland höhster Wertschätzung.

Wirtschaft

Die litauische Wirtschaft wächst mit am schnellsten in Europa. Ein dynamischer privater Sektor nutzt verstärkt Nischenindustrien wie Laseroptik und Biotechnologie, aber auch Schlüsselindustrien wie z. B. Bau und Energie. Litauische Laser- und Biotechfirmen gehören zu den stärksten in Europa. Litauens umsatzstärkstes Unternehmen ist die Erdölgesellschaft Mažeikių Nafta nahe Mažeikiai. Das sowjetische Atomkraftwerk Ignalina wird stillgelegt, aber wahrscheinlich wird ein neues gebaut, um die Abhängigkeit von russischer Energie zu mindern.

Die Landwirtschaft wurde nach 1991 schnell privatisiert und mit der EU-Mitgliedschaft kräftig subventioniert. Das hat einen Großteil des Landes produktiver gemacht, hatte aber negativ zur Folge, dass große Landflächen brach liegen und ländliche Armut weit verbreitet ist. Dehalb wird nun verstärkt in zukunftsträchtige Industrien wie dem Tourismus investiert. Viele kleine Bauernhöfe sind erfolgreich in attraktive Landsitze im Sinne des Agrotourismus umgewandelt worden.

Heutiges Leben

Auf ihr reiches Kulturleben sind die Litauer sehr stolz. Die vielen Galerien in den großen und kleinen Städten zeigen, wie wichtig Kunst und Kultur für das Land sind. An den Wänden vieler Haushalte hängen echte Bilder statt gerahmter Reproduktionen. Künstler wie M. K. Čiurlionis und die Malerin und Dichterin Jurga Ivanauskaitė haben ihr Können in mehr als einem Medium bewiesen. Sinfonien, Kammermusik, Ballette und Opern werden regelmäßig im ganzen Land aufgeführt. Auf der Bühne ist die dunkle, postindustrielle Version des *Hamlet* von dem gefeierten Regisseur Eimuntas Nekrošius eine der beliebtesten Produktionen.

Obwohl Litauen im Sport Sieger wie den Diskuswerfer Virgilijus Alekna und die Eistänzerin Margarita Drobiazko hervorgebracht hat, ist das Land vor allem von Basketball besessen. Während Žalgiris, das Team aus Kaunas, die heimische Szene beherrscht, hat die litauische Basketball-Olympiamannschaft das Land in aller Welt bekannt gemacht.

Euroleague-Basketballmatch im Jahr 2006

Das Jahr in Litauen

Die Litauer feiern eine Menge Feste, in denen sich Tradition und Volkskultur mit archaischen und katholischen Ritualen mischen. Die meisten gibt es im Sommer, wenn nach Monaten winterlicher Finsternis das Land mit Musik, Tanz und allen möglichen Festivals zum Leben erwacht. Die Musik steht im Zentrum der meisten Feste des Landes. Von Klassik, Jazz und Blues bis zu elektronischer und Avantgardemusik ist alles zu hören. Weihnachten ist meist verschneit, aber das hindert den Spaß nicht, der in den Silvesterfeten den Höhepunkt erreicht. Neben den alljährlichen traditionellen Festen werden eine ganze Reihe von Gedenktagen begangen.

Litauischer Bandoneonspieler

Der Kaziukas-Markt wird jedes Jahr am Tag des hl. Kasimir abgehalten

Frühling

Der Frühling wird mit Festen begrüßt. Das wärmere Wetter weckt das Land zu einer neuen Saison von Märkten und Festivals.

März

Kaziukas-Markt *(4. März)*, Vilnius. Mit einem traditionellen Kunsthandwerksmarkt begeht das Land den Tag des hl. Kasimir.

Cinema Spring *(Ende März–Anf. Apr)*, Vilnius. Eines der größten Filmfestivals im Baltikum mit den besten ausländischen Filmen des Jahres, die meist mit englischen Untertiteln gezeigt werden.

April

Jauna Muzika, Vilnius. Ein Festival neuer elektronischer Musik, oft mit jungen Chören und Solisten.

Kaunas Jazz *(Ende Apr)*. Eines der besten internationalen Jazzfestivals Litauens.

Mai

New Baltic Dance *(Anf. Mai)*, Vilnius und Klaipėda. Modernes Ballett und Rahmenveranstaltungen zum Thema.

Poetry Spring, Vilnius. Internationales Lyrikfestival, alljährlich das größte literarische Ereignis in Litauen.

Stadtfest Kaunas *(20. Mai)*. Ein Volkskunst-Jahrmarkt mit Konzerten, Rummel und Feuerwerk.

Litauer in Nationaltracht beim Stadtfest in Kaunas

Sommer

Der schwüle litauische Sommer regt zu großen Festen an. Klassische Musik herrscht an den Abenden vor. Es gibt auch Jazz und Blues.

Juni

Kuhschwimmfest, Nationalpark Aukštaitija. Ein schrulliger Brauch, bei dem Einheimische zusehen, wie bekränzte Kühe in einen See getrieben werden und zum anderen Ufer schwimmen.

Mittelalterfest, Trakai. Ritterkämpfe mit Schwert und Streitaxt sind die umjubelten Highlights des Festes.

Joninės *(24. Juni)*. Die Sommersonnenwende wird in ganz Litauen am Johannistag gefeiert. Das Fest heißt auch Rasos, »vom Tau«, wegen der Heilkraft des Morgentaus.

Pažaislis-Musikfestival *(Juni–Aug)*, Kaunas. Konzerte im barocken Pažaislis-Kloster und an anderen Orten.

Juli

Christopherus-Sommerfestival *(Juli–Aug)*, Vilnius. Ein vergnügliches Musikfestival mit Klassik und Jazz an Orten in der ganzen Stadt.

Staatsgründungstag *(6. Juli)*. Festlichkeiten allerorts zum nationalen Feiertag, der an die Krönung von König Mindaugas erinnert.

Bluesnächte am Lukstas-See mit Blues- und Jazzgrößen vor der Kulisse des einsamen Lukstas-Sees.

Wachen am Staatsgründungstag vor dem Präsidentenpalast in Vilnius

Meeresfest *(Ende Juli)*, Klaipėda. Karneval als Ausdruck der Freiheit der Meere.

August

Christopherus-Gitarren, Vilnius. Festival mit klassischer Gitarrenmusik und Flamenco als Highlight.
Mėnuo Juodaragis *(Ende Aug)*. »Schwarzer gehörnter Mond« heißt dieses jährliche Folk-, Metal- und Electronik-Musikfestival, dessen Ort alle drei Jahre wechselt.
Hauptstadttage *(Ende Aug–Sep)*, Vilnius. Auftritt aller Künste. Die Gedimino-Straße birst von Kunsthandwerks- und Fressalienbuden. Plätze im Stadtzentrum werden zu Rock- und Pop-Bühnen.

Herbst

Der Herbst in Litauen ist kurz und optisch ein Genuss. Aber es gibt weniger Veranstaltungen.

September

Sirenos Theater-Festival *(Sept–Okt)*, Vilnius. Arbeiten internationaler und litauischer Theaterleute.
Pilzfest *(Ende Sep)*, Varėna. Das einzige traditionelle den Pilzen gewidmete Fest in Europa.
Feuerskulpturen-Festival *(21.–23. Sep)*. Das Festival feiert Großfürst Gediminas und die Herbst-Tagundnachtgleiche. Nachts werden Strohfiguren entzündet.

Oktober

Internationales Festival des modernen Tanzes *(Anf. Okt)*, Kaunas. Zum Festival des zeitgenössischen Tanzes kommen die besten Tänzer aus der ganzen Welt.
Vilnius Jazz *(Mitte Okt)*. Jazz und Blues werden auf diesem Festival von zahlreichen litauischen Musikern und Sängern sowie ausländischen Gästen dargeboten.

Musiker beim Festival Vilnius Jazz

Winter

Litauen sieht im Winter herrlich aus. Oft ist das Land völlig verschneit. Die Kälte kann die festliche Stimmung nicht trüben.

November

Scanorama *(Mitte Nov)*, Vilnius. Dieses Festival bietet zehn Tage lang skandinavische Filme in den Multiplexkinos der Hauptstadt.

Dezember

Weihnachten *(24.–26. Dez)*. Das Fest kulminiert bei vielen Litauern in einem fleischlosen 12-Gänge-Menue am Heiligen Abend. Der Weihnachtstag wird mit einer Messe und Konzerten gefeiert.
Silvester *(31. Dez)*. Feiern und Partys im ganzen Land, und um Punkt Mitternacht erleuchten Feuerwerke den nächtlichen Himmel.

Januar

Epiphanias *(6. Jan)*, Vilnius. Kurz nach Neujahr windet sich ein bunter Aufzug der Heiligen Drei Könige durch die Straßen der Altstadt.

Februar

Užgavėnės *(Mitte Feb)*. In ganz Litauen maskiert man sich als Hexen, Teufel und Ziegen und feiert bei herzerfrischend gutem Essen den Abschied vom Winter.

Feiertage

Neujahr *(1. Jan)*
Unabhängigkeitstag *(16. Feb)*
Wiedererlangung der Unabhängigkeit *(11. März)*
Ostern *(März/April)*
Tag der Arbeit *(1. Mai)*
Johannisnacht *(23./24. Juni)*
Joninės *(24. Jun)*
Staatsgründung *(6. Juli)*
Mariä Himmelfahrt *(15. Aug)*
Allerheiligen *(1. Nov)*
Weihnachten *(24.–26. Dez)*

Die Geschichte Litauens

Das Fürstentum Litauen wurde im 14. Jahrhundert zu einer osteuropäischen Großmacht. Ab dem 15. Jahrhundert wuchs der polnische Einfluss, 1795 geriet das Land unter russische Herrschaft. Die lange Besetzung des Landes weckte das Nationalgefühl im Volk. Eine unabhängige Republik, die es schon kurz zwischen den beiden Weltkriegen gegeben hatte, wurde endlich 1991 gegründet.

Zu Anfang des 13. Jahrhunderts begannen litauische Stämme, wie die Samogiten im Westen und die Aukštaiten im Osten, sich gegen die regelmäßigen Einfälle der deutschen Kreuzritter zu verbünden. Die Angriffe wurden immer brutaler, bis die mutigen Samogiten unter Fürst Mindaugas die Schwertbrüder in der Schlacht von Schaulen 1236 besiegten.

Siegel der deutschen Kreuzritter aus dem 13. Jahrhundert

Großfürstentum Litauen

Fürst Mindaugas (reg. 1235–1263), der seine Machtbasis in Aukštaitija rasch erweiterte, einte die baltischen Stämme im Jahr 1240 und krönte sich 1253 zum König. Sein Bekenntnis zum Christentum, um die Kreuzritter zu besänftigen, brachte die Samogiten auf, die ihn ermordeten und sein Land an sich brachten. Zu Beginn des 14. Jahrhunderts kehrten viele Kreuzritter aus dem Nahen Osten heim und schlossen sich dem Kampf gegen das Großfürstentum Litauen *(siehe S. 212f)* an, in dem eine von Fürst Gediminas (reg. 1316–1341) gegründete Dynastie herrschte. Die Kreuzritter besetzten das Land 100 Jahre lang, bis sie von den vereinten Armeen Litauens und Polens 1410 in der Schlacht von Tannenberg (Žalgiris) entscheidend geschlagen wurden.

Polnisch-litauische Union

Großfürst Jogaila (reg. 1362–1434) heiratete 1386 Jadwiga von Polen und wurde Christ, was in den Jahren danach zu Massentaufen in ganz Litauen führte. Die Heirat begründete die pol-

***Vertrag von Lublin*, Gemälde von Jan Matejko (1838–1893)**

Zeitskala

König Mindaugas (etwa 1203–1263)

1236 Sieg der Samogiten in der Schlacht von Schaulen

1240 Fürst Mindaugas eint Litauen

1253 Fürst Mindaugas gekrönt

1316 Gediminas besteigt den Thron

1382 Kreuzritter erobern Samogitien

1386 Litauen und Polen vereinigt

1392 Großfürstentum Litauen reicht bis ans Schwarze Meer

1410 Schlacht von Tannenberg (Žalgiris) vernichtet den Deutschritterorden

1200 | 1300 | 1400

nisch-litauische Allianz, die Jahrhunderte andauerte. Sie erwies sich als besonders wirkungsvolles Bollwerk gegen Feinde im Westen und im Osten. Unter Großfürst Vytautas (reg. 1401–1430) dehnte Litauen seinen Machtbereich von der Ostsee bis zum Schwarzen Meer aus. Die ganze erste Hälfte des 16. Jahrhunderts hindurch zwang jedoch das militante Russland zu einer stärkeren Union zwischen Litauen und Polen, die schließlich 1569 im Vertrag von Lublin geschlossen wurde. Die Realunion, die daraus folgte, dauerte länger als 200 Jahre.

Kachelbildnis des Großfürsten Vytautas

Niedergang der Union

Nach dem Tod von Sigismund August (reg. 1548–1572), der ohne Erben starb, wurde die Position des Großfürsten von Litauen und Königs von Polen vom allmächtigen Adel per Wahl vergeben. Warschau, auf halber Strecke zwischen den alten Hauptstädten Vilnius und Krakau gelegen, wurde neue Residenz. Stefan Báthory (1533–1586) war eines der erfolgreichsten dieser gewählten Staatsoberhäupter. Er gründete die Universität Vilnius und führte umfassende Heeres- und Rechtsreformen durch. Im Livländischen Krieg *(siehe S. 33)* zog er erfolgreich gegen die Russen zu Felde und brachte 1582 Livland wieder unter seine Kontrolle.

In der Union baute Polen seine Vormachtstellung über den litauischen Adel aus. Das litauische Bürgertum dagegen wurde aller seiner politischen Rechte inklusive des Rechts, Land zu besitzen, beraubt, während die Bauern in die Leibeigenschaft gezwungen und mit schweren Strafen für den Fall ihrer Flucht bedroht wurden.

Mit Missherrschaft in Warschau, Pest und Bränden in Vilnius und einer verhängnisvollen russischen Invasion 1655 war das 17. Jahrhundert für Litauen eine Katastrophe. Von einer Reihe unfähiger Herrscher und Adliger regiert, die entweder absichtlich spalterisch oder an Staatsdingen schlicht uninteressiert waren, wurde die immer schwächer werdende Union im 18. Jahrhundert für Russland zu wenig mehr als einem Spielball. In den ersten beiden Teilungen Polens 1772 und 1793 fielen Gebiete an Russland, Preußen und Österreich. Litauische Patrioten wehrten sich vergeblich gegen die Übernahme. Einen der gescheiterten Aufstände führte Jokūbas Jasinskis (1761–1794) an. Bei der letzten Teilung der Union 1795 fiel Litauen an Russland, das restliche Polen ging an Österreich und Preußen.

***Russen huldigen Stefan Báthory*, Gemälde von Jan Matejko**

1568 Jesuiten gründen eine Akademie in Vilnius

1569 Vertrag von Lublin schafft polnisch-litauische Adelsrepublik

1579 Vilnius' Akademie erhält den Status einer Universität

1600

1655 Russische Armee plündert Vilnius

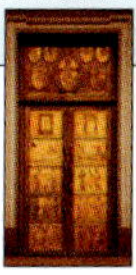

Bronzetür der Universitätsbibliothek Vilnius

1700

1772 Erste Teilung Litauen-Polens

Wappen der polnisch-litauischen Adelsrepublik

1793 Zweite Teilung Litauen-Polens

1795 Letzte Teilung Litauen-Polens

1800

Großfürstentum Litauen

Königssiegel von Vytautas

Das Großfürstentum Litauen, im 13. Jahrhundert von Fürst Mindaugas gegründet und im 14. Jahrhundert von Großfürst Gediminas gestärkt, erreichte unter Vytautas seine größte Ausdehnung. Das ursprünglich defensive Militärbündnis weitete sich rasch ost- und südwärts aus und nahm bald große Teile der heutigen Staaten Weißrussland und Ukraine in sich auf. Es wurde in Vilnius von einer militärischen Klasse regiert, die später zum privilegierten Adel wurde. Vilnius erblühte als Zentrum der Kultur und Architektur.

LEGENDE

Litauen unter Vytautas

SCHLACHT VON TANNENBERG

Nichts stellt Litauen auf der Höhe seiner Macht so eindringlich dar, wie Jan Matejkos Meisterwerk von 1878. Vytautas den Großen sieht man in der Mitte siegreich in der Schlacht von Tannenberg (Žalgiris) 1410 gegen die Kreuzritter. Die Ritter wurden von den Armeen Litauens und Polens, die von Vytautas bzw. König Jogaila angeführt wurden, entscheidend geschlagen.

Großfürst Gediminas (1275–1341) *vergrößerte das Fürstentum, verlegte die Hauptstadt nach Vilnius und baute eine Reihe mächtiger Burgen.*

Albrechtas Radvila (1595–1656), *Spross einer langen Reihe einflussreicher Adliger, regierte das Großfürstentum als Großkanzler Litauens in der polnisch-litauischen Union.*

Großfürst Vytautas (1350–1430), *hier in einem Porträt des 17. Jahrhunderts, wird heute als Nationalheld verehrt. Unter seiner Herrschaft erreichte das Großfürstentum seine größte Ausdehnung und erstreckte sich von der Ostsee bis zum Schwarzen Meer.*

Fliese, 16. Jahrhundert

Münze, 16. Jahrhundert

Aus der Tiefe der Jahrhunderte

Zu den Dingen, die man bei Ausgrabungen auf dem Areal des Königlichen Palastes in Vilnius fand, zählen dekorative Fliesen, Münzen und herrlich gearbeiteter Schmuck. Fliesen und Münzen sind aus dem 16., einiges vom Schmuck aus dem 14. Jahrhundert. Sobald die Palastrekonstruktion beendet ist, werden die Funde wahrscheinlich ausgestellt.

Die **Universität Vilnius**, *von Jesuiten 1568 als Akademie gegründet, wurde elf Jahre später von Stefan Báthory (1533–1586), dem Großfürsten von Litauen und König von Polen, zur Universität erhoben.*

Großfürst Vytautas

Das Marienbildnis *im Tor der Morgenröte in Vilnius ist ein schönes Beispiel für die religiöse Malerei jener Zeit. Es war um 1620 auf eine Eichentafel gemalt worden.*

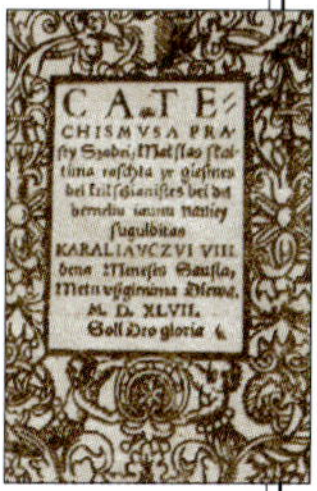
CATE-
CHISMVSA PRA-
KARALIAVCZVI VIII.
M. D. XLVII.
Soli Deo gloria

Das erste gedruckte Buch auf Litauisch *war der* Katechismus *(1547) von Martynas Mažvydas, der in Litauen in einer Zeit erschien, als Polnisch die bevorzugte Sprache des Adels war. Das Buch fand großen Anklang bei der bäuerlichen Bevölkerung.*

Die Christianisierung Litauens *fand 1387 statt, nach der Union von Litauen und Polen. Doch im Gegensatz zu der dramatischen Massenkonversion, wie sie Jan Matejko im 19. Jahrhundert darstellte, blieben große Teile Litauens bis ins 16. Jahrhundert nichtchristlich.*

Napoléons Große Armee überquert 1812 die Memel (Nemunas)

Russische Zarenherrschaft

Über 120 Jahre Besetzung folgten der Teilung Polens, wobei ein Großteil des einstigen Großfürstentums Litauen in das Russische Reich aufging. Verdeckter Widerstand brodelte jedoch ständig. Hoffnungen auf Unabhängigkeit erwachten, als im Juni 1812 Napoléon durch Kaunas und Vilnius zog. Doch sie zerbrachen sechs Monate später, als die demoralisierten Soldaten der Großen Armee von Moskau auf dem Rückzug durch Vilnius kamen.

Präsident Antanas Smetona (reg. 1926–40)

Als ein Aufstand vor allem des Landadels 1831 scheiterte, griff Russland zu Unterdrückungsmaßnahmen wie der Schließung der Universität Vilnius und zwangsweise Nutzung des Russischen an litauischen Schulen. Eine noch härtere Unterdrückung folgte einem Aufstand 1863, wobei mehr als 100 Aufständische gefangen genommen und gehenkt, andere nach Sibirien deportiert wurden. Die Russifizierung des ganzens Landes folgte, wozu die bewusste Tilgung aller Spuren eines traditionellen Litauen gehörte. Katholische Kirchen wurden in orthodoxe umgewandelt, und litauische Bücher in lateinischer Schrift verboten. Aber Sprache und Identität erhielt man dadurch am Leben, dass Bücher aus Ostpreußen eingeschmuggelt und die ersten litauischen Zeitungen, *Aušra* (Morgenröte) und *Varpas* (Glocke) gedruckt und in Umlauf gebracht wurden.

Erste Unabhängigkeit

Das Chaos des Ersten Weltkriegs und der Revolution von 1917 hatten Russland geschwächt. Litauen nutzte die Lage und erklärte am 16. Februar 1918 in Vilnius seine Unabhängigkeit. Die internationale Anerkennung ließ auf sich warten. Im Oktober 1920 schickte Józef Piłsudski (1867–1935), der nationalistische Staatschef Polens, das ebenfalls 1918 seine Unabhängigkeit erlangt hatte, Truppen, um Vilnius zu besetzen. Die litauische Regierung war so gezwungen, sich in Kaunas neu zu formieren. Vilnius war zweifellos Litauens historische Hauptstadt, aber inzwischen war fast die Häfte ihrer Bevölkerung jüdisch, während die andere Hälfte nur Polnisch sprach. Kaunas wurde daher zur provisorischen Hauptstadt Litauens erklärt, was es bis zum Jahr 1939 blieb. Das unter französischer Verwaltung stehende Memelland besetzten und annektierten 1923 litauische Freischärler, Memel wurde in Klaipėda umbenannt.

Zeitskala

Dr. Jonas Basanavičius, einer der Unterzeichner der litauischen Unabhängigkeitserklärung

1812 Napoléons Vormarsch und verheerender Rückzug

1815

1831 Aufstand gegen Zarenherrschaft

1832 Russen schließen Universität Vilnius

1855

1863 Litauische Aufständische von Russland verfolgt

1866 Verbot litauischer Bücher mit lateinischer Schrift; 40 Jahre Bücherschmuggel aus Ostpreußen beginnen

1895

1918 Lita erklärt s Unabhängig

Hitler zieht 1939 in Klaipėda ein

Zwischen 1926 und 1940 wurde Litauen von dem autoritären Antanas Smetona regiert. Für die Litauer war das eine Zeit wachsenden Wohlstands, da der Export boomte. Doch es waren unsichere Zeiten, da Deutschland und Russland von beiden Seiten drohten. Klaipėda wurde 1939 von den Deutschen erneut eingenommen, die Rote Armee besetzte nach einem Ultimatum aus Moskau 1940 den Rest des Landes. Dort gab es Massendeportationen und grauenhafte Massaker. Der Terror setzte sich unter den Nazis fort, die im Juni 1941 die Operation Barbarossa starteten, die Codebezeichnung für die Invasion der Sowjetunion. Etwa 200 000 Menschen, meistens Juden, wurden aus praktisch jeder Ortschaft herausgetrieben und hingerichtet. 1944 stieß die Rote Armee mit ihrer baltischen Offensive durch Litauen vor. Im Lauf der nächsten zehn Jahre schickten die Sowjets zwischen 120 000 und 300 000 Menschen in die sibirischen Lager. Ein mutiger, aber vergeblicher Partisanenkampf wurde bis in die frühen 1950er Jahre aus den litauischen Wäldern geführt.

Republik Litauen

1988 gründete eine Gruppe Intellektueller, durch die größere Offenheit der Reformen des sowjetischen Generalsekretärs Michail Gorbatschow ermutigt, die Reformbewegung Sąjūdis, um Demonstrationen, die im Jahr zuvor begonnen hatten, öffentlich zu unterstützen. Friedliche Proteste nahmen zu. Am 11. März 1990 erklärte Litauen als erste der Sowjetrepubliken seine Unabhängigkeit. Im Januar 1991 stürmten sowjetische Truppen und Panzer den Fernsehturm von Vilnius, töteten 14 unbewaffnete Zivilisten und verletzten 700 von ihnen.

Im August 1991 bescherte das Scheitern des Putsches in Moskau Litauen die Freiheit. Die erste Präsidentenwahl brachte Algirdas Brazauskas an die Macht. Jahre wirtschaftlicher Not und steigender Arbeitslosigkeit folgten. Litauen trat 2004 der Europäischen Union und der NATO bei. Seit Dezember 2007 gehört die junge Demokratie auch zum Schengener Raum.

Eine Unabhängigkeitskundgebung 1989 in Kaunas

räsident na kommt Macht

1935

1939 Hitler-Stalin-Pakt bringt Litauen unter sowjetische Kontrolle

1941 Nazi-Operation »Barbarossa« beginnt

1944 Sowjets erobern Litauen zurück

1955 Partisanenkrieg gegen sowjetische Besetzung ebbt ab

1975

1988 Reformbewegung Sąjūdis gegründet

Fernsehturm Vilnius

1990 Verkündung der Unabhängigkeit

1991 Blutiger Angriff auf Fernsehturm in Vilnius

2004 Litauen tritt der NATO bei und wird Mitglied der EU

2007 Litauen tritt dem Schengener Abkommen bei

2015

VILNIUS

Die Europäische Kulturhauptstadt 2009 bietet ihren Besuchern eine wunderschöne Altstadt, in deren Klöstern und Kirchen sich Gotik und Klassizismus mit atemberaubendem Spätbarock mischen. Überall findet man einladende Straßencafés und reizende Läden – Vilnius ist ein architektonisches Gesamtkunstwerk, das zurecht seit 1994 zum UNESCO-Welterbe zählt.

Vilnius hat sich nicht zuletzt wegen seiner isolierten Lage einen ganz eigenen Charakter bewahrt. Das Auf und Ab der Geschichte hat ihm zugleich mehr multikulturelles Flair verliehen als den anderen Städten des Landes.

Die früheste Erwähnung der Stadt findet sich in einem Brief des Großfürsten Gediminas von 1323, in dem er deutsche Städter einlädt, sich hier niederzulassen, und ihnen Steuerfreiheit und andere Rechte verspricht. Während der baltischen Kreuzzüge hatte Vilnius viele Angriffe zu erdulden. Im 14. Jahrhundert war es Kapitale eines Reichs geworden, das von der Ostsee bis zum Schwarzen Meer reichte. In der polnisch-litauischen Union wurde Vilnius wieder zur Provinzstadt, aber nach einer Zeit katastrophaler Invasionen und Brände zwischen Anfang des 17. und Mitte des 18. Jahrhunderts wurde die Stadt in dem opulenten Barockstil wiederaufgebaut, der heute für sie typisch ist.

1918 war Vilnius für ein Jahr erneut Hauptstadt Litauens. Nach der Besetzung durch Polen und dem Umzug der Regierung nach Kaunas wurde die Stadt wirtschaftlich bedeutungslos, bis die Sowjets sie 1939 einnahmen. Im Zweiten Weltkrieg wurde Vilnius zerstört und der Großteil seiner jüdischen Bevölkerung ermordet. Doch in der nachfolgenden Sowjetzeit expandierte die Stadt.

Inzwischen hat sich Vilnius aus einer verschlafenen Provinzstadt in eine europäische Metropole mit exquisiten Läden, Restaurants und einem pulsierenden Nachtleben verwandelt. Mit seiner Universität, dem Rathausplatz und vielen Kirchen hat Vilnius sich seinen Charme bewahrt.

Deckenbild von Antanas Kmieliauskas in der Universitätsbuchhandlung Littera

◁ **Die Bernhardinerkirche erhebt sich zwischen der St. Annakirche und der Statue Adam Mickiewicz'** ***(siehe S. 228)***

Überblick: Vilnius

Die Altstadt von Vilnius (dt. Wilna) ist zwar eine der größten Europas, dennoch ist sie überraschend kompakt und kann mühelos zu Fuß erkundet werden. Zwei der besten Orte, um eine Tour durch die Altstadt und ihre barocken Schätze zu beginnen, sind die Kathedrale im Norden und das Tor der Morgenröte im Süden. Gedimino prospektas, die Haupteinkaufsstraße mit dem KGB-Museum, verläuft vom Kathedralenplatz nach Westen, während die St. Annakirche unmittelbar östlich der Altstadt steht. Von Vilnius aus kann man auch sehr gut Touren nach Zentral-Litauen unternehmen.

Straßencafés an der kopfsteingepflasterten Pilies gatvė, Altstadt

Sehenswürdigkeiten auf einen Blick

Kirchen
Bernhardinerkirche 16
Dominikanerkirche 33
Franziskanerkirche 32
Heiliggeistkirche 26
Katharinenkirche 34
Kathedrale S. 224f 8
Kirche der hl. Paraskeva 5
Kirche der hl. Theresa 27
Nikolaikirche 31
Orthodoxe Muttergotteskirche 15
Orthodoxe St. Nikolauskirche 20
St. Annakirche 17
St. Johannis 2
St. Kasimirkirche 24
St. Michaeliskirche 18

Museen und Sammlungen
Čiurlionis-Haus 21
Holocaustmuseum 38
Jüdisches Museum 37
Kazys-Varnelis-Museum 29
KGB-Museum 40
Kunstgewerbemuseum 13
Litauisches Nationalmuseum 12
Mickiewicz-Museum 19
Museum für Theater, Musik und Film 35
Šlapelis-Museum 7
Städtische Gemäldegalerie 4
Zentrum für zeitgenössische Kunst 23

Andere Sehenswürdigkeiten
Artilleriebastion 30
Basiliustor 25
Berg der drei Kreuze 14
Frank-Zappa-Denkmal 39
Haus der Unterzeichner 6
Kathedralenplatz 9
Obere Burg 11
Präsidentenpalast 3
Radvila-Palais 36
Rathausplatz 22
Tor der Morgenröte 28
Universität 1
Untere Burg 10

Siehe auch

- ***Übernachten*** S. 308–310
- ***Restaurants*** S. 338–340

Legende

- Detailkarte *siehe S. 220f*
- Detailkarte *siehe S. 230f*
- Bahnhof
- Busbahnhof
- Information
- Post
- Krankenhaus
- Kirche

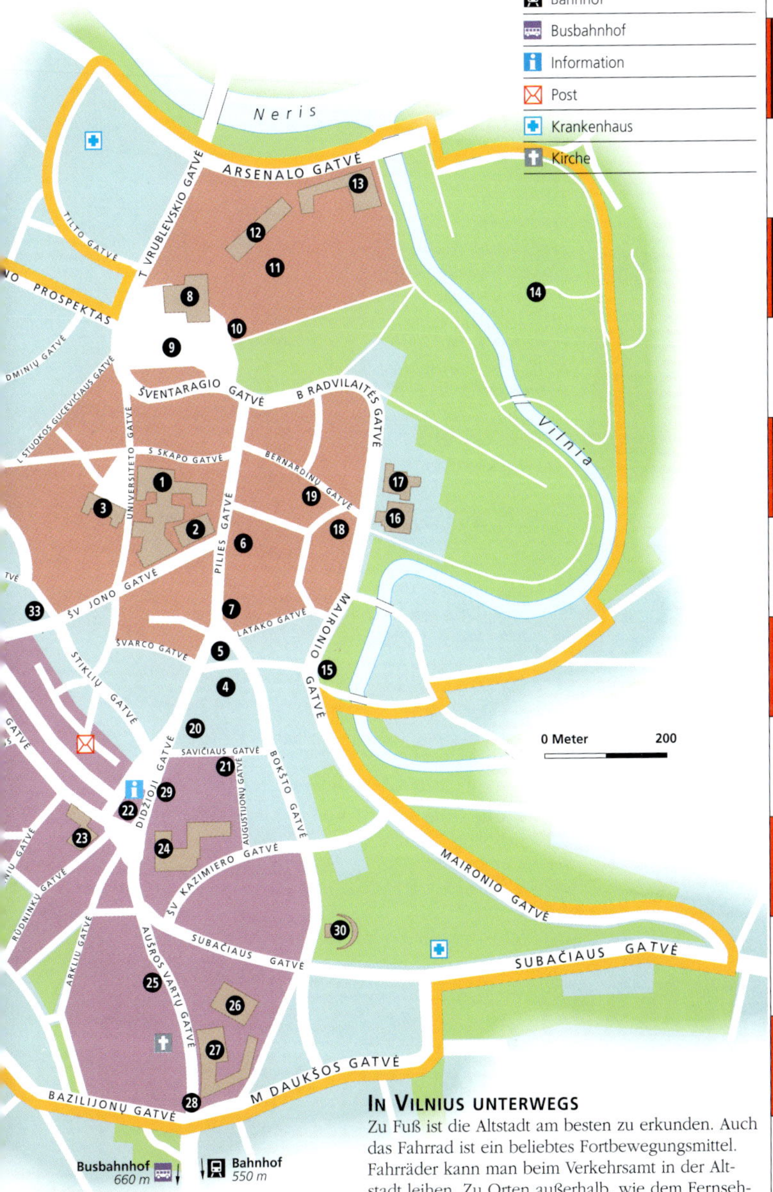

In Vilnius unterwegs

Zu Fuß ist die Altstadt am besten zu erkunden. Auch das Fahrrad ist ein beliebtes Fortbewegungsmittel. Fahrräder kann man beim Verkehrsamt in der Altstadt leihen. Zu Orten außerhalb, wie dem Fernsehturm und dem Puškin-Museum, kommt man per Bus oder Trolleybus, aber andere, wie z. B. Schloss Verkiai, erreicht man einfacher per Auto oder Taxi.

Im Detail: Pilies gatvė und Universität

Legende

- - - Routenempfehlung

Enge Gassen, versteckte Höfe und einige der schönsten Bauten der Altstadt machen es zum Vergnügen, in der Pilies gatvė und der nahen Universität umherzustreifen. Die 550 Jahre alte Universität ist eine der ältesten Osteuropas. Im Sommer stellen die Cafés und Restaurants ihre Tische auf die Gassen. Souvenirläden bieten Bernstein und anderes Interessantes feil. Die Häuser drumherum sind Zeugen der langen, bewegten Geschichte der Stadt.

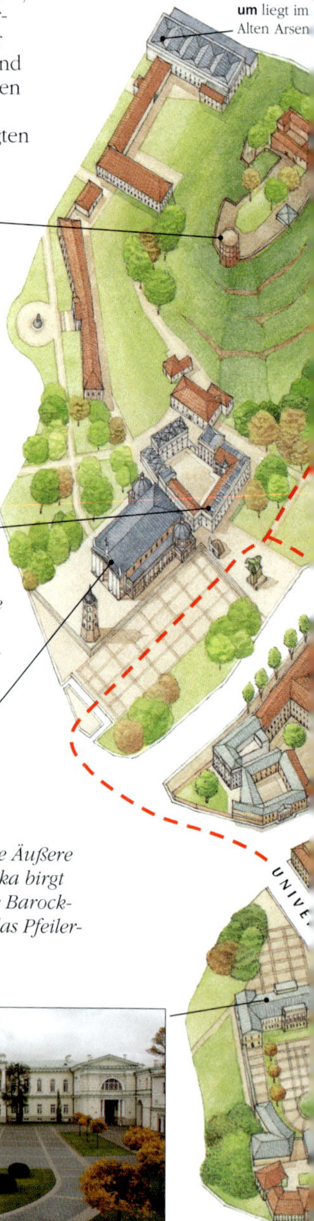

Obere Burg
Die beste optische Einführung in die Stadt erhält man von der Aussichtsplattform des letzten erhaltenen Turms der Burg. Die litauische Fahne wurde hier in den Jahren 1919 und 1988 gehisst. ⓫

Königspalast
Die einstige Hauptresidenz der Großfürsten, auch Untere Burg genannt, war lange Zeit das politische und kulturelle Herz Litauens. ❿

Kathedrale
Das strenge klassizistische Äußere von Litauens Hauptbasilika birgt strahlende Juwele wie die Barockkapelle St. Kasimir und das Pfeilerlabyrinth der Krypta. ❽

Präsidentenpalast
Der ehemalige Bischofspalast (14. Jh.) hatte viele historische Persönlichkeiten zu Gast. 1997 wurde er Präsidentenpalast. ❸

Nicht versäumen

★ Pilies gatvė

★ Universität

★ Pilies gatvė
Die Pilies mit Blick auf die Obere Burg ist eine der ältesten Straßen der Stadt. Einst war sie Vilnius' Handelszentrum. Heute ist sie bei Besuchern beliebt, die nach Bernstein und anderen regionalen Erzeugnissen suchen.

St. Annenkirche
Die spätgotische Backsteinkirche fiel Napoléons Soldateska zum Opfer, die sie 1812 zu ihrer Kaserne machten. Glücklicherweise hat die prächtige Fassade die Turbulenzen der Jahrhunderte überstanden. ⓱

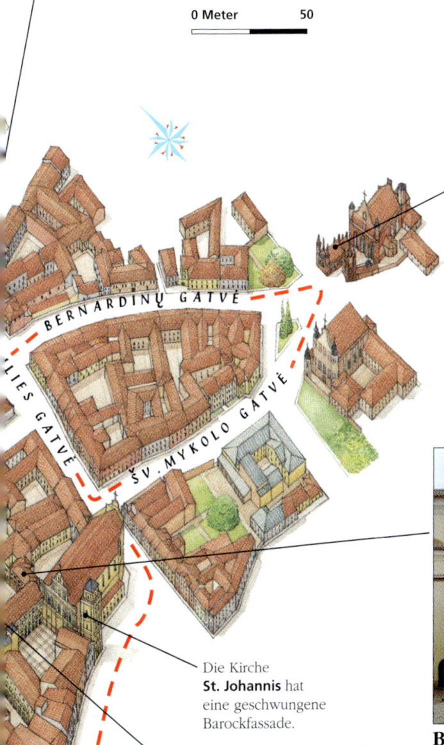

Die Kirche **St. Johannis** hat eine geschwungene Barockfassade.

Buchhandlung Littera
Die bezaubernd ausgemalte Buchhandlung am Ostrand des Sarbievijaus-Hofs der Universität verkauft auch Universitäts-Souvenirs.

★ Universität
Litauens größte Universität nimmt einen erheblichen Teil der Altstadt ein. Sie besitzt 13 Höfe und Bauten in vielen Stilrichtungen. ❶

Universität ❶

Vilniaus universitetas

Universiteto 3. **Stadtplan** 2 D3. *268 7001.* *Mo–Sa 10–17.30 Uhr.* *Voranmeldung unter 268 7298.* **www**.vu.lt

Die älteste Universität in Osteuropa wurde 1568 als Jesuitenkolleg gegründet, bevor sie 1579 zur Hochschule wurde. Das heutige Universitätsgelände, das zwischen dem 16. und 18. Jahrhundert entstand, zeigt eine Mischung verschiedener architektonischer Stile.

Der eindrucksvollste ihrer 13 Höfe, der Große Hof, zeigt offene Arkadengänge aus dem 17. Jahrhundert, die später mit Inschriften für Professoren versehen wurden. Der Observatoriumshof, in den man durch einen Gang von der Westseite des Großen Hofes gelangt, ist dagegen ein stiller umfriedeter Garten, von dem aus man das Observatorium und seine Sternzeichen sehen kann.

Nördlich des Großen Hofs liegt der Sarbievijaus-Hof, der älteste Teil der Universität. An seinem anderen Ende findet man die Buchhandlung **Littera**. Professoren und Studenten karikierende Fresken im Inneren der Buchhandlung wurden 1978 von Antanas Kmieliauskas (geb. 1932) gemalt.

Fassade von St. Johannis mit angrenzendem Glockenturm

St. Johannis ❷

Šv Jono bažnyčia

Universiteto 3/Šv Jono 12. **Stadtplan** 2 D3. *611 795.* *Mo–Sa 10–17 Uhr.* *Mo–Sa 18 Uhr, So 11 Uhr.*

Am Südrand des Campus beherrschen die eindrucksvolle, St. Johannis dem Täufer und dem Evangelisten Johannes geweihte Kirche und ihr separater Glockenturm den Großen Hof. Die ursprünglich gotische Kirche (1426) wurde 1749 von Jan Krzysztof Glaubitz *(siehe S. 233)* barock umgestaltet. Die zehn herrlichen Altäre aus Stuckmarmor mit korinthischen Säulen verleihen dem sonst strengen Inneren viel Glanz. Ursprünglich gab es 22 Säulen, die großteils bei Umbauten im 19. Jahrhundert entfernt wurden. Der Glockenturm, der von Glaubitz zwei zusätzliche Etagen erhielt, ist mit 68 Metern das höchste Bauwerk der Altstadt.

Präsidentenpalast ❸

Lietuvos respublikos prezidentūra

Daukanto aikštė 3. **Stadtplan** 2 D3. *266 4154.* *Sa 9–17 Uhr (nach Voranmeldung).* *für Gruppenführungen 266 4011 anrufen.* **www**.president.lt

Der Prachtbau ist eine ehemalige Bischofsresidenz. Er entstand zeitgleich mit der Christianisierung Litauens Ende des 14. Jahrhunderts. In den 1820er Jahren wurde der Palast von dem St. Petersburger Architekten Vasilij Stasov (1769–1848) klassizistisch umgebaut. Hier residierten bedeutende Persönlichkeiten wie Napoléon und Zar Alexander I., Ersterer während seines verhängnisvollen Feldzugs nach Moskau 1812.

Später diente der Palast für eine Reihe formeller Anlässe, ehe er im Jahr 1997 zum Präsidentenpalast wurde. Wenn der Präsident in Vilnius weilt, wird eine Fahne mit seinem Wappen gehisst.

Das bunte Innere der Universitätsbuchhandlung Littera mit Büchern für Freizeit und Studium

Hotels und Restaurants in Vilnius *siehe Seiten 308–310 und 338–340*

Eine Reihe von Porträts in einem Ausstellungsraum der Städtischen Gemäldegalerie

Städtische Gemäldegalerie ❹

Vilniaus paveikslų galerija

Didžioji 4. **Stadtplan** 2 D4. *212 0841.* *Di–Sa 12–18 Uhr, So 12–17 Uhr.* **www**.ldm.lt

Der imposante klassizistische Innenhof dieser Sammlung spiegelt das Vilnius des 19. Jahrhunderts wider, als die Gebäude noch von der Universität und der Medizinischen Fakultät genutzt wurden. Die ausgestellten Gemälde zeigen, wie die Hauptkunstrichtungen des 19. und frühen 20. Jahrhunderts die litauische Kunst beeinflusst haben. *Litauerin mit Verbos* (Blumengebinden) von Kanutas Ruseckas (1800–1860) ist ein Hauptwerk der litauischen Romantik. Realismus und Impressionismus spiegeln sich in intimen Porträts wie Alfredas Riomeris' *Studie der Hände eines Mädchens*, und Landschaften wie Juozas Balzukevičius' *Durch ein Roggenfeld*.

Kirche der hl. Paraskeva ❺

Šv Paraskevos cerkvė

Didžioji 2. **Stadtplan** 2 D4. *215 3747.*

Die orthodoxe Kirche, auch Pjatnitskaja-Kirche genannt, steht an einem Ort, der seit vielen Jahrhunderten rituell genutzt wird. Großfürst Algirdas baute im 14. Jahrhundert eine Kirche für seine orthodoxe Ehefrau, davor stand hier ein archaisches Heiligtum. Peter der Große taufte 1705 in der Kirche einen jungen schwarzen Pagen auf den namen Hannibal; es war der spätere Generalmajor Abram Petrovich Hannibal (1696–1781), der Urgroßvater des russischen Dichters Alexander Puškin. Der heutige Bau von Nikolai Chagin ist von 1865. Unter den Sowjets war die Kirche geschlossen, später wurde sie der orthodoxen Kirche zurückgegeben.

Die kleine russisch-orthodoxe Kirche der hl. Paraskeva

Haus der Unterzeichner ❻

Signatarų namai

Pilies 26. **Stadtplan** 2 D3. *231 4442.* *Mai–Sep: So 10–17 Uhr; Okt–Apr: Di–Sa 10–17 Uhr.*

Das Haus spielte eine wichtige Rolle in der jüngeren litauischen Geschichte. Am 16. Februar 1918 unterzeichnete hier der neu geschaffene Rat Litauens die Urkunde, die Litauens Unabhängigkeit wiederherstellte. Das Café Stralis im Parterre, das während der Renovierung in den 1990er Jahren wiedererstand, war ein beliebter Treff führender Persönlichkeiten der litauischen Nationalbewegung. Der Raum im ersten Stock, Ort der Unterzeichnung, wurde wiederhergestellt. Die das historische Ereignis betreffenden Memorabilien sind leider etwas dürftig präsentiert.

Šlapelis-Museum ❼

Šlapelių namas-muziejus

Pilies 40. **Stadtplan** 2 D4. *261 0771.* *Mi–So 11–16 Uhr (nach Voranmeldung).*

Dieses bescheidene, doch anrührende Museum, in dem man sich auf eine Zeitreise ins Vilnius der turbulenten ersten Hälfte des 20. Jahrhunderts begibt, ist Marija und Jurgis Šlapelis gewidmet. Marija stammte aus Polen. Sie führte heimlich eine litauische Buchhandlung in der nahen Domininkonų gatvė, während die Stadt zwischen 1906 und 1949 nacheinander von Russen, Polen, Deutschen und Sowjets besetzt war.

Zu sehen sind Möbel, Zeitungen, Bücher, Notenblätter und Postkarten aus dieser Zeit. Außerdem hängen unter der 17.-Jahrhundert-Balkendecke in einem Raum, der früher einmal die Küche war, Fotografien einer Reihe von rührenden Familienwiedersehen nach dem Ende der sowjetischen Besetzung.

Stadtplan Vilnius *siehe Seiten 246f*

Kathedrale ❽

Vilniaus arkikatedra bazilika

Seit ihrer Errichtung 1251 am Ort eines vorchristlichen Tempels hat die Kathedrale etliche Verwandlungen erlebt. Ihr heutiges Aussehen stammt weitgehend aus dem späten 18. Jahrhundert. Der junge Architekt Laurynas Stuoka-Gucevičius brachte den eleganten französischen Klassizismus ins barocke Vilnius. Seine Idee für die Umgestaltung der Kathedrale war die Wiedererschaffung eines griechischen Tempels. 1950 wurde sie von den Sowjets geschlossen, die sie zunächst als Lkw-Werkstatt nutzen wollten, dann aber 1956 als Galerie eröffneten. 1989 ging die Kathedrale an die katholische Kirche zurück, ein Jahr vor der Unabhängigkeit wurde sie neu geweiht.

Valavičius-Kapelle
Aus der Familie Valavičius kamen Gouverneure und Bischöfe von Vilnius. Ihre prächtige Kapelle entstand im frühen 17. Jahrhundert.

Stuckskulptur
Sie stellt ein Vogelopfer dar und ist im Giebelfeld der Fassade zu finden.

Der Eingang liegt unter einem gewaltigen Portikus.

Kreuzigungs-Fresko
Dieses älteste erhaltene Fresko Litauens stammt aus dem 14. Jahrhundert. Es befindet sich in der Krypta, wo es erst 1925 wiederentdeckt wurde.

Statue des Evangelisten Lukas
Unter den Statuen der vier Evangelisten an der Südfassade ist Lukas mit einem Stier dargestellt, dem Symbol inniger Opfergesinnung.

Nicht versäumen

★ Krypta

★ St.-Kasimir-Kapelle

Hochaltar
Die kunstvolle Tabernakeltür auf dem Hochaltar aus den 1620er Jahren ist aus Gold und Silber gefertigt. Das schön gemalte Altarbild zeigt zwei biblische Szenen: das Letzte Abendmahl und die Fußwaschung.

INFOBOX

Katedros aikšė. **Stadtplan** 2 D3. *tägl. 7–19 Uhr.* *Besuch der Krypta nur mit Führung. Fragen Sie im Souvenirladen am Nordportal der Kathedrale nach Uhrzeiten und Preis.* **www**.katedra.lt

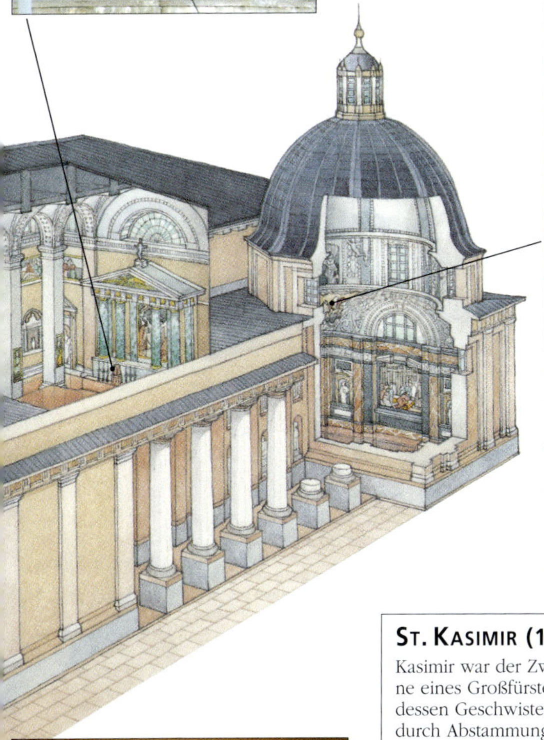

★ St.-Kasimir-Kapelle
Zwischen 1623 und 1636 schufen Italiener diese grandiose Kapelle, eines der Juwele im barocken Vilnius. Bewundernswert sind vor allem die Marmorsäulen, die herrlichen Stuckfiguren und Fresken.

★ Krypta
Hier ruhen zwei Großfürsten und zwei Ehefrauen von Sigismund August (reg.1548–72), dem letzten Nachkommen von Gediminas (reg.1316–41).

ST. KASIMIR (1458–1484)

Kasimir war der Zweitgeborene eines Großfürsten, dessen Geschwister durch Abstammung und Heirat gekrönte Häupter europäischer Staaten wurden. Kasimir mied den Luxus des Hoflebens und ging lieber oft zum Beten in die Kathedrale. Mit 25 Jahren starb er an Tuberkulose. Sein Sarg, so hieß es, besitze Heilkräfte. Ein Fresko in der St.-Kasimir-Kapelle stellt die wunderbare Heilung eines Waisenkindes dar, das vor dem Sarg gebetet hatte.

Reich verzierter Altar der St.-Kasimir-Kapelle

Stadtplan Vilnius *siehe Seiten 246f*

Glockenturm auf dem Kathedralenplatz

Kathedralenplatz ❾

Katedros aikštė

Stadtplan 2 D3. *10, 11, 33.*

Mit Pflastersteinen sind auf dem Platz die Umrisse der Mauer der Unteren Burg markiert, mit der sich Vilnius im 14. Jahrhundert gegen die Kreuzritter verteidigte.

Auf der Westseite des Platzes steht der **Glockenturm der Kathedrale**, der ursprünglich zur Stadtbefestigung gehörte. Ein Westtor gab es am heutigen Standort der Kathedrale. Die Ostseite beherrscht die Statue des Großfürsten Gediminas, die 1996 enthüllt wurde. In der Mitte des Platzes findet man eine Fliese mit der Inschrift *stebuklas* (Wunder), die den Punkt bezeichnen soll, an dem der »Baltische Weg« *(siehe S. 39)*, die Menschenkette, die 1989 Vilnius, Rīga und Tallinn verband, ihren Anfang hatte. Einheimische glauben, wenn man sich dreimal auf ihr herumdreht, geht ein Wunsch in Erfüllung.

Untere Burg ❿

Žemutinės pilis

Katedros 3a. **Stadtplan** 2 D3. *261 4063. 10, 11, 33. nach Voranmeldung.* **www**.lvr.lt

Die Gebäude, die am Fuß des Burgbergs standen und die Belagerungen des 14. Jahrhunderts überlebten, heißen Untere Burg. Dazu gehören die Kathedrale, das Arsenal und der Königspalast, in dem die Großfürsten residierten. Letzterer wurde um 1520 von italienischen Architekten, die Sigismund der Alte (reg. 1506–48) geholt hatte, im Renaissancestil umgestaltet. Der Palast wurde zum Zentrum des Kulturlebens. Grabungen, die hier zwischen 1987 und 2001 stattfanden, brachten Fliesen, Gobelins, Schmuck und Waffen aus dieser Zeit und zum Teil noch ältere Funde zutage.

Diese Dinge lagen dort seit der Zerstörung des Palastes durch die Russen 1802, die nicht wünschten, dass ein Symbol litauischer Macht die Stadt beherrschte.

Obere Burg ⓫

Aukštutinės pilis

Arsenalo 5. **Stadtplan** 2 D3. *261 7453. 10, 11, 33. Di–So 10–17 Uhr.*

Der Westturm, der einzige erhaltene Teil der Oberen Burg, die einst Verteidigungsanlagen umschlossen, ist heute das Symbol des unabhängigen Litauen. Von seiner Aussichtsplattform blickt man auf die Türme und Dächer der Altstadt im Süden und auf die neuen Wolkenkratzer im Westen. Mit einer Seilbahn kann man zur Burg hinauffahren.

Die originalen Steinbauten der Oberen Burg sind von 1419, letzte Restaurierungen gab es in den 1950er Jahren. Der Legende nach träumte Großfürst Gediminas auf einer Jagd von einem Eisenwolf, der auf den Hügeln des Parks heulte. Sein Priester deutete dies als ein Zeichen, dass der Großfürst dort eine Burg erbauen sollte. Daraufhin entstanden eine hölzerne Ober- und Unterburg sowie eine weitere auf einem benachbarten Hügel.

Litauisches Nationalmuseum ⓬

Lietuvos nacionalinis muziejus

Arsenalo 1. **Stadtplan** 2 D3. *262 9426. 10, 33. Mai–Sep: Di–Sa 10–17 Uhr, So 10–15 Uhr; Okt–Apr: Mi–So 10–17 Uhr.*

Im Neuen Arsenal, einem Gebäude aus dem frühen 19. Jahrhundert, residiert das Litauische Nationalmuseum. Davor steht eine Statue von König Mindaugas, die zusammen mit der Brücke in der Nähe im Juli 2003 eingeweiht wurde. Das Museum gewährt einen Einblick in das Alltags-

Westturm, einzig erhaltener Teil der Oberen Burg

Litauische Volkstrachten im Nationalmuseum

leben in Litauen vor dem Zweiten Weltkrieg. Das Leben einfacher Menschen wird anschaulich mit vielen Exponaten dokumentiert. Darunter finden sich Teller und Löffel, Zierkästchen und Parfümfläschchen und sogar ein alter Stein mit einer Mulde, der archaischen Ritualen diente.

Die Hauptattraktion ist der Raum im ersten Stock, in dem die Geschichte des Großfürstentums Litauen von der Sonnenschlacht bis zu den Teilungen im 18. Jahrhundert *(siehe S. 211)* bebildert wird.

Das Museum gibt zudem einen kompakten Überblick über die Geschichte Litauens vom 13. Jahrhundert bis heute. Zu den faszinierenden Ausstellungsstücken gehören das vielsagend in zwei Teile zerbrochene Schwert eines Henkers, ein herrlich pompöser Schlitten (18. Jh.) und ein eiserner Handabdruck von Peter dem Großen. Zu sehen sind auch Landestrachten und ein schöner lebensgroßer Nachbau eines typisch litauischen Bauernhauses.

Kunstgewerbemuseum ⓭

Taikomosios dailės muziejus

Arsenalo gatvė 3a. **Stadtplan** 2 E3. *262 8080. Di–Sa 11–18 Uhr, So 11–16 Uhr.*

Das Alte Arsenal aus dem 16. Jahrhundert ist Heimat des Kunstgewerbemuseums, dessen staatlich geförderte Ausstellungen vor allem die litauische Geschichte, das Großfürstentum sowie internationale sakrale Kunst behandeln.

Eine der Dauerausstellungen zeigt litauische Volkskunst aus dem 17. bis 19. Jahrhundert. Hier wird der starke Einfluss christlicher Themen auf Medien wie die Skulptur sichtbar. Zu sehen sind hölzerne Wegkreuze, Schreine, Heilige und *rūpintojėlis* (Christus als Schmerzensmann mit auf die Rechte gestütztem Kopf). Besonders aufschlussreich ist das Werk von Vincas Svirskis (1835–1916), einem überaus produktiven Schnitzer, der Hunderte von Schreinen für Bauerngehöfte und Dörfer in den Regionen Kėdainiai und Kaunas *(siehe S. 258–261)* geschaffen hat.

Berg der drei Kreuze ⓮

Trijų kryžių kalnas

Kalnų parkas. **Stadtplan** 2 E3.

Das weithin sichtbare Wahrzeichen der Stadt, die drei Kreuze auf dem Berg neben der Oberen Burg, sind Kopien eines Monuments, das die Sowjets in den 1950er Jahren zerstört haben. Zunächst standen hier im 16. Jahrhundert drei Holzkreuze. Sie erinnerten an Franziskaner, die von Einheimischen ermordet worden waren. Das geschah in der Regierungszeit des Großfürsten Algirdas, als Litauen sich der Christianisierung widersetzte. Sieben Mönche wurden in Stücke gehackt, die anderen an Kreuze gebunden und in die Vilnia geworfen.

Der Blick vom Berg auf die Altstadt ist hinreißend. Über eine Fußgängerbrücke und einen Weg entlang der Vilnia gelangt man zu einer Treppe, die zum Berg hinaufführt. Einfacher geht es über eine Seitenstraße, die durch den Park zu dem Punkt hinaufführt, wo die T. Kosciuškos gatvė den Fluss Vilnia kreuzt.

Berg der drei Kreuze, ein markantes Wahrzeichen von Vilnius

Stadtplan Vilnius *siehe Seiten 246f*

Anmutige Fassade der russisch-orthodoxen Muttergotteskirche

Orthodoxe Muttergotteskirche ⓯
Skaisčiausios dievo motinos cerkvė

Maironio 14. **Stadtplan** 2 E4.
215 3747. *10, 11, 33.*
Sa 9, 17 Uhr, So 9 Uhr.

Diese Kirche entwarf der russische Architekt Nikolai Čagin im 19. Jahrhundert. Eine der Ikonen, die *Muttergottes*, schenkte Zar Alexander II. der Kirche, der auch ihren Umbau finanzierte. Mehr als 60 Jahre lang diente sie als Seziersaal der staatlichen Medizinischen Fakultät und als Kaserne, ehe sie renoviert wurde. Wie die Kirche der hl. Paraskeva *(siehe S. 223)* steht sie an einer Stelle, an der Großfürst Algirdas im 14. Jahrhundert ein Gotteshaus für seine Ehefrau errichten ließ.

Bernhardinerkirche ⓰
Bernardinų bažnyčia

Maironio 8. **Stadtplan** 2 E3.
260 9292. *10, 11, 33.*
So 9 Uhr (Englisch), 10.30, 17 Uhr.

Die streng franziskanischen Observanten, nach ihrem Gründer Bernardino di Siena in Litauen auch Bernhardiner genannt, kamen 1469 nach Vilnius. Die Bernhardinerkirche, die sie um 1525 bauten, hat noch heute das gotische Sterngewölbe über den Schiffen. Um 1770 kamen eine Reihe von Barockaltären und -beichtstühlen zur Innenausstattung hinzu. Von diesen Erweiterungen ist aber nur der Hochaltar des italienischen Schnitzers Daniele Giotto erhalten. Die reizvolle Fassade verbindet gotische Fenster mit barocken Voluten.

Kloster und Kirche wurden nach dem Aufstand 1863 *(siehe S. 214)* geschlossen und als russische Kaserne genutzt, schließlich aber den Mönchen zurückgegeben. Die Originalfresken (16. Jh.) der Kirche mit Darstellungen mönchischer Tugenden, des hl. Christopherus und Szenen aus der Passion Christi werden derzeit restauriert.

Unmittelbar außerhalb des Kirchengrundstücks erhebt sich eine Adam-Mickiewicz-Statue von 1984. Im August 1987 fand hier unter sowjetischer Besetzung die erste öffentliche Kundgebung statt, auf der für Litauen nationale Rechte gefordert wurden.

St. Annakirche ⓱
Šv Onos bažnyčia

Maironio 8/1. **Stadtplan** 2 E3.
625 48011. *10, 11, 33.*
17.30 Uhr.

Napoléon soll angesichts der Kirche ausgerufen haben, er wünschte, er könnte sie auf seinen Händen nach Paris tragen. St. Anna ist eine

St. Annakirche, das gotische Kleinod, das Napoléon begeisterte

Adam Mickiewicz (1798–1855)

Statue von Adam Mickiewicz vor der Bernhardinerkirche

»O Litauen, mein Heimatland, wie strahlende Gesundheit bist du; ich wusste nicht, wie kostbar du bist, bis ich dich verlor.« So beginnt *Pan Tadeusz*, das lyrische Meisterwerk des polnischen Dichters Adam Mickiewicz. Er wurde als Sohn einer polnischen Adelsfamilie nahe Nowogrodek im heutigen Weißrussland geboren, drei Jahre nach der letzten Teilung der polnisch-litauischen Union. Die Sehnsucht nach einer idyllischen verlorenen Heimat bestimmte sein Nomadenleben. Seine Poeme sind voll alter Wälder, Höhlen und weiter Landschaften. *Grażyna* (1822) handelt von der Anführerin eines litauischen Stammes, die die Kreuzritter überlistet. Das byroneske Poem *Konrad Wallenrod* (1828) schildert diese Kämpfe mit noch größerer Meisterschaft.

gotische Perle. Ihre prächtige Fassade aus geschwungenen Kielbogen und schlanken Fenstern ist in der Barockstadt einzigartig für diesen Stil. Die Fialen und Türme sind gleichmäßig mit dekorativen »Krabben« besetzt – mit von gotischen Architekten gern verwendeten Ziegeln, die wie Blumen oder gekräuselte Blätter aussehen. Historiker zählten 33 verschiedene Backsteinformen in der Fassade. Die drei Barockaltäre im Inneren wurden von Jan Krzysztof Glaubitz *(siehe S. 233)* entworfen. Der freistehende Glockenturm wurde viel später errichtet, nämlich in den 1870er Jahren.

St. Michaeliskirche ⓲
Šv Mykolo bažnyčia

Šv Mykolo 9. **Stadtplan** 2 E3. *261 6409. Mi–So 11–18 Uhr, Mo 10–13 Uhr.*

Die Renaissancekirche St. Michaelis wurde im frühen 17. Jahrhundert als Konvent für Bernhardinerinnen und als Mausoleum der Familie Sapiega erbaut. Im Inneren gibt es mehrere Grabmäler dieser Adelsfamilie, darunter das von Leonas Sapiega, dessen Initialen in einigen Bekrönungen und Rosetten an der Decke zu finden sind. Zwischen 1972 und 2005 war hier das Architekturmuseum zu Hause, dessen Exponate später in das Litauische Nationalmuseum *(siehe S. 226)* überstellt wurden.

Mickiewicz-Museum ⓳
Adomo Mickevičiaus memoralinis butas-muziejus

Bernardinų 11. **Stadtplan** 2 E3. *279 1879. Di–Fr 10–17 Uhr, Sa, So 10–14 Uhr.*

Der Dichter Adam Mickiewicz, der seine polnisch-litauische Heimat romantisch verklärte, lebte 1822 für kurze Zeit in dieser Wohnung, die einem Universitätsprofessor gehörte. Das Museum in einem hübschen geschlossenen Hof versucht die Atmosphäre der Zeit heraufzubeschwören, in der der Dichter gelebt hat.

Zu den Möbeln, die Mickiewicz selbst beim Verfassen seiner ersten Volksballaden benutzt haben soll, gehören ein Tisch mit Stuhl aus Kaunas und ein Sessel aus Paris. Porträts des Dichters hängen neben Reihen seiner Werke in mehreren Sprachen. Auch die Erstausgaben von mehreren seiner großen Werke finden sich in dem Museum. In den Räumen finden oft Autorentagungen und Dichterlesungen statt.

Orthodoxe St. Nikolauskirche ⓴
Šv Mikalojaus cerkvė

Didžioji 12. **Stadtplan** 2 D4. *261 8559. Mi–So 11–16 Uhr. Di–Sa 17 Uhr, So 9 Uhr.*

Das stille, von Kerzen erhellte Innere dieser Kirche bildet einen scharfen Kontrast zu der Hektik auf der Didžioji gatvė, der Hauptstraße der Altstadt. Die ursprünglich gotische Kirche von 1514 fiel 1609 an die griechisch-katholischen Uniierten und erhielt eine barocke Überarbeitung samt Glockenturm. 1827 ging sie an die russisch-orthodoxe Kirche zurück. Die sichtbar russisch-byzantinische Fassade der Kirche und der Großteil des Inneren sind ein Beispiel für die Veränderungen in der religiösen Landschaft der Stadt, die nach dem verhängnisvollen Januaraufstand 1863 eintraten.

Die überkuppelte Kapelle linker Hand ist dem Grafen Michail Muravjov (1796–1866) gewidmet, dem Generalgouverneur, der die Aufständischen hart bestrafte.

Orthodoxe St. Nikolauskirche

Stadtplan Vilnius *siehe Seiten 246f*

Im Detail: Rathausplatz und Tor der Morgenröte

Die für Litauen typische Barockarchitektur ist an den herausragenden Bauwerken zu bewundern, die sich um das Tor der Morgenröte und die St. Kasimirkirche drängen. Die reizvollen Türme und Skulpturen wurden im 17. und 18. Jahrhundert von Italienern und Polen geschaffen und von polnisch-litauischen Adligen finanziert. Die eleganten Gebäude mit symmetrischen Fassaden verraten unübersehbar italienischen Einfluss. Dennoch unterscheidet die beinahe mystische wie einzigartige Atmosphäre diese Stadt von jeder anderen europäischen Metropole.

★ St. Kasimirkirche
Diese Kirche war von 1963 bis 1991 das Atheismusmuseum der Stadt. Die Krone symbolisiert die königliche Herkunft St. Kasimirs. ㉔

Rathaus
Das Rathaus mit seinem kühnen klassischen Portikus erbaute der berühmte litauische Architekt Laurynas Stuoka-Gucevičius. ㉒

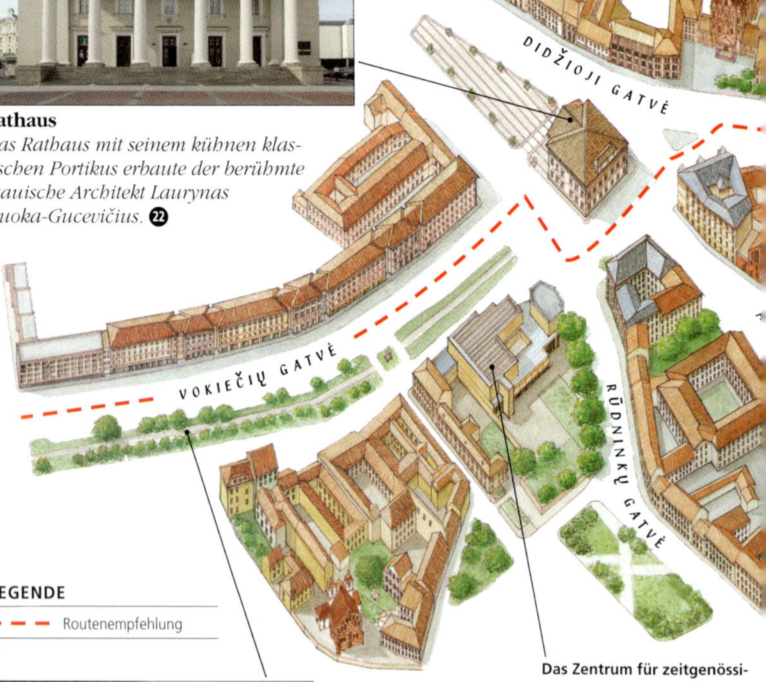

Legende

Routenempfehlung

Das Zentrum für zeitgenössische Kunst ist eine Einrichtung aus der Sowjetära für avantgardistische Kunst. ㉓

Vokiečių gatvė
Diese Straße, eine der ältesten der Stadt, ähnelt in den Sommermonaten mit ihren Straßencafés und dem von Bäumen gesäumten Mittelweg einem Park.

Nicht versäumen

- ★ Kirche der hl. Theresa
- ★ St. Kasimirkirche
- ★ Tor der Morgenröte

Šv Kazimiero gatvė
Die enge, nach St. Kasimir benannte Kopfsteinstraße führt an der Rückseite der Kirche ins Užupis-Viertel mit seinem Dächergewirr.

★ Kirche der hl. Theresa
Szenen aus dem Leben der Mystikerin St. Theresa zieren die Wölbung des Kirchenschiffs. Die Fresken entstanden Ende des 18. Jahrhunderts nach einem Feuer. ㉗

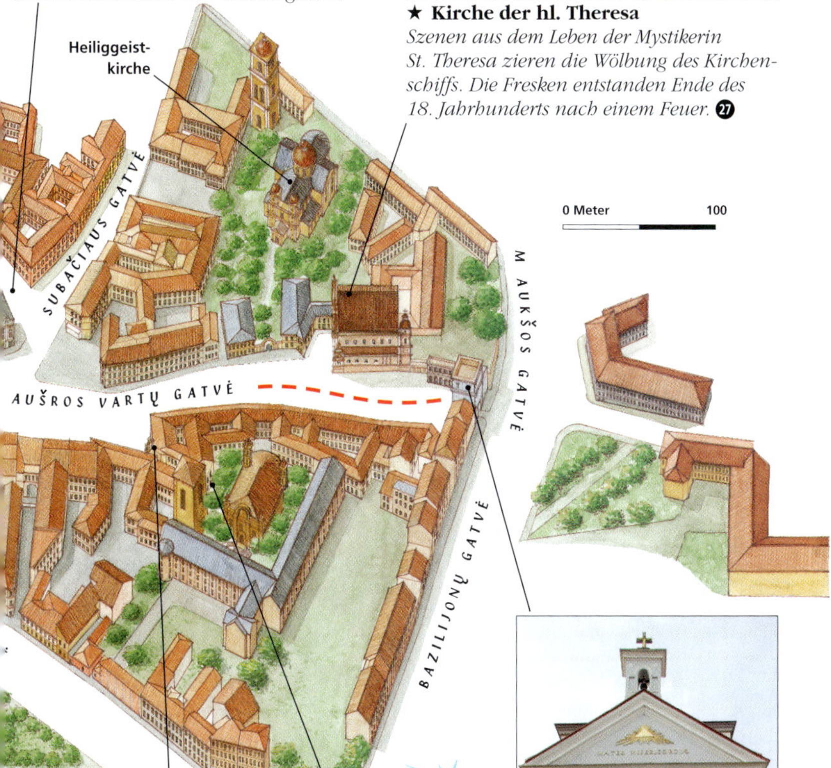

Basiliuskloster
Der heute verfallene Klosterkomplex war ein Gefängnis für antirussische Aktivisten, zu denen in den 1820er Jahren der Dichter Adam Mickiewicz gehörte.

★ Tor der Morgenröte
Dieses Tor zur Altstadt ist ein Wallfahrtsort: Seinem mit Silber überzogenen Marienbildnis werden Wunderkräfte nachgesagt. ㉘

Stadtplan Vilnius *siehe Seiten 246f*

Blick auf den Rathausplatz

Čiurlionis-Haus ㉑
Čiurlionio namai

Savičiaus 11. **Stadtplan** 2 D4. *262 2451. Mo–Fr 10–16 Uhr. Zutritt über Seiteneingang.*

Das einstige Haus von Mikalojus Konstantinas Čiurlionis *(siehe S. 261)* ist seit 1995, dem 120. Geburtstag von Litauens beliebtem Maler und Komponisten, ein Museum. Er wohnte hier mit seiner Frau Sofija von Oktober 1907 bis Juni 1908, als sie Vilnius verließen, um in St. Petersburg Erfolg zu suchen. Das in seinem Umfang recht bescheidene Museum versucht nicht erst, mit dem größeren Čiurlionis-Museum in Kaunas *(siehe S. 260)* in Konkurrenz zu treten. Dieses Museum hier dient vielmehr vor allem als Informationsquelle und als Ort, wo man seine Kammermusik zu hören bekommt. Kopien der Bilder des Malers hängen an den Wänden, ebenso Fotos von ihm. Auch Čiurlionis' Flügel steht hier.

Rathausplatz ㉒
Rotušės aikštė

Didžioji 31. **Stadtplan** 2 D4. *Kaziukas-Markt (März).* **www**.vilnius.lt **Rathaus** *261 8007. Didžioji 31, 262 6470. Mo–Fr 8–18 Uhr.*

Der im Jahr 2006 neu gepflasterte Rathausplatz war jahrhundertelang Marktplatz und Zentrum des öffentlichen Lebens. Noch immer geht es hier geschäftig zu, vor allem beim jährlichen Kaziukas-Markt *(siehe S. 208)*, wenn Buden den Platz säumen. Das Hauptgebäude des Platzes, das **Rathaus**, war früher ein Gericht, aus dessen Zellen die Sträflinge zur Enthauptung auf den Platz geführt wurden. Das Rathaus wurde Ende des 18. Jahrhunderts nach Entwürfen des Architekten Laurynas Stuoka-Gucevičius *(siehe S. 224)* errichtet. Heute finden hier das ganze Jahr hindurch etwa 200 Veranstaltungen statt.

Ausstellung »Extreme Crafts« im Zentrum für zeitgenössische Kunst

Zentrum für zeitgenössische Kunst ㉓
Šiuolaikinio meno centras

Vokiečių 2. **Stadtplan** 2 D4. *212 1945. Di–So 12–19.30 Uhr.* **www**.cac.lt

Die wichtigste Galerie für Ausstellungen moderner Kunst in Vilnius präsentiert litauische und ausländische Künstler. Die Hauptattraktion ist der Fluxus-Saal mit einer Dauerausstellung, die der in den 1960er Jahren in New York entstandenen Fluxus-Bewegung gewidmet ist. Besondere Beachtung schenkt der Saal dem Vater dieser Bewegung, dem in Kaunas geborenen George Maciunas (1931–1978). Gegenstände, die an den Geist der Fluxus-Happenings erinnern, und Fotos von Maciunas füllen den Saal.

St. Kasimirkirche ㉔
Šv Kazimiero bažnyčia

Didžioji 34. **Stadtplan** 2 D4. *212 1715. Mo–Fr 10.30, 17.30 Uhr, So 12 Uhr.*

Die erste Barockkirche der Stadt wurde nach ihrer Errichtung von 1604 bis 1635 dreimal durch Feuer beschädigt und ab den 1750er Jahren umfassend umgebaut. Das Innere wurde 1812 zum größten Teil zerstört, als Napoléons Truppen die Kirche als Kornspeicher benutzten. Im 19. Jahrhundert wurde sie russisch-orthodox und erhielt sogar Zwiebelkuppeln.

Im Ersten Weltkrieg war sie die lutherische Kirche der deutschen Armee, in den 1920er Jahren wurde sie an die Jesuiten zurückgegeben und restauriert. Die Kuppel mit der Krone wurde 1942 wiederaufgebaut. Ab 1963 nutzten die Sowjets die Kirche als Atheismusmuseum. 1991 wurde sie neu geweiht.

Altarbild der St. Kasimirkirche stellt den glorifizierten Heiligen dar

Barockes Vilnius

Die sinnlichen Kurven, satten Farben und dramatischen Stuckfiguren des Barock erreichten Vilnius in der ersten Hälfte des 17. Jahrhunderts und ersetzten Gotik und Renaissance. Von litauischen Herrschern eingeladene italienische Künstler schufen barocke Perlen wie die Kirche der hl. Theresa und die St.-Kasimir-Kapelle *(siehe S. 225)*. In der Mitte des 18. Jahrhunderts folgte eine zweite Welle dieses Stils, als hier lebende Architekten einen spezifisch Wilnaer Barock entwickelten. Mit Jan Krzysztof Glaubitz an der Spitze begannen sie die Altstadt mit prächtigen Fassaden und entsprechend opulenten Interieurs und Altären umzugestalten. Am Ende des 18. Jahrhunderts wurde der Barock durch den weit zurückhaltenderen Klassizismus abgelöst.

Engel mit goldenen Flügeln, Dominikanerkirche

Die **St.-Kasimir-Kapelle** *in der Kathedrale ist ein frühbarockes Kleinod, das kostbarer Marmor aus Galizien und den Karpaten, üppiger Stuck und Fresken des 17. Jahrhunderts zieren.*

St. Johannis (siehe S. 222), *eines von Glaubitz' ersten Werken in Vilnius, hat eine vierstöckige, durch Säulenbündel gegliederte Fassade. Der Hauptaltar besteht aus zehn kleinen Altären.*

Die **Kirche der hl. Theresa** (siehe S. 234) *besitzt leuchtende Fresken, funkelnde Altäre und ein Bildnis der Madonna, das als wundertätig gilt.*

Das **Basiliustor** (siehe S. 234) *des Basiliusklosters wurde 1761 von Glaubitz errichtet. Den 18 Meter hohen Bau krönt eine Darstellung der hl. Dreieinigkeit, der die Kirche des Klosters geweiht ist.*

Jan Krzysztof Glaubitz (1700–1767)

Der einflussreichste der spätbarocken Architekten von Vilnius, Jan Krzysztof Glaubitz, schuf einen spezifisch litauischen Barockstil, den Wilnaer Barock. Der im damals deutschen Schlesien geborene lutherische Glaubitz zog im Alter von 37 Jahren nach Vilnius und entwarf in dieser multi-religiösen Stadt Bauten für alle Glaubensrichtungen. Zu seinen bekanntesten Werken gehören das Basiliustor, St. Johannis, die Katharinenkirche *(siehe S. 237)*, die Heiliggeistkirche *(siehe S. 234)* und die heute leider zerstörte Große Synagoge *(siehe S. 239)*.

Katharinenkirche in der Altstadt

Prunkvolles barockes Basiliustor von J. K. Glaubitz

Basiliustor ㉕

Bazilijonų vartai

Aušros vartų 7b. **Stadtplan** 2 D5.

Das atemberaubende spätbarocke Basiliustor wurde 1761 von J. K. Glaubitz *(siehe S. 233)* gebaut. Ein »Auge Gottes« späht aus der Nische in der Mitte. Das weiße Relief an der Spitze stellt die hl. Dreifaltigkeit dar und weist auf das hin, was hinter dem Tor liegt. Die **Dreifaltigkeitskirche**, 1598 den Unitariern überlassen, steht in der Mitte eines geschlossenen Hofs. Aus dem ehemals stillen Kloster machte die zaristische Obrigkeit 1823 ein Gefängnis für antirussische Revolutionäre. Auch Adam Mickiewicz *(siehe S. 229)* saß hier mehrere Jahre ein. Die heute hier lebenden Unitarier sind manchmal bereit, Besucher durch die Anlage zu führen.

Dreifaltigkeitskirche
212 2578. Mo–Sa 17.30 Uhr, So 10 Uhr.

Heiliggeistkirche ㉖

Šv Dvasios cerkvė

Aušros vartų 10. **Stadtplan** 2 D5. *212 7765. Mo–Sa 6.45, 8, 10, 17 Uhr, So 17 Uhr.*

Die Barockkirche ist das religiöse Zentrum der russisch-orthodoxen Gemeinde der Stadt. Das 1634 erbaute Gotteshaus ist bestens erhalten. Die einzigen Veränderungen außen sind eine erhöhte Fassade und eine neue Kuppel, die Ende des 19. Jahrhunderts hinzukamen. Das Gemälde über dem Eingang stellt die Heiligen Antonius, Iwan und Eustachius dar, deren wundersam erhaltene Überreste die Kirche birgt. Im 14. Jahrhundert waren die drei am Hof des Großfürsten Algirdas bekennende Christen. Als die nichtchristlichen Priester den Verzicht auf ihren Glauben forderten, weigerten sie sich und wurden an einer Eiche gehenkt. Im Jahr 1547 sprach man sie heilig und errichtete die nahe Dreifaltigkeitskirche an der Stelle der Eiche.

Madonna, Kirche der hl. Theresa

Kirche der hl. Theresa ㉗

Šv Teresės bažnyčia

Aušros vartų 14. **Stadtplan** 2 D5. *212 3513. tägl. 9, 18.30 Uhr.*

Ein weiteres frühes Beispiel der Barocklandschaft ist die von 1630 bis 1655 erbaute Kirche der hl. Theresa vor dem Tor der Morgenröte. Der schwarze Marmor des Portals und der Sandstein aus Schweden an der Fassade wurden um dieselbe Zeit auch für die St.-Kasimir-Kapelle in der Kathedrale *(siehe S. 224f)* verwandt. Einige Historiker vermuten deshalb, dass die italienischen Künstler, die die Kapelle entwarfen, auch an der Kirche der hl. Theresa mitwirkten. Hauptattraktion der Kirche ist ihr Inneres mit seinen Fresken und Altären aus der zweiten Hälfte des 18. Jahrhunderts. Das Gemälde auf dem Hochaltar ist von Szymon Czechowicz (1689–1775) und stellt *Die Erhöhung der hl. Theresa* dar. St. Theresa von Ávila in Spanien gründete 1562 den katholischen Orden der Unbeschuhten (Barfüßigen) Karmeliterinnen, dessen Regel Askese und Gebet betonte. Ein Kloster lag direkt neben der Kirche, es ist heute ein Hotel, das Domus Maria *(siehe S. 308)*.

Eindrucksvolle Fresken an der Decke der Kirche der hl. Theresa

Marienbildnis in der Kapelle im Tor der Morgenröte

Tor der Morgenröte ㉘
Aušros vartai

Aušros vartų 12. **Stadtplan** 2 D5. *212 3513. Mo–Sa 7.30, 9, 10, 17.30, 18.30 Uhr, So 9, 9.30, 11, 18.30 Uhr.*

Die Kapelle im Tor der Morgenröte verdankt sich der uralten Sitte, zum Schutz der Stadt vor Feinden in jedem Tor eine Kapelle oder ein Heiligenbild zu haben. In diesem Fall handelt es sich um die Gnadenmadonna, ein angeblich wundertätiges Bild. Es wurde um 1620 auf Eichenholz gemalt und 150 Jahre später in Silber gefasst. Die ihm zugeschriebenen Wunder wurden von den Nonnen im benachbarten Karmeliterinnenkloster getreulich aufgezeichnet. Hunderte von silbernen Votivgaben umgeben das herrliche Bildnis.

Die klassizistische Kapelle, die das Bild birgt, ist von 1829, als eine frühere Barockkapelle umgestaltet wurde. Von einer Tür an der Straße führt eine Treppe zur Kapelle hinauf. Sie gehörte zu den ersten Stätten, die Papst Johannes Paul II. bei seinem Besuch in Litauen 1993 aufsuchte.

Es ist das einzige Tor, das von den Stadtmauern des frühen 16. Jahrhunderts erhalten ist. Deutlicher wird das, wenn man das Tor von außen betrachtet, wo runde Löcher für die Kanonenrohre noch immer sichtbar sind.

Kazys-Varnelis-Museum ㉙
Kazio Varnelio namai-muziejus

Didžioji 26. **Stadtplan** 2 D4. *279 1644. Di–Sa 10–16 Uhr (nur nach Voranmeldung).*

Eine exquisite Sammlung moderner Kunst sowie von Landkarten, Grafiken, Fotos, Skulpturen, Antiquitäten, Büchern und Keramiken füllt das Haus des litauisch-amerikanischen Künstlers Kazys Varnelis (geb. 1917). In manchen Räumen wird auf skurrile Weise italienische Renaissance und französischer Barock mit moderner amerikanischer Kunst gemischt. Andere Räume enthalten mehr als 150 Landkarten, darunter eine von Litauen aus dem Jahr 1507. In der Bücherabteilung gibt es rund 7000 Bände einzigartiger Publikationen, darunter auch Bücher berühmter Illustratoren.

Varnelis, der für seine Kombigemälde aus optischen Illusionen und geometrischen Mustern berühmt ist, begrüßte früher selbst die Besucher.

Artilleriebastion ㉚
Bastėja

Bokšto 20/18. **Stadtplan** 2 E4. *261 2149. Mai–Sep: Di–Sa 10–17 Uhr, So 10–15 Uhr; Okt–Apr: Mi–So 10–17 Uhr.*

Die als Teil der Stadtmauern in der ersten Hälfte des 17. Jahrhunderts erbaute Bastion verfiel gegen Ende des 18. Jahrhunderts. Sie wurde als Waisenhaus und Müllhalde der Stadt benutzt und diente schließlich den Deutschen im Ersten Weltkrieg als Munitionslager. Ihr kühles Inneres prädestinierte sie in der frühen Sowjetära für die Lagerung von Gemüse.

1987 wurde sie als Museum eröffnet. Es gibt zwar nicht allzu viel zu sehen, aber das Museum bietet Geschichtsinteressierten einiges Faszinierendes. Draußen hat man einen herrlichen Blick auf die Altstadt und das hügelige Užupis-Viertel.

Artilleriebastion aus dem 17. Jahrhundert

Stadtplan Vilnius *siehe Seiten 246f*

Nikolaikirche 31
Šv Mikalojaus bažnyčia

Šv Mikalojaus 4. **Stadtplan** 2 D4. *262 3069. Mo–Fr 7.30, 18 Uhr, Sa 9 Uhr, So 9, 10, 14 Uhr.*

Die Kirche ist eine der ältesten Litauens. Sie entstand zu einer Zeit, als das Land großteils noch gar nicht christianisiert war. Ihre schlichte gotische Fassade und das Inneren stammt überwiegend aus dem 16. Jahrhundert. Die dekorativen Backsteinrippen der Wölbung definieren das Kircheninnere. Zu den hier entdeckten farbigen Gemälden gehört ein eindrucksvolles Bild der Sonne.

Die Kirche ist für Litauer von nationaler Bedeutung, da sie von 1901 bis 1939, als Vilnius erst russisch, dann polnisch besetzt war, eine der wenigen war, in denen Gottesdienste in litauischer Sprache erlaubt waren.

Die Statue von St. Christopherus mit dem Jesuskind auf der Schulter (1959) gab den Menschen in Vilnius immer wieder Mut. Der Bildhauer Antanas Kmieliauskas (geb. 1932) wurde ihretwegen aus dem Künstlerverband ausgeschlossen. Später malte er die Universitätsbuchhandlung Littera *(siehe S. 222)* mit Fresken aus.

Rest eines Freskos an der Decke der Franziskanerkirche

Franziskanerkirche 32
Pranciškonų bažnyčia

Trakų 9/1. **Stadtplan** 1 C4. *261 4242. Mo–Sa 17.30, So 10 Uhr.*

Die baufällige, höhlenartige, dennoch sehr beeindruckende Franziskanerkirche heißt auch Kirche der Himmelfahrt Mariä. Sie steht dort, wo sich im 14. Jahrhundert an der Straße nach Trakai *(siehe S. 252f)* Franziskanermönche niederließen. Sie suchten sich dafür die ärmste Gegend der Stadt aus, um den Armen nahe zu sein, die oft außerhalb des sicheren Mauerrings lebten. Das gotische Hauptportal stammt aus dieser frühesten Zeit, aber der Rest entstand erst in den 1770er Jahren. Nach dem Aufstand 1863 *(siehe S. 214)* wurden Kloster und Kirche geschlossen und als Kornspeicher und Archiv genutzt. Die Altäre und die nicht mehr erkennbaren Fresken wurden zerstört, ebenso ein hoher gotischer Glockenturm, der an der Pranciškonų gatvė stand.

Dominikanerkirche 33
Šv Dvasios bažnyčia

Domininkonų 8. **Stadtplan** 2 D4. *262 9595. Mo–Sa 7, 7.30, 15, 18 Uhr; So 8, 9, 10.30, 12, 13.30, 18 Uhr.*

Die auch Heiliggeistkirche genannte Dominikanerkirche stammt aus der Zeit des Wiederaufbaus während der russischen Besetzung nach dem zerstörerischen Krieg 1655–61. Bereits seit dem 14. Jahrhundert stand an dieser Stelle eine Kirche.

Der schlichte Eingang, der leicht zu verfehlen ist, straft das überwältigende Innere Lügen. Stuckfiguren erheben

Opulent verzierter Hauptraum der Dominikanerkirche mit den Rokoko-Altären

sich auf 15 üppig verzierten Rokoko-Altären. Die Altäre sind mit farbenfrohen Gemälden, vergoldeten Rahmen und korinthischen Säulen aus Stuckmarmor geschmückt – die allesamt Kennzeichen des Spätbarock sind. Das mit Fresken ausgemalte Vestibül, das den Durchgang von der Straße zu der Kirche bildet, verleiht dem Inneren etwas Höhlenartiges, das durch die Dunkelheit, die nur Kerzen erhellen, noch gesteigert wird.

Während Napoléons chaotischem Rückzug 1812 wurde das Kloster neben der Kirche zum Hospital und die Krypta zum Leichenhaus. Noch heute stapeln sich dort die mumifizierten Leichen aus jener Zeit, die die trockene Luft konserviert hat. Die Krypta ist öffentlich nicht zugänglich.

Katharinenkirche mit erdbeer- und sahnefarbenen Türmen

Katharinenkirche ㉞

Šv Kotrynos bažnyčia

Vilniaus gatvė 30. **Stadtplan** 2 D3.

Die Katharinenkirche war ursprünglich ein bescheidener Holzbau und gehörte im 17. Jahrhundert zu einem Benediktinerkloster. Die Kirche wurde 1703, fast 50 Jahre nachdem die Russen sie niedergebrannt hatten, in Stein wiederaufgebaut. In der Gestalt von heute entstand sie zwischen 1741 und 1773 und wurde beträchtlich erweitert. Ihr raffiniertes Äußeres, das durch die schönen erdbeer- und sahnefarbenen Zwillingstürme akzentuiert wird,

Filmkameras im Museum für Theater, Musik und Film

schreibt man dem Barockarchitekten Jan Krzysztof Glaubitz *(siehe S. 233)* zu.

Die Kirche erlitt im Zweiten Weltkrieg Schäden und wurde kürzlich nach längerer Restaurierung wiedereröffnet. Sie wird jetzt regelmäßig für klassische Konzerte und andere Veranstaltungen benutzt. In dem Garten gegenüber der Kirche findet sich die Büste des bekannten polnischen Komponisten Stanislaw Moniuszko (1819–1872), der seine ersten Opern schrieb, während er als Organist in Vilnius arbeitete. Auf dem Areal östlich der Kirche stand von 1622 bis zur Sowjetzeit ein großes Benediktinerinnenkloster. Die Kirche ist innen üppig verziert.

Museum für Theater, Musik und Film ㉟

Lietuvos teatro, muzikos, kino muziejus

Vilniaus 41. **Stadtplan** 1 C4. *261 5848. Di–Fr 12–18 Uhr, Sa 11–16 Uhr, So 12–17 Uhr.* **http://**teatras.mch.mii.lt

In einem Palais (17. Jh.), das einst der mächtigen Familie Radvila (Radziwill) gehörte, die Litauen im 16. Jahrhundert regierte, findet sich dieses vom Kultusministerium gegründete interessante Museum, in dem sich die Liebe der Litauer zu Theater und klassischer Musik spiegelt. Zu sehen sind Theaterkostüme, Requisiten und Puppen, meist aus dem 19. und frühen 20. Jahrhundert. Zu der fabelhaften Sammlung von Volksmusikinstrumenten gehören einige *kanklės* (verzierte litauische Saiteninstrumente, die der Zither verwandt sind).

Der dem litauischen Film eingeräumte Platz ist begrenzt und weniger informativ, aber einige Vitrinen zur Filmkunst und Kinotechnik sind zu besichtigen.

Phonograph, Museum für Theater, Musik und Film

Radvila-Palais ㊱

Radvilų rūmai

Vilniaus 22. **Stadtplan** 1 C3. *262 0981. Di–Sa 12–18 Uhr, So 12–17 Uhr.* **www.**ldm.lt

Das einst riesige Palais (frühes 17. Jh.) wurde am Ende des Nordischen Krieges (1700–21) auf nur einen Flügel reduziert. Es ist heute eine Galerie mit einer Dauerausstellung von u. a. 165 Porträts der Familie Radvila. Wechselnde Ausstellungen zeigen kaum bekannte, aber oft erstaunlich eindrucksvolle Arbeiten litauischer Künstler des 19. und 20. Jahrhunderts.

Holocaustmuseum im Grünen Haus

Jüdisches Museum 37

Valstybinis Vilniaus gaono žydų Muziejus

Pylimo 4. **Stadtplan** 1 C3. *212 7912.* *Mo–Fr 9–13 Uhr.* *Führungen durch Museum und Altstadt möglich.* **www**.jmuseum.lt

Das Museum ist zugleich das Zentrum der heute winzigen jüdischen Gemeinde. Es zeigt Kopien von Tagebüchern und Notizen auf Zigarettenschachtelrückseiten über das Leben im Getto, dazu Dinge, die von dem Museum erhalten sind, das es vor dem Zweiten Weltkrieg gab. Zu den wunderbarerweise aus der Großen Synagoge geretteten Objekten gehört ein Relief der Zehn Gebote.

Das Museum ist auch Sitz des Bundes früherer Getto- und KZ-Gefangener, eines Vereins jüdischer Kriegsveteranen, eines Jugendclubs und einer Zeitung auf Jiddisch, Englisch, Litauisch und Russisch namens *Litauens Jerusalem.*

Holocaustmuseum 38

Holokausto ekspozicija

Pamėnkalnio 12. **Stadtplan** 1 C3. *262 0730.* *Mo–Do 9–17 Uhr, Fr 9–16 Uhr, So 10–16 Uhr.* **www**.jmuseum.lt

Das Museum im Grünen Haus, einem Teil des Jüdischen Museums, lässt den Horror erahnen, den die Juden Litauens im Zweiten Weltkrieg erlitten. Einer Schau über das jüdische Leben vor dem Terror folgen Karten und Fotos, die zeigen, wie und wo der Holocaust stattfand. Schilderungen des Lebens in den Gettos stehen neben Augenzeugenberichten über Massentötungen in den Wäldern von Paneriai *(siehe S. 244).*

Frank-Zappa-Denkmal 39

Kalinausko 1. **Stadtplan** 1 C3.

Die erste Statue der Welt, die der amerikanische Rockstar Frank Zappa erhielt, wurde kurz nach seinem Tod 1993 in Vilnius errichtet. Heimische Künstler wollten die Grenzen der Demokratie- und Freiheitsversprechen des seit Kurzem unabhängigen Litauen testen und waren überrascht, als ihrer Idee zugestimmt wurde. Die Büste stammt von dem damals 70-jährigen Konstantinas Bogdanas, der für seine Statuen von Lenin und anderen kommunistischen Größen bekannt ist.

Frank-Zappa-Büste

KGB-Museum 40

Genocido aukų muziejus

Aukų 2a. **Stadtplan** 1 C2. *249 7427.* *Di–Sa 10–17 Uhr, So 10–15 Uhr.* **www**.genocid.lt

Das KGB-Museum, auch als Museum der Opfer des Genozids bekannt, wurde 1992 im Parterre des ehemaligen KGB-Gebäudes eröffnet. In dieser wirkungsvoll aufgebauten Schau wird anhand persönlicher Geschichten der Terror unter Stalin bis 1940 und in der früheren Sowjetunion bis 1991 dargestellt.

Die Exponate erzählen von der sowjetischen Besetzung Litauens, den Deportationen in Viehwaggons nach Sibirien und dem Kampf der Waldbrüder *(siehe S. 118)* gegen die Sowjets. Die Zellen im Keller des Gebäudes, die bis in die späten 1980er Jahre benutzt wurden, sind noch erschütternder. Dazu gehören winzige im Winter genutzte Zellen ohne Scheiben in den Fenstern und einem unter Wasser stehenden Fußboden, und eine Exekutionskammer, in der unter Glas die jüngst exhumierten Überreste von Opfern zu sehen sind. 1997 wurde das Museum vom staatlichen Genozid- und Widerstands-Forschungszentrum übernommen, das die Gräuel untersucht, die während der Besetzung durch die Nazis und die Sowjets im Land geschahen.

Ausstellung vor der früheren Exekutionskammer im KGB-Museum

Jüdisches Vilnius

Bis zu ihrer Auslöschung im Holocaust gab es in Vilnius eine große, einflussreiche jüdische Gemeinde. Um 1900 lebten in Litauen rund 250 000 Juden, in Vilnius waren 40 Prozent der Bewohner jüdisch. Im frühen 19. Jahrhundert war Vilnius ein überaus vitales Zentrum jüdischer Gelehrsamkeit. Die strenge Deutung des Talmud, der jüdischen Gesetze und Traditionen, kennzeichnete die religiösen Sitten der Litwaken, wie sich die litauischen Juden auf Jiddisch nannten. Darum sahen andere jüdische Gemeinden in Osteuropa die Juden von Vilnius als altmodische Intellektuelle an. Das im Zweiten Weltkrieg von den Nazis grausam dezimierte und von den Sowjets weiter verfolgte jüdische Vilnius erinnert geisterhaft an eine untergegangene Welt.

Kuppeldecke, Chorsynagoge

Die Große Synagoge *von 1572 wurde von Glaubitz im Stil der italienischen Renaissance umgestaltet. Nach dem Zweiten Weltkrieg zerstörten die Sowjets die Reste des jüdischen Viertels, verbreiterten die Vokiečių gatvė und planierten diesen imposanten Bau.*

Im jüdischen Vilnius vor dem Zweiten Weltkrieg *füllten kleine Läden, Werkstätten und Cafés die engen Gassen. Höfe und labyrinthische Durchgänge um die Vokiečių und Žydų gatvė bargen Synagogen und Gebetshäuser.*

Die Chorsynagoge *in der Pylimo gatvė 39 ist die einzige Synagoge Litauens, die im Zweiten Weltkrieg nicht zerstört wurde. Sie wurde 1903 eingeweiht. Sie war kleiner und schlichter als andere ehemalige Synagogen in Vilnius, bezaubert aber dennoch durch ihre filigrane Innengestaltung.*

Elijah Ben Solomon (siehe S. 36), *der Gaon oder »Genius« von Vilnius, war ein führender Talmud-Gelehrter, der Kommentare zu alten hebräischen Buchwerken verfasste. Er befürwortete ein empirisches Studium religiöser Schriften über die Mystik.*

Eine Karte des Gettos Vilnius *ist an der Wand der Rūdininkų gatvė 18 zu sehen. Hier befand sich einst das einzige Tor des Gettos, in das die Juden von Vilnius gesperrt wurden.*

Abstecher

Da die meisten Attraktionen von Vilnius in der Altstadt zu finden sind, übersehen Besucher oft die Vororte. Es lohnt sich aber, dem hektischen Zentrum zu entfliehen und Vilnius als lebendige Großstadt wie als malerische Zeitkapsel zu entdecken. Vom Fernsehturm hat man an klaren Tagen einen tollen Blick, während der Vingis-Park und Schloss Verkiai ideal für Spaziergänge sind. Paneriai und der Antakalnis-Friedhof erzählen von Litauens oft tragischer Geschichte.

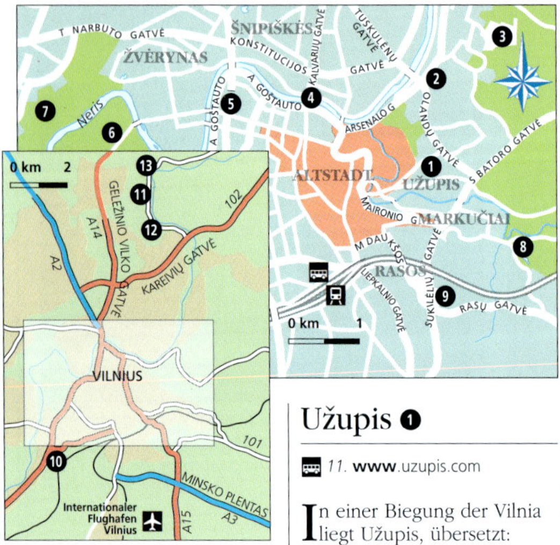

Sehenswürdigkeiten

Antakalnis-Friedhof ❸
Dreifaltigkeitskirche ⓬
Fernsehturm ❼
Grüne Brücke ❹
Holocaust-Mahnmal Paneriai ❿
Kalvarienkirche zum hl. Kreuz ⓫
Kirche St. Peter und Paul *siehe S. 242f* ❷
Parlament ❺
Puškin-Museum ❽
Rasos-Friedhof ❾
Schloss Verkiai ⓭
Užupis ❶
Vingis-Park und Žvėrynas ❻

Legende

Stadtzentrum Vilnius
Flughafen
Bahnhof
Busbahnhof
Autobahn
Hauptstraße
Nebenstraße

Užupis ❶

11. www.uzupis.com

In einer Biegung der Vilnia liegt Užupis, übersetzt: »Hinter dem Fluss«. In diesem malerischen Teil des zentralen Vilnius gibt es enge Straßen voller Cafés, Galerien und geheimnisvollen Höfen. Die Künstler, die hier wohnen, erklärten 1997 ihre Unabhängigkeit mit eigener Fahne, eigenem Präsidenten und Unabhängigkeitstag (1. April). Ihre Verfassung mit Artikeln wie »Jeder hat das Recht, nichts zu verstehen«, hängt an einer Wand in der Paupio gatvė. Die Statue eines Engels, Wahrzeichen Užupis', steht in der nahen Užupio gatvė. Das bizarre **Alternative Kunstzentrum**, dessen Tür immer offen ist, findet man am Fluss zwischen Užupio und Malūnų. Weiter östlich führt ein Spaziergang zu dem stillen Bernardinų-Friedhof.

Von der Terrasse des Cafés Tores *(siehe S. 339)* an der Krivių hat man einen herrlichen Blick. Ein anderer Aussichtspunkt ist der namenlose Fußweg hinter der Schule an der Krivių gatvė, der dann zum Vilnia-Tal und in den Kalnų-Park hinunterführt.

Kirche St. Peter und Paul ❷

Siehe S. 242f.

Antakalnis-Friedhof ❸

Antakalnio kapinės

Karių kapų 11. 234 0587.

Auf dem größten städtischen Friedhof von Vilnius ist viel moderne Stadtgeschichte zu entdecken. Die grüne Landschaft überziehen Statuen und Denksteine mit Inschriften auf Litauisch, Russisch und Polnisch. Der Hauptweg führt an einem Feld identischer Steinkreuze vorbei, die im Ersten Weltkrieg gefallenen polnischen Soldaten gewidmet sind. Im Zentrum des Friedhofs erinnert ein halbkreisförmiges Mahnmal an die 14 Zivilisten, die als Verteidi-

Fantasievoll bemalte Fassade des Alternativen Kunstzentrums, Užupis

Gräber der 1991 von den Sowjets getöteten Zivilisten, Antakalnis-Friedhof

ger des Fernsehturms und des Parlaments 1991 starben. Ein Weg rechts vom Friedhofseingang führt zum sowjetischen Kriegerdenkmal.

Grüne Brücke ❹

Žaliasis tiltas

Die erste Brücke, die an dieser Stelle über die Vilnia führte, entstand im 16. Jahrhundert. Die heutige Konstruktion stammt von 1952, dem Jahr vor Stalins Tod. An ihren vier Ecken stehen Statuen des Sozialistischen Realismus. Gründe, sie nicht abzureißen, gibt es reichlich. Einer ist, dass sie an die Hässlichkeit sowjetischer Kunst erinnern, ein anderer, dass sie in Vilnius inzwischen als echte Kunst gelten. Die Statuen zuversichtlicher Arbeiter, Bauern und Soldaten, die einst den Massen die Hoffnung auf eine herrliche kommunistische Zukunft verheißen sollten, nehmen sich heute zwischen Vilnius' Wolkenkratzern recht seltsam aus.

Sowjetische Statuen auf der Grünen Brücke

Parlament ❺

Lietuvos respublikos seimas

Gedimino 53. 239 6060. 24. www.lrs.lt

Am westlichen Ende des Gedimino pr. erhebt sich der Seimas, Litauens Parlament. Der 1982 errichtete Bau ist typisch für die späte Sowjetära. Die ähnlich monumentale Nationalbibliothek, 20 Jahre früher erbaut, steht neben ihm auf der anderen Seite des Unabhängigkeitsplatzes.

Im Seimas wurde am 11. März 1990 die Erklärung der Unabhängigkeit von der Sowjetunion unterzeichnet. Während der folgenden Belagerung 1991 wurden Betonbarrikaden und selbst Altäre um das Gebäude gestellt, um es vor den sowjetischen Panzern zu schützen. Diese wurden 1993 endlich abgezogen. Die Barrikadenreste, mit Graffiti überzogen, die Demokratie und Freiheit fordern, sind an der Westseite des Seimas noch immer zu sehen.

Vingis-Park und Žvėrynas ❻

11.

Das grüne Viertel Žvėrynas wurde im waldigen Jagdgebiet der Familie Radvila angelegt, das von 1893 an als Siedlungsland verkauft wurde. Die Straßen sind von alten Holzvillen und Herrenhäusern der damaligen Zeit gesäumt. Die orthodoxe Kirche der Marienerscheinung (1903) überragt mit ihrer silbernen Kuppel den Fluss Neris. Die winzige Kenesa (1922), in der sich die Karäer *(siehe S. 253)* zu versammeln pflegten, steht in der Liubarto gatvė. Im Vingis-Park, den man über eine Fußgängerhängebrücke westlich von Žvėrynas erreicht, säumen hohe Kiefern die vielen Wege. In der Mitte des Parks liegt ein riesiges Freilichttheater, das für Konzerte und, alle fünf Jahre, für das Litauische Sängerfest genutzt wird. Im Osten, wo die M. K. Čiurlionio gatvė auf den Park stößt, liegt ein wiederhergestellter Friedhof für deutsche Soldaten, die im Zweiten Weltkrieg gefallen sind.

Fernsehturm ❼

Vilniaus televizijos bokštas

Sausio 13–Osios 10. *252 5333.* *49.* *tägl. 10–21 Uhr.* www.lrtc.net

Der 326 Meter hohe Fernsehturm ragt vor der eindrucksvollen Kulisse riesiger Kiefern auf. Im Erdgeschoss ehrt eine Ausstellung die Menschen, die am 13. Januar 1991 bei der Verteidigung des Turms erschossen oder von sowjetischen Panzerketten zermalmt wurden. Draußen markieren Granitplatten die Stellen, wo sie starben.

In der Aussichtsetage in 165 Meter Höhe bietet das Café Paukščių Takas eine spektakuläre Aussicht auf die Gegend, während es sich in 50 Minuten einmal um die eigene Achse dreht. An klaren Tagen beträgt die Sicht in jede Richtung 70 Kilometer, somit auch ins etwa 40 Kilometer entfernte Weißrussland.

Fernsehturm von Vilnius (362 Meter Höhe)

Kirche St. Peter und Paul ❷

Šv Petro ir Povilo bažnyčia

Mit ihren über 2000 weißen, überaus prächtigen Stuckfiguren, die Engel und Dämonen, biblische und grausame historische Szenen darstellen, ist diese Kirche im Grunde ein edles Barockmausoleum ihres reichen Stifters Michal Kazimierz Pac (1624–1682), der auch in der Kirche begraben wurde. Pac war ein litauischer Heerführer und Provinzgouverneur von Vilnius. Sein Porträt hängt neben dem Altar, sein Wappen findet man über der Tür. Die Kirche wurde über den Resten von zwei früheren Holzkirchen erbaut, von denen die zweite in einem Krieg mit Moskau (1655–61) schwer beschädigt worden war. Die neue Kirche sollte ein dauerhaftes Monument des Friedens sein.

Die Zwillingsturmfassade der Kirche St. Peter und Paul

Das Innere ist ein Ensemble aus reich verzierten Kapellen und exquisitem Stuck.

Kronleuchter in Bootsform
Eine späte Ergänzung im Inneren und eine Referenz an Petrus' Beruf als Fischer ist der Glasperlen-Kronleuchter, den lettische Kunsthandwerker 1905 schufen.

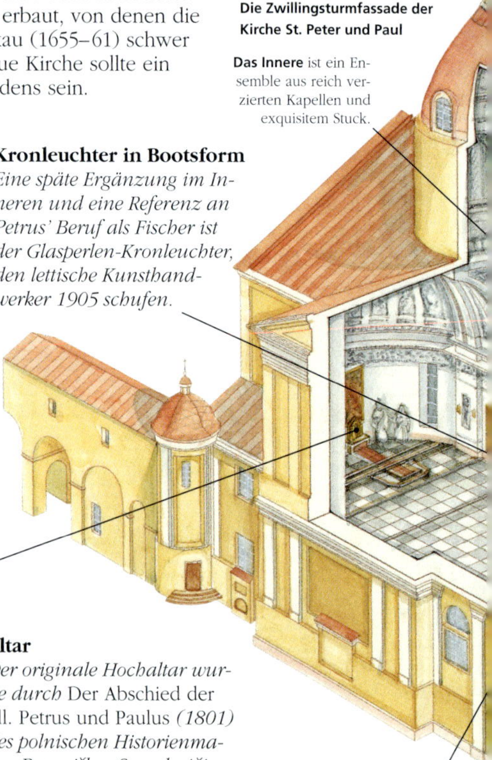

Altar
Der originale Hochaltar wurde durch Der Abschied der hll. Petrus und Paulus *(1801) des polnischen Historienmalers Pranciškus Smuglevičius (1745–1807) ersetzt.*

NICHT VERSÄUMEN

- ★ Kapelle der heiligen Königinnen
- ★ Kapelle der heiligen Ursula
- ★ Langhaus und Kuppel

★ Kapelle der heiligen Königinnen
Die Kapelle nördlich des Schiffs ist reich stuckiert. Die weibliche Figur, die einem Bettler eine Münze reicht, stellt das Mitleid dar.

★ Langhaus und Kuppel
Der Überschwang des Zierrats erreicht ein die Sinne betörendes Ausmaß, wo das Schiff in die Kuppel übergeht: Reliefs, Blumen und Kartuschen streben in einer Spirale beseelter Engel dem Antlitz Gottes am höchsten Punkt entgegen.

INFOBOX

Antakalnio gatvė 1.
☎ *234 0229.* ✝ *Mo–Fr 7, 7.30, 18 Uhr; Sa 8.30, 13 Uhr; So 7.30, 10, 11.30, 17, 18 Uhr. Gottesdienste nur auf Litauisch und Polnisch.*

Lächelnde Madonna in der St.-Kasimir-Kapelle in der Kathedrale von Vilnius

ITALIENER IN VILNIUS

Die erste Blüte des litauischen Barock Anfang des 17. Jahrhunderts setzte ein, als Litauens Herrscher für den Umbau von Vilnius italienische Künstler ins Land holten. Matteo Castello (1560–1632) entwarf die St.-Kasimir-Kapelle *(siehe S. 225)*. Sein Neffe Constante Tencalla (1590–1646) vollendete sie und schuf die Fassade der Kirche der hl. Theresa *(siehe S. 234)*. Die Italiener Perti, Galli und Palloni füllten 50 Jahre später die Kirche St. Peter und Paul mit ihrer Kunst.

Die Inschrift über dem Balkon lautet: »*Regina pacis funda nos in pace*« (»Friedenskönigin, erhalte uns in Frieden«) und ist wohl eine Anspielung auf den Namen des Stifters.

★ Kapelle der hl. Ursula
Die englische Prinzessin Ursula wurde mit zehn jungfräulichen Gefährtinnen von den Hunnen gefangen und mit Pfeilen erschossen. Bilder ihres Schicksals sind vier Skulpturen weiblicher Heiliger gegenübergestellt.

Prachtvoller Stuckportikus
Das zentrale Wappenschild über dem Portal, das zwei Knabenfiguren flankieren, zeigt eine Lilie, ein Symbol aus Pacs Wappen. Die hinreißenden Stuckarbeiten der ganzen Kirche werden den Italienern Pietro Perti und Giovanni Maria Galli zugeschrieben.

Hübsches Holzgebäude des Puškin-Museums

Puškin-Museum ❽
Puškino memorialinis muziejus

Subačiaus 124. ☎ 260 0080. 🚌 10, 13. 🕐 *Mi–So 10–17 Uhr.*

Das Museum befindet sich in einem anmutigen gelben Holzhaus, das auf einem hübschen grünen Hügel steht. Nicht der große russische Dichter, sondern sein Sohn Grigorij (1835–1905) lebte hier mit seiner Frau Varvara (1855–1935). Das 1940 gegründete und 1948 eröffnete Museum enthält viele Bände der Werke Alexander Puškins und ist im Parterre im Stil des späten 19. Jahrhunderts möbliert. Auf der Rückseite des Hauses liegt hinter einer Puškinstatue ein ruhiges Grundstück mit einem kleinen Familienmausoleum mit Zwiebelturm. Stufen führen zu einem See hinab. Die Wege in die Umgebung laden zu schönen Spaziergängen ein.

Rasos-Friedhof ❾
Rasų kapinės

Rasų gatvė. 🚌 31.

Prominente und einfache Leute aus Vilnius ruhen Seite an Seite auf diesem Friedhof, der 1769 angelegt wurde. Zu den berühmten Grabsteinen zählen die von Jonas Basanavičius (1851–1927), dem Gründer der ersten litauischsprachigen Zeitung *Aušra* (Morgenröte), von dem Maler-Komponisten M. K. Čiurlionis *(siehe S. 261)* und von Marija und Jurgis Šlapelis *(siehe S. 223)*. Umstrittener ist der von Józef Pilsudski (1867–1935), der für die polnische Annexion von Vilnius 1920 verantwortlich war. Er selbst ist in Krakau beerdigt, aber sein Herz wurde auf seinen Wunsch hier unter einer Granitplatte bestattet. Der Friedhof ist für die Litauer von großer Bedeutung. Im Jahr 1956 versammelten sich hier Menschen, um gegen die Unterdrückung des Ungarnaufstands durch sowjetische Besetzer zu protestieren.

Holocaust-Mahnmal Paneriai ❿
Panerių memorialinis muziejus

Agrastų 17, 8 km SW von Vilnius. ☎ 260 2001. 🚆 *ab Vilnius.* 🕐 *März–Dez: Mo, Mi, Fr, So 11–18 Uhr.*

Hier fanden Jahrhunderte jüdischer Kultur und Tradition in Vilnius ein grausames Ende. Etwa 70 000 jüdische Männer, Frauen und Kinder wurden von Juli 1941 bis Au-

Eindrucksvolles Grabmal von Marija und Jurgis Šlapelis auf dem Rasos-Friedhof

Hotels und Restaurants in Vilnius *siehe Seiten 308–310 und 338–340*

gust 1944 in den Wäldern von Paneriai ermordet, außerdem 29 000 Polen, Russen und Mitglieder anderer Nationalitäten sowie viele Roma und etwa 500 katholische Priester. Die Hinrichtungen wurden von Nazi-Einheiten unter tätiger Mithilfe von litauischen Kommandos durchgeführt. Die Stätten, darunter eine Grube, in der 1944 die zurückweichenden Deutschen die Reste der Leichen mit Säure zu beseitigen versuchten, sind jetzt eine Gedenkstätte. Das erste Mahnmal wurde 1948 errichtet. Das Besucherzentrum ist im Winter geschlossen, aber das Mahnmal steht offen.

Fresko in einer Kreuzstation der Kalvarienkirche zum hl. Kreuz

Kalvarienkirche zum hl. Kreuz ⓫

Kalvarijos bažnyčia

Kalvarijų 225, 5 km N der Altstadt von Vilnius. ☎ *269 7779.* 🚌 *26, 35, 36, 50.*

Die doppeltürmige Barockkirche, die das grüne Neris-Tal überragt, wurde nach 1750 von den Dominikanern erbaut. Sehenswert in ihrem Inneren sind Deckenfresken mit Bildern aus dem Leben Jesu. Hauptattraktion sind die Kreuzstationen in der Nähe. 35 von Bäumen umgebene, oft barocke Kapellen entlang einem sieben Kilometer langen Bergweg waren ein beliebtes Ziel von Pilgern im 19. Jahrhundert. 1962 wurden sie von den Sowjets zerstört. Inzwischen hat man mehrere Kapellen wiederaufgebaut.

Die Doppelturmfassade der Dreifaltigkeitskirche (18. Jh.)

Dreifaltigkeitskirche ⓬

Šv Trejybės bažnyčia

Verkių 70. 🚌 *26, 35, 36, 50.*

Die originale Holzkirche stand nur sechs Jahre, ehe sie 1710 abbrannte. Der solide Barockbau, der sie 1722 ersetzte, wurde von dem Veroneser Pietro Puttini entworfen. Nach dem Aufstand von 1831 schlossen die Russen die Kirche und zerstörten ihr Inneres. 1849 wandelten sie sie in eine orthodoxe Kirche um. Der Metropolit, das russisch-orthodoxe Oberhaupt, nutzte das benachbarte Kloster als Sommerresidenz. Im Jahr 1917 wurde die Kirche an die katholische Kirche zurückgegeben, der Erzbischof ließ sich hier nieder. In der Sowjetzeit wurde die Kirche abermals geschlossen, noch heute ist sie der Allgemeinheit nicht zugänglich.

Schloss Verkiai ⓭

Verkių rūmai

Žaliųjų ežerių 49. ☎ *272 9834.* 🚌 *35, 36, 76.* *nach Voranmeldung.*

www.pavilniai-verkiai.lt

Dieses einst riesige klassizistische Schloss erbauten Laurynas Stuoka-Gucevičius (1753–1798) und Martynas Knakfusas (1740–1821). Die berühmten Architekten erhielten 1781 den Auftrag, für den Bischof von Vilnius eine Sommerresidenz zu bauen. Das taten sie an dieser Stelle, die etwa 400 Jahre zuvor Großfürst Jogaila *(siehe S. 210f)* bei seiner Taufe der Diözese Vilnius geschenkt hatte.

Dem Schloss war nur ein kurzes Leben vergönnt. 1812 verwüstete es die französische Soldateska dermaßen, dass die nachfolgenden Besitzer den Mittelteil abreißen ließen. Nur zwei Flügel des Schlosses und einige filigrane Dekorationen an den Decken und Täfelungen sind erhalten und noch sichtbar.

Schloss Verkiai wird auch wegen seiner Gipfellage über der Neris gern besucht, von wo man einen grandiosen Blick auf die umgebenden Wälder hat. Das Schloss und seine Umgebung gehören seit 1992 zur Schutzzone des Regionalparks Verkiai.

Das Restaurant Verkiai *(siehe S. 339)* liegt hinter einem der Schlossflügel. Ein Fußweg windet sich vom Schlosstor zur **Vandens Malūnas** hinab, einer ehemaligen Wassermühle, die heute ebenfalls ein Restaurant ist *(siehe S. 338)*.

Vandens Malūnas, eine frühere Wassermühle nahe dem Schloss Verkiai

1
A
B
C
1
2
3
4
5
LIEPYNO GATVĖ
SALTONIŠKIŲ GATVĖ
SĖLIŲ GATVĖ
STUDENTŲ GATVĖ
UPĖS GATVĖ
KONSTITUCIJOS PROSPE
LVOVO GAT
LATVIŲ GATVĖ
ŽVĖRYNAS
POŠKOS GATVĖ
MONIUŠKOS GATVĖ
TRENIOTOS GATVĖ
PUŠŲ GATVĖ
TRAIDENIO GATVĖ
VYTAUTO GATVĖ
Geležinio Vilko-Brücke
GELEŽINIO VILKO GATVĖ
Neris
A GOŠTAUTO GATVĖ
ŠNIPIŠK
UPĖS GATV
Baltasis-Brücke
LUKIŠKIŲ SKERSGATVIS
LUKIŠKIŲ GATVĖ
Orthodoxe Kirche der Erscheinung der bl. Muttergottes
Parlament
National-bibliothek
KRAŽIŲ SKERSGATVIS
J TUMO-VAIŽGANTO GATVĖ
ŠERMUKŠNIŲ GATVĖ
MICKEVIČIAUS GATVĖ
Žveryno-Brücke
GEDIMINO PROSPEKTAS
LUKIŠKIŲ-PLATZ
KASTONŲ GATVĖ
A JAKŠTO GATVĖ
A VIENUOLIO GATVĖ
J LELE
LIUBARTO GATVĖ
Liubarto-Brücke
Kenesa
J JASINSKIO GATVĖ
KGB-Museum
VASARIO 16-OSIOS GATVĖ
GEDIMINO PROS
PAKAINĖS GATVĖ
V KUDIRKOS GATVĖ
PAMĖNKALNIO GATVĖ
TAURO GATVĖ
A SMETONOS GATVĖ
Holocaust-museum
JOGAILOS GAT
TAURAKALNIS
MYKOLAIČIO-PUTINO GATVĖ
VALANČIAUS GATVĖ
V SIERAKAUSKO GATVĖ
ISLANDIJO
Jüdisches Museum
Frank-Zappa-Denkmal
M K ČIURLIONIO GATVĖ
K KALINAUSKO GATVĖ
PALANG GATVĖ
NOČIOS GATVĖ
PYLIMO GATVĖ
KLAIPĖD GATVĖ
J BASANAVIČIAUS GATVĖ
ALGIRDO GATVĖ
Muse Theater
A VIVULSKIO GATVĖ
MINDAUGO GATVĖ
VINGRIŲ GATVĖ
TRAKŲ
Franziskar kir
T ŠEVČENKOS GATVĖ
ŠVITRIGAILOS GATVĖ
NAUGARDUKO GATVĖ
AGUONŲ GATVĖ
NAUJAMIESTIS
ŠALTINIŲ GATVĖ
AMATŲ GATVĖ
RAUGYK
VYTENIO GATVĖ
KAUNO GATVĖ
PANERIŲ GATVĖ
B bahnh
Vilnius
Wichtige Sehenswürdigkeit
Sehenswürdigkeit
Bahnhof
Busbahnhof
Information
Post
Polizei
Krankenhaus
Kirche
Synagoge
Parken
Eisenbahn
Massstab
0 Meter
400

D
E
F
2
1
2
3
4
5
KAZIŠKIŲ GATVĖ
TUSKULĖNŲ GATVĖ
KATKAUS GATVĖ
ŽIRMŪNŲ GATVĖ
KROKUVOS GATVĖ
RINKTINĖS GATVĖ
KALVARIJŲ GATVĖ
LVOVO GATVĖ
ŠEIMYNIŠKIŲ GATVĖ
RAITININKŲ
SPORTO
Žirmūnų-Brücke
P VILEIŠIO GATVĖ
ANTAKALNIO GATVĖ
SLUCKO GATVĖ
OLIMPIEČIŲ GATVĖ
Kirche St. Peter und Paul
MYKOLO PACO GATVĖ
ŽVEJŲ GATVĖ
T KOSCIUŠKOS GATVĖ
SLUŠKŲ GATVĖ
Neris
OLANDŲ GATVĖ
GIMANTŲ GATVĖ
Karaliaus Mindaugo-Brücke
RADVILŲ GATVĖ
ARSENALO GATVĖ
KALNŲ PARK
T VRUBLEVSKIO GATVĖ
Litauisches National-museum
Kunstgewerbe-museum
Vilnia
K SIR VYDO
TILTO GATVĖ
Obere Burg
Berg der drei Kreuze
KRIVIŲ GATVĖ
Kathedrale
KATHEDRALEN-PLATZ
Untere Burg
TOTORIŲ GATVĖ
ODMINIŲ GATVĖ
L STUOKOS-GUCEVIČIAUS GATVĖ
ŠVENTARAGIO GATVĖ
B RADVILAITĖS GATVĖ
UNIVERSITETO GATVĖ
S SKAPO GATVĖ
BERNARDINŲ GATVĖ
St. Annakirche
SEREIKIŠKIŲ PARK
KRIVIŲ GATVĖ
FILARETŲ GATVĖ
Universität
Präsidenten-palast
Mickiewicz-Museum
PILIES GATVĖ
Bernhardiner-kirche
UŽUPIS
St. Johannis
Haus der Unterzeichner
St. Michaeliskirche
MAIRONIO GATVĖ
KRIVIŲ GATVĖ
BALTASIS SKG
ŠV JONO GATVĖ
Šlapelis-Museum
DOMININKONŲ GATVĖ
STIKLIŲ GATVĖ
Kirche der hl. Paraskeva
UŽUPIO GATVĖ
POLOCKO GATVĖ
Städtische Gemäldegalerie
Orthodoxe Muttergotteskirche
Vilnia
Orthodoxe St. Nikolauskirche
PAUPIO GATVĖ
KRANTO GATVĖ
SAVIČIAUS GATVĖ
RATHAUS-PLATZ
DIDŽIOJI GATVĖ
Čiurlionis-Haus
Nikolai-kirche
Kazys-Varnelis-Museum
BOKŠTO
AUKŠTAIČIŲ GATVĖ
AUKŠTAIČIŲ GATVĖ
Zentrum für zeitgenössische Kunst
DYSNOS GATVĖ
St. Kasimir-kirche
ŠV KAZIMIERO GATVĖ
GATVĖ
MAIRONIO GATVĖ
PAUPIO GATVĖ
RŪDNINKŲ GATVĖ
KARMELITŲ GATVĖ
Artillerie-bastion
SUBAČIAUS GATVĖ
SUBAČIAUS GATVĖ
VISŲ ŠVENTŲJŲ GATVĖ
ARKLIŲ
Basiliustor
AUŠROS VARTŲ GATVĖ
Heiliggeist-kirche
Kirche der hl. Theresa
M DAUKŠOS GATVĖ
RASŲ GATVĖ
MARKUČIŲ GATVĖ
BAZILIJONŲ GATVĖ
PYLIMO GATVĖ
Tor der Morgenröte
P VISINSKIO GATVĖ
BALANDŽIŲ GATVĖ
GERVĖČIŲ GATVĖ
ŠVENČIONIŲ BALTSTOGĖS GATVĖ
GELEŽINKELIO GATVĖ
LIEPKALNIO GATVĖ
PELESOS GATVĖ
RAMYBĖS GATVĖ
TURGELIŲ GATVĖ
NARUČIO G
ALKŪNES G

Zentral-Litauen

Sanfte Hügel, unberührte uralte Wälder und Tausende klarer Seen bestimmen das Bild von Zentral-Litauen. Große Teile des Landes stehen unter Naturschutz und bieten Tieren und Pflanzen eine Heimstatt. Vilnius und Kaunas sind die pulsierenden Zentren der Region, aber auch die stilleren Städte und Dörfer mit ihren schönen Kirchen und Gehöften sind lohnende Reiseziele.

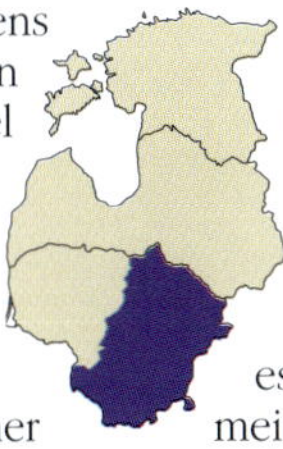

Typisches Merkmal von Litauens Kernland sind die rätselhaften Kuppen und Festungshügel von Kernavė, wo Mindaugas, der erste König Litauens, die baltischen Stämme vereint haben soll, um die Armeen der deutschen Kreuzritter aufzuhalten. Auch Trakai mit seiner märchenhaften Inselfestung, die einst den Kern eines der größten Reiche Europas bildete, erweckt ein romantisches Nationalgefühl bei den Litauern. Kaunas, die Hauptstadt des unabhängigen Litauen zwischen den Weltkriegen, wird öfter als die heutige Hauptstadt Vilnius als Wiege der litauischen Nationalstaatlichkeit gesehen.

Drei der vier ethnografischen Regionen mit eigenen Dialekten und Traditionen liegen in diesem Gebiet. Dzūkija im Süden ist größtenteils dicht bewaldet. Im Sommer und Herbst verkaufen die Dorfbewohner Pilze und Beeren an den Straßen, insbesondere an der Route zwischen Vilnius und dem Kurort Druskininkai. In einigen Gegenden von Dzūkija, das sich von Alytus im Westen bis Vilnius im Osten erstreckt, gibt es große polnischsprachige Gemeinden. Aukštaitija, das wörtlich »Hochland« bedeutet, ist von Seen durchsetzt. Einige seiner Wälder haben zwar die Jahrhunderte überlebt, aber große Teile wurden im 20. Jahrhundert zu Ackerland gemacht. Mit Ausnahme der russischsprachigen Stadt Visaginas ist Aukštaitija fast ausnahmslos litauischsprachig und das archaische Hinterland Litauens. Rund um die Stadt Marijampolė liegt Suvalkija oder Sūduva, die kleinste ethnografische Region, deren Trachten, Sitten und Gebräuche einst sowohl von Preußen als auch von Polen beeinflusst wurden.

Dauer-Installation mit dem Titel »Space of Unknown Growth« im Freilichtmuseum Europa-Park

Blick auf die malerische Inselfestung Trakai ***(siehe S. 252f)***

Überblick: Zentral-Litauen

Die gepflegten Straßen dieser Region bieten die Chance, sich die Wälder rund um den Kurort Druskininkai im Süden sowie die Seen und Dörfer des Nationalparks Aukštaitija im Nordosten näher anzusehen. Die unberührten Landschaften erlebt man am besten, wenn man von den Hauptstraßen auf die Panoramastrecken Trakai–Birštonas, Varėna–Marcinkonys–Merkinė und Molėtai–Ignalina ausweicht. Zentral-Litauen besteht indes nicht nur aus Seen und Wäldern. Die Städte sind wunderschön, es gibt zudem viele alte Bauernhöfe zu entdecken.

Begrünte Fußgängerzone in Panevėžys

Sehenswürdigkeiten auf einen Blick

Städte und Kurorte

Alytus 8
Anykščiai 17
Birštonas 11
Biržai 15
Druskininkai 5
Kalvarija 9
Kaunas S. 258–261 12
Kėdainiai 13
Kernavė 3
Marijampolė 10
Molėtai-Seenplatte 18
Panevėžys 14
Rokiškis 16
Varėna 4
Visaginas 19

Nationalparks

Aukštaitija S. 266f 20
Dzūkija 7
Inselfestung Trakai S. 252f 1

Andere Sehenswürdigkeiten

Europa-Park 2
Grūtas-Park 6

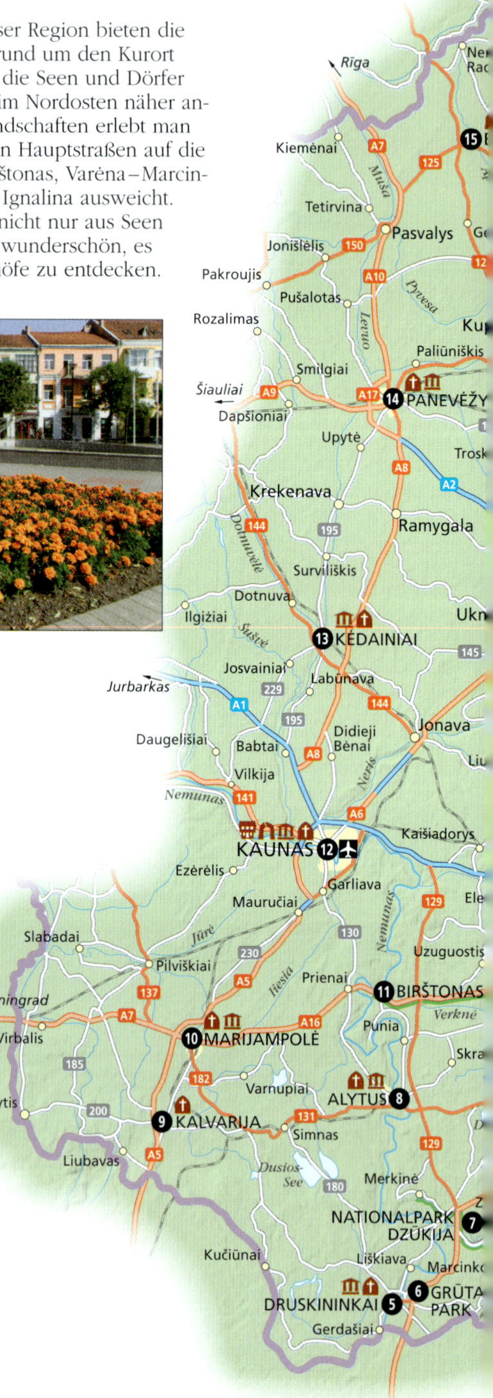

Siehe auch

- ***Übernachten*** S. 311–313
- ***Restaurants*** S. 341–343

In Zentral-Litauen unterwegs

Die A1 von Vilnius nach Kaunas und weiter zur Küste und die A2 von Vilnius nach Panevėžys sind die Hauptverkehrsadern der Region. Gute Basen für Exkursionen sind Kaunas, Druskininkai, Anykščiai und Palūšė, die per Bus erreichbar sind. Busse fahren durch die Nationalparks Aukštaitija und Dzūkija, aber den größten Genuss von der Gegend hat man, wenn man zu den schönen Dörfern Zervynos und Salos II wandert. Züge fahren von Vilnius nach Kaunas und Ignalina, aber in alle anderen Regionen sollte man die Straße wählen. Flughäfen gibt es in Vilnius und Kaunas.

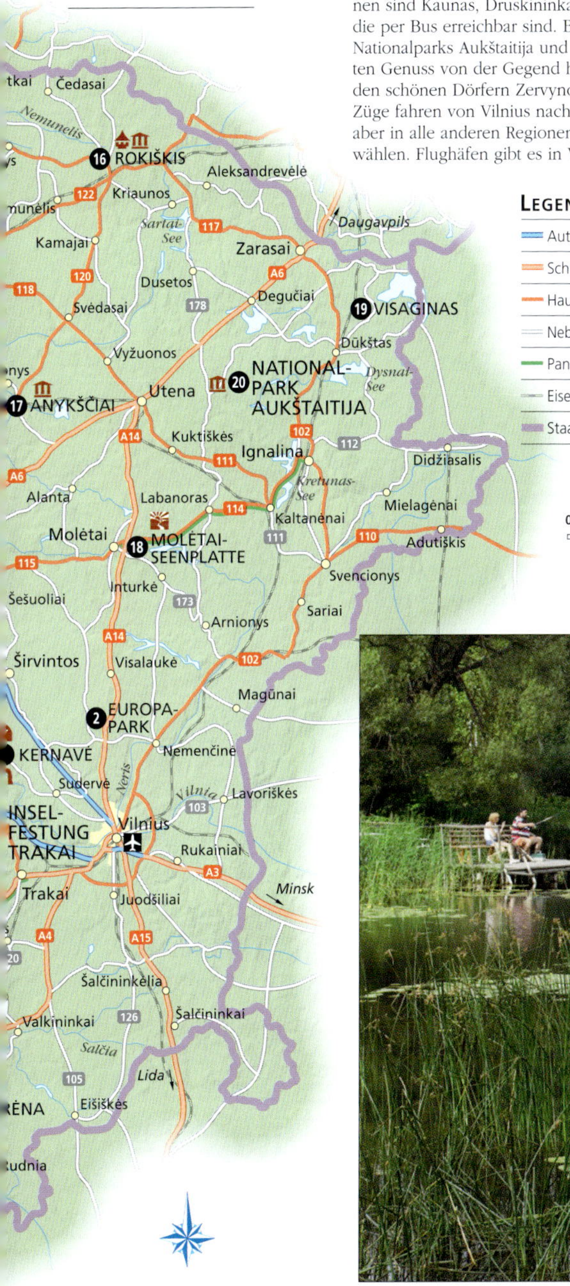

Legende

- Autobahn
- Schnellstraße
- Hauptstraße
- Nebenstraße
- Panoramastraße
- Eisenbahn
- Staatsgrenze

0 Kilometer 25

Angler am Srovinaitis-See im Nationalpark Aukštaitija

Inselfestung Trakai ❶

Dieses eindrucksvolle Bollwerk gegen jeglichen Feind wurde als Machtzentrum von Vytautas dem Großen errichtet und kurz vor dem vernichtenden Sieg des Großfürstentums über die Deutschritter in der Schlacht von Tannenberg *(siehe S. 212)* fertiggestellt. Während Vilnius immer wichtiger wurde, verlor Trakai seine Bedeutung und wurde bei der russischen Invasion 1655 zerstört. In der Zeit des nationalen Wiedererwachens im 19. Jahrhundert nahm die elegische Ruine die Fantasie von Dichtern und Malern gefangen. Seltsamerweise waren es die Sowjets, die in den 1950er Jahren den Wiederaufbau dieses Monuments litauischer Größe billigten, der 1987 abgeschlossen wurde.

Trockener Graben, der die Hauptburg vom äußeren Burghof trennt

Die runden Wehrtürme haben vier Meter dicke Basismauern.

★ Uferspaziergang
Eine Möglichkeit, die idyllische Seenlandschaft Trakais und das Ausmaß der Burg ins Auge zu fassen, bietet der schöne Spazierweg entlang dem Ufer der Insel.

Eine hölzerne Fußgängerbrücke verbindet die Inselfestung mit dem Festland.

Yachten
Von Mai bis Oktober ankern Yachten des nahen Yachtclubs Žalgiris vor der Inselfestung. Sie können stundenweise zu variablen Preisen gemietet werden.

NICHT VERSÄUMEN

- ★ Burgmuseum
- ★ Uferspaziergang

Galvė-See
In dem See, der als Burggraben dient, gibt es 21 winzige Inseln. Für den einzigartigen Blick auf die Festung kann man am Kai ein Ruder- oder Paddelboot mieten.

Infobox

Straßenkarte D5. *ab Vilnius.* *ab Vilnius.* Vytauto gatvė 69. *(528) 51 934.* **Yachtclub Žalgiris** Žemaitės gatvė 3. *(528) 52 824.* **Burgmuseum** *(528) 53 946.* *Mai–Sep: Di–So 10–19 Uhr; Okt–Apr: Di–So 10–17 Uhr.* **www**.trakaimuziejus.lt

Der Burgfried, der 30 Meter aufragt, diente dem Großfürst als Residenz.

★ Burgmuseum
Gezeigt werden Waffen und Objekte, die bei Ausgrabungen gefunden wurden, darunter Bierkrüge, Kacheln und Münzen des 16. Jahrhunderts.

Karäer von Trakai

Die Karäer (Karaim), türkische Siedler, die ein eigenes Judentum praktizieren, verleihen Trakai ein ausgesprochen exotisches Flair. Ihre Vorfahren wurden von Vytautas dem Großen 1397 bei einem Feldzug auf die Krim gefangen genommen und dienten ihm als königliche Leibgarde. Sie haben bis heute ihre Sitten und Traditionen bewahrt. Ihre charakteristischen Holzhäuser, die den Giebel und drei Fenster der Straße zuwenden, ihre Kenesa (Synagoge) und das Karäer-Museum stehen allesamt an der Karaimų gatvė. Der Karäer-Friedhof liegt am Totoriskiai-See.

Die teilweise zugewachsenen Gräber auf dem Karäer-Friedhof

Europa-Park ❷

Europos parkas

Straßenkarte D5. *(370) 237 7077. ab Vilnius. tägl. 10 Uhr bis Sonnenuntergang.* **www**.europosparkas.lt

In dem 55 Hektar großen Park stehen zeitgenössische Plastiken. Sein Gründer Gintaras Karosas (geb. 1968) wollte damit eine künstlerische Antwort auf die Tatsache geben, dass etwa 17 Kilometer weiter nördlich der genaue Mittelpunkt Europas liegt.

Etwa 100 Kunstwerke finden sich in dieser Landschaft aus Wäldern, Hügeln und Seen. Der Amerikaner Dennis Oppenheim (geb. 1938) schuf zwei monumentale Plastiken – *Chair/Pool* und *Drinking Structure with Exposed Kidney Pool*. Die Skulptur *Double Negative Pyramid* von Sol Le Wit (1928–2007) gibt die gekräuselten Wellen eines Sees in Beton wieder. Karosas' eigene Arbeit, *LNK Infotree*, ist ein Labyrinth aus 3000 ausgedienten Fernsehern.

Kernavė ❸

Straßenkarte D5. *500. ab Vilnius. Kerniaus 4, (382) 47 315. Tage der lebendigen Geschichte (Juli).* **www**.kernave.org

Das verschlafene Dörfchen Kernavė überblickt das idyllische Neris-Tal, in dem steile Burghügel auf eine lange untergegangene Kultur hinweisen. Grabungsfunde zeigen, dass die Gegend bereits um 9000 v. Chr. bewohnt war. Im 13. Jahrhundert war Kernavė die erste Hauptstadt der vereinten litauischen Stämme und ein lebhaftes Handelzentrum. Die deutschen Kreuzritter plünderten die reiche Stadt im Jahr 1365. 1390 wurde sie von einer Armee, die aus Rittern, Soldaten und Söldnern aus Deutschland, Frankreich, Italien und England bestand, erneut angegriffen. Auch der spätere englische König Henry IV. (1367–1413) nahm an den Kreuzzügen teil, von denen sich die Stadt nie wieder erholen sollte.

Holzstege an den Burghügeln im Grabungsgebiet von Kernavė

Heute ist Kernavė die wichtigste Grabungsstätte Litauens und seit 2004 UNESCO-Welterbe. Das Schutzgebiet umfasst fünf große Hügel, auf denen es mittelalterliche Wälle und Befestigungsanlagen gab. Holztreppen führen zu den Gipfeln der Hügel, von denen man eine überwältigend schöne Aussicht auf die Umgebung hat.

Umgebung: Die landschaftlich reizvolle Straße von Vilnius nach Kernavė führt durch mehrere Dörfer. In **Sudervė**, 20 Kilometer südlich von Kernavė, steht eine weiße Rundkirche, die der klassizistische Architekt Laurynas Stuoka-Gucevičius Anfang des 19. Jahrhunderts gebaut hat.

Varėna ❹

Straßenkarte D6. *11 000. ab Vilnius. ab Vilnius. Basanavičiaus 9, (310) 31 330. Pilzfest (Sep).* **www**.varena.lt

Das auf allen Seiten von dichtem Wald umgebene Varėna liegt am Ostrand des Nationalparks Dzūkija *(siehe S. 256)*. Der Ort gilt als Pilzhauptstadt Litauens. Obgleich man im ganzen Land viele Arten von Pilzen findet – hier wachsen sie wie dicht an dicht auf dem Waldboden. An einem Tag im Jahr, meist am letzten Samstag im September, erwacht das Städtchen zum Leben und begeht das traditionelle Pilzfest *(siehe S. 209)*.

Umgebung: Die Straße von Varėna nach Marcinkonys, das 22 Kilometer südwestlich liegt, schlängelt sich wunderschön durch den Nationalpark Dzūkija. Gleich hinter der

Bauernhof mit Scheune und Ställen aus Holz am Rand des Waldes in Zervynos nahe Varėna

Die eindrucksvolle russisch-orthodoxe Kirche in Druskininkai

Parkgrenze führt eine Straße links nach **Zervynos**, einem Dorf mit ungepflasterten Straßen und dem schönen Fluss Ūla, der unter Laubwerk und Holzbrücken dahinplätschert.

Druskininkai ❺

Straßenkarte D6. *17000. ab Vilnius. Gardino 3, (313) 52 984.* **www**.druskininkai.lt

Litauens berühmtester Kurort an einer dicht bewaldeten Biegung des Flusses Nemunas ist ein Hort der Stille und des Friedens. Der Hauptverkehr wird um den Ort geleitet, Lärmbeschränkungen sorgen für Ruhe. Nach 200 Jahren wirtschaftlicher Blüte erlitt Druskininkai in den 1990er Jahren einen Schock, als die Besucher aus dem Ostblock, die früher seine Sanatorien bevölkerten, ausblieben.

In den letzten Jahren hat sich der Kurtourismus wieder belebt. Die Sanatorien bieten Wasser- und Heilschlammbehandlungen, Massagen, Schönheitsprogramme sowie Fitnesspfade durch den Wald. Fahrradfahrten und lange Spaziergänge unternimmt man auf dem Sonnenpfad durch das malerische Ratnyčia-Tal.

An den Boulevards des Zentrums, vor allem am Laisvės-Platz, stehen Holzvillen des 19. und frühen 20. Jahrhunderts. Auch die schöne **russisch-orthodoxe Kirche** steht an diesem Platz. An der Vilniaus aleja sind einige futuristische Bauten erhalten, darunter das nun geschlossene Physiotherapiezentrum aus der Sowjetära, dessen dekorative Wellen aus massivem Beton in der Luft zu schweben scheinen.

Das heitere Städtchen inspirierte den Maler-Komponisten M.K. Čiurlionis *(siehe S. 261)*, der hier von 1890 bis 1911 lebte. Das **Čiurlionis-Museum** im Holzhaus seiner Familie enthält Möbel der Zeit, seine Notizbücher und Kopien seiner Kunst. Ein anderes Museum in der Stadt, das **Jacques-Lipchitz-Museum**, ist dem kubistischen Bildhauer gewidmet, der im Jahr 1891 hier geboren wurde.

M.-K.-Čiurlionis-Museum
M K Čiurlionio 35. *(370) 313 51131. Di–So 11–17 Uhr. letzter Di im Monat.*

Jacques-Lipchitz-Museum
Šv Jokubo 17. *(313) 56 077. Juni–Aug: tägl. 11–17 Uhr.*

Grūtas-Park ❻

Grūto parkas

Straßenkarte D6. *(370) 3135 5511. Juni–Aug: tägl. 9–20 Uhr; Dez–Feb: tägl. 9–17 Uhr.* **www**.grutoparkas.lt

Etwa 90 Statuen und Büsten, mit denen sich das Sowjetregime selbst feierte, stehen in Nischen an einem Waldweg in dem Dorf Grūtas. Die meisten von ihnen zierten früher einmal Plätze und Parks, ehe sie unter dem Beifall der jubelnden Litauer im Jahr 1991 abgerissen wurden. Der Parkbesitzer Viliumas Malinauskas erhielt 2001, dem Jahr der Eröffnung, dafür den »Ig-Friedensnobelpreis«.

Alles wird an Informationsständen auf Englisch erklärt. Eine riesige Bronzestatue Lenins, die vor dem KGB-Gebäude in Vilnius stand, verlor beim Abriss durch einen Kran einen Daumen. Eine andere Statue, die Lenin als gut gekleideten Gentleman zeigt, steht neben dem Ersten Sekretär der litauischen KP, Vincas Mickevičius-Kapsukas. Beide Statuen wurden 1991 geköpft, haben aber ihre Köpfe zurückerhalten. Eine Stalinstatue ist auch da, sie stand vor dem Bahnhof in Vilnius und wurde 1960 abgerissen. *Rusų Karys* (Russischer Soldat) ist eine Plastik, die deutsche Kriegsgefangene aus dem Metall deutscher Flugzeuge geformt haben, die die Sowjets abgeschossen hatten. Auch Statuen und Büsten von Rotarmisten, Dichtern und anderen Heroen stehen hier.

Büsten von Marx, Engels, Lenin und Stalin im Grūtas-Park

Blick vom Burghügel in Merkinė auf den Fluss Nemunas und seine Umgebung nahe dem Nationalpark Dzūkija

Nationalpark Dzūkija ❼

Dzūkijos nacionalinis parkas

Straßenkarte D6. *von Vilnius nach Zervynos, Marcinkonys.* *von Vilnius nach Merkinė.* *Vilniaus 2, Merkinė, (310) 57 245.* **Zentrale** *Miškininkų 61, Marcinkonys, (310) 44 466.* *Führungen auf Englisch in Merkinė o. Marcinkonys arrangieren.* **www**.dzukijosparkas.lt

Der dicht bewaldete, 1991 zur Unabhängigkeit Litauens eingeweihte Nationalpark Dzūkija ist 550 Quadratkilometer groß. Außer einem riesigen uralten Kiefernwald in der sandigen Dainava-Ebene gehören zu dem Park weite Flussschleifen im breiten Nemunas-Tal. Mehr als 200 Tier- und Pflanzenarten schützt der Park, darunter seltene Storcharten.

Weißstorch im Nationalpark Dzūkija

Die wenigen Dörfer im Park gewähren einen Einblick in osteuropäische Lebensweisen, die sich seit einem Jahrhundert oder länger nicht verändert haben. Das Dorf **Zervynos** am Ostrand des Parks steht unter Denkmalschutz.

Die uralte Siedlung **Merkinė** liegt am Zusammenfluss von Nemunas und Merkys. Von einem Hügel, auf dem einst eine Burg (14. Jh.) stand, überblickt man den Park.

Einen weiteren Burghügel mit Blick auf den Nemunas findet man in dem hübschen Dörfchen **Liškiava** am Südwestrand des Parks. Die Burg, die hier im 14. Jahrhundert stand, verteidigte das Großfürstentum gegen die Kreuzritter. Einen Besuch lohnt auch die Dreifaltigkeitskirche (18. Jh.) mit sieben reich verzierten spätbarocken Altären. Fresken mit Darstellungen aus der Geschichte des Christentums wurden 1823 übertüncht und erst vor Kurzem restauriert.

Von **Marcinkonys**, einem Dorf acht Kilometer südwestlich von Zervynos, führt ein Pfad in südlicher Richtung in das **Landschaftsschutzgebiet Čepkeliai** mit dem größten Sumpf des Landes, der sich bis nach Weißrussland erstreckt und Zugvögeln Rastplätze bietet. Über Lehrpfade und hölzerne Laufbrücken gelangt man zu Aussichtsplattformen mit herrlichem Blick.

Alytus ❽

Straßenkarte D6. *70 000.* *ab Kaunas.* *ab Vilnius, Kaunas.* *Rotušės aikšte 14a, (315) 52 010.* **www**.alytus.lt

Litauens sechsgrößte Stadt war ursprünglich eine Bergfestung an der Stelle, wo das Flüsschen Alytupis in den Nemunas mündet. Von dem Hügel blickt man auf die Stadt und die weiten Dzūkija-Wälder im Süden.

Das **Geschichtsmuseum** im Stadtzentrum besitzt 65 000 Antiquitäten. Ein Relief an der Brücke über den Nemunas stellt die Schlacht dar, die hier 1919 zwischen Litauern und Bolschewiken stattfand. In ihr fiel Antanas Juozapavičius, der erste litauische Tote im Unabhängigkeitskampf. Er ist an der **Schutzengelkirche** begraben.

Das Stadtzentrum wurde 1941 weitgehend zerstört. Wenig später wurden die 60 000 Juden der Stadt im Vidzgiris-Wald erschossen, wo 1993 ein Mahnmal enthüllt wurde. Grabsteine auf dem städtischen Friedhof erinnern an die Juden von Alytus.

Kreuze auf dem Friedhof der Schutzengelkirche in Alytus

Umgebung: Von Alytus fließt der Nemunas in mehreren riesigen, von Wald gesäumten Schleifen auf Kaunas *(siehe S. 258–261)* im Norden zu. Auf eine dieser Schleifen blickt man von einem eindrucksvollen Burghügel am Rand des stillen Dorfes **Punia**, das 15 Kilometer nördlich von Alytus liegt.

Geschichtsmuseum
Savanorių 6. *(315) 51 990.*
Di–Sa 9–18 Uhr.

Kirche der Jungfrau Maria in Kalvarija

Kalvarija 9

Straßenkarte C6. *6000.*
ab Kaunas. *Bažnyčios 4, (345) 60 759.*

Auch in diesem Ort tobte der unsägliche Holocaust. Kalvarija entstand im 17. Jahrhundert als Handelsstadt an der Straße zwischen Warschau und St. Petersburg. Juden bildeten einen erheblichen Teil der Bevölkerung, von denen einige reiche Kaufleute waren, die Getreide nach Deutschland exportierten, der Großteil aber arme Arbeiter in Fabriken, die Bürsten und medizinischen Alkohol herstellten. Neben schlichten hölzernen Synagogen baute man 1803 einen steinernen Synagogenkomplex mit Rabinerhaus und *beit midrash* (»Lernhaus« für das Thorastudium).

1941 töteten die Nazis und die Sowjetarmee die gesamte jüdische Bevölkerung der Stadt. Litauische und jüdische Kommunisten wurden gefoltert und am Orija-See erschossen. Die Synagoge ist teilweise als nationales Mahnmal wiederhergestellt worden.

Die **Kirche der Jungfrau Maria** mit ihren Engel- und Königsstatuen auf den Giebeln über dem Portikus und Portal wurde 1840 erbaut.

Marijampolė 10

Straßenkarte C6. *49 000.*
ab Kaunas. *ab Kaunas.*
Kudirkos 41, (343) 51 109.
www.marijampole.lt

Diese Stadt ist nach dem Marianenkloster (18. Jh.) benannt, einem 1673 gegründeten Orden. Die Michaeliskirche gehörte seit 1824 zum Kloster, aber dessen Aktivitäten wurden nach dem Aufstand 1831 eingeschränkt. Die Kirche wurde durch Bischof Jurgis Matulaitis (1871–1927) wiederbelebt, dessen Sarkophag und Grabstein man hier findet. Während der sowjetischen Okkupation 1944 wurden über 6000 Bewohner der Stadt nach Sibirien deportiert. Über den Kampf der antisowjetische Partisanen gegen die Besatzer informiert das **Partisanen- und Deportationsmuseum**. An die Opfer des Sowjetregimes erinnern ein Friedhof in der Varpio und eine Kapelle in der Tylioji gatvė.

Partisanen- und Deportationsmuseum
Vytauto 29. *(370) 3435 0754.*
Di–Sa 9–17 Uhr.

Birštonas 11

Straßenkarte D6. *3000.* *ab Vilnius, Kaunas.* *Jaunimo gatvė 3, (319) 65 740.* *Stadtfest (Juni), Birštonas Jazz (März, alle 2 Jahre).*
www.birstonas.lt

Der abgelegene Kurort Birštonas ist ganz anders als das geschäftige Wellnesszentrum Druskininkai *(siehe S. 255)*. Er steht zwar zahlenden Gästen und Patienten offen, aber die Einrichtungen sind nicht gerade die allerneuesten. Dennoch machen die angenehme Landschaftsgestaltung und die hübsche Kurpromenade am Nemunas Lust, sich den Ort anzusehen. Am Ostrand der Stadt erhebt sich der Hügel der Vytautas-Burg, auf dem ein Jagdschloss des Großfürsten stand. Eine mächtige steinerne Reiterplastik Vytautas' steht in der Nähe des Burghügels.

Vytautas-Statue, Birštonas

Birštonas ist übersät mit Holzhäusern aus der Mitte des 19. Jahrhunderts, als Mineralwasser und Heilschlamm die Stadt bekannt machten. In einem kleinen gelben Haus im Stadtzentrum gibt es einen Wasserhahn, aus dem man gratis das mineralhaltige Quellwasser zapfen kann. Zu Birštonas Jazz, Litauens ältestem, alle zwei Jahre stattfindenden dreitägigem Jazzfestival, strömen die Besucher in Massen in den Ort. Birštono Seklytėlė *(siehe S. 341)*, ein Restaurant über dem Tal, bietet einen fantastischen Blick auf den von Kiefern gesäumten Nemunas.

Blick auf den Nemunas von der Kurpromenade in Birštonas

Kaunas ⓬

Am Zusammenfluss von Nemunas und Neris liegt Kaunas, die zweitgrößte Stadt des Landes. Eine Reihe von Katastrophen behinderte die Stadtentwicklung, darunter Invasionen der Russen (1655) und Schweden (1701) sowie Napoléons Feldzug (1812). Rasches Wachstum im 19. Jahrhundert führte dazu, dass Kaunas 1919 vorübergehend Hauptstadt des unabhängigen Litauen wurde. Später litt die Stadt unter der Besetzung durch Nazis und Sowjets. Heute ist Kaunas eine moderne Stadt mit vielen Museen. Die Hauptsehenswürdigkeiten liegen in der gut erhaltenen Altstadt.

Blick auf die Brücke über den Nemunas, die in die Altstadt führt

Altes Rathaus

Rotušės aikštė.

Das am Ort »Weißer Schwan« genannte Alte Rathaus ähnelt mit seinem hohen, fünfstöckigen Turm eher einer Kirche und ist seit den 1970er Jahren das Standesamt und der fotogene Hintergrund für Neuvermählte. Das Haus aus der Mitte des 16. Jahrhunderts bot Kaufleuten, Stadträten, dem Bürgermeister und im Keller einem Gefängnis Platz. Es diente als Munitionslager, Clubhaus, Feuerwache und Theater. Der Rathausplatz, auf dem es steht, war früher ein geschäftiger Marktplatz und das Zentrum der Altstadt.

Das Alte Rathaus, in Kaunas auch der »Weiße Schwan« genannt

Dreifaltigkeitskirche

Rotušės aikštė 22. *(37) 323 734.* *So 10 Uhr.*

Die für einen Bernhardinerkonvent um 1630 erbaute Kirche ist bestens erhalten. Ihre Mischung aus Gotik, Renaissance und freundlichen Pastellfarben hellt die Nordwestecke des Rathausplatzes auf. Eine Umgestaltung des Innenraums wurde kurz vor Ausbruch des Zweiten Weltkriegs beendet.

St. Georgskirche

Papilio 9. *(37) 224 659.* *Mo–Fr 18 Uhr, So 10.30 Uhr.*

Die für Bernhardinermönche im 15. Jahrhundert erbaute gotische Kirche brannte zweimal ab, ehe ihr Inneres barock neugestaltet wurde. Im 17. Jahrhundert wurde sie durch die Russen und 1812 durch Napoléons Soldaten beschädigt, die sie als Speicher nutzten. Schließlich wurde sie 1993 an die Franziskaner zurückgegeben.

Burg Kaunas

Pilies 17. *(37) 323 436.* *nur mit Führung zugänglich.*

Die Ruine der Burg von Kaunas führt ihre strategisch bedeutsame Lage zwischen den Flüssen Neris und Nemunas vor Augen. Wenig bekannt ist darüber, was hier stand, bevor im 13. Jahrhundert der erste Steinbau errichtet wurde. Kreuzritter eroberten die Burg 1362. Bald nach ihrem Wiederaufbau erlitten sie bei der Schlacht von Tannenberg *(siehe S. 212)* ihre entscheidende Niederlage – die Burg verfiel. Im 18. Jahrhundert nutzte man sie als Gefängnis, in den 1920er Jahren wurde sie glücklicherweise restauriert.

Apothekenmuseum

Rotušės 28. *(37) 201 569.* *Di–Sa 10–18 Uhr.*

Ein Pulver aus Totenschädeln gegen Epilepsie, eine »Venushaar«-Tinktur zur Steigerung weiblicher Reize und ein Pflanzenmittel namens Erek-

tosan für die männliche Potenz sind u. a. in diesem Museum zu sehen. Grausige medizinische Apparate und Wachsfiguren wie der ein Baby heilende Schamane tragen zur Atmosphäre bei. Das Museum betreibt eine homöopathische Apotheke.

Peter-und-Paul-Kathedrale

Vilniaus 1. *(37) 324 093.* *tägl. 7, 8, 9, 18 Uhr.*

Mehrere Umbauten gipfelten in der gotischen und Renaissance-Fassade dieser Kathedrale des 15. Jahrhunderts. Das weitgehend spätbarocke Innere blieb seit 1800 meist unverändert. Ein Grabstein in der äußeren Südmauer erinnert an den nationalromantischen Priester und Dichter Maironis (1862–1932), der litauische Legenden und Landschaften in Verse kleidete. Die Skulpturen, die den Hochaltar umgeben, sind überwältigend. Das älteste der Gemälde in der Kathedrale, eine *Pietà* aus dem 17. Jahrhundert, besitzt angeblich Wunderkräfte.

Pietà in der Peter-und-Paul-Kathedrale

Perkūnas-Haus

Aleksoto 6. *(37) 302 994.*

Mo–Fr 10–16 Uhr, So 11–13 Uhr.

Die Kielbögen und Fialen dieses gotischen roten Backsteinhauses ähneln denen der St. Annakirche *(siehe S. 228)* in Vilnius. Es wurde nach dem baltischen Donnergott Perkūnas benannt, als eine Renovierung im 19. Jahrhundert zeigte, dass an seiner Stelle ein vorchristlicher Tempel gestanden haben könnte. Das Haus (frühes 15. Jh.) gehörte ursprünglich Kaufleuten der Hanse. Jesuiten kauften es und machten eine Kapelle daraus, dann wurde es im 19. Jahrhundert ein Theater und eine Schule. In der Sowjetära diente es als Speicher. Heute gehört es wieder den Jesuiten.

Zentrum von Kaunas

Altes Rathaus ①
Apothekenmuseum ⑤
Auferstehungskirche ⑫
Burg Kaunas ④
Dreifaltigkeitskirche ②
Kriegsmuseum Vytautas der Große ⑭
Laisvės aleja ⑩
M.-K.-Čiurlionis-Museum ⑬
Mykolas-Žilinskas-Museum ⑪
Perkūnas-Haus ⑦
Peter-und-Paul-Kathedrale ⑥
St. Georgskirche ③
Teufelsmuseum ⑮
Volksmusik-Museum ⑨
Vytautas-Kirche ⑧

Zeichenerklärung *siehe hintere Umschlagklappe*

Infobox

Straßenkarte D5. *353 000.*
10 km N der Stadt.
Laisvės alėja 36, (37) 323 436.
Internationales Jazzfestival (Apr). **www**.kaunas.lt

Vytautas-Kirche

Aleksoto 3. *(37) 203 854.*
Di–Do 18 Uhr, Sa, So 10, 18 Uhr.

Die Kirche am Ufer des Nemunas wurde auf Befehl Vytautas' des Großen erbaut, nachdem der deutsche Kaiser 1413 sehr zum Zorn der deutschen Kreuzritter das Land an der rechten Flussseite dem Großfürstentum Litauen zugesprochen hatte. Die Kirche diente als Armeedepot, bevor sie in ein russisch-orthodoxes Gotteshaus verwandelt wurde. Eine Totalrekonstruktion fand während der ersten Unabhängigkeit Litauens 1918 nach dem Ersten Weltkrieg statt. 1930 wurde ein Medaillon in die Kirchenwand eingelassen, das an den 500. Todestag von Vytautas erinnert.

Der gotische Backsteinbau der Vytautaskirche

Volksmusik-Museum

Zamenhofo 12. *(37) 206 820.*
Okt–März: Di–Sa 9–17 Uhr; Apr–Sep: Di–Sa 10–18 Uhr.

Das Museum besitzt 7000 Holzblas-, Blechblas- und Streichinstrumente. Wegen des begrenzten Raums sind davon aber nur 500 ausgestellt. Das Personal kann auf vielen etwas vorspielen. Auch ungewöhnlichere Stücke sind zu sehen, wie z. B. der Tischbass, der aus einem Kiefernholztisch mit vier Saiten und einer Schweinsblase besteht.

Überblick: Neustadt Kaunas

Östlich der Altstadt erstreckt sich die moderne Neustadt. Der Prozess ihrer Erweiterung setzte im 19. Jahrhundert ein, heute ist sie das Zentrum des kommerziellen und kulturellen Lebens der Stadt. Die Museen und andere Sehenswürdigkeiten liegen rund um die Laisvės aleja (Freiheitsallee) im Herzen der Neustadt. Diese breite Fußgängerzone säumen Läden, Straßencafés, Restaurants und Bars. Hier treffen sich die Einheimischen zum Flanieren.

Blick durch die Laisvės aleja zur Michaeliskirche

Laisvės aleja

Am Ostende des Boulevards leuchten die blausilbernen Kuppeln der Michaeliskirche. Die bei ihrem Bau zu Beginn der 1890er Jahre russisch-orthodoxe Kirche diente später der litauischen Garnison. Ein Denkmal neben dem Park am Musiktheater in der Laisvės 4 markiert die Stelle, wo sich der litauische Student Romas Kalanta am 14. Mai 1972 aus Protest gegen die Sowjetherrschaft selbst verbrannt hat. Sein Tod löste Studentenproteste aus, die brutal niedergeschlagen wurden.

Mykolas-Žilinskas-Museum

Nepriklausomybės 12. *(37) 322 788.* *Di–So 11–17 Uhr.*

Mykolas Žilinskas (1904–1992) floh 1940 vor den Sowjets nach Westeuropa. Später trug er eine wertvolle Kunstsammlung zusammen, die er in den 1970er Jahren Kaunas schenkte. Neben Gemälden und Porzellan des 16. bis 20. Jahrhunderts, u.a. einer *Kreuzigung* von Rubens und früher sowjetischer Avantgardekunst, umfasst sie Gemälde und Plastiken baltischer Künstler der Vorkriegszeit.

Auferstehungskirche

Žemaičių 31. *(37) 229 222.* *Mo–Fr 18 Uhr, So 9.30, 11, 12.30 Uhr.*

Die Kirche mit dem 70 Meter hohen Turm wurde 1918 als Zeichen der litauischen Unabhängigkeit erbaut. Nach dem Zweiten Weltkrieg machten die Sowjets eine Radiofabrik aus ihr. Nach der erneuten Unabhängigkeit wurde sie restauriert und am Weihnachtstag 2004 neu geweiht.

M.-K.-Čiurlionis-Museum

V Putvinskio 55. *(37) 221 587.* *Di–So 11–17 Uhr.*

Das Museum enthält praktisch alle Bilder, die Čiurlionis gemalt hat. Es gibt zudem einen Überblick über die Entwicklung der Kunst Litauens. Mit 335 000 Exponaten ist es das größte Museum des Landes, aber zu sehen ist jeweils nur ein Bruchteil. Zu den Objekten aus anderen Kulturen zählen u.a. einige Stücke aus dem alten Ägypten.

Kriegsmuseum Vytautas der Große

Donelaičio 64. *(37) 320 939.* *Mi–So 10–17 Uhr.*

Das nationale Kriegsmuseum zeigt allerlei Waffen, die der Verteidigung des Landes dienten. Doch das Hauptinteresse gilt der Darstellung des tragischen Transatlantikfluges der *Lituanica* von New York nach Kaunas im Juli 1933. Die Piloten Steponas Darius und Stasys Girėnas starben bei dem Absturz, aber die zurückgelegte Strecke von 6411 Kilometern war der zweitlängste Flug bis dahin. Das Flugzeugwrack und die Kleidung der Piloten sind hier ausgestellt.

Teufelsmuseum

V Putvinskio 64. *(37) 221 587.* *Di–So 10–17 Uhr.*

Der Sammler Antanas Žmuidzinavičius (1876–1966) trug diese Teufels-, Dämonen- und Hexendarstellungen aus Litauen und der ganzen Welt zusammen. Eine Skulptur der Teufel Hitler und Stalin, die sich in einer Knochengrube um Litauen streiten, ist makaber, aber die meisten Teufel werden als neckische, musikalische und oft betrunkene Figuren dargestellt.

Neuntes Fort

Žemaičių 73. *(37) 377 715.* *Apr–Okt: Mi–Mo 10–18 Uhr; Nov–März: Mi–So 10–18 Uhr.*

Das neunte einer Reihe von Forts baute Russland Anfang des 20. Jahrhunderts zum Schutz seiner Westgrenze. Schon 1924 war es ein Gefängnis. Im Zweiten Weltkrieg nutzten es die Nazis als Haftanstalt und Hinrichtungsstätte. Später saßen politische Gefangene der Sowjets hier ein. 1958 wurde es als »Museum für die Opfer des Faschismus« eröffnet. Im Verlies und in den Wehrmauern gibt es eine Schau über die Okkupation der Nazis und der Sowjets.

Kanonen im Militärmuseum Vytautas der Große

Raudondvaris

5 km W von Kaunas. *ab Kaunas.*

Das im 14. Jahrhundert von den Kreuzrittern erbaute Raudondvaris (Rotes Schloss) fiel nach der Schlacht von Tannenberg (1410) an Litauen. Der Sage nach schenkte es Sigismund August 1549 Barbora Radvilaitė ein Jahr vor ihrer Hochzeit. Nach ihrem Tod 1551 verfiel das Schloss. Im 17. Jahrhundert wurde es von der Familie Tyszkiewicz als Herrenhaus wiederaufgebaut. Seine Bibliothek und Gemäldesammlung gingen im Ersten Weltkrieg verloren. Eine Kapelle in der Nähe enthält die Grabmäler der Familie Tyszkiewicz, die das 20. Jahrhundert überstanden haben.

Das »Rote Schloss« mit grünem Vorplatz in Raudondvaris

Pažaislis-Kloster

7 km O von Kaunas. *Mo–Sa 10–17 Uhr.*

Das Pažaislis-Kloster und der überkuppelte Zentralbau der Kirche der Heimsuchung Mariä wurden im 17. Jahrhundert von italienischen Architekten gebaut. Die Anlage gilt als eines der schönsten Monumente der Barockkunst in Osteuropa. Filigranes Stuckwerk findet man in der Kirche und in den Gängen des Klosters. Die kunstvollen Fresken schuf der italienischen Maler Michelangelo Palloni.

Freilichtmuseum Rumšiškės

15 km O von Kaunas. *(346) 47 392. Di–Sa 10–18 Uhr. 1. Nov–Ostermontag.*

Traditionelle reetgedeckte Bauernhäuser und andere Objekte des dörflichen Lebens sind hier sorgfältig zusammengetragen worden. Die hügelige Landschaft, die den Kaunasser Stausee umgibt, bildet eine perfekte Kulisse für die etwa 180 Häuser.

Bunte Fassaden an einem Platz in der Altstadt von Kėdainiai

Zapyškis-Kirche

15 km W von Kaunas.

Die dreieckige gotische Backsteinkirche, einer der schönsten Bauten Litauens, steht auf einem Feld am Nemunas. Sie wurde im 16. Jahrhundert errichtet und hat wunderbarerweise alle Invasionen und Okkupationen überstanden.

Kėdainiai ⓭

Straßenkarte D5. *31 000.* *ab Kaunas, Vilnius.* *ab Kaunas, Vilnius.* *Didžioji 1, (347) 60 363.* *Gurkenfest (Juli), Eiscremefest (Aug).* **www**.visitkedainiai.lt

Als Handelszentrum an der Route Kaunas–Rīga wurde Kėdainiai 1372 zum ersten Mal erwähnt. In seiner farbenfrohen Altstadt stehen am Hauptplatz eine Reihe von Kaufmannshäusern mit kunstvollen Giebeln. Das nahe Rathaus im Stil der Renaissance stammt aus dem Jahr 1654. Hier befinden sich die Verwaltungsdienststellen von Kėdainiai. An einem anderen Platz stehen zwei Synagogen von 1837 Seite an Seite. Sie gehörten der einst blühenden jüdischen Gemeinde der Stadt. Eine dritte Synagoge, heute das **Multikulturelle Zentrum**, enthält ein Museum der Kulturgeschichte des Ortes.

Umgebung: Das 30 Kilometer nördlich von Kėdainiai gelegene **Paberžė** mit seiner schönen Holzkirche war der Wohnort von Vater Stanislovas (1918–2005), einem verehrten Eremiten und Kapuzinermönch.

Multikulturelles Zentrum

Senoji rinka 12. *(347) 51 778.* *Di–Sa 10–17 Uhr.*

M. K. Čiurlionis (1875–1911)

Mikalojus Konstantinas Čiurlionis, gequälte Seele und Kunstgenie, ist der berühmteste Maler und Komponist Litauens. Er komponierte zunächst symphonische und Orgelmusik, begann aber mit 27 Jahren ein Zeichenstudium. Fieberhafte Kreativität füllte die nächsten neun Jahre. Ehe er mit 36 Jahren einer Lungenentzündung erlag, hatte er rund 300 Werke der Malerei, Musik und Dichtung geschaffen. Viele seiner mystischen Bilder spiegeln seine Musik wider, manche erhielten musikalische Titel wie z. B. *Frühlingssonate* und *Trauersymphonie*. Trotz ihrer Melancholie können Čiurlionis' Werke erstaunlich erbaulich und erfrischend sein.

Gemälde von Čiurlionis im M.-K.-Čiurlionis-Museum

Blick auf die Holztreppen an den Burghügeln im Grabungsgebiet von Kernavė *(siehe S. 254)* ▷

Hauptschiff der neobarocken Christ-König-Kathedrale in Panevėžys

Panevėžys ⓮

Straßenkarte D5. *115 000.* *ab Klaipėda.* *ab Vilnius.* *Laisvės aikšte 11, (45) 508 081.* **www**.panevezys.lt

Die fünftgrößte Stadt Litauens ist ein wichtiger Verkehrsknotenpunkt in der Region. Südlich des Zentrums steht die **Christ-König-Kathedrale**, ein neobarocker Bau von 1904. Ein riesiges Gemälde über dem Altar stellt ein siegreiches litauisches Heer im Mittelalter dar. Die **Städtische Galerie** ein paar Straßen nördlich bietet oft ambitionierte Ausstellungen moderner Kunst. **Glasremis** östlich des Zentrums ist eine Galerie, die Glasobjekte herstellt.

Umgebung: 50 Kilometer nordwestlich von Panevėžys liegt in **Pakruojis** das größte Barockschloss des Landes in einem sechs Hektar großen Park mit einer Fünfbogenbrücke und 40 anderen Bauten.

Städtische Galerie
Respublikos 3. *(45) 584 802.*
Mi–So 11–18 Uhr.

Glasremis
J Biliuno 12. *(45) 430 403.*
Mo–Fr 10–17 Uhr.

Biržai ⓯

Straßenkarte D4. *17 000.* *ab Panevėžys.* *J Janonio 2, (450) 33 496.* **www**.birzai.lt

Am bekanntesten ist Biržai für seine alten Bierbrauereien. Das heimische Bier kann man im Keller des **Sėla-Museums** im Schloss Biržai (17. Jh.) probieren. Hier kann man auch live Volksmusik hören, dafür sollte man aber im Voraus buchen.

1701 schlossen Peter der Große von Russland und König August II. von Polen am Vorabend des Großen Nordischen Krieges *(siehe S. 33)* in diesem Schloss den Pakt gegen Schweden.

Auf dem Schlossgrund liegt die Ruine einer älteren Burg, für die Mitte des 16. Jahrhunderts zwei Flüsse zum ältesten künstlichen See Litauens gestaut wurden, dem Širvėna-See. Eine 525 Meter lange Holzbrücke führt über den See zu dem weitläufigen Gutshof Astravas mit Park, Wassermühle und altem Damm.

Sėla-Museum
J Radvilos 3. *(450) 31 883.*
Mi–Sa 10–17.30 Uhr, So 9–16.30 Uhr.

Rokiškis ⓰

Straßenkarte D4. *18 000.* *ab Panevėžys.* *ab Panevėžys, Vilnius.* *Tyzenhauzo 5, (458) 52 261.* *Pferderennen am Sartai-See (1. Sa im Feb).* **www**.rokiskis.lt

Das schön gelegene Rokiškis besitzt Burghügel, Wälder und Picknickplätze. Am bekanntesten ist es für die Käsefabrik Rokiškio Sūris, die als kleine Molkerei begann und heute Käse ins ganze Baltikum liefert.

Die Hauptattraktion ist aber Schloss Rokiškis, das 1801 von der Familie Tyzenhaus erbaut wurde. Polnische Architekten gestalteten es 1905 innen im englischen Stil um, aber von außen wirkt es eher barock. Es enthält das **Stadtmuseum**, das Führungen durch die prächtige Große Halle und ein separates Gebäude bietet, in dem schöne Skulpturen des Schnitzers Lionginas Šepka (1907–1985) ausgestellt sind.

Umgebung: 15 Kilometer südöstlich von Rokiškis zeigt das **Historische Museum** in **Kriaunos** Werkzeuge zur Flachsbearbeitung, Leinenstoffe und anderes Gerät. Im Obergeschoss liegt versteckt der »Hexenboden« mit 400 Hexen, Nixen, Feen und Kobolden.

Die Insel im Dviragis-See im Dorf **Salos**, 20 Kilometer südwestlich von Rokiškis, war im frühen 15. Jahrhundert eine Zuflucht für die Dörfler.

Holzbrücke über den Schlossgraben zur älteren Burg in Biržai

Fassade von Schloss Rokiškis mit üppigen Barockelementen

Heute verbindet eine Brücke das Dorf mit der stillen Insel, auf der man ein Gutshaus (19. Jh.) und eine neogotische Holzkirche findet.

Stadtmuseum
Tyzenhauzo 5. (458) 52 261.
Di–So 10–18 Uhr.

Historisches Museum
Kriaunos. (458) 41 718.
Di–Sa 10–17 Uhr.

Anykščiai 17

Straßenkarte D5. *13 000.* *ab Panevėžys.* *ab Panevėžys, Kaunas.* *Gegužės 1, (381) 59 177.* **Litauische Schmalspurbahn** *Aug–Mai: Sa 11 Uhr; Juni–Juli: Sa, So 11 Uhr.* **www**.ngr.lt

Das in eine hügelige Weidenlandschaft gebettete Anykščiai bildet den malerischen Hintergrund für die 160 Kilometer lange Strecke der **Litauischen Schmalspurbahn**. Von der längsten in Betrieb befindlichen Schmalspurbahnstrecke Europas werden heute regelmäßig nur noch 68 Kilometer befahren. Die Züge rollen über offenes Land am Fluss Šventoji entlang zum schönen Rubikiai-See mit seinen 16 Inseln. Tickets erhält man im Verkehrsamt. Im alten Bahnhof findet man das **Eisenbahnmuseum Anykščiai**, das weitere Informationen gibt.

Umgebung: In **Niūronys**, sechs Kilometer nördlich von Anykščiai, gibt es im **Pferdemuseum** Ausstellungen zum Thema. Ponyritte auf der Koppel oder Ausfahrten mit einer Pferdekutsche kosten nicht viel. Für die Kinder steht eine Minigolf-Anlage zur Verfügung.

Eisenbahnmuseum Anykščiai
Vilties 2. *(381) 59 177.*
Mai–Okt: tägl. 10–17 Uhr; Nov–Apr: nach Vereinbarung.
www.siaurukas.eu

Pferdemuseum
Dorf Niūronių. *(381) 51 722.*
Mai–Aug: tägl. 9–18 Uhr; Sep–Apr: tägl. 8–17 Uhr.
www.arkliomuziejus.lt

Molėtai-Seenplatte 18

Straßenkarte D5. *29 000.* *ab Vilnius, Daugavpils.* *ab Vilnius, Daugavpils.* *Inturkė 4, (383) 51 187.* *Visagino-Festival der Countrymusic (Mitte Aug).*

Die Seen östlich der Stadt Molėtai gehören zu den saubersten im Baltikum und eignen sich daher perfekt zum Baden und Campen.

Ethnokosmologie-Zentrum am Želva-See, Molėtai-Seenplatte

Idyllische Seen inmitten von schattigen Wäldern wie der Baltieji und der Juodieji Lakajai und, weiter südlich, der Asveja gehören zu dem geschützten 55 000 Hektar großen Regionalpark Labanoras. Molėtai ist eine der ältesten Siedlungen Litauens, auch wenn es nur wenige alte Gebäude besitzt. Von der Sternwarte Molėtai hat man einen hinreißenden Blick auf die Gegend. Im **Ethnokosmologie-Zentrum** in ihrem Inneren informiert eine Schau über die Beziehung zwischen Kosmologie und archaischen Ritualen im alten Litauen.

Atomkraftwerk Ignalina in der Nähe von Visaginas

Visaginas 19

Straßenkarte E5. *29 000.* *ab Vilnius, Daugavpils.* *ab Vilnius, Daugavpils.* *Taikos gatvė 11, (386) 52 597.* *Visagino-Festival der Countrymusic (Mitte Aug).*

Mit einem nur 15-prozentigen Anteil an Litauern in seiner Bevölkerung herrscht in Visaginas eine einzigartige Atmosphäre. Es wurde 1974 für Atomwissenschaftler aus dem Boden gestampft, die das in der Nähe liegende **Atomkraftwerk Ignalina** bauten und dann darin arbeiteten. Es ist das einzige Atomkraftwerk des Baltikums.

Das sich um eine einzige Straße mitten im Wald drängende Visaginas besitzt kein erkennbares Zentrum. Hohe Wohnhäuser ziehen sich von West nach Ost. Zur Kühlung des Kraftwerks wird Wasser aus dem Drūkšiai gepumpt, Litauens größtem See.

Nationalpark Aukštaitija ⑳

Der älteste und beliebteste Nationalpark Litauens wurde 1974 zum Schutz der hiesigen Artenvielfalt angelegt. Etwa 60 Prozent der heimischen Pflanzenarten sind hier zu finden, dazu uralte Kiefernwälder, Burgberge, Grabhügel und reetgedeckte Bauernhäuser in Dörfern wie Salos II. Palušė ist eine ideale Ausgangsbasis für die Erkundung des 400 Quadratkilometer großen Parks. Sein Mittelpunkt, der Ladakalnis-Hügel, ist die höchste Erhebung, von der man auf fünf Seen blickt. In Palušė kann man Ruderboote mieten, in denen man eine Rundfahrt machen oder sich gemächlich durch einen Bootsweg treiben lassen kann.

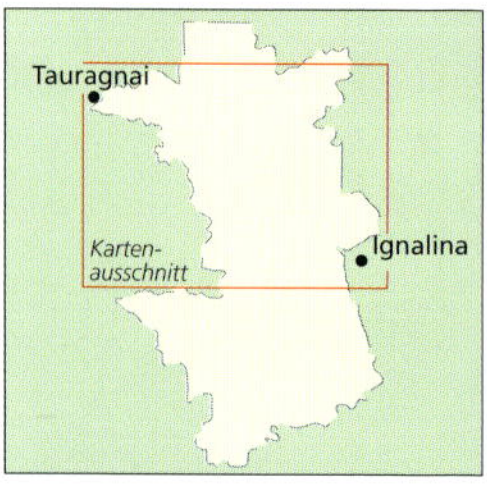

Zur Orientierung

☐ Nationalpark Aukštaitija

0 Kilometer 4

Taurapilis, eine von mehreren uralten Festungsanlagen im Park, liegt oberhalb des Tauragnas-Sees mit weiter Aussicht in alle Richtungen.

★ Imkereimuseum
Skulpturen von Gestalten der litauischen Folklore stehen neben hölzernen Bienenhäusern auf einem Hügel in dem Dorf Stripeikiai.

★ Ladakalnis-Hügel
Den besten Rundblick über den Park hat man von diesem Hügel oberhalb des Linkmenas-Sees. Üppige Wälder und klare Seen zeichnen die Gegend aus.

Nicht versäumen

- ★ Imkereimuseum
- ★ Kulturreservat Salos II
- ★ Ladakalnis-Hügel

★ Kulturreservat Salos II
Das denkmalgeschützte Dorf mit seinen gut erhaltenen Holzhäusern ist wie ein Museumsdorf angelegt.

Ungewöhnliche Bienenhäuser im Imkereimuseum

Bienenzucht

Die Geschichte der Imkerei in Litauen ist alt. Waldbienenzucht, in der die Bienen in Baumhöhlen lebten und die Imker zur Honigernte komplizierte Klettergerüste bestiegen, war im Mittelalter weit verbreitet. Bienenwachs und Honig waren für die Wirtschaft des Mittelalters von zentraler Bedeutung. Im 15. Jahrhundert wurde ein Gesetz erlassen, das die Schädigung von Bienen oder ihrer Bäume unter Strafe stellte.

Infobox

Straßenkarte D5. *ab Ignalina.* *ab Ignalina.* *Parkverwaltung und Besucherzentrum, Palušė, (386) 47 478.* *zu Fuß oder per Bus in der Parkverwaltung zu buchen. Ruderboote und Kanus kann man im Sommer mieten.* **www**.anp.lt

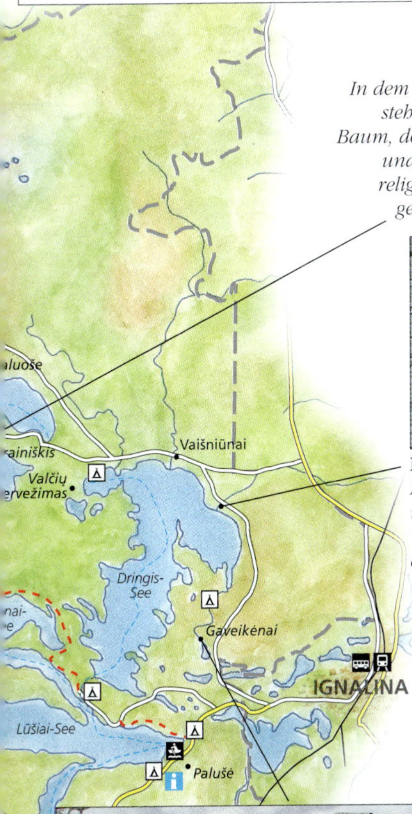

Trainiškis
In dem Dorf Trainiškis steht ein mächtiger Baum, der 800 Jahre alt und einstmals eine religiöse Opferstätte gewesen sein soll.

Bootsweg Valčių Pervežimas
Man kann sich ein Boot für eine Parkrundfahrt mieten, die entlang der Route Valčių-Pervežimas vom Baluošas-See in den Dringis-See führt.

Wassermühle Gaveikėnai
Diese Mühle, eine von mehreren originalen Wassermühlen im Park, wurde um 1800 gebaut. Heute ist sie ein Café.

Legende

- Bahnhof
- Busbahnhof
- Bootsfahrten
- Information
- Museum
- Historisches Gebäude
- Camping
- Aussichtspunkt
- Hauptstraße
- Andere Straße
- Eisenbahn
- Pfad
- Fährlinie
- Parkgrenze
- Gipfel

West-Litauen

Die entlegenen kleinen Städte und Dörfer im Tiefland der Žemaitija, wie West-Litauen hier heißt, haben etwas Mystisches. Rustikale Holzbauernhäuser und Siedlungen liegen zwischen flachen Hügeln und ausgedehnten Sümpfen. Klaipėda und Šiauliai sind reizvolle Städte mit markanter Umgebung. In ihren schmalen Gassen findet man nette Cafés und interessante Museen.

Die Žemaitija ist das alte Kernland von Samogitien, einem mittelalterlichen Fürstentum, dem es gelang, die zahllosen Einfälle seiner meist christlichen Nachbarn abzuwehren. Entschlossen schlugen die Samogiten länger als 250 Jahre die Kreuzritter zurück, bis sie schließlich 1422 im Großfürstentum Litauen unter Vytautas dem Großen aufgingen. Es war die letzte Ecke Europas, die christianisiert wurde, aber uralten Gottheiten geweihte Rituale haben sich dort in entlegeneren Gegenden bis in die Gegenwart erhalten.

Klaipėda, der einzige Seehafen des Landes, ist die ideale Basis für Tagestouren ins Innere West-Litauens. Das während der Sowjetzeit abgeriegelte Hafengebiet ist inzwischen für Kreuzfahrtschiffe und Fähren wieder geöffnet. Klaipėda, das ursprünglich Memel hieß, gehörte über 500 Jahre zu Preußen. Die Fachwerkhäuser, einst in Besitz deutscher Kaufleute, zeugen davon und sind typisch für die reizenden Straßen in der Altstadt.

Eine kurze Fahrt mit der Fähre von Klaipėda entfernt liegt die Kurische Nehrung mit ihren hohen Dünen und schönen Dörfern wie Nida. Landeinwärts sind malerische, zu Spaziergängen einladende Städtchen wie Šilutė und Kretinga mühelos erreichbar. Das Dorf Rusnė und das umgebende Nemunas-Delta mit seinen Sümpfen bieten vielen seltenen Vogelarten Nistplätze. Im Nationalpark Žemaitija, nahe dem Plateliai-See, liegt eine ehemalige sowjetische Raketenbasis versteckt. Radwege führen die gesamte litauische Küste entlang von Nida über die Seebäder Palanga und Šventoji mit ihren Stränden, Kureinrichtungen, Bars und Clubs bis hinauf zur lettischen Grenze.

Hübsche Holzhäuser an einer Straße in Nida, einem Dorf im Nationalpark Kurische Nehrung

◁ **Der Nemunas fließt nahe Šilutė durch grüne Landschaft** ***(siehe S. 283)***

Überblick: West-Litauen

Die Nordwestecke Litauens bietet Attraktionen wie den Nationalpark Žemaitija mit seiner sowjetischen Raketenbasis und den bizarren Orvydas-Garten. Die unter UNESCO-Schutz stehende Kurische Nehrung, ein langer, schmaler Streifen Land zwischen Ostsee und Kurischem Haff, ist wegen ihrer hohen Dünen, reizvollen Fischerdörfer, Radwege und Strände unbedingt einen Besuch wert. Die Region gibt zudem einen Einblick in die aus vielen Quellen gespeiste Mystik, die in Orten wie Tytuvėnai und Šiluva besonders stark spürbar ist.

Sehenswürdigkeiten auf einen Blick

Städte und Kurorte

Jurbarkas 9
Klaipėda S. 280f 16
Kretinga 17
Mažeikiai 11
Palanga 18
Panemunė 8
Plateliai 12
Plungė 14
Raseiniai 6
Raudonė 7
Šeduva 3
Šiauliai S. 272f 1
Šilutė 21
Šiluva 5
Smiltynė 19
Telšiai 10
Tytuvėnai 4

Sehenswürdigkeiten

Berg der Kreuze 2
Nemunas-Delta 22
Orvydas-Garten 13

Nationalparks

Nationalpark Kurische Nehrung S. 284f 20
Nationalpark Žemaitija S. 278f 15

Strand am Ostufer des Plateliai-Sees im Nationalpark Žemaitija

In West-Litauen unterwegs

Die A1 zwischen Kaunas und Klaipėda ist die schnellste Ost-West-Route durch West-Litauen. Das Busnetz ist dicht in dieser Region, die von Palanga, Kaunas, Šiauliai und Klaipėda aus gut zu erkunden ist. Züge sind ein weniger flexibles Verkehrsmittel, selbst die Strecke Kaunas–Klaipėda macht einen Schlenker über Šiauliai. Der Flughafen in Palanga bietet internationale Verbindungen, vor allem zur Drehscheibe Kopenhagen.

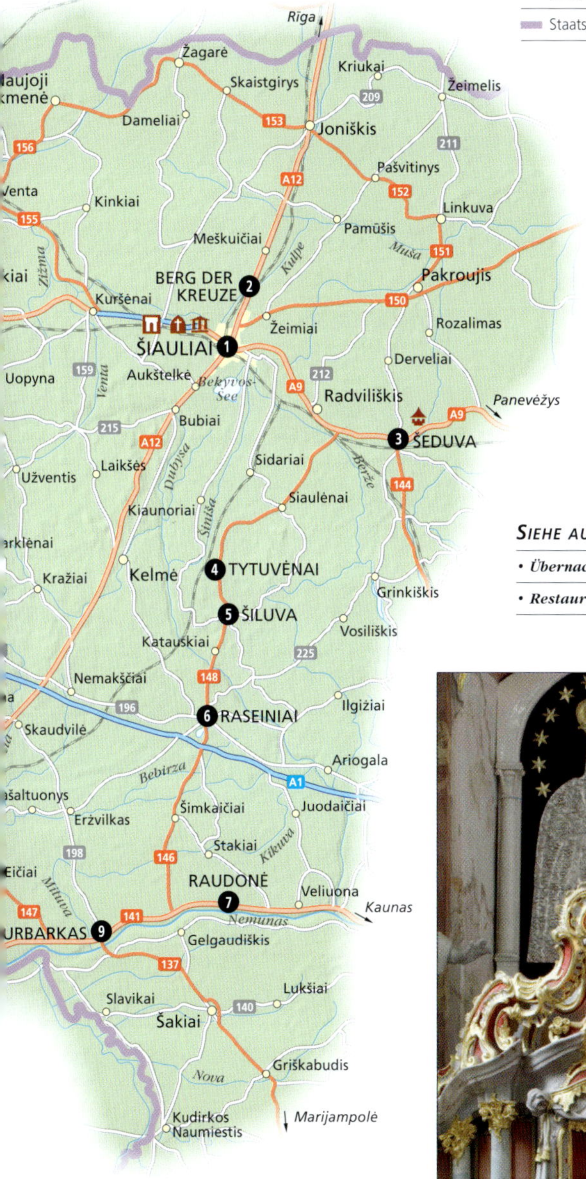

Legende

- Autobahn
- Schnellstraße
- Hauptstraße
- Nebenstraße
- Eisenbahn
- Staatsgrenze

Siehe auch

- ***Übernachten*** S. 313–315
- ***Restaurants*** S. 343–345

Madonnenbild in Tytuvėnai

Šiauliai ❶

Litauens viertgrößte Stadt wurde 1236 erstmals erwähnt. Seit dem 18. Jahrhundert war Šiauliai eine wichtige Industriestadt, die Einwohnerzahl stieg von 6200 im Jahr 1866 auf 23 600 beim Ausbruch des Ersten Weltkriegs. Im Zweiten Weltkrieg wurde die Stadt zu mehr als 60 Prozent zerstört. Heute erlebt Šiauliai erneut eine rasante Entwicklung: neue Einkaufszentren werden gebaut, Fußgängerzonen angelegt und Denkmäler erneuert. Mit ihren alten Häusern und Museen ist hier die Altstadt am attraktivsten.

Altes Fahrrad vor dem Fahrradmuseum, das zum Aušra-Museum gehört

Aušra-Museum

Vytauto 89. (41) 524 390.
Di–Fr 9–17 Uhr, Sa 11–16 Uhr.
Zeiten variieren und sind im Verkehrsamt Šiauliai zu erfragen.

Das 1923 gegründete Aušra-Museum ist das älteste Museum der Stadt. Es ist nach der ersten litauischen Zeitung benannt und eine wahre Schatztruhe: Die riesige, über elf Orte verteilte Sammlung enthält historische, architektonische und archäologische Objekte. Die Geschichte des Alltagslebens von Šiauliai ist Thema des Hauses in der Aušra aleja, dem Hauptgebäude des Museums. Eine Sonderabteilung ist der sowjetischen Unterdrückung nach dem Krieg gewidmet.

Das **Fahrradmuseum** (Vilniaus 139) geht der Geschichte des Radfahrens in Litauen mit fast 100 ausgestellten Fahrrädern samt einem Kinderdreirad von 1905 nach. Auch Kopien mehrerer historischer Fahrräder sind zu sehen.

Eines der wenigen Jugendstil-Häuser aus dem frühen 20. Jahrhundert, die **Chaim-Frenkel-Villa** (Vilniaus 74), zeigt jüdisches Alltagsleben in vergangenen Zeiten. Der Hauptteil der städtischen Kunstsammlung findet sich im **Venclauskų-Haus** (Vytauto 89), das wie die private **Laiptai-Galerie** (Žemaitės 83) Werke heimischer Künstler wie das der Malerin Marcė Katiliūtė (1912–1937) ausstellt. Ihrem erstaunlichen Talent, mit dem sie viele eindringliche und beklemmende Porträts schuf, setzte sie mit 25 Jahren durch Selbstmord ein Ende.

Peter-und-Paul-Kathedrale

Aušros aleja 3. (41) 528 077.
Mo–Sa 7.30, 17, 18 Uhr, So 8, 9.30, 11, 12.30 Uhr.

Eine Kirche steht hier schon seit 1445, die genaue Stelle der früheren Holzkirche mar-

Der weithin sichtbare Turm der Peter-und-Paul-Kathedrale

kiert ein Metallkreuz. Die alte Kirche wurde 1625 durch Feuer zerstört. Das heutige Gotteshaus wurde als Steinbau errichtet, um ihm größere Dauer zu verleihen. Von weitem lässt der strahlend weiße, 70 Meter hohe Turm die Kirche viel moderner erscheinen als sie in Wirklichkeit ist.

Die Kirche ist im Renaissancestil mit einigen Merkmalen erbaut, die für die mittelalterliche Architektur typisch sind. Ihre dicken Mauern scheinen Wehrmauern zu sein, waren aber nie als solche gedacht. An der Südseite der Kirche findet man Litauens älteste Sonnenuhr. Peter-und-Paul erhielt 1997 den Status einer Kathedrale.

Sonnenuhr-Platz

Ežero gatvė.

Die Sonnenuhr wurde 1986 zur 750-Jahr-Feier der Sonnenschlacht auf dem Platz errichtet. Die schlanke Säule, die ein goldener Bogenschütze krönt, ragt unweit des Talšos-Sees auf.

Der Platz ist wie ein Amphitheater angelegt und vereinigt drei bedeutende Symbole der Stadt – den Bogenschützen Šaulys, nach dem der Legende nach die Stadt benannt wurde, die Sonne, deren Bild überall in Šiauliai zu finden ist, und die Zeit, die auf dem Platz durch die Ziffern der Uhr 12, 3 und 6 dargestellt wird, die hintereinander gelesen die Jahreszahl der Sonnenschlacht ergeben.

INFOBOX

Straßenkarte C4. *130 000.* *Višinkio gatvė 44, S des Draugystės prospektas.* *Tilžės gatvė 109.* *Vilniaus gatvė 213, (41) 523 110.* *Volksfest Saulės Žiedas (Juli), Stadtfest Šiauliai (Sep).* **www**.siauliai.lt

Katzenmuseum

Žuvininkų 18. *(41) 523 883.* *Mi–So 11–17 Uhr.*

Mit fast 10 000 Ausstellungsstücken nicht nur aus Litauen, sondern aus aller Welt, ist dieses Museum ein Paradies für Katzenfreunde. In der im Mai 1990 gegründeten Sammlung füllen Katzen jeder nur erdenklichen Spielart die Ausstellungsräume. Sie sind aus Porzellan, Bernstein, Marmor, Kristall, Glas und vielen anderen Materialien, und es gibt Katzen in Buntglasfenstern, Katzen auf künstlerischen Fotografien, Katzen auf Briefmarken, Katzen in Büchern und auf Postkarten. Interessante Katzengedichte finden sich hier in 4000-facher Form in vielen Sprachen. Es gibt in diesem Museum Lampen und Möbel mit Katzendekor sowie Treppengeländer mit köstlichem Zierrat in Katzenform.

Bunte Holzkatzen, Katzenmuseum

Berg der Kreuze ❷

Kryžių kalnas

Straßenkarte C4. *ab Šiauliai.*

Der Hügel ist eine der Hauptsehenswürdigkeiten Litauens und zeigt die große Bedeutung, die der Katholizismus für das Land hat: Er ist mit Tausenden von Kreuzen, Rosenkränzen und Heiligenbildern übersät.

Die ersten Kreuze tauchten hier nach der brutalen Unterdrückung des Aufstandes von 1831 durch den Zaren auf. Bis zum Ende des 19. Jahrhunderts standen hier 150 große Kreuze, 1914 waren es 200. Die Zahl wuchs rasant, als 1940 die sowjetische Okkupation begann. Dem atheistischen Regime war dieses religiöse Symbol ein Dorn im Auge, und so wurde 1961 der Berg planiert. Aber Kreuze waren bald wieder da. Erneut wurde er 1973 und 1975 planiert und mit Jauche begossen, aber die Kreuze kamen immer wieder. Schließlich gab man auf. Als Papst Johannes Paul II. 1993 den Berg besuchte, war er mit Kreuzen und Skulpturen aus Litauen und der ganzen Welt gefüllt.

Kreuze in allen Formen und Größen auf dem Berg der Kreuze

Šeduva ❸

Straßenkarte C5. *3000.* *ab Šiauliai, Panevėžys.* *ab Šiauliai, Panevėžys.*

Die Kleinstadt Šeduva besteht aus Holzhäusern, die sich zu einem historischen Denkmal fügen. Eine ihrer Sehenswürdigkeiten ist die doppeltürmige Heiligkreuzkirche von 1649 mit überraschend eleganten Renaissance- und Barockelementen.

Das Schönste an Šeduva ist das Anwesen (19. Jh.) des preußischen Barons Otto von Ropp, das zwei Kilometer östlich der Stadt liegt. Neben den roten Backsteinbauten, die dem Anwesen den Namen **Raudondvaris** (Rotes Schloss) gegeben haben, gibt es eine Schule und ein Hotel. Der weitläufige Park am See lädt zu einem Spaziergang ein.

Umgebung: Der Park von **Schloss Burbiškis**, zwölf Kilometer östlich von Šeduva, ist mit Skulpturen von Löwen, Faunen und allerlei historischen Figuren geschmückt, die der Bildhauer Kazimieras Ulianskas 1912 geschaffen hat. Zum Tulpenfest im Frühling erblühen Tausende von Tulpen im Schlosspark.

Schloss Burbiškis
Dorf Burbiškis. *(422) 51 747.* *Apr–Okt: Di–So 9–17 Uhr.* *Tulpenfest auf Burbiškis (Mitte Mai).*

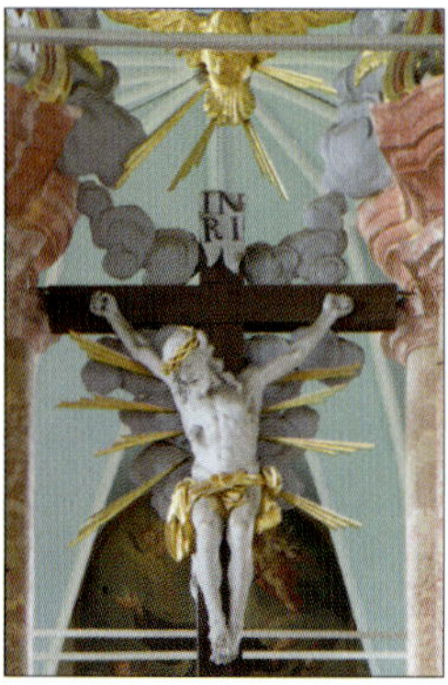

Kruzifix über dem Altar des Klosters der hl. Jungfrau Maria in Tytuvėnai

Tytuvėnai ❹

Straßenkarte C5. *3000.* *ab Šiauliai.* *ab Šiauliai.* **www**.trp.lt

Der Ort einer Hügelfestung des 13. Jahrhunderts wurde um 1630 zum abgeschiedenen Gelände eines prächtigen Klosters und der **Klosterkirche der hl. Jungfrau Maria**, die inmitten sanfter Hügel und stiller Seen für den Orden der Franziskaner errichtet wurden. Den Klosterhof schmücken ausgeblichene Fresken. Ein schönes Gemälde auf der Tür zur Sakristei stellt die Wiederauferstehung Christi dar.

Das Glanzstück des farbenfrohen Kircheninneren ist ein kunstvoller Altar, den vier Barockfiguren franziskanischer Heiliger umgeben. Die Kapelle der Scala Santa hat die Scala Santa (Heilige Treppe) im Lateran in Rom zum Vorbild. Jede einzelne der Stufen, die Pilger auf ihren Knien hinaufgerutscht sind, enthält eine der heiligen Reliquien, die in den 1730er Jahren aus Jerusalem hierher gebracht wurden.

Šiluva ❺

Straßenkarte C5. *800.* *ab Šiauliai.* *Šilinės-Wallfahrt (Sep).*

Šiluva ist einer der bedeutenden Wallfahrtsorte Litauens. Der Legende nach erschien hier vor 400 Jahren die weinende Jungfrau Maria mit dem Jesuskind in den Armen. Als Šiluva im späten 16. Jahrhundert calvinistisch wurde, vergrub der letzte katholische Priester ein Bündel Urkunden und ein wundertätiges Marienbild in einer Eisenkiste auf dem Gelände der zerstörten Kirche.

Im Jahr 1610 erschien nun die Jungfrau Maria, auf einem Fels stehend, Kindern, die ihre Herde hüteten. Später wurde die Eisenkiste neben dem Fels entdeckt. Als sich die Geschichte der Erscheinung verbreitete, errichtete man in der Nähe eine hölzerne Kapelle. Sie wurde 1785 durch die Kirche Mariä Geburt ersetzt. Das Marienbild, das ein Goldrahmen schmückt, wurde über den

Blick auf eines der Gebäude am See in Raudondvaris nahe Šeduva

Fassade des neogotischen Schlosses Raudonė

Altar gehängt. Außer an Festtagen wird das Bildnis unter einem Gemälde von 1920 versteckt, das die Verkündigung zeigt. Bei seinem Besuch 1993 betete Papst Johannes Paul II. in der Kirche.

Der obeliskenartige Bau der Kirche der hl. Marienerscheinung, der 1924 vollendet wurde, ist von weitem zu sehen.

Hauptplatz von Raseiniai mit dem Unabhängigkeitsdenkmal

Raseiniai ❻

Straßenkarte C5. *12 000.* *ab Kaunas.*

Die bedeutende Samogiten-Stadt Raseiniai spielte in der Geschichte der Region eine wichtige Rolle. 1941 erlebte die Stadt eine viertägige Panzerschlacht zwischen den Deutschen und den Sowjets. Am Ende des Zweiten Weltkriegs waren 90 Prozent von Raseiniai zerstört. Wunderbarerweise überlebte die auf einem Hügel stehende Himmelfahrtskirche von 1729 sowie das Unabhängigkeitsdenkmal auf dem Hauptplatz der Stadt, das Vincas Grybas (1890–1941) 1934 geschaffen hatte. Die Statue zeigt einen Mann mit wehendem Mantel zusammen mit einem gezähmten Bären. Der Bär ist das Symbol Samogitiens, das im 14. Jahrhundert von den Deutschrittern erobert, später aber an das Großfürstentum Litauen zurückgegeben wurde.

Raudonė ❼

Straßenkarte C5. *(447) 45 323.* *Mitte Nov–Mitte Apr: wochentags 10–16 Uhr.*

Das Schloss des 16. Jahrhunderts, ursprünglich Familiensitz preußischer Holzhändler, wurde 1810 von Platon Zubov erworben, einem Günstling von Katharina der Großen. Katharina hatte sich bei der Teilung der polnisch-litauischen Union *(siehe S. 211)* einen großen Teil des Landes gesichert. Nach ihrem Tod lebte Zubov zurückgezogen auf Schloss Rundāle *(siehe S. 168f)* in Kurland.

Seine Tochter gab dem Familienschloss in Raudonė sein heutiges neogotisches Gesicht und seinen hohen schlanken Märchenschlossturm, der beim Rückzug der Deutschen am Ende des Zweiten Weltkriegs zerstört und 1968 wiederaufgebaut wurde. Von ihm hat man einen weiten Blick über das Nemunas-Tal.

Umgebung: Das Dorf **Veliuona**, zehn Kilometer östlich von Raudonė, ist für seinen Burghügel bekannt, auf dem angeblich Gediminas *(siehe S. 212)* getötet wurde.

Panemunė ❽

Straßenkarte C5. *ab Kaunas.*

Panemunė liegt am Ufer des Nemunas. Der Ort besitzt ein Schloss mit zwei Rundtürmen und roten Ziegeldächern. Es wurde großteils von einer ungarischen Adelsfamilie in der Regierungszeit Stephan Báthorys errichtet, des siebenbürgischen Fürsten, der die polnisch-litauische Union von 1575 bis 1586 regierte. 200 Jahre später kaufte die polnisch-litauische Familie Gelgaudas das Schloss. Die Russen enteigneten die Familie, nachdem Antanas Gelgaudas den Aufstand von 1831 *(siehe S. 214)* geleitet hatte. Heute gehört das Schloss der Kunstakademie von Vilnius.

Einer der hohen Rundtürme des Schlosses in Panemunė

Jurbarkas 9

Straßenkarte C5. *13 500.* *ab Kaunas.* *Dariaus ir girėno 94, (447) 70 201.* **www**.jurbarkas.lt

In dem alten **Karšuva-Wald** etwa drei Kilometer westlich der winzigen Industriestadt Jurbarkas stand eine der ersten Burgen, die die Kreuzritter 1259 am Nemunas errichtet hatten. Die Litauer bauten zeitgleich ihre eigene Burg über der Imsrė, einem Nebenfluss des Nemunas. In den folgenden 150 Jahren lieferten sich beide Seiten erbitterte Kämpfe. Auch wenn von den Burgen nichts erhalten ist, lohnt es, den 427 Quadratkilometer großen Wald zu durchwandern. Er ist einer der ältesten und einsamsten Wälder Litauens, in dem riesige Kiefern reizvolle Wege säumen.

Umgebung: In **Gelgaudiškis**, zehn Kilometer östlich von Jurbarkas, liegt die Ruine des Schlosses (19. Jh.) der Familie Gelgaudas, der polnisch-litauischen Vorfahren des Schauspielers Sir John Gielgud. Die kostbare Ausstattung mit Gemälden, Silber, Kristall, Bronzen und Porzellan wurde im Zweiten Weltkrieg geplündert. Im Schlosspark finden heute Dorfabende und Musikveranstaltungen statt.

Der Berg **Rambynas**, 60 Kilometer westlich von Jurbarkas, ist 46 Meter hoch und gilt als mystischer Ort. Ein vorchristlicher Altar, der einst hier stand, wurde bis ins 19. Jahrhundert zu Ritualen benutzt. Man kann von der Anhöhe bis nach Kaliningrad sehen.

Das Innere der Kathedrale St. Antonius von Padua in Telšiai

Telšiai 10

Straßenkarte C4. *30 000.* *ab Vilnius, Šiauliai, Klaipėda.* *ab Vilnius, Šiauliai, Klaipėda.* *Turgaus 21, (444) 53 010.* **www**.telsiai.lt

Der Sage nach wurde Telšiai an einem Hügel über dem Mastis-See von dem Ritter Džiugas gegründet. 1765 bauten die Franziskaner hier eine Kirche, aus der mit Telšiai als Diözese 1926 die **Kathedrale St. Antonius von Padua** wurde. Die Galerie besitzt einen eigenen Altar und von korinthischen Säulen flankierte Gemälde. Dazu gehört ein Altarbild, das St. Antonius mit dem Jesuskind zeigt, das, mit Goldbronze verziert, von rosa und grün gekleideten Engeln in die Höhe gehalten wird.

Umgebung: Eines der schlimmsten Massaker verübten die Sowjets in dem Wald nahe **Rainiai**, vier Kilometer südöstlich von Telšiai, in den Nächten des 24. und 25. Juni 1941, kurz nachdem die Nazis die damalige Sowjetunion überfallen hatten. Heute steht ein Granitkreuz an der Stelle, und, in der Nähe, die **Kapelle des Leides**, 1991 geweiht.
30 Kilometer südöstlich von Telšiai bietet der **Šatrija-Hügel** eine herrliche Aussicht auf die Landschaft der Žemaitija. Am **Lūkstas-See**, 40 Kilometer südlich von Telšiai, gibt es stille Strände, die im Juli beim Festival »Blaue Nächte« zum Leben erwachen.

In Rainiai erinnert die Kapelle des Leides an das Massaker von 1941

Mažeikiai 11

Straßenkarte C4. *45 000.* *ab Šiauliai.* *ab Šiauliai.* *Ventos 8a, (443) 95 351.* **www**.mazeikiai.lt

Mažeikiai, in der Mitte des 19. Jahrhunderts ein Dorf, wuchs bis zum Ende des 20. Jahrhunderts zur achtgrößten Stadt Litauens heran. Die Eisenbahn Vilnius–Liepāja, die Mažeikiai 1869 erreichte, löste dieses Wachstum aus.

Das **Stadtmuseum** informiert über die Entwicklung der Stadt und die regionale Folklore und zeigt Gemälde von Alfonsas Dargis (1909–1996), einem litauischen Maler, der sich den New Yorker Modernisten anschloss.

Umgebung: Das 4000 Hektar große **Naturreservat Kamanos**, 20 Kilometer östlich von Mažeikiai, schützt eines der wertvollsten Tonlager der Region. Das artenreiche Gebiet ist in Sumpfland im unteren und in Seen im oberen Bereich getrennt.

In der Kleinstadt **Viekšniai**, 15 Kilometer südöstlich von Mažeikiai, gilt das **Apothekenmuseum** als kleines Wunder. Zwei Brände, die die Stadt verwüsteten, verschonten das Haus mit der Apotheke.

Stadtmuseum
Burbos 9. *(443) 25 759.*
Mi–Mo 9–18 Uhr.

Naturreservat Kamanos
(425) 59 285.

Apothekenmuseum
Tilto 3. *(443) 37 420.*
Di–Sa 9–16 Uhr.

Boote am Ostufer des Plateliai-Sees, an dem das Dorf Plateliai liegt

Plateliai ⓬

Straßenkarte B4. *1000. ab Plungė. Didžioji 8, (448) 49 231. Faschingsdienstag (Feb/März).*

Plateliai, das Verwaltungszentrum des Nationalparks Žemaitija *(siehe S. 278f)*, ist ein kleines Dorf am See mit der Holzkirche St. Peter und Paul (1744) und einem Park, der einst zu einem Schloss gehörte. Hier steht die Hexenesche, Litauens größte Esche, um die sich viele Sagen ranken. Eine handelt von einem Bäcker, der ein Brot nach einer Hexe warf, die auf einem Ast der Esche saß. Das Brot ist noch zu sehen – eine knubbelige Stelle, wo sich die Äste teilen.

In der Gutsscheune auf der anderen Seite der Didžioji gatvė sind schöne Fastnachtsmasken ausgestellt, die am Fastnachtsdienstag getragen werden. Das beliebteste Ziel hier ist die **Burginsel**, die ihren Namen von der Festung hat, die auf der nächstgelegenen Insel namens Pilies stand.

Orvydas-Garten ⓭
Orvido sodyba

Straßenkarte B4. *(613) 28 624. Juni: Di–So 10–19 Uhr; Juli–Mai: Mi–So 10–19 Uhr.*

Diese Schöpfung des Mystikers und Genies Vilius Orvydas (1952–1992) ist eine der bizarrsten Sehenswürdigkeiten Osteuropas. Der riesige Garten ist ein labyrinthisches Netzwerk aus Kreuzen und Grabsteinen, Findlingen und Baumstämmen, Skulpturen seltsamer Wesen, heidnischen und christlichen Bildwerken sowie altem sowjetischem Kriegsgerät. Versteckte Gärten tauchen aus dem Nichts auf, feste Wege gibt es nicht. Dunkle Höhlen verbergen weitere Seltsamkeiten. Eine zwischen Bäumen versteckte Hütte an einem Teich ist angeblich das Haus von Feen und Gnomen.

Plungė ⓮

Straßenkarte C5. *23 000. ab Šiauliai, Klaipėda. ab Šiauliai, Klaipėda. Parko 1, (448) 52 492.* **www**.plunge.lt

Die Stadt Plungė ist der Hauptzugang zum Nationalpark Žemaitija *(siehe S. 278f)*. Eines der prächtigsten Anwesen Litauens, **Schloss Plungė**, hat Mykolas Oginskis gebaut, Spross einer litauischen Adelsfamilie. Es enthält 16 Skulpturen samogitischer Gestalten. Im Park erhebt sich die mächtige Donnereiche, die jetzt unter Naturschutz steht. Im Schloss findet man auch das **Samogitische Kunstmuseum**, das Werke westlitauischer Künstler zeigt.

Umgebung: 2236 Juden aus Plungė wurden Opfer des Holocaust. Die meisten kamen in **Kaušėnai** um, einem Dorf vier Kilometer westlich der Stadt. Hier steht eine Reihe anrührender Holzplastiken, die Jacob Bunka (geb. 1922), der Vorsitzende der 13-köpfigen jüdischen Gemeinde von Plungė, geschnitzt hat.

Vom **Gandinga-Hügel**, fünf Kilometer südwestlich von Plungė, hat man einen weiten Blick auf die Wälder der Žemaitija. Die Burg Gandinga stand hier einst als Verteidigung gegen die Kreuzritter. In der Nähe fand man heidnische Grabhügel aus dem 9. Jahrhundert.

Bemerkenswert ist auch das **Steinmuseum** in Mosėdis, 40 Kilometer nordwestlich von Plungė. In einer restaurierten Wassermühle sind Fossilien und alle Gesteinsarten des Baltikums zu sehen. Der umgebende Park ist voller Findlinge und Steinskulpturen. Dr. Vaclovas Intas hat das Museum 1979 gegründet.

Samogitisches Kunstmuseum
Parko 1. *(448) 52 492. Di–Sa 10–17 Uhr.*

Steinmuseum
Salantų 2. *(440) 76 291. Mo–Fr 8–18 Uhr, Sa–So 10–18 Uhr. Nov–Apr: Sa, So.*

Schloss Plungė mit einem seiner Schlossteiche

Nationalpark Žemaitija ⓯

Wildlupine mit lila Blüten

Die von Volkssagen und Legenden umwobene Žemaitija war die letzte Ecke Europas, die christlich wurde. Gottheiten wurden hier bis ins 19. Jahrhundert verehrt. In den Schnitzereien und Kreuzen der Dörfer mischt sich Christliches mit Archaischem. Der 1991 eröffnete Nationalpark Žemaitija misst 220 Quadratkilometer, Zentrale und Informationszentrum befinden sich in Plateliai. Wanderwege schlängeln sich um den Plateliai-See und durch stille Wälder. Es gibt mehrere Campingplätze, für das leibliche Wohl der Wanderer sorgen Bauerngehöfte.

Legende

- Information
- Camping
- Aussichtspunkt
- Nebenstraße
- Wanderweg
- Parkgrenze

★ Mikytai-Hügel und Teufelsfußabdruck
Auf dem waldigen »heiligen Hügel« von Mikytai spukt es nach Meinung der Leute. Der Stein mit dem Teufelsfußabdruck am Nordhang des Hügels diente einst als Opferstätte.

Stanislavkirche in Beržoras *(1746) ist aus Fichtenstämmen gezimmert. Ihre Kreuzwegkapellen brannten die Sowjets nieder, sie wurden aber 2001 wiederaufgebaut.*

Plateliai ist Zentrale und Informationszentrum des Parks.

Das Volkskundemuseum **Godeliai** besitzt eine Reihe seltsamer Gemälde und Kruzifixe.

Nicht versäumen

- ★ Mikytai-Hügel und Teufelsfußabdruck
- ★ Sowjetische Raketenbasis Plokštinė
- ★ Žemaičių Kalvarija

Mühlengalerie
Eine zur Volkskunstgalerie umgebaute Wassermühle steht in dem Flussdorf Babrungėnai, das für seine Biberjäger berühmt war.

★ Žemaičių Kalvarija
Kirchen und weiße Kreuzwegkapellen verleihen diesem Ort etwas Spirituelles. Das in jedem Juli gefeierte Kirchenfest ist seine Hauptattraktion.

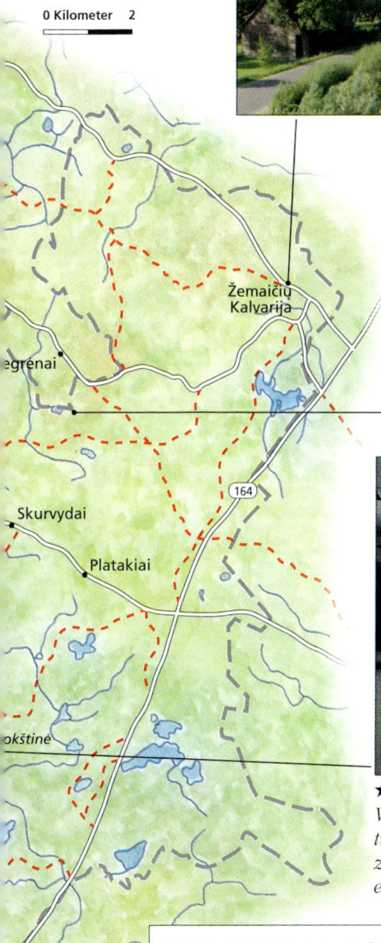

INFOBOX

Straßenkarte C4. *von Plungė nach Žemaičių Kalvarija.* *Didžioji 8, Plateliai, (448) 49 231.* **www**.zemaitijosnp.lt **Mühlengalerie** *tägl. 9–18 Uhr.* **Sowjetische Raketenbasis Plokštinė** *Buchung im Informationszentrum des Parks.*

Hügel von Šarnelė
Grabungen auf diesem Hügel im Dorf Šarnelė haben gezeigt, dass es im 3. Jahrhundert v. Chr. eine befestigte kleine Stadt war.

★ Sowjetische Raketenbasis Plokštinė
Von 1962 bis 1978 richtete diese geheime sowjetische Raketenbasis mit ihren heute rostigen, zugewucherten Silos ihre Geschosse auf westeuropäische Großstädte.

Yacht am Ufer des Plateliai-Sees

VOLKSSAGEN UM DEN PLATELIAI-SEE

Der Plateliai-See hatte eine enorme Bedeutung für die Bewohner in den historischen Regionen Samogitien und Žemaitija. Einer der vielen Sagen zufolge lebt in dem Wasser ein großes weißes Pferd, das pro Jahr mindestens das Leben eines Schwimmers fordert. Der Pegelstand ist vor einigen Jahrhunderten deutlich gestiegen. Archäologen, die im See getaucht haben, fanden unter der Wasseroberfläche Steinstelen mit vorchristlichen Symbolen. Bis zum heutigen Tag werden in Plateliai am Westufer des Sees viele bunte traditionelle samogitische Feste gefeiert.

Klaipėda ⓰

Viele Jahrhunderte war der Ort an der Danėmündung ein wichtiger preußischer Hafen namens Memel. Bereits 1252 hatten hier die Kreuzritter eine Burg namens Memelburg errichtet. Klaipėda, wie die Stadt seit 1948 heißt, ist Litauens einziger Seehafen. Ihre Zerstörung im Zweiten Weltkrieg und ihren Status als sowjetisches Schwerindustriezentrum hat sie überwunden. Die restaurierte Altstadt mit den engen verwinkelten Gassen lädt zum Flanieren ein. In den Fachwerkhäusern an kopfsteingepflasterten Straßen findet man Souvenirläden, Galerien und Cafébars.

Einheimische und Besucher entspannen in den Cafés in Klaipėda

Ännchen von Tharau

Teatro aikštė.

Das Herz der Altstadt Klaipėdas ist der **Theaterplatz**. Eine Statue namens *Ännchen von Tharau* vor dem Theater bildet die Mitte des Brunnens, der Simon Dach (1605–1659) gewidmet ist, einer der herausragenden Persönlichkeiten der Stadt. Der in Klaipėda (damals Memel) geborene Dach war ab Ende der 1630er Jahre bis zu seinem Tod einer der führenden Dichter Preußens. Seine Lieder, Choräle und Dialektgedichte wie *Ännchen von Tharau* (1637) sind in ganz Deutschland bekannt.

Die Originalstatue von 1912 verschwand am Vorabend des Zweiten Weltkriegs auf geheimnisvolle Weise. Vom Theaterbalkon hinter ihrem ursprünglichen Standort hielt Hitler am 23. März 1939 eine Rede. Im Jahr 1989 wurde eine Kopie des *Ännchens*, das Werk eines heimischen Bildhauers, ins Zentrum des Brunnens gesetzt.

***Das Ännchen von Tharau* auf dem Theaterplatz**

Burgmuseum

Pilies 4. *(46) 313 323.*
Di–Sa 10–17 Uhr.

Von der Burg (17. Jh.), in der sich das Burgmuseum befindet, ist nicht viel erhalten. Sie wurde auf Fundamenten der Feste von 1252 erbaut, als Memel zum Fürstentum Preußen gehörte. 2002 wurde in einer ihrer Bastionen eine Ausstellung über die Entwicklung der Festung und der Stadt eröffnet. Gezeigt werden u. a. echte Möbel der Zeit und Nachbildungen. Glanzstück ist ein mit Diamanten besetzter Goldring aus der Zeit der Renaissance. Inzwischen ist die Burg zu einem der wichtigsten Symbole des modernen Klaipėda geworden.

Geschichtsmuseum Klein-Litauens

Didžioji vandens 6. *(46) 410 524.*
Di–Sa 10–17.30 Uhr.

Klein-Litauen, das von den Einheimischen Ostpreußen genannt wird, umfasst das heutige Kaliningrad inklusive Klaipėda. Das ihm gewidmete Museum in einem der schönsten Häuser der Altstadt malt ein eindrucksvolles Bild der Geschichte dieser Region. Münzen, Kleider, Karten, alte Fotos und Modelle vermitteln einen Einblick in das Leben und die Unterschiede zwischen den deutsch- und litauischsprachigen Gruppen vor dem Zweiten Weltkrieg. Gegenüber dem Museum liegt das alte Postamt der Stadt.

Schmiedemuseum

Šaltkalvių 2a. *(46) 410 526.*
Di–Sa 10–17.30 Uhr.

Metallkreuze, Zäune und Friedhofstore in einem Garten neben einer alten Schmiede gehören zu den Exponaten dieses Museums. Einige der Kreuze wurden gerettet, als in den 1970er Jahren der Skulpturenpark den städtischen Hauptfriedhof ersetzte. Litauens kunsthandwerkliche Tradition seiner Metall- und Holzkreuze gehört seit 2001 zum UNESCO-Welterbe.

Alte Holzuhr in dem wunderbaren Uhrenmuseum

Uhrenmuseum

Liepų 12. *(46) 410 413.*
Di–Sa 12–17.30 Uhr, So 12–16.30 Uhr.

Von Sonnen- bis zu Atomuhren bietet dieses einzigartige Museum einen faszinierenden Überblick über die Versuche des Menschen, die Zeit zu messen. Es wurde 1984 in einer Villa eröffnet, die im Jahr 1820 von John Simpson, einem englischen Kaufmann, errichtet worden war. Kopien uralter Kalender, Sonnen-, Feuer-, Wasser- und Sanduhren sowie kostbare Uhren aus der Renaissance, die die Entwicklung von Zifferblättern und Mechaniken verdeutlichen, bilden den Kern der Ausstellung.

Der reizende Hof mit einer großen Sonnenuhr ist ein beliebter Ort für Musik-, Tanz- und Literaturveranstaltungen. Das Haus nebenan hat der englische Kaufmann und Industrielle Mae Lean errichten lassen. 1905 wurde es im Jugendstil restauriert. Das neogotische Postamt in der Nähe ist ein weiteres eindrucksvolles Gebäude des Viertels.

Gemäldegalerie und Skulpturenpark

Liepu 33. *(46) 410 412.* *Di–Sa 12–18 Uhr, So 12–17 Uhr.*

Die staatliche Gemäldegalerie der Stadt ist nach Dailininkas Pranas Domšaitis (1880–1965) benannt, einem litauischen Künstler, der nahe Königsberg geboren wurde und 1949 nach Südafrika zog. Die von dem norwegischen Symbolisten Edvard Munch (1863–1944) stark beeinflusste Kunst Domšaitis' hatte in Deutschland zwischen den Weltkriegen und später in Südafrika einigen Erfolg. Die Galerie zeigt neben einer Dauerausstellung mit Werken von Domšaitis auch litauische Kunst des 20. Jahrhunderts.

Der dem Autor des ersten litauischen Buches, Martynas Mažvydas (1510–1563), gewidmete Skulpturenpark liegt hinter der Galerie. Bis in die 1970er Jahre war hier der Friedhof der Stadt. Er ist fast 10 Hektar groß und mit meist abstrakten Skulpturen verschiedener Künstler gefüllt. Jedes Jahr kommen in dem Park neue Werke hinzu.

INFOBOX

Straßenkarte B5. *188 000.*
Priestočio gatvė 1.
Priestočio gatvė. *Alter Schlosshafen, Žvejų 8, (46) 314 257; Neuer Hafen, Nemuno 7, (46) 345 780. Juni–Aug: tägl. 5.30–0.30 Uhr, Sep–Mai: mindestens stdl. 5–1 Uhr.*
Turgaus 7, (46) 412 186.
Klaipėda Jazz Festival (Mitte Juli), Meeresfest (Ende Juli).
www.klaipeda.lt

Einzigartige Kreationen sind im Skulpturenpark aufgestellt

Kretinga 17

Straßenkarte B5. *21 000.* *ab Klaipėda.* *ab Klaipėda.* *Vilniaus 20, (445) 55 459.*

Diese hübsche Stadt drängt sich um ein Franziskanerkloster (17. Jh.), ein Schloss, das heute **Stadtmuseum** ist, und um Gärten entlang einem Fluss, die sich auf einen Park öffnen. Die Franziskaner spielten eine wichtige Rolle bei der Stadtentwicklung, vor allem im unabhängigen Litauen zwischen den Kriegen, als sie hier eine auf Landwirtschaft und Imkerei spezialisierte Hochschule eröffneten. Von ihnen stammt auch die Mariengrotte im Park.

Ein Glanzpunkt im Stadtmuseum ist der Wintergarten, der entstand, als Graf Josef Tyszkiewicz das Schloss 1875 umbaute. Er wurde im Zweiten Weltkrieg zerstört, aber 1987 wiederaufgebaut und enthält heute etwa 600 Pflanzen. Weitere Museumsexponate sind u.a. Möbel und Gemälde, die aus den Tyszkiewicz-Schlössern in Kretinga und Palanga gerettet wurden, Eisenkreuze mit einer gemischt katholisch-heidnischen Symbolik sowie Kleidung und Schmuck aus Kurland. Die Verkündigungskirche hat einen hohen Turm und ein prachtvolles Inneres mit Gemälden des 17. Jahrhunderts.

Stadtmuseum
Vilniaus 20. *(445) 77 323.* *Sep–Mai: Mi–So 10–18 Uhr.*
www.kretingosmuziejus.lt

Blick auf den weißen Sandstrand von Palanga

Palanga 18

Straßenkarte B5. *17 500.* *5 km N der Stadt.* *ab Klaipėda.* *ab Klaipėda.* *Kretingos 1, (460) 48 811.* *Sommerfest (Juni).*
www.palanga.lt

Der Küstenort Palanga, der im 13. Jahrhundert zum ersten Mal in einem Teilungsvertrag zwischen Kreuzrittern und Livländern erwähnt ist, fiel 1435 dauerhaft an Litauen. Heute ist er ein beliebtes Seebad mit einem 18 Kilometer langen, von Dünen und Kiefern gesäumten Strand. In seinen Boulevards drängen sich Restaurants, Clubs und Bars. Die 1882 errichtete Anlegestelle ist ein beliebter Ort, von dem aus man den Sonnenuntergang beobachtet.

Das neoklassizistische Schloss erbaute 1897 die Familie Tyszkiewicz in einem Park, den der französische Landschaftsarchitekt Edouard André (1840–1911) gestaltete. Seit 1963 residiert in dem Schloss das **Bernsteinmuseum**, das 4500 Stücke zum Teil mit ungewöhnlichen Einschlüssen wie prähistorischen Insekten und Pflanzen zeigt. Auf dem **Birutės-Hügel** am anderen Ende des Parks soll die künftige Gattin des Großfürsten Kęstutis vor ihrer Ehe ein Feuerritual abgehalten haben. In der Nähe steht eine der bekanntesten Skulpturen Litauens, die *Natternkönigin Eglė* (1960), die auf ein Märchen zurückgeht.

Umgebung: Das stille Fischerdorf **Šventoji**, 15 Kilometer nördlich von Palanga, hat breite, windgepeitschte Dünen. Im 16. und 17. Jahrhundert war es ein blühender Hafen. Eine Attraktion hier ist die Skulptur *Die Fischertöchter* (1982), die drei in den Dünen tanzende Mädchen zeigt.

Bernsteinmuseum
Vytauto 17. *(460) 51 319.* *Juni–Aug: Di–Sa 10–20 Uhr, So 10–19 Uhr; Sept–Mai: Di–Sa 11–17 Uhr, So 11–16 Uhr.*
www.pgm.lt

Smiltynė 19

Straßenkarte B5. *100.* *ab Klaipėda.*

Smiltynė, das offiziell zu Klaipėda *(siehe S. 280f)* gehört, ist die nördlichste Siedlung an der Kurischen Nehrung und liegt Klaipėdas Hafen direkt gegenüber. Früher war die Nehrung der Hauptlandweg zwischen den preußischen Städten Königsberg und Memel, die heute Kaliningrad bzw. Klaipėda heißen. Allerdings wurde die letzte Fährstrecke oft durch Stürme oder Packeis blockiert. 1525 wurde ein Gasthof in Sandkrug eröffnet, wie Smiltynė damals hieß.

Eine Reihe eleganter Villen zieht sich am Wasser entlang. Die Hauptattraktion des Ortes ist jedoch das **Meeresmuseum** in der Festung Kopgalis, einer Seebastion, die Preußen 1865 gebaut hat. Besuchermagnet

Tropenhaus im Wintergarten des Stadtmuseums Kretinga

Delfine treten mit ihren Trainern im Meeresmuseum in Smiltynė auf

hier sind die regelmäßigen Delfin- und Seelöwendarbietungen. Für das Fotografieren muss eine Gebühr bezahlt werden.

Meeresmuseum
Smiltynės 3. (46) 492 250. *19. Apr–Sep: Di–So 10.30–18 Uhr; Okt–18. Apr: Sa–So 10.30–17 Uhr.* **www**.muziejus.lt

Nationalpark Kurische Nehrung 20

Siehe S. 284f.

Šilutė 21

Straßenkarte B5. *21 500.* *ab Klaipėda.* *ab Klaipėda.* *Lietuvininkų gatvė 10/2, (441) 77 795.* **www**.silute.lt

Ursprünglich war der Ort ein Gasthof für Reisende zwischen Klaipėda und Kaliningrad. Er hieß Heydekrug und fiel 1871 an Deutschland. 1923 nahm ihn Litauen ein, aber bereits 15 Jahre später annektierten ihn die Nazis.

Deutscher Einfluss ist in den niedrigen roten Ziegeldächern der öffentlichen Gebäude noch immer sichtbar. Das kleine **Stadtmuseum** an der Lietuvininkų gatvė zeigt Möbel (18. Jh.) und Folkloristisches. Die evangelische Kirche von 1926 ist mit erstaunlich farbenfrohen Wandbildern biblischer Szenen ausgemalt.

Umgebung: Macikai, drei Kilometer nordöstlich von Šilutė, wurde ab 1939 als deutsches KZ und nach 1944 als sowjetisches Lager für deutsche Gefangene genutzt. Von 1948 bis 1955 war es offizieller Teil des Gulag. Heute findet man hier das **Konzentrationslager-Museum Macikai** und einen Friedhof.

Stadtmuseum
Lietuvininkų 36. *(441) 62 207.* *Mitte Mai–Okt: Di–Sa 10–18 Uhr; Okt–Mitte Mai: Di–Sa 9–17 Uhr.*

Konzentrationslager-Museum Macikai
Macikai. (441) 62 209. Di–Fr 10–16 Uhr, Sa 10–15 Uhr.

Nemunas-Delta 22

Straßenkarte B5. *1700.* *ab Šilutė.*

Das Delta des Nemunas, Litauens längstem Fluss, der in das Kurische Haff mündet, bietet viele Möglichkeiten für Aktivitäten im Freien. Die geschützten Feuchtgebiete sind bei Anglern und Vogelfreunden beliebt. In jedem Frühjahr werden zur Eis- und Schneeschmelze 20 Prozent des Deltas überflutet. 200 Vogelarten brüten hier, während Hunderte von anderen Arten alljährlich durch die Region hindurchziehen. Die 1929 eröffnete Beringungsstation in **Ventė** ist eine der ältesten Europas.

Das Wasser droht jedes Jahr, der Verbindung zu **Rusnė**, elf Kilometer südöstlich von Ventė, abzuschneiden. Die lutherische Kirche, 1809 bis 1827 erbaut, atmet Rusnės ostpreußische Vergangenheit. Sie war unter den Sowjets eine Sporthalle, ist aber seit 1994 wieder eine Kirche. Ein ethnografisches Gehöft gibt Einblicke in das Leben im Delta in der Vergangenheit.

Fast acht Kilometer nordwestlich von Rusnė liegt das Dorf **Minija** an der Mündung der Minija in das Nemunas-Delta. Der Fluss fungiert in dieser Gegend als Hauptstraße. Die unter Denkmalschutz stehenden Holzhäuser aus dem 19. Jahrhundert sieht man auf beiden Seiten des Flusses.

Das Nemunas-Delta in der Nähe von Šilutė

Nationalpark Kurische Nehrung ⓴

Die Kurische Nehrung (Kuršių nerija), ein schmaler, 98 Kilometer langer Landstreifen vor der Ostseeküste, bildete sich vor 5000 Jahren. Ihre Landschaft besteht vor allem aus Kiefernwäldern, Dünen und Sandstränden. In den Wäldern leben Rehe, Elche, Füchse und Wildschweine. Die Dünen, die das Dorf Nida überragen, fallen wie Kliffs in das Kurische Haff, ganze Dörfer wurden bereits unter den wandernden Sandmassen begraben. Der Nationalpark Kurische Nehrung wurde 1991 zum Schutz der Dünen, Haffs und ihrer Umgebung geschaffen. Er nimmt einen Großteil der Nehrung ein und ist seit 2000 UNESCO-Welterbe.

Zur Orientierung

Nationalpark Kurische Nehrung

★ Nida

Die typischen rot-blauen Fischerhäuschen in Nida sind seit Jahrhunderten unverändert. Manchmal liegen alte, verwitterte Fischerboote in den Gärten vor den Häusern.

Ostseestrand

Auf der Ostseeseite ist die Nehrung in ganzer Länge ein einziger Sandstrand. In der Nähe von Dörfern ist sie im Sommer bevölkert, aber andere Teile sind kaum besucht. Parken ist auf der ganzen Nehrung nur in markierten Parkzonen gestattet.

★ Parnidis-Düne

Die 52 Meter hohe Parnidis-Düne (Hohe Düne) oberhalb Nidas bietet eine tolle Aussicht und ist einer der höchsten Punkte der Nehrung. Eine 1995 hier aufgestellte Sonnenuhr brach bei einem Sturm 1999 zusammen.

Die **Vecekrug-Düne,** die mit 67,2 Meter höchste bewaldete Düne, umfährt man auf dem Radweg.

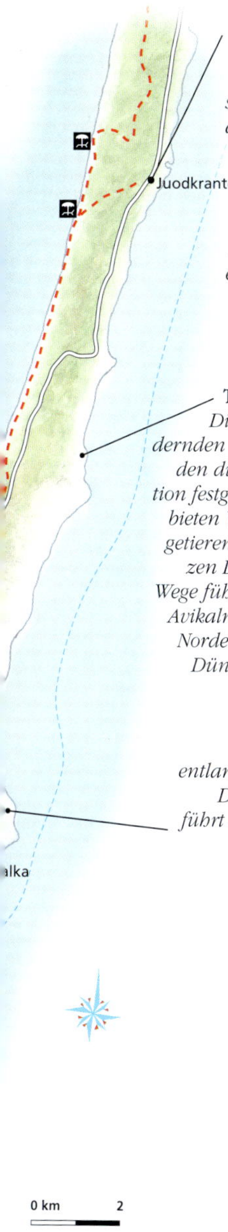

★ Hexenhügel

Komisch-dämonische Holzstatuen sind an einem Weg durch den Kiefernwald hinter Juodkrantė versteckt. Die Skulpturen wurden in den 1980er Jahren von einer Gruppe hiesiger Bildhauer geschaffen.

INFOBOX

Straßenkarte B5. 🚌 *Naglių 18e, Nida, (469) 52 859.* ⛴ *Naglių 14, Nida, (469) 51 101. Mehrere Veranstalter bieten Touren in Booten, auch in nachgebauten kurėnas. Kurztouren und Exkursionen über das Haff oder entlang der Küste zu den Toten Dünen sind möglich.* ℹ *Taikos 4, Nida, (469) 52 345. Fahrräder kann man im Zentrum leihen.* **www**.visitneringa.com

Tote Dünen

Die einst wandernden Dünen werden durch Vegetation festgehalten und bieten Vögeln, Säugetieren und Pflanzen Lebensraum. Wege führen von der Avikalnio-Düne im Norden zur Agilo-Düne im Süden.

Waldwege

Man kann die ganze Nehrung entlangwandern oder per Rad erkunden. Der auf der Karte rot punktierte Weg führt an einsamen Sandstränden vorbei.

LEGENDE

- Fährhafen
- Busbahnhof
- Information
- Museum
- Strand
- Hauptstraße
- Pfad
- Fährlinie

NICHT VERSÄUMEN

- ★ Hexenhügel
- ★ Nida
- ★ Parnidis-Düne

WANDERDÜNEN

Die Parnidis- oder Hohe Düne vom Nidaer Hafen aus gesehen

Als die Wälder der Kurischen Nehrung im 17. Jahrhundert für die Industrie und die fortwährenden Kriegszüge abgeholzt wurden, verloren die Dünen den Halt. Der Ostseewind wehte den Sand an manchen Stellen 20 Meter hoch zusammen und begrub ganze Dörfer. Erst als im 19. Jahrhundert zur Wiederaufforstung viele Bäume gepflanzt wurden, konnte man die Wanderdünen aufhalten.

Kāds kurš saka: "Tas na
pārtraukt kādu,
DOM
DĀR
13 KRESLI
Aldaris
13

Zu Gast im Baltikum

Übernachten

Das Baltikum hat in den letzten Jahren hinsichtlich des Angebots an Unterkünften deutlich zugelegt. Vom Luxushotel und der Pension im Stadtzentrum bis hin zum Gästehaus auf dem Land ist alles geboten. In den drei Hauptstädten Tallinn, Rīga und Vilnius gibt es gute Mittelklasse- und Billigunterkünfte in reichlicher Zahl, dennoch ist es ratsam, im Spätfrühling, Sommer und Frühherbst rechtzeitig zu buchen. Die Hotels im Baltikum haben die gleiche Klassifizierung wie die Hotels in Skandinavien, was dazu beigetragen hat, dass der Standard in der ganzen Branche gehoben wurde. Vor der Reservierung sollte man das Unternehmen genau prüfen, da einige kleinere Hotels, vor allem die umgewandelten Häuser aus der Sowjetzeit, die Erwartungen nicht erfüllen können. Das gute Hotelnetzwerk erstreckt sich auch auf kleinere Orte und das Land, wo man sehr leicht eine Bleibe für die Nacht findet. Das Buchen geht leicht vonstatten, da selbst die kleinsten Gästehäuser eigene Websites haben und meist noch in mehreren anderen Medien inserieren.

Logo Monika Centrum, Rīga

Buchung

Über Unterkünfte in entlegeneren Orten informieren Spezialreiseanbieter und Websites. Reservieren kann man per Telefon, Fax und Internet. Auch die Verkehrsämter helfen bei der Buchung von Zimmern.

Preise und Bezahlung

Alle größeren Hotels akzeptieren die gängigen Kreditkarten. Schecks oder Reiseschecks sind im Baltikum kaum üblich. Es ist ratsam, sich über Zahlungsmodalitäten vor der Ankunft zu verständigen, vor allem in ländlichen Gegenden. Man sollte sich auf der Hotelwebsite darüber informieren, was man für sein Geld erhält. Oft ist das Frühstück und z. B. die Benutzung eines Fitnesscenters im Preis inbegriffen, während anderes, wie Sauna, extra berechnet wird. Preise sind von Hotel zu Hotel sehr verschieden, aber außerhalb der Saison sind erhebliche Rabatte möglich. Es lohnt auch, nach Spezialrabatten und Inklusivangeboten zu suchen.

Das renovierte Hotel Three Sisters *(siehe S. 294)* in Tallinn

Trinkgeld

Im Baltikum sind Trinkgelder für Taxifahrer, Barpersonal und Hotelpagen eher unüblich. Aber geben Sie einfach denen eines, mit deren Service Sie zufrieden sind.

Luxushotels

In Tallinn, Rīga und Vilnius gibt es viele Luxushotels, oft in historischen Gebäuden, die umgebaut und mit den modernsten Einrichtungen versehen wurden, ohne sie äußerlich zu verändern. Auch mehrere exklusive Hotelketten stellen selbst anspruchsvollste Gäste zufrieden.

Swimmingpools sind im Baltikum eine Seltenheit, Fitness- und Wellnesscenter sowie Saunen aber üblich, ebenso erstklassige Küche, WLAN-Internet und manchmal Einrichtungen für Behinderte.

Das Luxushotel Dikļu Pils *(siehe S. 307)*, eine restaurierte Prachtvilla des 19. Jahrhunderts bei Valmiera, Lettland

◁ **Straßencafé auf dem Kathedralenplatz (Doma laukums) in der lettischen Hauptstadt Rīga *(siehe S. 138–161)***

Hotelketten

Hotelketten wie Radisson SAS und die Reval Hotel Group fassten als erste im Baltikum Fuß und nehmen mit einer Reihe schöner Luxus- und Mittelklassehotels noch immer eine führende Position in dem zunehmend umkämpften Markt ein. Mit dem kürzlich erweiterten Reval Hotel Latvija *(siehe S. 302)* besitzt die Reval Hotel Group derzeit das größte Hotel der Region. Die Domina Hotel Group hat zwei Hotels in Tallinn und eines in Rīga, während die Kette Best Western in allen drei Ländern Hotels eröffnet hat. Die gehobenere Hotelkette Europa besitzt Hotels in Rīga, Vilnius, Druskininkai und Klaipėda.

Fassade des Reval Hotel Latvija *(siehe S. 302)* in Rīga

Mittelklassehotels

Erst seit wenigen Jahren gibt es einige erschwingliche gute Hotels in den baltischen Ländern. Inzwischen ist das Angebot stark verbessert. In allen drei Staaten ist die Auswahl ausreichend groß.

In den meisten größeren Städten findet man eine Vielzahl an Mittelklassehotels, allerdings liegt nur eine Handvoll davon in den Altstadtbezirken von Tallinn, Rīga und Vilnius. Die meisten Hotels findet man in den modernen Stadtteilen oder eher an der Peripherie. Die Qualität von Mittelklassehotels kann erheblich variieren, daher ist es immer ratsam, sich über den gebotenen Service Klarheit zu verschaffen, bevor man ein Hotelzimmer bucht.

Zimmer im Shakespeare Boutique Hotel *(siehe S. 310)* in Vilnius

Jugendherbergen

Bis vor Kurzem gab es so gut wie keine Jugendherbergen im Baltikum, aber das hat sich im Lauf der letzten Jahre entschieden gebessert. In allen drei Ländern ist die Zahl der preiswerten Unterkünfte rasant gestiegen, dazu gehören auch zentral gelegene Herbergen, die fast zu gut ausgestattet sind, um noch als Herbergen zu gelten. Als bei Weitem günstigste Unterkünfte sind sie für preisbewusste Reisende genau das Richtige.

Die meisten Herbergen sind einfach und haben preiswerte Schlafplätze in Gemeinschaftsräumen sowie eine kleine Zahl von Privatzimmern, die erheblich weniger kosten als ein Durchschnittshotelzimmer. Die meisten Herbergen bieten ihren Gästen zudem eine durchaus beachtliche Auswahl an Einrichtungen wie Internet, Küchenbenutzung und bunt gemischte Touren und Ausflüge, die thematisch ungewöhnlich und faszinierend sein können.

Der Internationale Jugendherbergsverband (IYHA) hat komfortable Herbergen im Baltikum. Die **Estonian Youth Hostel Association** gehört der IYHA an, während in Lettland die Jugendherbergen **Hostelling Latvia** heißen. Die **Lithuanian Youth Hostelling Association** hat kein Büro. Auf ihrer Website *(siehe S. 291)* findet man aber alles, um mit Herbergen in allen Regionen in Kontakt treten zu können.

Apartments und Privatzimmer

Eine interessante Alternative zu den Hotels ist die Anmietung eines Apartments für die Dauer des Aufenthalts. In den Hauptstädten bieten mehrere Agenturen diesen Service – **Erel Apartments & Residences** und **Apartment.ee** in Tallinn, **Lilija Plus Real Estate Agency** und **Patricia LTD** in Rīga sowie **Eldorado Apartments** und **Eugenijus Apartments** in Vilnius. Apartments lassen sich auch in anderen größeren Städten mieten. Sie können schlicht oder luxuriös sein, aber im Allgemeinen haben sie alle einen sehr hohen Standard. Die Apartments in der Hand von Agenturen liegen in der Regel zentral. Die Preise sind meist sehr günstig, oft bieten die Apartments bessere Einrichtungen als Hotels derselben Preisklasse.

Lilija Plus REAL ESTATE AGENCY

Logo der Lilija Plus Real Estate Agency

In den Großstädten gibt es nur wenige Zimmer in Privathäusern, aber auf dem Land sind sie weit verbreitet und über die Verkehrsämter zu finden. Da die Unterkunftskategorien im Baltikum gelegentlich verschwimmen, heißen diese Unterkünfte manchmal auch – treffender – Gästehäuser (Pensionen) oder Familien-B&B.

Ric und Diga's B&B in Rīga, über Lauku ceļotājs *(siehe Kasten)* zu buchen

Gästehäuser

Gästehäuser sind seit einigen Jahren eine echt baltische Spezialität. In ländlichen Gegenden sind sie oft die besten Unterkünfte mit behaglichen, sauberen Zimmern zu sehr vernünftigen Preisen. Die meisten werden nahe bei Einfamilienhäusern gebaut, so ist ein persönlicher Kontakt immer gewährleistet. Äußerlich orientieren sie sich lose an bäuerlichen Holzhäusern, sodass sie zu einem integralen Bestandteil des ländlichen Baltikums geworden sind. Immer bieten sie den Gästen eine Reihe von Aktivitäten, und manchmal organisieren die Besitzer auch Führungen zu den Sehenswürdigkeiten in der Region. Mahlzeiten sind meist freigestellt, aber sie sind oft besser und kosten weniger als Vergleichbares in Restaurants am Ort.

Das Angebot an Gästehäusern ist im gesamten Baltikum mittlerweile beachtlich. Man findet sie noch in den entlegensten Gegenden. Buchen kann man sie über **Eesti Maaturism** in Estland, **Lauku ceļotājs** in Lettland und **Lietuvos kaimo turizmo asociacija (LKTA)** in Litauen.

Agrotourismus ist ein beliebter Teil des Fremdenverkehrs im Baltikum geworden, sodass viele Gästehäuser den ganzen Sommer ausgebucht sind. Lange im Voraus zu reservieren ist also ratsam.

Camping

Camping ist eine extrem populäre Sommerbeschäftigung im Baltikum. Deshalb gibt es überall in den Baltenländern eine ganze Reihe von Campingplätzen. Sie sind oft sehr billig und bieten einfache Einrichtungen wie Gemeinschaftsduschen und ein kneipenähnliches Restaurant. Aber nicht alle haben Waschgelegenheiten und Toiletten. Viele kommerzielle Campingplätze verfügen auch über einfache Unterkünfte in Form von kleinen Holzhütten, die bis zu vier Personen Platz bieten. In Nationalparks gibt es offizielle Campingplätze, die kostenlos sind. Viele Gästehäuser gestatten Urlaubern, für eine minimale Gebühr auf ihrem Grundstück Zelte aufzuschlagen.

Allgemein hat man zum Campen im Baltikum ein sehr entspanntes Verhältnis. Oft wird auf improvisierten Plätzen an Stränden und Seen und in Wäldern gecampt. Zum Campen auf Privatgrundstücken sollte man sich aber vorher die Erlaubnis des Besitzers holen.

Vollständige Campingplatzlisten findet man auf den nationalen Tourismus- und Agrotourismus-Websites. In Estland informiert die **RMK** über die Möglichkeiten.

Versteckte Extras

Die meisten guten Hotels in allen drei Ländern gehen ehrlich mit den Gästen um und setzen keine versteckten Extras auf die Rechnung. Aber die Extraposten wie Minibar und Telefon, die in manchen Fällen unverschämt teuer sein können, sollte man kontrollieren. Bei kleineren Hotels sollte man vorab erfragen, ob das Frühstück im Zimmerpreis enthalten ist.

Gästehäuser auf dem Land sind hinsichtlich möglicher Extrakosten nicht sonderlich auskunftsfreudig. Darum sollte man die genauen Preise für Mahlzeiten, Drinks, Sauna,

Wohnwagen auf dem Nidos Kempingas, einem Campingplatz in Nida

Promenāde *(siehe S. 304)*, ein ehemaliger Kornspeicher in Liepāja, Lettland

Führungen und ähnliche zusätzliche Dienste im Voraus klären, um beim Bezahlen der Rechnung jede Peinlichkeit zu vermeiden.

Mit Kindern reisen

Für Kinder wird in fast allen Hotels und Gästehäusern des Baltikums großzügig gesorgt. Manche Hotels bieten besondere Zimmer für Familien mit Kindern. Falls nicht, stellen die meisten Hotels gern Extrabetten für Kinder zur Verfügung. Viele Gästehäuser auf dem Land bieten gesonderte Spielbereiche und Beschäftigungen für Kinder. Die meisten guten Hotels halten Kinderbettchen bereit. Auch Babysitterdienste werden immer üblicher. Einige größere Hotels räumen spezielle Familienpreise ein, in denen einige für Familien geeignete Ausflüge enthalten sind. Weitere Informationen siehe S. 381.

Rauchen

Das Rauchen ist in den baltischen Ländern in öffentlichen Gebäuden, Bars und Restaurants untersagt. Das gilt auch für alle öffentliche Bereiche in Hotels, etwa das Foyer. In manchen größeren Hotels gibt es aber Raucherecken. Sie erkennt man an einem grünen Raucher-Symbol. Die meisten Hotels bieten ihren Gästen zudem die Auswahl zwischen Raucher- und Nichtraucherzimmern.

Behinderte Reisende

Bis vor Kurzem waren nur Luxushotels und Häuser großer Ketten auf behinderte Reisende eingestellt. Aber bei den meisten neuen Hotels in den drei Hauptstädten ist bereits bei der Planung an Behinderte gedacht worden. Die Lage hat sich also enorm gebessert. In vielen anspruchsvollen Hotels sind auch die Gastzimmer mit Einrichtungen für Behinderte versehen. Man sollte aber unbedingt bedenken, dass nur sehr wenige Gästehäuser auf dem Land über Einrichtungen für Behinderte verfügen.

Behindertenzeichen

Die moderne Lobby des vornehmen Radisson SAS *(siehe S. 294)* in Tallinn

Auf einen Blick

Jugendherbergen

Estonian Youth Hostel Association
Narva mnt 16–25, Tallinn.
Tel. *646 1455.*
www.balticbookings.com/eyha

Hostelling Latvia
Siguldas prospekts 17–2, Rīga. Tel. *2921 8560.*
www.hostellinglatvia.com

Lithuanian Youth Hostelling Association
www.lha.lt

Apartments und Privatzimmer

Apartment.ee
Aasa 2, Tallinn. Tel. *504 5444.*
www.apartment.ee

Eldorado Apartments
Vilnius. Tel. *6991 7391.*
www.apartamentai.lt

Erel Apartments & Residences
Tartu mnt 14, Tallinn.
Tel. *610 8780.* **www**.erel.ee

Eugenijus Apartments
Vilniaus 25–1, Vilnius.
Tel. *6994 2456.*
www.bedandbreakfast.w3.lt

Lilija Plus Real Estate Agency
Rīdzenes iela 25, Rīga. Tel. *6721 6040.* **www**.lilarealty.lv

Patricia LTD
Elizabetes iela 22, Rīga. Tel. *6728 4868.* **www**.patriciahotel.com

Gästehäuser

Lauku ceļotājs
Vīlipa iela 12, Rīga.
Tel. *6761 7600.*
www.traveller.lv

Lietuvos kaimo turizmo asociacija (LKTA)
Donelaičio gatvė 2–201, Kaunas. Tel. *(37) 400 354.*
www.countryside.lt

Eesti Maaturism
Vilmsi tänav 53b, Tallinn.
Tel. *600 9999.*
www.maaturism.ee

Camping

RMK
Viljandi mnt 18b, Tallinn.
Tel. *676 7500.*
www.rmk.ee

Hotelauswahl Estland

Die folgenden Hotels wurden wegen ihres Preis-Leistungs-Verhältnisses, ihrer Lage und ihres Komforts ausgewählt. Sie sind nach Regionen aufgelistet, beginnend mit Tallinn. Kartenverweise beziehen sich auf den Stadtplan von Tallinn *(siehe S. 82f)*, beziehungsweise auf die Straßenkarte *(siehe hintere Umschlaginnenseiten)*.

PREISKATEGORIEN
Die Preise gelten für ein Standard-Doppelzimmer pro Nacht in der Hochsaison, inklusive Steuern, Service und Frühstück (wenn nicht anders vermerkt).
Ⓚ unter 600 EEK
ⓀⓀ 600–900 EEK
ⓀⓀⓀ 900–1200 EEK
ⓀⓀⓀⓀ 1200–1500 EEK
ⓀⓀⓀⓀⓀ über 1500 EEK

TALLINN

Pääsu Ⓚ
Sõpruse pst 182, 13424 ☎ *656 1448* FAX *654 2013* ***Zimmer*** *24*

Das Pääsu liegt in Mustamäe, 15 Autominuten vom Zentrum entfernt. Es bietet eine Reihe spärlich möblierter Zimmer mit TV, Kühlschrank und Gemeinschaftsduschen. Sauna und Cafébar sind vorhanden, das Parken kostet nichts. Busse fahren regelmäßig ins Stadtzentrum. **www.paasu.ee**

City Guesthouse ⓀⓀ
Pärnu mnt 10, 10148 ☎ *628 2236* FAX *628 2237* ***Zimmer*** *32* ***Stadtplan*** *2 D3*

Seine bequeme Altstadtlage und die eindrucksvolle Art-déco-Fassade machen das City Guesthouse zu einer guten Wahl für Preisbewusste. Die Zimmer sind eher kahl, haben aber TV. Es gibt auch einen billigeren Schlafsaal für bis zu fünf Personen. Begrenzter WLAN-Zugang und preiswerter Flughafentransfer. **www.cityguesthouse.ee**

Dorell ⓀⓀ
Karu 39, 10120 ☎ *666 4333* FAX *666 4334* ***Zimmer*** *30* ***Stadtplan*** *2 F2*

Dieses preiswerte, angenehme Hotel bietet saubere, komfortable Standardzimmer sowie eine hübsche Cafébar und eine Sauna. Das Zentrum ist zu Fuß oder mit einer kurzen Busfahrt zu erreichen. Auch ein voll ausgestattetes Apartment mit Küche steht zur Verfügung. **www.dorell.ee**

Dzingel ⓀⓀ
Männiku tee 89, 11213 ☎ *610 5201* FAX *610 5245* ***Zimmer*** *240*

Obwohl das kürzlich renovierte Dzingel von außen etwas düster wirkt, ist es eine weitere gute, preisgünstige Option mit behaglichen Zimmern, Restaurant, Sauna und Konferenzräumen. Es liegt in dem malerischen Vorort Nõmme, von wo aus man das Zentrum Tallinns mit dem Bus erreicht. **www.dzingel.ee**

Hotel G9 ⓀⓀ
Gonsiori 9, 10117 ☎ *626 7100* FAX *626 7100* ***Zimmer*** *23* ***Stadtplan*** *2 E3*

Das Hotel G9 im dritten Stock eines Bürogebäudes hat gute, funktionell möblierte preiswerte Zimmer. Die Leistungen sind begrenzt, ein Restaurant gibt es nicht. Aber es liegt nur fünf Minuten von der Altstadt entfernt und in der Nähe mehrerer Restaurants, Theatern, Bars, Casinos, Kinos und dem Hauptpostamt. **www.hotelg9.ee**

Lilleküla ⓀⓀ
Luha 18b, 10131 ☎ *627 1120* FAX *648 1333* ***Zimmer*** *33* ***Stadtplan*** *1 B3*

Eine gute Wahl für eher Preisbewusste. Das neu gebaute Hotel bietet ordentliche preiswerte Zimmer, allesamt mit WLAN-Zugang. Außerdem verfügt es über ein hübsches kleines Restaurant. Das Lilleküla liegt fünf Minuten zu Fuß vom Zentrum entfernt. **www.lillekulahotel.ee**

OldHouse Guesthouse ⓀⓀ
Uus 22, 10111 ☎ *641 1464* FAX *641 1664* ***Zimmer*** *6* ***Stadtplan*** *2 D2*

Dieses günstig in der Altstadt gelegene, äußerst preiswerte Gästehaus hat für diese Preiskategorie ungewöhnlich schöne Zimmer. Es gibt einen netten Speiseraum mit Kamin, die Küche steht Gästen zur Selbstversorgung zur Verfügung. Die Besitzer vermieten auch Apartments. Kostenlose Parkplätze sind vorhanden. **www.oldhouse.ee**

Romeo Family Hotel ⓀⓀ
Suur-Karja 18, 10146 ☎ *644 4255* ***Zimmer*** *15* ***Stadtplan*** *1 C3*

Dieses Altstadthotel in Familienhand ist sehr preiswert und bietet eine Reihe komfortabler Zimmer. Die Besitzer vermieten auch mehrere Apartments in der Altstadt, die eine interessante Alternative zu Hotels darstellen. In begrenztem Umfang sind Parkplätze vorhanden. **www.romeofamily.ee**

City Hotel Portus ⓀⓀⓀ
Uus-Sadama 23, 10120 ☎ *680 6600* FAX *680 6601* ***Zimmer*** *107* ***Stadtplan*** *2 E1*

Das Portus, in der Nähe des D-Terminals von Tallinns Fährhafen gelegen, bietet ein sehr gutes Preis-Leistungs-Verhältnis. Die Altstadt sowie Einkaufs- und Unterhaltungszentren sind gut zu Fuß erreichbar. Die hübsch eigenwillig möblierten, aber komfortablen Zimmer haben kostenlosen WLAN-Zugang. **www.portus.ee**

Zeichenerklärung *siehe hintere Umschlagklappe*

Go Hotel Shnelli
Toompuiestee 37, 10133 Tel. 631 0100 FAX 631 0101 **Zimmer** 124 — **Stadtplan** 1 B2

Das siebenstöckige Go Hotel Shnelli liegt direkt am Bahnhof und nur wenige Gehminuten von der Altstadt entfernt. Von außen wirkt es nicht sonderlich attraktiv, hat aber anständige Zimmer zu vernünftigen Preisen. Die Aussicht auf die Altstadt von den oberen Etagen und ein bezauberndes Restaurant sind klare Pluspunkte. **www.gohotels.ee**

Pirita Cloister Guesthouse
Merivälja 18, 11911 Tel. 605 5000 FAX 605 5006 **Zimmer** 20

Das nur sieben Kilometer vom Stadtzentrum entfernte, preisgekrönte moderne Gästehaus liegt neben dem Pirita-Kloster und nahe zum Strand. Die hübschen Zimmer haben allesamt Duschen und Internet-Zugang. Mittag- und Abendessen muss man im Voraus bestellen. Preisnachlässe sind von September bis Mai möglich. **www.piritaklooster.ee**

Reval Inn Tallinn
Sadama 1, 10111 Tel. 667 8700 FAX 667 8800 **Zimmer** 163 — **Stadtplan** 2 E1

Das am Fährhafen liegende, behaglich ausgestattete Reval Inn Tallinn ist bei Schiffspassagieren sehr beliebt. Es bietet den üblichen hohen Standard der Hotelkette Reval, darunter Sonderleistungen wie den freien Eintritt in den Nachtclub Bonnie and Clyde *(siehe S. 361)* und ein ausgezeichnetes Frühstücksbüfett. **www.revalinn.com**

Skåne
Kopli 2c, 10412 Tel. 667 8300 FAX 667 8301 **Zimmer** 38 — **Stadtplan** 1 B1

Das attraktive, preisgünstige Hotel liegt nahe beim Bahnhof und einen kurzen Spazierweg von der Altstadt entfernt. Es hat helle, gut möblierte Zimmer mit WLAN-Zugang. Es gibt ein gutes Frühstücksbüfett, aber für größere Gruppen müssen Mittags- und Abendessen vorbestellt werden. Sicherer Parkplatz. **www.hotelskane.eu**

Susi
Peterburi tee 48, 11415 Tel. 630 3200 FAX 630 3400 **Zimmer** 101

Susi liegt etwas außerhalb des Stadtzentrums, das aber per Tram leicht erreichbar ist. Das Hotel ist attraktiv dank seiner exzellenten Qualitäten und der großen Zimmerauswahl. Restaurant, Lobbybar, Billardtische, Schönheitssalon und Sauna sind vorhanden. Ausgestellte Kunst verleiht dem Ganzen einen Hauch von Klasse. **www.susi.ee**

Tatari 53
Tatari 53, 10134 Tel. 640 5150 FAX 640 5151 **Zimmer** 36 — **Stadtplan** 2 D4

Das Tatari 53, ein hübsches, komfortables Hotel im Zentrum und in kurzer Entfernung zur Altstadt hat saubere, nett möblierte Zimmer mit preisgünstigem WLAN-Zugang. Auch Allergikerzimmer sind verfügbar. Haustiere sind gegen einen geringen Aufschlag erlaubt. **www.tatari53.ee**

Oru Hotel
Narva mnt 120B, 10127 Tel. 603 3300 FAX 601 2600 **Zimmer** 51 — **Stadtplan** 2 E2

Dieses bequem nahe zum Sängerfestplatz gelegene Hotel mag von außen etwas trist wirken, aber es bietet hübsch möblierte, einladende Zimmer, die allesamt mit kostenlosem WLAN-Zugang ausgestattet sind. Es gibt auch eine Sauna und ein recht ordentliches Restaurant. **www.oruhotel.ee**

Reval Hotel Central
Narva mnt 7c, 10120 Tel. 633 9800 FAX 633 9900 **Zimmer** 245 — **Stadtplan** 2 E2

Das dicht beim Stadtzentrum gelegene Reval Hotel Central bietet eine gute Auswahl an luftigen, gut ausgestatteten Zimmern, darunter große Familienzimmer. Sauna, Schönheitssalon und ein exzellentes Restaurant mit Bar sowie ein Kinderspielplatz sind vorhanden. Kinder unter 16 Jahren übernachten kostenlos. **www.revalhotels.com**

Reval Park Hotel & Casino
Kreutzwaldi 23, 10147 Tel. 630 5305 FAX 630 5315 **Zimmer** 121 — **Stadtplan** 2 F3

Dieses Hotel, das etwa zehn Minuten zu Fuß von der Altstadt entfernt ist und auf einen schönen Park blickt, hat ein riesiges Casino im Erdgeschoss. Die Zimmer sind groß und extrem behaglich. Die Suiten haben Whirlpools. Zu dem exzellenten Speiseangebot gehört Tallinns einziges Ganztags-Büfett. **www.revalhotels.com**

Uniquestay
Toompuiestee 23, 10137 Tel. 660 0700 FAX 661 6176 **Zimmer** 77 — **Stadtplan** 1 B3

Das elegante Gebäude des Hotels Uniquestay war die Residenz eines deutschen Barons. Die Ausstattung ist freundlich und stilvoll, die sogenannten Zen-Zimmer und -Apartments bieten für die NASA entwickelte schwerelose Sessel. Alle Zimmer haben Computer mit Flachbildschirmen und digitale Safes. **www.uniquestay.com**

Uniquestay Mihkli
Endla 23, 10122 Tel. 666 4800 FAX 666 4888 **Zimmer** 84 — **Stadtplan** 1 A4

Dieses Hotel in einem schönen Teil des Zentrums unweit der Altstadt bietet ein gutes Preis-Leistungs-Verhältnis und sehr gute Verkehrsverbindungen. Sauna, Fitnessraum und eine kostenlose Massage sind im Zimmerpreis inbegriffen. Das exzellente Restaurant La Bohème und sichere Parkplätze kommen hinzu. **www.uniquestay.com**

Baltic Hotel Vana Wiru
Viru 11, 10140 Tel. 669 1500 FAX 669 1501 **Zimmer** 82 — **Stadtplan** 2 D3

Das schicke Hotel liegt ideal mitten in der Altstadt. Die schön möblierten, pastellfarbenen Zimmer haben kostenlosen Internet-Zugang, die Deluxe-Zimmer zusätzlich Sauna oder Whirlpool. Das Hotel hat außerdem ein türkisches Bad und eine finnische Sauna, ein fabelhaftes Restaurant und eine lebhafte Kneipe. **www.vanawiru.ee**

Stadtplan Tallinn *siehe Seiten 82f*

Domina Inn City

Vana-Posti 11/13, 10146 *681 3900* FAX *681 3901* ***Zimmer*** *68* ***Stadtplan*** *1 C3*

Das Hotel in einem schönen Gebäude des 18. Jahrhunderts in herrlicher Altstadtlage gehört zur Spitzenklasse. Die eleganten Zimmer haben kostenlosen Internet-Zugang. Babysitting, Wäscheservice, Flughafentransfer und Gratiszeitungen gehören zu den Services und Extras. Exzellente Konferenzräume. **www.dominahotels.com**

Kalev Spa Hotel

Aia 18, 10111 *649 3300* FAX *649 3301* ***Zimmer*** *100* ***Stadtplan*** *2 D2*

Das zentral gelegene Kalev Spa Hotel ist auf Kurbehandlungen spezialisiert und hat einen riesigen Wasserpark mit drei Rutschen und großem Schwimmbecken. Die Zimmer sind stilvoll möbliert. Die Benutzung von Wasserpark, Fitnesscenter und Saunaeinrichtungen ist im Zimmerpreis enthalten. **www.kalevspa.ee**

Metropol

Roseni 13, 10111 *667 4500* FAX *667 4600* ***Zimmer*** *149*

Das im quirligen Hafenviertel nahe der Altstadt gelegene Metropol bietet geschmackvolle Zimmer, allesamt mit kostenlosem WLAN-Zugang. Ein schickes Restaurant sowie Casino, Sauna und Schönheitssalon sind vorhanden. Gästen stehen kostenlose Parkmöglichkeiten zur Verfügung. **www.metropol.ee**

Radisson SAS

Rävala pst 3, 10143 *682 3000* FAX *682 3001* ***Zimmer*** *280* ***Stadtplan*** *2 D4*

Dieses schicke, tadellos geführte Hotel liegt im Zentrum des Tallinner Geschäftsviertels. Ein herrlicher Blick auf die Stadt, kostenloser Internet-Zugang, kostenlose Morgensauna, ein Wellnesscenter und ein superbes Speiseangebot sind nur einige der zusätzlichen Vorzüge. **www.tallinn.radissonsas.com**

Reval Hotel Olümpia

Liivalaia 33, 10118 *631 5333* FAX *631 5325* ***Zimmer*** *390* ***Stadtplan*** *2 D5*

Die erfolgreiche Hotelkette Reval begann mit diesem 26-stöckigen Hotel. Es bietet zahllose Extra-Services wie Bügelautomat, Safe, Fön und Pantoffeln in seinen behaglichen Zimmern, dazu kostenlosen Internet-Zugang und eine spektakuläre Aussicht. Fantastische Restaurants, Kneipen und Nachtclub im Haus. **www.revalhotels.com**

Scandic Palace

Vabaduse väljak 3, 10141 *640 7300* FAX *640 7288* ***Zimmer*** *86* ***Stadtplan*** *1 C3*

Das Hotel verbindet erfolgreich skandinavisches Raffinement mit Belle-Époque-Luxus. Der 1930er-Jahre-Bau bietet einen herrlichen Blick auf die Altstadt, das Oberlicht in der Sauna im siebten Stock ist ein hübsches Extra. Ein schickes Café gibt es in der Lobby und ein exzellentes Restaurant im mediterranen Stil. **www.scandic-hotels.com**

Schlössle

Pühavaimu 13/15, 10123 *699 7700* FAX *699 7777* ***Zimmer*** *24* ***Stadtplan*** *1 C2*

Das preisgekrönte Hotel verdient jeden seiner fünf Sterne. Die üppig ausgestatteten Zimmer entsprechen perfekt dem prächtigen Hotelinterieur im Mittelalterstil, das romantische Restaurant ist Spitzenklasse. Geboten werden u. a. 24-Stunden-Zimmerservice, Babysitting, Autoverleih, eigene Sauna und Massagen. **www.schlossle-hotels.com**

Sokos Hotel Viru

Viru väljak 4, 10111 *680 9300* FAX *680 9236* ***Zimmer*** *516* ***Stadtplan*** *1 C2*

Das Sokos im Zentrum Tallinns ist auf jeden Gast perfekt eingestellt, von Familien bis hin zu Geschäftsreisenden. Das Großangebot exzellenter Zimmer entspricht dem ebenso eindrucksvollen Umfang an Behaglichkeiten. Zu dem Komplex gehören ein Konferenzzentrum, zwei Restaurants, ein Nachtclub und ein Einkaufscenter. **www.viru.ee**

St. Petersbourg

Rataskaevu 7, 10123 *628 6500* FAX *628 6565* ***Zimmer*** *27* ***Stadtplan*** *1 C2*

St. Petersbourg ist ein kleines, sehr edles Hotel in reizvoller Altstadtlage. Die Zimmer sind im Art-déco-Stil eingerichtet. Und weil das Hotels früher viele russische Aristokraten zu Gast hatte, ist das Hotelrestaurant auf russische Küche spezialisiert. **www.schlossle-hotels.com**

Tallink City

Laikmaa 5, 10145 *630 0800* FAX *630 0810* ***Zimmer*** *332* ***Stadtplan*** *2 E3*

Dieses kultivierte Business-Class-Hotel im Stadtzentrum bietet geräumige, gut ausgestattete Zimmer sowie zwei hypermoderne Konferenzsäle und erstklassige Besprechungsräume im 10. Stock. Es gibt ein exzellentes Büfettrestaurant. Gästen steht die Sauna morgens kostenlos zur Verfügung. **http://hotels.tallink.com**

Three Sisters

Pikk 71/Tolli 2, 10133 *630 6300* FAX *630 6301* ***Zimmer*** *23* ***Stadtplan*** *1 C2*

Tallinns bestes Luxus-Boutique-Hotel befindet sich in drei grandios umgebauten mittelalterlichen Häusern. Die schönen Zimmer haben Flachbildfernseher und Internet-Zugang. Im labyrinthischen Inneren mit Wendeltreppen gibt es eine Bibliothek mit Kamin, ein Restaurant *(siehe S. 325)* und eine Weinstube im Keller. **www.threesistershotel.com**

Ülemiste

Lennujaama tee 2, 11101 *603 2627* FAX *603 2601* ***Zimmer*** *130*

Das ultramoderne Hotel am Flughafen eignet sich hervorragend für Tages- und Kurzaufenthalte. Zum Zimmerangebot kommen ein Fitnesscenter, zwei Saunen und ein recht gutes Restaurant hinzu. Von der Sommerterrasse blickt man auf einen See. Mit Bus oder Auto ist man ganz schnell im Zentrum. **www.ylemistehotel.ee**

West-Estland

HAAPSALU Päeva Villa

Lai 7, 90503 *473 3672* FAX *473 3772* ***Zimmer** 18* ***Straßenkarte** C2*

Das Päeva Villa ist ein charmantes kleines Gästehaus mit hellen, nach verschiedenen Themen eingerichteten Zimmern. Das Restaurant serviert köstliche slawische Küche und estnische Gerichte. Zu den Komfortmerkmalen zählt eine Sauna. Haustiere sind für einen kleinen Aufpreis willkommen. **www.paevavilla.ee**

HAAPSALU Baltic Hotel Promenaadi

Sadama 22, 90507 *473 7254* FAX *473 7250* ***Zimmer** 35* ***Straßenkarte** C2*

Das angenehme Hotel besteht aus einer umgebauten Villa des 19. Jahrhunderts und einem modernen Anbau. Die hübschen Zimmer, meist mit Balkon, blicken aufs Meer. Ruderboot- und Fahrradverleih. Kostenloser Internet-Zugang in der Lobby und in einigen Zimmern WLAN-Verbindung. **www.promenaadi.ee**

HAAPSALU Fra Mare Spa Hotel

Ranna tee 2, 90403 *472 4600* FAX *472 4601* ***Zimmer** 112* ***Straßenkarte** C2*

Das moderne Hotel am Meer hat ein Riesenangebot an Wellness- und Schönheitsbehandlungen. Die Zimmer sind hell und luftig, das ganze Haus ist von einer erfrischenden Atmosphäre durchweht. Es gibt einen erstklassigen Poolkomplex, ein Fitnesscenter und sogar einen Kinderspielplatz. **www.framare.ee**

INSEL HIIUMAA Liilia Hotel

Hiiu mnt 22, Käina, 92101 *463 6146* FAX *463 6546* ***Zimmer** 13* ***Straßenkarte** C2*

Das Liilia Hotel in atemberaubend schöner Umgebung befindet sich in einem reizvollen Bau, der vage an eine spanische Villa erinnert. Die Zimmer sind recht hübsch, aber einfach, das Hotelrestaurant und die Kneipe dagegen sind entzückend. Verschiedene Bootsfahrten und Leihboote gehören zum Angebot. **www.liiliahotell.ee**

INSEL HIIUMAA Padu Hotel

Heltermaa mnt 22, Kärdla, 92414 *463 3037* FAX *463 3023* ***Zimmer** 18* ***Straßenkarte** C2*

Im Padu Hotel wohnt es sich sehr angenehm. Es ist zudem eine gute Basis für Wanderungen auf Hiiumaa. Die Zimmer sind etwas spärlich eingerichtet, die Apartments, die nur wenig mehr kosten, sind sehr viel behaglicher. Alle Zimmer haben Balkon. Das Restaurant serviert Wildschwein aus der Gegend. **www.paduhotell.ee**

INSEL KIHNU Tolli Tourism Farm

Dorf Sääre, 88001 *446 9908* ***Zimmer** 7* ***Straßenkarte** C2*

Auf diesem echten Bauernhof lässt sich gut die raue Schönheit der Insel erleben. Betten gibt es auch in einer umgebauten Scheune. Man kann mit den Fischern der Insel aufs Meer hinausfahren und sich sportlich in vielfacher Weise betätigen. Dorfmusiker können auf Verlangen für Feiern engagiert werden. **www.kihnutalu.ee**

LIHULA Luige Villa

Tallinna mnt 23, 90303 *477 8872* ***Zimmer** 18* ***Straßenkarte** C2*

Das anmutige Luige Villa aus dem Jahr 1912 ist ein guter Ausgangspunkt für den Besuch des nahen Nationalparks Matsalu. Ordentliche Doppelzimmer sind neben billigeren Unterkünften in einem separaten Gebäude verfügbar, in dem es eine skurrile alte, elektrisch betriebene Sauna gibt. **www.luigevilla.ee**

MATSALU-NATIONALPARK Altmõisa Guesthouse

Dorf Tuulu, 90402 *472 4680* FAX *472 4681* ***Zimmer** 12* ***Straßenkarte** C2*

Dieses liebenswerte Gästehaus am Nordufer der Matsalu-Bucht lädt nach einem langen Vogelbeobachtungs- oder Wandertag zum Bleiben ein. Man hat einen tollen Blick aufs Meer und auf Myriaden von Vogelarten. Auch das Restaurant mit seinen gesundheitsbewussten, aber feinen Speisen ist zu empfehlen. **www.altmoisa.ee**

INSEL MUHU Pädaste Manor

Pädaste Manor, 94702 *454 8800* FAX *454 8811* ***Zimmer** 13* ***Straßenkarte** C2*

Das Hotel im Gut Pädaste hat einen Helikopterlandeplatz und hat es nach viel Medienberichterstattung zu einiger Berühmtheit gebracht. Die Mischung aus raffiniertem Luxus und rustikalem Charme ist unwiderstehlich. Schöne Zimmer, köstliches Essen und viele Kuranwendungen. Auch ein Fährzubringerdienst ist verfügbar. **www.padaste.ee**

PALDISKI Laulasmaa Resort

Puhkekodu 4, 76702 *687 0800* FAX *687 0801* ***Zimmer** 150* ***Straßenkarte** C1*

Das exzellente Kurhotel mit Wellness- und Kureinrichtungen liegt an einer schönen Sandbucht, nur 30 Minuten von Tallinn entfernt. Mehr als die Hälfte der Zimmer hat einen Balkon, auch besondere Allergikerzimmer stehen zur Verfügung. Die Umgebung eignet sich fantastisch zum Wandern und Radfahren. **www.laulasmaa.ee**

PÄRNU Lepanina

Dorf Kabli, 86002 *446 5024* ***Zimmer** 34* ***Straßenkarte** D2*

Das Lepanina ist ein angenehmes Strandhotel, etwa 52 Kilometer von Pärnu und 12 Kilometer von der lettischen Grenze entfernt. In Familienzimmern ist Platz für zwei Kinder, alle Zimmer haben Balkon mit Blick aufs Meer. Sauna, Swimmingpool, Restaurant, Bar, Tennisplätze und eine Minigolfbahn sind vorhanden. **www.lepanina.ee**

PÄRNU Scandic Rannahotell ⓀⓀⓀⓀ

Ranna pst 5, 80010 ☎ *443 2950* FAX *443 2918* ***Zimmer*** *62* ***Straßenkarte*** *D2*

Das Scandic Rannahotell ist ein elegantes, modern ausgestattetes Strandhotel. Es hat ein hervorragendes Restaurant und eine Dachterrasse. Einige Zimmer haben Meerblick mit Balkon. Sauna, Massagen und Schönheitsbehandlungen sind verfügbar. Die Gäste parken kostenlos. **www.scandic-hotels.com**

PÄRNU Strand Spa & Conference Hotel ⓀⓀⓀⓀ

Tammsaare pst 35, 80010 ☎ *447 5370* FAX *447 5371* ***Zimmer*** *187* ***Straßenkarte*** *D2*

Das größte Hotel in Pärnu liegt dicht am Meer und am Stadtzentrum. Sein Wellnesscenter und der große Swimmingpool sind für Gäste kostenlos, ebenso der beliebte Nachtclub Spa. Auch Massagen und Schönheitsbehandlungen sind verfügbar. Auf große Konferenzen ist das Hotel spezialisiert. **www.strand.ee**

PÄRNU Tervise Paradiis ⓀⓀⓀⓀ

Side 14, 80010 ☎ *445 1606* FAX *445 1601* ***Zimmer*** *122* ***Straßenkarte*** *D2*

Nette, stilvolle Zimmer und eine erholsame Atmosphäre machen das Tervise Paradiis für Familien geeignet. Das Hotel besitzt den größten Aquapark Estlands, dazu einen riesigen Swimmingpool, eine Bowlingbahn und ein gut ausgestattetes Fitnesscenter. Hinzu kommt ein empfehlenswertes Restaurant. **www.terviseparadiis.ee**

PÄRNU Ammende Villa ⓀⓀⓀⓀⓀ

Mere pst 7, 80010 ☎ *447 3888* FAX *447 3887* ***Zimmer*** *24* ***Straßenkarte*** *D2*

Das Ammende Villa, ein schönes Jugendstilhaus, ist zu einem Luxushotel umgebaut worden. Die Zimmer sind mit echten Stilmöbeln ausgestattet, der Service ist erstklassig. Das Hotel liegt nahe zum Strand und unweit der Altstadt. Mietwagen stehen zur Verfügung. **www.ammende.ee**

INSEL SAAREMAA Välja Tourism Farm Ⓚ

Dorf Hiievälja, Angla-Windmühlen, 94202 ☎ *452 9050* ***Zimmer*** *7* ***Straßenkarte*** *C2*

Die auf der weniger erkundeten Seite von Saaremaa liegende Välja Tourism Farm ist eine hervorragende Basis für den Besuch dieser schönen Region. Behagliche Zimmer in bauernhofartiger Umgebung. Auch Camping ist möglich. Leisi, der nächste Ort, ist etwa sieben Kilometer entfernt. **www.valja.maaturism.ee**

INSEL SAAREMAA Besucherzentrum Kaali ⓀⓀ

Dorf Kaali, Meteoritenkrater Kaali, 94102 ☎ *459 1184* ***Zimmer*** *10* ***Straßenkarte*** *C2*

Das Besucherzentrum Kaali bietet komfortable, gästehausartige Unterkünfte in fantastischer Lage. Das Hotel organisiert Ausflüge nach Kuressaare und zu anderen Sehenswürdigkeiten auf der Insel sowie Bootsfahrten zu Nachbarinseln, Ausritte und Radtouren. Auf Wunsch wird ein Auto zur Verfügung gestellt. **www.kaali.kylastuskeskus.ee**

INSEL SAAREMAA Feriendorf Kase ⓀⓀ

Dorf Paiküla, Mihkli-Bauernhofmuseum, 93501 ☎ *509 4279* ***Zimmer*** *6* ***Straßenkarte*** *C2*

Das umgebaute Gehöft hat wirklich den Geist Saaremaas eingefangen. Selbstversorgung ist in jedem der sechs Häuser möglich, ein bescheidenes Essen ist auf Wunsch lieferbar. Die Besitzer können Ausflüge rund um die Insel organisieren. Andere Aktivitäten im Angebot sind Angeln, Jagen, Tennis und Radfahren. **www.kase.ee**

INSEL SAAREMAA Loona ⓀⓀ

Loona, Kihelkonna, 93401 ☎ *454 6510* ***Zimmer*** *10* ***Straßenkarte*** *B2*

Das am Zugang zum Nationalpark Vilsandi liegende Loona ist ein Gutshaus mit behaglichen und gut möblierten Mansardenzimmern und Möglichkeiten zum Campen. Führungen durch den Park werden organisiert, ebenso eine Fahrt auf einem riesigen Lkw zur Insel Vilsandi, die bei Vogelfreunden besonders populär ist. **www.loona.ee**

INSEL SAAREMAA Nasva Yacht Club Hotel ⓀⓀ

Dorf Nasva, 93822 ☎ *454 4044* FAX *454 4028* ***Zimmer*** *21* ***Straßenkarte*** *C2*

Das in einem Fischerdorf zehn Kilometer von Kuressaare entfernt gelegene Hotel ähnelt außen einem Schiff und ist innen nach Seefahrtsthemen gestaltet. Die Zimmer sind hell und hübsch und haben alle einen Balkon. Das Restaurant ist passabel, aber es gibt bessere Speiselokale in Kuressaare. **www.saaremaa.ee/nasvahotel**

INSEL SAAREMAA Vanalinna Võõrastemaja ⓀⓀ

Kauba 8, Kuressaare, 93812 ☎ *455 3383* ***Zimmer*** *14* ***Straßenkarte*** *C2*

Ein gemütliches Hotel, das sein Geld wert ist. Die Zimmer sind keine Sensation, aber behaglich, während die beiden Mansardenzimmer romantischer und rustikaler sind. Das Hotelrestaurant bietet hervorragende Kost zu vernünftigen Preisen. **www.vanalinna.ee**

INSEL SAAREMAA Pilguse ⓀⓀⓀ

Dorf Jõgela, 93301 ☎ *524 0033* FAX *454 5441* ***Zimmer*** *15* ***Straßenkarte*** *C2*

Das ruhige Hotel in Familienhand liegt in hinreißender Landschaft. In die behaglichen Zimmer sind rustikale Elemente geschmackvoll einbezogen. Kostenloser WLAN-Zugang für Gäste. Bei gutem Wetter ist ein Picknickausflug nach Katri ein unvergessliches Erlebnis. Die Gegend ist perfekt zum Wandern und Radfahren geeignet. **www.pilguse.ee**

INSEL SAAREMAA Oti Manor ⓀⓀⓀⓀ

Oti, 94501 ☎ *511 7773* ***Zimmer*** *5* ***Straßenkarte*** *C2*

Das Landgut Oti ist in ein bezauberndes Hotel umgebaut worden, in dem es fünf Suiten gibt, die jeweils nach einem anderen Thema möbliert sind. Das Hotel liegt acht Kilometer von dem Ort Orissaare und 50 Kilometer von Kuressaare entfernt. Ein wunderbarer Strand ist bequem erreichbar. **www.otimanor.ee**

INSEL SAAREMAA Saaremaa Spa Hotel Rüütli ⓀⓀⓀⓀ

Pargi 12, Kuressaare, 93813 ☎ *454 8100* FAX *454 8199* ***Zimmer*** *93* — **Straßenkarte** *C2*

Das große Kurhotel nahe dem Stadtpark und dem Yachthafen ist eine gute Wahl für Familien. Eigens für Kinder gibt es im Aquacenter einen Spielplatz und einen Pool. Squashplatz, Saunakomplex und viele Gesundheits- und Schönheitstherapien werden geboten, darunter auch Wasseraerobic. **www.sanatoorium.ee**

INSEL SAAREMAA Georg Ots Spa Hotel ⓀⓀⓀⓀⓀ

Tori 2, Kuressaare, 93815 ☎ *455 0000* FAX *455 0001* ***Zimmer*** *91* — **Straßenkarte** *C2*

Die Ausstattung dieses preisgekrönten Hotels ist minimalistisch, aber warm und einladend. Der Swimmingpool ist ein Meisterwerk. Geboten werden auch jede Menge Kur- und Schönheitstherapien sowie erstklassiges Essen. Das Hotel liegt in der Nähe von allen wichtigen Sehenswürdigkeiten in Kuressaare. **www.gospa.ee**

INSEL SAAREMAA Grand Rose Spa Hotel ⓀⓀⓀⓀⓀ

Tallinna 15, Kuressaare, 93811 ☎ *666 7000* ***Zimmer*** *65* — **Straßenkarte** *C2*

Dieses elegante Hotel bietet überaus komfortable Zimmer. Auch Allergikerzimmer und solche mit Einrichtungen für Behinderte gehören dazu. Wellnesscenter und Sauna sind schön gestaltet und bieten den Gästen zwischen 7 und 22 Uhr kostenlosen Zutritt. **www.grandrose.ee**

SOOMAA-NATIONALPARK Hostel Soomaa Ⓚ

Dorf Jõesuu, 86802 ☎ *447 4894* ***Zimmer*** *10* — **Straßenkarte** *D2*

Die Herberge in dem Dorf Jõesuu, dem Tor zum Nationalpark Soomaa, liegt günstig, ist gut geführt und zudem sehr preiswert. Einzelzimmer und Schlafräume stehen zur Verfügung. Es gibt eine Sauna, eine Waschküche, einen Grillplatz, kostenlosen WLAN-Zugang und einen Fahrradverleih. **www.hostel.soomaa.com**

INSEL VORMSI Gästehaus Elle-Malle Ⓚ

Dorf Hullo, 91301 ☎ *473 2072* ***Zimmer*** *12* — **Straßenkarte** *C1*

In dem bezaubernden, ruhigen Gästehaus fühlt man sich weit weg vom Getriebe der heutigen Welt. In dem Haupthaus gibt es einige rustikale, aber gemütliche Zimmer, während eine enge Windmühle auf Stelzen in ein romantisches Doppelzimmer umgebaut wurde. Exzellente regionale Speisen zu guten Preisen. **www.vormsi.ee**

INSEL VORMSI Rumpo Mäe Farm Ⓚ

Dorf Rumpo, 91301 ☎ *472 9932* ***Zimmer*** *14* — **Straßenkarte** *C1*

Das reizvoll umgebaute Gehöft ist eine hervorragende Unterkunft. Es liegt nahe am Meer und bietet gute Wander- und Radfahrmöglichkeiten. Die Zimmer sind schlicht, aber gemütlich. Einrichtungen zur Selbstversorgung sind vorhanden. Auf dem Grundstück können Gäste auch ein Zelt aufschlagen. **www.hot.ee/streng**

Ost-Estland

KUREMÄE Wironia ⓀⓀ

Rakvere 7, 41531 ☎ *336 4200* FAX *336 1210* ***Zimmer*** *21* — **Straßenkarte** *E1*

Das einfache Hotel liegt 20 Kilometer von dem hinreißenden Kloster Pühtitsa entfernt und in der Nähe zu mehreren anderen Sehenswürdigkeiten. Die preisgünstigen Zimmer sind hell und freundlich, das nette Restaurant bietet im Sommer auch Tische im Freien. Eine gute Basis für die Erkundung der Gegend. **www.wironia.ee**

LAHEMAA-NATIONALPARK Gästehaus Kolga ⓀⓀ

Dorf Kolga, 74602 ☎ *607 7477* FAX *607 7270* ***Zimmer*** *20* — **Straßenkarte** *D1*

Das angenehme kleine Hotel befindet sich in den Nebengebäuden des imposanten Landguts Kolga und bietet behagliche, saubere Zimmer, die für einen Kurzaufenthalt perfekt sind. Die Kellerkneipe im Mittelalterstil ist genau der richtige Ort für ein Abendessen. Die Umgebung ist einzigartig schön. **www.kolgahotell.ee**

LAHEMAA-NATIONALPARK Gästehaus Merekalda ⓀⓀ

Neeme tee 2, Käsmu, 45601 ☎ *323 8451* ***Zimmer*** *6* — **Straßenkarte** *D1*

Das ruhige Gästehaus hat fünf gemütliche Apartments und zwei Doppelzimmer. Im Preis ist kein Frühstück enthalten, ein leichtes Frühstück kann man bestellen, das nächste Restaurant ist im nahen Võsu. Die atemberaubende Umgebung ist ein Traum für Wanderer und Radfahrer. Haustiere sind nicht erlaubt. **www.merekalda.ee**

LAHEMAA-NATIONALPARK Park Hotel Palmse ⓀⓀ

Distrikt Vihula, Palmse, 45202 ☎ *322 3626* FAX *323 4167* ***Zimmer*** *27* — **Straßenkarte** *D1*

Das Park Hotel bietet sparsam möblierte, aber helle, freundliche Zimmer in der umgebauten Schnapsbrennerei des Gutshofs Palmse. Die schöne Umgebung und die zentrale Lage im Nationalpark Lahemaa machen das Hotel zu einer attraktiven Wahl. Es gibt einen urigen Bierkeller und eine rustikale Sauna für Gäste. **www.phpalmse.ee**

LAHEMAA-NATIONALPARK Gästehaus Rannaliiv ⓀⓀ

Aia 4, Vosu, 45501 ☎ *323 8456* FAX *323 8456* ***Zimmer*** *13* — **Straßenkarte** *D1*

In dem nahe zum Strand gelegenen Gästehaus Rannaliiv kann man gut ein paar Tage verweilen. Es bietet gemütliche Zimmer mit Balkon und einen hübschen Garten, in dem man im Sommer sitzen kann. Es gibt auch eine Sauna und einen Swimmingpool, und für Gruppen einen Saal mit Kamin. **www.rannaliiv.ee**

Straßenkarte *siehe hintere Umschlaginnenseiten*

LAHEMAA-NATIONALPARK Landgut Sagadi

Dorf Sagadi, Sagadi, 45402 ☎ *676 7888* FAX *676 7880* **Zimmer** *28* — **Straßenkarte** *D2*

Das Hotel liegt auf dem Gelände des schönen Landguts Sagadi. Die reizvollen Zimmer mit Bad sind die ehemaligen Dachböden umgebauter Ställe. Eine Herberge auf der gegenüberliegenden Hofseite bietet schlichte, behagliche Unterkünfte zu niedrigeren Preisen. Ein Fahrradverleih ist verfügbar. **www.sagadi.ee**

NARVA King

Lavretsovi 9, 20307 ☎ *357 2404* FAX *357 2404* **Zimmer** *24* — **Straßenkarte** *E1*

King ist ein charmantes Hotel im rustikalen Stil im Stadtzentrum. Die geschmackvoll möblierten Zimmer sind gemütlich und komfortabel, jedes hat kostenlosen WLAN-Zugang. Das exzellente Restaurant erstreckt sich über zwei Etagen. Ausflüge werden gern organisiert. **www.hotelking.ee**

NARVA Narva Hotel

Puškini 6, 20308 ☎ *359 9600* FAX *359 9603* **Zimmer** *48* — **Straßenkarte** *E1*

Dieses Hotel liegt sehr günstig in der Nähe von allen berühmten historischen Denkmälern. Von außen wirkt das Haus recht schlicht, aber die Zimmer sind sehr sauber und gemütlich, und einige haben sogar Internet-Zugang. **www.narvahotell.ee**

NARVA-JÕESUU Kurhotel Narva-Jõesuu

Aia 3, 29002 ☎ *359 9529* FAX *359 9525* **Zimmer** *67* — **Straßenkarte** *E1*

Dieses reizvolle Kurhotel bietet seinen Gästen neben einer Vielzahl von Anwendungen viel Ruhe. Es gibt einen exzellenten Swimmingpool und eine Sauna, der schöne Strand ist nur Schritte entfernt. Das Personal kann neben anderen Freizeitaktivitäten Ausflüge ins nahe Narva und an die Ontika-Steilküste organisieren. **www.narvajoesuu.ee**

ONTIKA-STEILKÜSTE Kurhotel Toila

Ranna 12, 41702 ☎ *334 2900* FAX *334 2901* **Zimmer** *161* — **Straßenkarte** *E1*

Dieses hochprofessionelle, moderne neunstöckige Kurhotel ist von Meer und Wald umgeben. Es ist auf Gesundheits- und Wellnessbehandlungen spezialisiert. Zu den hervorragenden Annehmlichkeiten gehören Apartments und ein Campingplatz in der Nähe. Die Schwimmbecken sind pseudo-römisch gestaltet. **www.toilasanatoorium.ee**

OTEPÄÄ Kurhotel Pühajärve

Pühajärve, 67406 ☎ *766 5500* FAX *766 5501* **Zimmer** *97* — **Straßenkarte** *E2*

Das Kurhotel ist schön gelegen und bietet eine Vielzahl an Wellness- und Gesundheitsbehandlungen. Ein recht großer Swimmingpool, eine Bowlingbahn, ein Fitnesscenter und ein Billardzimmer sind ebenfalls vorhanden. Das Beste am Kurhotel ist jedoch die hinreißende Umgebung. Haustiere sind willkommen. **www.pyhajarve.com**

PÕLTSAMAA Gästehaus Heleni Maja

Pajusi 12, 48106 ☎ *776 2720* FAX *776 2721* **Zimmer** *15* — **Straßenkarte** *D2*

Dieses hübsche, wenn auch recht nüchterne Gästehaus liegt in der ruhigen Umgebung von Põltsamaa. Die Zimmer sind sauber und behaglich, das Restaurant ist ähnlich unaufdringlich gestaltet. Billardtisch und Sauna dienen der abendlichen Entspannung. **www.helenimaja.ee**

PÕLVA Hotel Pesa

Uus 5, 63308 ☎ *799 8530* FAX *799 8531* **Zimmer** *24* — **Straßenkarte** *E2*

Das angenehme Hotel Pesa bietet unaufwendige, aber komfortable Zimmer und ein gutes Restaurant. WLAN-Internet gibt es nur in der Lobby und in einigen Zimmern. Swimmingpool, Fitnesscenter und Sauna sind vorhanden. Zum umfangreichen Freizeitangebot gehören exzellente Kultur- und Naturexkursionen. **www.kagureis.ee**

RAKVERE Wesenbergh

Tallinn 25, 44311 ☎ *322 3480* FAX *322 3524* **Zimmer** *45* — **Straßenkarte** *D1*

Das elegante kleine Hotel, das nach einem hiesigen alten Schloss benannt ist, verfügt über eine separate Villa. Einige Zimmer sind mit eigener Sauna ausgestattet. Fitness- und Aerobicraum. Neben einem Restaurant, einem Café und einem Grillrestaurant bietet das Wesenbergh eine 24-Stunden-Lobbybar. **www.wesenbergh.ee**

RÕUGE Gästehaus Rõuge Suurjärv

Metsa 5, 66201 ☎ *785 9273* **Zimmer** *17* — **Straßenkarte** *E2*

Das gemütliche Gästehaus ist eine ideale Basis für die Erkundung der schönen Gegend. Die Zimmer sind schlicht, aber gemütlich, es wird ein rustikales Frühstück serviert. Mittag- und Abendessen gibt es auf Wunsch. Auch eine echte Landsauna steht zur Verfügung. Die Gegend ist ideal zum Wandern. **www.hot.ee/maremajutus**

SCHLOSS SANGASTE Herberge Schloss Sangaste

Dorf Lossiküla, 67001 ☎ *767 9300* FAX *767 9303* **Zimmer** *18* — **Straßenkarte** *D2*

Einer der imposantesten Herrensitze Estlands, Schloss Sangaste, bietet bezaubernde hohe Räume, die voller Geschichte sind. Das Restaurant wirkt ähnlich authentisch, aber das Speiseangebot ist recht schlicht. In nächster Zeit soll das Hotel gründlich renoviert werden. **www.sangasteloss.ee**

SETUMAA Ferienheim Piusa Ürgoru

Dorf Väiko-Härma, 65302 ☎ *528 9134* **Zimmer** *16* — **Straßenkarte** *E2*

Das hübsche dorfähnliche Ensemble besteht aus einem Haupthaus, einem umgebauten Kornspeicher und mehreren einfachen Blockhäuschen. Die schöne Umgebung und örtliche Sehenswürdigkeiten machen es zu einer guten Wahl. Es gibt auch einen Campingplatz. Den ganzen Sommer über kann man Forellen angeln. **www.puhkemaja.ee**

Preiskategorien *siehe S. 292* **Zeichenerklärung** *siehe hintere Umschlagklappe*

SILLAMÄE Hotel Krunk ©©
Kesk 23, 40231 Tel. *392 9030* FAX *392 9035* ***Zimmer** 21* **Straßenkarte** *E1*

Das Hotel Krunk in der Stadtmitte ist ein gutes Beispiel für stalinistische Neobarock-Architektur und verspricht einen angenehmen Aufenthalt. Es wurde in der Sowjetzeit erbaut und später ein Gästehaus. Die geräumigen Zimmer haben allesamt Internet-Zugang. Auch ein gutes Restaurant und eine Sauna sind vorhanden. **www.krunk.ee**

SUUR MUNAMÄGI Haanjamehe-Farm ©©
Vakari, 65101 Tel. *786 6000* FAX *786 6001* ***Zimmer** 14* **Straßenkarte** *E2*

Das reizende umgestaltete Gehöft bietet Landleben pur. Die Zimmer sind schön, das Angebot an Aktivitäten von Exkursionen zu regionalen Attraktionen bis zu Kanufahrten und lustigen Hinderniskursen ist umwerfend. Das holzgetäfelte Restaurant ist genau richtig zum Entspannen. **www.kubija.ee/haanjamehetalu**

TAEVASKOJA Taevaskoja Holiday Centre Hostel ©©
Taevaskoja, 63202 Tel. *799 2067* ***Zimmer** 30* **Straßenkarte** *E2*

Diese Herberge ist nicht gerade luxuriös, dafür aber ist sie preiswert und unterhaltsam. Die Gäste können die Selbstversorgungsmöglichkeiten nutzen. Es gibt einen Volleyballplatz, eine Sauna und eine Felskletterwand. Die Herberge ist ein gutes Standquartier für Trekking- und Kanutouren. **www.taevaskoja.ee**

TARTU Hansa Hotel ©©©
Aleksandri 46, 43401 Tel. *737 1800* FAX *737 1801* ***Zimmer** 22* **Straßenkarte** *D1*

Das in der Nähe des Flusses Tartu gelegene Hansa Hotel ähnelt einem alten Kaufmannshaus der Hanse. Das gleichwohl komfortable und moderne Hotel hat seinen ganz eigenen Charme. Die Zimmer sind hübsch eingerichtet und haben TV und Telefon. Speziell ausgestattete Zimmer für behinderte Gäste sind vorhanden. **www.hansahotell.ee**

TARTU Tartu Hotel ©©©
Soola 3, 51013 Tel. *731 4300* FAX *731 4301* ***Zimmer** 62* **Straßenkarte** *E2*

Dieses Hotel bietet eine preiswerte Übernachtungsmöglichkeit für ein oder zwei Nächte. Es liegt am Rand des Stadtzentrums. Das ganze Hotel hat WLAN-Zugang. In die Sauna passen Gruppen von bis zu 15 Personen. **www.tartuhotell.ee**

TARTU Draakon ©©©©
Raekoja plats 4, 51003 Tel. *744 2045* FAX *742 3000* ***Zimmer** 41* **Straßenkarte** *E2*

Das direkt am Rathausplatz gelegene Draakon ist ein schickes Hotel vor allem für Geschäftsleute und Luxusurlauber. Die Suiten haben eine eigene Sauna, alle Zimmer bieten Internet-Zugang. Es gibt ein elegantes Restaurant im Barockstil und ein stimmungsvolles, mittelalterlich angehauchtes Bierkellerrestaurant. **www.draakon.ee/eng**

TARTU Pallas ©©©©
Riia mnt 4, 51004 Tel. *730 1200* FAX *730 1201* ***Zimmer** 61* **Straßenkarte** *E2*

Das etwas ungewöhnliche, aber bezaubernde Hotel hoch oben in einem glänzenden, neuen Bürogebäude im Stadtzentrum bietet eine atemberaubende Aussicht. Für die wunderbar eingerichteten Zimmer haben berühmte estnische Künstler Pate gestanden. Das Restaurant ist ordentlich und serviert eine Reihe von Tagesmenüs. **www.pallas.ee**

TARTU Barclay ©©©©©
Ülikooli 8, 51003 Tel. *744 7100* FAX *744 7110* ***Zimmer** 49* **Straßenkarte** *E2*

Das Barclay, ein elegantes Jugendstilhaus von 1912, war während der Sowjetzeit das örtliche Hauptquartier der Roten Armee. Die Zimmer sind äußerst komfortabel, wenn auch einfallslos möbliert. Das Hotel liegt ausgezeichnet innerhalb des Stadtzentrums. **www.barclay.ee**

VILJANDI Hotel Centrum ©©
Tallinna 24, 71008 Tel. *435 1100* FAX *435 1130* ***Zimmer** 27* **Straßenkarte** *D2*

Das Hotel Centrum nimmt die dritte Etage der Shopping-Mall Centrum ein. Die Zimmer sind gemütlich, wenn auch sparsam dekoriert. Den Gästen stehen eine Sauna, ein Massage- und ein Schönheitssalon zur Verfügung. Das exzellente Restaurant *(siehe S. 329)* ist ein weiterer Pluspunkt. **www.centrum.ee**

VILJANDI Grand Hotel Viljandi ©©©©
Tartu 11/Lossi 29, 71004 Tel. *435 5800* FAX *435 5805* ***Zimmer** 49* **Straßenkarte** *D2*

Das Grand Hotel in einem Art-déco-Gebäude von 1938 ist in seiner Kleinstadtumgebung auffallend luxuriös. Es hat ein eindrucksvolles Fitnesscenter, eine Sauna, die in ein türkisches Bad und eine finnische Sauna unterteilt ist, und ein sehr gutes Restaurant. Das hilfsbereite Personal erteilt Rat bei Ausflügen und Kulturereignissen. **www.ghv.ee**

VÕRU Tamula Hotel ©©
Vee 4, 65609 Tel. *783 0430* FAX *783 0431* ***Zimmer** 24* **Straßenkarte** *E2*

Das Hotel am Sandstrand des Tamula-Sees ist hell und angenehm. Die Suiten haben eine eigene Sauna. Es gibt außerdem Tennisplätze und einen Fahrradverleih zur Erkundung der nahen Stadt Võru. Eine Kneipe und einen Nachtclub findet man neben dem Hotel. **www.tamula.ee**

VÕRU Kubija Hotel ©©©
Männiku 43a, 65603 Tel. *786 6000* FAX *786 6001* ***Zimmer** 57* **Straßenkarte** *E2*

Das Kubija ist ein helles, einladendes und wunderbar möbliertes Hotel, das seine Gäste besonders umsorgt. Dazu gehört sogar ein Schlafzentrum, das fachmännischen Rat erteilt und Diagnosen bei Schlafproblemen stellt. Viele Wellnessbehandlungen und schöne Exkursionen in die Umgebung werden geboten. **www.kubija.ee**

Straßenkarte *siehe hintere Umschlaginnenseiten*

Hotelauswahl Lettland

Die folgenden Hotels wurden wegen ihres Preis-Leistungs-Verhältnisses, ihrer Lage und ihres Komforts ausgewählt. Sie sind nach Regionen aufgelistet, beginnend mit Rīga. Kartenverweise beziehen sich auf den Stadtplan von Rīga *(siehe S. 160f)*, beziehungsweise auf die Straßenkarte *(siehe hintere Umschlaginnenseiten)*.

PREISKATEGORIEN
Die Preise gelten für ein Standard-Doppelzimmer pro Nacht in der Hochsaison, inklusive Steuern, Service und Frühstück (sofern nicht anders vermerkt).
Ⓛ unter 30 Ls
ⓁⓁ 30–50 Ls
ⓁⓁⓁ 50–80 Ls
ⓁⓁⓁⓁ 80–110 Ls
ⓁⓁⓁⓁⓁ über 110 Ls

Rīga

Homestay
Ⓛ
Stokholmas iela 1, LV-1014 ☎ *6755 3016* ***Zimmer*** *4*

Homestay im noblen Viertel Mežaparks, eine 20-minütige Tramfahrt von der Altstadt entfernt, lohnt die Reise. Die Besitzer, eine Lettin und ein Neuseeländer, sind sehr aufmerksam zu ihren Gästen. Die Zimmer sind gemütlich, das Frühstück ist großartig. **www.homestay.lv**

B&B Rīga
ⓁⓁ
Ģertrūdes iela 43, LV-1011 ☎ *2652 6400* FAX *6729 7594* ***Zimmer*** *18* ***Stadtplan*** *2 E2*

Die Pension in Familienregie liegt in einem stillen Hof, wenige Meter von der Altstadt entfernt. Die apartmentartigen Zimmer sind unterschiedlich groß, nur die kleinsten haben keine Kochnische. Die größten sind für Gruppen sehr preiswert. Das Frühstück wird in einem Café auf der anderen Straßenseite serviert. **www.bb-riga.lv**

KB
ⓁⓁ
Krišjānis Barona iela 37, LV-1011 ☎ *6731 2323* FAX *6731 6953* ***Zimmer*** *12* ***Stadtplan*** *2 E3*

Die nach Krišjānis Barons, einem lettischen Volksliedersammler, benannte Pension gehört seinem Urenkel. Das renovierte Jugendstilhaus ist hell und geräumig, während die Zimmer schlicht aber preiswert sind. Das Atelier unterm Dach verfügt über eine Kochnische. **www.kbhotel.lv**

Laine
ⓁⓁ
Skolas iela 11, LV-1010 ☎ *6728 8816* FAX *6728 7658* ***Zimmer*** *38* ***Stadtplan*** *2 E2*

Das Hotel liegt in einem Jugendstilhaus in einer ruhigen Straße und ist ein Glücksfall für preisbewusste Reisende. Die hellen, einladenden Zimmer haben etwas Skandinavisches und Gemälde an den Wänden. Safe, WLAN-Zugang, Fön und Minibar sind vorhanden. Die billigsten Zimmer haben kein eigenes Bad. **www.laine.lv**

Radi un Draugi
ⓁⓁ
Mārstaļu iela 1/3, LV-1050 ☎ *6782 0200* FAX *6782 0202* ***Zimmer*** *76* ***Stadtplan*** *2 D4*

Das beliebte preiswerte Hotel im Zentrum der Altstadt sollte man lange im Voraus buchen. Das Haus lettisch-englischer Besitzer ist ohne jeden Schnickschnack und hat schlichte, aber gemütliche und saubere Zimmer. Der Name bedeutet »Freunde und Familie«, was sich das hilfsbereite Personal zu Herzen nimmt. **www.draugi.lv**

Viktorija
ⓁⓁ
Čaka iela 55, LV-1011 ☎ *6701 4111* FAX *6731 0629* ***Zimmer*** *64* ***Stadtplan*** *2 E3*

Das bei sparsamen Reisenden beliebte Viktorija liegt in einem restaurierten Jugendstilhaus wenige Schritte von der Altstadt entfernt. Die Zimmer sind eher klein, aber sauber und ihr Geld wert. Die meisten haben ein eigenes Bad, aber es gibt auch billigere Zimmer mit dem Bad auf dem Flur. **www.hotel-viktorija.lv**

Albert
ⓁⓁⓁ
Dzirnavu iela 33, LV-1010 ☎ *6733 1717* FAX *6733 1718* ***Zimmer*** *246* ***Stadtplan*** *2 E4*

»Albert« meint hier Einstein, und dieses Thema ist überall in dem beliebten Hotel im Jugendstilviertel auf subtile Weise präsent. Jedes der stilvollen Zimmer enthält ein Zitat des berühmten Mannes, in die Teppiche sind Atommotive eingewebt. Die schlichten, behaglichen Zimmer sind in ruhigen Farben gehalten. **www.alberthotel.lv**

Baltvilla
ⓁⓁⓁ
Senču prospekts 45, LV-2164 ☎ *6784 0640* FAX *6799 0888* ***Zimmer*** *39*

Das Hotel am Ufer des Baltezers-Sees, nur 30 Minuten vom Zentrum Rīgas entfernt, wurde 2007 eröffnet. Es ist auf medizinische und Kuranwendungen spezialisiert und auf Menschen mit Behinderungen oder Allergien gut eingestellt. Die Zimmer sind bequem und stilvoll. **www.baltvilla.lv**

Ekes Konventa
ⓁⓁⓁ
Skārņu 22, LV-1050 ☎ *6735 8393* FAX *6735 8395* ***Zimmer*** *11* ***Stadtplan*** *2 D4*

Dieses Haus mitten im Zentrum der Altstadt hat eine interessante Geschichte. Im 15. Jahrhundert war es ein Gasthaus für Reisende und später ein Heim für Witwen von Gildemitgliedern. Die Zimmer sind allerdings sehr klein und hellhörig, was für Leute mit leichtem Schlaf problematisch sein kann. **www.ekeskonvents.lv**

Zeichenerklärung *siehe hintere Umschlagklappe*

Elizabetes Nams ⓁⓈⓁⓈⓁⓈ

Elizabetes iela 27, LV-1010 ☎ *6750 9292* FAX *6750 9291* ***Zimmer** 20* ***Stadtplan** 2 D2*

Das ruhige, stilvolle Hotel in einem restaurierten Holzhaus des 18. Jahrhunderts bietet verschiedene Unterkünfte. Der Dekor in den Zimmern reicht von warmen bis zu gedämpften Tönen. In einem Zimmer steht eine Waschmaschine mit Trockner, andere haben eine Badewanne. Ein hübsches Restaurant liegt im Keller. **www.elizabetesnams.lv**

Europa City ⓁⓈⓁⓈⓁⓈ

Brīvības iela 199c, LV-1039 ☎ *6716 6000* FAX *6716 6001* ***Zimmer** 143* ***Stadtplan** 2 F1*

Dieser seltsam geschwungene Bau liegt nur eine kurze Tramfahrt von der Altstadt entfernt, aber weit genug, um die Zimmer bezahlbar werden zu lassen. Der Dekor ist 1960er-Jahre-Retro mit einer Reihe ausgefallener Farbgebungen in den Zimmern. Die Terrasse ist herrlich für Cocktails im Sommer. **www.europacity.lv**

Hanza ⓁⓈⓁⓈⓁⓈ

Elijas iela 7, LV-1050 ☎ *6779 6040* FAX *6779 6044* ***Zimmer** 80* ***Stadtplan** 2 E5*

Das Hanza, ein kürzlich renoviertes Wohnhaus im Moskauer Viertel, wenige Schritte hinter dem Zentralmarkt, ist eine gute Wahl für Gäste, denen zentrale Lage nicht wichtig ist. Die behaglichen Zimmer mit reduziertem Dekor haben Fußbodenheizung im Bad und WLAN-Zugang. Zimmer zur Straße blicken auf die Jesuskirche. **www.hanzahotel.lv**

Islande ⓁⓈⓁⓈⓁⓈ

Ķīpsalas iela 20, LV-1048 ☎ *6760 8000* FAX *6760 8001* ***Zimmer** 205* ***Stadtplan** 1 A3*

Einen 20-minütigen Spaziergang von der Altstadt entfernt liegt dieses große, moderne Hotel am linken Ufer der Daugava. Die Zimmer sind einfach und skandinavisch inspiriert, viele bieten eine tolle Aussicht. Das Restaurant Arctic Lights im neunten Stock blickt auf die Stadt. Kuranwendungen sind im Angebot. **www.islandehotel.lv**

Kolonna ⓁⓈⓁⓈⓁⓈ

Tirgoņu iela 9, LV-1050 ☎ *6735 8254* FAX *6735 8255* ***Zimmer** 41* ***Stadtplan** 1 C4*

Zentral gelegen und erschwinglich. Die Zimmer sind sauber und geräumig, aber oft merkwürdig geformt, weil sie in ein historisches Gebäude eingepasst wurden, was man an unverputzten Wandsegmenten sehen kann. Das Hotel hat WLAN-Zugang. **www.hotelkolonna.com**

Konventa Sēta ⓁⓈⓁⓈⓁⓈ

Kalēju iela 9/11, LV-1050 ☎ *6708 7501* FAX *6708 7515* ***Zimmer** 141* ***Stadtplan** 2 D4*

Das Hotel wurde nach dem Kloster benannt, in dessen Hof es residiert, und liegt sehr günstig in der Altstadt. Viele der Zimmer in dem Komplex mittelalterlicher Bauten sind recht schlicht ausgestattet, einige haben alte Balkendecken. Auch Apartments mit Kochnische sind verfügbar. **www.konventa.lv**

Vecrīga ⓁⓈⓁⓈⓁⓈ

Gleznotāju iela 12/14, LV-1050 ☎ *6721 6524* FAX *6721 4561* ***Zimmer** 16*

Das freundliche Hotel in einem Haus des 18. Jahrhunderts liegt in einem ruhigen Teil der Altstadt. Abgesehen von Minibar und Satelliten-TV hat sich in den Zimmern viel alter Charme erhalten. Im Sommer kann draußen gespeist werden. Die Rezeption zeigt stolz Fotos von einem Besuch des Dalai-Lama im Jahr 2000. **www.vecriga.lv**

Ainavas ⓁⓈⓁⓈⓁⓈⓁⓈ

Peldu iela 23, LV-1050 ☎ *6781 4316* FAX *6781 4317* ***Zimmer** 22* ***Stadtplan** 1 C4*

Der Name dieses hübschen Boutique-Hotels bedeutet »Landschaft«: Jedes Zimmer zeigt eine andere Seite der lettischen Landschaften. Das Haus ist aus dem 15. Jahrhundert, unverputzte Wandteile verleihen einigen Zimmern Charakter. Kleine Extras, wie das Glas Champagner zur Begrüßung, gehören zum Stil des Hauses. **www.ainavas.lv**

Boutique Hotel Viesturs ⓁⓈⓁⓈⓁⓈⓁⓈ

Mucenieku iela 5, LV-1050 ☎ *6735 6060* FAX *6735 6061* ***Zimmer** 13*

Jedes Zimmer dieses Boutique-Hotels ist anders, aber immer hochklassig dekoriert, nur die Bäder sind eher klein. Unverputzte Steinwände in den Gemeinschaftsbereichen steigern den Reiz dieses mittelalterlichen Gebäudes. Die einzige Suite des Hauses hat eine eigene Sauna mit Whirlpool und Dachterrasse. **www.hotelviesturs.lv**

Centra ⓁⓈⓁⓈⓁⓈⓁⓈ

Audēju iela 1, LV-1050 ☎ *6722 6441* FAX *6750 3281* ***Zimmer** 27* ***Stadtplan** 2 D4*

Minimalismus ist das Schlüsselwort dieses freundlichen, stilvollen Hotels. Die Zimmer der obersten Etage sind ruhig, trotz der zentralen Lage, und alle sind mit Flachbild-TV, Minibar und Safe ausgestattet. Auch kostenlosen WLAN-Zugang gibt es im ganzen Haus. Flughafentransfers können organisiert werden. **www.centra.lv**

Domina Inn ⓁⓈⓁⓈⓁⓈⓁⓈ

Pulkveža brieža 11, LV-1010 ☎ *6763 1800* FAX *6763 1801* ***Zimmer** 110* ***Stadtplan** 1 C1*

Das im Jugendstil-Viertel gelegene elegante Hotel ist selbst architektonisch eindrucksvoll. Die Zimmer sind unterschiedlich groß, aber alle sind modern und haben einen Safe, Minibar und Breitband-Internetzugang. Auch Allergikerzimmer sind vorhanden. Sauna und Whirlpool kosten extra. **www.dominahotels.com**

Europa Royale ⓁⓈⓁⓈⓁⓈⓁⓈ

Krišjānis Barona 12, LV-1050 ☎ *6707 9444* FAX *6707 9449* ***Zimmer** 60* ***Stadtplan** 2 E3*

Das Wohnhaus des 19. Jahrhunderts wurde 2006 zum Hotel umgebaut, ohne seinen Charakter zu verlieren. Alles an ihm ist feudal – Parkettböden, hohe Decken, große Türen, Buntglasfenster und Holztreppen. Die Präsidentensuite hat eine eigene Tür zum Restaurant. Casino, Sauna und Fitnesscenter gehören dazu. **www.europaroyale.com**

Stadtplan Rīga *siehe Seiten 160f*

Garden Palace

Grēcinieku iela 28, LV-1050 6722 4650 FAX 6735 9749 **Zimmer** 66 **Stadtplan** 1 C4

Mit seinem Überfluss an altmodischer Eleganz ist dies eine preisgünstige Wahl für alle, die nach etwas Luxus aus sind. Der Dekor ist eine geschmackvolle Kombination aus Creme und Gold mit Kristalllüstern und Blumenarrangements. Die Suiten sind gut ausgestattet, und die Zimmer ganz oben haben Terrassen. **www.hotelgardenpalace.lv**

Gutenbergs

Doma laukums 1, LV-1050 6781 4090 FAX 6750 3326 **Zimmer** 38 **Stadtplan** 1 C3

Das gemütliche Hotel liegt gleich beim Dom um die Ecke. Die Zimmer im neuen Flügel haben mit Balkendecken und interessantem Dekor den meisten Charakter. Im Sommer kann man auf der Dachterrasse speisen, dazu gibt es an Wochenendabenden und zum Sonntagsbrunch lettische Livemusik. **www.gutenbergs.lv**

Maritim Park

Slokas iela 1, LV-1048 6706 9000 FAX 6706 9001 **Zimmer** 239 **Stadtplan** 1 A5

Das große, doch ruhige Hotel auf der anderen Daugavaseite ist bei Geschäftsreisenden beliebt. Die Altstadt ist per Tram erreichbar. Die Zimmer sind modern und sauber und unterschiedlich groß. Vom Restaurant Bellevue *(siehe S. 332)* in der zehnten Etage, einem der teuersten in Rīga, hat man einen herrlichen Blick. **www.maritim.lv**

Metropole

Aspazijas bulvāris 36/38, LV-1050 6722 5411 FAX 6721 6140 **Zimmer** 86 **Stadtplan** 2 D4

Das seit 1871 bestehende Haus ist der Nestor der Rīgaer Hotelszene. Es liegt bequem am Rand der Altstadt, allerdings können die Zimmer zur Straße laut sein. Die großen, skandinavisch gestalteten Zimmer haben WLAN, Minibar und Bügeleisen. Fitnesscenter, Sauna und Businesscenter sind vorhanden. **www.metropole.lv**

Radisson SAS Daugava

Kuģu iela 24, LV-1048 6706 1111 FAX 6706 1100 **Zimmer** 361 **Stadtplan** 1 B4

Dieses noble Hotel am linken Daugavaufer hat geräumige Zimmer und exzellente Einrichtungen wie einen Swimmingpool – was in Rīga sehr ungewöhnlich ist. Ein Shuttlebus fährt regelmäßig zum Schwarzhäupterhaus. Außerdem bietet das Hotel seinen Gästen kostenlosen Flughafentransfer. **www.riga.radissonsas.com**

Rīga

Aspazijas bulvāris 22, LV-1050 6704 4222 FAX 6704 4223 **Zimmer** 236 **Stadtplan** 2 D4

Das attraktive Hotel in bester Lage am Rand der Altstadt gibt es seit 1956. Trotz umfangreicher Renovierung umweht das Haus etwas aus der Sowjetzeit, doch es bietet alle Vorzüge eines großen Hotels wie WLAN-Zugang, Businesscenter und Sauna. In der Lobby findet man eine Wechselstube, eine Bar und einen Juwelier. **www.hotelriga.lv**

Bergs

Elizabetes iela 83/85, LV-1050 6777 0900 FAX 6777 0940 **Zimmer** 38 **Stadtplan** 2 D2

Das stilvolle Boutique-Hotel in der schicken Shoppingmall Berga Bazārs hat in Publikationen wie *Tatler* und *Condé Nast Traveller* zahlreiche Preise gewonnen. Die Zimmer sind groß und behaglich, der Service ist professionell. Einziger Nachteil ist, dass es an Wochenenden laut sein kann. **www.hotelbergs.lv**

Grand Palace

Pils 12, LV-1050 6704 4000 FAX 6704 4000 **Zimmer** 56 **Stadtplan** 1 C3

Das noble, bei Prominenten beliebte Hotel hat zwei hochgelobte Restaurants sowie Sauna, Fitnesscenter und eine behagliche Lobbybar. Die Zimmer sind elegant in Blau, Weiß und Gold dekoriert und mit WLAN, Minibar, Safe und Pay-TV ausgestattet. Bäder mit Wannen und Fußbodenheizung. **www.schlossle-hotels.com**

Hotel de Rome

Kaļķu iela 28, LV-1050 6708 7600 FAX 6708 7606 **Zimmer** 88 **Stadtplan** 2 D3

Diese Sehenswürdigkeit an einer Durchfahrtsstraße dicht beim Freiheitsdenkmal hat eine große Lobby und das hochgeschätzte Restaurant Otto Schwartz in der obersten Etage. Alle Fünf-Sterne-Vorzüge sind vorhanden, nur fehlt, wie in Rīga üblich, der Swimmingpool. Die Zimmer sind bequem, wenn auch etwas unpersönlich. **www.derome.lv**

Monika Centrum

Elizabetes iela 21, LV-1010 6703 1900 FAX 6703 1901 **Zimmer** 80 **Stadtplan** 2 D2

Das Hotel im Jugendstil-Viertel nahe der Altstadt ist ein attraktiver neogotischer Bau, der an eine Burg erinnert. Es bietet große, gemütliche Zimmer. Die Suiten haben Himmelbetten. Kostenloser WLAN-Zugang, Sauna und Fitnesscenter. Das Frühstück besteht aus einem herzhaften Büfett. **www.centrumhotels.com**

Reval Hotel Latvija

Elizabetes iela 55, LV-1010 6777 2222 FAX 6777 2332 **Zimmer** 586 **Stadtplan** 2 D2

Das einstige Intourist-Hotel, in dem ausländische Gäste bespitzelt wurden, ist gründlich renoviert worden und zählt jetzt zu Rīgas führenden Hotels. Die poppige Skyline Bar *(siehe S. 365)* auf der 26. Etage ist ein großer Hit bei Urlaubern und bietet eine fantastische Aussicht und gute Cocktails. **www.revalhotels.com**

Reval Hotel Rīdzene

Reimersa iela 1, LV-1050 6732 4433 FAX 6732 2600 **Zimmer** 95 **Stadtplan** 2 D3

Einst die exklusive Domäne der kommunistischen Elite, gilt dieses Hotel aus den 1980er Jahren heute als eines der besten in Rīga. Sauna und Fitnesscenter im obersten Stock haben Glaswände mit tollem Blick auf den nahen Park, die Glaspyramide über dem Restaurant ist eine Sehenswürdigkeit der Stadt. **www.revalhotels.com**

Preiskategorien *siehe S. 300* **Zeichenerklärung** *siehe hintere Umschlagklappe*

WEST-LETTLAND

BAUSKA Rožmalas

Ceraukstes pagasts, 7 km S der Stadt, LV-3908 6779 1178 FAX 6779 1177 **Zimmer** 15 **Straßenkarte** D4

Das Rožmalas ist ein erfrischend modernes Hotel und Restaurant an der Via Baltica in Richtung Vilnius. Die Standardzimmer sind durchweg behaglich. Die teuersten verfügen über Whirlpoolbad. In der Windmühle (19. Jh.), die zu einer Bäckerei umgebaut wurde, können Gäste beim Brotbacken zusehen. **www.rozmalas.lv**

BAUSKA Day & Night

Slimnicas iela 7, LV-3901 6399 1000 FAX 6399 1001 **Zimmer** 78 **Straßenkarte** D4

Mit diesem modernen Hotel, dem ersten von mehreren Häusern, die in größeren lettischen Städten eröffnet werden sollen, bekam Bauska eine dringend benötigte Qualitätsunterkunft. Doppel- und Familienzimmer sind gut ausgestattet, Einzelzimmer möglich. Souvenirkiosk, Bankfiliale und Verkehrsamtsschalter. **www.hoteldayandnight.lv**

DUNDAGA Pūpoli

Gipka iela, LV-3270 **Zimmer** 4 **Straßenkarte** C3

Das Gästehaus aus Holz wird ökologisch geführt. Mahlzeiten sind auf Wunsch möglich, aber es gibt auch eine Küche für Selbstversorger. Eine Sauna mit Tauchbecken ist ebenfalls vorhanden. In der jeweiligen Saison können Ausflüge zum Beeren- und Pilzesammeln arrangiert werden. **www.hasselberga.se/pupoli/**

ENGURE Villa Elizabete

Jūras iela 88, LV-3113 6316 1421 FAX 6316 1421 **Zimmer** 7 **Straßenkarte** C3

Kleine propere Doppelzimmer und ein größeres De-Luxe-Zimmer in der Mansarde bietet dieses hölzerne Gästehaus. Für Aktivität der Gäste sorgen ein Basketballfeld, Tischtennis, Fahrradverleih und ein kleines Fitnesscenter. Kinder finden hinter dem Haus einen Spielplatz mit Sandkasten, Schaukel und Rutsche. **www.villaelizabete.lv**

JAUNMOKU PILS Jaunmoku Pils

Tume, LV-3139 6310 7126 FAX 6310 7125 **Zimmer** 6

Das ehemalige Jagdschloss von George Armistead, Rīgas Bürgermeister von 1901 bis 1912, bietet ansprechende Zimmer mit leicht altmodischer Möblierung. Die Gemeinschaftsbereiche sind mit Jagdtrophäen dekoriert, alte Öfen erhöhen den Charme. Im Sommer werden hier gern Hochzeiten gefeiert. **www.jaunmokupils.lv**

JAUNPILS Jaunpils Pils

Tukuma rajons, LV-3145 6310 7082 **Zimmer** 4 **Straßenkarte** C4

Neben mehreren einfachen Zimmern hat die Burg vier stimmungsvolle Suiten zu bieten. Das Baronszimmer ist das eindrucksvollste mit Himmelbett, Whirlpool, Fußbodenheizung und Kamin. Die anderen drei bieten jeweils eine Auswahl der Komfortmerkmale. Fliesenboden und unverputzte Wände tragen zur Stimmung bei. **www.jaunpilspils.lv**

JELGAVA Zemgale

Rīgas iela 11, LV-3002 6300 7707 FAX 6300 7710 **Zimmer** 34 **Straßenkarte** C4

Gegenüber den Hauptsehenswürdigkeiten der Stadt am anderen Ufer der Lielupe gelegen, gehört dieses Hotel zu einer Freizeitanlage mit Tennis, Bowling und Schlittschuhbahn. Die Zimmer sind eher klein, aber sauber und modern, das Personal ist freundlich und hilfsbereit. Es gibt zwei Cafés in dem Komplex. **www.zemgale.info**

JŪRMALA Amber Sea

Dzintaru prospekts 68, Dzintari, LV-2015 6775 1297 FAX 6714 6601 **Zimmer** 31 **Straßenkarte** C3

Das geschmackvoll vor allem in Schokoladen-, Rot- und Cremetönen dekorierte Hotel ist eine stilvolle Adresse. Die Zimmer sind groß und die Suiten sehr geräumig, einige haben Zugang zu einer Terrasse. Auch das Restaurant ist überaus ansprechend. Die Preise steigen in der Hauptsaison im Sommer beträchtlich. **www.amberhotel.lv**

JŪRMALA Baltic Beach

Jūras iela 23/25, Majori, LV-2015 6777 1400 FAX 6776 4044 **Zimmer** 165 **Straßenkarte** C3

Seine Keilform ist zwar nicht gerade aufregend, dennoch ist das Baltic Beach eines der besten Hotels in Jūrmala. Die Zimmer sind unterschiedlich groß und luxuriös. Die Kuranlage bietet eine Vielzahl von Massagen und Behandlungen sowie ärztliche Betreuung. Das Personal gilt leider als recht mürrisch. **www.balticbeach.lv**

JŪRMALA Jūrmala Spa

Jomas iela 47/49, LV-2015 6778 4415 FAX 6778 4411 **Zimmer** 190 **Straßenkarte** C3

Dieser renovierte Block aus der Sowjetzeit ist ein willkommenes Plus in der Hotelszene Jūrmalas. Sein Stil ist Retrochic mit vielen Naturmaterialien einschließlich Stein in den Bädern. Die Kureinrichtungen sind exzellent, ärzliche Betreuung ist möglich. Von der Bar im 11. Stock hat man einen weiten Blick. **www.hoteljurmala.lv**

KANDAVA Kandava

Sabiles iela 3, 14 km O von Sabile, LV-3120 2640 6733 FAX 6318 1643 **Zimmer** 10 **Straßenkarte** C3

Das zentral gelegene Hotel bietet saubere, komfortable und sehr einfache Zimmer mit roten Laken und Vorhängen. Die meisten haben TV, aber ohne Satellit oder Kabel ist die Programmauswahl begrenzt. Das Restaurant ist schick im Retrostil mit ovalen Lampen möbliert. **www.hotelkandava.lv**

KOLKA Zītari

Rūtas, LV-3264 6332 0451 ***Zimmer** 15* **Straßenkarte** *C3*

Das Hotel liegt nicht weit entfernt von Kap Kolka. Das Haus ist deutlich besser, als es sein Äußeres erwarten lässt. Die Zimmer sind sauber und hell, haben schräge Decken und Kiefernmöbel. Das Café hat eine lettische Standard-Speisekarte, auf der viel Fisch zur Wahl steht.

KULDĪGA Jāņa Nams

Liepājas iela 36, LV-3301 6332 3456 FAX 6332 3785 ***Zimmer** 8* **Straßenkarte** *B3*

Die Zimmer in dem zentral gelegenen, freundlichen Hotel in Familienhand sind eher klein, aber sauber und in fröhlichen Farben dekoriert. Einigen Zimmern verleihen Balkendecken zusätzlich Charakter. Das Restaurant des Hauses ist bei Einheimischen beliebt, eine Sauna lädt zum Entspannen ein. **www.jananams.lv**

KULDĪGA Metropole

Baznīcas iela 11, LV-3301 6335 0588 FAX 6335 0599 ***Zimmer** 14* **Straßenkarte** *B3*

Das 1919 als Hotel erbaute und später anderweitig genutzte Metropole brannte 1997 völlig aus. Es ist gründlich renoviert und mit stilvollem Dekor und schrägen Decken versehen, die den Zimmern viel Charme verleihen. Das edle Restaurant bietet eine umfangreiche Weinkarte und im Sommer eine Terrasse. **www.hotel-metropole.lv**

LIEPĀJA Poriņš

Palmu iela 5, LV-3401 2915 0596 FAX 6342 8602 ***Zimmer** 20* **Straßenkarte** *B4*

Das Boutique-Hotel ist stilvoll und dennoch leger. Die Zimmer sind skandinavisch möbliert und haben reizend gestaltete Wände. Ein gläserner Lift bietet Rollstuhlfahrern Zugang, der Parkplatz liegt abseits der Straße. In die Decke des Restaurants sind runde Lampen eingelassen, eine der Wände ist aus Balken gezimmert. **www.porins.lv**

LIEPĀJA Libava

Vecā ostmala 29, LV-3401 6342 5318 FAX 6342 5319 ***Zimmer** 7* **Straßenkarte** *B4*

Von der großzügigen Lobby bis zu den makellosen Zimmern bietet dieses Hotel am Kanal ein erschwingliches Stück Luxus. Gäste erhalten im Spa im Keller Rabatt, können sich auf Ledersofas im Wintergarten räkeln oder die vielseitige Speisekarte des Restaurants ausprobieren. Ein Bootssteg liegt direkt vor dem Hotel. **www.libava.lv**

LIEPĀJA Promenāde

Vecā ostmala 40, LV-3401 6348 8288 FAX 6348 8588 ***Zimmer** 42* **Straßenkarte** *B4*

Mit den erhaltenen Elementen des einstigen Kornspeichers (spätes 19. Jh.) wirkt dieses Hotel am Kanal so anheimelnd wie modern. Die Lobby ist gleichzeitig Kunstgalerie, das Restaurant bietet im Sommer eine Terrasse. Das Hotel verfügt über ein Businesscenter und eine Anlegestelle für Yachten. **www.promenadehotel.lv**

MEŽOTNE Mežotnes Pils

Mežotnes pagasts, LV-3918 6396 0711 FAX 6396 0725 ***Zimmer** 16* **Straßenkarte** *D4*

Das von 1797 bis 1802 erbaute, im Zweiten Weltkrieg teilweise zerstörte, wunderbar restaurierte Schloss ist neoklassizistisch ausgestattet. Zimmer gibt es von Einzelzimmern bis zu Familienapartments mit geschmackvollen Holzmöbeln und Tapeten, die ans 19. Jahrhundert erinnern. Auch der Park ist eindrucksvoll. **www.mezotnespils.lv**

NĪCA Nīcava

Nīcas pagasts, LV-3473 6348 6379 ***Zimmer** 6* **Straßenkarte** *B4*

Das für die Erkundung des Naturreservats Pape-See günstig gelegene Hotel ist eine ehemalige Post. Der Dekor ist ein bisschen abgestanden, aber die Zimmer sind sauber und groß – einige sogar riesig. Das Restaurant und das legere Café haben dieselbe Speisekarte mit einigen deftigen traditionellen lettischen Gerichten. **www.nicava.lv**

PĀVILOSTA Vēju Paradīze

Smilšu 14, LV-3466 2644 6644 ***Zimmer** 17* **Straßenkarte** *B4*

Die Zimmer in diesem gemütlichen Motel haben Holzfußböden und Balkendecken. Die meisten Zimmer sind Doppelzimmer mit Bad, in einigen (mit dem Bad auf dem Flur) haben bis zu vier Personen Platz. Es gibt eine Sauna und ein Café, das im Sommer seine Tische auf eine Terrasse stellt. **www.vejuparadize.lv**

PEDVĀLE Firkspedvāle

Sabiles novads, LV-3295 6325 2249 ***Zimmer** 5* **Straßenkarte** *C4*

Dieses Herrenhaus gehörte zu dem Rittergut, das einen Teil des Freilichtmuseums Pedvāle bildet. Die Zimmer mit Balkendecken und Fotos an den Wänden haben viel Charakter, aber Gäste, die Luxus suchen, würden sie wohl nicht zufriedenstellen. Speisen werden in der Kneipe in der Nähe serviert. Eine Sauna gibt es auch.

ROJA Rojas Pērle

Selgas iela 4a, LV-3264 6326 9562 FAX 6326 9561 ***Zimmer** 10* **Straßenkarte** *C3*

Dieses Hotel mit Sauna, Café und Restaurant wird an den Wochenenden zur Diskothek. Die Zimmer sind in beruhigenden Pastelltönen gehalten und mit Kiefernmöbeln ausgestattet. Bessere Zimmer haben Balkon sowie Badewanne statt Dusche. Für behinderte Gäste steht ein Aufzug zur Verfügung. **www.rojasperle.lv**

ROJA Dzintarkrasts

Žocene, LV-3279 2860 0600 FAX 2937 0274 ***Zimmer** 19* **Straßenkarte** *C3*

Die Gäste dieser Anlage können zwischen Hotelzimmer und Hütte wählen, es gibt zudem Platz für Zelte und Wohnwagen. Die Zimmer in den modernen Holzhäusern sind bequem und sauber. Es gibt ein gutes Restaurant, eine Sauna und einen Swimmingpool, viele Unternehmungen stehen auf dem Programm. **www.dzintarkrasts.lv**

Preiskategorien *siehe S. 300* **Zeichenerklärung** *siehe hintere Umschlagklappe*

RUNDÄLE Baltā Māja

Pilsrundāle, LV-3921 2912 4374 ***Zimmer*** *8* — ***Straßenkarte*** *D4*

Bei der Renovierung der baufälligen Gesindeunterkünfte im Schloss Rundāle beließ man vieles vom Originalzustand wie die gepflasterten Böden und die Kachelöfen. Nur ein Zimmer hat ein eigenes Bad, ansonsten nutzt man Gemeinschaftsbäder. Sehr gute lettische Hausmacherkost wird in dem gemütlichen Restaurant serviert. **www.kalpumaja.lv**

TALSI Saule

Saules iela 19, LV-3201 6323 2232 ***Zimmer*** *6* — ***Straßenkarte*** *C3*

Dieses angenehme Gästehaus wird nach ökologischen Prinzipien geführt. Die Zimmer haben Holzfußboden und Kiefernmöbel. Im Schwarzen Zimmer gibt es Antiquitäten aus dunklem Holz, darunter ein prachtvolles, 120 Jahre altes Bett. Von der Terrasse blickt man auf den Talsi-See. Es gibt natürlich Biofrühstück. **www.saulehotel.lv**

TĒRVETE Laima

Tērvete Nature Park, LV-3728 2949 5041 ***Zimmer*** *6* — ***Straßenkarte*** *C4*

Das im Naturschutzpark hervorragend gelegene Gästehaus hat einfache Zimmer mit Bad. In allen Zimmern gibt es TV und einen DVD-Player. Sauna und Billardtisch sind für alle da. Fahrräder kann man sich leihen. Das Café im Erdgeschoss zeigt eine bizarre Mischung aus Wandteppichen, Spiegeln, Fliesen und Steinen. **www.laima.viss.lv**

TUKUMS Tuko

Stadiona iela 3, LV-3101 6312 2299 FAX 6310 7464 ***Zimmer*** *47* — ***Straßenkarte*** *C3*

Das Hotel, das zu einem äußerlich nicht sehr aufregenden, aber modernen Erholungszentrum gehört, bietet einfache, bezahlbare und saubere Zimmer. Eislaufbahn, Sauna, Café, Fitnesscenter und Frisörsalon. Da die Zimmer weitab von diesen Einrichtungen liegen, sind sie nachts eher ruhig. **www.tuko.lv**

VENTSPILS Olimpiskā Centra

Lielais prospekts 33, LV-3601 6362 8032 FAX 6362 9032 ***Zimmer*** *68* — ***Straßenkarte*** *B3*

Das Hotel, Teil des Olympiazentrums der Stadt, das Tennisplätze, Swimmingpool, eine Eislaufbahn und viele andere Einrichtungen umfasst, bietet ein sehr gutes Preis-Leistungs-Verhältnis. Die Zimmer sind völlig unpersönlich, mit Vertikaljalousien, die Büroatmosphäre verströmen, aber sie sind sauber und bequem. **www.ocventspils.lv**

VENTSPILS Raibie Logi

Lielais prospekts 61, LV-3601 2914 2327 ***Zimmer*** *8* — ***Straßenkarte*** *B3*

Der treffend Raibie Logi, »bunte Fenster«, genannte Holzbau (frühes 20. Jh.) ist innen wie außen in fröhlichen Farben gehalten. Saubere Zimmer mit Kiefernmöbeln und Laminatboden sowie kleinen Extras wie dem Gutenachtbonbon auf dem Kopfkissen. Neben Frühstück werden auf Wunsch auch leichte Mahlzeiten serviert. **www.raibielogi.lv**

VENTSPILS Vilnis

Talsu iela 5, LV-3602 6366 8800 FAX 6366 5054 ***Zimmer*** *52* — ***Straßenkarte*** *B3*

Das Vilnis ist ein Drei-Sterne-Hotel für alle, die außerhalb des Zentrums wohnen wollen. Es liegt am rechten Venta-Ufer und ist vornehmlich auf Geschäftsreisende eingestellt. Es verfügt über ein elegantes Restaurant mit Aquarium und einer langen Weinliste. **www.dzintarjura.lv**

OST-LETTLAND

AGLONA Aglonas Cakuli

Ezera iela 4, LV-5304 2927 5701 FAX 6532 1465 ***Zimmer*** *7* — ***Straßenkarte*** *E4*

Das freundliche, leicht rustikale Gästehaus in Familienregie liegt in einer ruhigen Wohnstraße am Cirišs-See. Die Zimmer sind klein und die Bäder ziemlich beengt. Das Frühstück ist deftig, die Besitzer sind sehr hilfsbereit. Angelgerät kann man sich leihen, im Winter wird auf dem zugefrorenen See gefischt. **www.aglonascakuli.lv**

DAUGAVPILS Leo

Krāslavas iela 58, LV-5403 6542 6565 FAX 6542 5325 ***Zimmer*** *5* — ***Straßenkarte*** *E4*

Das Leo, regelmäßig Preisträger des hiesigen Verkehrsamts, ist ein kleines, zentral gelegenes Hotel in einem schön restaurierten Haus. Die fünf Zimmer mit eigenem Bad sind wie bei einem Motel rund um den kleinen Parkplatz angeordnet, sauber, behaglich und einigermaßen groß. Das Personal ist freundlich und hilfsbereit.

DAUGAVPILS Sventes Muiža

Alejas 7, Svente, LV-5473 6542 7822 FAX 6549 7322 ***Zimmer*** *12* — ***Straßenkarte*** *E4*

Sventes Muiža ist ein schön restauriertes Gutshaus mit Holzfußböden und alten Kachelöfen. Die zwölf Zimmer tragen die Monatsnamen und sind entsprechend ausgestattet. Zu den allgemeinen Einrichtungen gehören zwei Saunen, ein Fitnesscenter und ein Raucherzimmer. Es gibt auch ein Museum für Militärfahrzeuge. **www.sventehotel.lv**

DAUGAVPILS Villa Ksenija

Varšavas iela 17, LV-5404 6543 4317 ***Zimmer*** *6* — ***Straßenkarte*** *E4*

Die Standardzimmer dieser restaurierten Villa von 1876 sind geschmackvoll eingerichtet, wenn auch nicht so elegant wie die Gemeinschaftsbereiche. Die weiße Bettwäsche ist allerdings bemerkenswert frisch. Die Nobelsuite hat eine eigene Sauna mit Whirlpool. Geboten werden u. a. Wäscheservice, Ticketbuchung und Autoverleih. **www.villaks.lv**

Straßenkarte *siehe hintere Umschlaginnenseiten*

GAUJA-NATIONALPARK Province

Niniera iela 6, Cēsis, LV-4101 6412 0849 ***Zimmer*** *5* ***Straßenkarte*** *D3*

Das kleine Gästehaus liegt dicht beim Maija-Park, wenige Schritte vom Stadtzentrum von Cēsis entfernt. Die Zimmer sind einfach, aber sauber und bequem. Das Restaurant in einem Gewächshaus ist auch bei Einheimischen beliebt, im Sommer kann man auch auf der Terrasse speisen. Für Kinder ist ein Spielplatz vorhanden. Frühstück kostet extra.

GAUJA-NATIONALPARK Sigulda

Pils 6, Sigulda, LV-2150 6797 2263 FAX 6797 1443 ***Zimmer*** *44* ***Straßenkarte*** *D3*

Das Hotel ist eines der wenigen zentral in der Stadt gelegenen Häuser. Es bietet Durchschnittszimmer zu einem vernünftigen Preis. Die Gemeinschaftsbereiche sind interessanter, vor allem die kleinen Brücken, die das 100 Jahre alte Hotel mit dem modernen Anbau verbinden. Der WLAN-Zugang ist kostenpflichtig. **www.hotelsigulda.lv**

GAUJA-NATIONALPARK Kārļa Muiža

Drabešu pagasts, Cēsis, LV-4138 6419 3330 FAX 6419 3310 ***Zimmer*** *8* ***Straßenkarte*** *D3*

Das Hotel in einem umgebauten Gutshaus des 19. Jahrhunderts bietet Unterkünfte in Apartments verschiedener Größe, jedes mit einer Küche. Auf Wunsch gibt es Frühstück. Das Hotelgrundstück ist 30 Hektar groß. Fahrräder, Quads und Bootsausrüstung kann man leihen. Babysitter auf Wunsch. **www.karlamuiza.lv**

GAUJA-NATIONALPARK Kolonna Hotel Cēsis

Vienības laukums 1, Cēsis, LV-4101 6412 0122 FAX 6412 0121 ***Zimmer*** *40* ***Straßenkarte*** *D3*

Die herrlich im Stadtzentrum gelegenen Zimmer sind neutral ausgestattet, einige öffnen sich auf den Park vor dem Hotel. Die Atelierzimmer sind die Mehrkosten wert. Das formelle Restaurant ist nur im Sommer geöffnet, das Café im Keller aber das ganze Jahr. **www.hotelkolonna.com**

GAUJA-NATIONALPARK Lāču Miga

Gaujas iela 22, Līgatne, LV-4110 6415 3481 ***Zimmer*** *13* ***Straßenkarte*** *D3*

Das Hotel nimmt seinen Namen »Bärenhöhle« augenscheinlich ernst: Teddys in allen Größen zieren das Haus von oben bis unten – für das ländliche Lettland eher ungewöhnlich. Die besseren Zimmer sind mit Badewanne und großem Sofa ausgestattet. Das Restaurant Lāču Miga *(siehe S. 336)* lohnt den Besuch. **www.lacumiga.lv**

GAUJA-NATIONALPARK Spa Hotel Ezeri

Sigulda pagasts, Sigulda, LV-2150 797 3009 FAX 6797 3880 ***Zimmer*** *29* ***Straßenkarte*** *D3*

Ein modernes, von skandinavischem Design beeinflusstes Hotel mit viel Holz. Zum Spa gehören Innen- und Außenpools, Sauna und Aromabäder sowie eine Reihe von Massagen. Das Restaurant mit schöner Sommerterrasse serviert moderne europäische Küche. Wenn die Pflanzen in Blüte stehen, ist der Garten wunderschön. **www.hotelezeri.lv**

IKŠĶILE Meidrops

Rīgas iela 18, LV-5052 6503 6547 6503 0612 ***Zimmer*** *16* ***Straßenkarte*** *D3*

Ein gut ausgestattetes Hotel mit Wellnesscenter an der Straße von Rīga nach Daugavpils. Zu den Einrichtungen gehören Swimmingpool, Sauna, Whirlpool und Kinderspielplatz. Das Restaurant ist in einem Blockhaus untergebracht. Vom Hotel blickt man auf die Ruine der Marienkirche von Ikšķile, der ältesten Kirche Lettlands. **www.meidrops.lv**

JĒKABPILS Hercogs Jēkabs

Brīvības iela 182/184, LV-5201 6523 3433 FAX 6523 3432 ***Zimmer*** *6* ***Straßenkarte*** *D4*

Dieser Backsteinbau des 19. Jahrhunderts liegt mitten im Stadtzentrum an der Daugava. Die Zimmer sind groß und in beruhigenden Pastelltönen dekoriert, einige habe schräge Decken und Holzpfeiler. Von vielen Zimmern hat man einen hinreißenden Blick auf den Fluss. Das Restaurant im Parterre ist gemütlich. **www.jnami.lv**

KOKNESE Baltā Gliemežnīca

Kokneses pagasts, LV-5113 2923 8990 ***Zimmer*** *14* ***Straßenkarte*** *D4*

Die Zimmer hier sind sauber, hell und luftig. Die Aussicht auf die Umgebung ist herrlich, das Hotel kann den Verleih von Booten, Fahrrädern und anderer Ausrüstung arrangieren. Volleyball- und Badmintonnetze gibt es ebenfalls. Die Speisekarte des Restaurants bietet Überraschendes wie Wildcarpaccio und Krokodilfleisch. **www.gliemeznica.lv**

KRĀSLAVA Priedaine

Klusā iela 2, LV-5601 2643 0798 ***Zimmer*** *5* ***Straßenkarte*** *E4*

Dieses kleine, beliebte Gästehaus liegt am Ufer der Daugava direkt gegenüber dem Stadtzentrum. Angeltouren und Floßfahrten auf der Daugava kann man hier arrangieren. Die Gegend rund um das Hotel ist ein Naturschutzgebiet, in dem man Pferde und Fahrräder ausleihen kann.

LIELVĀRDE Lielvārdes Osta

Krasta iela 2, LV-5070 6505 3041 FAX 6505 4041 ***Zimmer*** *9* ***Straßenkarte*** *D4*

Zu dem netten Hotel mit einem Liegeplatz für Boote auf der Daugava gehört Lielvārdes Osta *(siehe S. 337)*, eines der besten Restaurants am Ort. Die Zimmer sind klein, aber behaglich, und haben alle ein anderes Thema. Pop Art z. B. ist mit Zickzackmustern dekoriert. In einigen Zimmen ist kein Platz für einen Schrank. **www.lielvardesosta.lv**

LIMBAŽI Bīriņu Pils

Bīriņi, LV-4014 6402 4034 FAX 6402 4035 ***Zimmer*** *27* ***Straßenkarte*** *D3*

Dieses 1860 im neogotischen Stil erbaute Schloss ist tadellos restauriert worden. Die Zimmer im Haupthaus stehen gewöhnlich nur für Veranstaltungen wie Hochzeiten zur Verfügung, ansonsten wohnt man im ebenfalls luxuriösen Gärtnerhaus. Boote, Fahrräder und Pferde kann man leihen. **www.birinupils.lv**

Preiskategorien *siehe S. 300* **Zeichenerklärung** *siehe hintere Umschlagklappe*

LUDZA Cirmas Ezerkrasts

Zvirgzdenes pagasts, LV-4600 2833 2523 FAX 6462 2756 **Zimmer** 18 **Straßenkarte** E3

Zentrum dieser Erholungsanlage ist eine Reihe attraktiver Blockhäuschen mit Blick auf den Cirmas-See. Jedes Häuschen verfügt über ein Wohnzimmer mit Kamin, TV, WLAN und Sofabett, Küche und drei Schlafzimmer. Es gibt auch ein Gästehaus mit drei Doppelzimmern, einer Küche und Gemeinschaftsbad. **www.cirmasezerkrasts.lv**

LUDZA Dzerkaļi

Cirmas pagasts, LV-5701 2632 4735 **Zimmer** 9 **Straßenkarte** E3

Zu dieser Anlage am Cirmas-See gehören neun Blockhütten für Selbstversorger, aber Essen kann auch bestellt werden. Es bestehen Pläne für ein Gästehaus. Die Hütten sind bequem und preiswert, die Möbel aber etwas altmodisch. Geboten werden ein Jet-Skiverleih, eine russische Sauna und ein heißes Bad im japanischen Stil. **www.dzerkali.lv**

PREIĻI Pie Pliča

Raiņa bulvāris 9, LV-5301 2912 1689 FAX 6530 7075 **Zimmer** 10 **Straßenkarte** E4

Das Pie Pliča in einem attraktiven Holzhaus mit Veranda, dem ersten Krankenhaus der Stadt, ist das angesehenste Hotel in Preiļi. Viele Zimmer liegen unter dem Dach und sind einfach, aber ansprechend ausgestattet. Alte Krüge und Ackergeräte verschönern die Gemeinschaftsbereiche. Es gibt auch eine Sauna.

RĀZNA Rāzna

28 km S von Rēzekne, LV-4622 2999 4444 FAX 6466 7288 **Zimmer** 30 **Straßenkarte** E4

Diese Hotelanlage am Rāzna-See ist eines der größten Erholungszentren Lettlands und umfasst geräumige Hotelzimmer sowie sechs gut ausgestattete Villen. Es gibt einen Boots- und Fahrradverleih, man kann fischen und reiten. Eine Glaswand in der Sauna gibt die Sicht auf den See frei. **www.razna.lv**

RĒZEKNE Latgale

Atbrīvošanas aleja 98, LV-4601 6462 2180 **Zimmer** 80 **Straßenkarte** E4

Der Block aus der Sowjetzeit wurde in den letzten Jahren gründlich renoviert und bietet eine Reihe guter preiswerter Zimmer. Das örtliche Verkehrsamt ist im Haus untergebracht sowie eines der besten Restaurants der Stadt, das ebenfalls Latgale *(siehe S. 337)* heißt. Im Keller gibt es eine Bar mit Pooltischen. **www.latgalehotel.lv**

RĒZEKNE Kolonna Hotel Rēzekne

Brīvības iela 2, LV-4600 6460 7820 FAX 6460 7825 **Zimmer** 41 **Straßenkarte** E4

Das nach gründlicher Renovierung 2005 wiedereröffnete Hotel hat seine imposante Originalfassade der 1940er Jahre behalten, ist aber innen erheblich umgebaut worden. Die Zimmer sind sauber und nüchtern und haben TV mit internationalen Programmen und WLAN-Zugang. Einen Schönheitssalon gibt es ebenfalls. **www.hotelkolonna.com**

SALACGRĪVA Rakari

Svētciems, LV-4033 6407 1122 FAX 2721 7254 **Zimmer** 40 **Straßenkarte** D3

Die Erholungsanlage, auf die mit einem riesigen gelben Stuhl auf einem Feld an der Straße hingewiesen wird, umfasst ein Hotel mit Restaurant in einem scheunenartigen Bau, 16 Hütten (für je vier Personen) und Raum zum Campen. Ausrüstung für Windsurfing und Kitesurfing kann man leihen. Skilanglauf im Winter. **www.rakaricamp.lv**

SAULKRASTI Marve

Rīgas iela 28, LV-2160 6795 1960 FAX 6795 1950 **Zimmer** 22 **Straßenkarte** D3

Dieses hell gestrichene Hotel wenige Schritte vom Strand entfernt bietet als Standard Zwei-Raum-Suiten mit Balkon. Kiefernmöbel herrschen vor, alle Zimmer haben TV. De-Luxe-Zimmer haben Badewanne und Terrasse. Im Haus findet sich eine Sauna mit Whirlpool. Fahrradverleih. Das Restaurant ist auf italienische Küche spezialisiert. **www.marve.lv**

SAULKRASTI Medzābaki

Medzābaki-2, Carnikavas pagasts, LV-2163 6714 7070 FAX 6714 6061 **Zimmer** 40 **Straßenkarte** D3

Zu diesem herrlich am Lilaste-See gelegenen Komplex gehören ein großes reetgedecktes Hotel, 14 freistehende Ferienhütten und perfekt für Kinder geeignete Freizeiteinrichtungen. Die unberührten Strände an der Ostsee sind nur zehn Minuten zu Fuß durch die Sanddünen entfernt. **www.medzabaki.lv**

STĀMERIENA Vonadziņi

Skolas iela 1, LV-4406 6447 1151 **Zimmer** 17 **Straßenkarte** E3

Dieses Erholungszentrum am Ludza-See umfasst zwei reetgedeckte Gästehäuser aus Holz und ein Badehaus mit Sauna, Pool und zwei Zimmern. Die hübschen Zimmer sind unterschiedlich groß, einige haben einen fantastischen Blick auf den See. Jede Menge Aktivitäten sind im Angebot, darunter Bootfahren und Reiten. **www.vonadzini.lv**

VALMIERA Dikļu Pils

Dikļi, LV-4223 6420 7480 FAX 6420 7485 **Zimmer** 30 **Straßenkarte** D3

Jedes Zimmer in diesem schön restaurierten Schloss des späten 19. Jahrhunderts ist luxuriös. Sauna, Dampfraum, Whirlpool, Swimmingpool und ein Billardzimmer mit Pool- und Snookertischen sorgen für Erholung. Es gibt Pläne, den 20 Hektar großen Park für Sport und Erholung zu nutzen. **www.diklupils.lv**

VALMIERA Wolmar

Tērbatas iela 16a, LV-4200 6420 7301 FAX 6420 7305 **Zimmer** 30 **Straßenkarte** D3

Das große Hotel mit dem deutschen Namen der Stadt bietet geräumige Zimmer nur wenige Schritte von den Hauptsehenswürdigkeiten entfernt. Ungewöhnlich für ein lettisches Provinzhotel, verkauft die Rezeption Lebensnotwendiges wie Zahnpasta. Das stilvolle Café schmücken erleuchtete Landkarten von Lettland. **www.hotelwolmar.lv**

Straßenkarte *siehe hintere Umschlaginnenseiten*

Hotelauswahl Litauen

Die folgenden Hotels wurden wegen ihres Preis-Leistungs-Verhältnisses, ihrer Lage und ihres Komforts ausgewählt. Sie sind nach Regionen aufgelistet, beginnend mit Vilnius. Kartenverweise beziehen sich auf den Stadtplan von Vilnius *(siehe S. 246f)*, beziehungsweise auf die Straßenkarte *(siehe hintere Umschlaginnenseiten)*.

PREISKATEGORIEN
Die Preise gelten für ein Standard-Doppelzimmer pro Nacht in der Hochsaison, inklusive Steuern, Service und Frühstück (sofern nicht anders vermerkt).
Ⓛ unter 150 Lt
ⓁⓁ 150–300 Lt
ⓁⓁⓁ 300–450 Lt
ⓁⓁⓁⓁ 450–600 Lt
ⓁⓁⓁⓁⓁ über 600 Lt

VILNIUS

Litinterp
P — Ⓛ
Bernardinų 7/2, 01124 Tel. *212 3850* FAX *212 3559* **Zimmer** *16* — **Stadtplan** *2 E3*

In bester Lage nahe bei der St. Annakirche bietet dieses Zwei-Sterne-Hotel die wohl billigsten und kleinsten Zimmer in der Altstadt. Doch es ist so ruhig, dass man dort gut eine Nacht verbringen kann. Die Zimmer sind mit Kühlschrank und Telefon ausgestattet. Tee und Kaffee gibt es gratis. Einige haben sogar ein eigenes Bad. **www.litinterp.com**

Paupio Namai
P — Ⓛ
Paupio 31a, 01134 Tel. *264 3113* FAX *264 3112* **Zimmer** *25* — **Stadtplan** *2 F4*

Das Paupio Namai bietet eine Reihe preiswerter Unterkünfte, von Gemeinschaftsschlafräumen bis zu einfachen Apartments mit eigenem Bad. Dieses riesige graue Haus am Rand des Užupis-Viertels, wenige Schritte von der Altstadt entfernt, ist eine der wenigen echten Herbergen in Vilnius mit Gemeinschafts- und Waschküche. **www.paupio.lt**

Victoria
P — Ⓛ
Saltoniškių 56, 08105 Tel. *272 4013* FAX *272 4320* **Zimmer** *42* — **Stadtplan** *1 A1*

Das Victoria, eine der bequemsten Billigunterkünfte der Stadt, liegt im grünen Viertel Žverynas, angenehme 30 Minuten zu Fuß von der Altstadt entfernt. Die skandinavische Leitung sorgt für ein anständiges Frühstück, ehe die Gäste das Haus verlassen, und bieten ihnen eine gemütlich Bar bei ihrer Rückkehr. **www.victoria.lt**

Amicus
P — ⓁⓁ
Kaminkelio 15, 02182 Tel. *237 5880* FAX *283 3980* **Zimmer** *20*

Das angenehme Economy-Class-Hotel ist eine moderne Villa zwischen Flughafen und Innenstadt mit hilfsbereitem, Englisch sprechendem Personal. Es bietet ein Barrestaurant und eine Sauna, die man stundenweise mieten kann. In die Stadt sollte man besser mit einem Taxi statt mit dem Bus fahren. **www.amicushotel.lt**

Centrum Uniquestay
P — ⓁⓁ
Vytenio 9/25, 03113 Tel. *268 3300* FAX *213 2760* **Zimmer** *100* — **Stadtplan** *1 B5*

Dieses Hotel in einer ziemlich ruhigen Straße liegt nur 20 Minuten zu Fuß von der Altstadt entfernt. Die eleganten Zimmer sind sämtlich mit Computer mit Flachbildschirm und kostenlosem Internet-Zugang sowie Satelliten-TV, Telefon und Minibar ausgestattet. Tee und Kaffee unbegrenzt gratis. **www.uniquestay.com**

Domus Maria
P — ⓁⓁ
Aušros vartų 12, 01129 Tel. *264 4880* FAX *264 4878* **Zimmer** *39* — **Stadtplan** *2 D5*

Das ehemalige, in einem stillen Hof versteckte Nonnenkloster ist heute eine der schönsten Billigunterkünfte in Vilnius. Es liegt nahe beim Tor der Morgenröte und hat einige Zimmer mit Blick auf das Wahrzeichen. Alle Zimmer haben TV, Internet und eigenes Bad. Einige Zimmer haben ein Behindertenbad. **www.domusmaria.lt**

Ecotel Vilnius
P — ⓁⓁ
Slucko 8, 09312 Tel. *210 2700* FAX *210 2707* **Zimmer** *168* — **Stadtplan** *2 D2*

Das Ecotel in einer stillen Straße auf der anderen Flussseite gegenüber der Altstadt ist ein angenehmes, schnörkelloses Zwei-Sterne-Hotel. Alle Zimmer haben eigenes Bad und TV. Spezialzimmer für Behinderte oder Allergiker sind vorhanden. Mit seinem schönen Blick auf Vilnius ist es bei Ferien- wie bei Geschäftsreisenden beliebt. **www.ecotel.lt**

Europa City Vilnius
P — ⓁⓁ
Jasinskio 14, 01112 Tel. *251 4477* FAX *251 4476* **Zimmer** *128* — **Stadtplan** *1 B2*

Das modern wirkende Europa City liegt zwischen einigen der lautesten Straßen der Stadt, ist aber ein perfektes (ruhiges) Business-Class-Hotel. Es bietet behagliche Zimmer und große, gut ausgestattete Konferenzräume. Die Altstadt ist etwa 15 Minuten zu Fuß entfernt und am besten über den Gedimino pr. erreichbar. **www.europacity.lt**

Apia
P — ⓁⓁⓁ
Šv Ignoto 12, 01120 Tel. *212 3426* FAX *212 3618* **Zimmer** *12* — **Stadtplan** *2 D3*

Dieses winzige Hotel liegt in unschlagbarer Lage inmitten der Türme der Altstadt. Die Zimmer haben weder Safe noch Minibar, aber kostenlosen Internet-Zugang. Die Zimmer nach vorn gehen auf eine viel befahrene Straße hinaus, aber die hinten blicken auf einen ruhigen Hof. Gratisparkplätze. **www.apia.lt**

Zeichenerklärung *siehe hintere Umschlagklappe*

Barbacan Palace ⓁⓁⓁ
Bokšto 19, 01126 266 0840 FAX 266 0841 ***Zimmer*** *33* ***Stadtplan*** *2 E4*

Dieses Hotel liegt in einer der dunkleren, weniger besuchten Gassen der Altstadt. Seine besten Zimmer bieten eine schöne Sicht auf Užupis. Die Zimmer haben Klimaanlage und kostenlosen Internet-Zugang. Den Gästen steht zudem eine Bowlingbahn im Keller zur Verfügung. **www.barbacan.lt**

Dvaras ⓁⓁⓁ
Tilto 3, 01101 210 7370 FAX 261 8783 ***Zimmer*** *8* ***Stadtplan*** *2 D3*

Das Dvaras, auf Deutsch »Schloss«, ist ein nobles Gästehaus in der Nähe der Kathedrale. Innen ähnelt es eher einem üppig ausgestatteten Landhaus mit knarrenden Fußböden, dicken Teppichen und eleganter Möblierung. Exzellente Gerichte werden in einem gemütlichen, aber wenig besuchten Kellerrestaurant serviert. **www.dvaras.lt**

Grybas House ⓁⓁⓁ
Aušros vartų 3a, 01129 261 9695 FAX 212 2416 ***Zimmer*** *10* ***Stadtplan*** *2 D5*

Dieses Gästehaus in Familienhand bietet einfache, geräumige Zimmer, die mit individuellen Accessoires aufgeputzt sind. Fußbodenheizung im Bad und WLAN-Zugang gehören zu den Pluspunkten. Wichtig für die Altstadt: Es gibt sichere Parkplätze im Hof. Die Preise sind für die Lage sehr moderat. **www.grybashouse.com**

Novotel Vilnius ⓁⓁⓁ
Gedimino 16, 01103 266 6200 FAX 266 6201 ***Zimmer*** *159* ***Stadtplan*** *1 B2*

Trotz der Größe dieses relativ neuen Hotels am Gedimino pr. sind die Zimmer einladend mit Tee- und Kaffemaschine und großem Bad ausgestattet. Der herrliche Blick von den oberen Etagen ist ein weiteres Plus. Das Restaurant Garden Brasserie im französischen Stil serviert gut zubereitete Gerichte. **www.novotel.com**

Reval Hotel Lietuva ⓁⓁⓁ
Konstitucijos 20, 09308 272 6272 FAX 272 6270 ***Zimmer*** *291* ***Stadtplan*** *1 C1*

Das Lietuva, eines der hochaufragenden Wahrzeichen von Vilnius, hat die Reval-Hotelkette in ein skandinavisches Meisterwerk verwandelt. Freundliches Personal, WLAN-Zugang, eine lebendige Lobby, der herrliche Blick von der Bar ganz oben und das superbe Restaurant Riverside *(siehe S. 340)* machen es zum Erlebnis. **www.revalhotels.com**

Rinno ⓁⓁⓁ
Vingrių 25, 01141 262 2828 FAX 262 5929 ***Zimmer*** *17* ***Stadtplan*** *1 C4*

Das luxuriöse Drei-Sterne-Hotel am Rand der Altstadt wird von vielen Gästen enthusiastisch bewertet und gern wiederbesucht. Die Zimmer sind gemütlich und makellos, die Bäder groß, der Service ist professionell. Kostenloser WLAN-Zugang und sicherer Parkplatz. Auch ein eigener Bodyguard-Service ist möglich. **www.rinno.lt**

Scandic Hotel Neringa ⓁⓁⓁ
Gedimino 23, 01103 268 1910 FAX 261 4160 ***Zimmer*** *60* ***Stadtplan*** *1 B2*

Eine fantastische Kombination aus Raum, Licht und Sachlichkeit ist das Scandic Hotel Neringa. Die führende Hotelkette in Nordeuropa hat das uralte Hotel Neringa 2001 renoviert und dabei viel vom Originaldesign bewahrt. Minipool mit Sauna und Retro-Diskothek names Neringa Café-Bar im Haus. **www.scandic-hotels.com**

Senatoriai ⓁⓁⓁ
Tilto 2a, 01101 212 6491 FAX 212 6372 ***Zimmer*** *11* ***Stadtplan*** *2 D3*

Dieses bescheidene Gästehaus hat sich seine Schlichtheit trotz seiner Lage nahe der Kathedrale bewahrt. Schwere Holzmöbel und -täfelungen verleihen ihm etwas Prunkvoll-Altmodisches. Standardservices wie WLAN-Zugang, Wäschedienst und Flughafentransfer stehen zur Verfügung. **www.senatoriai.lt**

Atrium ⓁⓁⓁⓁ
Pilies 10, 01123 210 7777 FAX 210 7770 ***Zimmer*** *28* ***Stadtplan*** *2 D3*

Luxuriös geräumige Suiten und Apartments sowie die Lage dicht bei der Kathedrale sind die Hauptvorzüge des Atrium. Die Standardzimmer sind klein, aber relativ preiswert für die Lage. Im Erdgeschoss gibt es ein sehr gutes, auf argentinisch getrimmtes Restaurant, El Gaucho Sano *(siehe S. 340)*. **www.atrium.lt**

Centrum Hotels Artis ⓁⓁⓁⓁ
Liejyklos 11/23, 01120 266 0366 FAX 266 0377 ***Zimmer*** *120* ***Stadtplan*** *2 D3*

Das mitten in der Altstadt gelegene Centrum Hotels Artis legt großes Gewicht auf edle Möblierung und Ölgemälde. Das schöne Haus bietet eindrucksvoll große Zimmer, WLAN und Konferenzräume. Alle wichtigen Sehenswürdigkeiten sowie Einkaufs- und Geschäftsstraßen sind leicht zu Fuß erreichbar. **www.centrumhotels.com**

Conti ⓁⓁⓁⓁ
Raugyklos 7/2, 01140 251 4111 FAX 251 4100 ***Zimmer*** *88* ***Stadtplan*** *2 C5*

Das Conti am Rand der Altstadt bietet Spa-Ferien und Spezialangebote für Frischverheiratete. Aber auch normale Gäste werden in den komfortablen Zimmern, vor allem im Luxuszimmer, kaum etwas vermissen. Die Mansardenzimmer sind eine hervorragende Billigoption für Alleinreisende. **www.contihotel.lt**

Crowne Plaza Vilnius ⓁⓁⓁⓁ
Čiurlionio 84, 03100 274 3400 FAX 274 3411 ***Zimmer*** *108* ***Stadtplan*** *1 A3*

Ein turmhohes Fünf-Sterne-Hotel, von dessen Dach man einen hinreißenden Blick auf die Stadt hat. Das allgemeine Angebot ist umfangreich, aber WLAN-Internet steht nur auf einigen Etagen zur Verfügung. Im 16. Stock gibt es ein Restaurant. Der Vingis-Park ist ganz nahe, die Altstadt liegt 20 Minuten zu Fuß entfernt. **www.cpvilnius.com**

Stadtplan Vilnius *siehe Seiten 246f*

Europa Royale Vilnius

Aušros vartų 6, 01129 ☎ *266 0770* FAX *261 2000* ***Zimmer*** *39* ***Stadtplan*** *2 D5*

Das nahe beim Tor der Morgenröte gelegene Europa Royale Vilnius ist ein geschmackvoll gestaltetes Vier-Sterne-Hotel mit Komfortmerkmalen wie Fitnesscenter im Zimmer, Schönheitsbehandlungen und Babysitting-Dienst. Das Restaurant Medininkai *(siehe S. 340)* serviert köstliche europäische Küche. **www.europaroyale.com**

Grotthuss

Ligoninės 7, 01134 ☎ *266 0322* FAX *266 0323* ***Zimmer*** *20* ***Stadtplan*** *1 C4*

Zu den üblichen Einrichtungen wie WLAN-Zugang, Minibar, TV und Safe kommen hier noch Luxusmöbel, Daunenbetten und Bäder mit spanischen Fliesen und Fußbodenheizung hinzu. Die Lage an einer der ruhigen Kopfsteinpflasterstraßen der Altstadt und ein grandioses Restaurant sind weitere Attraktionen. **www.grotthusshotel.com**

Holiday Inn Vilnius

Šeimyniškių 1, 09312 ☎ *210 3000* FAX *210 3001* ***Zimmer*** *134* ***Stadtplan*** *2 E1*

Das professionell geführte Holiday Inn Vilnius steht an einer verkehrsreichen Kreuzung, aber die Zimmer haben dicke Vorhänge und schalldichte Fenster. Aus einem Kopfkissen-Menü kann man sich das richtige Kissen wählen. Die Preise sind der Lage des Hotels entsprechend hoch. **www.holidayinnvilnius.lt**

Hotel Klaipėda

Stuokos-Gucevičiaus 3, 01120 ☎ *210 7461* FAX *210 7460* ***Zimmer*** *77* ***Stadtplan*** *2 D3*

Das Klaipėda, ein schimmernder Bau mit Blick auf den Kathedralenplatz, bietet auf den Zimmern Tee- und Kaffeemaschine, WLAN-Zugang und TV sowie Fußbodenheizung im Bad. Sofi L, das Hotelrestaurant, rühmt sich seiner frischen Meeresfrüchte, die aus Italien eingeflogen werden. **www.citypark.lt**

Mabre Residence

Maironio 13, 01124 ☎ *212 2087* FAX *212 2240* ***Zimmer*** *41* ***Stadtplan*** *2 E4*

Das Mabre Residence war einmal ein Kloster und ist heute eines der bezauberndsten Hotels in der Altstadt. Das Haus in einem ruhigen Hof ist von Kirchtürmen umgeben. Das hoteleigene Schönheitszentrum bietet Gesichtskosmetik, Maniküre und Massagen. Das Restaurant Steakhouse Hazienda serviert gute Steaks, Wein und Bier. **www.mabre.lt**

Narutis

Pilies 24, 01123 ☎ *212 2894* FAX *262 2882* ***Zimmer*** *50* ***Stadtplan*** *2 D3*

Jedes der luxuriösen Zimmer ist individuell in lichten Farben gestaltet. Wandbilder, Balkendecken des 16. Jahrhunderts und gotische Gewölbe erhöhen den Charme. Die Designerin Anne Toulous wählte geräuschdämpfende Teppiche für die Zimmer und Gänge. Zwei Suiten haben sogar einen *hammam* und Whirlpool. **www.narutis.com**

Ramada Vilnius

Subačiaus 2, 01127 ☎ *255 3355* FAX *255 3311* ***Zimmer*** *55* ***Stadtplan*** *2 E4*

Eines der neuesten Hotels der Altstadt, das Ramada Vilnius, gehört zur Wyndham Hotel Group. Die gut ausgestatteten Zimmer haben DVD-Player und Satelliten-TV sowie kostenloses Breitband-Internet und eine Minibar. Einige der Zimmer zur Straße können laut sein. **www.ramadavilnius.lt**

Shakespeare Boutique Hotel

Bernardinų 8/8, 01124 ☎ *266 5885* FAX *266 5886* ***Zimmer*** *31* ***Stadtplan*** *2 E3*

Das Shakespeare Boutique Hotel mit seinem Restaurant Sonnets *(siehe S. 340)* ist ein Favorit bei regelmäßigen Besuchern der Stadt. Die Betonung auf Kunst und Literatur heben es von anderen ab. Jedes Zimmer ist mit Büchern ausgestattet. Zimmer sind nach James Joyce, Oscar Wilde und Leo Tolstoi benannt. **www.shakespeare.lt**

Best Western Naujasis Vilnius

Konstitucijos 14, 09308 ☎ *273 9595* FAX *273 9500* ***Zimmer*** *114* ***Stadtplan*** *1 C1*

Dieses Hotel inmitten der Wolkenkratzer des neuen Geschäftsviertels der Hauptstadt ist sauber und effizient. Es hat ein ordentliches Restaurant, ein kleines Fitnesscenter, Sauna und Pool und alle Einrichtungen im Zimmer, die man von einem Vier-Sterne-Hotel erwartet. Zimmer nach vorn sind oft bis spät nachts laut. **www.hotelnv.lt**

Le Meridien Villon Resort

19 km N von Vilnius, Autobahn A2, 03005 ☎ *273 9700* FAX *273 9730* ***Zimmer*** *189*

Das Le Meridien Villion Resort im hügeligen Umland ist ein weitläufiges Kurhotel. Alle Zimmer und das Hotelrestaurant Le Paysage *(siehe S. 343)* blicken auf Seen und Wälder. Ein Golfplatz und das größte Konferenzzentrum Litauens tragen zum Gefühl der Weite bei. **www.lemeridien.lt**

Radisson SAS Astorija

Didžioji 35/2, 01128 ☎ *212 0110* FAX *212 1762* ***Zimmer*** *120* ***Stadtplan*** *2 D4*

Das Radisson SAS Astorija ist eines der besten Hotels in Vilnius. Es bietet eine Vielzahl professioneller Services und Einrichtungen. Die Brasserie Astorija *(siehe S. 340)* serviert moderne internationale Küche, die Astorija Bar bietet einen tollen Panoramablick auf die Altstadt. **www.vilnius.radissonsas.com**

Relais & Châteaux Stikliai

Gaono 7, 01131 ☎ *264 9595* FAX *212 3870* ***Zimmer*** *44* ***Stadtplan*** *2 D4*

Das luxuriöse Fünf-Sterne-Hotel in einer der bezauberndsten engen Gassen der Altstadt atmet viel Eleganz. Die Zimmer haben mit kostbaren Stoffen bezogene schöne Polstermöbel und Luxusbäder. Hier wohnen gekrönte Häupter und Stars, vor allem in der atemberaubenden König-Mindaugas-Suite. **www.stikliaihotel.lt**

Preiskategorien *siehe S. 308* **Zeichenerklärung** *siehe hintere Umschlagklappe*

Zentral-Litauen

ALYTUS Dzūkija

Pulko 14/1, 62133 (315) 51 345 **Zimmer** 32 **Straßenkarte** D6

Trotz der Renovierung im Jahr 2003 verströmen alle Zimmer die Atmosphäre eines typischen Landhauses im bäuerlichen Litauen mit knarrenden Möbeln und Bildern ländlicher Szenen. Gleichwohl handelt es sich um das größte Hotel in Alytus, mitten im Zentrum. Alle Zimmer haben Satelliten-TV und separates Bad. **www.hoteldzukija.lt**

ALYTUS Senas Namas

Užuolankos 24, 62111 (315) 53 489 FAX (315) 51 643 **Zimmer** 25 **Straßenkarte** D6

Das 1997 eröffnete Drei-Sterne-Hotel Senas Namas ist eines der behaglicheren und professioneller geführten Hotels in der Stadt. Das Hotel in einem ruhigen Viertel nahe dem Zentrum gehört auch zu den besten der Region. Alle Zimmer haben eigenes Bad, Internet-Zugang und Kühlschrank, der zugleich Minibar ist. **www.senasnamas.lt**

ANYKŠČIAI Mindaugo Karūna

Liudiškių 18, 29130 (381) 58 520 FAX (381) 58 640 **Zimmer** 27 **Straßenkarte** D5

Dieses Drei-Sterne-Hotel im Freizeit- und Sportzentrum Mindaugo Karūna ist sauber und modern. Das am Ostrand von Anykščiai, am Fuß eines Hügels namens »Licht des Glücks« und nahe an einem dichten Eichenwald liegende Hotel verströmt viel Ruhe. Nur die Suiten und De-Luxe-Zimmer haben Internet-Zugang. **www.mindaugokaruna.lt**

AUKŠTAITIJA NATIONAL PARK Šakarva

Šakarva, 30204 (386) 6871 7290 **Zimmer** 10 **Straßenkarte** E5

Das Šakarva besteht aus einer Reihe komfortabler Holzhäuser am Ilgis-See innerhalb des Nationalparks. Man besucht es vorzugsweise im Sommer. Highlight ist das Badehaus auf Rädern, ein mobiles Heißwasserbecken, das zu den Campingplätzen im Park gerollt werden kann. Auf Wunsch sind Führungen möglich. **www.sakarva.lt**

AUKŠTAITIJA NATIONAL PARK Žuvedra

Mokyklos 11, Ignalina, 30119 (386) 52 314 **Zimmer** 10 **Straßenkarte** E5

Das Žuvedra liegt gleich außerhalb des Nationalparks Aukštaitija an einem hübschen See in der Stadt Ignalina. Alle Zimmer haben eine Heizung, die Gäste dürfen die Saunen und Bäder im Erholungszentrum benutzen. Die De-Luxe-Zimmer mit Blick auf die Terrasse und den See sind die besten. **www.zuvedra.com**

AUKŠTAITIJA NATIONAL PARK Miškiniškės

Kazitiškio sen, 30252 +370 616 00692 **Zimmer** 15 **Straßenkarte** E5

Miškiniškės, ein hinreißendes, weitläufiges Gehöft tief in der litauischen Landschaft, bietet eine Mischung aus Komfort und Einsamkeit. Seine reizvollen Blockhütten und Familienhäuser sind gut ausgestattet. Das zur Anlage gehörende Restaurant bereitet alle Arten von Gerichten zu, darunter köstliche Wildgerichte. **www.miskiniskes.lt**

BIRŠTONAS Gästehaus Audenis

Lelijų 3, 59207 (319) 61 300 FAX (319) 61 301 **Zimmer** 9 **Straßenkarte** D6

Das gemütliche Hotel ähnelt einem modernen Wohnhaus. Es liegt in der Nähe des Kurorts Birštonas und bietet sparsam eingerichtete, aber komfortable Zimmer mit TV, Telefon, Minibar und Internet-Zugang. Auf Wunsch stehen Ventilatoren und Bügelgerätschaften zur Verfügung. **www.audenis.lt**

BIRŠTONAS Sofijos Rezidencija

Jaunimo 6, 59206 (319) 45 200 FAX (319) 45 201 **Zimmer** 14 **Straßenkarte** D6

Die ungewöhnliche Dekoration der Zimmer mag manchem extravagant erscheinen. Die Himmelbetten, Seiden- und Satinbettdecken und die Gemälde im Renaissancestil finden gleichwohl viel Zustimmung. Die multinationale Küche des Restaurants liefert gute Gerichte in einzigartiger Umgebung. **www.sofijosrezidencija.lt**

BIRŠTONAS Sonata

Algirdo 34, 59204 (319) 65 825 **Zimmer** 22 **Straßenkarte** D6

Das ruhige Hotel liegt in der stillsten Ecke der Stadt am Ufer des Nemunas. Die in zarten Pastelltönen dekorierten Zimmer spiegeln die Ruhe der Umgebung wider. Eine Vielzahl von Angeboten wie Reiten, Tennis und Kanufahrten stehen zur Wahl, aber die meisten Gäste ziehen es vor, in dieser friedlichen Umgebung einfach zu entspannen.

DRUSKININKAI Dalija

Vasario 16-osios 1, 66118 (313) 51 814 **Zimmer** 11 **Straßenkarte** D6

Das Dalija, die beste Billigunterkunft im Kurort Druskininkai, ist ein Holzhaus des 19. Jahrhunderts. Seine einfachen holzgetäfelten Zimmer haben altmodischen, rustikalen Charme. Alle Zimmer sind mit Dusche und eigener Toilette ausgestattet und bieten als Extras einen Wasserkessel, einen Kühlschrank und TV, leider nur mit den regionalen Sendern.

DRUSKININKAI Regina

T Kosčiuškos 3, 66116 (313) 59 060 FAX (313) 59 061 **Zimmer** 40 **Straßenkarte** D6

Das Regina liegt im Stadtzentrum nahe dem Kurzentrum, einem Aquapark und Vergnügungsplätzen. Es zählt zu den komfortableren Hotels in Druskininkai. Die Zimmer sind mäßig groß, aber tadellos möbliert. Das Restaurant Regina *(siehe S. 341)* mit französischen Fenstern bietet exzellente europäische Küche. **www.regina.lt**

DRUSKININKAI Spa Vilnius

K Dineikos 1, 66165 (313) 53 811 FAX (313) 59 019 **Zimmer** 187 **Straßenkarte** D6

Das achtstöckige Vier-Sterne-Hotel Spa Vilnius gilt allgemein als bestes Wellnesscenter in Druskininkai. Es bietet eine Vielzahl an Massagen, Wasser- und Schlammbädern sowie Fitnesseinrichtungen. Wegen des hauseigenen Kindermädchens und des Kinderspielzimmers ist es bei Familien sehr beliebt. **www.spa-vilnius.lt**

DRUSKININKAI Europa Royale Druskininkai

Vilniaus 7, 66119 (313) 42 221 FAX (313) 42 223 **Zimmer** 101 **Straßenkarte** D6

Das Hotel in einem renovierten Bau des 19. Jahrhunderts gehört zur Hotelkette Europa. Es ist direkt mit einem der besten Wellnesscenter des Kurorts verbunden: Zu Heilschlamm-Packungen, Mineralwasser und Schönheitsbehandlungen sind es also nur wenige Schritte. Gutes Restaurant, Café und Sommerterrasse. **www.europaroyale.com**

KAUNAS Gästehaus der Erzdiözese Kaunas

Rotušės 21, 44279 (37) 322 597 FAX (37) 320 090 **Zimmer** 21 **Straßenkarte** D5

Die Zimmer in diesem Gästehaus sind einfach und spartanisch möbliert, aber sie sind sauber und bieten einen hinreißenden Blick auf die umgebende Altstadt. Internet-Zugang ist möglich. In der Nähe gibt es viele gute Restaurants. Ein sehr guter Tipp für Preisbewusste. **www.kaunas.lcn.lt**

KAUNAS Apple Economy Hotel

M Valančiaus 19, 44275 (37) 321 404 **Zimmer** 14 **Straßenkarte** D5

Die bequeme Altstadtlage, die gemütliche Atmosphäre und vernünftige Preise machen dieses Hotel zu einer angenehmen preiswerten Option für einen Kurzaufenthalt in Kaunas. Das Frühstück ist im Preis nicht enthalten, kann aber für wenig Geld geordert werden. Zum Hotel gehört ein kleiner Souvenirladen. **www.applehotel.lt**

KAUNAS Nemunas Tour

Gėlių 50, Ringaudai, 44324 (37) 563 766 FAX (37) 563 863 **Zimmer** 6 **Straßenkarte** D5

Eine kurze Fahrt über die Via Baltica von Kaunas entfernt liegt das komfortable Gästehaus Nemunas Tour. Zu den vielen angebotenen Aktivitäten zählen organisierte Besichtigungen und viel Sport, wodurch man die besten Seiten von Stadt und Land kennenlernen kann. Deftige Hausmannskost nach Vorbestellung. **www.nemunastour.com**

KAUNAS Daugirdas

T Daugirdo 4, 44279 (37) 301 561 FAX (37) 301 562 **Zimmer** 48 **Straßenkarte** D5

Nur Schritte von den meisten Sehenswürdigkeiten von Kaunas entfernt liegt das Vier-Sterne-Hotel Daugirdas in einem schön restaurierten Gebäude. Die behaglichen Zimmer sind mit Internet-Zugang, Minibar und Klimaanlage gut ausgestattet. In dem mit Fresken auf gotisch getrimmten Keller gibt es drei Restaurants. **www.daugirdas.lt**

KAUNAS Sfinksas

Aukštaičių kudirkos 55/19a, 03000 (37) 301 982 FAX (37) 301 983 **Zimmer** 12 **Straßenkarte** D5

Das Sfinksas liegt eine kurze Autofahrt vom Zentrum entfernt. Das Haus ist aber angenehm, wenn auch etwas schrullig. Jedes Zimmer ist individuell dekoriert – das exzentrische Design des Ganzen ist ein gutes Beispiel für baltische Verschrobenheit. Das Restaurant ist exzellent und das Personal überaus hilfsbereit. **www.sfinksas.lt**

KAUNAS Best Western Santakos

J Gruodžio 21, 44293 (37) 302 702 FAX (37) 330 2700 **Zimmer** 92 **Straßenkarte** D5

Das Vier-Sterne-Hotel liegt in einem eleganten Backsteinbau in der Altstadt. Dem schönen Inneren und den behaglichen Zimmern entsprechen der gute Service und eine Reihe von Annehmlichkeiten. Das Restaurant zählt zu den besten in Kaunas und serviert kunstvoll Angerichtetes in einem pariserisch gestylten Ambiente. **www.santaka.lt**

KAUNAS Reval Hotel Neris

K Donelaičio 27, 44240 (37) 306 100 FAX (37) 306 200 **Zimmer** 208 **Straßenkarte** D5

In dem 2008 eröffneten, weitläufigen, modern gestylten Hotel gibt es das größte Konferenzcenter der Stadt mit acht Sälen, die insgesamt 1000 Personen Platz bieten. Das Hotelrestaurant Diverso serviert frische mediterrane Küche, und auch die Bar Ginger bietet exzellenten Service. **www.revalhotels.com**

KĖDAINIAI Grėjaus Namas

Didžioji 36, 57257 (34) 751 500 FAX (34) 767 154 **Zimmer** 18 **Straßenkarte** D5

Dieses Boutique-Hotel, die vielleicht beste Bleibe in dem verschlafenen Ort Kėdainiai, ist gut ausgestattet und elegant möbliert. Es befindet sich in einem von Schotten errichteten Haus des 18. Jahrhunderts. Die Business- und De-Luxe-Zimmer sind klimatisiert, für behinderte Gäste gibt es ein speziell ausgestattetes Zimmer. **www.grejausnamas.lt**

MARIJAMPOLĖ Sudavija

Sodo 1a, 68295 (343) 52 995 FAX (343) 52 926 **Zimmer** 10 **Straßenkarte** C6

Das in einem attraktiven Teil des Stadtzentrums exzellent gelegene Sudavija ist bei Geschäftsreisenden und Urlaubern gleichermaßen beliebt. Die gut ausgestatteten Zimmer mit Satelliten-TV und Telefon sind bequem und gemütlich. Das Restaurant des Hauses kocht gut, der Service ist flink und tüchtig. **www.sudavija.com**

MOLĖTAI-SEENPLATTE Obuolių sala

Grabuostas-See, Dorf Žalvariai, 33284 (383) 50 073 **Zimmer** 10 **Straßenkarte** D5

Dieser für Familien oder Gruppen ideale, gut ausgestattete und bestens geführte Campingplatz bietet mehrere Zwei- und Vier-Bett-Holzhütten. Auch Unterstände für Wohnmobile und Zelte sind verfügbar. Großangebot an Freizeit- und Sportaktivitäten. Ein herrlicher Ort für gesunden Spaß in rauer Umgebung. **www.appleisland.lt**

MOLĖTA-SEENPLATTE Belvilis ⓁⓁ

Dorf Molėtų raj Kirneilė, 33166 (383) 51 098 FAX (383) 51 099 **Zimmer** 20 **Straßenkarte** D5

Belvilis, ein luxuriöser Komplex schön gestylter Zimmer und Landhäuser am See, ist ideal zum Entspannen oder für einen romantischen Kurztrip. Gutes Restaurant, Wellness- und Schönheitsbehandlungen, dazu mehrere Swimmingpools und Bäder. Wegen seiner Qualität und idyllischen Umgebung ist es sein Geld wahrlich wert. **www.belvilis.lt**

PANEVĖŽYS Romantic ⓁⓁⓁ

Kranto 24, 35173 (45) 584 860 FAX (45) 581 162 **Zimmer** 39 **Straßenkarte** D5

Eine einstündige Fahrt von Vilnius und nur eine kurze von der Via Baltica entfernt zählt das Romantic zu den wenigen guten Hotels in Panevėžys. Das Hotel in einem umfassend renovierten historischen Gebäude im Zentrum hat einen hübschen Swimmingpool, ein Fitness- und ein Spacenter sowie ein exzellentes Restaurant. **www.romantic.lt**

TRAKAI Akmeninė Rezidencija ⓁⓁ

Dorf Bražuolės, 21100 (698) 30 544 FAX (528) 25 186 **Zimmer** 10 **Straßenkarte** D5

Der rustikal gestylte Hotelkomplex aus fünf Zimmern und fünf Villen ist eine Idylle mit hinreißendem Blick auf die Inselfestung Trakai. Gemütliche Unterkünfte mit russischem Dampfbad am See und erstklassiger Beköstigung. Wassersport ist im Sommer möglich, im Winter wird der See zu einer riesigen Eisbahn. **www.akmenineuzeiga.lt**

TRAKAI Trasalis ⓁⓁ

Gedimino 26, 21118 (528) 51 588 FAX (528) 51 589 **Zimmer** 103 **Straßenkarte** D5

Das Trasalis, ein behagliches neues Hotel und Unterhaltungzentrum, bietet gut möblierte Zimmer mit Internet-Zugang und allen üblichen modernen Einrichtungen, dazu einen Mini-Aquapark, ein Wellnesscenter, Bowling und zwei nette Restaurants. Außerdem eine Großauswahl an Besichtigungstouren und Sportaktivitäten. **www.trasalis.lt**

VARĖNA Vila Ula ⓁⓁ

Dorf Burokaraistėlės, 65383 (620) 32 862 FAX (374) 57 579 **Zimmer** 15 **Straßenkarte** D6

Der Besuch des Nationalparks Dzūkija ist von hier einfach zu organisieren. Die Vila Ula liegt an einem See, umgeben von Wäldern. Es ist eine der vielen ländlichen Zufluchten, die jetzt überall in Litauen entstehen. Zwei-Bett- und Vier-Bett-Zimmer stehen zur Verfügung, außerdem eine fabelhafte Sauna. **www.vilaula.lt**

VISAGINAS Gabriella ⓁⓁ

Jaunystės 21, 31230 (386) 70 171 FAX (386) 70 151 **Zimmer** 17 **Straßenkarte** E5

Das Gabriella ist zwar kein ausgesprochen reizendes Hotel, aber sauber und behaglich. Es verfügt über genügend Einrichtungen, um einen Aufenthalt in Visaginas angenehm zu gestalten. Alle Zimmer haben Internet-Zugang und Satelliten-TV. Das Restaurant ist überraschend gemütlich. Das Spa ist klein, aber erholsam. **www.gabriella.lt**

West-Litauen

NATIONALPARK KURISCHE NEHRUNG Santauta Ⓛ

Kalno 36, Juodkrantė, 93102 (469) 53 167 FAX (469) 53 349 **Zimmer** 46 **Straßenkarte** B5

Dieses Hotel ist eine der besten und billigsten Unterkünfte an der Kurischen Nehrung. Es bietet recht schlichte Zimmer, aber das mindert nicht die freundliche Familienferien-Atmosphäre. Das Haus selbst hat die Aura einer osteuropäischen Berghütte.

NATIONALPARK KURISCHE NEHRUNG Ąžuolynas ⓁⓁ

L Rėzos 54, Juodkrantė, 93101 (469) 53 310 FAX (469) 53 316 **Zimmer** 79 **Straßenkarte** B5

Das aufs Haff blickende Ąžuolynas an der Kurischen Nehrung kommt vielleicht einem Kurhotel am nächsten. Es bietet einen Swimmingpool und Wasserrutschen. Dazu kommen ein türkisches Bad, Tennisplatz und Fitnesscenter. Ein Heidepfad über die Dünen führt zur Ostsee. **www.hotelazuolynas.lt**

NATIONALPARK KURISCHE NEHRUNG Inkaro Kaimas ⓁⓁ

Naglių 26–1, Nida, 93123 (469) 52 123 **Zimmer** 3 **Straßenkarte** B5

Die im grellen Rot und Blau der traditionellen Fischerhäuser in Nida gestrichenen Holzapartments des Inkaro Kaimas sind herrlich am Rand der Kurischen Nehrung gelegen. Die Zimmer sind geschmackvoll eingerichtet und bieten Satelliten-TV und eine Kochnische. Nur wenige Zimmer haben Klimaanlage. **www.inkarokaimas.lt**

NATIONALPARK KURISCHE NEHRUNG Kuršių Kiemas ⓁⓁ

Miško 11, Juodkrantė, 05872 (469) 53 004 FAX (469) 53 114 **Zimmer** 20 **Straßenkarte** B5

Das bezaubernde, elegante Haus, das sich vor dem Rest von Juodkrantė an einer von Kiefern gesäumten Straße versteckt, ist seit über 100 Jahren ein Hotel. Als Hotel Bachmann war es ein Resort betuchter Preußen. Die gut ausgestatteten Zimmer von heute sind bequem, manche haben Balkon und Kochnische. **www.neringatravel.lt**

NATIONALPARK KURISCHE NEHRUNG Linėja ⓁⓁ

Taikos 18, Nida, 93121 (469) 52 390 FAX (469) 52 718 **Zimmer** 36 **Straßenkarte** B5

Das nach der Linnäe, einer für die Kurische Nehrung typischen Pflanze benannte Drei-Sterne-Hotel steht an einem Hang über der Stadt Nida. Man kann zwischen Zimmern mit und ohne Pension wählen. Die netten Zimmer sind für Familien geeignet. Bowling, Billard und Fahrradtouren gehören zu den gebotenen Aktivitäten. **www.linejahotel.lt**

NATIONALPARK KURISCHE NEHRUNG Litorina ⓁⓁ

Nidas–Smiltynės 19, Nida, 05872 (469) 52 528 FAX (469) 51 102 **Zimmer** 19 **Straßenkarte** B5

Das Litorina liegt, ungewöhnlich für die Kurische Nehrung, an der Ostseeküste und nicht bei den anderen Siedlungen am Haff. Es ist ein elegantes Kurhotel mit Tennis, Sauna, Fitnesscenter und abendlicher Unterhaltung. Die ruhige, isolierte Lage macht es bei der litauischen Oberschicht beliebt. **www.litorina-dubingiai.lt**

NATIONALPARK KURISCHE NEHRUNG Nerija ⓁⓁ

Pamario 13, Nida, 93124 (469) 52 777 FAX (469) 52 777 **Zimmer** 57 **Straßenkarte** B5

Das Drei-Sterne-Hotel Nerija im skandinavischen Stil atmet Weite mit seinen hohen Decken, großen Betten und breiten Fenstern und Balkons, die auf den Kiefernwald blicken. Tennis-, Volleyball- und Basketballplätze liegen in der Nähe. Das Restaurant im Parterre bildet den romantischen Rahmen zum Abendessen. **www.neringahotels.lt**

NATIONALPARK KURISCHE NEHRUNG Nidos Kempingas ⓁⓁ

Taikos 45a, Nida, 93121 (469) 52 045 **Zimmer** 10 **Straßenkarte** B5

Dieser am besten ausgestattete und beliebteste Campingplatz Litauens bietet auch mehrere Zimmer und ein geräumiges Apartment auf versetzten Ebenen – letzteres mit Kochnische, modernem Bad mit Fußbodenheizung und Sicherheitssystem. Tagesunternehmungen für Familien und Kinder in Hülle und Fülle. **www.kempingas.lt**

NATIONALPARK KURISCHE NEHRUNG Villa Banga ⓁⓁ

Pamario 2, Nida, 93124 (469) 51 139 FAX (469) 52 762 **Zimmer** 6 **Straßenkarte** B5

Die Ruhe und Frieden verströmende Villa Banga ist ein prächtiger reetgedeckter Bau im Zentrum von Nida und dicht am Kurischen Haff. Die Zimmer sind mit Holzmöbeln ausgestattet und haben eine Kochnische. Das Frühstück auf Wunsch kostet meist extra. Räder und Ski kann man je nach Jahreszeit leihen. **www.nidosbanga.lt**

NATIONALPARK KURISCHE NEHRUNG Nidus ⓁⓁⓁ

G D Kuverto 15, Nida, 93123 (469) 52 001 FAX (469) 50 016 **Zimmer** 27 **Straßenkarte** B5

Das Hotel liegt auf halbem Weg (sprich: jeweils 15 Minuten entfernt) zwischen Strand und Nida. Die Zimmer sind sauber und in warmen Farben gehalten und haben allesamt einen Balkon. Fahrradverleih, ein ansprechendes Restaurant und ein eleganter Konferenzsaal stehen u. a. zur Verfügung. **www.nidus.lt**

KLAIPĖDA Reval Inn Klaipėda Ⓛ

Minijos 119, 93231 (46) 380 803 FAX (46) 482 030 **Zimmer** 84 **Straßenkarte** B5

Autofahrern, die den nahen Hafen benutzen, oder Geschäftsreisenden, die sparen müssen, bietet dieses moderne Hochhaushotel gleichermaßen Komfort und Sicherheit. Alle Zimmer haben Mehrfarbenbeleuchtung, mit der man sich je nach Stimmung sein Ambiente schaffen kann. Einige Zimmer sind behindertengerecht. **www.revalinn.com**

KLAIPĖDA Klaipėda ⓁⓁ

Naujoji Sodo 1, 92118 (46) 404 372 FAX (46) 404 373 **Zimmer** 307 **Straßenkarte** B5

Das allgemein K-Center genannte Hotel besteht aus zwei Wolkenkratzern, die ein Wahrzeichen der Stadt sind. Eines der Gebäude ist im Stil der Sowjetzeit erbaut, bietet aber viel Komfort. Das andere ist sehr modern, mit einer fantastischen Aussicht, abgesenkten Badewannen und Suiten auf versetzten Ebenen. **www.klaipedahotel.lt**

KLAIPĖDA Preliudija Guest House ⓁⓁ

Kepėjų 7, 91247 (46) 310 077 **Zimmer** 6 **Straßenkarte** B5

Das hübsche Gästehaus mitten im Gassengewirr der Altstadt ist sehr preiswert für die Lage. Das Haus stammt aus der Zeit um 1850 und ist denkmalgeschützt. Die Zimmer dagegen erscheinen stilvoll modern und haben kostenlosen Internet-Zugang. Chemische Reinigung und Wäschedienst sind verfügbar. **www.preliudija.com**

KLAIPĖDA Europa Royale Klaipėda ⓁⓁⓁ

Žvejų 21, 91247 (46) 404 444 FAX (46) 404 445 **Zimmer** 50 **Straßenkarte** B5

Das Europa Royale Klaipėda, das die Altstadt mit ihren romantischen Sehenswürdigkeiten und dem geräuschvollen Nachtleben überblickt, könnte nicht besser liegen. Aber auch für alle, die ihre Ruhe brauchen, ist dieses Vier-Sterne-Hotel mit seinem einzigartigen Service und den Isolierfenstern eine ideale Wahl. **www.europaroyale.com**

KLAIPĖDA Navalis ⓁⓁⓁ

Manto 23, 92234 (46) 404 200 FAX (46) 404 202 **Zimmer** 28 **Straßenkarte** B5

Dieses Vier-Sterne-Hotel in einem restaurierten Haus von 1863 hat seinen Charakter größtenteils bewahrt. Der symbolische Schiffsbug in der Rezeption und die Atmosphäre spiegeln das Schiffsthema des Hotels wider. Die Zimmer wirken formeller, sind aber in warmen Farben mit Mahagoni und Buchenmöbeln gehalten. **www.navalis.lt**

KLAIPĖDA Vecekrug ⓁⓁⓁ

Jūros 23, 92125 (46) 301 002 FAX (46) 312 262 **Zimmer** 23 **Straßenkarte** B5

Das nach dem höchsten Punkt der Kurischen Nehrung benannte Vecekrug hat freundliches Personal und ist modern gestaltet. Die Zimmer haben schalldichte Fenster, Internet, Minibar und Bad mit Fußbodenheizung. Eine Fensterwand blickt auf die Küste, andere Zimmer gehen auf eine ruhige Straße hinaus. **www.vecekrug.lt**

KLAIPĖDA Radisson SAS Klaipėda ⓁⓁⓁⓁ

Šaulių 28, 92231 (46) 490 800 FAX (46) 490 815 **Zimmer** 74 **Straßenkarte** B5

Die altmodisch-klassisch eingerichteten Zimmer des Radisson SAS Klaipėda setzen hohe Maßstäbe. Kostenloser WLAN-Zugang, ein erstklassiges Restaurant und eine Cocktailbar, dazu ein Dampfbad und ein hervorragend ausgestattetes Fitnessstudio vervollständigen den positiven Gesamteindruck. **www.klaipeda.radissonsas.com**

Preiskategorien *siehe S. 308* **Zeichenerklärung** *siehe hintere Umschlagklappe*

NEMUNAS-DELTA Ventainė Ⓛⓣ Ⓛⓣ

Ventės ragas, Kintųdoyen, 99361 ☎ *(411) 68 525* FAX *(411) 47 422* ***Zimmer*** *27* ***Straßenkarte*** *B5*

Das Ventainė am Ufer der Kurischen Nehrung ist Hotel, Campingplatz und Freizeitzentrum in einem. Es liegt in der Nähe der Beringungsstation in Ventė und eine kurze Autofahrt vom Nemunas-Delta entfernt. Boote, Tennisplätze und Sauna kann man mieten. Das kleine hauseigene Restaurant schließt manchmal früh. **www.ventaine.lt**

PALANGA Kungis Inn Ⓛⓣ

Užkanavės 32, 00169 ☎ *(460) 56 310* ***Zimmer*** *8* ***Straßenkarte*** *B5*

Das mitten in einem Kiefernwald nahe dem Flughafen Palanga und wenige Meter vom Strand entfernt liegende Kungis Inn ist ein exzellentes Schnäppchen. Die Zimmer, wenngleich recht schlicht, haben dicke Teppiche, Bad mit Fußbodenheizung und Holzkohlengrill auf dem Balkon. **www.kungis.lt**

PALANGA Alanga Ⓛⓣ Ⓛⓣ

S Nėries 14, 00134 ☎ *(460) 49 215* FAX *(460) 49 316* ***Zimmer*** *47* ***Straßenkarte*** *B5*

Die fantasievollen Farben der Zimmer und Apartments mit den bequemen Möbeln machen das Alanga zu einer wahren Freude. Swimmingpool und finnische sowie türkische Sauna machen es noch einladender. Das Personal ist höflich und professionell. **www.alanga.lt**

PALANGA Smelio Takas Ⓛⓣ Ⓛⓣ Ⓛⓣ

Naglio 17, 00136 ☎ *(460) 20 025* FAX *(460) 20 026* ***Zimmer*** *8* ***Straßenkarte*** *B5*

Die sich sanft wiegenden Kiefern im Hintergrund und die Fenster, die auf das Meer und goldfarbene Dünen blicken, lassen das Smelio Takas märchenhaft wirken. Es liegt praktisch direkt am Strand. Der Meerblick von einigen Zimmern ist unschlagbar, vor allem bei Sonnenuntergang. Mini-Wellnesscenter. **www.smeliotakas.lt**

PALANGA Mama Rosa Villa Ⓛⓣ Ⓛⓣ Ⓛⓣ Ⓛⓣ

Jūratės 28a, 00133 ☎ *(460) 48 581* FAX *(460) 48 580* ***Zimmer*** *8* ***Straßenkarte*** *B5*

Die opulent im klassisch englischen Stil gestalteten Zimmer im Mama Rosa Villa haben hübsche schmiedeeiserne Betten und schicke Bäder. Mit seiner geschmackvollen Ausstattung könnte das Hotel ein englisches Landhaus sein. Der Service ist höflich, das exklusive Restaurant und der Saunakomplex sind makellos. **www.mamarosa.lt**

PALANGA Vanagupė Ⓛⓣ Ⓛⓣ Ⓛⓣ Ⓛⓣ

Vanagupės 31, 00169 ☎ *(460) 41 199* FAX *(460) 31 199* ***Zimmer*** *98* ***Straßenkarte*** *B5*

Das vornehme Fünf-Sterne-Strandhotel bietet eine beeindruckende Menge an Luxusservices sowie ein erstklassiges Restaurant und und ein weitläufiges Wellnesscenter. Perfekt für Paare an einem romantischen Wochenende. Das Hotelrestaurant L'Ambra Rossa serviert klassische europäische Küche. **www.vanagupe.com**

PLUNGĖ Beržas Ⓛⓣ

Minijos 2/Telšių 2 ☎ *(448) 56 840* FAX *(448) 56 840* ***Zimmer*** *10* ***Straßenkarte*** *C5*

Die Zimmer im Beržas haben einen etwas verblassten rustikalen Charme, dennoch findet man hier die wohl bequemsten Betten zwischen Klaipėda und Šiauliai. Das Frühstück kostet extra. Das Hotel gibt sich alle Mühe, dass sich die Gäste in dieser verschlafenen Stadt willkommen fühlen. **www.berzas.goo.lt**

ŠEDUVA Prie Ežero Ⓛⓣ Ⓛⓣ

Dorf Raudondvaris, Radviliškio raj, 82213 ☎ *(422) 44 430* FAX *(422) 44 436* ***Zimmer*** *15* ***Straßenkarte*** *C5*

Dieses Drei-Sterne-Seehotel an der Straße nach Panevėžys, wenige Kilometer von Šeduva entfernt, ist eine der erfreulicheren Unterkünfte in dieser Gegend. Die meisten Zimmer haben Satelliten-TV. Wer sparen muss, kann sich im Sommer im Internat auf der anderen Seeseite einquartieren. **www.hotelprieezero.lt**

ŠIAULIAI Saulininkas Ⓛⓣ

St Lukauskio 5a, 76236 ☎ *(41) 436 555* FAX *(41) 421 848* ***Zimmer*** *13* ***Straßenkarte*** *C4*

Das Saulininkas ist ein nettes Hotel mit bezahlbaren Zimmern. Es steht in einer ruhigen Gegend ein paar Blocks von der Kirche St. Peter und Paul entfernt. Sauna und Pool kann man im Voraus buchen, das Fitnesscenter wird auch von Einheimischen benutzt. Das Restaurant bietet auch Zimmerservice. **www.saulininkas.com**

ŠIAULIAI Grafaitės Svetainė Ⓛⓣ Ⓛⓣ

Aušros 1, Ginkūnai, 81493 ☎ *(41) 589 120* FAX *(41) 502 152* ***Zimmer*** *21* ***Straßenkarte*** *C4*

In Šiauliai gibt es zwei Straßen, die Aušros heißen. Das Hotel liegt an derjenigen außerhalb des Zentrums in Richtung des Berges der Kreuze, was für Wallfahrer oder für alle, die diese katholisch geprägte Stätte besuchen wollen, günstig ist. Das kleine, stimmig möblierte Gästehaus bietet gut ausgestattete Zimmer. **www.hotelgrafaite.com**

ŠIAULIAI Šaulys Ⓛⓣ Ⓛⓣ

Vasario 16–Osios 40, 76351 ☎ *(41) 520 812* FAX *(41) 520 911* ***Zimmer*** *41* ***Straßenkarte*** *C4*

Das Saulys mit seinen hellen, behaglichen Zimmern ist nicht gerade luxuriös, aber es bietet die nobelsten Zimmer in Šiauliai. Das hauseigene Restaurant hat eine ansehnliche Weinkarte, Pool und Sauna sind erfrischend. Das Personal hilft gern bei der Ticketbeschaffung und wäscht die Wäche, alles gegen einen kleinen Aufpreis. **www.saulys.lt**

ŽEMAITIJA NATIONAL PARK Linelis Ⓛⓣ Ⓛⓣ

Paplatelės, 90483 ☎ *687 3 5058* FAX *4484 9422* ***Zimmer*** *33* ***Straßenkarte*** *C4*

Das bei weitem angenehmste Hotel im Nationalpark Žemaitija liegt am Nordostufer des Plateliai-Sees und hat seinen eigenen Strand. Zu den Angeboten zählen Tretboote sowie Segel- und sogar Tauchexkursionen. Ein kleines Wellnesscenter im Haus ist ein weiterer Pluspunkt. **www.linelis.lt**

Restaurants

Die Restaurantkultur im Baltikum hat sich in den letzten Jahren erheblich gewandelt. Traditionelle Speisen sind zwar noch immer sehr beliebt, aber die Zahl der Restaurants mit zahlreichen Varianten internationaler Küche, von eklektisch bis Pizza, hat doch gewaltig zugenommen. Der Zuwachs an kulinarischer Vielfalt und Standards trifft auf alle drei baltischen Länder zu, aber in den Hauptstädten ist das Angebot dennoch viel breiter. Auch einige andere Großstädte und beliebte Kurorte bieten eine eindrucksvoll breite Palette an Speiselokalen. Gutes Essen ist ein integraler Bestandteil der baltischen Kultur. Die vielen traditionell ausgerichteten Restaurants belegen, wie stolz viele Leute auf ihre nationale Küche sind. Die baltischen Gerichte sind vielleicht nicht besonders raffiniert, aber sie sind stets schmackhaft und gesund. Oft findet man sie auf dem Land am besten zubereitet, wo die Zutaten frisch und die Portionen meist großzügig sind.

Schild eines Cafés in der Altstadt, Vilnius

Restaurants und Cafés

Restaurants und Cafés heißen in Estland *restoran* und *kohvik*, in Lettland *restorāns* und *kafejnīca* und in Litauen *restoranas* und *kavinė*. Die beiden Lokaltypen unterscheiden sich hinsichtlich des Speiseangebots deutlich.

Restaurants können entweder sehr luxuriös und modern oder einfache Speise- und Bierlokale sein, die sich von Kneipen nicht sehr unterscheiden. Ähnlich können Cafés angenehm und stilvoll sein. Die meisten bieten gutes, aber billiges Essen in großen Portionen. Bisweilen fungieren sie als Treffpunkte für lokale Trinker. Alle Cafés halten eine große Auswahl an Alkoholika bereit. In den meisten modernen Bars gib es bis spät nachts ein kleines, aber qualitätvolles Speisenangebot.

Das moderne Restaurant Vincent's *(siehe S. 332)* in Rīga

Ein Café auf dem Rathausplatz in der Altstadt von Tallinn, Estland

Kneipen heißen in Estland *kõrts* in Lettland *krogs* und in Litauen *baras*. In den Hauptstädten gibt es sie eher selten, aber in Kleinstädten und auf dem Land sind sie weit verbreitet. Manchmal sind sie rustikal möbliert und bieten traditionelle Speisen und heimisches Bier in hervorragender Qualität an. Fastfood ist in den baltischen Staaten nicht sonderlich beliebt und meist nur in den zentralen Lagen der Hauptstädte zu finden.

Bäckereischild in Trakai, Litauen

Öffnungszeiten

Die gestiegene Restaurantkultur hat eine Zunahme an Restaurants zur Folge. Ihre Öffnungszeiten sind im ganzen Baltikum ähnlich. Sie öffnen morgens zwischen 10 und 11 Uhr und schließen zwischen 23 und 24 Uhr. In Kleinstädten öffnen sie eher später und schließen früher, in Urlaubsorten haben manche Restaurants nur in den Sommermonaten geöffnet. Im Baltikum frühstückt man selten ausführlich. Bis vor Kurzem wurden zum Frühstück nur Croissants und Eierkuchen geboten. Inzwischen hat sich das Frühstücksangebot in Restaurants deutlich verbessert und stellt auch Gäste mit großem Hunger zufrieden.

Das Mittagessen ist noch immer die Hauptmahlzeit des Tages, aber das Essengehen ist so schick geworden, dass die Restaurants abends oft voll sind, obwohl normalerweise früh, zwischen 18 und 21 Uhr, gegessen wird.

Cafés sind Teil der baltischen Kultur. Die meisten öffnen zwischen 8 und 10 Uhr und schließen um 21 oder 22 Uhr, in Kleinstädten aber oft früher. Auf dem Land sind

Straßenrestaurant in der Altstadt von Vilnius, Litauen

sie oft sonntags zu. Kneipen und Cafés haben immer verschiedene Snacks im Angebot.

Speisekarten

Speisekarten auf Deutsch oder Englisch sind in den Hauptstädten und Ferienorten üblich, in Kleinstädten und auf dem Land aber gibt es sie deutlich seltener. Die meisten Balten sprechen etwas Englisch, sodass man sie um Hilfe bei der Entzifferung der Speisekarten bitten kann. Nach Deutsch ist Russisch die verbreitetste Sprache in Lettland und Estland. Folglich findet man auf Speisekarten oft die deutsche oder russische Übersetzung.

Speisekarte des Restaurants Admiral, Tallinn

Vegetarische Gerichte

Fleisch ist das A und O der baltischen Küche, dennoch sind in guten Restaurants immer mehr vegetarische (estnisch *vegetaarlane*, lettisch *veģetārietis* und litauisch *vegetaras*) Gerichte im Angebot. Vegetarische Speiseoptionen sind gleichwohl eher in den Hauptstädten zu finden.

Reservierung

Reserviert wird meist telefonisch, in einigen Fällen kann man das per Internet erledigen. Mittags ist eine Reservierung unnötig, aber für ein Abendessen ist es ratsam, einen Tisch vorzubestellen, vor allem an einem Freitag- oder Samstagabend in einem guten Restaurant.

Bezahlung

Die Restaurantpreise sind im Baltikum erheblich gestiegen, aber immer noch niedriger als in anderen europäischen Ländern. Auch Alkohol kostet viel weniger als in anderen europäischen Ländern. Am höchsten sind die Preise in den Hauptstädten, vor allem im Zentrum. Steuern sind im Preis immer inbegriffen. Das Gedeck wird selten berechnet, meist nur in Restaurants oder Bars mit Livemusik. Cafés sind die erschwinglichsten Lokale, aber viele nehmen nur Bargeld. Die Bezahlung mit Kredit- oder Maestro- bzw. EC-Karte wird jedoch überall im Baltikum immer üblicher.

Trinkgeld

Trinkgeld ist im Baltikum ein relativ neuer Begriff. Der Service ist meist in der Rechnung enthalten. Einige Restaurants jedoch fügen ihn der Endsumme hinzu, was deutlich vermerkt sein sollte. Trinkgeld wird nur in größeren Restaurants mit Bedienung am Tisch erwartet. Die Regel sind fünf bis zehn Prozent der Gesamtsumme. In Cafés und Bars gibt man selten Trinkgeld.

Mit Kindern essen

Sie sind in Restaurants willkommen, aber nur wenige bekannte Lokale bieten so etwas wie Kinderportionen an. In zentral gelegenen Restaurants größerer Städte und Großstädte aber werden Kindermenüs immer üblicher. Gewöhnlich ist es sogar möglich, für Kinder etwas zu verabreden, was gar nicht auf der Speisekarte steht.

Behinderte Gäste

Im Baltikum sind nur wenige Lokale auf behinderte Gäste eingestellt. Die Lage bessert sich aber, zumal in neuen Restaurants. Tallinn ist in dieser Hinsicht Vilnius und Rīga etwas voraus. Hotelrestaurants sind nach wie vor eine gute Wahl, da sie weit eher behindertengerecht sind.

Rauchen

Das Rauchen in öffentlichen Räumen ist im Baltikum grundsätzlich verboten. Die einzige Möglichkeit ist im Sommer ein Tisch im Freien, aber auch dort ist in manchen Restaurants das Rauchen untersagt. Es gibt allerdings auch Raucherlokale. Sie sind an einem grünen »Rauchen erlaubt«-Schild am Eingang zu erkennen.

Blockhausrestaurant im LIDO Atpūtas Centrs *(siehe S. 330)* in Rīga

Baltische Küche

Die baltische Küche ist deftig und sättigend – die ideale Ernährung für hart arbeitende Menschen und in langen, dunklen Wintern. Hauptgerichte waren früher Suppen und Brei, zum Beispiel aus Gerste, an der Küste aß man aber auch frischen oder konservierten Fisch. Fleisch gab es meist nur an Festtagen. Heute ist es Hauptbestandteil der meisten Gerichte, zu denen man gekochte Kartoffeln und Brot isst. Beliebte Gewürze sind Knoblauch, Zwiebeln, Kümmel und Dill. Die baltischen Küchen wurden von denen der Nachbarn beeinflusst, von Russland und Deutschland die estnische und die lettische, von Polen die litauische.

Frischer Dill

In den Wäldern Lettlands gesammelte Wildpilze

Fleisch, Geflügel und Wild

Schweinefleisch steht auf fast jeder baltischen Speisekarte, als paniertes Schnitzel oder aber als Speck und Wurst. Schweinebraten war lange ein Festessen. Schmalz isst man mit Roggenbrot. Gerichte wie die litauische *liežuvis* (Rinderzunge) stammen aus Zeiten, als auf kein Teil vom Tier verzichtet werden konnte. Auch Huhn und Rind sind heute weit verbreitet. Wild, wie z. B. Wildschwein, Hase und Hirsch, findet man auf dem Land sowie in teuren städtischen Restaurants.

Fisch und Meeresfrüchte

Fischfang hat eine lange Tradition im Baltikum mit seinen langen Küsten in Estland und Lettland und den vielen Flüssen und Seen in der ganzen Region. In der Sowjetzeit kamen viele Rezepte außer Gebrauch, weil der meiste Fisch exportiert wurde. Sprotten vor allem wurden eingelegt und in die gesamte Sowjetunion exportiert. Fisch wird heute meist gebraten oder gebacken. Das ebenfalls übliche Räuchern und Einsalzen ist in Estland am weitesten verbreitet und wohl auf skandinavische

Einige der vielen Fischarten, die in der Ostsee gefangen werden

Baltische Gerichte und Spezialitäten

Roter Kaviar auf Brot

Zu den vielen baltischen Suppen und Breien gehört die lettische *putra* (Gerstenbrei mit Schmalz, oft zu Fleisch oder Räucherfisch). Zu den beliebten Würsten zählt die litauische *vedarai* (Kartoffelwurst). Estland ist für *verevoorst* (Blutwurst) und *verleib* (Blutbrot) bekannt. Das lettische Nationalgericht ist *pelēkie zirņi* (graue Erbsen mit Speck). Der litauische *kugelis* (Kartoffelpudding, oft mit Speck, Zwiebeln und Eiern) wird mit saurer Sahne seviert. Ein beliebter litauischer Snack ist *kepta duona* (geröstetes Knoblauchbrot), in Lettland auch *grauzdini* genannt und mit Käse serviert. Im gesamten Baltikum findet man die nach russischer Art zubereiteten *pelmeni* (Knödel).

Pīrāgi *(Lettland) und* pirukas *(Estland) sind Teigbällchen, die meist mit Speck oder Kohl gefüllt sind.*

Buden auf dem geschäftigen Marktplatz in Vilnius, Litauen

Traditionen zurückzuführen. Beliebte Süßwasserfische sind Zander, Aal und Glasaal. Auch Kaviar gibt es, darunter den relativ preiswerten roten.

Obst und Gemüse

Das baltische Klima begrenzt den Anbau von Obst und Gemüse, die in traditionellen Gerichten nicht stark vertreten sind. Am verbreitetsten ist die Kartoffel, die im 18. Jahrhundert eingeführt wurde und heute fast jedes Gericht begleitet. Andere Beilagen sind einfache Salate, oft nur aus Gurke und Tomate. Pilze sind sehr beliebt: Jeden Herbst strömen die Leute in die Wälder, um Pilze zu sammeln, die sie selbst essen oder verkaufen *(siehe S. 373)*. Steinpilze werden bevorzugt, aber auch Arten wie Pfifferlinge und *rozites caperata*, »Zigeuner«, werden gesammelt.

Äpfel, Pflaumen und Birnen aus der Region werden für Obstkuchen genutzt, aber der echte Obstsegen des Baltikums sind die Beeren, die zu pflücken ein beliebtes Sommervergnügen ist *(siehe S. 373)*. Sie werden roh, in Kuchen, Puddingen oder als Kompott gegessen oder für den Winter konserviert.

Frisch gepflückte rote Johannisbeeren sind sehr vitaminreich

Milchprodukte

Milchprodukte spielen in der baltischen Küche eine große Rolle. Butter sowie der estnische *kefir* (gegorene Kuhmilch) und die lettische *rūgušpiens* (Sauermilch) sind sehr geschätzt. Kümmelkäse essen die Letten, vor allem zu Mittsommer. Das verbreitetste Milchprodukt ist saure Sahne. Sie bildet den Grundstock für viele Saucen und wird auch direkt über viele Gerichte gegossen.

Auf der Karte

Kartupeļu pankūkas (Lettland) Kartoffelpuffer.

Kibinai (Litauen) Mit Hammelfleisch gefüllte Teigtaschen. Eine Spezialität der Karäer.

Preskučiai šližikai (Litauen) Plätzchen mit Mohnmilch, am Heiligen Abend gegessen.

Rossolye (Estland) Salat aus Hering, Fleisch, Roten Bete und Apfel in einer Dressing aus Schlagsahne und Senf.

Seljanka (Estland) und *Soļanka* (Lettland) Suppe aus Fisch, Essiggemüse oder Fleisch, die russische Ursprünge hat.

Zrazai (Litauen) Rinderroulade, gefüllt mit Zwiebel, Brot und oft auch Pilzen.

Šaltibarščiai *(Litauen) ist eine kalte Suppe aus Roten Bete, Gurke, gehacktem Ei,* kefir *und Dill.*

Cepelinai *(»Zeppeline«) sind Kartoffelklöße mit Fleischfüllung in einer Sahne-Zwiebel-Speck-Sauce.*

Pannkoogid, *große, lockere Eierkuchen mit Beerenkompott, zeigen den Einfluss der russischen Küche.*

Baltische Getränke

Wodka Viru Valge

Bier ist im Baltikum sehr beliebt. Bereits im 19. Jahrhundert gab es mehrere Brauereien der Region. Wodka wird nicht mehr ganz so viel getrunken wie zur Sowjetzeit, aber immer noch reichlich, entweder heimische oder russische Marken. Es gibt außerdem einige ungewöhnliche Spirituosen und Liköre aus Kräutern. Das Weintrinken ist für die Region nicht typisch, aber Importweine findet man in Restaurants, zudem gibt es erschwinglichen baltischen Sekt. Von dem bekanntesten traditionellen Getränk, *kali* in Estland, *kvass* in Lettland oder *gira* in Litauen, heißt es, er sei ein Vorläufer des Biers. Er wird üblicherweise aus vergorenem Brot hergestellt, ist schwach alkoholisch und durchaus eine erfrischende Alternative zu Kohlensäuredrinks wie Cola.

Rīgas Melnais Balzams, Lettland

Bobelinė, Litauen

Wein

Das Baltikum ist keine bedeutende Weinbauregion, aber Lettland und Litauen produzieren Sektsorten wie Rīga Šampanietis bzw. Alita Šampanas. In Estland wird roter Glühwein, als *hõõgvein* oder *glögg* bekannt, gern im Winter getrunken. Der heiß servierte Wein schmeckt würzig nach Zimt und Nelken, mit denen er aromatisiert ist. Obstweine wie Põltsamaa Kuldne, der aus Äpfeln hergestellt wird, sind ebenfalls weit verbreitet.

Lettland ist im *Guinness-Buch der Rekords* als das Land mit dem nördlichsten Weinberg der Welt verzeichnet. Der Weinberg Vīna kalns in Sabile *(siehe S. 178)* blickt auf eine lange Weinbau-Geschichte zurück. Während der Sowjetzeit ruhte die Produktion, später wurde sie in kleinem Umfang wieder aufgenommen. Die einzige Möglichkeit, den Wein zu kosten, hat man meist nur beim jährlichen Weinfest im Sommer.

Rīgas, Sekt aus Lettland

Põltsamaa Kuldne, Obstwein, Estland

Glögg, Glühwein aus Estland

Spirituosen und Liköre

Der bekannteste estnische Likör ist der süße Vana Tallinn, in dem Zitrusöle, Zimt, Vanille und Rum enthalten sind. Er kann pur getrunken werden, aber man sollte ihn auch mal im Kaffee oder auf Eiscreme versuchen. Er wird zudem für Cocktails benutzt oder mit Weißwein oder Sekt gemixt. Auch Wodka wird in Estland gern getrunken. Viru Valge ist hier die bekannteste Marke. Neben der puren Version gibt es ihn auch mit Vanille-, Zitronen- und Wassermelonenaroma. Besucher Lettlands sollten sich Rīgas Melnais Balzams nicht entgehen lassen, der auch als Souvenir beliebt ist, sowohl wegen der Keramikflasche als auch wegen des Inhalts. Er wurde 1752 als medizinisches Tonikum aus vielen geheimen Zutaten kreiert und ist etwas für Kenner. Gelegentlich pur getrunken, wird er oft mit Cola, schwarzem Johannisbeersaft oder Cola gemixt. Spezialläden und einige Bars führen auch lettische Liköre wie den mit Kümmel aromatisierten Allažu Ķimelis.

In Litauen gibt es eine Reihe von Kräuterlikören wie z. B. den Trejos Devynerios. Das von einem Apotheker Ende des 19. Jahrhunderts zusammengebraute Destillat war zwischen den beiden Weltkriegen eine patentrechtlich geschützte Medizin. Für Wodkatrinker gibt es Starka, der aus Roggen destilliert wird. Andere traditionelle Drinks sind Met auf Honigbasis und *bobelinė*, ein Likör aus Moosbeerensaft. Im ganzen Baltikum brennen sich die Leute auf dem Land ihren eigenen sehr starken Wodka. Man sollte sich aber davor in Acht nehmen, da er oft sehr schlecht ist, in der Vergangenheit waren ganze Partien mit Methanol verunreinigt. In Litauen heißt ein legaler Wodka nach diesem illegalen Wodka Samanė, er ist aber nicht so stark.

Likör Vana Tallinn

Bier

Nach der Unabhängigkeit 1991 wurden die staatlichen Brauereien des Baltikums privatisiert und viele von ihnen später von großen internationalen Konzernen aufgekauft. Baltic Beverages Holdings im gemeinsamen Besitz von Carlsberg und Scottish & Newcastle besitzt einige der größten Marken der Region, wie z. B. Saku in Estland, Aldaris in Lettland und Utenos und Švyturys in Litauen. Die finnische Brauerei Olvi hat Cēsis, die älteste Brauerei Lettlands, A Le Coq in Estland und Ragutis in Litauen gekauft. Die litauische Kalnapilis ist im Besitz der Danish Brewery Group. Diese großen Marken herrschen in Läden und Bars vor, aber auch einige der beliebteren internationalen Biere findet man in den drei Ländern. Die beiden Hauptsorten sind hell (*helein* in Estland, *gaišais* in Lettland und *šviesus* in Litauen) und dunkel (*tume* in Estland, *tumšais* in Lettland und *tamsus* in Litauen). Die Brauereien haben ihr Angebot erweitert und produzieren alles vom sehr hellen Ice Beer bis zum vollen, dunklen Porter wie Ragutis, einem Chocolate Porter. Lagerbiertrinker finden sicherlich ein helles Bier nach ihrem Geschmack, aber Besucher finden dunkle Biere oft sehr reizvoll.

Die interessanteren Produkte kleiner und mittelgroßer Brauereien schaffen es in einige Bars, vor allem da, wo sie produziert werden, und in die Hauptstädte. Auch größere Supermärkte führen sie häufig. Die estnischen Inseln brauen stärkeres Bier als die meisten Festlandbrauereien, *Õlu* aus Saaremaa kommt besonders gut an. Zu den interessanten Brauereien in Lettland gehört Užavas, die unpasteurisierte Biere herstellt, die nicht lange gelagert werden können und nicht exportiert werden. Weitere bemerkenswerte Marken sind Piebalgas, Tērvetes und Bauskas. Die LIDO-Restaurantkette braut ihr eigenes Bier in einer Mikrobrauerei auf dem riesigen Gelände des LIDO-Erholungszentrums unmittelbar außerhalb von Rīga. In Litauen ist die Region um die Stadt Biržai für ihre langjährigen Bierbrautraditionen bekannt. Hier gibt es mehrere Brauereien, darunter die bekannte Rinkuškiai, die sowohl helle als auch dunkle Biere braut.

Saku-Brauerei, die einige der beliebtesten Biere Estlands herstellt

SOFTDRINKS

Der beliebteste Softdrink im Baltikum ist ein Getränk, das traditionell aus vergorenem Brot hergestellt, manchmal mit Obst oder Kräutern versetzt und je nach Land *kali*, *kvass* oder *gira* genannt wird. Streng genommen ist es kein Softdrink, sondern eher ein Bier, obwohl es sehr wenig Alkohol enthält, meist um ein Volumenprozent. Als die Sowjetunion zusammenbrach, verschwand es vom Markt, weil die Herstellungs- und Lagerungsbedingungen Sorge bereiteten, da es aus großen Außentanks abgefüllt wurde. Als es wieder zu haben war, erwies es sich als Bedrohung für die marktbeherrschende Stellung von Coca-Cola, das daraufhin die Getränkehersteller in den drei Ländern kaufte, die jetzt Linnuse Kali, Pilskalna Kvass und Bajorų Gira produzieren. Heute wird das Produkt meist aus Malzextrakt und Aromazusätzen hergestellt. Ein anderer im Baltikum verbreiteter Softdrink ist *kefir*, schwach alkoholhaltige gegorene Milch, die zu den Grundbestandteilen von *šaltibarščiai (siehe S. 319)* gehört.

Saku Originaal, Estland

Aldaris Zelta, Lettland

Kalnapilis Grand, Litauen

Švyturys Gintarinis, Litauen

Kefir, gegorene Milch, Litauen

Kvass, Malzgetränk, Lettland

Ein sehr beliebter Softdrink in Estland ist Tartu Limonaad. In Lettland gibt es den rustikalen *bērzu sula* aus Birkensaft. Der gärt, mit Gerstenkörnern bestreut, in einem Fass, dem gelegentlich Brotkrusten zugesetzt werden. Zu den traditionellen Aromatisierungen gehören Minze und Zweige schwarzer Johannisbeeren, zu den moderneren Zutaten zählen Zitronen- oder Orangenschale, Rosinen und Zimt. In Lettland sollte man außerdem nach *veselība* Ausschau halten, einem Softdrink, der in Flaschen verkauft wird, die Bierflaschen ähnlich sehen. Er soll, laut Werbung, mit vielen Vitaminen angereichert sein.

Restaurantauswahl Estland

Die folgenden Restaurants wurden wegen ihres Preis-Leistungs-Verhältnisses, der guten Küche und ihrer Lage ausgewählt. Sie sind nach Regionen aufgelistet, beginnend mit Tallinn. Kartenverweise beziehen sich auf den Stadtplan von Tallinn *(siehe S. 82f)* bzw. auf die Straßenkarte *(siehe hintere Umschlaginnenseiten)*.

PREISKATEGORIEN
Die Preise gelten für ein Drei-Gänge-Menü pro Person mit einer halben Flasche Wein, inklusive Service und Steuern.
Ⓚ unter 100 EEK
ⓀⓀ 100–200 EEK
ⓀⓀⓀ 200–300 EEK
ⓀⓀⓀⓀ 300–400 EEK
ⓀⓀⓀⓀⓀ über 400 EEK

TALLINN

African Kitchen ⓀⓀ
Uus 34, 10111 ☎ *644 2555* **Stadtplan** *2 D2*

Der lebhaften, flotten Ausstattung des Restaurants entspricht die exzellente Küche mit den wohl authentischsten afrikanischen Gerichten im ganzen Baltikum. African Kitchen ist angesagt und unterhaltsam mit einer eindrucksvoll abwechslungsreichen Karte voller frischer, pikanter und exotischer Speisen.

Amarillo ⓀⓀ
Viru väljak 4, 10111 ☎ *680 9280* **Stadtplan** *1 C2*

Amarillo serviert gute Tex-Mex-Gerichte in lockerer Atmosphäre. Auf der Karte findet man alles von *burritos* und *fajitas* bis zu Hamburgern und Pizza. Alles wird auf Wunsch extrascharf zubereitet. Laktose- und glutenfreie Speisen sind auf der Karte hervorgehoben. Ein beliebtes Lokal, das vor allem Familien und große Gruppen anzieht.

Americana ⓀⓀ
Müürivahe 2, 10146 ☎ *644 8837* **Stadtplan** *2 D3*

Das Americana ist auf Pizza amerikanischen Stils mit dickem Rand und vielen verschiedenen Belägen spezialisiert. Das Restaurant ist klein, aber beliebt, wahrscheinlich schon wegen der Größe der Pizzen. Pizza und Wein werden auch überallhin in Tallinn geliefert.

Turg ⓀⓀ
Mündi 3, 10146 ☎ *641 2456* **Stadtplan** *1 C2*

Turg, estnisch »Markt«, gibt das Thema für dieses beliebte Kellerlokal vor. Die Buden, Karren und Menschenmengen verleihen ihm tagsüber etwas von einem geschäftigen Markt, aber abends geht es bei Kerzenlicht gedämpfter zu. Auf der Karte stehen mehrere Fleischgerichte.

Admiral ⓀⓀⓀ
Lootsi 15, 10151 ☎ *662 3777* **Stadtplan** *2 F1*

Dieses Restaurant bietet ein einzigartiges Speiseerlebnis an Bord eines alten Schiffs, der im Tallinner Passagierhafen liegt. Aus dem eleganten, aber gemütlichen Inneren blickt man durch Bullaugen auf den Hafen und die Stadt. Die Balkan-Küche ist von hoher Qualität. Die *Admiral* kann man auch für Ausflugsfahrten chartern.

Ami-Ja ⓀⓀⓀ
Narva mnt 36, 13628 ☎ *646 6096* **Stadtplan** *2 E2*

Das beliebte Ami-Ja bietet eine imposante Vielfalt an guten japanischen Gerichten, die von estnischen Kellnerinnen in Kimonos serviert werden. Die Ausstattung ist angenehm, der Service tadellos. Private Räume für größere Gruppen oder besondere Partys sind vorhanden. Sushi können auch außer Haus geordert werden.

Artemis ⓀⓀⓀ
Pikk 35, 10133 ☎ *644 1114* **Stadtplan** *1 C2*

Artemis ist ein echt griechisches Lokal in griechischer Regie mit allem griechischen Drum und Dran. Die Plastikweintrauben tragen umso mehr zum Charme des Ganzen bei. Die Karte bietet Klassiker wie *moussaka* und *dolmades*. Das Artemis ist eines der wenigen Lokale in der Region, in dem man echten Ouzo erhält, den griechischen Anislikör.

Balthasar ⓀⓀⓀ
Raekoja plats 11, 10146 ☎ *627 6400* **Stadtplan** *1 C2*

Spezialität des Balthasar mit seiner wunderbaren Aussicht und der eleganten Ausstattung sind die hervorragenden Gerichte mit Knoblauch. Das Restaurant ist nach Balthasar Russow benannt, der hier die *Chronica der Provintz Lyffland* (1578) schrieb. Sogar einige Desserts enthalten Knoblauch, es gibt freilich auch Gerichte ohne.

Beer House ⓀⓀⓀ
Dunkri 5, 10123 ☎ *644 2222* **Stadtplan** *1 C2*

Das Beer House, Restaurant und Mikrobrauerei, ähnelt in der Tat einem alten deutschen Bierhaus. Die Karte bietet sechs Sorten Wurst, dazu ein paar gute Fleischhauptgerichte. Hier gibt es das einzige unpasteurisierte Bier im Land. Livemusik wird geboten, in der hauseigenen Sauna finden bis zu 20 Personen Platz.

Zeichenerklärung *siehe hintere Umschlagklappe*

Cathedral

Lossiplats 2/Toomkooli 1, 10130 *627 6400* **Stadtplan** *1 B3*

Das Restaurant ist nach der nahen Alexander-Newski-Kathedrale benannt und beinahe ebenso prächtig eingerichtet. Es ist auf französische und russische Küche spezialisiert und äußerst beliebt, reservieren Sie also rechtzeitig. Einige Nischenplätze bieten eine intimere Atmosphäre.

Controvento

Vene 12/Katariina käik, 10123 *644 0470* **Stadtplan** *2 D2*

Das im schönen Katharinengang versteckte Controvento ist ein italienisches Restaurant, das wegen seiner herausragenden Küche und bezaubernden Atmosphäre überaus beliebt in der Stadt ist. Es gibt sehr gute Pizza und Pasta neben einer guten Auswahl an Fleisch- und Fischgerichten. Reservieren Sie an Wochenenden im Voraus!

Dominic

Vene 10, 10123 *641 0400* **Stadtplan** *2 D2*

Das Dominic, ein Mix aus Café mit italienisch inspirierter Karte, Restaurant mit französischer Karte und gemütlicher kleiner Weinstube, ist ein stilvolles Lokal mit exzellenter Küche. Das historische, geschmackvoll umgebaute Haus ist aus dem 14. Jahrhundert.

Elevant

Vene 5, 10123 *631 3132* **Stadtplan** *2 D2*

Das Elevant bietet eine sehr gute, fantasievolle indische Küche im Fusionstil, zu der Ayurveda-Gerichte und europäische Crossover-Elemente wie Rentiersuppe und Wildschwein-Kebab gehören. Die umfangreiche Speisekarte enthält vieles für Vegetarier und noch mehr traditionelle indische Gerichte. Das Ambiente wirkt herrlich entspannend.

Golden Dragon

Pikk 37, 10133 *631 3506* **Stadtplan** *1 C2*

Dieses zweifellos beste Chinarestaurant in Tallinn findet man in einem gemütlichen wie weitläufigen weißgetünchten Gewölbekeller. Die umfangreiche Speisekarte ist ein Traum für Vegetarier, die Portionen sind erfreulich groß. Auch einige thailändische Gerichte finden sich auf der Karte. An Wochenenden ist es meist voll.

Grillhouse Daube

Rüütli 11, 10130 *645 5531* **Stadtplan** *1 C3*

Das über zwei Etagen verteilte Grillhouse Daube ist extrem angenehm, das Personal empfängt seine Gäste sehr freundlich. Die erstklassige Karte bietet eine gute Auswahl an zarten Steaks und sättigenden Nudel- und Fischgerichten. Es wird auch eine Reihe preiswerter und köstlicher Festpreismenüs für Gruppen ab vier Personen geboten.

Jasmine

Tatari 1, 10116 *660 1842* **Stadtplan** *2 D4*

Jasmine ist ein angenehmes, wenn auch recht durchschnittliches Chinarestaurant, dessen Dekor mit den vielen baumelnden Laternen und dem obligaten Aquarium auf geradezu gemütlich Weise kitschig ist. Die Karte ist vernünftig kalkuliert und bietet eine gute Auswahl an Gerichten. Auch außer Haus.

Klafira

Vene 4, 10123 *667 5144* **Stadtplan** *2 D2*

Die recht überzogenen Preise dieses auf russisch gestylten Restaurants werden durch seine überschwängliche Atmosphäre und die riesigen Portionen wettgemacht. Hier gibt es ein paar exotische Gerichte mehr als in den meisten russischen Lokalen, für große Gruppen sind die Festpreismenüs eine gute Wahl. Gute Livemusik am Wochenende.

Kuldse Notsu Kõrts

Dunkri 8, 10123 *628 6567* **Stadtplan** *1 C2*

Das auf estnische Küche spezialisierte Kuldse Notsu Kõrts ist ein bezauberndes Kellerlokal, dessen Ausstattung die Besitzer humorvoll als »nouveau-rustic« bezeichnen. Die Karte ist einigermaßen fleischlastig, vor allem Gerichte mit Schweinefleisch dominieren, aber es gibt auch einige vegetarische Speisen wie den Bauernmädchen-Eintopf.

Mõõkkala

Kuninga 4, 10122 *641 8288* **Stadtplan** *1 B5*

Das auf das Thema Wasser gestimmte Kellerrestaurant ist eine Freude für Auge und Gaumen. Das Mõõkkala, das zweifellos die besten Fischgerichte Tallinns bietet, hat eine riesige Karte voller Köstlichkeiten vom Tigergarnelen-Kebab mit roter Rogenmousse bis zum Schwertfisch *(mõõkkala)* mit gebratenen Austern.

Must Lammas

Sauna 2, 10140 *644 2031* **Stadtplan** *1 C3*

Must Lammas, »schwarzes Schaf«, ist ein erfrischend modernes georgisches Restaurant und nicht so folkloristisch wie üblich. Das höchst stilvolle Interieur lenkt aber nicht von der vortrefflichen kaukasischen Küche ab. Probieren Sie zum Auftakt die pikante Lammsuppe mit einem klassischen georgischen Wein wie z. B. Saperavi.

Olde Hansa

Vana turg 1, 10140 *627 9020* **Stadtplan** *1 C3*

Die Olde Hansa, eine Attraktion in Tallinn, verspricht ein äußerst erfreuliches Erlebnis. Üppige traditionelle Gerichte werden von mittelalterlich kostümierten Kellnern bei Kerzenlicht serviert, während ein Ensemble alte Musik spielt. Die Speisekarte soll auf sorgfältig erforschten Rezepten beruhen.

Stadtplan Tallinn *siehe Seiten 82f*

Oliver ⓀⓀⓀ
Viru väljak 3, 10140 630 7898 **Stadtplan** *2 D3*

Oliver macht Bombenumsätze, schon weil es an einer der beliebtesten Meilen Tallinns liegt. Es ist ein hübsches, wenn auch nicht weiter bemerkenswertes Kellerlokal, das eine gute Auswahl an Grillgerichten von Cajun-Ribs bis Steak tatar auf der Karte hat, dazu ein paar vegetarische Gerichte.

Park Avenue ⓀⓀⓀ
Kreutzwaldi 23, 10147 630 5345 **Stadtplan** *2 F3*

Das Restaurant des Reval Park Hotel & Casino *(siehe S. 293)* ist so chic wie sein New Yorker Namensvetter. Es bietet von mittags bis 17 Uhr ein Büfett mit heißen, kalten und süßen Gerichten zum Festpreis oder eine Kombination von allen dreien. Ein Tagesmenü gibt es ebenfalls. Von der Sommerterrasse hat man einen schönen Blick.

Pegasus ⓀⓀⓀ
Harju 1, 10146 631 4040 **Stadtplan** *1 C3*

Das Pegasus ist aus gutem Grund ultrahip. Seine grandiose Karte ist eine der innovativsten im Viertel und wechselt regelmäßig. In dem dreistöckigen Haus gegenüber der Niguliste kirik ist es zudem erstklassig gelegen. Die umfangreiche Karte bietet fantasievolle Fusionküche. Die Bar im Erdgeschoss ist am Wochenende ein Lieblingstreff.

Vanaema Juures ⓀⓀⓀ
Rataskaevu 10/12, 10123 626 9080 **Stadtplan** *1 C2*

Das Vanaema Juures (»Bei Oma«) führt seinen Namen wahrlich zu Recht. Es ist ein ungeheuer gemütliches Kellerrestaurant, das im Stil der 1920er und 1930er Jahre möbliert ist. Die exzellente und bezahlbare estnische Küche wird mit viel Geschmack dargeboten. Probieren Sie den Elchbraten, eine regionale Spezialität.

Bocca ⓀⓀⓀⓀ
Olevimägi 9, 10123 641 2610 **Stadtplan** *1 C2*

Das elegante, minimalistische Bocca liegt bei Tallinns Schickeria im Trend. Die stilvolle Karte bietet einige exzellente Pastagerichte und Filets, dazu Köstlichkeiten wie Weinbergschnecken mit Fontina- und Gorgonzolasauce und in Rotwein gedünstetes Kaninchen mit Balsamicosauce. Die Beleuchtung ist herrlich stimmungsvoll.

Gloria ⓀⓀⓀⓀ
Müürivahe 2 644 6950 **Stadtplan** *3 C3*

Das 1937 eröffnete Gloria in einem sehr stilvollen 1930er-Jahre-Interieur ist mit Jugendstil-Originalen und -objekten aus der Privatsammlung des Besitzers Dimitri Demjanov aufgeputzt. Serviert wird von sehr aufmerksamen Kellnern und Kellnerinnen. Das Gloria führt ausgezeichnete Weine aus dem eigenen Keller sowie kubanische Zigarren.

Karl Friedrich ⓀⓀⓀⓀ
Raekoja plats 5, 10146 627 2414 **Stadtplan** *1 C2*

Das Karl Friedrich mit Blick auf den Rathausplatz bietet fantastische europäische Küche in luxuriös-kultiviertem Ambiente. Seine Spezialität ist der Einsatz von Paprika. Die Speisen werden in vier geschmackvoll möblierten Räumen im Obergeschoss serviert. Es gibt auch eine legerere Lounge im ersten Stock und eine urige Kellerkneipe.

Maikrahv ⓀⓀⓀⓀ
Raekoja plats 8, 10146 631 4227 **Stadtplan** *1 C2*

Das Maikrahv, eines der preiswerteren, kultivierten Restaurants im Mittelalterstil in Tallinn, befindet sich in einem stimmungsvollen Gewölbe unter dem Rathausplatz. Die Karte bietet eine gute Auswahl wohlschmeckender internationaler Gerichte. Es gibt eine große Sommerterrasse und einen Saal, in dem große Gruppen Platz finden.

Seasons ⓀⓀⓀⓀ
Rävala pst 3, 10143 669 0000 **Stadtplan** *2 D4*

Dieses Restaurant der Spitzenklasse im ersten Stock des Radisson SAS *(siehe S. 294)* ist behaglich, wenn auch etwas unterkühlt. Es lohnt den Besuch, nur um nach dem Abendessen einen Drink in der Bar Lounge 24 im 24. Stock zu genießen. Das Seasons bietet übrigens auch ein superbes Frühstücksbüfett.

Troika ⓀⓀⓀⓀ
Raekoja plats 15, 10146 627 6245 **Stadtplan** *1 C2*

Das Troika, eines der besten russischen Restaurants in Tallinn, ist wunderbar am Rathausplatz gelegen. Das schöne Interieur unter einem Gewölbe ist ein Mix aus mittelalterlichem Tallinn und slawischem Überschwang. Die etwas hochpreisige Karte bietet die üblichen russischen Klassiker mit einigen exotischen Zutaten wie z. B. Bœuf Stroganoff.

Egoist ⓀⓀⓀⓀⓀ
Vene 33, 10123 646 4052 **Stadtplan** *2 D2*

Das prächtige Egoist bietet altmodische Haute Cuisine in einem prächtigen Interieur. Favoriten sind hier z. B. Hummercarpaccio oder gebratene *foie gras*. Probieren Sie auch etwas aus der neuen Karte mit estnischen Gerichten. *Kama* (Joghurt mit vier Getreidesorten und Sauerkirschen) ist köstlich.

House ⓀⓀⓀⓀⓀ
Rataskaevu 16, 10123 641 1900 **Stadtplan** *1 C2*

Das House in einem großartig renovierten und modernisierten Gebäude des 14. Jahrhunderts, in dem es angeblich spukt, ist ein pulsierendes Lokal. Das Angebot kulinarischer Köstlichkeiten reicht von Sushi bis zu europäischem Chic, je nachdem, welchen Teil des Restaurants man aufsucht.

La Bonaparte

Pikk 45, 10133 ☎ *646 4444* **Stadtplan** *1 C2*

Das hochgeschätzte französische Restaurant befindet sich in einem schön restaurierten mittelalterlichen Kaufmannshaus und hat schon französische Präsidenten zu Gast gehabt. Gerichte wie Entenfilet mit Himbeersirup und Zander mit Mandeln in Champagner sind wirklich erstklassig. Im Keller speist man in stillerer Atmosphäre.

Three Sisters

Pikk 71/Tolli 2, 10133 ☎ *630 6300* **Stadtplan** *1 C2*

Dieses Restaurant ist eines der luxuriösesten in Tallinn und verströmt pure Eleganz. Das Essen ist exzellent und kann im Sommer auf der Terrasse oder in dem bezaubernden Innenhof eingenommen werden. In dem Separee »Engelzimmer« gibt es ein Deckenfresko des 18. Jahrhunderts, im Weinkeller lagern über 300 Weine.

West-Estland

HAAPSALU Central

Karja 21, 90502 ☎ *473 5595* **Straßenkarte** *C2*

Dieses Restaurant in einem Holzhaus des 19. Jahrhunderts hat einen schönen Blick auf die Burg und serviert traditionelle estnische Gerichte. Farbenfrohe Wandbilder steigern die historische Atmosphäre. Der gemütliche, nett möblierte Bierkeller ist für ein Familienabendessen wie gemacht, ein ruhiger Abend kann also nicht garantiert werden.

HAAPSALU Blu Holm

Sadama 9/11, 90502 ☎ *472 4406* **Straßenkarte** *C2*

Zu den Highlights dieses eleganten, geräumigen Blu Holm gehören der hervorragende Service und die schicke Aufmachung. Die Qualität der exzellenten Fischgerichte wird durch den herrlichen Meerblick subtil zur Geltung gebracht. Volksmusik und Volkstanz werden in dem Restaurant regelmäßig dargeboten.

HAAPSALU Fra Mare

Ranna tee 2, 90403 ☎ *472 4606* **Straßenkarte** *C2*

Das Fra Mare empfiehlt sich mit seiner exzellenten Ausstattung und dem Meerblick als attraktives Speiselokal. Die Karte ist ein Mix aus internationaler Küche mit einigen estnischen Gerichten. Vom Panoramasaal hat man einen schönen Blick auf die Stadt, die Caféterrasse bietet sich zudem im Sommer an.

HAAPSALU Haapsalu Kuursaal

Promenaadi 1, 90502 ☎ *473 5587* **Straßenkarte** *C2*

Das Haapsalu Kuursaal in einem schönen Holzgebäude des späten 19. Jahrhunderts ist eines der besten und beliebtesten Restaurants in Haapsalu. Die exzellente Küche ist vor allem den Bemühungen der jungen, ehrgeizigen Chefs von der örtlichen Berufsschule zu danken. Fantastische Aussicht und Atmosphäre.

INSEL HIIUMAA Liilia Hotel Restaurant

Hiiu mnt 22, Käia, 92101 ☎ *463 6146* **Straßenkarte** *C2*

Das freundliche Restaurant des Liilia Hotels *(siehe S. 295)* liegt neben dem Pullu Pub. Zum Angebot gehören viele regionale Fleisch- und Fischgerichte, die auf viele Geschmäcker eingestellt sind. Steak mit Wacholderbeeren, gebratener Seebarsch mit Blauschimmelkäse und ein paar vegetarische Gerichte gehören dazu.

INSEL HIIUMAA Vetsi Tall

Kassari, 92111 ☎ *462 2550* **Straßenkarte** *C2*

Vetsi Tall, das einem Gasthof von früher ähnelt, finden Sie im geschmackvoll umgebauten Pferdestall des Guts Kassari. Das verlockende Angebot traditioneller estnischer Gerichte ist groß, dazu gehören Räucherfisch, aber auch viele eher europäische Gerichte. Im stimmungsvollen Herrenzimmer gibt es einen schönen Kamin.

INSEL KIHNU Café Kurase Keskus

Dorf Sääre, 88005 ☎ *446 9938* **Straßenkarte** *C2*

Das bescheidene Café, das einzige Speiselokal auf der Insel Kihnu, bietet erstaunlich gutes Essen, darunter eine Reihe regionaler Spezialitäten wie die berühmten Fischgerichte der Insel. Was ebenfalls ungewöhnlich für die Gegend ist: Das Restaurant hat zwischen Juni und August bis nachts 1 Uhr geöffnet.

MATSALU-NATIONALPARK Amanda Puhvet

Dorf Üdruma, 90701 ☎ *472 9044* **Straßenkarte** *C2*

Das Amanda Puhvet ist ein hübsches, kleines abgelegenes Lokal am Weg nach Saaremaa und zum Nationalpark Matsalu. Mit dem hohen hölzernen Vogelbeobachtungsturm direkt davor kann man es kaum verfehlen. Zur Sättigung werden herzhafte Suppen, ordentliche Hauptgerichte und Spezialmenüs für Kinder geboten.

MATSALU-NATIONALPARK Feriendorf-Restaurant Roosta

Tuksi, 91202 ☎ *479 7230* **Straßenkarte** *C2*

Das Restaurant gehört zu einem hübschen Ensemble von Ferienhäuschen im Nordwesten des Landes. Es bietet eine gute Mischung aus estnischen und internationalen Gerichten. Jeden Morgen steht ein ansehnliches Frühstücksbüfett für die Gäste bereit, es gibt zudem eine ruhige Sommerterrasse mit herrlicher Aussicht.

INSEL MUHU Restaurant Muhu

Dorf Liiva, 94701 5333 4005 **Straßenkarte** *C2*

Das im Herzen der Insel gelegene Restaurant Muhu ist charmant und freundlich. An den Wänden hängen alte landwirtschaftliche Gerätschaften. Die ausgesuchten Gerichte werden aus regionalen Erzeugnissen zubereitet, darunter Straußenfleisch, das von einem Hof in der Nähe kommt.

INSEL MUHU Restaurant Pädaste Manor

Gut Pädaste, 94702 454 8800 **Straßenkarte** *C2*

Das Restaurant gehört zu dem First-Class-Hotel Pädaste Manor *(siehe S. 295)*, einem umgebauten Gutshaus am Meer. Die Karte ist überraschend innovativ und bietet einige herausragende Fischgerichte. Der Küchenchef benutzt gern regionale Erzeugnisse, viele Kräuter und Gemüse stammen aus dem Garten des Guts.

PALDISKI Valge Laev

Rae 32 674 2035 **Straßenkarte** *C1*

Valge Laev war einige Zeit das einzige Restaurant in Paldiski. Das auf maritim gestimmte Interieur ist recht reizvoll, aber das Essen estnischer Kneipendurchschnitt, man sollte also nicht zu viel erwarten, es ist jedoch sehr sättigend. Das Lokal passt auf alle Fälle zu der etwas unwirklichen Umgebung der Stadt.

PALDISKI Laulasmaa Resort Restaurant

Puhkekodu 4, 76702 687 0870 **Straßenkarte** *C1*

Dieses Restaurant, dessen Tische mit Kräutern geschmückt sind, hat eine angenehme Atmosphäre. Die Speisekarte ist nicht üppig, aber das Essen ist gut und enthält ein paar wunderbar einfache wie gute Gerichte wie z. B. Gnocchi mit Parmesan und Gorgonzola. Auch ein Büfett mit Reformkost gibt es.

PÄRNU Lahke Magjar

Kuninga 18, 80011 444 0104 **Straßenkarte** *D2*

Das Lahke Magjar ist ein kleines und köstlich rustikal wirkendes ungarisches Restaurant, dem es gelingt, ohne jeden Kitsch authentisch zu sein. Das Essen kommt in reichlichen Portionen zu vernünftigen Preisen und ist ähnlich beeindruckend. Auch eine ganze Menge guter ungarischer Weine sind im Angebot.

PÄRNU Pärnu Kuursaal

Mere pst 22, 80010 442 0368 **Straßenkarte** *D2*

Das quirlige, beliebte Lokal befindet sich in einem attraktiven Haus am Meer vom Ende des 19. Jahrhunderts. Die Speisekarte enthält für jeden Geschmack etwas. Die Hauptgerichte sind schwer, aber sättigend, zur Auswahl stehen Fleischgerichte und lokale Spezialitäten wie Hering in Sauerrahm, Grillwurst und Barsch in Bierteig.

PÄRNU Postipoiss

Vee 12, 80011 446 4864 **Straßenkarte** *D2*

Ein russisches Restaurant mit echt russischen Gerichten von *blini* (Eierkuchen) über *pelmeni* (Knödel) bis hin zur *soljanka* (Eintopf) auf der Speisekarte. Es gibt auch ein recht anständiges selbstgebrautes Bier. Trotz der ein wenig skurrilen rustikalen Ausstattung geht es hier an Wochenendabenden meist sehr lebhaft zu.

PÄRNU Must Pärl

Supluse 22, 80042 442 6902 **Straßenkarte** *D2*

Dieses Restaurant mit seinem nautischen Dekor an welligen Wänden und einer muschelförmigen Bühne für die Tanzvorführungen am Wochenende bietet recht durchschnittliches Essen, aber die vernünftigen Preise und die angenehme Atmosphäre lohnen den Besuch im Must Pärl. Es besitzt eine schöne Terrasse.

PÄRNU Seegi Maja

Hospidali 1, 80011 443 0550 **Straßenkarte** *D2*

Trotz seiner klapprigen Türen und alten Dachbalken ist dieses schön restaurierte Altstadthaus eines der bezauberndsten und stimmungsvollsten Restaurants in Pärnu. Gute mittelalterliche Speisen werden in großzügigen Portionen auf Tontellern serviert. Es gibt außerdem ein fantastisches selbstgebrautes Bier.

PÄRNU Brasserie Strand

Tammsaare pst 35, 80010 447 5370 **Straßenkarte** *D2*

Dieses schicke, moderne Restaurant hat ein paar äußerst gute Gerichte im Angebot, obwohl die Karte nicht besonders umfangreich ist. Schließen Sie einen der exzellenten Hauptgänge mit dem verlockenden gebackenen Camembert und Moltebeerenmarmelade als Dessert ab. In der Hotelanlage gibt es auch einen beliebten Nachtclub.

PÄRNU Ammende Villa

Mere pst 7, 80010 447 3888 **Straßenkarte** *D2*

Ammende Villa bietet Luxusspeisen, die perfekt zu der opulenten Jugendstil-Umgebung passen. Exquisite französische und mediterrane Gerichte werden in drei Sälen unter untadeliger Beachtung von Details serviert. Die vom Seewind durchwehte Sommerterrasse blickt auf eine angenehme Wohngegend.

INSEL SAAREMAA Kaali Trahter

Meteoritenkrater Kaali, 94102 515 4205 **Straßenkarte** *C2*

Kaali Trahter (Taverne Kaali), sehr nahe zum Meteroritenkrater Kaali gelegen, ist nach einem langen Besichtigungstag der perfekte Ort zum Entspannen. Das Gasthaus liegt in einer alten Molkerei und ist mit Schmuckelementen aus Kalkstein und Metall verschönert. Es gibt hier ordentliches Essen in sehr angenehmer Umgebung.

Preiskategorien *siehe S. 322* **Zeichenerklärung** *siehe hintere Umschlagklappe*

INSEL SAAREMAA Suur Töll Tavern €€

Lilbi, 93826 454 5404 **Straßenkarte** C2

Der Dekor des Gasthauses ist durch die Volkssage von Saaremaas freunlichem Riesen Suur Töll und seiner Frau Piret inspiriert. Das Lokal gehört zu einem hübschen Feriendorf, das nur drei Kilometer von Kuressaare entfernt liegt. Es gibt hier verschiedene deftige estnische Gerichte und ein Spezialmenü für Kinder.

INSEL SAAREMAA Vaekoda Pub €€€

Tallinna mnt 3, 93811 453 3020 **Straßenkarte** C2

Vaekoda Pub in der einstigen Stadtwaage des 17. Jahrhunderts im Zentrum der Altstadt ist bei Einheimischen wie Urlaubern beliebt. Das Essen ist für einen Kneipe überdurchschnittlich gut, die freundliche Atmosphäre sorgt für einen lebhaften und lustigen Abend.

INSEL SAAREMAA Kurhotel Grand Rose €€€€

Tallinna 15, 93811 666 7000 **Straßenkarte** C2

Dieses gemütliche Kellerrestaurant ist eines der besten der Stadt. Seine Backstein-Gewölbedecke und die unterteilten Räume fügen sich zu einem gemütlichen Ambiente, das mittelalterliche Flair des Lokals tut sein Übriges dazu. Zu dem exzellenten Speisenangebot gehören ein paar regionale Spezialitäten aus Saaremaa.

INSEL SAAREMAA Hotelrestaurant Saaremaa €€€€

Mändjala, 93822 454 4100 **Straßenkarte** C2

Mit seiner idyllischen Lage mit Blick auf den Mändjala-Strand und der exzellenten Küche ist dieses Restaurant eine attraktive Wahl. Die Gerichte reichen von estnischer Feinschmeckerküche bis zu reformkostartigem Minimalismus. Der Küchenchef kann auch einen Spezialkorb für ein Abendpicknick am Strand zusammenstellen.

INSEL SAAREMAA Georg Ots Spa Restaurant €€€€€

Tori 2, 93815 455 0000 **Straßenkarte** C2

Das Restaurant hat eine herrlich fantasiereiche Küche, die ein perfektes Gleichgewicht zwischen Gesundheit und Üppigkeit hält. Eine Reihe von reichhaltigen Pastagerichten ist für die da, die sich nicht die Mühe machen, Kalorien zu zählen. Von der Terrasse hat man im Sommer einen tollen Blick auf die Bucht.

INSEL VORMSI Hullo Tavern €

Hullo, 91301 5191 5244 **Straßenkarte** C2

Hullo Tavern, in einem Holzhaus nach schwedischer Art, wie sie so typisch für die Insel Vormsi sind, ist ein freundliches Lokal in Familienhand, das echte estnische Hausmacherkost serviert. Große Gruppen sollten im Voraus reservieren. Zu dem Lokal gehört auch eine sehr gemütliche Bar, die an Wochenenden bis Mitternacht geöffnet ist.

OST-ESTLAND

KUREMÄE Wironia Pub €€

Rakvere 7, 41531 336 4204 **Straßenkarte** E1

Dieses fröhliche Lokal ist ideal für ein Essen nach einem langen Besichtigungstag. Es gibt ein paar gute Hauptgerichte wie z. B. Schnitzel, Fisch und Salat sowie simple Fleischspeisen, Eierkuchen und andere deftige regionale Spezialitäten. Nebenan gibt es eine nette kleine Kneipe mit gemütlichen Holzbänken und Billardtischen.

LAHEMAA-NATIONALPARK Kaminasaal €€

Rakvere tee 13, 45501 5648 2286 **Straßenkarte** D1

Das hübsche kleine Restaurant liegt in einem der schönsten Gegenden von Lahemaa. Das rustikale Interieur ist die Hauptattraktion, aber die Gerichte halten genau die Waage zwischen regionalem und europäischem Geschmack. Im Sommer werden Tische nach draußen gestellt, im Winter wärmt drinnen ein offenes Feuer.

LAHEMAA-NATIONALPARK Viitna Kõrts €€

Viitna, 45202 520 9156 **Straßenkarte** D1

Dieses Gasthaus alten Stils unweit der Autobahn Tallinn–Narva an einer der Hauptstraßen von Lahemaa ist ein beliebter Rastplatz. Das Speisenangebot besteht hauptsächlich aus Variationen von Kartoffel-, Fleisch- und Fischgerichten, die aber gut zubereitet, sättigend und wohlschmeckend sind in diesem stimmungsvollen Ambiente.

LAHEMAA-NATIONALPARK Restaurant Kolga Manor €€€

Dorf Kolga, 74803 607 7250 **Straßenkarte** D1

Das schön renovierte Restaurant in einem der prächtigsten Gutshäuser von Lahemaa ist ein attraktiver, stimmungsvoller Rahmen für ein gutes Essen. Der Hauswein kommt aus dem französischen Geburtsort von Pontus de la Gardie (1520–1585), der einst schwedischer Gouverneur von Livland war.

LAHEMAA-NATIONALPARK Restaurant Sagadi Manor €€€

Dorf Sagadi, Sagadi, 45402 676 7888 **Straßenkarte** D2

Mit seinem glanzvollen Interieur und der reizvollen Umgebung ist das Restaurant Sagadi Manor (Gutshaus Sagadi) ein ungeheuer schönes Erlebnis. Die Speisekarte bietet Spezialitäten von Wild und Geflügel der Region und den berühmten Sagadi-Möhrenkuchen. Von der Terrasse im ersten Stock hat man im Sommer eine hinreißende Aussicht.

Straßenkarte *siehe hintere Umschlaginnenseiten*

NARVA 100% China ⓚⓚ

Tallinn mnt 6b, 20304 ☎ *357 5099* **Straßenkarte** *E1*

Dieses nette, kleine Lokal, eines der besten Restaurants in Narva, hat den einzigen chinesischen Küchenchef der Region, was sicherstellt, dass das Essen weitgehend authentisch ist. Auf der umfangreichen Speisekarte findet man viele vegetarische Gerichte, was eine ziemliche Seltenheit im strikt nicht vegetarischen Estland ist.

NARVA Café Geneva ⓚⓚ

Võidu 2, Narva, 21006 ☎ *356 1135* **Straßenkarte** *E1*

Das Café Geneva, Nachtclub, Bar und Café in einem, bietet preiswertes, anständiges Essen. Beilagen wie Reis, Pommes frites oder Gemüse sind nicht im Preis der Hauptgerichte enthalten und müssen gesondert bestellt werden. Desserts und Cocktails sind hier ohne Zweifel die Glanzpunkte der Karte.

NARVA German Pub ⓚⓚ

Puškini 10, 20308 ☎ *359 1548* **Straßenkarte** *E1*

Dieses bei Einheimischen beliebte Lokal bietet (ungeachtet des Namens) deftige Gerichte nach estnischer Art in entspannter Atmosphäre. In einer nicht ganz dazu passenden Galerie im rustikalen Keller werden stolz Boxerfotos ausgestellt. Dies ist auch eines der wenigen Lokale, wo man Froschschenkel als Snack serviert bekommt.

NARVA Salvadore ⓚⓚⓚ

Puškini 28, 20306 ☎ *688 1100* **Straßenkarte** *E1*

Das zentral gelegene Salvadore bietet gutes Essen estnisch-europäischer Art. Die hausgemachte Pasta und der Risotto sind einen Versuch wert. Es gibt auch eine Kinderspeisekarte, u. a. ein Kater-Matroskin-Sandwich, das nach dem berühmten russischen Cartoon benannt ist. Es besteht aus Graubrot, Schinken und Butter.

ONTIKA-STEILKÜSTE Mio Mare ⓚⓚⓚ

Ranna 12, Toila, 41702 ☎ *334 2916* **Straßenkarte** *E1*

Das Mio Mare, das zum Kurhotel Toila *(siehe S. 298)* gehört, ist ein unaufdringliches Restaurant mit fantastischer Speisekarte. Die Hauptgerichte sind meist sehr gut zubereitete Fleisch- und Fischgerichte, u. a. Wildschwein aus der Region, das vegetarische Angebot ist allerdings begrenzt. An den Wochenenden ist bis spät abends geöffnet.

OTEPÄÄ Hotel Restaurant Karupesa ⓚⓚ

Tehvandi 1a, 67406 ☎ *766 1500* **Straßenkarte** *E2*

Ein hübsches, kleines Lokal mit romantischer Beleuchtung. Das Angebot besteht meist aus Fleischgerichten, es gibt aber auch ein vegetarisches Tagesmenü. Das Restaurant hat eine Bar mit Billardtischen und draußen einen Tennisplatz, aus dem im Winter eine Eislaufbahn wird.

PAIDE Bonatal ⓚⓚ

Pärnu 54, 72712 ☎ *384 6010* **Straßenkarte** *D2*

Angesichts des Mangels an Speiselokalen in einer Provinzstadt wie Paide ist das Bonatal ein Lichtblick für Besucher. Das im Stadtzentrum gelegene unterhaltsame kleine Speiselokal hat eine Karte mit typischen Kleinstadtgerichten, die meist aus großen Portionen Fleisch, Fisch und Salat bestehen.

PÕLTSAMAA Rivaal ⓚⓚ

Veski 1, 48106 ☎ *776 2620* **Straßenkarte** *D2*

Das Rivaal, ein hübsches, kleines Restaurant am Fluss mitten in der Stadt, hat eine Menge Gerichte estnischer Art im Angebot. Auch große Gruppen finden hier Platz. In der nahen Burg gibt es einen berühmten Weinprobenkeller, die bezaubernde Roseninsel liegt nur einen kurzen Spaziergang entfernt.

PÕLVA Hotel Restaurant Pesa ⓚⓚ

Uus 5, 63308 ☎ *799 8530* **Straßenkarte** *E2*

Das Restaurant ist so gut, wie man es in einer estnischen Provinzstadt erwarten kann. Ungewöhnlich ist das Angebot einiger ordentlicher vegetarischer Gerichte neben den üblichen estnischen und europäischen Speisen. Auf der Sonnenterrasse macht das Essen Vergnügen, die gemütliche Kneipe bleibt bis spät abend geöffnet.

PÕLVA Restaurant Põlva ⓚⓚ

Kesk 10, 63308 ☎ *799 9037* **Straßenkarte** *E2*

Dieses Lokal im Stadtzentrum besteht aus Bistro, Restaurant und Bar. Ausgestattet ist es seltsam reizlos, das Speisenangebot ist typisch kleinstädtisch, aber die Speisekarte ist so umfangreich, dass auch der wählerischste Gast etwas finden wird, was seinem Geschmack entspricht.

RAKVERE Katariina Kelder ⓚⓚ

Pikk 3, 44307 ☎ *322 3943* **Straßenkarte** *D1*

Dieses Barrestaurant liegt in der ältesten Straße von Rakvere und ist einer der besten Orte der Stadt, um zufriedenstellend zu speisen. Das Angebot ist fantasievoller als sonst in den hiesigen Kneipen, auch wenn die Gerichte meist aus einem Stück Fleisch mit einem kleinen Salat bestehen. Die nahe Burgruine lädt zum Verdauungsspaziergang ein.

SETUMAA Café Hirve ⓚ

Silla 2, Värska, 64001 ☎ *797 6105* **Straßenkarte** *E2*

Das in einem Ferienzentrum gelegene Café Hirve zieht meist Besucher des Bauernhofmuseums Setu an. Das Angebot ist typisch estnisch-ländlich mit viel Suppen, Kartoffeln und Braten. Sandwiches und andere Snacks machen das Lokal für einen schnellen Happen zwischendurch geeignet.

Preiskategorien *siehe S. 322* **Zeichenerklärung** *siehe hintere Umschlagklappe*

SILLAMÄE Krunk

Kesk 23, 40231 392 9030 — **Straßenkarte** *E1*

Das Hotelrestaurant *(siehe S. 299)* aus der Sowjetzeit ist elegant und kultiviert. Das Speisenangebot ist das beste der Stadt, das die üblichen Fleisch- und Fischgerichte durchaus stilvoll aufpeppt. Bekannte internationale Gerichte werden vorzugsweise mit Pommes frites serviert. Livemusik an den Wochenenden steigert die Atmosphäre.

SUUR MUNAMÄGI Turmcafé Suur Munamägi

Dorf Haanja, 65101 787 8847 — **Straßenkarte** *E2*

Es lohnt unbedingt, dieses kürzlich renovierte Glasfront-Café für ein kühles Erfrischungsgetränk oder einen heißen Kaffee zu besuchen, einfach weil es der höchste Punkt im Baltikum ist und eine wirklich atemberaubende Aussicht bietet. Geboten werden einfache Erfrischungen. Im Sommer bleibt das Lokal bis 20 Uhr geöffnet.

SUUR MUNAMÄGI Café Suur Muna

Dorf Haanja, 65101 786 6000 — **Straßenkarte** *E2*

Das Café Suur Muna ist ein angenehmes Dorfcafé mit einer kleinen, ordentlichen Karte. Seine idyllische Umgebung kann man von der hübschen Terrasse aus bewundern. Das Lokal ließ sich vom Namen der Gegend, Suur Munamägi (Großer Eierberg), inspirieren und hat mehrere Eiergerichte auf die Speisekarte gesetzt.

TARTU La Dolce Vita

Kompanii 10, 51007 740 7545 — **Straßenkarte** *E2*

Dieses liebenswerte kleine Restaurant, das an eine echte Trattoria erinnert, bietet eine Riesenauswahl an Salaten, Pizza und Hauptgerichten. Die Pizzen werden im einzigen Holzofen in Tartu kross gebacken. Die gemütliche Außenterrasse blickt auf einen schönen Park.

TARTU Tsink Plekk Pang

Küütri 6, 51007 730 3415 — **Straßenkarte** *E2*

Dieses exzellente Altstadtrestaurant mit Bar erstreckt sich über vier Etagen, die eine entspannte, angenehme Atmosphäre verbreiten. Die Speisekarte bietet vor allem chinesische Gerichte sowie Sushi und einige indische Speisen. Auch für einen Drink ist man hier gut aufgehoben.

TARTU Wilde

Vallikraavi 4, 30103 730 9764 — **Straßenkarte** *E2*

Das Wilde, ein typisch irischer Pub, allerdings viel heller als üblich, hat große Fenster und in hellen Farben gestrichene Wände. Auf der riesigen Speisekarte dieses überaus heiteren Lokals stehen vorwiegend irische Gerichte wie Steak mit Guinness Pie sowie Hamburger und Currys.

TARTU Atlantis

Narva mnt 2, 51009 738 5485 — **Straßenkarte** *E2*

Das Atlantis nimmt ein Gebäude mit Glasfront ein, das auf den Fluss Emajõgi blickt und Teil einer Anlage ist, zu der auch ein beliebter Nachtclub gehört. Das Restaurant ist hell, behaglich und elegant möbliert. Die vielseitige Karte bietet einige exzellente Fischgerichte. Der weite Blick über Tartu ist ein weiterer Pluspunkt.

TARTU Rasputin

Ülikooli 10, 51003 730 5996 — **Straßenkarte** *E2*

Mit Gerichten wie Leningrader Casserole, Fischtopf Novgorod und Borschtsch Moskauer Art bietet das Rasputin echte russische Küche in angenehmer, gasthausartiger Atmosphäre. Auch alle gängigen russischen Klassiker sind vertreten. Im Sommer kann man auch in dem herrlichen geschlossenen Innenhof speisen.

VILJANDI Suur Vend Pub

Turu 4, 71003 433 3644 — **Straßenkarte** *D2*

Eine freundliche, einladende Kneipe mit einer vielseitigen, überraschend guten Speisekarte, die von paniertem Brokkoli bis zu Schwein und Huhn vom Wok viel Empfehlenswertes enthält. Geboten werden regelmäßig Livemusik und sogar eine gemütliche Sauna, die man stundenweise mieten kann.

VILJANDI Restaurant Hotel Centrum

Tallinna 24, 71008 435 1100 — **Straßenkarte** *D2*

Von seinem Aussichtspunkt im vierten Stock bietet das Restaurant im Hotel Centrum *(siehe S. 299)* einen herrlichen Blick auf die Hauptstraße von Viljandi. Es ist ein modernes, behagliches Speiselokal mit einer Karte, die wohl die beste der Stadt ist. Auch die Weinkarte ist für die Provinz überdurchschnittlich.

VÕRU Ränduri Pub

Jüri 36, 65603 786 8050 — **Straßenkarte** *E2*

Die Kneipe Ränduri Pub liegt an einer der Hauptstraßen im Stadtzentrum. Mit ihrem traditionellen Interieur aus Holz und Backstein wirkt sie behaglich und einladend. Geboten wird anständiges estnisches Gasthausessen, darunter Fisch- und Fleischgerichte und Salate zu günstigen Preisen. Jede Menge Parkplätze.

VÕRU Õlle 17

Jüri 17, 65609 782 8461 — **Straßenkarte** *E2*

Õlle 17 ist der einzige irische Pub in Võru. Zur freundlichen, gemütlichen Einrichtung gehören eine Lounge und ein separates Raucherzimmer. Geboten wird frisches, gut zubereitetes Kneipenessen, darunter Fleisch und Salate, neben einer ungewöhnlich großen Auswahl an Bieren einschließlich Guinness.

Restaurantauswahl Lettland

Die folgenden Restaurants wurden wegen ihres Preis-Leistungs-Verhältnisses, der guten Küche und ihrer Lage ausgewählt. Sie sind nach Regionen aufgelistet, beginnend mit Rīga. Kartenverweise beziehen sich auf den Stadtplan von Rīga *(siehe S. 160f)* bzw. auf die Straßenkarte *(siehe hintere Umschlaginnenseiten)*.

PREISKATEGORIEN
Die Preise gelten für ein Drei-Gänge-Menü pro Person mit einer halben Flasche Wein, inklusive Service und Steuern.
Ⓛⓢ unter 10 Ls
ⓁⓢⓁⓢ 10–15 Ls
ⓁⓢⓁⓢⓁⓢ 15–20 Ls
ⓁⓢⓁⓢⓁⓢⓁⓢ 20–25 Ls
ⓁⓢⓁⓢⓁⓢⓁⓢⓁⓢ über 25 Ls

Rīga

Alus Sēta
ⓁⓢⓁⓢ
Tirgoņu iela 6, LV-1050 6722 2431 **Stadtplan** 1 C4

Die zentralste Filiale der beliebten lettischen Selbstbedienungs-Restaurantkette LIDO, das Alus Sēta, bietet authentische regionale Küche in Bauernhausatmosphäre. Zu den beliebten Gerichten gehören Schaschlik mit Erbsen, dazu ein Bier der restauranteigenen Marke oder ein köstliches dunkles Užavas-Bier.

Citi Laiki
ⓁⓢⓁⓢ
Brīvības iela 41, LV-1010 6724 0590 **Stadtplan** 2 F1

Das Citi Laiki in einem Holzhaus von 1824 serviert lettische Gerichte in rustikalem Ambiente mit regionalen Antiquitäten. Im Gegensatz zu vielen Restaurants der Hauptstadt gehört es nicht zur LIDO-Gruppe und hat Tischbedienung statt eines Büfetts. Live gespielte Volksmusik gehört zu den Highlights am Wochenende.

Dzirnavas
ⓁⓢⓁⓢ
Dzirnavu iela 74/76, LV-1050 6728 4228 **Stadtplan** 2 E4

Beliebt für seine lettische Küche zu zivilen Preisen, ist das Dzirnavas eines von mehreren LIDO-Restaurants in der Hauptstadt. Das Büfettangebot ist reichhaltig, mit vielen Salaten und Klassikern wie Schaschlik. Die Ausstattung mit unverputztem Mauerwerk und an den Wänden hängenden Fackeln hat was Mittelalterliches.

LIDO Atpūtas Centrs
ⓁⓢⓁⓢ
Krasta iela 76, LV-1019 6750 4420 **Stadtplan** 2 D5

Das zur Kette der LIDO-Restaurants gehörende massive Blockhaus mit Vergnügungspark, Eisbahn und live gespielter Volksmusik ist für sich allein eine Urlauberattraktion. Das Büfett bietet über 500 Gerichte, darunter viele traditionelle lettische Speisen. Es gibt auch ein Restaurant mit Tischen und eine große Bierhalle.

Osīris
ⓁⓢⓁⓢ
Krišjānis Barona iela 31, LV-1011 6724 3002 **Stadtplan** 2 E3

Das Osīris, ein stimmungsvolles Café mit exzellenten internationalen Speisen, hat eine vor allem künstlerisch aktive Klientel und bietet regelmäßig Kunstausstellungen. Kamin und Auslandspresse machen es zum behaglichen Treffpunkt, die klassische Musik im Hintergrund trägt zur Stimmung bei. Zum Abendessen sollte man reservieren.

Soraksans
V ⓁⓢⓁⓢ
Miesnieku iela 12, LV-1050 6722 9068 **Stadtplan** 1 C3

Das koreanische Restaurant bietet auf seiner großen Karte u. a. die beliebten *kimbab* (Reis mit Fleisch, Eiern und Gemüse in Seetang gewickelt und mit Sesamöl beträufelt). Nach koreanischer Sitte werden alle Gänge zusammen, nicht nacheinander serviert. Man kann sich sein Essen auf einer heißen Platte am Tisch auch selbst zubereiten.

Staburags
ⓁⓢⓁⓢ
Čaka 55 iela, LV-1011 6729 9787 **Stadtplan** 2 E3

Nacktes Mauerwerk und Eiche schaffen eine Pseudo-Bauernhausatmosphäre in dieser großen Filiale der LIDO-Kette. Die echt lettischen Gerichte, wie Schweineschaschlik mit Erbsen, sind erschwinglich, aber deftig. Abends wird im Staburags oft mit Volksmusikdarbietungen für Stimmung gesorgt.

Vērmanītis
ⓁⓢⓁⓢ
Elizabetes iela 65, LV-1050 6722 1318 **Stadtplan** 2 D2

Das Restaurant der allgegenwärtigen LIDO-Kette liegt am Rand des Botanischen Gartens Vērmanes. Es ist wie ein Bauernhaus hergerichtet, das Personal trägt lettische Tracht. Gängige Dinge wie Fleisch, Kartoffeln, Reis und Salat sind am Büfett preiswert zu haben. Pizza und andere Schnellgerichte bekommt man im Keller.

Alpen Rose
V ⓁⓢⓁⓢⓁⓢ
Jauniela iela 16, LV-1050 6722 0402 **Stadtplan** 1 C4

Das lustig gestrichene Äußere macht auf dieses bezaubernde Schweizer Restaurant aufmerksam. Auf der Karte findet man selbstgebackenes Brot, Äpfel mit Fleischfüllung, Raclette und Fondue, die von Kellnerinnen in Schweizer Tracht serviert werden. Auch die Weinkarte bietet schweizerisches. Die Dachterrasse ist im Sommer geöffnet.

Zeichenerklärung *siehe hintere Umschlagklappe*

Alus Ordenis ⓁⓈⓁⓈⓁⓈ

Raiņa bulvāris 15, LV-1050 6781 4190 **Stadtplan** 2 D3

Dieser Bierkeller unter der Bar Black Cat hat bäuerliche lettische Speisen auf der Karte, darunter Spezialitäten wie *cuku pupas* (breite Bohnen in Buttersauce), Stierhoden und gekochte Schweinsfüße. Außerdem einige regionale Biersorten. Die Gerichte sind authentisch, aber auch teurer als in ähnlichen lettischen Restaurants.

Aragats

Miera iela 15, LV-1001 6737 3445 **Stadtplan** 2 F1

Dieses auf die armenische Küche spezialisierte kaukasische Restaurant hat eine gemütliche Atmosphäre und sehr freundliches Personal. Spezialitäten sind u. a. Schaschlik und *hashlama* (Hammelfleisch-Gemüsesuppe) sowie einige Weine aus der Region. Süßer Kaffee schließt die Mahlzeiten ab.

Baan Thai

Bruņinieku iela 59, LV-1011 6727 8602 **Stadtplan** 2 E3

Das Thai-Bistro ist eines der wenigen Lokale in Lettland, die scharfe Speisen servieren. Ein typisches, von einem Thai-Koch zubereitetes Menü besteht aus Suppe, einem Currygericht oder pikantem Salat und einem Dip mit Fisch und Gemüsen. Die Preise sind nach örtlichem Standard hoch, aber der Mittagstisch an Wochentagen ist bezahlbar.

Bon Vivant

Mārstaļu iela 8, LV-1050 6722 6585 **Stadtplan** 2 D4

Der Dekor des belgischen Restaurants ähnelt einer 1930er-Jahre-Brasserie. In dem gemütlichen Lokal lässt man sich gedämpfte Muscheln und Pommes frites oder Würste, die halbmeterweise zu haben sind, schmecken. Dazu passt eine ordentliche Auswahl an Bieren, die jedes im eigenen Spezialglas serviert werden.

Dada

Kalēju iela 30, LV-1050 6710 4433 **Stadtplan** 2 D4

Das nach der Kunstbewegung Dada benannte Lokal zeigt eine verspielte Pietätlosigkeit in seinem Dekor, den unpassenden Bestecken und in der Kleidung des Personals. Beliebt ist der Mongolische Grill, bei dem man aus dem Fleisch und Fisch, den Gemüsen, Nudeln und Saucen wählen kann, die der Küchenchef gerade zubereitet.

Da Sergio

Tērbatas iela 65, LV-1001 6731 2777 **Stadtplan** 2 E3

Die Köche im Da Sergio, das als eines der besten italienischen Restaurants der Stadt gilt, backen die Pizza in einem Holzofen. Die umfangreiche Karte bietet außerdem echte Pasta- und Meeresfrüchtegerichte. Für die mediterrane Stimmung sorgt ausschließlich italienische Musik. Die Weinkarte bietet einige gute Tropfen aus Italien.

El Primero

Smilšu iela 6 (Eingang Aldaru iela), LV-1050 6732 3664 **Stadtplan** 1 C3

Eichenmöbel und Stierkampfplakate bilden den Dekor dieses spanischen Restaurants, das traditionelle Fleisch- und Fischgerichte sowie ein paar vegetarische Optionen bietet. Wochentags ist ein preisgünstiges Mittagsmenü zu haben. Flamenco-Livedarbietungen bringen die Stimmung an den Wochenenden zum Sieden.

Gastronome

Brīvības iela 31, LV-1000 6777 2391 **Stadtplan** 2 F1

Trotz großem Zuwachs an Restaurants in Rīga in den letzten Jahren sind Fischrestaurants rar, was diese Kombination aus Laden und Restaurant zu einem willkommenen Zugewinn macht. Das Gastronome im Reval Hotel Latvija *(siehe S. 302)* serviert köstlichen gegrillten Fisch und Austerngerichte sowie frisch gebackene Kuchen und Torten.

Hongkonga

Valdemāra iela 61, LV-1050 6781 2292 **Stadtplan** 1 A3

Das Hongkonga, eines der besseren Chinarestaurants im Ort, serviert scharfe Speisen statt der faden pseudochinesischen Gerichte, die man sonst meist in Rīga bekommt. Das Lokal ist sehr stimmungsvoll und angenehm dekoriert, chinesische Musik plätschert beruhigend im Hintergrund. Es ist beliebt und an Wochenenden besonders voll.

Kamāla

Jauniela iela 14, LV-1050 6721 1332 **Stadtplan** 1 C4

Das günstig in der Altstadt gelegene Kamāla ist eines der wenigen vegetarischen Restaurants in Rīga. Die Karte kombiniert indische Gerichte mit vielfältigen europäischen Optionen. Die entspannte indische Atmosphäre wird durch Schnitzmöbel, entsprechende Musik und den berauschenden Duft von Weihrauch geschaffen.

Ķiploku Krogs

Mazā pils 23/25, LV-1050 6721 1451 **Stadtplan** 1 C3

Das Ķiploku Krogs, »Knoblauchbar«, nimmt seinen Namen ernst und gibt Knoblauch in fast jedes Gericht, auch in die Eiscreme. Ja, es hebt die paar Gerichte hervor, die ohne die aromatische Zutat auskommen. Die Resultate sind viel weniger verrückt, als man erwarten würde, und bringen ein paar sehr aufregende Gerichte zutage.

Lidojošā Varde

Elizabetes 31a, LV-1010 6732 1184 **Stadtplan** 2 D2

Einer der ältesten Ausländertreffs in Rīga. Das Lidojošā Varde (»fliegender Frosch«), hat seinen Namen von den Froschdekorationen in allen drei Kellerräumen. Das Lokal ist beim Personal der nahen Botschaften besonders beliebt. Die einfache Karte enthält Hamburger, Rippchen, Salate und Nudelgerichte.

Stadtplan Rīga *siehe Seiten 160f*

Lotoss

Skārņu iela 9, LV-1050 6721 5075 **Stadtplan** 2 D4

Das Angebot dieses Restaurants ist international und umfasst alles von *samosas* (frittierte Teigtaschen mit Fleischfüllung) bis zum Filet Mignon sowie eine ordentliche Reihe fleischloser Gerichte. Trotz dieser Fülle ist die Qualität hoch, aber der wahre Grund, hier zu sein, ist der Blick auf eine der schönsten Straßen der Stadt.

Macaroni Noodle Bar

Barona iela 17, LV-1011 6721 7981 **Stadtplan** 2 E3

Ihrem Namen getreu serviert die Macaroni Noodle Bar Nudelgerichte aus Europa und Asien. Auch Sushi gibt es hier, die aus dem Angebot des Schwesterrestaurants Kabuki nebenan stammen. Die Herkunft jedes Gerichts auf der Karte wird durch die entsprechende Nationalflagge angezeigt.

Melnie Mūki

Jāņa sēta 1, LV-1050 6721 5006

Das Melnie Mūki (Schwarze Mönche) in einem früheren Kloster mit einem Küchenchef, der für einen ehemaligen lettischen Präsidenten gearbeitet hat, ist berühmt für seine Karte und überraschend günstige Preise. Der Service ist aufmerksam, das Klima aber relativ steif. Wegen seiner Beliebtheit bei Einheimischen empfiehlt sich eine Reservierung.

Rozengrāls

Rozena 1, LV-1050 6722 0356 **Stadtplan** 1 C4

Unter den Restaurants der Stadt, die noch nach alten Rezepten kochen, ist das Rozengrāls auch für seine Räume in einem Keller des 13. Jahrhunderts berühmt. Traditionell gekleidetes Personal serviert mittelalterliche Gerichte. Wildsuppe, Barsch mit Pflaumenfüllung und Karpfen in pikanter Cognacsauce sind einige der Spezialitäten.

Sue's Indian Raja

Vecpilsētas 3, LV-1050 6721 2614 **Stadtplan** 2 D2

Während viele asiatische Lokale in Lettland sich in der Schärfe auf hiesige Geschmäcker einstellen, serviert Sue's Indian Raja authentische Küche vom gesamten Subkontinent. Und so ist es beliebter bei Fremden als bei Einheimischen und erhält ständig Lob von Kritikern und Besuchern. Tandoori Chicken ist die Spezialität des Küchenchefs.

Arbat

R vāgnera 3, LV-1050 6721 4057 **Stadtplan** 2 F1

Die russische Küche hier ist preiswert, wenn man das elegante Ambiente bedenkt, in dem sie serviert wird. Auf der Karte findet man *pelmeņi* (Knödel), Kaviar, Elchsteaks und Suppe im »Zarenstil« aus Stör, Zander und Wodka. Auch die internationalen Weine und den fast alkoholfreien *kvass* (aus vergorenem Brot) lohnt es zu kosten.

Palete

Gleznotāju iela 12/14, LV-1050 6721 6037

Dieses gemütliche Restaurant im Hotel Vecrīga *(siehe S. 301)* ist bei Gästen wie Einheimischen beliebt. Seine eklektische internationale Karte reicht von kreolisch bis italienisch. Etwas davon trifft die meisten Geschmäcker, aber die Meeresfrüchte sind eine Spezialität. Hübsche Gemälde und ein Kamin im Winter erhöhen den Charme des Lokals.

Bellevue

Skolas iela 1, LV-1048 6706 9000 **Stadtplan** 2 E2

Das Bellevue, ein Nobellokal am linken Daugava-Ufer, befindet sich in der 11. Etage des Hotels Maritim Park *(siehe S. 302)*. Dem luxuriösen Rahmen entspricht der imposante Blick auf den Fluss und die Altstadt. Die Feinschmeckerküche ist auf Fisch- und Meeresfrüchtegerichte spezialisiert.

Benjamiņs

Barona iela 12, V-1000 6707 9444 **Stadtplan** 2 E3

Das elegante Restaurant im prächtigen 19.-Jahrhundert-Gebäude des Hotels Europa Royale *(siehe S. 301)* hat sich viele seiner originalen Merkmale wie Buntglasfenster und Parkettböden bewahrt. Geboten wird internationale Küche, ergänzt durch eine umfangreiche Weinkarte mit einigen erlesenen Jahrgängen.

Bergs

Elizabetes iela 83/85, LV-1050 6777 0957 **Stadtplan** 2 D2

Das Restaurant des Boutique-Hotels Bergs *(siehe S. 302)* gehört zu den allerbesten in Rīga. Unter Leitung eines der angesehensten Küchenchefs der Stadt, Kaspars Jansons, wird exquisite Küche von aufmerksamem Personal in einem reizenden Rahmen serviert. Die Karte enthält vor allem europäische Küche und Gerichte im Fusionstil.

Skonto Zivju Restorāns

Vāgnera iela 4, LV-1050 6721 0087

Das behagliche, auf Meeresfrüchte spezialisierte Nobelrestaurant ist bei Rīgas wohlhabenderen Gästen seit über einem Jahrzehnt der Favorit. Die Karte enthält einige aufregende Versuchungen wie z. B. ein Antipasto aus Schwertfisch- und Lachscarpaccio mit Daikonrettich, Wachteleiern und Wasabisauce (japanischer Meerrettich).

Vincent's

Elizabetes iela 19, LV-1000 6733 2634 **Stadtplan** 2 D2

Mit Promichef Mārtiņš Rītiņš am Herd ist das Vincent's seit seiner Eröffnung 1994 der Gipfel der Rīgaer Restaurantszene, den auch weiterhin die meisten gekrönten und ungekrönten Häupter aufsuchen, die in die Stadt kommen. Gewagte europäische Kreationen gibt es neben klassischen Versionen der traditionellen lettischen Küche.

West-Lettland

BAUSKA Rožmalas ⓁⓈⓁⓈ

Ceraukstes pagasts, 7 km S der Stadt , LV-3908 6779 1178 **Straßenkarte** *D4*

Das Restaurant des Hotels Rožmalas *(siehe S. 303)* ist eine Stufe besser als die meisten Lokale in der Provinz Lettlands. Das geräumige, gut beleuchtete Interieur ist zeitgemäß eingerichtet. Geboten werden Verlockungen wie Spanferkelrouladen mit Hanf und Erbspüree in Sahnesauce und gebratener Hecht mit Wurzelgemüse.

DUNDAGA Jūras Sapņi ⓁⓈⓁⓈ

Vīdāles iela 2, LV-3270 2917 7245 **Straßenkarte** *C3*

Es gibt in Dundaga wenige Speiselokale, und das Jūras Sapņi ist eines der besten. Der Dekor ist mit Palmen, einem großen Wandgemälde und einer Grotte in einer Ecke auf das Thema Strand eingestimmt. Die Gerichte entsprechen dem lettischen Standard aus Schweinefleisch, Huhn und Kartoffeln. Ein eigenes Kindermenü gibt es auch.

ENGURE Cope ⓁⓈ

Rideļu dzirnavas, LV-3113 2912 0190 **Straßenkarte** *C3*

Das Gästehaus neben der Ridelļi-Wassermühle enthält ein hübsches Café, das ein bequemer Stopp für Leute ist, die zum Engure-See unterwegs sind. Das Mehl, das die Mühle noch immer herstellt, wird für mehrere Gerichte auf der Karte verwandt, z. B. für die köstlichen Eierkuchen. Boote kann man hier für eine Fahrt auf dem See mieten.

JAUNMOKU PILS Huberts ⓁⓈ

Tume, LV-3139 2870 9742

Das Huberts im Hotel Jaunmoku Pils *(siehe S. 303)* ist mit Jagdtrophäen dekoriert. Die Küche ist auf Wildgeflügel spezialisiert, die Karte enthält zudem Gerichte wie »Kartoffeleierkuchen nach dem Gusto des Haushofmeisters Frau«. Die flachen Quarkeierkuchen, die es hier gibt, sind bei Kindern der Renner.

JELGAVA Stolovaja Nr. 5 ⓁⓈⓁⓈ

Driskas iela 4, LV-3001 2962 1580 **Straßenkarte** *C4*

Das in einem Einkaufscenter versteckte Restaurant bietet echte russische Küche in stimmungsvoller Atmosphäre. Die Karte gibt es nur auf Russisch und Lettisch, aber das Personal sollte helfen können. Die Livemusik, beliebte russische Weisen, auf Gitarre und Keyboard vorgetragen, ist etwas für Kenner.

JŪRMALA Al Tohme ⓁⓈⓁⓈⓁⓈ

Pilsoņu iela 2, LV-2015 6775 5755 **Straßenkarte** *C3*

Das libanesische Strandrestaurant bietet von seiner Terrasse einen herrlichen Blick auf die Rīgaer Bucht. Auf der Karte findet man Kebabs und Pizza sowie verschiedene Mezze wie Hummus und scharfe Wurst, die auf Mosaiktischen serviert werden. Arabische Musik, Bauchtanz und Wasserpfeifendüfte tragen zur Atmosphäre bei.

JŪRMALA Pegasa Pils ⓁⓈⓁⓈⓁⓈ

Jūras iela 60, Majori, LV-2015 2923 6425 **Straßenkarte** *C3*

Das Restaurant in einem restaurierten Jugendstil-Holzhaus mit imposantem Eckturm und dicht beim Konzertsaal von Dzintari ist eines der besten in Majori. Die Gerichte sind typisch lettische Kost mit vielen Fisch- und Nudelgerichten. Geiger spielen an den Wochenendabenden auf.

JŪRMALA Aquarius ⓁⓈⓁⓈⓁⓈⓁⓈⓁⓈ

33 Bulduru prospekts, Bulduri, LV-2010 6775 1071 **Straßenkarte** *C3*

Aquarius, ein überraschend stilvolles Lokal etwas abseits der Attraktionen von Bulduri, ist nach dem Aquarium hinter der Bar benannt. Die Karte enthält einen gewagten Mix aus asiatischen und europäischen Gerichten. Das ausgezeichnete Essen wird durch Musik und schicken Dekor ergänzt. Die große Weinkarte bietet auch halbe Flaschen.

JŪRMALA Villa Joma ⓁⓈⓁⓈⓁⓈⓁⓈⓁⓈ

Jomas iela 90, LV-2015 6777 1999 **Straßenkarte** *C3*

Das pastellfarbene, helle und luftige Restaurant zählt zu den besten in Jūrmala. Die Speisekarte ist dankenswerterweise vor dem Lokal ausgehängt und enthält internationale Klassiker wie Thunfischcarpaccio und Barbarie-Entenbrust. Außer den Weinen aus der Weinkarte werden an der Bar auch Cocktails serviert.

KOLKA Zītari ⓁⓈ

Rūtas, LV-3275 6322 0451 **Straßenkarte** *C3*

Das Café im Hotel Zītari *(siehe S. 304)*, eine der besseren Optionen an der livländischen Küste, hat eine relativ bescheidene Karte mit begrenztem Angebot. Die einfache lettische Kost, die hier serviert wird, umfasst einige Fischgerichte, die Kolkas Nähe zum Meer widerspiegeln.

KULDĪGA Stenders ⓁⓈⓁⓈ

Liepājas iela 3, LV-3301 6332 2703 **Straßenkarte** *B3*

Das Stenders in der ersten Etage eines ehemaligen Kornspeichers bietet eine Reihe lettischer Standardgerichte und ist wegen seiner Spezialität, den Eierkuchen, bei den Einheimischen sehr beliebt. Von der hübschen Außenterrasse hat man einen tollen Blick auf die Stadt. DJs aus dem Ort legen freitag- und samstagabends auf.

KULDĪGA Metropole
Baznīcas iela 11, LV-3301 6335 0588 **Straßenkarte** *B3*

Das Restaurant des Hotels Metropole *(siehe S. 304)* ist das vornehmste und teuerste der Stadt. Die Karte enthält lettische und internationale Gerichte. Vegetarische Kost ist auf einige wenige Salate begrenzt. Die Weinkarte des Hotels ist umfangreich, im Keller gibt es eine Bar.

LIEPĀJA Ilze
Graudu iela 23, LV-3401 6342 3814 **Straßenkarte** *B4*

Das Backstein-Kellerrestaurant mit Deckengewölben und romantischer Beleuchtung ist bei Einheimischen sehr beliebt. Es bietet lettische Standardküche neben einigen exotischen Gerichten wie Chicken Wasabi oder Calamari zu akzeptablen Preisen. Jeden Abend gibt es Livemusik.

LIEPĀJA Libava
Vecā ostmala 29, LV-3401 6342 9714 **Straßenkarte** *B4*

Das Restaurant ist auf Fisch und Meeresfrüchte spezialisiert, der Akzent liegt auf regionaler Küche. Die Karte enthält hauseigene Kreationen wie »Frau Štrondfogts Festliches Hühnchen« (in Kefir mariniertes gegrilltes Huhn mit Garnelensauce und Gemüsepastete). Mit den weißen Wänden und roten Ledersesseln speist es sich hier angenehm.

LIEPĀJA Pastnieka Māja
Fr Brīvzemnieka 53, LV-3401 6340 7521 **Straßenkarte** *B4*

Dieser Holz- und Backsteinbau liegt in einer ruhigen Straße nahe dem Stadtzentrum. Das Haus mag alt sein, aber die Ausstattung des Restaurants ist entschieden modern. Die Karte hält sich weitgehend an die lettischen Klassiker, auf der Getränkeliste findet man einige Biersorten aus der Region. Es gibt auch eine große Terrasse.

MEŽOTNE Mežotnes Pils
Mežotnes pagasts, LV-3918 6396 0711 **Straßenkarte** *D4*

Vom hübschen Speisesaal im Hotel Mežotnes Pils *(siehe S. 304)* hat man einen einzigartigen Blick auf den Schlosspark. Das Essen ist weniger prächtig, als die Umgebung nahelegt. Geboten wird einfache lettische Küche, darunter *escalope* (dünne Fleisch- oder Fischscheiben), zu akzeptablen Preisen. Man sollte im Voraus reservieren.

NĪCA Nīcava
Nīcas pagasts, LV-3473 6348 6379 **Straßenkarte** *B4*

Das Restaurant ist in einen Hauptspeisesaal mit Zugang aus dem Hotel Nīcava *(siehe S. 304)* und ein Gewächshaus unterteilt, in das man über einen Seiteneingang gelangt. Die lettische Speisekarte ist hier wie dort dieselbe und bietet die »Küche der Frau des Hauses«, traditionelle Gerichte wie gebratene Schweinshaxe mit Meerrettich.

PĀVILOSTA Pub Āķagals
Dzintaru iela 3, LV-3466 6349 8212 **Straßenkarte** *B4*

Der prunkvolle Holzdekor dieser Kneipe erstreckt sich auch auf deren schnörkelige Bar aus Baumstämmen. Das Restaurant nutzt seine Nähe zum Meer und ist auf Gerichte aus frischem und geräuchertem Fisch spezialisiert, bietet aber auch andere lettische Speisen. Für kalte Wintertage gibt es im Haus eine Sauna und einen gemütlichen Kamin.

PEDVĀLE Dāre
Pedvāles Brīvdabas Mākslas Muzejas, LV-3294 6325 2273 **Straßenkarte** *C4*

Dieses Café liegt eine kurze Fahrt von Sabile entfernt und nahe beim Eingang zum Freilichtmuseum Pedvāle. Es serviert in entspannter Atmosphäre eine ordentliche Auswahl lettischer Klassiker. Manchmal wird in dem Café Kunst ausgestellt. Die hübsche Außenterrasse ist ein begehrter Essplatz im Sommer.

ROJA Rojas Pērle
Selgas iela 4a, LV-3264 6326 9562 **Straßenkarte** *C3*

Im Hotel Rojas Pērle *(siehe S. 304)* gibt es ein Café und ein Restaurant für den kleinen und den großen Hunger. Die Restaurantkarte ist mit Dim Sum und Paella erstaunlich gewagt, bringt aber auch lettischen Standard wie Schweineschnitzel mit Kartoffeln. Das Café hat eine Außenterrasse. Eine Diskothek im Haus wummert an den Wochenenden.

ROJA Dzintarkrasts
Žocene, LV-3264 2860 0600 **Straßenkarte** *C3*

Das kultivierte, mit dunklen Tischen und Korbstühlen geschmackvoll möblierte Restaurant gehört zur Ferienanlage Dzintarkrasts *(siehe S. 304)*. Die Karte enthält traditionelle Kurzeme-Gerichte wie Sauerampfersuppe mit gebratenem Speck und Eierscheiben sowie Schwarzbrotsuppe mit Dörräpfeln und Schlagsahne.

RUNDĀLE Baltā Māja
Rundāle, LV-3921 2912 4374 **Straßenkarte** *D4*

Das Baltā Maja *(siehe S. 305)* ist etwa 200 Jahre alt. Neben der Gästepension gibt es ein exzellentes Café, in dem man echte lettische Hausmannskost in einem einladenden Speiseraum im Bauernhausstil bekommt. Das Dessert aus Schwarzbrot und Beeren sollte man sich nicht entgehen lassen. Im Voraus bestellen.

RUNDĀLE Rundāles Pils
Rundāle, LV-3921 6396 2195 **Straßenkarte** *D4*

Das dicht beim Schloss Rundāle gelegene Restaurant befindet sich in der ehemaligen Küche des Herzogs von Kurland. Die lettischen Gerichte sind fantastisch, aber das vegetarische Angebot ist relativ spärlich. Das Restaurant ist ganzjährig geöffnet, aber außerhalb der Saison (Okt–Mai) sollte man sich anmelden, falls man speisen möchte.

SABILE Pie Vīna Kalna

Rīgas iela 11, LV-3294 *2921 6407* **Straßenkarte** *C3*

Dieses Café ist eine gute Wahl für alle, die durch Sabile kommen oder den Weinberg besuchen. Die lettische Speisekarte enthält Huhn, Fisch und Schwein. Ein Fernseher, der dauerhaft einen Sender mit russischer Popmusik zeigt, ist die einzige Unterhaltung in dem Café.

TALSI Martinelli

Lielā iela 7, LV-3201 *6329 1340* **Straßenkarte** *C3*

Ein Kamin und Balkendecken bringen etwas von einem gemütlichen Bauernhaus in dieses beliebte Restaurant. Traditionelle lettische Schweinfleisch-, Hühnchen- und Fischgerichte gibt es neben uralten Familienrezepten wie Graupen-Steinpilz-Suppe. Die Besitzer betreiben nebenan einen Weinladen mit interessanten Beständen.

TUKUMS Alus Pagrabs

Pils iela 9, LV-3101 *6312 5747* **Straßenkarte** *C3*

Mit einem großen Fernseher in einer Ecke geht es im Alus Pagrabs wie in einer Kneipe zu. Grillfleisch und Bratfisch sind die Highlights auf der Karte, aber die Auswahl ist größer als in den meisten Provinzrestaurants. Es gibt eine Bowlingbahn, die täglich geöffnet ist, an den Wochenendabenden wird das Lokal zur Diskothek.

VENTSPILS Buginš

Lielā iela 1/3, LV-3601 *6368 0151* **Straßenkarte** *B3*

Mit seiner Holzbalkendecke und den alten Fotos an den Wänden versucht sich dieses lebhafte Lokal die Atmosphäre einer gemütlichen Blockhütte zu geben. Der Fernseher im Hauptraum konterkariert die Wirkung allerdings. Die Gerichte, zumeist lettischer Standard, sind ordentlich, aber der Service ist nicht besonders schnell.

VENTSPILS Splīns

Kuldīgas iela 17, LV-3601 *6362 2589* **Straßenkarte** *B3*

Das bei betuchten Einheimischen beliebte Splīns serviert internationale Küche auf hohem Standard. Der strenge Speisesaal wird zum Glück durch Monitore aufgelockert, auf denen klassische Kunst zu sehen ist. An manchen Abenden gibt es Livemusik, meist Blues oder Klassik, nach Geschäftsschluss verwandelt sich das Lokal in einen Nachtclub.

VENTSPILS Melnais Sivēns

Jāņa iela 17, LV-3602 *6362 2396* **Straßenkarte** *B3*

Das stimmungsvollste Speiselokal in Ventspils befindet sich im Keller der Ordensburg des Ortes. Es serviert bei festlichem Kerzenlicht interessante mittelalterliche Gerichte wie z. B. Blutwurst mit Apfel- und Moosbeerenmarmelade oder in Gewürzen mariniertes Schweinefleisch mit Sauerampfersauce.

OST-LETTLAND

AGLONA Upenīte

Tartakas iela 7, LV-5304 *2631 2465* **Straßenkarte** *E4*

Das Gästehaus Upenīte, Mitglied des Europäischen Netzwerks für Regionale Esskultur, besitzt eines der interessanteren Speiselokale in Aglona. Der Speiseraum ist einer mittelalterlichen Taverne nachempfunden. Die Küche ist auf Quarkeierkuchen nach einem alten lettischen Rezept spezialisiert.

DAUGAVPILS Gubernators

Lāčplēša 10, LV-5403 *6542 2455* **Straßenkarte** *E4*

Die auch auf Französisch und Englisch erhältliche Karte der Kellerkneipe bietet eine große Speiseauswahl. Der russische Einfluss ist unübersehbar: *Pelmeni* (Knödel) werden neben den üblichen lettischen Gerichten aus Schweinefleisch, Kartoffeln und Erbsen serviert. Das russische Baltika-Bier ist neben anderen Sorten im Angebot.

DAUGAVPILS Villa Ksenija

Varšavas 17, LV-5404 *6543 4317* **Straßenkarte** *E4*

Das Restaurant im Landhausstil hat einen eleganten Speisesaal mit Büfett, auf dem eine Großauswahl an Brandys und Single-Malt-Whiskeys steht. Die Küche ist international mit besonderer Betonung auf Fischgerichten. Es gibt einen voluminösen Kamin und Kästen mit aufgespießten Schmetterlingen an den Wänden.

DAUGAVPILS Eiropa

Viestura iela 8, LV-5403 *6545 4540* **Straßenkarte** *E4*

Hinter einem Vorhang auf der Rückseite der Bowlingbahn erwartet einen als Überraschung dieses formelle Nobelrestaurant mit akkurat gefalteten Servietten und klassischer Musik aus dem Lautsprecher. Die Karte enthält europäische Gerichte wie gedünstetes Kaninchen in weißer Pilzsauce und gebratenes Tintenfischfilet. Auch Sushi werden serviert.

GAUJA-NATIONALPARK Sarunas

Rīgas iela 4, Cēsis, LV-4101 *6410 7173* **Straßenkarte** *D3*

Das Lokal im Zentrum ist auf Pizza spezialisiert. Es gibt aber auch eine Extrakarte mit Gerichten russischer Art, die jedoch eher lettisch als russisch schmecken. Die roten Stühle, die im Fußboden eingelassenen Lampen und die sichtbare Klimaanlage lassen das Lokal wie eine poppige Bar aussehen. Freitag- und samstagabends legen DJs auf.

Straßenkarte *siehe hintere Umschlaginnenseiten*

GAUJA-NATIONALPARK Kolonna Hotel Cēsis

Vienības laukums 1, Cēsis, LV-4101 6412 0122 **Straßenkarte** *D3*

Viel lettische Küche wird in dem ziemlich formellen Speisesaal des Kolonna Hotel Cēsis *(siehe S. 306) serviert*. Lamm, Rind und Schwein vom Grill sowie frischer Fisch und Meeresfrüchte gehören hier zu den Klassikern. Das Lokal ist nur im Sommer geöffnet. Das saloppere und billigere Café Popular im Keller hat das ganze Jahr auf.

GAUJA-NATIONALPARK Lāču Miga

Gaujas iela 22, Līgatne, LV-4110 6415 3481 **Straßenkarte** *D3*

Das Restaurant im Hotel gleichen Namens *(siehe S. 306)* hat nicht umsonst eine Bärentatze im Logo. Holzmöbel und weiße Ledersessel geben dem Lokal einen modernen Touch, auf der Karte stehen qualitätvolle internationale Gerichte. Nette Extras sind frisch gepresste Obstsäfte und nach dem Essen Pralinen auf jedem Teller.

GAUJA-NATIONALPARK Aparjods

Ventas iela 1a, Sigulda, LV-2150 6797 2230 **Straßenkarte** *D3*

Das auf Bauernhaus getrimmte freundliche Aparjods ist mit sepiabraunen Fotos und Rohr- und Holzmöbeln dekoriert. Neben traditioneller lettischer Küche gibt es auch mutigere europäische Gerichte wie Schnecken. Es ist ein beliebtes Speiselokal, obwohl es außerhalb des Stadtzentrums liegt.

GAUJA-NATIONALPARK Kunga Rija

Krimuldas pagasts, Turaida, LV-2147 6797 1473 **Straßenkarte** *D3*

Gespeist wird in entspannter Atmosphäre im Mezzanin und Erdgeschoss dieses Restaurants, das einem großen Blockhaus ähnelt. Die Karte ist recht gewagt nach provinziell-lettischen Maßstäben, man findet auf ihr Gerichte wie gebratene Lachsforelle in Kräuterkruste mit Pflaumen und Roséweinsauce.

GAUJA-NATIONALPARK Pilsmuiža

Pils iela 16, Sigulda, LV-2150 6797 1425 **Straßenkarte** *D3*

Das Restaurant im 1867 erbauten Neuen Schloss serviert einfache lettische Küche wie Steaks, Schaschlik und Fisch in einem ansprechenden holzgetäfelten Raum. Der Art-déco-Kamin ist besonders eindrucksvoll. Während des Sommers gibt es in kleinen Pavillons auch Plätze im Freien.

GAUJA-NATIONALPARK Kurhotel Ezeri

Siguldas pagasts, Sigulda, LV-2150 6797 3009 **Straßenkarte** *D3*

Der Dekor des modernen Speisesaals des Kurhotels Ezeri *(siehe S. 306)* ist skandinavisch beeinflusst. Die kurze, aber interessante Karte bietet moderne europäische Küche. Es lässt sich hier exzellent speisen, auch wenn man nicht im Hotel wohnt oder nur die Kureinrichtungen nutzt. Montags und dienstags geschlossen.

GULBENE Kalna Lacītēs

Rankas pagasts, LV–4416 2922 5352 **Straßenkarte** *E3*

Diese moderne Blockhütte mit Reetdach ist ein angenehmes Restaurant und eine Stufe besser als die meisten lettischen Lokale am Straßenrand. Die lettische Karte bietet regionale Gerichte mit Portionen für Kinder und alkoholfreie Cocktails. Das Personal ist freundlich und hilfsbereit. In der Nähe steht die Wassermühle Lacītēs Ūdensdzirnavas.

IKŠĶILE Meidrops

Rīgas iela 18, LV-50522 6503 0466 **Straßenkarte** *D3*

Das Restaurant des am Daugava-Ufer gelegenen Hotels Meidrops *(siehe S. 306)* ist eine moderne Blockhütte mit Reetdach. Mit dekorativen Metallarbeiten eines heimischen Kunsthandwerkers ist den Details viel Aufmerksamkeit geschenkt worden. Gerichte wie Salat aus Räucherente mit Pilzen und Spinat werden auf hübschen Tellern serviert.

JĒKABPILS Uguntiņa

Pasta 23b, LV-5201 6523 1907 **Straßenkarte** *D4*

Das quirlige, bei Einheimischen sehr beliebte Selbstbedienungsrestaurant bietet eine Großauswahl an lettischen Gerichten wie Schweinefleisch, Kartoffeln und schwarze Bohnen sowie ein paar eher unerwartete Dinge wie Sushi. Die Karte gibt es nur auf Lettisch, aber das Personal ist gewöhnlich beim Entziffern sehr gern behilflich.

JĒKABPILS Hercogs Jēkabs

Brīvības iela 182, LV-5201 6523 3433 **Straßenkarte** *D4*

Dieses Restaurant an der Daugava ist für Mittag- wie Abendessen ein gemütlicher Ort mit einer Karte, die lettische Standardgerichte wie Schweinekoteletts enthält. Es ist eher eine Kneipe als ein Restaurant, mit schlichten Holzstühlen und -tischen sowie ein paar bequemen Ledersofas.

KOKNESE Vino Rosso

Koknesies pagasts, LV-5113 2921 2909 **Straßenkarte** *D4*

Der restaurierte ehemalige Speicher an der Daugava gehört zum Gut Bilstiņi in Koknese. Das Restaurant serviert mediterrane Küche einschließlich Antipasti und hat eine Speisekarte, die wöchentlich wechselt. Die Weinkarte enthält einige gute Tropfen, die zu bestimmten Gerichten genau passen.

KRĀSLAVA Mārīte

Tirgus 2, LV-5601 6562 4039 **Straßenkarte** *E4*

Da es ein echtes Restaurant in der Stadt nicht gibt, ist dieses Café im Zentrum bei Einheimischen sehr beliebt. Der Name Mārīte bedeutet »Marienkäfer«, und das spiegelt sich in dem vorherrschend roten Dekor wider. Die Karte enthält die üblichen lettischen Standards wie Huhn, Schwein und Fisch. Freitagabends gibt es Livemusik.

RĀZNA-SEE Rāzna ⓛ

Astiči, Kaunatas pagasts, LV-4622 2999 4444 **Straßenkarte** *E4*

Das Rāzna in einer gut ausgestatteten Ferienanlage am See bietet denen, die zwischen den Seen der Region Latgale unterwegs sind, echte lettische Küche. Vom hellen Speiseraum mit weißen Tischtüchern und hellen Holzmöbeln hat man einen schönen Blick aufs Ufer. Rufen Sie vorher an, da es hier oft Veranstaltungen gibt.

LIELVĀRDE Lielvārdes Osta ⓛⓛ

Krasta iela 2, LV-5070 6505 3041 **Straßenkarte** *D4*

Das Restaurant des Boutique-Hotels Lielvārdes Osta *(siehe S. 306)* an der Daugava ist zweifellos eines der besten in der Region. Die schön angerichteten internationalen Gerichte werden in einem behaglichen Speiseraum mit einem prasselnden Kaminfeuer im Winter serviert. Die Bar hat man in der Tat aus einem Schiffsbug gebaut.

LIMBAŽI Bīriņu Pils ⓛⓛⓛ

Bīriņi iela, LV-4014 6402 4033 **Straßenkarte** *D3*

Das Bīriņu Pils *(siehe auch S. 306)* im Keller des Schlosses Bīriņi ist ein angenehmes Hotelrestaurant. Allerdings liegt es für diejenigen, die nicht im Hotel wohnen, etwas abgelegen. Die Speisekarte ist begrenzt und enthält vor allem simple lettische Fleischgerichte. Auch Kinderportionen sind erhältlich.

PREIĻI Pie Pliča ⓛ

Raiņa bulvāris 9, LV-5301 2912 1689 **Straßenkarte** *E4*

Das Restaurant des Hotels Pie Pliča *(siehe S. 307)* ist mit Holzstühlen und -tischen möbliert, getäfelt und mit dekorativen Accessoires wie alten Krügen dekoriert, die dem Ganzen den gewünschten rustikalen Appeal verleihen. Die authentische lettische Küche gilt weithin als die beste in der Stadt.

RĒZEKNE Little Italy ⓛ

Atbrīvošanas aleja 100, LV-4600 6462 5771 **Straßenkarte** *E4*

Das Little Italy im Zentrum ist ein Renner bei den Einheimischen. Das Restaurant im ersten Stock bietet eine schöne Aussicht und eine Karte mit einer reichen Auswahl italienischer Spezialitäten. Es gibt hier 30 Sorten Pizza neben Pasta und anderen Gerichten. Zu den Desserts gehört eine zusammengefaltete Pizza mit Obstfüllung.

RĒZEKNE Latgale ⓛⓛ

Atbrīvošanas aleja 98, LV-4600 6462 2180 **Straßenkarte** *E4*

Das Restaurant im Erdgeschoss des Hotels Latgale *(siehe S. 307)* ist ein reizvolles Speiselokal. Das relativ steife Interieur mit plüschigem Mobiliar wird durch große Fenster aufgelockert. Die Speisekarte enthält eine breite Auswahl an lettischen Gerichten, das vegetarische Angebot indes ist begrenzt.

SALACGRĪVA Rakari ⓛⓛ

Svētciems, kurz hinter der Via Baltica (Rīga–Tallinn), LV-4033 6407 1122 **Straßenkarte** *D3*

Das Rakari gehört zu einer gut ausgestatteten Freizeitanlage samt Hotel *(siehe S. 307)*, Gästehäusern und Campingplatz. Es serviert lettische Klassiker in einem großen Haus aus Backstein und Holz. Sein Wahrzeichen, das man von der Hauptstraße unmittelbar südlich von Svētciems sieht, ist ein riesiger gelber Stuhl auf einem Feld.

SALACGRĪVA Zvejnieku Sēta ⓛⓛ

Rīgas iela 1, LV-4033 2962 4153 **Straßenkarte** *D3*

Das Fischerboot und die Netze, die draußen aufgebaut sind, weisen auf die Spezialitäten dieses Restaurants hin. Außer Fisch und Meeresfrüchten kommen vorwiegend Salate und Suppen auf den Tisch. Das günstig im Stadtzentrum gelegene Zvejnieku Sēta ist ein angenehmer Ort, um die deftigen regionalen Köstlichkeiten zu probieren.

STĀMERIENA Vonadziņi ⓛⓛ

Skolas iela 1, LV-4406 6447 1151 **Straßenkarte** *E3*

Das hübsch am Ludza-See gelegene Restaurant im Hotel Vonadziņi *(siehe S. 307)* ist ein idealer Rastplatz für Besucher dieser Gegend. Das Restaurant gehört zu einer Anlage von Blockhütten mit Reetdächern. Neben dem großen Erholungsangebot der Anlage gibt es hier im Lokal eine Speisekarte mit vielen internationalen Gerichten.

VALMIERA Dikļu Pils ⓛⓛⓛ

Dikļu pagasts, LV-4223 6420 7480 **Straßenkarte** *D3*

Zu dem schön restaurierten Schlosshotel Dikļu Pils *(siehe S. 307)* gehört dieses Restaurant mit formeller, aber nicht steifer Atmosphäre. Die Gerichte entstammen einem Mix aus lettischer und internationaler Küche, die saisonale und regionale Zutaten wie Fisch aus dem Burtnieku-See bevorzugt. Die Karte ist auch auf Vegetarier eingestellt.

VALMIERA Rossini ⓛⓛⓛ

Bruņinieku 3, LV-4201 6422 6622 **Straßenkarte** *D3*

Das Rossini unterhalb des Museums für Regionalgeschichte ist ein erstklassiges italienisches Restaurant mit gewölbten Decken und einer Bar, die zum Teil aus Weinkorken besteht. Die Karte ist auf beliebte italienische Klassiker wie Pizza und Pasta spezialisiert und enthält zudem eine annehmbare Auswahl an vegetarischen Gerichten.

VECPIEBALGA Jumurdas Muiža ⓛ

Jumurda, 19 km S von Vecpiebalga, LV-4844 6487 1791 **Straßenkarte** *D3*

Das Restaurant gehört zu einer Hotelanlage am See, zu der einige Gutsgebäude umgebaut wurden. Die moderne europäische Küche verbindet ländliche Traditionen mit städtischem Raffinement. Von der Sommerterrasse hat man einen tollen Blick auf den See, ihr Schiebedach ist bei schlechtem Wetter von Nutzen.

Straßenkarte *siehe hintere Umschlaginnenseiten*

Restaurantauswahl Litauen

Die folgenden Restaurants wurden wegen ihres Preis-Leistungs-Verhältnisses, der guten Küche und ihrer Lage ausgewählt. Sie sind nach Regionen aufgelistet, beginnend mit Vilnius. Kartenverweise beziehen sich auf den Stadtplan von Vilnius *(siehe S. 246f)* bzw. auf die Straßenkarte *(siehe hintere Umschlaginnenseiten)*.

Preiskategorien

Die Preise gelten für ein Drei-Gänge-Menü pro Person mit einer halben Flasche Wein, inklusive Service und Steuern.

Ⓛⓣ Unter 55 Lt
ⓁⓣⓁⓣ 55–65 Lt
ⓁⓣⓁⓣⓁⓣ 65–75 Lt
ⓁⓣⓁⓣⓁⓣⓁⓣ 75–85 Lt
ⓁⓣⓁⓣⓁⓣⓁⓣⓁⓣ Über 85 Lt

Vilnius

Briusly
Šv Ignoto 14 ☎ *614 95676* — **Stadtplan** 2 D3

Das nach dem berühmtesten Kung-Fu-Kämpfer Briusly (sic!) benannte Restaurant bietet einfache, schmackhafte panasiatische Speisen, die überraschend preiswert sind. Das legere, nicht sehr große Lokal kann abends mit junger Schickeria sehr voll werden. Es ist einer der wenigen Orte, wo man scharfen Curry bekommt.

Čili Kaimas
Vokiečių 8 ☎ *231 2536* — **Stadtplan** 2 D4

Das Čili Kaimas serviert litauische Speisen in einem weiten scheunenartigen Lokal mit Ackergerät an den Wänden. Das Lokal ist laut, kitschig und ungeheuer beliebt. Es gibt zwei Speisekarten, eine mit besserem Essen zu höheren Preisen. Die Wodka-Snacks, gefolgt von Schweinsfüßen und -würsten muss man probieren.

Forto Dvaras
Pilies 16 ☎ *261 1070* — **Stadtplan** 2 D3

Dieses Restaurant beschäftigt mehrere Kochexperten, die regelmäßig die Zutaten und Küchengeräte auf ihre Authentizität überprüfen. Man kann zwischen dem Lokal mit Dorfatmosphäre oben und dem höhlenartigen Kellerrestaurant wählen, deren Karte zeigt, dass die litauische Küche mehr als nur *cepelinai* (gefüllte Knödel) zu bieten hat.

Gras'as
Vokiečių 2 ☎ *212 2031* — **Stadtplan** 2 D4

Wie der Name verrät, wurde für die Innenarchitektur des Gras'as hauptsächlich Gras verwandt, vor allem an den Wänden. Trotz ihrer Einfachheit brauchen die Gerichte meist Zeit, bis sie zubereitet sind, aber die fröhliche Atmosphäre und der bizarre Dekor verkürzen den Gästen das Warten. Das Essen hier ist sein Geld wert.

Mambo Pizza
Upės 6 ☎ *656 82408* — **Stadtplan** 1 C2

Das Mambo Pizza nahe dem Reval Hotel Lietuva *(siehe S. 309)* serviert die vielleicht wohlschmeckendsten Pizzen in Vilnius. Im Sommer werden Tische entlang dem Fluss Neris auf die Grünfläche vor den Fenstern gestellt. Abends strömt eine Menge Jugend herbei, manchmal verwandelt sich das Lokal in einen trubeligen Nachtclub.

Pas Rudolfą II
Gedimino 46/2 ☎ *249 6668* — **Stadtplan** 1 B2

Das Pas Rudolfą II, benannt nach dem König von Böhmen des 16. Jahrhunderts, ist ein tschechisches Restaurant, das billige, schnelle Fleisch-mit-Kartoffeln-Gerichte zu einigen der weltbesten Bieren serviert. Mittelalterlicher Tavernendekor mit Eisenhandschuhen, die Wandlampen halten, Rüstungen und Regalen voller Helme.

Transylvania
Totorių 22/3 ☎ *262 2301* — **Stadtplan** 2 D3

Das legere, kneipenartige Transylvania serviert eine ungewöhnliche Vielzahl an preiswerten, aber echten Karpatengerichten in passendem Dekor mit Rockmusik im Hintergrund. Die Karte ist überraschend groß mit einer Menge vegetarischer und Fleischgerichten wie dem Dakischen Pfeffersteak, das mit brennendem Absinth serviert wird.

Užupio Klasika
Užupio 28 ☎ *215 3677* — **Stadtplan** 2 E4

Das Užupio Klasika , ein kleines romantisches Café, das mal ein Wohnzimmer war, ist der beste Ort für ein romantisches Kennenlern-Rendezvous, nicht zuletzt, weil man so lange aufs Essen warten muss. Das wird von einem einzigen Koch sorgfältigst zubereitet, sodass man alle Zeit der Welt mitbringen sollte. Aber das Warten lohnt sich.

Vandens Malūnas
Verkių 100 ☎ *271 1666*

Die restaurierte Wassermühle des 19. Jahrhunderts liegt in einem grünen Tal direkt unterhalb von Schloss Verkiai. Die Tische am Kamin im Winter sind ebenso angenehm, wie im Frühling und Sommer die Plätze draußen am rauschenden Wasser. Schlichte litauische Küche, aber sie passt zweifellos zum Ambiente.

Zeichenerklärung *siehe hintere Umschlagklappe*

Avilys ⓁⓁ
Gedimino 5 212 1900 **Stadtplan** *1 B2*

Das Avilys ist eine Mikrobrauerei, die Innenausstattung mit Bottichen, Metallrohren und -leitungen lässt es wie eine Fabrik erscheinen. Die Atmosphäre ist freundlich, das Essen wohlschmeckend. Das im Haus gebraute Honigbier ist köstlich. Die mit Honig gewürzten Gerichte wie das Honigsteak passen perfekt dazu.

Barcelona ⓁⓁ
Linkmenų 5/66 275 6873

Das Barcelona unweit des neuen Geschäftsviertels der Hauptstadt ist ihr einziges spanisches Restaurant. Zu den Highlights gehören Paella, die genau 20 Minuten braucht, um dampfend in einer Pfanne serviert zu werden, sowie Tapas und Sangria. Der Dekor ist etwas kühl, aber die turbulenten Wochenendabende heizen alles auf.

Belmontas ⓁⓁ
Belmonto 17 6861 6656

Das im Vilnia-Tal, nur zehn Taximinuten von der Altstadt entfernte Belmontas ist ein nettes ganzjährig geöffnetes Etablissement, das aus drei Restaurants besteht. Im Vila Gloria speist man mit guten Weinen am Kamin, das Joanos Carinovos Smuklė ist ein weniger förmliches riesiges Speiselokal und das Belmono Kriokliai ein Grill im Sommer.

Cozy ⓁⓁ
Domininkonų 10 261 1137 **Stadtplan** *2 D4*

Das Cozy mitten in der Altstadt ist eines der hippesten Caférestaurants der Stadt mit einer DJ-Bar. Die moderne Jazzmusik fügt sich in die raffiniert beleuchteten, mit Buddhas und Schwarzweißfotos dekorierten Räume ein. Geboten werden eine anständige europäische Küche und Mittagsgerichte. In der DJ-Bar kann man bestens entspannen.

Didžioji Kinija ⓁⓁ
Konstitucijos 12 263 6363 **Stadtplan** *1 C1*

Von den vielen Chinarestaurants in der Stadt ist das Didžioji Kinija vermutlich das beste. Es serviert köstliche Speisen auf fast übervollen Tellern. Die Hauptgerichte werden in die Mitte des Tisches gestellt. Um der Abwechslung willen sollte man zwei, drei verschiedene Gerichte bestellen. Die Kerzenbeleuchtung ist sehr romantisch.

Dubliner ⓁⓁ
Domininkonų 6 243 0807 **Stadtplan** *2 D4*

Die meisten irischen Pubs im Baltikum begnügen sich damit, Guinness zu servieren und ein paar Oscar-Wilde-Fotos an die Wand zu hängen. Aber das Dubliner folgt nicht diesem Klischee. Hier gibt es sagenhafte irische Kartoffelpuffer neben Chicken Tikka und leckeren Pasteten. Aufmerksamer Service und entspannte Atmosphäre.

IdaBasar ⓁⓁ
Subačiaus 3 262 8484 **Stadtplan** *2 E4*

Dieses Restaurant erlaubt die Wahl zwischen einem erschwinglichen Atriumcafé und einem nobleren, weniger frequentierten Feinschmeckerrestaurant im Keller. Die Speisen im Café wie die *tarte flambée* (Flammkuchen) sind billig, sättigend und lecker, vor allem mit einem litauischen Bier. Die europäische Küche unten ist raffinierter.

Saint Germain ⓁⓁ
Literatų 9 262 1210 **Stadtplan** *2 D3*

Das nicht sehr große, aber bei hier lebenden Ausländern sehr beliebte Saint Germain bietet exzellente Weine, eindrucksvolles Essen und eine Atmosphäre à la Provence. Lachs und *dorado* (Mahi Mahi) werden perfekt zubereitet, Käsen wird große Beachtung zuteil. Die Tische draußen unter den Türmen der Altstadt sind besonders begehrt.

Sorena ⓁⓁ
Islandijos 4 262 7560 **Stadtplan** *1 C3*

Die sehr würzige Küche Aserbaidschans ist die Spezialität des Sorena, wo auch Hummus und Falafel die besten in Litauen sind. *Tebriz*, eine zarte Rindfleischrolle auf einem schwertartigen Spieß mit einem Topf hausgemachter scharfer *adjika*-Sauce, ist eine weitere östliche Köstlichkeit. Als Durstlöscher wird zum Essen georgischer Wein serviert.

Tores ⓁⓁ
Užupio 40 262 9309 **Stadtplan** *2 E4*

Die Außenterrasse des Tores mit ihrem weiten Blick über die Altstadttürme, die Obere Burg und die umgebenden Parks lohnt den Preis für einen Drink vor dem Abendessen. Die Fischgerichte und Desserts sind annehmbar, aber Speisekarte und Service werden der Qualität der Aussicht niemals ganz gerecht.

Verkiai ⓁⓁ
Žaliųjų ežerų 49 210 2333

Hinter einem der beiden erhaltenen Flügel des Schlosses Verkiai, direkt nördlich der Stadtgrenze, liegt das wundervolle Restaurant Verkiai versteckt. Besonders bezaubernd wirkt es im Sommer, wenn die Blumen um den Pavillon in voller Blüte stehen. Der Dekor ist raffiniert und das Essen erfreulich, ohne protzig zu sein.

Miyako ⓁⓁⓁ
Konstitucijos 7a 248 7060 **Stadtplan** *1 C1*

Das Miyako in der obersten Etage der eleganten, durch und durch postmodernen Shoppingmall Europa ist ein Restaurant mit Sushibar in feiner japanischer Atmosphäre. Die Sashimi des Restaurants sind köstlich, der Fisch ist superb. Ein weiteres Highlight ist die Suppe mit knackigem Spargel.

Stadtplan Vilnius *siehe Seiten 246f*

Riverside Ⓛⓣ Ⓛⓣ Ⓛⓣ

Konstitucijos 20 272 6272 **Stadtplan** 1 C1

Schwarze Lackmöbel und ein Dekor in warmen Erdfarben machen dieses Restaurant im Reval Hotel Lietuva *(siehe S. 309)* behaglich. Die große offene Küche ist eine Attraktion, das Essen ist stets köstlich. Meeresfrüchte sind Schwerpunkt der Karte. In der Weinstation in der Mitte des Restaurants kann man die Jahrgänge überprüfen.

Sonnets Ⓛⓣ Ⓛⓣ Ⓛⓣ

Bernardinų 8/8 266 5885 **Stadtplan** 2 E3

Das elegante Sonnets befindet sich im Shakespeare Boutique Hotel *(siehe S. 310)*. Die Plätze reichen von gemütlichen Sofas an der Bar und Edelesstischen in der Bibliothek bis zum weniger formellen Balkon. Die Karte liest sich wie Dantes *Inferno*. »Aleksandr«, ein Mix aus Maronen, Gorgonzola und gebackenen Feigen ist das Stardessert.

Sue's Indian Raja Ⓛⓣ Ⓛⓣ Ⓛⓣ

Odminių 3 266 1887 **Stadtplan** 2 D3

Das Sue's Indian Raja gehört zu den verlässlichsten Restaurants in Vilnius, die echte indische Küche bieten. Von einem indischen Luftwaffenoffizier a. D. gekonnt zubereitet, mischen sich köstliches *korma* und herrlich scharfes *jalfrezi* mit weniger bekannten Gaumenreizen. Gelegentlich trägt indische Livemusik zur Stimmung bei.

Da Antonio Ⓛⓣ Ⓛⓣ Ⓛⓣ Ⓛⓣ

Vilniaus 23 262 0109 **Stadtplan** 1 C2

Das 1997 als erstes italienisches Edelrestaurant in Vilnius eröffnete Da Antonio verbindet intime Eleganz mit traditioneller Küche. Pizza wird im Holzofen gebacken, die Pasta ist hausgemacht und die Weine sind eine fantasiereiche Auswahl italienischer Tropfen. Reproduktionen italienischer Kunst verleihen dem Ganzen den letzten Touch.

El Gaucho Sano Ⓛⓣ Ⓛⓣ Ⓛⓣ Ⓛⓣ

Pilies 10 210 7773 **Stadtplan** 2 D3

Es ist zwar nicht ganz so echt argentinisch wie behauptet, aber im El Gaucho Sano des Hotels Atrium *(siehe S. 309)* findet man mit die besten Steaks in Vilnius. Die dicken Scheiben, mit einer Auswahl Dips auf Tranchierbrettern serviert, sind ein Traum für jeden Fleischgenießer. Der servierte südamerikanische Rotwein passt zur Küche.

Garden Brasserie Ⓛⓣ Ⓛⓣ Ⓛⓣ Ⓛⓣ

Raugyklos 4a 233 5648 **Stadtplan** 2 C5

Das Restaurant des Novotel Vilnius *(siehe S. 309)* weiß eine Crème brûlée zu servieren. Die in Frankreich ausgebildeten Köche würzen ihre Kreationen nie zu stark, sondern lassen den Zutaten ihre natürlichen Aromen. Ein anderes Highlight ist das Sonntagsbüfett, eine familienfreundliche Tradition. Von Juni bis August geschlossen.

La Mama Ⓛⓣ Ⓛⓣ Ⓛⓣ Ⓛⓣ

Didžioji 28 260 9009 **Stadtplan** 2 D4

Das La Mama in einem edlen Mini-Unterhaltungscenter legt besonderen Nachdruck auf Steaks und Braten. Das Angebot reicht von Rind, Ente und Strauß bis zu köstlichen gegrillten Lachs- und Thunfischsteaks. Von den Plätzen an den Fenstern hat man einen schönen Blick auf den Rathausplatz.

Medininkai Ⓛⓣ Ⓛⓣ Ⓛⓣ Ⓛⓣ

Aušros vartų 8 266 0771 **Stadtplan** 2 D5

Das Restaurant im Europa Royale Vilnius *(siehe S. 310)* hat einen stimmungsvollen Hof zum Speisen im Sommer und einen Keller für kühleres Wetter. Die Küchenchefin nennt ihre Kreationen gern litauische Fusion, aber in Wirklichkeit serviert das Medininkai internationale Küche. Der Service lässt manchmal zu wünschen übrig.

Brasserie Astorija Ⓛⓣ Ⓛⓣ Ⓛⓣ Ⓛⓣ Ⓛⓣ

Didžioji 35/2 212 0110 **Stadtplan** 2 D4

Die Brasserie Astorija im Radisson SAS Astorija *(siehe S. 310)* ist eines der vornehmsten Restaurants in Vilnius. Der Küchenchef bevorzugt frische, gesunde Zutaten für seine Küche. Jeder Gang ist eine Köstlichkeit, vor allem die Meeresfrüchte. Auch die Weinkarte ist exzeptionell. Das gläserne Vestibül eignet sich ideal zum Leutegucken.

La Provence Ⓛⓣ Ⓛⓣ Ⓛⓣ Ⓛⓣ Ⓛⓣ

Vokiečių 22 262 0257 **Stadtplan** 2 D4

Dieses Edelrestaurant, wo Qualität des Service und Preise gleich hoch sind, bietet Gourmets angeblich die beste Kost der Stadt. Das meist von Diplomaten und Unternehmern besuchte La Provence verbindet auf verlässliche Weise überragende mediterrane und französische Küche mit unerreichter Präsentation.

Stikliai Ⓛⓣ Ⓛⓣ Ⓛⓣ Ⓛⓣ Ⓛⓣ

Gaono 7 264 9580 **Stadtplan** 2 D4

Das Restaurant im Relais & Châteaux Stikliai *(siehe S. 310)* bietet die Wahl zwischen zwei verschiedenen Etablissements. Das exquisite Restaurant serviert Folienkartoffeln und fantastisches Gulasch neben Desserts wie Schokoladeneiscreme in Blattgold. Die weniger prätentiöse Bierhalle im Keller offeriert europäische und litauische Küche.

Tokyo Ⓛⓣ Ⓛⓣ Ⓛⓣ Ⓛⓣ Ⓛⓣ

Vienuolio 4 7005 5599 **Stadtplan** 1 C2

Das Tokyo in der Grand Casino World zählt zu den besten japanischen Restaurants im Baltikum. Die Sushi, Sashimi und Tempura, auf Wunsch mit herrlichem Sake serviert, sind erstklassig und die *hamachi*- und Thunfischsteaks hinreißend. Das geräuschvolle Casino scheint Meilen von der Ruhe des Tokyo entfernt zu sein.

Zentral-Litauen

ALYTUS Dzūkų Svetainė

Rotušės 16 *(315) 73 780* **Straßenkarte** *D6*

Das von außen recht nichtssagende Lokal ist in diesem Teil der Dzūkija eines der verlässlicheren, was einfache Hausmannskost angeht. Regionale Spezialitäten sind Schweinebraten mit Pilzen und *koldūnai* (Frikadellen mit Käse und Sauce). Aus regionalen Käsesorten werden Snacks zubereitet, die gut zu Wein und Bier passen.

ANYKŠČIAI Mindaugo Karūna

Liudiškių 18 *(381) 58 520* **Straßenkarte** *D5*

Das Edelrestaurant gehört zu einem Hotel und Sportzentrum abseits der Straße nach Molėtai am Ostrand des Städtchens. Gut zubereitete europäische Gerichte gibt es mit einer angemessenen Auswahl an europäischen Weinen neben heimischen Weinen und Brandys. Eine gemütliche Kneipe mit Eichenmöbeln befindet sich im selben Komplex.

ANYKŠČIAI Romuvos Parkas

20 km O von Anykščia, Dorf Žaliosios, Region Svedasų *(381) 57 747* **Straßenkarte** *D5*

Dieses kleine gemütliche Restaurant in dem Hotel- und Freizeitzentrum Romuva Park serviert gute europäische und litauische Kost, passend zu dem Panoramablick auf den Kiefernwald. Ein Sonnenzimmer kann man für kleine Gruppen reservieren, bei schönem Wetter können die Gäste im ebenso sonnigen Patio speisen.

AUKŠTAITIJA-NATIONALPARK Baras Palūšė

Vasario 16-osios g 16 *(386) 47 473* **Straßenkarte** *D5*

Einfache, aber herzhafte litauische Kost wird in diesem bescheidenen Holzhaus im Nationalpark Aukštaitija serviert. Aber außer dem üblichen Bier und Schweinebraten erhält man auch sättigende Portionen von *cepelinai* (gefüllte Knödel) und gutes Roggenbrot.

BIRŠTONAS Birštono Seklytėlė

Prienų 10 *(319) 65 800* **Straßenkarte** *D6*

Die atemberaubende Aussicht ist die Hauptattraktion des Birštono Seklytėlė, das auf einer Plattform über dem dicht bewaldeten Nemunas-Delta thront. Ein Platz draußen mag schwer zu finden sein, aber in der luftigen Hütte skandinavischen Stils sitzt man genauso gut. Das Essen, mit dem üblichen Akzent auf Huhn, Schwein und Rind, ist deftig.

BIRŠTONAS Sonata

Algirdo 34 *(319) 65 825* **Straßenkarte** *D6*

Die Fenster des Hotelrestaurants, das sich in dem ruhigen Kurort Birštonas am Ufer des Nemunas versteckt, blicken auf einen üppig grünen Kiefernwald. Das Speisenangebot ist erfreulich groß, die Zubereitung gewissenhaft und ohne die in Litauen außerhalb der Großstädte übliche Allgegenwart von Majonnaise.

BIRŽAI 19-tas Kilometras

Dorf Raubonių, Pasvalys, 19 km von der lettischen Grenze entfernt *(451) 39 676* **Straßenkarte** *D4*

Das an der Autobahn Via Baltica nach Rīga gelegene Lokal tischt Schnitzel, Eierkuchen und Salate im Kantinenniveau auf. Dies ist weniger ein Ort zum Speisen als ein bequemer Zwischenhalt auf der Fahrt von einer Hauptstadt zur anderen, aber der hausgemachte Apfelkuchen und der *tinginys*-Schokoladenkuchen sind zurecht sehr beliebt.

DRUSKININKAI Kolonada

Kudirkos 22 *(313) 51 222* **Straßenkarte** *D6*

Jazz, Blues und Klassik werden in diesem schön restaurierten, 80 Jahre alten Kolonnadenhaus gespielt, das in einem gepflegten Park versteckt liegt. Dieses moderne, eingehend renovierte und 2004 wiedereröffnete Restaurant mit Musikclub serviert köstliche Gerichte. Sehr beliebt bei Künstlern und Intellektuellen.

DRUSKININKAI Regina

Kosciuškos 3 *(313) 59 060* **Straßenkarte** *D6*

Im Hotel Regina *(siehe S. 311)* findet man eines der größten Restaurants dieses Kurorts. Die riesigen französischen Fenster erhöhen das Gefühl von Weite. Im Sommer öffnet sich der Speisesaal auf den großen Patio und damit auf die erholsame, friedliche Umwelt von Druskininkai. Die Karte enthält ein breites Angebot an europäischer Küche.

DRUSKININKAI Europa Royale Druskininkai

Vilniaus 7 *(313) 42 221* **Straßenkarte** *D6*

Wild und Ente sind die Grundpfeiler dieses hochpreisigen Restaurants im Europa Royale Druskininkai *(siehe S. 312)*. Die Gerichte sind sorgsam zubereitet und exquisit angerichtet, der Service ist so aufmerksam sonst nur in Vilnius. Der strahlend weiße Dekor lässt einen Schmutzfleck völlig unvorstellbar erscheinen.

KAUNAS Bernelių Užeiga

Valančiaus 9 *(37) 20 0913* **Straßenkarte** *D5*

Echte litauische Küche in großzügigen Portionen wird in diesem Restaurant in der Altstadt serviert. Die Ausstattung erinnert an ein Landgasthaus und das Äußere, knallig rot mit leuchtend roten Blumen, macht es schwer, das Haus zu verfehlen, das aus dem 18. Jahrhundert stammt und unter Denkmalschutz steht.

KAUNAS Metų Laikai Lt

Mickevičiaus 40b (37) 223 253 **Straßenkarte** D5

Das Metų Laikai, wörtlich »Vier Jahreszeiten«, interpretiert die traditionelle litauische Küche auf zeitgenössische Art. Die Atmosphäre des altmodischen kleinen Cafés genießt man am besten bei Bier und Snacks oder Kaffee und Kuchen. Die Preise sind vernünftig, weshalb es bei preisbewussten Reisenden beliebt ist.

KAUNAS Tado Blindos Smuklė Lt

Kęstučio 93 (37) 202 993 **Straßenkarte** D5

Das Tado Blindos Smuklė ist nach Litauens Robin Hood benannt, der in der Mitte des 19. Jahrhunderts die Wälder Nord-Litauens unsicher machte. Das lebhafte, einfache Speiselokal ist bei Jung und Alt beliebt. Fleischgerichte beherrschen die Karte neben schmackhaften Eintöpfen und Fleischbrühen.

KAUNAS Didžioji Siena V LtLt

Kumelių 7 (37) 220 585 **Straßenkarte** D5

Das Didžioji Siena mit seinem netten Dekor ist die preisgünstigste Wahl für chinesisches Essen in Kaunas. Die Karte enthält ein paar vegetarische Gerichte, zeichnet sich aber vor allem durch exotische Fischgerichte aus. Die Festpreis-Mittagsmenüs machen das Lokal zu einem günstigen Stopp mitten in der Altstadt.

KAUNAS Pompėja LtLt

Putvinskio 38 (37) 422 055 **Straßenkarte** D5

Mit seinen Terrakotta-Bodenfliesen und den pseudorömischen Fresken beschwört das Pompėja den Geist der antiken Stadt am Vesuv. Die Kombination aus Haute Cuisine und großen Portionen hat den erfreulichen Nebeneffekt, dass die vorwiegend mediterranen Gerichte auch den großen Hunger stillen. Unterhaltungsprogramm am Wochenende.

KAUNAS Ramzis II V LtLt

Daukšos 29 (37) 324 301 **Straßenkarte** D5

Das Ramzis II ist ein Stück Ägypten in einer Nebenstraße der Altstadt. Es bietet authentische und europäische Versionen der ägyptischen Küche sowie Wasserpfeifen und Bauchtanz an den Wochenenden. Ein Restaurant, das man amüsant finden und nicht allzu ernst nehmen sollte, wenn es in der Speisekarte »Viagra-Suppe« listet.

KĖDAINIAI Grėjaus Namas LtLt

Didžioji 36 (347) 51 500 **Straßenkarte** D5

Eines der schönsten Restaurants in Zentral-Litauen, das Grėjaus Namas, findet man in der Altstadt im Hotel gleichen Namens *(siehe S. 312)*. Das Restaurant im schmucken Keller des Gebäudes bietet Fischgerichte mit feinen Saucen sowie die besten Stücke vom Rind und Schwein, auf Wunsch in einer Whiskeysauce.

KERNAVĖ Pušynėlis Lt

Verkšionys, nahe Dūkštai (699) 48 945 **Straßenkarte** D5

Das Pušynėlis liegt oberhalb einer hinreißend schönen, dicht bewaldeten Flussbiegung. Es bietet eine atemberaubende Aussicht, die seine Hauptattraktion ist. Die Speisen reichen nicht ganz an das Panorama heran, aber ein Kinderspielplatz macht das Lokal zu einem lohnenden Ziel für Familien.

MARIJAMPOLĖ Sudavija V Lt

Sodo 1a (343) 52 995 **Straßenkarte** C6

In dem ruhigen Hotel Sudavija *(siehe S. 312)* gibt es einen Speisesaal mit weißen Tischdecken, einem Kamin, einem Klavier und köstlichen hausgemachten Gerichten. Vor dem Krieg residierte in Marijampolė in der Kęstučio gatvė ein Lokal gleichen Namens. Die neuere Inkarnation hält dessen Erbe mit gutem Essen und Gemütlichkeit wach.

PANEVĖŽYS Forto Dvaras Lt

Savaitiškio 61, Shoppingcenter Babilonas (45) 442 887 **Straßenkarte** D5

Diese Filiale der verlässlichen Kette Forto Dvaras in Panevėžys ist litauisch-bäuerlich dekoriert, mit Holzuhren und alten Fotos an den Wänden. Kalorienreiche regionale Kost, wie z. B. *cepelinai* (gefüllte Knödel) und Kartoffeleierkuchen, ist hier zu haben. Der Service ist freundlich.

PANEVĖŽYS VIP Martini Club Lt

Respublikos 70 (45) 469 090 **Straßenkarte** D5

Der VIP Martini Club, in dem man ein Abendessen mit einem erlebnisreichen Abend in der Stadt verbinden kann, legt besonderes Gewicht aufs Tanzen. Die Gerichte hier sind meist leicht, wie z. B. der scharfe Hühnchensalat, während das Steak mit Pilzen zwar füllend, aber auch sehr gut ist. Geöffnet freitags und samstags ab 21 Uhr.

PANEVĖŽYS Deja vu LtLtLtLt

Kranto 24 (45) 584 859 **Straßenkarte** D5

Das einzige Edelrestaurant in Panevėžys befindet sich im Hotel Romantic *(siehe S. 313)*. Sein Dekor aus Farnen und Blumen, Ölschinken und Wandbildern, weichen Sesseln und schönem Geschirr entspricht dem Hotelnamen. Die gepflegte Küche wird stilvoll angerichtet. Die Außenterrasse blickt auf die Nevėžis.

TRAKAI Kybynlar V Lt

Karaimų 29 (528) 55 179 **Straßenkarte** D5

Zu den hier servierten traditionellen Karäer-Gerichten zählen Rind, Lamm, Huhn, Gemüse und frischer Fisch in knuspriger Teighülle. Dekorative und geschmackvolle Karaim-Muster und -Farben füllen das Lokal. *Kibinai* (pikante Teigtaschen) sind köstlich, dazu empfiehlt sich ein starker Drink, aber auch das *šišlik* (Steak) ist fabelhaft.

TRAKAI Senoji Kibininė Ⓛ

Karaimų 65 (528) 55 865 **Straßenkarte** D5

Das erste karäische Speiselokal in Trakai residiert seit einigen Jahren in einer alten Scheune. Es ist leger und ungeheuer populär, wenn man bedenkt, dass nur zwei Gerichte auf der Karte stehen: *kibinai (Teigtaschen) und čenakai* (Kohleintopf). Man sollte beides zusammen mit Bier im Sommer und mit Wodka zu anderen Zeiten probieren.

TRAKAI Trakų Dvarkiemis Ⓛ

Dorf Užukampis (618) 88 880 **Straßenkarte** D5

Die neu erbaute Holzvilla zwischen Wäldern und Feldern an der Straße von Vilnius nach Trakai sieht von außen zwar eigenartig aus, bietet aber ein einzigartiges Esserlebnis. Hier findet man eine gesündere Version der litauischen Küche mit vielen grünen Salaten sowie vegetarischen und Fleischgerichten. Ein beliebter Stopp für Familien.

TRAKAI Akmeninė Rezidencija ⓁⓁⓁⓁ

Dorf Bražuolės, 30 km N vom Flughafen Vilnius (614) 8698 30544 **Straßenkarte** D5

Das bezaubernde Hotelrestaurant am Ufer des Akmena-Sees verzichtet auf Hinweisschilder und ist daher nur schwer zu finden. Zwei der Tische stehen auf einem Bootssteg, die anderen am grasbewachsenen Ufer. Kaukasische Gewürze verleihen den Gerichten exotisches Aroma, dazu gibt es passende Weine.

TRAKAI Apvalaus Stalo Klubas ⓁⓁⓁⓁ

Karaimų 53a (528) 51 790 **Straßenkarte** D5

Dieses Restaurant dicht am Wasser, genau gegenüber der Inselfestung Trakai, hat einen der schönsten Aussichten Litauens. Die Karte reicht von französischer Feinschmeckerküche bis zu litauischen Nationalgerichten, von Ente bis Tigergarnele, sowie exzellenten Weinen, die die Speisen hervorragend begleiten.

AUTOBAHN VILNIUS–KLAIPĖDA Bajorkiemis Ⓛ

Dorf Karčiupio, 15 km von Kaunas (37) 440 770 **Straßenkarte** D5

Das Bajorkiemis ist ein riesiges Gasthaus direkt an der Straße. Es hat eine umfangreiche Karte mit sättigenden litauischen Gerichten. Ein Spielplatz liegt hinter dem Haus, viele Wege führen von hier durch den Wald zum Kauno-Marios-See. Das Lokal ist ein günstiger Zwischenstopp für alle, die von der Küste zurückkehren.

AUTOBAHN VILNIUS–KLAIPĖDA Tvirtovė Prie Didžulio Ⓛ

Dorf Dėdeliškių, 20 km W von Vilnius 243 2389 **Straßenkarte** D5

Nahe der Autobahn nach Kaunas liegt ein modernes Backsteinschloss mit einem Restaurant auf drei Etagen. Es ist zwar riesig und geschmacklos, aber man bekommt dort gutes, schnörkelloses Essen und litauisches Bier samt einem schönen Blick auf die Seen und die ländliche Umgebung.

STRASSE VILNIUS–MOLĖTAI Žaldokynė Ⓛ

Dorf Raudondvaris, 17 km N von Vilnius 250 2291 **Straßenkarte** D5

An der Straße nach Molėtai lässt sich ein Abenteuer in traditioneller litauischer Küche erleben. Ein reetgedecktes Herrenhaus birgt ein Labyrinth aus Speiseräumen. Viel Mühe wird auf die verschiedenen *cepelinai*-Gerichte (gefüllte Knödel) verwandt. Fünfzig Kartoffelsorten wurden getestet, ehe die richtige gefunden wurde.

AUTOBAHN VILNIUS–PANEVĖŽYS Le Paysage ⓁⓁⓁⓁⓁ

Autobahn A2, 17 km N von Vilnius 273 9628 **Straßenkarte** D5

Das Restaurant im noblen Le Meridien Villon Resort *(siehe S. 310)* ist ein lohnendes Ziel. Seine hohen, geschwungenen Fenster blicken auf das hügelige Land. Die französische Küche ist exzellent, vor allem die Meeresfrüchte und das Angebot an französischen Käsesorten. Verbinden Sie die Fahrt mit einem Besuch des Hotel-Wellnesscenters Oasis.

VISAGINAS Grilis Ⓛ

Sedulinos 5b (386) 60 237 **Straßenkarte** E5

In der ungewöhnlichen Stadt Visaginas ist das Grilis vielleicht der beste Ort für eine Mahlzeit oder einen Drink am Abend. Die hier servierten Gerichte sind alles in allem litauisch, auch wenn hier wie überall in der Stadt kaum etwas anderes als Russisch gesprochen wird. Bei gutem Wetter hat man von der Dachterrasse einen schönen Blick.

West-Litauen

NATIONALPARK KURISCHE NEHRUNG Baras po Vyšniom Ⓛ

Naglių 10, Nida (469) 52 906 **Straßenkarte** B5

Das von einem Garten mit Kirschbäumen und gemähtem Rasen gesäumte Lokal ist ein hübsches hölzernes Chalet an Nidas einladendster Straße. Die hier servierte Hausmannskost passt gut zum regionalen Bier oder einem Glas Wein. Da es vor allem im Sommer viel besucht wird, ist eine Reservierung ratsam.

NATIONALPARK KURISCHE NEHRUNG Lyra Ⓛ

Preilos 15/1, Preila (469) 6124 6447 **Straßenkarte** B5

Das einfache Saisonrestaurant Lyra findet man in Preila, einem der kleineren Fischerdörfer an der Kurischen Nehrung. Der Essbereich hinten im Garten bietet einen wunderschönen Blick auf das Haff. Die Gerichte sind sehr sättigend, für Kinder gibt es erfreulicherweise ein Spezialmenü.

Straßenkarte *siehe hintere Umschlaginnenseiten*

NATIONALPARK KURISCHE NEHRUNG Vella Bianca ⓁⓁⓁ

Rėzos 1a, Juodkrantė (469) 50 013 **Straßenkarte** B5

Das Vella Bianca, eines der besten Restaurants an der Kurischen Nehrung mit weitem Blick auf das Haff und den Hafen von Juodkrantė, bietet exzellente italienische Küche und eine Reihe guter Weine. Seine Lage nutzend hat es tolle Seafoodkreationen auf der Karte, aber auch die Fleisch- und Pastagerichte und die Pizzen sind zu empfehlen.

KLAIPĖDA Senoji Hansa Ⓛ

Kurpių 1 (46) 400 056 **Straßenkarte** B5

Die größte Attraktionen des Senoji Hansa sind seine herrliche Lage und die Tische im Freien. Es ist eher ein sonniges Fleckchen für einen Mittagssnack, einen Kaffee oder ein Bier denn für ein romantisches Abendessen. Die Gerichte sind litauisch, zumeist gebraten, der Service ist leider oft so träge wie die meisten Urlaubsgäste.

KLAIPĖDA Anikės Kuršiai ⓁⓁ

Sukilėlių 8/10 (46) 314 471 **Straßenkarte** B5

Das kleine Restaurant nutzt seine schöne Altstadtlage und im Sommer die Tische im Freien, um vorbeikommenden Urlaubern echte kurische Küche zu servieren. Kurischer Kaffee und selbstgemachter Moosbeerensaft vervollständigen Tagesmenüs, die für zwei ausreichen und meist aus Räucherschinken, Hering, Sauerkraut und Sauermilch bestehen.

KLAIPĖDA Ferdinandas ⓁⓁ

Naujoji Uosto 10 (46) 313 681 **Straßenkarte** B5

Das Ferdinandas, eines der zwei russischen Restaurants Klaipėdas, liegt einen kurzen Spaziergang von der Altstadt entfernt, aber es lohnt den Weg wegen seiner echt russischen Atmosphäre. Die Karte bietet Suppen, Teigtaschen, gefüllten Schweinebraten und *dičj*, ein Gericht aus gebratenem Geflügel, einst Stütze der zaristischen Küche.

KLAIPĖDA Petit Marseille ⓁⓁ

Žvejų 4a (46) 430 472 **Straßenkarte** B5

Das Petit Marseille hat dieselben gewinnenden Eigenschaften wie das Saint Germain *(siehe S. 339)*, sein Partnerrestaurant in Vilnius. Es bietet herrliche französische Gerichte und Weine sowie köstliche Käse und Desserts. Die Altstadtlage und die Tische im Freien am Fluss Danė tragen zum Charme dieses erholsamen Speiselokals bei.

KLAIPĖDA Stora Antis ⓁⓁ

Tiltų 6 (46) 493 910 **Straßenkarte** B5

Das Stora Antis, ein hübsch altmodischer Backsteinkeller in der Altstadt, ist auf russische Küche spezialisiert und hatte in den letzten Jahren viele bekannte Russen aus dem Bereich Kultur bei sich zu Gast. Geboten werden *pelmeni* (gefüllte Knödel), *borštš* (Rote-Bete-Suppe) und Meeresfrüchte, dazu einige überraschend gute Weine.

KLAIPĖDA Navalis ⓁⓁⓁ

H Manto 23 (46) 404 200 **Straßenkarte** B5

Dieses Café im Hotel Navalis *(siehe S. 314)*, dessen Fenster auf die geschäftige Einkaufsstraße Klaipėdas blicken, ist mit seinem frischen Kaffee und dem drahtlosen Internet-Zugang bei Gästen sehr beliebt. Es gibt auch ein gutes Speiserestaurant, das gute Fisch- und Meeresfrüchtegerichte mit exotischen Saucen sowie köstliche Desserts serviert.

KLAIPĖDA San Marino ⓁⓁⓁ

Žvejų 21/1 (46) 404 444 **Straßenkarte** B5

Das San Marino, eines der attraktivsten Speiselokale Klaipėdas, findet man im Europa Royale Klaipėda *(siehe S. 314)*. Skulpturen und korinthische Säulen spielen aufs alte Rom an. Die hier servierte originelle italienische Küche eignet sich perfekt für ein romantisches Dinner bei Kerzenlicht, das Weinangebot gehört zum besten in der Stadt.

KLAIPĖDA Sinbado Oazė ⓁⓁⓁ

Didžioji Vandens 20 (46) 211 786 **Straßenkarte** B5

Das Sinbado Oazė ist eine der Überraschungen in der Altstadt Klaipėdas. Die orientalischen Gerichte sind sagenhaft, dennoch einigermaßen preisgünstig, und die Stimmung ist sehr entspannt. Die Bauchtanzdarbietungen abends im schummerigen Inneren sind bezaubernd. Man kann auch draußen speisen, aber drinnen ist es viel gemütlicher.

KRETINGA Pas Grafą Ⓛ

Vilniaus 20 (445) 51 366 **Straßenkarte** B5

Das elegante Café-Restaurant Pas Grafą im Wintergarten des Schlosses (19. Jh.) des Grafen Tiškevičius ist genau der richtige Ort für einen Kaffee und einen leichten Snack. Exotische Pflanzen und Ranken hängen von der Decke und machen das Café vor allem im Winter zu einem angenehmen Aufenthaltsort. Montags geschlossen.

NEMUNAS-DELTA Ventainė Ⓛ

Dorf Ventė, Region Šilutės (441) 68 525 **Straßenkarte** B5

Das Ventainė ist ein ruhiges, abgelegenes Hotel mit Campingplatz und Aquapark. Es bietet u. a. römische Bäder und Tennisplätze. Sein Restaurant ist eines der wenigen in der Gegend, die warme Speisen bieten. Der Blick aufs Kurische Haff trägt zur Attraktion bei, eine gut bestückte Bar lässt den Laden an Sommerabenden brummen.

NIDA Sena Sodyba Ⓛ

Naglių 6/2 (469) 52 782 **Straßenkarte** B5

Das Sena Sodyba ist von der lauten Naglių gatvė etwas zurückgesetzt, was ihm das Aussehen eines privaten Esszimmers in einem Garten verleiht. Der Service ist erfreulich flink, aber die Frische der Speisen, vor allem des Fischs und der Fischsuppe, ist das wahre Plus dieses beliebten Lokals. Nur von Juni bis August geöffnet.

NIDA In Vino
ⓁⓁ

Taikos 32 *(655) 77 997* **Straßenkarte** *B5*

Das schön gelegene In Vino ist eine nette Weinstube mit vielen alkoholischen und nicht alkoholischen Traubengetränken. Der Blick aus dem Lokal ist hinreißend, die Speisekarte aber reicht nicht an die umfangreiche Weinkarte heran. Man kann darum bitten, eine nicht ausgetrunkene Flasche für einen späteren Besuch ein, zwei Tage aufzuheben.

NIDA Prūsų Rūmai
ⓁⓁ

Naglių 29 *(469) 52 578* **Straßenkarte** *B5*

Das Prūsų Rūmai ist eines der populäreren Speiselokale in Nida und bei Familien und Urlaubern wegen der sättigenden Portionen der meist europäischen Gerichte beliebt. Die Zutaten sind frisch, den Fisch bezieht man direkt von den Fischern am Ort. Das Schiffsdekor im Gastraum ist naheliegend, aber nicht allzu verspielt.

NIDA Ešerinė
ⓁⓁⓁ

Naglių 2 *(469) 52 757* **Straßenkarte** *B5*

Das in der hübschesten Ecke Nidas liegende Restaurant serviert Köstliches in freundlicher Atmosphäre. Die hawai'ianischen Strohsonnenschirme neben der eleganten Möblierung springen ins Auge. Aber die Innenräume sind noch bunter gestaltet. Das Essen ist durchschnittlich.

PALANGA Elnio Ragas
ⓁⓁ

J Basanavičiaus 25 *(460) 53 505* **Straßenkarte** *B5*

Das reichlich mit Jagdtrophäen und einem blutrünstigen Wandbild über die Freuden der Jagd dekorierte Elnio Ragas lockt mit Reh- und Wildschweinfleisch, das mit den üblichen Kartoffeln und allerlei Gemüse serviert wird. Bier ist hier das Getränk der Wahl. Das Weinangebot ist deutlich bescheidener.

PALANGA Alanga
ⓁⓁⓁ

S Nėries 14 *(460) 49 215* **Straßenkarte** *B5*

Das Restaurant des Hotels Alanga *(siehe S. 315)* ist ein Hort kultivierter Ruhe. Sein Dekor aus Aquarien, bemalten Muscheln und sandfarbenen Wänden betont die Nähe zum Strand. Geboten wird exzellente europäische Küche, dazu eine Auswahl anständiger europäischer Weine.

PALANGA 1925 Senolių Užeiga
ⓁⓁⓁ

J Basanavičiaus 4 *(460) 52 526* **Straßenkarte** *B5*

Das 1925 Senolių Užeiga ist ein lauschiges Holzchalet in einer lauten Ecke der Stadt. Es bietet zum Frühstück köstliche Omelettes und Breie, Barsnacks und gehaltvollere Gerichte. Würste und Chips finden bei Kindern Anklang. Freundliche Atmosphäre, gutes Essen und geschützte Plätze unter Bäumen machen es zu einem beliebten Lokal.

PALANGA Žuvinė
ⓁⓁⓁ

J Basanavičiaus 37a *(460) 48 070* **Straßenkarte** *B5*

Das herrliche Fischrestaurant ist weit mehr als nur ein weiteres Restaurant am Strand von Palanga. Es hat eindrucksvoll viele Fischgerichte und Meeresfrüchte auf der Karte, vom simplen Hering bis zum hochgelobtem Lachscarpaccio und bestem schwarzen Kaviar. Es wird sogar ein köstliches Surf-and-Turf-Steak mit Tigergarnelen geboten.

ŠIAULIAI Juonė Pastogė
Ⓛ

Aušros al 31a *(41) 540 559* **Straßenkarte** *C4*

Das Juonė Pastogė, vielleicht das netteste litauische Restaurant in Šiauliai, hat ein Großangebot an traditionellen Speisen. Es liegt in einer ruhigen Gegend der Stadt und ist außerdem ein Musikclub mit flottem Programm und bei Familien sehr beliebt. Im Sommer wird ein großer grüner Innenhof als Erweiterung des Speiseraums geöffnet.

ŠIAULIAI Medžiotojų Užeiga
ⓁⓁ

Dubijos 20 *(41) 524 526* **Straßenkarte** *C4*

Im Medžiotojų Užeiga mit seiner Bar aus Kuhfellen und alten Fotos von Jägern mit ihrer Beute ist Wild zweifellos der Schwerpunkt. Man kann ein ganzes gebratenes Wildschwein vorbestellen, das auf einer riesigen Salatplatte serviert wird. Es sind aber auch viel kleinere Gerichte zu haben, darunter Fisch.

ŠIAULIAI Arkos
ⓁⓁⓁ

Vilniaus 213 *(41) 520 205* **Straßenkarte** *C4*

Das Arkos, eine Cafébar in einem hohen Kellergewölbe, nimmt die Kochkunst ernst und konzentriert sich im Sommer auf Fisch und im Winter auf Fleisch von Rind bis Strauß. Die Karte gibt auch Weinempfehlungen, für die Desserts lohnt es sich, etwas Platz im Magen zu lassen. Freitags und samstags Livemusik.

ŠILUTĖ Rambynas
Ⓛ

Lietuvininkų 68a *(441) 77 055* **Straßenkarte** *B5*

Das Rambynas ist eines der größten Restaurants in Šilutė. Es liegt zentral an der Hauptstraße der Stadt und ist auch Café am Morgen, Bar und Nachtclub. An Wochenendabenden gibt es ein Programm nur für Erwachsene. Das Essen, das auch nach Hause geliefert wird, ist Durchschnittskost zum Sattwerden.

ŽEMAITIJA-NATIONALPARK Linelis
ⓁⓁ

Dorf Paplatelės, Region Plungė *(687) 35 058* **Straßenkarte** *C4*

Das Restaurant des schönen Hotels und Aquaparks Linelis *(siehe S. 315)* am Ufer des Plateliai-Sees ist im Sommer wie im tiefsten Winter gleichermaßen gemütlich. Kerzen und romantische Musik erhellen die Abende in dem Haus inmitten des uralten Waldes. Die Karte enthält nationale und europäische Gerichte und einige gute Weine.

Straßenkarte *siehe hintere Umschlaginnenseiten*

Shopping in Estland

Kunsthandwerk und Souvenirs findet man überall in Estland. Außerhalb der Großstädte Tallinn, Tartu und Pärnu ist der Einzelhandel im Ganzen recht einförmig. In kleineren Städten dominieren Einkaufszentren, deren Läden und Warenangebot von Stadt zu Stadt gleich sind. Dennoch sind Kleinstädte und Dörfer die Orte, in denen man ganz eigene regionale Spezialitäten findet, darunter Kunsthandwerk, handgewebte Textilien wie Decken und Teppiche sowie guten Biohonig aus heimischen Imkereien. In den meisten Orten gibt es Märkte für Lebensmittel und Haushaltsgegenstände. Auch Antiquitätenläden bieten oft interessante Objekte. Außerhalb Tallinns sind die Preise meist niedriger. Estnische Schokolade, Spirituosen und Zigarren führen die meisten Supermärkte.

Wikinger in Souvenirläden

Bunt bemalte Schüsseln, Krüge, Gläser und Vasen in einer Galerie

Öffnungszeiten

Die meisten Läden haben wochentags von 10 bis 18 oder 19 Uhr und samstags von 10 bis 16 Uhr geöffnet und bleiben sonntags geschlossen. Shoppingmalls öffnen meist täglich von 10 bis 20 oder 21 Uhr. In Kleinstädten und Dörfern variieren die Öffnungszeiten, viele Läden öffnen nur halbtags oder bleiben an einem Tag geschlossen. Lebensmittelläden haben meist länger auf. In Tallinn gibt es mehrere Supermärkte, die rund um die Uhr öffnen.

Bezahlung

Alle großen und die meisten kleinen Läden in Estland akzeptieren die gängigen Kredit- und Bankkarten. Viele Geschäfte haben die Logos der akzeptierten Karten an der Tür. Wenn man mit einer Kreditkarte zahlt, kann man gebeten werden, seine Identität nachzuweisen. Die meisten Marktstände und kleine Läden auf dem Land nehmen nur Krooni *(siehe S. 385)*.

Verbraucherschutz und Erstattungen

In Estland erhält man nach EU-Recht auf Waren (mit den üblichen Ausnahmen) zwei Jahre Garantie. Bei Reklamationen später als sechs Monate nach dem Kauf muss man eventuell beweisen, dass der Defekt schon zum Zeitpunkt des Kaufs vorhanden war und nicht erst später aufgetreten ist. Garantien sind nur mit dem Kaufbeleg gültig.

Erstattungen bleiben dem Verkäufer anheim gestellt, allerdings werden die meisten großen Geschäfte den Preis erstatten, solange die Ware nicht beschädigt ist und der Kaufbeleg vorliegt. Rechtsberatung kann man bei dem Consumer Centre of Estonia *(siehe S. 349)* erhalten.

Umsatzsteuererstattung

Auf fast alle Waren und Dienstleistungen entfallen 18 Prozent Umsatzsteuer, die immer im angezeigten Preis enthalten sind. Nicht-EU-Bürger können bis zu 13 Prozent Steuer auf einige Waren zurückfordern, wenn sie binnen drei Monaten nach dem Kauf bei der Ausreise dem Zoll das Antragsformular vorlegen.

Sonderverkäufe

In ganz Estland finden Ausverkäufe meist in der Mitte und am Ende einer Saison statt, die größten Preisnachlässe gibt es aber beim Neujahrsausverkauf. Achten Sie auf Schilder in den Auslagen, die *allahindlus* (Skonto), *soodusmüük* (Ausverkauf), *lõpumüük* (Schlussverkauf) oder *tühjendusmüük* (Alles muss raus) lauten können.

Märkte

In fast jeder estnischen Stadt gibt es einen Markt *(turg)*, der meist mit Obst, Gemüse, Haushaltswaren und anderen Alltagsdingen handelt. Souvenirs oder Kuriositäten sind auf diesen Märkten selten zu finden. Der Markt in Kuressaare auf Saaremaa ist eine seltene Ausnahme. Hier wird auch Schmuck, z. B. aus Dolomit, neben regionalen Erzeugnissen verkauft. Souvenirs sucht man am besten auf einem der alljährlichen Volks- oder Stadtfeste, die es im ganzen Land gibt. Auf provisorischen

Modische Kleidung im Schaufenster eines Kaubamaja-Kaufhauses

Märkten verkaufen Buden viele regionale Delikatessen, bunte, zum Teil skurrile Geschenke und faszinierendes Kunsthandwerk, darunter farbige Keramik, Buntglas und Holzschnitzarbeiten.

Kaufhäuser und Shoppingcenter

Die besten Kaufhäuser des Landes wie Stockmann und Kaubamaja *(siehe S. 349)* gibt es in Tallinn. Kaubamaja hat kürzlich auch ein großes neues Kaufhaus in Tartu eröffnet. Shoppingmalls gibt es viel häufiger. Sie entstehen in rasendem Tempo in Stadtzentren und Vororten überall im Land. Sie sind gut für lebenswichtige Dinge, aber dem anspruchsvollen Käufer bieten sie vergleichsweise wenig.

Supermärkte wie Selver und Rimi sind in ganz Estland fast überall zu finden. Diese riesigen Verbrauchermärkte führen fast alles, woran man denken kann, von Alltags-Haushaltswaren bis hin zu riesigen Angeboten an Spirituosen, Schokolade, Zigaretten und Musik-CDs.

Regionale Spezialitäten

In ganz Estland gibt es eine Vielzahl beliebter regionaler Erzeugnisse zu kaufen, die ideale Mitbringsel sind. In Tallinn sind traditionelle Dinge wie handgestrickte Fausthandschuhe und Socken, Spitzen, Keramik, Bernstein, in Leder gebundene Bücher, Silber und Objekte aus Kalkstein weithin käuflich. Die Insel Kihnu *(siehe S. 101)* ist für ihre bunten und kunstvoll gemusterten handgewebten Teppiche sowie für dicke Fischer-Wollpullover berühmt, die von den Inselbewohnern in Handarbeit hergestellt werden.

In Südost-Estland, der Heimat der Setu *(siehe S. 120)*, kann man echte Exemplare der bestickten Schals und des prachtvollen Schmucks finden, die es nur in ihrer Kultur gibt. Die Setu waren auch das einzige Volk in Estland, das verbreitet Töpfergeschirr benutzte, das in mehreren Keramikläden zu haben ist. Heute handeln Keramikmärkte in den Hauptorten der Setu mit ihren Waren. Dolomit wird nur auf der Insel Saaremaa *(siehe S. 92–95)* verwendet. Aus diesem Stein werden viele Souvenirs wie Aschenbecher, Mörser und Stößel gefertigt. Die Insel Muhu ist für ihre bestickten handgemachten Pantoffeln und die leuchtend orangefarbenen Strickwaren bekannt. Aus Pärnu *(siehe S. 98f)* kommen Leinenwaren. Die beliebtesten Souvenirs aus dem Seekurort Haapsalu *(siehe S. 88f)* sind handgewebte, schön gemusterte weiße Schals.

In Handarbeit gefertigte Flechtkörbe auf einem Regionalmarkt

Shopping in Tallinn

In Tallinn sind in den letzten Jahren viele neue schicke Shoppingmalls entstanden. Zahlreiche internationale und eine beträchtliche Zahl beliebter skandinavischer Modemarken sind hier vertreten. Tallinns Altstadt, in der es einige exklusive Modeboutiquen und Kunstfachgeschäfte gibt, ist auch der ideale Ort, um Geschenke und Souvenirs zu kaufen. In fast jeder Straße findet man traditionelles Kunsthandwerk wie Keramik, Gläser, Leinen, Holzutensilien und reizendes Spielzeug. Viele Läden und Marktstände sind auf Kunst, Antiquitäten, Schmuck, Bernstein, Strickwaren, Patchwork-Bettdecken und interessante Nippes spezialisiert. Der Weihnachtsmarkt auf dem Rathausplatz ist bei Einheimischen wie Besuchern beliebt – auf ihm kann man praktisch jedes denkbare estnische Erzeugnis finden.

Russische Puppen und Bernsteinschmuck an einem Souvenirstand in Tallinn

Märkte

Tallinns Hauptmarkt, der Zentralmarkt unter freiem Himmel, gestattet einen Blick ins Alltagsleben der Tallinner. Stände voller frischer Produkte mögen für einen Souvenirjäger wenig reizvoll sein, aber es lohnt, die geschäftige Atmosphäre des Zentralmarkts zu erleben. Interessierte können sich im Feilschen üben. Der Markt für Strickwaren an der Ecke Viru und Müürivahe besetzt ein großes Stück der Altstadtmauer und ist der ideale Ort, nach Geschenken zu suchen. Uus Käsitööturg, ein Stand auf diesem Markt, führt Kunsthandwerk und Souvenirs in großer Auswahl. Der Weihnachtsmarkt auf dem Rathausplatz *(siehe S. 58f)*, der den ganzen Dezember läuft, handelt mit allem, von Strickwaren über Christbaumschmuck bis hin zu Marzipan.

Flechtkörbe, Strickwolle und Textilien auf dem Rathausplatz-Markt

Schöne Keramik in dem stilvollen Studio Bogapott

Kunsthandwerk

Estnisches Kunsthandwerk ist viel mehr als nur ein mögliches Souvenir für Urlauber: Es ist Ausdruck traditioneller Lebensformen, die es noch heute gibt. In Tallinn gibt es verblüffend viel Kunsthandwerk. Besonders verbreitet sind Holzspielzeuge und -utensilien sowie Keramik, z. B. Kerzenleuchter in Form von Altstadtgebäuden. Webteppiche werden noch heute traditionell hergestellt, von denen einige mit ihren schönen, vertrackten Mustern eher wie Kunstwerke aussehen.

Bogapott, ein exklusives Keramikstudio, und **Galerii Kaks** mit ihrem breiten Angebot an Textilien, lohnen den Besuch. **Nukupood** führt handgemachtes Spielzeug und Puppen in estnischen Trachten. In der **Katariina Gild** kann man Kunsthandwerkern, Goldschmieden und Töpfern bei der Arbeit zusehen. **A-Galerii** führt jede Menge handgemachten estnischen Schmuck.

Kunst und Antiquitäten

Tallinns Kunstszene ist in vielen Galerien und kleinen Läden vertreten, die alle Arten von Gemälden, Grafiken, Textilien, Skulpturen und ausgefallenen Keramikarbeiten führen.

Mehrere Antiquitätenläden in Tallinn handeln mit Memorabilien aus der Sowjetära, aber auch mit superteuren russischen Ikonen. Dieser erst nach 1991 entstandene Handel ist rasch zu einem florierenden Geschäft geworden.

Für die Ausfuhr einiger Objekte ist eine Sondererlaubnis nötig, klären Sie das unbedingt vor dem Kauf. Mit ihrem gewaltigen Angebot an Bronzen, Silber, Kristall und Bildern gehören **Reval Antiik**, **Shifara Art & Antiques** und **Navitrolla Galerii** zu den besten Antiquitätenläden in Tallinn.

Bücher und Musik

Tallinns beste Buchhandlung für fremdsprachige Bücher ist **Apollo**. Hier findet man eine Reihe von Büchern über estnische Kultur und Geschichte und eine kleine Auswahl an ins Deutsche übersetzten estnischen Romanen. Vielleicht finden Sie ja *Der Verrückte des Zaren*) und *Professor Martens' Abreise* des bekannten estnischen Autors Jaan Kross (1920–2007).

Auch CDs der klassischen und Chormusik Estlands sind schöne Geschenke. CDs der Werke bekannter Komponisten wie Heino Eller (1887–1970), Eduard Tubin (1905–1982) und Arvo Pärt *(siehe S. 23)*, aber auch Volksmusik-CDs sind fast überall zu haben. **Lasering**, einer der führenden Plattenläden in Tallinn, hat ein eindrucksvolles Angebot an CDs verschiedener Musikrichtungen und eine Abteilung nur für Klassik.

Apollo, Tallinns beste Buchhandlung, führt viele Geschenkbücher

Lebensmittel

Estnische Lebensmittel findet man überall und praktisch in jedem Supermarkt. Roggenbrot ist ein lokales Grundnahrungsmittel, ebenso

Kaubamaja, eines der führenden Kaufhäuser in Tallinn

Sprotten, Räucherfisch und Käse, sowie *halvah* und Blutwurst in der Weihnachtszeit. Die Feinschmeckerabteilung im **Kaubamaja** hat fast alles. Schokoladenfreunden bietet Kalev, Estlands größter und ältester Süßwarenhersteller, mit seiner Auswahl an Luxuspralinen mit hübschen Tallinnbildern auf den Schachteln. Man bekommt sie in Lebensmittelläden der Stadt. Kenner von guter Schokolade sollten unbedingt die handgemachten Köstlichkeiten im **Anneli Viik** probieren. Herrliche Kuchen und Torten gibt es in zahlreichen Konditoreien. Auch **Stockmann**, eines der größten Kaufhäuser, führt Kuchen, Bagels und pikante Häppchen.

Logo von Kalev-Schokolade

Vana Tallinn *(siehe S. 320)*, ein sehr süßer, brauner Likör, gilt als Nationalgetränk Estlands. Wer es nicht so süß mag, gießt ihn vielleicht in den Kaffee, einige trinken ihn sogar in Milch. Was die reine Verbrauchsmenge angeht, ist Bier bei weitem das beliebteste Getränk in Estland. Saku Originaal ist die führende Marke, aber Tartu Alexander und A. Le Coq sind auch sehr beliebt. Es gibt jede Menge estnischen und erstklassigen importierten Wodka, der hier erheblich billiger als sonstwo in Europa ist. Saare Džinn, ein mit Beeren von den estnischen Inseln aromatisierter Gin, ist ebenfalls sehr gut. **Liviko**, einer der führenden Spirituosenhersteller Estlands, hat Filialen in ganz Tallinn.

Auf einen Blick

Kunsthandwerk

A-Galerii
Hobusepea 8. ☎ *646 4101.*

Bogapott
Pikk jalg 9. ☎ *631 3181.*
www.bogapott.ee

Galerii Kaks
Lühike jalg 1. ☎ *641 8308.*

Katariina Gild
Vene 12. ☎ *644 5365.*

Nukupood
Raekoja plats 18. ☎ *644 3058.*

Kunst und Antiquitäten

Navitrolla Galerii
Pikk jalg 7. ☎ *631 3716.*
www.navitrolla.ee

Reval Antiik
Harju 13. ☎ *644 0747.*
www.reval-antique.ee

Shifara Art & Antiques
Vana-posti 7. ☎ *644 3536.*
www.shifara-antique.ee

Bücher und Musik

Apollo
Viru 23. ☎ *654 8485.*
www.apollo.ee

Lasering
Narva mnt 13. ☎ *614 3043.*
www.lasering.ee
Eine von mehreren Filialen.

Lebensmittel

Anneli Viik
Pikk 30. ☎ *644 4530.*
www.anneliviik.ee

Kaubamaja
Gonsiori 2. ☎ *667 3100.*
www.kaubamaja.ee

Liviko
Mere pst 6. ☎ *683 7745.*
www.liviko.ee
Eine von mehreren Filialen.

Stockmann
Liivalaia 53. ☎ *633 9539.*
www.stockmann.ee

Verbraucherschutz und Erstattungen

Consumer Centre of Estonia
Kiriku 4. ☎ *646 0123.*
www.consumer.ee

Shopping in Lettland

Seit 1991 sind in Städten im ganzen Land zahlreiche Supermärkte und Shoppingcenter eröffnet worden. Aber in Rīga gibt es zweifellos die meisten Einkaufsmöglichkeiten. Das trifft vor allem auf Waren zu, die für Fremde besonders interessant sind. Aber auch außerhalb der Hauptstadt gibt es typisches Kunsthandwerk wie Bernsteinschmuck und Strickwaren mit Stickereien zu kaufen. Museumsläden sind meist die richtige Stelle für interessante Andenken, wenn es in einer Ortschaft kein richtiges Souvenirgeschäft gibt. In einigen Werkstätten im Land kann man den Kunsthandwerkern bei der Arbeit zuschauen oder sogar selbst etwas töpfern oder schnitzen, um es nach Hause mitzunehmen. Lettische Märkte richten sich meist an Einheimische, können aber dennoch sehr faszinierend sein. Lettischer Honig, Schokolade, Bier oder eine Flasche Rigas Melnais Balzams sind schöne Mitbringsel.

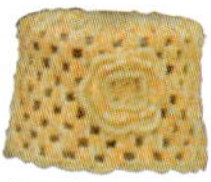

Handgemachte Häkelmütze

Öffnungszeiten

Die meisten Läden öffnen um 10 Uhr. Kleine Läden schließen um 18 oder 19 Uhr, Kaufhäuser und Einkaufszentren bleiben meist bis 22 Uhr offen. Viele kleine Läden sind sonntags geschlossen.

Bezahlung

In größeren Städten kann man mit Bank- und gängigen Kreditkarten wie MasterCard oder Visa bezahlen, manchmal auch mit American Express und Diners Club. In kleineren Städten und Dörfern ist oft nur die Barzahlung in der Landeswährung, dem Lats *(siehe S. 386)*, möglich.

Außerhalb Rīgas werden Reiseschecks nur selten als Zahlungsmittel angenommen, aber die der großen Anbieter wie American Express kann man in den meisten Banken problemlos einlösen.

Umsatzsteuer-erstattung

Besuchern aus Nicht-EU-Ländern steht eine Umsatzsteuererstattung von bis zu 12 Prozent zu, wenn die Waren in einem Geschäft mit dem Logo »Tax Free« gekauft wurden und die Kaufsumme mindestens 29,50 Latu beträgt. Beim Kauf muss man sich ausweisen und ein Global-Refund-Formular ausfüllen. Die gekaufte Ware darf erst benutzt werden, wenn der Zoll das Formular bei der Ausreise abgestempelt hat. Die Steuer kann beim Zoll im Flughafen oder an der Landesgrenze zu Russland in Terehova und Grebņeva zurückgefordert werden. Reist man von woanders ab, sollte man das gestempelte Formular mit seinen Bankdaten binnen sechs Monaten an Global Refund Latvia *(siehe S. 353)* schicken.

Sonderverkäufe

Lettische Waren sind im Vergleich etwa zu deutschen recht billig, aber Importwaren sind in Lettland eher teuer, woran auch die hohe Inflation nichts geändert hat. Eine Möglichkeit, ein Schnäppchen zu machen, sind die saisonalen Ausverkäufe, wenn die Läden die Preise heruntersetzen.

Märkte

In den meisten lettischen Orten finden regelmäßig oder sogar täglich Märkte statt, die aber ganz untouristisch nur den täglichen Lebensmittelbedarf der Einheimischen decken. Aber einige, wie die Markthalle in Liepāja *(siehe S. 180f)*, ein Überbleibsel aus sowjetischer Zeit, sind äußerst stimmungsvoll. In den Sommermonaten handeln einige Märkte wie die in Jūrmala außer mit Frischeprodukten auch mit Souvenirs.

Kaufhäuser und Shoppingcenter

In den meisten größeren Orten gibt es mindestens ein Kaufhaus oder einen Supermarkt. Mehrere Shoppingcenter sind in großen Städten wie Rīga, Ventspils, Liepāja und Daugavpils eröffnet worden, von denen einige in den Außenbezirken, andere aber mehr im Zentrum liegen und leicht erreichbar sind. Zu den größeren Einzelhändlern zählen Rimi, Maxima und Mego.

Frische lettische Erzeugnisse auf dem Zentralmarkt in Rīga

Handarbeiten im Kunsthandwerkszentrum Ludza, Ost-Lettland

Kunsthandwerk

Lettisches Kunsthandwerk umfasst handgemachtes Leinen, Bernsteinschmuck, Holzarbeiten und Stricksachen, die mit folkloristischen Motiven bestickt sind. Naturmotive wie die Sonne, Sterne oder Bäume werden oft zusammen mit geometrischen Mustern auf vielen handgemachten Waren benutzt. Ein besonders schönes Beispiel hierfür ist der *lielvārdes josta*, ein langer rotweißer Webgürtel mit Symbolen als Muster, der zur lettischen Hochzeitstracht gehört. Diese Gürtel erhält man in Souvenirläden in Rīga, sie sind im Pumpurs-Museum in Lielvārde ausgestellt oder werden sogar auf Bestellung angefertigt.

Man kann Kunsthandwerkern an mehreren Orten bei der Arbeit zusehen, so im Haus der Kunsthandwerker in Liepāja. Das Kunsthandwerkszentrum in Ludza bietet Workshops an, wo man selbst seine Fertigkeiten testen kann. Authentische Instrumente kann man in der Musikinstrumentenwerkstatt in Gaigalava käuflich erwerben.

Die Schmiede des alten Schmucks im Neuen Schloss in Cēsis nennt sich auch Werkstatt experimenteller Archäologie. Der Kunsthandwerksmeister Daumants Kalniņš stellt Repliken alter Muster her. Kunsthandwerk findet man zudem in der Tornis-Filiale im Turm der Turaida-Burg in Sigulda bei Rīga.

Lebensmittel

Laima-Schokolade *(siehe S. 353)*, in vielen Sorten erhältlich, wird in Lettland seit Jahrzehnten hergestellt und zählt zu den beliebtesten Produkten. Ein schönes Geschenk ist auch Rīgas Melnais Balzams, ein angeblich heilkräftiger Kräuterlikör in hübschen Keramikflaschen. Fremde trinken ihn lieber in Cocktails oder mit schwarzem Johannisbeersaft als pur.

Eine Tafel Laima, Lettlands beste Schokolade

Auch Bier ist ein gutes Mitbringsel. Die Letten sind begeisterte Biertrinker, und so kann man zwischen mehreren Marken wählen. Die bekanntesten gehören heute internationalen Konzernen, aber zu den ungewöhnlicheren Sorten gehört das hefige Užavas, das nahe Ventspils gebraut wird.

Kunst und Antiquitäten

Echte wertvolle lettische Antiquitäten sind nicht leicht zu finden, weil vieles im Krieg vernichtet wurde oder während der russischen Besetzung verloren gegangen ist. Trotzdem lohnt ein Besuch in Antiquitätenläden, da sie oft andere interessante Dinge führen. Die besten Stellen für einen Kunstkauf sind kommerzielle Kunstgalerien. Ehe man echte Antiquitäten ausführen darf, ist meist eine Erlaubnis nötig. In den meisten Antiquitätenläden ist man Ihnen bei den Formalitäten gern behilflich.

Bernstein

Bernsteinschmuck ist ein beliebtes lettisches Souvenir, obwohl in Lettland sehr viel weniger Bernstein gefunden wird als in Litauen. Er ist in Urlaubsorten wie Jūrmala und in einigen Museumsläden erhältlich.

Aber nicht aller Bernstein ist echt, es gibt verschiedene Fälschungen aus Kunststoff. Wer viel Geld dafür ausgibt, sollte ein Echtheitszertifikat verlangen. Es ist im Allgemeinen immer sicherer, in einem anerkannten Fachgeschäft als bei einem Straßenhändler zu kaufen.

Straßenstände

Auf dem Land, vor allem in Latgale, sieht man verbreitet Stände an den Straßen, die frische Produkte verkaufen. Lettischer Honig ist besonders lecker und außerdem ein hübsches Mitbringsel.

Shopping in Rīga

Als einstiges Mitglied der Hanse *(siehe S. 32)* blickt die lettische Hauptstadt auf eine lange Handelsgeschichte zurück. Ihr Hafen gehört zwar nicht mehr zu den wichtigsten im Baltikum, aber seit der Unabhängigkeit blüht der Handel wieder: Boutiquen und Kaufhäuser sprießen wie Pilze aus dem Boden. Fachgeschäfte findet man in der ganzen Altstadt und in Einkaufszentren, während wichtige Edelmarken in Centrs zu haben sind. Souvenirläden, die meist in der Altstadt liegen, führen Kunsthandwerk unterschiedlicher Qualität, darunter Leinen, Bernsteinschmuck und Strickwaren. Rīgaer Schokolade und der typische Kräuterlikör Rīgas Melnais Balzams sind beliebte Mitbringsel.

Kaufhäuser und Shoppingcenter

In den Jahren seit der Unabhängigkeit sind viele neue Shoppingcenter und Kaufhäuser entstanden, während Wahrzeichen wie die **Galerija Centrs** aus den 1920er Jahren renoviert worden sind.

Edelboutiquen und Galerien findet man im **Berga Bazārs**, einer 19.-Jahrhundert-Enklave aus Läden, Büros, Restaurants und Wohnungen. Das Kaufhaus **Palazzo Italia** ist das Mekka für Designermode, während die Läden im **mc²** auf Delikatessen und Wohnaccessoires spezialisiert sind. Für normalere Einkäufe ist das Kaufhaus **Stockmann** am Rand der Altstadt eine gute Adresse.

Märkte

Der Rīgaer Zentralmarkt in fünf großen Zeppelinhangars handelt drinnen fast nur mit Lebensmitteln, während die Stände mit CDs, Kleidung und Elektroartikeln draußen sind. Interessant ist auch der überdachte Antiquitäten- und Biomarkt am zweiten und vierten Sonntag jedes Monats im Berga Bazārs. Die Letten schenken gern Blumen. Der Hauptblumenmarkt der Stadt ist das ganze Jahr täglich rund um die Uhr geöffnet.

Musik

Volksmusik spielte bei der Nationalen Erweckungsbewegung (1856) eine Schlüsselrolle, aber seit 1991 ist die Klientel für Volksmusikaufnahmen kleiner geworden. Rīgas bester Plattenladen ist **Upe**, eine Kette, die dem früheren Sänger der Folkrockband Jauns Mēness gehört. Upe führt Volksmusik des ganzen Baltikums und auch Musikinstrumente. **Randoms** ist vielleicht der größte Musikalienladen des Baltikums. Billig-CDs bekommt man im Zentralmarkt, aber häufig sind auch Raubkopien darunter.

Dekorative Wandlampe

Mode und Schmuck

Handgewebte Kleider, Spitzen und Strickwaren sind beliebte Souvenirs. Designermode erhält man in Edelläden, kleinere Geschäfte verkaufen traditionelle Wollsachen. **Nordwear** behauptet, einer der wenigen bernsteinfreien Souvenirläden der Stadt zu sein und führt Pullover in traditionellen Designs. **Kleoss** hat Strickwaren für Damen.

Neben zahllosen Läden, die Bernsteinketten und -armbänder bieten, gibt es einige, die ungewöhnlicheren Schmuck führen. **Tornis** hat Stücke, die durch alte lettische Muster, aber auch durch modernere Designs inspiriert sind.

Kunsthandwerk

Zahllose Souvenirläden in der Altstadt führen Leinenzeug und Holzspielsachen. Doch manchmal sind sie Massenprodukte und nicht handgearbeitet. Echtere und ungewöhnlichere Geschenke findet man bei **Grieži**, wo es auch kunsthandwerkliche Vorführungen gibt. **Tine** hat eine Vielzahl von Souvenirs, **Sāmsalas Kalēji** vor allem Metallarbeiten. Einige Läden führen auch russische Souvenirs wie *matrjoška*, Holzpuppen verschiedener Größe, die eine in der anderen stecken.

Kunst und Antiquitäten

Es gibt viele kommerzielle Galerien in Rīga, von denen das Verkehrsamt eine aktuelle Liste bietet. **Māksla XO** ist eine der angesehensten Galerien der Stadt. **Art Nou-**

Eine Kundin sucht bei Art Nouveau Rīga nach Souvenirs

Bernsteinschmuck im Fenster des exklusiven Geschäfts A & E

veau Rīga, ein führender Souvenirladen, hat attraktive Reproduktionen, dazu Tücher, Krüge und anderes, insipriert durch Designs des frühen 20. Jahrhunderts. Der Laden liegt günstig am Ende der Alberta iela, in der auch die eindrucksvollsten Jugendstil-Gebäude stehen.

In Rīga gibt es einige gute Antiquitätenläden, die meisten um die Brīvības iela. Zu den teuren Läden zählt **Doma Antikvariāts**, während das chaotische **Retro A** eine verwirrende Menge von Sowjetandenken führt. Ikonen und Musikinstrumente findet man bei **Volmar**.

Bernstein

Dutzende von Läden in Rīga führen Bernsteinschmuck. Der Edeljuwelier **A & E** zählt voll Stolz Hillary Clinton und Hannelore Kohl zu seinen früheren Kundinnen. Etwas weniger edel sind **Dzintara Muzejs** und **Dzintara Galerija**. Ersterer verfügt auch über ein kleines Museum, aber die meisten Besucher werden es nicht allzu informativ finden. Es gibt auch mehrere einfache Souvenirläden, die Erschwinglicheres bieten. Bernstein findet man auch an Straßenständen, aber dort kann er eventuell unecht sein.

Lebensmittel

Seit 1870 ist **Laima** eine der führenden Schokoladenmarken Lettlands. Der Hersteller unterhält in Rīga einen beliebten Laden. In den letzten Jahren ist ihm Konkurrenz erwachsen mit der edleren **Emihls Gustavs Chocolate**, mit mehreren Filialen in Rīga, darunter eine in der Buchhandlung Valters un Rapa. Wer Traditionelleres sucht, findet viele Sorten Honig in den **Latvijas Bite**-Läden der Lettischen Imkergenossenschaft.

Rīgas Melnais Balzams

Der berühmte schwarze Kräuterlikör Rīgas Melnais Balzams ist ein beliebtes Geschenk, was wohl auch an den schönen Keramikflaschen liegt, in denen er verkauft wird. Er ist überall zu haben, aber **Latvijas Balzams** ist einer der besten Läden für Spirituosen. Filialen von Latvijas Balzams, die es in ganz Rīga gibt, führen über 50 lettische Spirituosensorten.

Auf einen Blick

Kaufhäuser und Shoppingcenter

Berga Bazārs
Dzirnavu iela 84.
www.bergabazars.lv

Galerija Centrs
Audēju iela16.
☎ *6701 8018.*
www.galerijacentrs.lv

mc²
Krasta iela 68a. ☎ *6700 6868.* www.mc2.lv

Palazzo Italia
K Barona iela 2.
☎ *6707 0930.*
www.palazzoitalia.lv

Stockmann
13 Janvāra iela 8.
www.stockmann.lv

Musik

Randoms
Kaļķu iela 4.
☎ *6722 5212.*

Upe
Vaļņu iela 26. ☎ *6720 5509.* www.upett.lv

Mode und Schmuck

Kleoss
Matisa iela 57/2.
☎ *2962 3353.*

Nordwear
www.nord-wear.com

Tornis
Grēcinieku iela 11–2.
☎ *6722 0270.*
www.balturotas.lv

Kunsthandwerk

Grieži
Mazā miesnieku iela1.

Sāmsalas Kalēji
Laipu iela 6.
☎ *6722 4496.*

Tine
Vaļņu iela2.
☎ *6721 6728.*

Kunst und Antiquitäten

Art Nouveau Rīga
Strēlnieku 9, Laipu 8.
☎ *2836 7112.*

Doma Antikvariāts
Doma laukums 1a.
☎ *6781 4401.*
www.antikvariats.lv

Māksla XO
Skārņu 8. ☎ *2948 2098.*

Retro A
Tallinas 54.
☎ *6731 5306.*

Volmar
Šķūņu 6.
☎ *6721 4278.*

Bernstein

A & E
Jauniela 17.
☎ *6722 3200.*

Dzintara Galerija
Torņa iela 4.
☎ *6732 5157.*

Dzintara Muzejs
Kalēju iela 9/11.
☎ *6708 7545.*

Lebensmittel

Emihls Gustavs Chocolate
Aspazijas bulvāris 24.
☎ *6722 8333.*
www.sokolade.lv

Laima
Ģertrūdes iela 6. ☎ *6727 9214.* www.laima.lv

Latvijas Balzams
Audēju iela 8.
☎ *6722 8814.*

Latvijas Bite
Ģertrūdes iela 13.
☎ *6727 9495.*

Steuererstattung

Global Refund Latvia
www.globalrefund.com

Shopping in Litauen

Souvenirs in Litauen sind zumeist regionales Kunsthandwerk, das aus heimischen Materialien wie Bernstein, Ton und Holz gefertigt ist. Schöne handgewebte Tischtücher aus Leinen oder Flachs sowie Tagesdecken, Kleider und Stofftiere sind meist preisgünstig zu finden. Läden und Stände in der Altstadt größerer Städte und den Kurorten sind mit diesen Dingen überschwemmt. Kunsthandwerk höherer Qualität und in größerer Auswahl gibt es in Fachgeschäften, die üblicherweise in der Nähe wichtiger Sehenswürdigkeiten liegen. Litauische Speisen und Getränke haben einen unverwechselbaren Geschmack. Die lokalen Käse- und Rauchfleischsorten sind abwechslungsreich und köstlich. Das große Angebot an Spirituosen wie *trauktinės*, einem bitteren Brandy, Wodka und Bier bieten sich als Mitbringsel für zu Hause an.

Pilze und Beeren in einer Auslage

Öffnungszeiten

Läden in Litauen sind meist wochentags von 9 bis 18 Uhr geöffnet. Manche Souvenirläden öffnen erst um 10 Uhr. Lebensmittelläden und Supermärkte größerer Ketten öffnen oft um 8 Uhr und schließen am späten Abend.

Die Praxis, mittags eine Stunde zu schließen, verschwindet langsam. Einige Supermärkte haben täglich 24 Stunden geöffnet. Viele Läden haben samstags bis 16 Uhr auf, in Urlaubsorten, großen Städten und Stadtzentren auch sonntags. In kleineren Orten und Dörfern schließen die Läden früh, man sollte also mit dem Einkaufen nicht bis zum Abend warten.

Bezahlung

Wie in den anderen Ländern des Baltikums akzeptieren fast alle Läden in Litauen gängige internationale Kredit- und Bankkarten, kleinere Läden manchmal nur die Landeswährung in bar. Zu handeln ist kaum üblich, außer auf Märkten und an Souvenirständen, aber man sollte es ruhig versuchen.

Umsatzsteuer-erstattung

In Litauen wird auf die meisten Waren eine Umsatzsteuer, *pridėtinės vertės mokestis* (PVM), in Höhe von 18 Prozent erhoben. Besucher aus Nicht-EU-Ländern können die Umsatzsteuer bei der Ausreise vom Zoll zurückfordern, vorausgesetzt, sie haben das Formular für steuerfreien Einkauf ausgefüllt, das sie in Geschäften mit dem »Tax Free Shopping«-Schild erhalten. Beim Kauf ist der Pass vorzulegen. Die Umsatzsteuer kann nur erstattet werden, wenn die Reise per Flugzeug, Auto oder Schiff gemacht wird, die Eisenbahn ist ausgeschlossen. Die Kaufsumme muss einschließlich Steuer mindestens 200 Litas betragen, um die Steuer erstattet zu bekommen.

Kaufhäuser und Shoppingcenter

Um die wachsenden Bedürfnisse der Kunden zu stillen, werden in Vilnius und den meisten größeren und großen Städten Litauens riesige moderne Shoppingcenter gebaut. Sie ersetzen die alten Kaufhäuser aus der Sowjetzeit, die in den 1990er Jahren innen umgebaut wurden, um Kleinhändlern entgegenzukommen.

Einkaufszentren haben einen Hauptpächter, der oft mit einer der führenden nationalen Supermarktketten identisch ist. Folglich ist das Warenangebot praktisch das gleiche wie im übrigen Europa. Wenn Sie authentischere Läden suchen, besuchen Sie die Altstadt größerer Orte.

Bernstein

Die Litauer haben viel Fantasie auf die Bearbeitung von Bernstein verwandt, einem fraglos wichtigen Kulturgut des Landes. Schmuck, Lampenschirme, Schreibutensilien und vieles andere entsteht daraus.

Bernstein gibt es neben dem üblichen Gelb in Braun-, Grün- und anderen Farbtö-

Europa ***(siehe S. 356)*****, ein schickes Shoppingcenter in Vilnius**

Souvenirstand auf dem Theaterplatz in der Altstadt von Klaipėda

nen. Er ist auch als schlichter polierter Stein erhältlich, der dann am wertvollsten und schönsten ist, wenn er ein Insekt, eine Pflanze, Blätter oder Federn als Einschluss im fossilen Harz besitzt.

Kunsthandwerk und typisch Regionales

Litauische Schnitzer fertigen alle möglichen Dinge aus Holz, z. B. Bratenwender und Löffel sowie groteske Hexen- und Teufelsmasken, deren verzerrte Fratzen traditionell zu Fastnacht zur Schau gestellt werden. Ein lieblicheres hölzernes Andenken ist der *rūpintojėlis*, eine sorgenvolle christusartige Figur, die das Kinn in die Hand gestützt dasitzt. Ein anderes meist aus Holz geschnitztes religiöses Souvenir ist das Kruzifix.

Für musikalisch Interessierte sind handgemachte Musikinstrumente wie der litauische *kanklės* (Psalter) ideale Geschenke. Russische *matrjoška*-Puppen sind beliebte Souvenirs, die man ohne weiteres auf den Märkten findet.

Einige der originellsten Kleidungsstücke, die man in Litauen kaufen kann, sind aus Leinen hergestellt. Hemden und Blusen, Kleider und Häkelmützen sind fast überall zu haben, vor allem in den Souvenirläden der Hauptstadt. Eine handgewebte *juosta*, eine Schärpe, die oft zur Hochzeitskleidung gehört und traditionell beim Wahrsagen benutzt wird, ist weithin zu finden und ebenfalls ein schönes Mitbringsel.

Im ländlichen Litauen sind viele regionale Sitten und Traditionen erhalten geblieben. Schwarze Keramik in Form von Töpfen, Krügen, Tassen und Figuren zählt zu den Besonderheiten der südlichen Region Dzūkija. Die Aukštaitija weiter nördlich ist für ihren Reichtum an Musik und Instrumenten bekannt, vor allem für ihre Hörner und Pfeifen. Die Leute der Žemaitija im Westen schätzen ihre Heiligenbilder, Miniaturen und Schreine, in denen oft uralte vorchristliche Symbole enthalten sind.

Lebensmittel

Traditionelle Lebensmittel aller Art gibt es in litauischen Läden, darunter *blynai* (crêpeartig dünne Kartoffelpätzchen mit süßer oder herzhafter Füllung), *spurgos* (Pfannkuchen), Räucher- und Kochkäse und Produkte aus Quark und Sauermilch.

Rauchfleisch findet man meist als lange, dicke Würste oder, noch echter, zu Kugeln zusammengeschnürt. Der wichtigste Fisch ist der Hering, der mariniert und versiegelt verkauft wird. Einige Supermärkte haben Cafés, die litauische Speisen wie *cepelinai* (Kartoffelknödel), *kugelis* (Kartoffelpudding) und *vėdarai (Kartoffelwurst)* auf der Karte haben. Litauisches Roggenbrot wie das weithin übliche Schwarzbrot oder das grauere *palangos* findet man in den Läden. Traditioneller *šakotis* (Baumkuchen) und *tinginys* (ein Kekskuchen) sind überall zu haben. Auch Pilze und Waldbeeren können ungewöhnliche Mitbringsel sein, aber dafür benötigt man eine Zollerklärung. Lokale Spezialitäten wie *starka* (gereifter, karamellfarbener Wodka) oder *trejos devynerios* (ein Kräuterheilmittel) sollte man sich nicht entgehen lassen. Zu den besten der vielen verschiedenen *degtinė* gehören die exzellenten litauischen Wodkas. Die Firma Alita stellt einen beliebten Brandy gleichen Namens her. Švyturys Premium Pils und Švyturys Ekstra Draught sind beides sehr gute Flaschenbiere. Weitere Informationen zu Lebensmitteln und Getränken *siehe Seiten 318–321.*

Ausgestellte Cognacflaschen

***Matrjoška*-Puppen an einem der vielen Souvenirstände in Litauen**

Shopping in Vilnius

Die Hauptstraßen der Altstadt säumen zahllose Souvenirläden, Stände und Galerien, die auf Bernstein, Leinen, Holz und Keramik spezialisiert sind. Viele bessere Kunsthandwerksläden und Galerien liegen auch im Altstadtlabyrinth der engen Gassen und kleinen Höfe versteckt, sodass es lohnt, die ausgetretenen Wege zu verlassen. Abseits der Altstadt gibt es auf dem Gedimino prospektas eine Reihe von Modeläden, Buchhandlungen und Shoppingcenter, während größere Ladenpassagen mit viel Platz zum Einkaufen weiter auswärts zu finden sind. Mit einer solchen Auswahl ist Vilnius zu einem echten Shoppingparadies geworden.

Märkte

Der ungewöhnlichste Markt Litauens ist **Gariūnai**, der etwa fünf Kilometer südwestlich von Vilnius neben dem riesigen Heizkraftwerk der Stadt liegt. Hier gibt es alles, von billigen Kleidern, Schuhen, Spielsachen und Kosmetika bis zu Lebensmitteln, technischen Dingen und sogar Autos. Händler von nah und fern verkaufen hier ihre Waren. Im Gegensatz zu anderen Märkten des Landes wird in Gariūnai reichlich gefeilscht. Geöffnet ist er jeden Tag außer Montag von Sonnenaufgang bis Mittag. Die Wochenenden sind die beste Zeit für einen Besuch.

Am Südrand der Altstadt, nahe dem Bahnhof und dem Busbahnhof, liegt der **Halės-Markt**, auf dem vor allem Gemüse, Obst, Käse, Fleisch und Kuchen angeboten werden.

Eines der käuflichen Bilder in der Pilies gatvė

Mode und Schuhe

Der kürzlich fein gemachte Gedimino prospektas ist der beste Ort für einen Kleider- und Schuhkauf. In **Gedimino 9**, einer der neuen Minimalls an dieser Straße, gibt es die ersten Marks & Spencer- und Lindex-Läden des Baltikums. Aber die meisten Läden für teurere Marken findet man eher in der Altstadt an der Vokiečių und der Didžioji gatvė. Vilnius besitzt auch seine eigenen hochgeschätzten und gefragten Designer mit eigenen Boutiquen, wie z. B. **Ramunė Piekautaitė**. Das vielleicht optisch eindrucksvollste Shoppingcenter Litauens ist **Europa**, das sich selbst als ein Zentrum für Mode und Stil bezeichnet.

Kunst und Kunsthandwerk

Läden und Stände mit litauischem Kunsthandwerk und traditioneller Kunst findet man vor allem an der Pilies, Didžioji und Aušros vartų gatvė. Die Preise variieren, deshalb sieht man sich vor dem Kauf am besten alles genau an. Schrullige Läden, die Handgemachtes billiger verkaufen, liegen versteckt in den engen Gassen abseits der Hauptstraße der Altstadt.

Die Ladenkette **Linen & Amber Studio** bietet gutes Kunsthandwerk aus Bernstein und Leinen. Ähnliche Läden ziehen sich die ganze Pilies gatvė und weiter hin. Der Laden an der Stiklių gatvė ist einer der größten.

Marktstand mit traditionellem Bernsteinschmuck in der Altstadt von Vilnius

Wer Geschenke und Accessoires von Textilkünstlern aus der Region sucht, der ist bei **Aukso Avis** richtig. Hier findet man pfiffige Filzhüte, Taschen und Schmuck, Siebdruckhemden, Kleider und Wandschmuck, der im Seidendruck hergestellt worden ist. Man kann sich auch an Ort und Stelle seine eigenen Souvenirs basteln. **Sauluva** ist eine der besten und verlässlichsten Adressen für litauisches Kunsthandwerk aus Holz, Keramik, Glas, Trockenblumen und Bernstein.

Die kunstvoll ausgemalte Buchhandlung Littera, Universität Vilnius

Galerien

Vilnius bietet eine erstaunliche Vielfalt an fantastischen Geschenkideen, die in einer Reihe kleiner Galerien wie **Rūtos Galerija** zu besichtigen sind. Ulkige Gemälde, farbige, mit alten Fotos verzierte Teller, Vasen und Nippes fürs Regal und den Kaminsims füllen den Galerieraum. In der **Galerie des Künstlerbundes** neben dem Zentrum für zeitgenössische Kunst *(siehe S. 232)* findet man Originalkunstwerke, handgemalte Karten sowie Bücher über litauische und internationale Kunst. Viele teure Galerien in Vilnius zeigen in Ausstellungen die Werke der besten Maler und Bildhauer Litauens. Diese Werke kann man in der Regel kaufen.

Farbenfrohes Bild in einer Galerie

Das Künstlerviertel Užupis ist mit einem Übermaß an Galerien und Souvenirläden gesegnet. Am interessantesten davon ist die **Užupio Galerija**, die mit Emaille- und Metallarbeiten handelt.

Bücher und CDs

In Vilnius gibt es viele kleine faszinierende Buchhandlungen. Die meisten führen hier publizierte englischsprachige Fachbücher, Bildbände, litauische und internationale Literatur in Original und Übersetzung, dazu Landkarten und Ansichtskarten. **Vaga** hat eine ganze Etage mit einem guten Sortiment fremdsprachiger Bücher.

In der attraktiven Buchhandlung **Littera** *(siehe S. 222)* in der Universität herrscht eine lebhafte Atmosphäre. Sie lohnt den Besuch nicht nur wegen der Fresken an Wänden und Decken, sondern auch wegen der Bücher.

Es fehlt in Vilnius der alles umfassende Plattenladen. Aber Muzikos Bomba im Einkaufszentrum Europa führt recht viel litauische und internationale Musik. Der Laden hat auch ein eigenes Label. Jazz-, Blues- und Rockmusikfans sollten bei **Thelonious** vorbeischauen, einem schrulligen Kellerladen in der Altstadt voller Platten, CDs und altmodischer Hi-Fi-Anlagen. Die Buchhandlung **Humanitas** hat eine gute Auswahl an Kunstbüchern auf Englisch sowie ein kleines Angebot an litauischen Musik-CDs.

Auf einen Blick

Märkte

Gariūnai
Autobahn Vilnius–Kaunas.

Halės
Ecke Pylimo und Bazilijonų.

Mode und Schuhe

Europa
Konstitucijos 7a. ☎ *248 7070.* **www**.europa.lt

Gedimino 9
Gedimino 9. ☎ *262 9764.* **www**.gedimino9.lt

Ramunė Piekautaitė
Didžioji 20. ☎ *231 2270.*

Kunsthandwerk

Aukso Avis
Savičiaus 10. ☎ *261 0421.*

Linen & Amber Studio
Stiklių 3. ☎ *261 0213.* **www**.lgstudija.lt
Eine von mehreren Filialen.

Sauluva
Literatų 3 und Šv Mykolo 4. ☎ *212 1227.* **www**.sauluva.lt

Galerien

Galerie des Künstlerbundes
Vokiečių 2. ☎ *261 9516.* **www**.galerija-lds.lt

Rūtos Galerija
Vokiečių 28. ☎ *231 4537.*

Užupio Galerija
Užupio 3–I. ☎ *231 2318.*

Bücher und CDs

Humanitas
Domininkonų 5. ☎ *249 8392.* **www**.humanitas.lt

Littera
Universität Vilnius, Universiteto 3. ☎ *268 7001.*

Thelonious
Stiklių 12. ☎ *212 1076.*

Vaga
Gedimino 50. ☎ *249 8121.* **www**.vaga.lt

Unterhaltung in Estland

Das Unterhaltungsangebot in Estland ist erstaunlich vielseitig. Die größeren Städte, vor allem Tartu und Pärnu, haben einen prall gefüllten Kulturkalender und ein reges Nachtleben. Klassikliebhaber haben das ganze Jahr die Qual der Wahl zwischen zahlreichen Konzerten estnischer und internationaler Künstler. Auf der Insel Saaremaa finden im Sommer viele Klassikfestivals statt. Fürstliches Essen und Trinken spielen eine wichtige Rolle im sozialen Leben der Esten. In allen größeren Orten findet man jede Menge rustikaler Kneipen, die deftiges Essen, eine freundliche Atmosphäre und manchmal lebhafte, in die Glieder fahrende Volksmusik bieten. In kleineren Orten wie Haapsalu, Narva und Kuressaare gibt es viele Nachtclubs und Bars. Ein großer Teil des estnischen Kulturlebens dreht sich um Folklore-Festivals, wobei fast jeder Ort in Estland im Lauf des Jahres irgendeine Festlichkeit begeht. Informationen zu Unterhaltung in Tallinn finden Sie auf den Seiten 360f.

Logo der Konzerthalle Vanemuine in Tartu

Auftritt einer Gruppe beim Viljandi Folk Music Festival

Information

Neuigkeiten und Informationen zu Konzerten und Ereignissen in der Stadt bietet das Verkehrsamt vor Ort. In *The Baltic Times* findet man ebenfalls Informationen zu Kunst und Unterhaltung. Alle Orte haben eigene Websites mit Listen aller Veranstaltungen. Der Stadtführer *In Your Pocket* informiert über Tallinn, Tartu, Pärnu und andere größere Städte in Estland.

Eintrittskarten

Karten für Kulturveranstaltungen erhält man am Veranstaltungsort oder über Ticketagenturen. Bei **Piletilevi**, der größten estnischen Agentur, kann man online buchen und Tickets kaufen. Mehrere Einzelhandelsläden bieten den selben Service, vor allem die Supermarktkette Selver und die Statoil-Tankstellen.

Klassische Musik und Ballett

Estland hat eine herausragende Klassiktradition. Im ganzen Land finden regelmäßig Konzerte statt. In Tartus Konzerthalle **Vanemuine** gibt es Theater, Klassik, Ballett, Comedy, Musicals und besondere Darbietungen für Kinder. Die Konzerthalle in Pärnu *(siehe S. 98)* bietet viele Konzerte und Musikveranstaltungen.

Musikfestivals

Es gibt in Estland Festivals moderner und traditioneller Musik. In Viljandi findet alljährlich das Suure-Jaani-Festival statt, das an die Komponisten Mart Saar sowie Artur und Eugen Kapp erinnert.

Das Future Music Festival der Insel Muhu im Juni wurde gegründet, um die Beziehungen zwischen traditioneller und Weltmusik auszuloten. Andere Veranstaltungen mit estnischen und internationalen Musikern sind das Festival Alter Musik in Viljandi und die Operntage in Kuressaare. Für Popmusikfans ist die jährliche Pühajärve-Strandparty am Ufer des Pühajärve-Sees ein Highlight. Auf der Website von **Eesti Muusikafestivalid** findet man eine Liste aller estnischen Festivals.

Logo Nachtclub Illusioon, Tartu

Nachtleben

In Tartu gibt es beeindruckend viele Kneipen, Clubs und Bars. Einer der bekanntesten Nachtclubs ist **Atlantis**,

Das hell erleuchtete Äußere des Nachtclubs Atlantis in Tartu

Tanzpaare auf einem der vielen Folklore-Festivals in Estland

der exklusivste dagegen heißt **Illusioon**. Beliebt ist auch der **Wilde Pub**, der immer viel Publikum hat. Gelegentliche Liveveranstaltungen gibt es im **Illegaard Jazz Club**, der wegen seines saloppen, bohemehaften Flairs geschätzt wird.

Auch Pärnu hat ein reges Nachtleben. **Lime Lounge** ist gut für einen Drink, **Postipoiss** ein Restaurant mit Kneipe und häufiger Livemusik. Der schickste Nachtclub hier ist **Bravo**, der Club **Mirage** ist oft überfüllt. In Narva trifft man sich gern im **German Pub** zu einer geselligen Runde. **Africa** ist die größte und beliebteste Kneipe in Haapsalu, die an den Wochenenden zur Disco wird. In Kuressaare gibt es eine gute Auswahl an erstklassigen Restaurants, Kneipen und Bars. Der **John Bull Pub** lockt mit einer attraktiven Außenterrasse.

Folklore-Feste

Einige der wichtigsten Festivals finden im Juli statt. Die größte Veranstaltung ist das jährliche Folklore-Festival in Võru *(siehe S. 121)* mit vielen Tänzern, Musikern und Sängern. Das Hiiu Folk Festival auf Hiiumaa *(siehe S. 90f)* mit seiner rustikalen Landschaft hat eine besonders authentische Atmosphäre.

Auch im August ist viel los. Das grandiose Geschichtsfestival Narva stellt den Großen Nordischen Krieg *(siehe S. 33)* in Narva nach. In Obinitsa feiern mehrere Festivals die Kultur der Setu *(siehe S. 120)*. Zum Vollmond im August steigt im Burgpark von Haapsalu *(siehe S. 88)* das Fest der Weißen Dame mit Theater und vielen Lustbarkeiten.

Kino

Filme werden in der Originalsprache mit russischen Untertiteln gezeigt, aber außerhalb Tallinns ist das Filmangebot äußerst spärlich. Die meisten der etwas größeren Orte haben ein kleines Kino, in dem die neuesten Hits ein paar Wochen später als in der Hauptstadt laufen. Hollywoodfilme gibt es regelmäßig in Pärnus **Mai Cinema**. Tartus modernes **Kino Ekraan** in einem Einkaufszentrum gehört zur selben Kette wie das **Forum Cinemas Astri**.

Das Filmfestival Schwarze Nächte *(siehe S. 49)* im November und Dezember kommt auch nach Tartu, Viljandi, Narva, Jõhvi und Kärdla, während Pärnu im Juli ein eigenes kleines Filmfestival hat.

Poster für den estnischen Film *Sigade Revolutsioon*

Auf einen Blick

Eintrittskarten

Piletilevi
www.piletilevi.ee

Klassische Musik und Ballett

Vanemuine
Vanemuise 6, Tartu. ☎ *744 0100*. **www**.vanemuine.ee

Musikfestivals

Eesti Muusikafestivalid
www.festivals.ee

Nachtleben

Africa
Tallinna mnt 1, Haapsalu. ☎ *473 3969*. **www**.africa.ee

Atlantis
Narva mnt 2, Tartu. ☎ *738 5485*. **www**.atlantis.ee

Bravo
Hommiku 3, Pärnu. ☎ *5344 3887*. **www**.bravoclub.ee

German Pub
Puškina 10, Narva. ☎ *359 1548*. **www**.germanpub.ee

Illegaard Jazz Club
Ülikooli 5, Tartu. ☎ *742 3743*. **www**.illegaard.ee

Illusioon
Raatuse 97, Tartu. ☎ *742 4341*. **www**.illusion.ee

John Bull Pub
Pärgi tänav, Kuressaare. ☎ *453 9988*. **www**.kohvila.ee

Lime Lounge
Hommiku 17, Pärnu. ☎ *449 2190*. **www**.wilde.ee

Mirage
Rüütli 40, Pärnu. ☎ *447 2404*. **www**.mirage.ee

Postipoiss
Vee 12, Pärnu. ☎ *446 4864*. **www**.trahterpostipoiss.ee

Wilde Pub
Vallikraavi 4, Tartu. ☎ *730 9764*. **www**.wilde.ee

Kino

Forum Cinemas Astri
Tallinna 41, Narva. ☎ *1182*. **www**.superkinod.ee

Kino Ekraan
Riia 14, Tartu. ☎ *740 4020*. **www**.superkinod.ee

Mai Cinema
Papiniidu 50, Pärnu. ☎ *443 9451*. **www**.maikino.ee

Unterhaltung in Tallinn

Tallinns Unterhaltungsszene ist erstaunlich kraftvoll. Klassik- und Opernaufführungen sind weltberühmt und ein Besuchermagnet. Seit einigen Jahren lockt die Stadt wichtige internationale Popmusiker an, obwohl die eigene Livemusikszene genauso interessant ist. In zahlreichen Veranstaltungsorten in Tallinn kann man Rock, Jazz, Blues und Alternative live hören, gespielt von estnische Bands. Die pulsierende Nachtclubszene der Stadt deckt alle Genres von Mainstream bis Underground ab. Einen Drink kann man in unterschiedlichsten Lokalen genießen. Sie sind meist bis spät nachts geöffnet und reichen von ultraschicken Loungebars bis zu den guten alten Bierkneipen. Das Theater in Tallinn ist im Allgemeinen sehr gut, gespielt wird aber, außer bei internationalen Festivals, in der Regel nur auf Estnisch.

Eine Szene aus Carlo Gozzis *Il Re Cervo* im Tallinn Linnateater

Information

Was in der Stadt aktuell los ist, erfahren Sie im Fremdenverkehrsamt, über die Publikationen *Tallinn In Your Pocket* und *The Baltic Times* sowie bei Piletilevi *(siehe S. 359)*.

Theater

Tallinn hat eine große Theatertradition. Das Estnische Dramentheater *(siehe S. 72)* tut viel zum Erhalt des nationalen Repertoires. Das **Tallinn Linnateater** spielt vor allem Zeitgenössisches. Das **Von Krahl Theatre**, das führende Avantgarde-Haus, bringt oft Multimediaproduktionen auf die Bühne. Für Russischsprachige ist das **Russische Dramentheater** da, das klassische und moderne russische Theaterstücke zeigt.

Klassische Musik, Ballett und Oper

Konzerte des Estnischen Nationalen Symphonieorchesters, die oft in der Estnischen Konzerthalle *(siehe S. 72f)* stattfinden, und Aufführungen der Estnischen Nationaloper sind wegen ihrer durchweg hohen Qualität regelmäßig ausverkauft. Doch es gibt auch jede Woche wunderbare Kammer- und Chorkonzerte in Kirchen und anderen kleineren Räumen in der Altstadt, wie zum Beispiel in der Niguliste kirik *(siehe S. 64f)*, im Schwarzhäupterhaus *(siehe S. 66)* und in der **Estnischen Musikakademie**. Die besten Ballettaufführungen, seien sie zeitgenössisch estnisch oder international, finden gewöhnlich im **Kanuti Gildi Saal** statt.

Rock, Pop, Jazz und Blues

Freunde der Livemusik haben in Tallinn die Qual der Wahl. Im **Café Amigo** spielen die bekanntesten estnischen Rock-, Pop- und Bluesbands. **Von Krahl Baar** ist eines der besten Lokale für die alternative Musikszene in der Stadt, während in der kühlen Industriekulisse des **Rock Café** Livemusik von Blues bis Funk zu Gast ist. Die meisten bekannten internationalen Gruppen, die nach Tallinn kommen, treten auf dem Sängerfeld *(siehe S. 78)* auf. In **No99** gibt es freitags und samstags Jazzkonzerte und einige Jazzauftritte während des Jazzkaar-Festivals *(siehe S. 48)*.

Kneipen und Bars

In Tallinns Altstadt wimmelt es von Kneipen und Bars jeder Art und Größe. Es gibt einige renommierte irische und englische Pubs wie **Molly Malone's** und **Scotland Yard**, die bei hier lebenden Briten und Iren ebenso beliebt sind wie bei anderen Gästen. Kühle Loungebars stehen bei der Stadtschickeria äußerst hoch im Kurs. Zu den besten gehören das elegante **Déjà Vu** und die extravagante **Lounge 24**, die eine spektakuläre Aussicht von der 24. Etage des Radisson SAS *(siehe S. 294)* bietet. Es gibt auch eine Reihe kleinerer, gemütlicherer Knei-

Logo von Molly Malone's

Das stimmungsvolle Interieur der Loungebar Déjà Vu

Parlament, einer von Tallinns beliebtesten Nachtclubs

pen überall in der Altstadt, in denen man plaudern oder auch ein Buch lesen kann. Kleine Lokale wie **Hell Hunt**, Tallinns erstes echtes Gasthaus, und das **Kolumbus Krisostomus**, in dem gelegentlich Livebands auftreten, bieten eine angenehme Atmosphäre für einen Plausch bei einem entspannten Drink.

Nachtclubs

Die unglaubliche Menge und Vielfalt an Nachtclubs in Tallinn zieht Leute aus nah und fern in die Stadt. Die meisten der besten Clubs sind in der Altstadt oder in deren Nähe. Viele, wie **Café Amigo**, **Bonnie and Clyde** und **Parlament**, sind gute, einfache, nette Lokale, die bei Einheimischen und Fremden gleichermaßen beliebt sind. Die exklusivsten mit der schicksten Klientel sind **Club Privé** und **BonBon**. Ernsthafte Clubgänger können das **Terrarium** am Hafen probieren.

Man sollte über einen Club zuvor etwas mehr in Erfahrung bringen, statt in den ersten besten hineinzumarschieren. Eine sorgfältige Auswahl ist anzuraten. Es gibt in Tallinn viele zweifelhafte Nachtclubs, die man als Fremder besser meiden sollte.

Kino

In Tallinn laufen Filme in Originalsprache mit estnischen Untertiteln. Die große Kinovielfalt hat in den letzten Jahren nachgelassen, zumal nach der Eröffnung des Kinokomplexes **Coca-Cola Plaza**, der die neuesten Hollywood-Kassenhits und estnische Filme zeigt. Unabhängige und Avantgarde-Produktionen laufen im **Sõprus**. Ein Muss für Kinofreunde ist das Filmfestival Schwarze Nächte *(siehe S. 49)*, das das Beste aus der Welt des Films auch mal in kleineren Kinos zeigt.

Filmplakate im Kino Coca-Cola Plaza

Auf einen Blick

Theater

Russisches Dramentheater
Vabaduse väljak 5.
☎ *641 8246.*
www.veneteater.ee

Tallinn Linnateater
Lai 23.
☎ *665 0800.*
www.linnateater.ee

Von Krahl Theatre
Rataskaevu 10.
☎ *626 9090.*
www.vonkrahl.ee

Klassische Musik, Ballett und Oper

Estnische Musikakademie
Rävala 16. ☎ *667 5700.*
www.ema.edu.ee

Kanuti Gildi Saal
Pikk 20. ☎ *646 4704.*
www.saal.ee

Rock, Pop, Jazz und Blues

Café Amigo
Hotel Viru, Viru väljak 4. ☎ *680 9380.*
www.amigo.ee

No99
Sakala 3. ☎ *668 8798.*

Rock Café
Tartu mnt 80d.
☎ *681 0878.*
www.rockcafe.ee

Von Krahl Baar
Rataskaevu 10/12.
☎ *626 9090.*
www.vonkrahl.ee

Kneipen und Bars

Déjà Vu
Sauna 1. ☎ *645 0044.*
www.dejavu.ee

Hell Hunt
Pikk 39. ☎ *681 8333.*
www.hellhunt.ee

Kolumbus Krisostomus
Viru 24. ☎ *615 6924.*
www.kolumbus.ee

Lounge 24
Hotel Radisson, Rävala pst 3. ☎ *682 3000.*
www.madissoni.ee

Molly Malone's
Mündi 2.
☎ *631 3016.*
www.baarid.ee

Scotland Yard
Mere pst 6e.
☎ *653 5190.*
www.scotlandyard.ee

Nachtclubs

BonBon
Mere pst 6e.
☎ *661 6080.*
www.bonbon.ee

Bonnie and Clyde
Olümpia Hotel, Liivalaia 33. ☎ *631 5333.*
www.revalhotels.com

Club Privé
Harju 6. ☎ *631 0545.*
www.clubprive.ee

Parlament
Tartu mnt 17.
☎ *666 2900.*
www.clubparlament.com

Terrarium
Sadama 6. ☎ *661 4721.*
www.terrarium.ee

Kino

Coca-Cola Plaza
Hobujaama 5.
☎ *680 0684.*
www.superkinod.ee

Sõprus
Vana-Posti 8.
☎ *644 1919.*
www.kino.ee

Unterhaltung in Lettland

Die wichtigsten Kulturereignisse Lettlands konzentrieren sich auf Rīga, aber der Festivalkalender bietet viele Gründe, das Land außerhalb der Hauptstadt zu besuchen. Einige Konzerte und Veranstaltungen finden jedes Jahr statt, die genauen Termine erfährt man auf der jeweiligen Website oder beim Verkehrsamt. Liepāja hat ein überaus reges Kulturleben und ein eigenes Symphonieorchester. Die Stadt gilt zudem als die Heimat vieler lettischer Rockbands. In den Clubs der Stadt legen DJs beinahe jeden Abend auf. Es gibt zudem einige gute Rockclubs neben den vielen Bars, die Livemusik bieten. Im Sommer ist das Seebad Jūrmala ein weiterer Brennpunkt. Hier öffnen viele Bars und Clubs nur während der Feriensaison. In der örtlichen Konzerthalle Dzintari finden Konzerte von Klassik bis Pop statt. Auch Valmiera, das als die Kulturhauptstadt der Region Vidzeme betrachtet wird, ist eine lebendige Großstadt. Zur Unterhaltung in Rīga siehe die Seiten 364f.

Kammermusikauftritt in Rīga

Die Hansabank in Rīga mit einem Ticket-Service-Schalter

Information

Verkehrsämter in Rīga liefern Einzelheiten zur Unterhaltung in der Stadt und in Lettland, während regionale Verkehrsämter sich auf Veranstaltungen vor Ort beschränken. Die Zeitschrift *Baltic Guide*, die in vielen Hotels ausliegt, bietet das Programm für Rīga, in Stichworten aber auch für den Rest des Landes. Onlinequellen sind u.a. **Latvian Culture Vortal** mit einem landesweiten Kalender.

Eintrittskarten

Tickets für Kulturereignisse sind in Lettland meist sehr preiswert. Kaufen kann man sie beim Veranstaltungsort oder über eine Ticketagentur. **Biļešu Paradīze** hat Schalter in mehreren Rīgaer Einkaufszentren und an Veranstaltungsorten sowie in Konzerthallen und Kulturzentren im ganzen Land. **Ticket Service** hat ein noch größeres Verkaufsstellennetz, so auch in vielen Postämtern, Hansabank-Filialen und Statoil-Tankstellen. Tickets können online gebucht, bei einem Verkaufsbüro abgeholt oder an eine Adresse in Lettland geschickt werden. Die Websites beider Agenturen bieten Instruktionen auf Englisch, aber die Veranstaltungen sind meist nur auf Lettisch beschrieben.

Theater

Die meisten Vorstellungen sind auf Lettisch oder Russisch. Das **Liepāja-Theater** bietet einen Mix aus Kammerspiel und Großspektakel. Das restaurierte Theaterinnere im Jugendstil und Neoklassizismus ist auf alle Fälle sehenswert. Gelegentlich gibt es Tourneevorstellungen auf der **Freilichtbühne Saulkrasti** und der Freilichtbühne im Reņķa-Park in Ventspils.

Klassische Musik und Oper

Das **Latvijas Mūzikas informācijas centrs** bietet Details zu Musikveranstaltungen im ganzen Land. Einige Klassikkonzerte gibt es jedes Jahr, wie z. B. das Internationale Festival Alter Musik, zu dem Freilichtkonzerte in Schloss Rundāle *(siehe S. 168f)* und der Burg Bauska *(siehe S. 166f)* gehören.

In Jūrmala gibt es in der Konzerthalle Dzintari *(siehe S. 171)* von Juni bis August samstags erstklassige Veranstaltungen. Die Dreifaltigkeitskirche in Liepāja *(siehe S. 180)* veranstaltet Orgelkonzerte. Das **Symphonieorchester**

Szene aus *Onkel Wanja* von Anton Tschechow im Liepāja-Theater

Blick auf die Freilichtbühne in der Nähe des Schlosses Rundāle

Liepāja ist auf Musik der Romantik spezialisiert und spielt in größeren Städten wie Rīga, Valmiera und Cēsis.

Außer bei Sonderereignissen, wie z. B. dem jährlichen Opernfestival Sigulda, bekommt man außerhalb Rīgas kaum Opern zu sehen. Die Lettische Nationaloper verlässt ab und zu Rīga und spielt woanders, aber eben nur gelegentlich. Die Spielorte sind dann das jeweilige Kulturzentrum der Städte und die **Freilichtbühne Krustpils** in der Nähe von Jēkabpils.

Rock und Pop

Die lebendigste Musikszene außerhalb Rīgas findet man in Liepāja mit seinem **Latvia's 1st Rock Café**, einem vierstöckigen Haus mit allabendlicher Livemusik, Billard und Esstischen drinnen und draußen. Ein anderer Club ist **Fontaine Palace**, in dem mal Bands, mal DJs für Musik sorgen. Unten gibt es eine ruhigere Bar und nebenan ein Fast-Food-Lokal. Im Sommer finden Konzerte auf Liepājas Freilichtbühne **Pūt Vējiņi** und im Juli die Baltic Beach Party *(siehe S. 133)* statt.

In Jūrmala ist im Sommer viel Livemusik zu hören. In der Konzerthalle Dzintari treten beliebte lettische und russische Musiker auf, gelegentlich gibt es Konzerte im **Aquapark Nemo**. Der größte russischsprachige Popwettbewerb, New Wave, der in jedem Juli stattfindet, hat ein Riesenpublikum. Die Freilichtbühne in Ogre an der Straße nach Daugavpils bringt Rock- und Popauftritte, während das Nachtleben in Jelgava durch den **Jelgavas Baltie Krekli** in Schwung gebracht wird. Wie der Partnerclub Četri Balti Krekli in Rīga ist er strikt auf lettische Pop- und Rockmusik ausgerichtet.

Jazz

Außerhalb Rīgas wird wenig Jazz gespielt, die Verkehrsämter informieren über Konzerte. Das **Saulkrasti Jazz Festival** ist ein wichtiger Termin, ebenso das neuere **Aile Jazz Festival** in Liepāja.

Latvia's 1st Rock Café in Liepāja mit seinem Wahrzeichen, der Gitarre

Bars und Clubs

Die meisten Orte Lettlands haben Bars, von denen einige am Wochenende zu Discos werden. Zu den besseren zählen Latvia's 1st Rock Café und Fontaine Palace in Liepāja. Auch im Aquapark Nemo gibt es Clubabende.

Kino

Die Subventionen für lettische Filme sind fast eingestellt, viele Kinos haben seit 1991 zugemacht. In den Kinos laufen meist Hollywoodfilme mit lettischen und russischen Untertiteln. Internationale Kurzfilme zeigt das **Karaliskais Ķēķis** in Liepāja.

Auf einen Blick

Information

Latvian Culture Vortal
www.culture.lv

Eintrittskarten

Biļešu Paradīze
www.ticketparadise.lv

Ticket Service
www.ticketservice.lv

Theater

Liepāja-Theater
Teātra iela 4. *6340 7811.*
www.liepajasteatris.lv

Freilichtbühne Saulkrasti
Ainažu iela 42a.

Klassische Musik und Oper

Freilichtbühne Krustpils
6522 1051.

Latvijas Mūzikas informācijas centrs
6722 6797. www.lmic.lv

Symphonieorchester Liepāja
6722 6797.
www.orkestris-liepaja.lv

Rock und Pop

Aquapark Nemo
Atbalss 1, Jūrmala.
6773 2350. www.nemo.lv

Fontaine Palace
Dzirnavu iela 4, Liepāja.
6348 8510.
www.fontainepalace.lv

Jelgavas Baltie Krekli
Lielajā ielā 19a. *6302 2259.*
www.jelgavas.krekli.lv

Latvia's 1st Rock Café
Stendera 18/20, Liepāja.
6348 1555. www.pablo.lv

Pūt Vējiņi
Liepāja. *6342 5268.*

Jazz

Aile Jazz Festival
www.ailejazz.lv

Saulkrasti Jazz Festival
www. saulkrastijazz.lv

Kino

Karaliskais Ķēķis
Stūrmaņu iela 1.
6348 9777.

Unterhaltung in Rīga

Seit der Unabhängigkeit arbeitet Rīga hart daran, seinen Ruf als Kulturhauptstadt des Baltikums zurückzugewinnen. Außer Weltklasseaufführungen von Oper, Ballett und klassischer Musik findet man in der Stadt eine blühende Livemusikszene. Heimische Bands aller Genres von Jazz bis Rock treten oft neben internationalen Künstlern auf. Im Sommer gibt es einige Festivals mit Musik und anderem, der Veranstaltungskalender ist aber vor allem im Winter prall gefüllt. Auch für ihr vitales Nachtleben ist die Stadt bekannt. Freitag- und samstagabends sind die Altstadtbars fast überfüllt, trotzdem ist es nicht schwer, für einen Drink ein ruhiges Plätzchen unter Einheimischen zu finden. Clubs, die es von klein und hip bis zu riesig und trendy gibt, bleiben die ganze Nacht geöffnet.

Information

Viele Hotels in Rīga legen kostenlos handliche Broschüren mit Programmen und anderen Informationen aus, von denen die beste *Rīga This Week* ist. Die preiswerte Zweimonatsschrift *Rīga In Your Pocket* kann man auch im PDF-Format von der Website des Verlags herunterladen. Die größerformatigen City Paper, *rigaNOW!* und *Baltic Guide* geben Insidereinblicke in die Stadt. Auch die Website Latvian Culture Vortal *(siehe S. 363)* ist hilfreich.

Theater

Theateraufführungen, meist auf Lettisch oder Russisch, sind für Fremde begrenzt interessant. Das neoklassizistische **Lettische Nationaltheater** hat einen wichtigen Platz in der lettischen Geschichte, da hier am 18. November 1918 die erste Unabhängigkeit erklärt wurde. Das **Dailes-Theater**, 40 Jahre lang von Eduards Smiļģis (1886–1966) geleitet, spielt von traditionellen bis zu experimentellen Stücken alles. Weitere Theater sind das Jaunais Rīgas Teātris und das **Russische Dramentheater**. Rīgas bedeutendstes Theaterfestival vor allem für Experimentaltheater und Tanz ist Homo Novus, das gewöhnlich alle zwei Jahre im September (2009, 2011) stattfindet.

Oper und Ballett

Seit dem 18. Jahrhundert pflegt Rīga seine rege Opern- und Balletttradition. Die **Lettische Nationaloper** ist ein schönes neoklassizistisches Gebäude mit barockem Inneren. Hier finden erstklassige Aufführungen statt, meist in der Originalsprache mit lettischen und englischen Übertiteln. Im selben Gebäude ist auch das Rīgaer Ballett zu Hause. Die strenge Balletttradition nach russischem Vorbild, die in der Sowjetära eingeführt wurde, herrscht auch heute noch.

Die Nationaloper schließt zwar im Sommer, dennoch gibt es im August Sonderaufführungen. Für Gruppen ab zehn Personen sind Führungen durch das Haus möglich.

Klassische Musik

Es gibt in Rīga mehrere Konzertsäle, außerdem wird der Dom *(siehe S. 142)* regelmäßig als Aufführungsort für Konzerte genutzt. **Ave Sol** ist ein Kammer- und Chorkonzertsaal. Das Lettische Philharmonische Orchester spielt in der Großen Gilde *(siehe S. 145)*, Kammermusik erklingt in der Kleinen Gilde. Im beliebten **Wagnersaal**, benannt nach Richard Wagner, der hier von 1837 bis 1839 Kapellmeister war, finden häufig kleinere Klassikkonzerte statt.

Wagnersaal-Fassade (Detail)

Rock und Pop

Internationale Künstler treten in der **Arēna Rīga** auf, heimische Bands in vielen kleineren Spielorten. Das **Kaļķu Vārti** ist bekannt dafür, dass es Spitzenkünstler des Landes einlädt. **Depo** bringt alternative Musik von Ska bis Metal, die **Sapņu Fabrika** bietet eine Reihe unterschiedlicher Genres von Weltmusik bis Rock. Im **Četri Balti Krekli** gibt es ausschließlich lettische Musik zu hören.

Jazz und Blues

Für Blues ist der beste Club in Rīga der **Bites Blūza Klubs** mit Livemusik an Wochenendabenden. Hier kann man auch überraschend gut speisen. Die Fotos an den Wänden zeigen internationale Künstler, die hier im Lauf der Jahre zu Gast waren. In dem kleinen Club **Hamlets** finden Jazzabende statt, dasselbe hat auch das Edelrestaurant **Carpe Diem** zu bieten.

Das prunkvolle Foyer im Lettischen Nationaltheater

Bars und Clubs

Mit den vielen Bars und Clubs hat Rīga ein pulsierendes Nachtleben. In **Rīgas Balzāms** kann man den gleichnamigen Likör in verschiedenen Cocktails probieren. Die **Skyline Bar** im Reval Hotel Latvija *(siehe S. 302)* ist eine der besten Bars der Stadt. **I Love You** lockt junge Letten an. Der Irish Pub **De Lacy's** ist bei hier lebenden Iren der Renner.

Im bekanntesten Nachtclub, **Pulkvedim Neviens Neraksta**, ist die Klientel jung und elegant. In größeren Clubs wie **Club Essential** und **Nautilus** mit Unterwasserthema treten am Wochenende DJs auf.

Rīgas Schwulenszene ist unauffällig. **XXL**, der einzige Club mit Werbung, bietet freitags- und samstagsabends Liveshows. Die nette, schwulenfreundliche Bar **Golden** spielt House.

Weiter Blick über Rīga aus der Skyline Bar im Reval Hotel Latvija

Casinos

Es gibt viele Etablissements, die sich Casino nennen, aber meist nur Spielautomaten haben. Zu den Häusern mit Spieltischen gehören die Olympic Voodoo Casinos im Reval Hotel Latvija und im Radisson SAS Daugava *(siehe S. 302)*, der **Tobago Casino Club** und das **Casino Aladins**. In Casinos gilt Ausweispflicht, stecken Sie also einen gültigen Lichtbildausweis ein.

Kino

Es gibt mehrere Großkinos in Rīga, die meist Hollywoodfilme zeigen. Das größte ist **Coca-Cola Forum** mit 14 Kinosälen und mehreren Cafés. Das **Kino Rīga**, das erste Filmtheater der Stadt, ist renoviert worden und zeigt auch Nicht-Hollywood-Produktionen. **K Suns** ist das beste Kino für unabhängige Produktionen.

Auf einen Blick

Theater

Dailes-Theater
Brīvības iela 75.
☎ 6727 0463.
www.dailesteatris.lv

Jaunais Rīgas Teātris
Lāčplēša iela 25.
☎ 6728 0765.
www.jrt.lv

Lettisches Nationaltheater
Kronvalda bulvāris 2.
☎ 6700 6337.
www.teatris.lv

Russisches Dramentheater
Kaļķu iela 16.
☎ 6722 4660.
www.trd.lv

Oper und Ballett

Lettische Nationaloper
Aspāzijas bulvāris 3.
☎ 6707 3777 (Kasse).
www.opera.lv

Klassische Musik

Ave Sol
Citadeles iela 7.
☎ 6702 7570.

Wagnersaal
Vāgnera 4.
☎ 6720 5492.

Rock und Pop

Arēna Rīga
Skanstes iela 21.
☎ 6728 1222.
www.arenariga.com

Četri Balti Krekli
Vecpilsētas iela 12.
☎ 6721 3885.
www.krekli.lv

Depo
Vaļņu iela 32.
☎ 6722 0114.
www.klubsdepo.lv

Kaļķu Vārti
Kaļķu iela 11a.
☎ 6722 4576.
www.kalkuvarti.lv

Sapņu Fabrika
Lāčplēša 101.
☎ 6738 8200.
www.sapnufabriks.lv

Jazz und Blues

Bites Blūza Klubs
Dzirnavu iela 34a.
☎ 6733 3123.
www.bluesclub.lv

Carpe Diem
Meistaru iela 10–12.
☎ 6722 8488.
www.hamlets.lv

Hamlets
Jāņa sēta 5.
☎ 6722 9938.

Bars und Clubs

Club Essential
Skolas iela 2.
☎ 6724 2289.
www.essential.lv

De Lacy's
Šķūņu iela 4.
☎ 6722 9045.

Golden
Ģertrūdes iela 33–35.
☎ 2550 5050.
www.goldenbar.lv

I Love You
Aldaru iela 9.
☎ 6722 5304.
www.iloveyou.lv

Nautilus
Kungu iela 8.
☎ 6781 4455.
www.nautilus.lv

Pulkvedim Neviens Neraksta
Peldu iela 26–28.
☎ 6721 3886.
www.pulkvedis.lv

Rīgas Balzāms
Torņa iela 4.
☎ 6721 4494.

Skyline Bar
Reval Hotel Latvija, Elizabetes iela 55.
☎ 6777 2222.

XXL
Kalniņa iela 4.
☎ 6728 2276.
www.xxl.lv

Casinos

Casino Aladins
Dzirnavu iela 57.
☎ 2929 6060.

Tobago Casino Club
Aspāzijas bulvāris 22.
☎ 6722 3222.

Kino

Coa-Cola Forum
Janvara iela 8.
www.forumcinemas.lv

K Suns
Elizabetes iela 83–85.
☎ 6728 5411.

Kino Rīga
Elizabetes iela 61.
☎ 6718 1144.
www.kino.riga.lv

Unterhaltung in Litauen

Seinen Besuchern bietet Litauen jede Menge guter Unterhaltung. Die meisten Orte haben eine lange gepflegte Kulturtradition. Panevėžys hat ein bekanntes Sprechtheater. In Klaipėda dagegen gibt es viele Musik-Events, die Jazz, Blues und Operetten gleichermaßen umfassen. Die Orte Trakai und Kernavė veranstalten u. a. Mittelalterfestivals und Feiern zur Sommersonnenwende. Lebhafte Popfestivals bringen hin und wieder reichlich Schwung in altehrwürdige Seebäder wie Palanga und Juodkrantė. Außerhalb von Vilnius sind die Unterhaltungsangebote eher begrenzt, auch wenn es in Klaipėda einige interessante Lokale mit guter Livemusik gibt. Barock- und Kammermusik wird das ganze Jahr regelmäßig in vielen litauischen Kirchen gespielt. Zum Unterhaltungsangebot speziell in Vilnius siehe die Seiten 368f.

Neonreklame eines Nachtclubs in Palanga

Information

Die englischsprachigen *In Your Pocket*-Führer, die es in Hotels, Zeitungskiosken und online gibt, informieren über die meisten größeren Städte Litauens. Die Broschüre *VilniusNOW!*, die in den besseren Hotels in Vilnius ausliegt, informiert bisweilen auch über Termine außerhalb.

In den Verkehrsämtern sprechen viele Angestellte zumindest Englisch. Ihre Broschüren bieten die neuesten Informationen. Alle größeren litauischen Städte haben eigene Websites, die in der Regel Programme und Informationen zu Kultur- und Unterhaltungsangeboten enthalten.

Buchung und Preise

Der Buchungsservice **Bilietai** hat in vielen Konzerthäusern und Einkaufszentren größerer Städte Kioske, wo man bar oder per Kreditkarte Tickets kaufen kann. Tickets kann man auch telefonisch oder per Internet buchen, in einer der Zweigstellen abholen oder sich innerhalb Litauens zuschicken lassen. Die Preise variieren zwischen 30 und 100 Litas pro Person.

Theater

Das litauische Theater entwickelte sich in der Zeit der ersten Unabhängigkeit und brachte junge, begabte Dramatiker wie Balys Sruoga und Kazys Binkis hervor. Vilnius hat eine besonders lebendige Theaterkultur, aber eine ähnliche Theaterleidenschaft ist auch anderswo zu finden.

Prächtige Fassade des Staatlichen Dramentheaters Klaipėda

Das **Staatliche Dramentheater Klaipėda** von 1819 ist Litauens ältester Theaterbau und der berühmteste außerhalb von Vilnius. Das **J. M.-Miltinis-Theater** in Panevėžys ist nach dem legendären Regisseur und Schauspieler Juozas Miltinis (1907–1994) benannt ist, der die Schauspieler lehrte, die Traditionen zu hinterfragen und bei der Gestaltung der Rolle auf eigene Erfahrung zurückzugreifen.

Klassische Musik

Kaunas hat mehrere Konzertsäle, in denen regelmäßig konzertiert wird. Das **Staatliche Musiktheater Kaunas** und der **Große Saal** der Vytauto-Didžiojo-Universität sind die bevorzugten Spielorte, aber das Sinfonieorchester Kaunas und der Staatschor Kaunas treten auch an anderen Orten wie dem Mykolas-Žilinskas-Museum *(siehe S. 260)* auf. In einigen Kirchen gibt es Klassikkonzerte, die oft keinen Eintritt kosten. Die Zapyškis-Kirche *(siehe S. 261)* nahe Kaunas und die berühmte Dreifaltigkeitskirche nahe Anykščiai sind einige der stimmungsvollen Konzertsäle auf dem Land.

Das **Staatliche Musiktheater Klaipėda** ist der Ort einer Vielzahl von Klassikkonzerten, Opern- und anderen Aufführungen. Auch in der Städtischen Galerie in Panevėžys *(siehe S. 264)* und dem Multikulturellen Zentrum in Kėdainiai *(siehe S. 261)* finden regelmäßig Konzerte statt.

Portal des Staatlichen Musiktheaters Kaunas

Musikfestivals

Einige Musikfestivals haben bereits eine lange Tradition. In das schöne Barockkloster Pažaislis *(siehe S. 261)* nahe Kaunas lädt jährlich das **Pažaislis-Musikfestival** ein. In jedem Frühjahr findet in Kaunas selbst das **Edvard-Grieg- und M. K.-Čiurlionis-Festival** mit Klassikkonzerten statt. Zum **Muzikinis-Pajūris-Festival** (Musikalische Küste) in Klaipėda mit Opern und Sinfoniekonzerten kommen in jedem Sommer viele Besucher.

Nachtleben

Das Nachtleben beschränkt sich nicht auf die Hauptstadt. In Klaipėda wird es immer reger und vielfältiger. Beliebt ist das **Pabo Latino**, eine Filiale des erfolgreichen Clubs gleichen Namens in Vilnius. Neuere Lokale ersetzen allmählich die alten Bars und Diskotheken in und nahe der Altstadt. Das sind Casinos, Jazzlokale, Restaurants und Tanzlokale. In der Kanto gatvė sorgen einige Bars für ausgelassene Stimmung.

In Kaunas herrscht ein Mix aus unauffälligen Bars wie **BO** in der Altstadt und der pulsierenden Junge-Leute-Bar **Los Patrankos**. Eine Partystadt ist auch das Seebad Palanga, wo sich im Sommer die gesamte Gegend um die Basanavičiaus gatvė praktisch von Sonnenuntergang bis Sonnenaufgang in eine pulsierende Freiluft-Diskothek verwandelt.

Buntes Interieur eines Nachtclubs in der Basanavičiaus gatvė, Palanga

Jazz, Blues und Volksmusik

In der Kulturszene Litauens ist Jazz ein wichtiger Faktor. Eines der besten Festivals ist Kaunas Jazz *(siehe S. 208)*. Auch im **Kurpiai** in Klaipėda gibt es Jazz und Blues. Volksmusik erklingt zu den Tagen der lebendigen Geschichte in Kernavė *(siehe S. 254)* im Juli.

Kino

Filme laufen in der Originalsprache mit Untertiteln auf Litauisch. An modernen Multiplexkinos gibt es jeweils eines in Vilnius und Kaunas, das **Forum Cinemas**. Aber auch in anderen Orten findet man Kinos mit ordentlicher Bild- und Tontechnik, wie das **Cinamon** in Klaipėda.

Auf einen Blick

Buchung und Preise

Bilietai
www.bilietai.lt

Theater

J.-Miltinis-Theater
Laisvės 5, Panevėžys.
(45) 584 596.
www.miltinio-teatras.lt

Staatl. Dramentheater Klaipėda
H manto 45.
(46) 314 453.
www.kldteatras.lt

Klassische Musik

Großer Saal
S daukanto 28, Kaunas.
(37) 327 869.

Staatliches Musiktheater Kaunas
Laisves alėja 91, Kaunas.
(37) 227 113.

Staatliches Musiktheater Klaipėda
Danės 19.
(46) 397 404.

Musikfestivals

Edvard-Grieg-/M. K.-Čiurlionis-Festival
www.kaunofilharmonija.lt

Muzikinis Pajūris
www.muzikinis-teatras.lt

Pažaislis-Musikfestival
www.pazaislis.lt

Nachtleben

BO
Muitinės 9-1, Kaunas.

Los Patrankos
Savanorių 124, Kaunas.
(37) 338 228.

Pabo Latino
Žvejų 4, Klaipėda.
(46) 403 040.

Jazz, Blues und Volksmusik

Kurpiai
Kurpių 1a, Klaipėda.
(46) 410 555.

Kino

Cinamon
www.cinema.lt

Forum Cinemas
www.forumcinemas.lt

Unterhaltung in Vilnius

Das Unterhaltungsangebot in Vilnius hat sich in den letzten Jahren rapide verändert. Schicke Clubs und Loungebars sind entstanden, aber gleichzeitig erleben der traditionelle Volksgesang und -tanz eine Renaissance. *Sutartinės*, die Musik bäuerlichen Ursprungs, half die nationale Identität in Zeiten fremder Besetzungen zu bewahren, heute wird sie in Themenrestaurants gepflegt. Klassische Musik wurde während der Sowjetzeit gefördert, aber sie spielte auch beim nationalen Wiedererwachen im 20. Jahrhundert eine Rolle. Klassik-, Opern- und Ballettaufführungen in Vilnius sind exzellent. Livemusik wird in etlichen Clubs von einer kleinen, aber treuen Gruppe verfolgt. Die Verkehrsämter informieren über die meisten Kulturveranstaltungen.

Szene aus Anton Tschechows *Drei Schwestern* im Kleinen Theater Vilnius

Information

Das Magazin *VilniusNOW!* liegt gratis in Vier- und Fünf-Sterne-Hotels aus, während *Vilnius In Your Pocket*, ebenfalls mit Veranstaltungsprogramm, in den meisten Hotels, Läden und Kiosken zu haben ist. Auch die Verkehrsbüros der Stadt haben Prospekte über Kulturveranstaltungen. Plakate sind eine weitere Informationsquelle.

Konzert-, Opern-, Ballett- und Theaterkarten erhält man am Veranstaltungsort oder bei Vorverkaufskiosken. Tickets für alle wichtigen Veranstaltungen in Litauen kann man online bei **Bilietai LT** buchen.

Theater

Die Hauptstädter sind begeisterte Theatergänger. Inszenierungen der besten Regisseure des Landes, Oskaras Koršunovas und Eimuntas Nekrošius, sind sehr sehenswert. Das **Litauische Nationaltheater** und das modernere **Kleine Theater Vilnius** bieten für einige Aufführungen englische Übersetzungen als Tonaufnahmen, die man während der Vorstellung über Kopfhörer mithören kann.

Klassische Musik, Oper und Ballett

Das Klassikangebot in Vilnius ist gut. Sowohl in der **Nationalphilharmonie** als auch in der modernen **Kongresshalle** finden großartige Konzerte statt. Kammerkonzerte gibt es oft in der schönen Katharinenkirche *(siehe S. 237)* und manchmal in der St. Kasimirkirche *(siehe S. 232)*. Während des Semesters geben Studenten und Professoren der Litauischen Musikakademie oft wochentags Gratiskonzerte an verschiedenen Orten der Stadt.

Oper und Ballett in Vilnius sind generell von hoher Qualität, nur das Repertoire und die Inszenierungen sind in der Regel recht konservativ. Neben den Klassikaufführungen ernten die innovativen Choreografien des **Tanztheaters Anželika Cholina** bei Einheimischen und Besuchern regen Zuspruch. **Nationaloper & Ballett** werden vom litauischen Kultusministerium subventioniert. Die Vorstellungen sind oft schnell ausverkauft. Es ist ratsam, sich an der Theaterkasse nach Karten zu erkundigen.

Volksmusik

Litauische Volksmusik ist in volkstümlichen Restaurants zu hören, die bei Einheimischen wie bei Besuchern beliebt sind. Für ein authentisches Erlebnis sollte man die Musik zu einem traditionellen Fleisch-und-Kartoffeln-Essen und litauischem Bier in Lokalen wie Čili Kaimas *(siehe S. 338)* oder im stimmungsvollen **Marceliukės Klėtis** genießen. Volksmusikfeste finden oft in den Höfen und Sälen der Universität Vilnius *(siehe S. 220f)* oder an schlichteren Orten wie dem **Haus des Lehrers** statt.

Rock, Blues und Pop

Einige herausragende litauische Rock- und Popmusiker treten regelmäßig in Lokalen wie dem **Tamsta Club**,

Klassikkonzert mit großem Orchester in der Kongresshalle

Liveband beim Auftritt im Tamsta Club in der Altstadt

Brodvėjus und **Forum Palace** auf. Dazu gehören u.a. die Punkgruppe Biplan, der Sänger und Liedermacher Andrius Mamontovas und die gefühlvollere Jurga. Internationale Gruppen gastieren oft in der modernen **Siemens-Arena** oder in der weniger protzigen Utenos Pramogų Arena, die auch als Eisbahn dient.

Jazz

Mit seiner kleinen, fanatischen Anhängerschaft bildet der Jazz einen festen Bestandteil des litauischen Lebensgefühls. In der Sowjetzeit war Jazz gleich Freiheit. Die moderne Jazzszene Litauens entstand 1961 durch ein Konzert des 17-jährigen Pianisten Vjačeslav Ganelin in der Musikakademie, das alle elektrisierte. Ganelin tritt nur noch selten in Vilnius auf, meist mit dem Saxophonisten Petras Vyšniauskas. Achten sollten Sie auch auf die Sängerin/Flötistin Neda Malūnavičiūtė.

Den besten Jazz kann man beim Vilnius Jazz-Festival *(siehe S. 209)* hören, aber auch im **Holiday Inn Vilnius** gibt es exzellente Jazzkonzerte.

Nachtleben

Es geht zwar etwas ruhiger zu als in anderen europäischen Hauptstädten, aber Vilnius hat viele Bars und Clubs mit unterschiedlichen Musikgenres sowie heimischen und internationalen DJs zu bieten. Das **Bix** ist für Heavy-Metal-Fans. Im **Gravity**, einem ex-sowjetischen Bunker, gastieren bekannte DJs. Etwas zentraler liegen das wegen seiner freundlichen Atmosphäre und der vielen Cocktails beliebte **Paparazzi** und **Pabo Latino**, wo es lateinamerikanisch zugeht. Bands spielen oft live im **Žaltvykslė**.

Kino

Vilnius hat zwei Multiplexkinos, die von Forum Cinemas *(siehe S. 367)* betrieben werden. Eines befindet sich im Coca-Cola Plaza, das andere im Shoppingcenter Akropolis. Filme anderer Länder laufen meist in ihrer Originalsprache mit litauischen Untertiteln, während litauische Filme fast nie englische Untertitel haben. Kunstfilm-Kinos sind so gut wie verschwunden, eine rare Reminiszenz ist noch das **Skalvija**.

Auf einen Blick

Information

Bilietai LT
www.bilietai.lt

Theater

Litauisches Nationaltheater
Gedimino 4.
☎ *262 1593.*
www.teatras.lt

Kleines Theater Vilnius
Gedimino 22.
☎ *249 9869.*
www.vmt.lt

Klassische Musik, Oper und Ballett

Tanztheater Anželika Cholina
Šimulionio 4–103.
☎ *6883 4181.*
www.ach.lt

Kongresshalle
Vilniaus 6–14.
☎ *261 8828.*
www.lvso.lt

Nationaloper & Ballett
Vienuolio 1.
☎ *262 0727.*
www.opera.lt

Nationalphilharmonie
Aušros vartų 5.
☎ *266 5216.*
www.filharmonija.lt

Volksmusik

Haus des Lehrers
Vilniaus 39.
☎ *262 3514.*
www.kultura.lt

Marceliukės Klėtis
Tuskulenu gatvė.
☎ *5272 5087.*

Rock, Blues und Pop

Brodvėjus
Vokiečių 4.
☎ *210 7208.*
www.brodvejus.lt

Forum Palace
Konstitucijos 26.
☎ *263 6666.*
www.forumpalace.lt

Siemens-Arena
Ozo 14.
☎ *247 7576.*
www.siemens-arena.lt

Tamsta Club
Subačiaus 11.
☎ *212 1185.*
www.tamstaclub.lt

Utenos Pramogų Arena
Ąžuolyno 9.
☎ *242 4444.*

Jazz

Holiday Inn Vilnius
Šeimyniškių 1. ☎ *210 3000.* www.vilniusjazz.lt

Nachtleben

Bix
Etmonų 6. ☎ *262 7791.*

Gravity
J jasinskio 16.
☎ *249 7966.*

Pabo Latino
Trakų 3. ☎ *262 1045.*

Paparazzi
Totorių 3. ☎ *212 0135.*

Žaltvykslė
Pilies 11. ☎ *268 7173.*

Kino

Skalvija
A Goštauto 2–15.
www.skalvija.lt

Sport und Aktivurlaub

Dramatisch aufragende Berggipfel und reißende Flüsse sucht man in den baltischen Staaten vergeblich. Dennoch hat diese weite Region ihre ganz eigenen, mitunter geheimnisvollen Reize, die nicht zuletzt dem Agrotourismus in den drei Ländern deutlich Auftrieb gegeben haben. Vom Boot auf den Seen und Flüssen aus entfaltet sich die Landschaft in gemächlichem Tempo, an Land laden die üppigen Wälder zu Streifzügen ein. Angeln, Beeren und Pilze sammeln sowie die Vogelbeobachtung zählen zu den beliebtesten Tätigkeiten, die Reiseveranstalter arrangieren können. Endlose Möglichkeiten gibt es für alle, die zu Pferd die Länder erkunden wollen. Der Winter verändert die Landschaften, die Zeit für Ski- und Schlittschuhläufer, Snowboarding und Snowmobilfahrten beginnt. Wer ausspannen möchte, dem bietet das Baltikum viele Kurorte und Seebäder mit jahrzehntelanger Tradition. Unterhaltsame Brauerei-Touren locken die vielen Freunde des baltischen Biers. Die Straßen sind von Region zu Region sehr unterschiedlich, darüber erkundigt man sich am besten bei einem versierten Reisebüro.

Information

Die meisten Verkehrsbüros im Baltikum haben Listen staatlicher und privater Reiseveranstalter, die je nach Jahreszeit eine Vielzahl von Aktivitäten im Freien arrangieren. Die meisten Firmen haben ihre eigenen informativen Websites *(siehe S. 375)*.

Agrotourismus

Der organisierte Agrotourismus begann sich Mitte der 1990er Jahre mit Hilfe der Landwirtschaftsministerien und anderer Organisationen zu entwickeln. Inzwischen ist er eine der größten touristischen Attraktionen des Baltikums. Es ist ratsam, Unterkünfte lange im Voraus zu bestellen. Buchen kann man über mehrere Agrotourismus-Organisationen *(siehe S. 291)*, wie z. B. Eesti Maaturism (Estland), Lauku ceļotājs (Lettland) und Lietuvos kaimo turizmo asociacija (Litauen).

Vogelbeobachtung

Die an wichtigen Vogelzugrouten liegenden baltischen Länder mit ihrem hohen Anteil an fischreichen Feuchtgebieten und dem wenigen Intensivackerbau sind ideale Ziele für Vogelfreunde. Enten, Gänse, Schwäne, Wiesenrallen, Rohrdommeln, Blässhühner und Weißstörche sieht man oft. Man schätzt, dass jedes Frühjahr etwa 50 Millionen Wasservögel, darunter fast alle Tundraschwäne und Nonnengänse der Welt, die Küsten Estlands besuchen. Die beste Zeit, Vögel zu beobachten, ist Anfang Mai in Gebieten wie dem Nationalpark Matsalu *(siehe S. 89)*. Im

Vogelbeobachtungsturm in der Nähe des Lubans-Sees, Lettland

Herbst ist die beste Zeit der Oktober am Kap Põõsaspea nahe Haapsalu. Reiseveranstalter wie **Estonian Nature Tours** organisieren Touren. Weitere Informationen erteilt die **Estnische Ornithologische Gesellschaft**.

Gute Vogelbeobachtungspunkte in Lettland sind u. a. der Nationalpark Gauja *(siehe S. 186–189)* und der Lubans-See *(siehe S. 198)*. Das **Vogelkundezentrum Engure** am Engure-See *(siehe S. 172)* beobachtet und schützt Entenpopulationen seit 1958. Die Website von **Latvian Birding** enthält aktuelle Listen von Zielen in dem Land.

Über 330 Vogelarten gibt es in Litauen, z. B. Sumpfschnepfen, Seeadler, Moorenten, Wiesenrallen und Seggenrohrsänger, dazu gehören auch einige bedrohte Arten. Die Hauptwanderroute folgt der

Der lettische Nationalpark Ķemeri bietet eine reiche Vogelwelt

Radfahrer im Nationalpark Gauja, Lettland

Küste und kreuzt die Kurische Nehrung. Ein besonders guter Beobachtungspunkt ist Vente Horn an der Spitze des Nationalparks Nemunas-Delta *(siehe S. 283)*. Am faszinierendsten sind die Vogelzüge im Frühjahr und Herbst, vor allem zwischen September und Anfang Oktober. Das Frühjahr eignet sich für die Beobachtung von Seevögeln, Eulen, Spechten und Moorhühnern, aber die meisten Arten kann man in der Brutzeit zwischen Ende Mai und Anfang Juni beobachten. Die **Litauische Ornithologengesellschaft** organisiert Touren.

Wandern und Trekking

Die riesigen Wälder, schönen Flüsse und die ländliche Stille der baltischen Staaten locken viele Wanderer an. Auch die hohe Wahrscheinlichkeit, Wildtiere wie Rehe, Wildschweine, Elche und Wölfe zu Gesicht zu bekommen, macht Wanderungen reizvoll. Jedes Land verfügt über viele gut markierte Wanderwege mit Campingplätzen und Gästehäusern am Weg. Örtliche Verkehrsämter können Routen vorschlagen oder Führungen arrangieren.

In Estland hat der Nationalpark Lahemaa *(siehe S. 106f)* Wege verschiedener Länge durch unterschiedliches Terrain. Schöne Routen gibt es auch rund um Tartu *(siehe S. 114f)* und auf den Inseln Saaremaa *(siehe S. 92f)* und Hiiumaa *(siehe S. 90f)*. Ungewöhnlicher sind die Moorwanderungen im Nationalpark Soomaa *(siehe S. 100f)*.

Lettlands Nationalpark Gauja ist ideal zum Wandern, vor allem auf dem gut markierten Līgatne-Naturlehrpfad *(siehe S. 189)*. Viele kürzere Wege gibt es im Naturpark Tērvete *(siehe S. 167)*. Wer unbedingt auf einen Hügel will, kann sich ins Hochland Latgale *(siehe S. 198)* begeben. Reiseveranstalter wie z.B. **Eži** organisieren Wandertouren in Valmiera *(siehe S. 190)*.

In Litauen gibt es fast 300 Wanderwege, etwa 170 davon in Regional- oder Nationalparks. Der Nationalpark Dzūkija *(siehe S. 256)* ist besonders beliebt. Einige Wege und Einrichtungen sind auch für Behinderte gut geeignet. Kurze, gut markierte Wege sind z.B. der fünf Kilometer lange Šeirė-Naturlehrpfad und der Weg durch das Čepkelių-Moor von der Parkverwaltung aus. Von den litauischen Unternehmen, die Wandertouren anbieten, ist **Nemunas Tour** eine der beliebtesten.

Wanderweg im malerischen Naturpark Tērvete, Lettland

Fahrradfahren

Die relativ flache, aber hinreißend schöne Landschaft des Baltikums macht das Radfahren in der Region zum Vergnügen. Mountainbiker dagegen werden kaum gefordert. Aber ganz so einfach geht es auch nicht, denn manche Straßen sind in schlechtem Zustand. Beliebt ist die EuroVelo-Route 10 durch den Norden Estlands bis Tallinn, dann per Fähre hinüber zu den Inseln Hiiumaa und Saaremaa, dann nach Rīga und schließlich weiter südlich bis Klaipėda.

Radwegschild in Lettland

In Estland und Lettland ist es leicht, ein Fahrrad zu leihen, aber in Litauen ist dies nur in größeren Orten möglich. Eine gute Informationsstelle für alle drei Länder ist **BalticCycle**, ein gemeinnütziger Verein, der Details zu organisierten Touren, Fahrradverleih und Audiotouren bietet. Man kann ein Rad auch in einem baltischen Land leihen und in einem anderen zurückgeben.

In Estland sind u.a. der Nationalpark Lahemaa und die Inseln Muhu *(siehe S. 91)*, Saaremaa und Hiiumaa bei Radlern beliebt. **City Bike** ist eine angesehene estnische Firma, die Radtouren und Leihfahrräder anbietet.

Zu einfachen Touren in Lettland zählt die Strecke Rīga–Jūrmala *(siehe S. 170f)*, das beste Terrain für Mountainbiker dagegen ist das Gauja-Tal nahe Sigulda *(siehe S. 188)*. Es gibt markierte Radrouten rund um Kuldīga *(siehe S. 179)* und von Cēsis *(siehe S. 188f)* nach Valmiera, wo Eži Touren arrangiert.

Zum litauischen Teil der EuroVelo-Route entlang der Ostseeküste gehört eine schöne Strecke zwischen Palanga *(siehe S. 282)* und Klaipėda *(siehe S. 280f)*. Eine markierte Route gibt es auch entlang dem Kurischen Haff zum Nationalpark Nemunas-Delta.

Reiter zeigen ihr Können in Pärnu, Estland

Reiten

Pferde sind in ländlichen Gegenden des Baltikums ein vertrauter Anblick, vor allem im lettischen Latgale, wo außer mit Traktoren immer noch mit Pferden gepflügt wird. Pferde kann man in den meisten Gestüten mieten. Einige Höfe bieten auch Reitunterricht an. Außerdem kann man Kutschen und Buggys und im Winter sogar Pferdeschlitten mieten.

Die Sandwege im estnischen Nationalpark Lahemaa eignen sich hervorragend zum Reiten. Ein ungewöhnliches Erlebnis bietet die **Reiterfarm Tihuse** auf der Insel Muhu, wo man helfen kann, Äcker mit Pferden zu pflügen. Im Gestüt Tori *(siehe S. 101)* in Estland hat man Gelegenheit, in einer Pferdekutsche über das Anwesen zu fahren. In Lettland gehört ein Ritt über den Līgatne-Naturlehrpfad zu den Attraktionen. Behinderte Gäste interessiert das Reittherapiezentrum **Kavalkāde** in Jūrmala. In einem der renommiertesten Gestüte Litauens, **Žagarė**, etwa 34 Kilometer nördlich von Šiauliai, sind die Ställe mit Materialien errichtet und dekoriert worden, die Ende des 19. Jahrhunderts aus England herbeigeholt wurden.

Angeln

Im Baltikum wird das ganze Jahr über gern geangelt. Im Winter ziehen wetterfeste Einheimische auf zugefrorene Seen hinaus, hacken Löcher ins Eis und angeln meist Barsche, Hechte, Meerforellen, Karpfen, Brassen, Schleien und Äschen. Angelscheine sind im ganzen Baltikum, Sonderscheine in einigen Regionen erforderlich. Reiseveranstalter können die Scheine besorgen oder bei der Beschaffung behilflich sein.

Die lange Küste Estlands bietet viele Angelmöglichkeiten. Im Landesinneren organisieren einige Firmen Angeltouren zum Peipsi-See *(siehe S. 123)* und Lahemaa-Nationalpark. Eine gute Adresse ist der **Angelclub Tallinn**, der Scheine ausstellt, die anderswo schwierig zu bekommen sind. Das Clubpersonal ist hilfsbereit, aber die meisten sprechen nur Estnisch.

In Lettland gibt es im Engure-See und im Kaņieris-See im Nationalpark Ķemeri *(siehe S. 170)* besonders viele Barsche. Es gibt auch viele andere gute Seen in den Regionen Latgale und Vidzeme sowie Fischfarmen im ganzen Land. Der **Lettische Anglerverein** gibt Auskunft über Angelplätze, und Angelscheine sind meist leicht zu bekommen.

Die besten Plätze in Litauen sind im Osten des Landes, vor allem nahe Ignalina im Nationalpark Aukštaitija *(siehe S. 266f)* und in der Molėtai-Seenplatte *(siehe S. 265)*, sowie im Süden. Auch der Nemunas, vor allem um die Stadt Rusnė, und die Kurische Nehrung *(siehe S. 284f)* sind fischreich. Die meisten Anglerläden und Parkzentralen verkaufen Angelscheine. Man erhält sie aber auch beim **Amt für Wasserwirtschaft**.

Angler auf der Lauer am Ufer der Lielupe bei Jelgava, Lettland

Pilze- und Beerensammeln

Im Frühling Beeren und im Herbst Pilze zu sammeln, sind beliebte Tätigkeiten im Baltikum. Ja, Pilze sind in ländlichen Gegenden oft eine Einnahmequelle.

Der beste Weg, eine Tour zum Pilze- oder Beerensammeln zu organisieren, ist meist, das Hotel oder Gästehaus darum zu bitten. Ratsam ist, einen Ortskundigen als Führer mitzunehmen, der weiß, wo man suchen muss und welche Pilze essbar sind. Auf der Website des Estnischen Agrotourismus findet man Höfe, die Pilze- und Beerensammeltouren veranstalten. In den Nationalparks Dzūkija und Aukštaitija gibt es einige der besten Plätze. Fremde sollten wissen, dass es verboten ist, Moosbeeren zu sammeln, die in Torfmooren wachsen. **Vaskna Turismitalu** in der Nähe von Võru führt zu guten Plätzen und lehrt zudem die Herstellung von traditionellen Weihnachtslikören. Die Website des LKTA *(siehe S. 291)* informiert über das Pilze- und Beerensammeln. Die **Herberge Žervynos** kann beim Arrangieren von Touren behilflich sein.

Wintersport

Bei den langen Wintern mit oft monatelang geschlossenen Schneedecken überrascht es nicht, dass Skilanglauf beliebt ist. Erstaunlicher aber ist vielleicht die Zahl der Abfahrten in einer Region, in der der höchste Berg gerade mal 318 Meter hoch ist. Sicher ist das Baltikum nicht das Traumziel fanatischer Skiläufer und Snowboarder, aber für alle, die den Sport lieben, gibt es gute Möglichkeiten.

In Estland findet man rund um Otepää *(siehe S. 118)*, etwa im Kurort **Kuutsemäe**, einige der besten Pisten zum Skilaufen, Snowboarding, Snowmobilfahren und Skispringen. Langlauf ist im Nationalpark Soomaa möglich. Details zum Wintersport enthält die Website des Estnischen Agrotourismus *(siehe S. 291)*. Erstklassige Skiabfahrten bietet in Lettland **Žagarkalns** nahe Cēsis. Auf der Website der LKTA *(siehe S. 291)* findet man noch zahlreiche andere Möglichkeiten. Abenteuerlustige sollten auch die von **Taxi Bob** betriebene Bobbahn probieren.

In Litauen ist Ignalina ein Lieblingsziel von Skiläufern. Das **Litauische Wintersportzentrum** mit vier Abfahrten, einer Langlaufloipe und einer Eisbahn ist eines von mehreren Angeboten in der Gegend. Wenn es ums Eislaufen auf zugefrorenen Seen einschließlich Trakai geht, sollte man **Kempingas Slėnyje** um Rat fragen. **Camping Villa Ventainė** organisiert Snowmobilfahrten und Eis-Angeltouren auf dem Kurischen Haff.

Kanufahrer im Nationalpark Soomaa, Estland

Wassersport

Mit seinen Hunderten von Flüssen und Seen und der endlosen Küste eröffnet das Baltikum Wassersportlern alle Möglichkeiten. Das Fehlen gefährlicher Stromschnellen mag kühne Wildwasserfahrer enttäuschen, aber für gemächliche Flussexkursionen ist die Region perfekt.

Im Paddelboot lässt sich die Wildnis des Nationalparks Soomaa in Estland mit am besten erkunden. Hier kann man auch lernen, *haabjas* (Langboote) zu bauen. **Vesipapp**, **Surf Paradise** und **Reimann Retked** bieten weitere Aktivitäten auf dem Wasser an. Im Baltikum ist der Wassersport in Lettland am weitesten entwickelt, vor allem auf der Gauja. Der Spezialist **Campo** hat Flussfahrten im Angebot. **Pāvilosta Marina** bietet Katamaran-Segelunterricht. In Litauen erlaubt die Region Aukštaitija mit fast 300 miteinander verbundenen Seen tagelange Bootstouren. Das **Nationale Sport- und Gesundheitszentrum Trakai** bietet Kajak-, Kanu-, Segel- und Tauchtouren in der Region. Das **Wassersportzentrum Zarasai** hat Wasserski und Windsurfen im Programm. Das Tauchzentrum **Oktopusas** in Klaipėda organisiert Tauchtouren in Seen und in der Ostsee.

Skiläufer in Kuutsemäe bei Otepää in Estland

Lettischer Eishockeyspieler in einem IIHF-Weltmeisterschaftsspiel

Fussball, Eishockey und Basketball

Das Baltikum gehört zu den wenigen Teilen Europas, wo Fußballspiele nicht für volle Stadien sorgen. Die größten Fußballfans hier sind die Esten, deren Nationalmannschaft sich in den letzten Jahren nach vorn gespielt hat. Aber Sport Nr. 1 ist hier zweifellos Basketball, von dem gute Spiele im **Kalev-Stadion** zu sehen sind.

In Lettland ist Eishockey am populärsten, vor allem, seit die Nationalmannschaft bei der Weltmeisterschaft 2000 Russland geschlagen hat. Viele der besten Spieler sind auswärts unter Vertrag, was Heimspiele etwas langweilig macht, aber bei internationalen Spielen in der **Arena Rīga** ist die Unterstützung enthusiastisch. Daugavpils ist die Stadt von Speedwayrennen. Wer den Sport mag, sollte einen Besuch im **Locomotiv-Stadion** nicht versäumen.

In Litauen ist Basketball der beliebteste Sport. Das Nationalteam hat bei Olympischen Spielen dreimal die Bronzemedaille gewonnen und war 2003 Europameister. Žalgiris Kaunas und Lietuvos Rytas Vilnius sind die besten Mannschaften. Spiele finden in der **Siemens-Arena** statt.

Golf

Die Sowjets waren an Golf nicht interessiert, daher ist der Sport in der Region relativ neu. Es gibt nur wenige gute Plätze. In Estland sind einige Golfclubs Mitglied im **Estnischen Golfverband**. Der **Estnische Golf & Country Club** sucht Anschluss an die PGA Tour. 18-Loch-Plätze gibt es in Otepää, Saaremaa und Tallinn; letzterer ist in der Regel gut in Schuss.

In Lettland hat der **Ozo Golf Club** am Stadtrand von Rīga den besten Platz. Einen weiteren 18-Loch-Kurs findet man in **Saliena** zwischen Rīga und Jūrmala. In Litauen haben 18-Loch-Plätze die Clubs **Sostinių** und **Europos Centro**. Es gibt auch Pläne, eine Golfanlage mit zugehörigem Kurhotel in der Nähe von Klaipėda zu eröffnen.

Kurferien

Kurzentren gibt es im Baltikum seit dem 19. Jahrhundert, aber offenbar wurden Schlamm und Quellwasser in der Volksmedizin schon viel früher genutzt. Die Kurorte waren während der Sowjetära äußerst beliebt und lockten Gäste aus der gesamten Sowjetunion zur Entspannung und medizinischen Behandlung an. Nach der Unabhängigkeit ließ das anfangs nach, aber in den letzten Jahren sind neue Kurhotels eröffnet und ältere renoviert worden. Therapien kosten weniger als in Westeuropa, im Winter gibt es zudem Sonderrabatte.

Auf den estnischen Inseln sowie in der Hauptstadt und in deren Nähe findet man einige Kurhotels, z. B. **Kalev Spa**, eine riesige Anlage am Rand der Altstadt, und **Laulasmaa Resort**. Der **Estnische Heilbäderverband** repräsentiert mehrere Kurorte und Heilbäder des Landes.

Für einen Kuraufenthalt in Lettland kommt am ehesten Jūrmala in Frage, eine Reihe von Küstenorten, die von lebendigen Bars bis zu abgelegenen Stränden alles bieten. Eine gute Wahl ist auch das Spa Hotel Ezeri *(siehe S. 307)*.

In Litauen findet man die besten Spas in Druskininkai *(siehe S. 255)*, darunter das **Spa Vilnius**. Auch in Palanga gibt es gute Kurhotels.

Brauereiführungen

Das Bierbrauen hat im Baltikum eine lange Geschichte. Führungen bieten einige Brauereien an, z. B. **A. Le Coq** in Estland und **Užavas** in Lettland. Litauen hat die größte Auswahl an Führungen, z. B. durch die Brauereien **Utenos**, **Švyturys**, **Ragutis**, **Kalnapilis** und **Rinkuškiai**.

Eingang zum Spa Vilnius, einem der besten Spas in Druskininkai, Litauen

Auf einen Blick

Vogelbeobachtung

Estnische Ornithologische Gesellschaft
Veski 4, Tartu.
742 2195.
www.eoy.ee

Latvian Birding
www.putni.lv

Litauische Ornithologengesellschaft
Naugarduko 47–33, Vilnius. 8521 30498.
www.birdlife.lt

Nature Tours Estland
Linnuse tee 1, Läänemaa.
477 8214.
www.naturetours.ee

Vogelkundezentrum Engure
742 2195.
www.engure.edu.lv

Wandern und Trekking

Eži
Valdemāra 1, Valmiera, Lettland. 6420 7263.
www.ezi.lv

Nemunas Tour
Geliu 50, Ringaudai, Litauen. 3756 3766.
www.nemunastour.com

Fahrradfahren

BaltiCCycle
6995 6009.
www.bicycle.lt

City Bike
Uus 33, Estland.
683 6383.
www.citybike.ee

Reiten

Kavalkāde
Asaru prospekts 61, Jūrmala, Latvia.
2940 6955.

Reiterfarm Tihuse
Hellamaa, Muhu, Estland.
514 8667.

Gestüt Žagarė
Žagariškų k, Žagarė, Litauen. 4266 0860.

Angeln

Amt für Wasserwirtschaft
Juozapavičiaus 9, Vilnius.
5272 3786.

Angelclub Tallinn
Pärnu mnt 42.
644 4690.

Lettischer Anglerverein
Stabu iela, Rīga.
6731 6943.

Pilze- und Beerensammeln

Herberge Žervynos
3103 9583.

Vaskna Turismitalu
Haanja vald, Võrumaa, Estland. 782 9173.

Wintersport

Camping Villa Ventainė
Ventės k, Litauen.
4416 8525.
www.ventaine.lt

Kempingas Slėnyje
Slėnio 1, Trakai, Litauen.
5285 3880.
www.camptrakai.lt

Kurort Kuutsemäe
766 9007.
www.kuutsemae.ee

Litauisches Wintersportzentrum
Sporto 3.
3865 4193.
www.lzsc.lt.

Taxi Bob
Šveices 13, Sigulda, Lettland. 2924 4948.
www.taxibob.lv

Žagarkalns
2626 6266.
www.zagarkalns.lv

Wassersport

Campo
Kronu 23d, Rīga.
2922 2339.
www.campo.laivas.lv

Oktopusas
Šilutes 79, Klaipėda, Litauen. 4638 1850.
www.godive.lt

Nationales Sport- und Gesundheitszentrum Trakai
Karaimų 73, Litauen.
5285 5501.

Pāvilosta Marina
Ostmalas 1, Pāvilosta, Lettland. 780 0573.
www.pavilostamarina.lv

Reimann Retked
511 4099.
www.retked.ee

Surf Paradise
Ristna, Hiiumaa, Estland.
639 3288.
www.paap.ee

Vesipapp
529 4614.
www.vesipapp.ee

Wassersportzentrum Zarasai
Laukesa, Zaraisi, Litauen.
3855 3426.
www.poilsiobaze.lt

Fussball, Eishockey und Basketball

Arena Rīga
Skanstes iela 21.
6738 8200.
www.arenariga.lv

Kalev-Stadion
Juhkentali tänav 12, Tallinn. 644 5171.

Lokomotiv-Stadion
Jelgavas 54, Daugavpils, Litauen. 543 8807.
www.speedwaygp.lv

Siemens-Arena
Ozo 14a, Litauen.
5247 7576.
www.siemensarena.lt

Golf

Estnischer Golfverband
630 3080.
www.golf.ee

Estnischer Golf & Country Club
Manniva küla, Jõelähtme, Harjumaa.
602 5290.
www.egcc.ee

Europos Centro
Girijos village, Litauen.
6162 6366.
www.golflub.lt

Ozo Golf Club
Milgravja 16, Rīga.
739 4399.
www.ozogolf.lv

Saliena
Egļuciems, Babītes Pagasts, Lettland. 716 0300.
www.salienagolf.lv

Sostinių
Pipiriškių k, Pastrėvio sen, Litauen. 6199 9999.

Kurferien

Estnischer Heilbäderverband
Sadama 9–11, Haapsalu.
www.estonianspas.com

Kalev Spa
Aia 18, Tallinn. 649 3300. www.kalevspa.ee

Laulasmaa Resort
Puhkekodu 4, Harjumaa, Estland. 687 0800.
www.laulasmaa.ee

Spa Vilnius
Dineikos k 1, Druskininkai.
3135 3811.
www.spa-vilnius.lt

Brauereiführungen

Brauerei A. Le Coq
Tähtvere 56–62, Tartu, Estland. 744 9711.
www.alecoq.ee

Kalnapilis
Taikos avenue 1, Panevezys, Litauen.
4550 5219.
www.kalnapilis.lt

Ragutis
Kaunakiemio 2, Kaunas, Litauen. 8007 2427.
www.ragutis.lt

Rinkuškiai
Alyvų 8, Birži, Litauen.
4503 5293.
www.rinkuskiai.lt

Švyturys
Kūlių vartų 7, Klaipėda, Litauen. 4648 4000.
www.svyturys.lt

Utenos
Pramonės 12, Utena, Litauen.
www.utenosalus.lt

Užavas
Užavas pagasts, Ventspils, Lettland. 369 9484.
www.uzavas-alus.lv

VeTa
VeTa

Grund-Informationen

Praktische Hinweise

Nachdem sie so viele Jahre von der Karte Europas praktisch verschwunden waren, haben die baltischen Staaten Estland, Lettland und Litauen inzwischen regen Besuch von Gästen, die die Schätze der Region entdecken wollen. Die Länder sind gastfreundlich und bieten eine Fülle von Sehenswürdigkeiten und Kulturveranstaltungen, dazu herrliche Natur, gutes Essen und faszinierende Einblicke in ihre komplexe Vergangenheit. Jedes Land hat ein sehr dichtes Netz von Verkehrsämtern, die jede Menge nützlicher Literatur für den Reisenden bereithalten. Da die Entfernungen zwischen den drei Hauptstädten relativ gering sind, ist es leicht, die baltischen Länder entweder einzeln oder als Ganzes zu erkunden. Immer mehr Reiseveranstalter bieten eine Vielzahl von Pauschalarrangements an. Die folgenden praktischen Hinweise bis einschließlich Seite 381 beziehen sich auf alle drei Staaten.

Wappen, estnisches Außenministerium

Beste Reisezeit

Die beste Zeit für einen Besuch des Baltikums sind die Monate Mai bis Oktober, wenn es meist angenehm warm, recht oft überraschend heiß oder kühl, aber selten kalt ist. Es ist die ideale Zeit, die Natur der vielen Nationalparks zu bestaunen, lange Wanderungen durchs Land zu unternehmen, zu zelten oder im Meer oder in den vielen Seen zu baden. Fast alle der großen Festivals finden im Sommer statt, einige kleine Museen und historische Sehenswürdigkeiten sind nur in dieser Zeit geöffnet.

Weil sie so klein sind, ist es in den Altstädten von Tallinn und Rīga im Hochsommer besonders voll. Dagegen ist Vilnius' größere Altstadt weniger überlaufen. Der Herbst ist im Baltikum oft herrlich, aber schon im Oktober kann es abrupt recht kalt werden.

Auch im Winter sind die Hauptstädte sehr stimmungsvoll, wenn sie eingeschneit sind, allerdings kann es jederzeit empfindlich kalt werden. Die schlechteste Zeit für einen Besuch sind der Januar, der kälteste Monat, und der regnerische April, wenn der Schnee schmilzt und sich in Matsch verwandelt.

Der stattliche Bau der französischen Botschaft in Rīga, Lettland

Straßencafé nahe der Kathedrale in Vilnius, Litauen

Einreise

Seit 2007 gehören Estland, Lettland und Litauen zum Schengen-Raum, d.h. dass es keine Grenzkontrollen für Bürger aus anderen EU-Staaten gibt. Bürger der EU und der Schweiz benötigen für einen Aufenthalt in Estland, Lettland und Litauen von bis zu 90 Tagen lediglich ihren gültigen Pass. Wer länger bleiben möchte, muss ein nationales Langzeitvisum oder eine Aufenthaltsgenehmigung beantragen. Wer aus einem der drei Länder nach Russland ausreisen will, benötigt hierfür ein bereits im Heimatland erteiltes Visum für Russland.

Zoll

EU-Bürger unterliegen nicht den Zollbestimmungen, solange sie sich an die EU-Richtlinien halten. Vor dem Kauf eines Kunstobjekts sollte man klären, ob für dessen Ausfuhr Zollpflicht besteht oder eine Sondergenehmigung nötig ist. Detaillierte Informationen zu allen Richtlinien, Einreisebestimmungen und Visakosten gibt die offizielle Website der Europäischen Kommission.

◁ Läden und Cafés in einer Gasse der Altstadt von Tallinn, Estland

Besucher im Verkehrsamt in Tallinn, Estland

Verkehrsämter

Estland, Lettland und Litauen haben ein bemerkenswert dichtes Netz von Verkehrsämtern, das von ebenso maßgeblichen Tourismus-Websites unterstützt wird. In allen Großstädten und den meisten größeren Orten gibt es ein Verkehrsamt, das meist auf dem Hauptplatz der Stadt oder in dessen Nähe liegt. Ist der Ort sehr klein, findet man das Amt oft in einem Museum oder einem anderen historischen Gebäude. Verkehrsämter in den Städten sind wochentags von 9 bis 18 Uhr, samstags etwas kürzer, aber dafür auch meist sonntags geöffnet. An entlegeneren Orten sind die Öffnungszeiten unregelmäßiger, es ist ratsam, das im Voraus zu klären.

Die Mitarbeiter sind freundlich, sprechen meist Englisch, manchmal auch Deutsch, und sind bestrebt, ihre Region voranzubringen. Sie informieren über Unterkünfte, Museen, historische Sehenswürdigkeiten, Naturlehrpfade, Veranstaltungen und Restaurants. Die Ämter bieten Gratisprospekte über regionale und nationale Sehenswürdigkeiten und Ereignisse, sie verkaufen außerdem detaillierte Karten, Ansichtskarten und Reiseführer. Eine vollständige Liste der Verkehrsämter der drei Länder enthalten die jeweiligen Websites. Die **Baltikum Tourismus Zentrale** in Berlin ist eine Kooperation der Fremdenverkehrszentralen der baltischen Länder.

Litauisches Tourismus-Logo

Geschäftszeiten

Im ganzen Baltikum haben Banken und staatliche Einrichtungen meist von 9 bis 17 oder 18 Uhr geöffnet. Privatunternehmen arbeiten zunehmend länger und haben von 9 bis 18 oder sogar 20 Uhr geöffnet. Zu den Öffnungszeiten von Läden siehe die Seiten 346, 350 und 354.

Gebäude der Hipoteku Bank in Limbaži, Lettland

Auf einen Blick

Einreise

Estland
www.vm.ee

Lettland
www.am.gov.lv

Litauen
www.urm.lt

Zoll

www.ec.europa.eu

Verkehrsämter

www.visitestonia.com
www.latviatourism.lv
www.tourism.lt

Baltikum Tourismus Zentrale
Katharinenstr. 19–20, 10711 Berlin.
☎ *(030) 89 00 90 91.*
www.baltikuminfo.de

Botschaften in Tallinn, Estland

Deutschland
Toom-Kuninga 11, 15048. ☎ *627 5300.* www.tallinn.diplo.de

Österreich
Vambola 6, 10114. ☎ *627 8740.* www.austrianembassy.ee

Schweiz
Tuvi 12–28, 10119. ☎ *631 3041.*

Botschaften in Rīga, Lettland

Deutschland
Raina bulv. 13, 1050. ☎ *6708 5100.* www.riga.diplo.de

Österreich
Elizabetes iela 15, 1010. ☎ *6721 6125.*

Schweiz
Elizabetes iela 2, 1340. ☎ *6733 8351.* www.eda.admin.ch/riga

Botschaften in Vilnius, Litauen

Deutschland
Z. Sierakausko g. 24/8, 03105. ☎ *210 64 00.* www.wilna.diplo.de

Österreich
Gaono 6, 01131. ☎ *266 0580.* www.aussenministerium.at/wilna

Schweiz
Gostauto gatve 12A, 01108. ☎ *268 3855.*

Ausstellung über die litauischen Partisanen im KGB-Museum *(siehe S. 238)* in Vilnius, Litauen

Museen, Kirchen und historische Plätze

Museen im Baltikum haben recht unregelmäßige Öffnungszeiten, deshalb sollte man sich vor dem Besuch darüber informieren. Im Sommer haben sie meist von 10 bis 17 oder 18 Uhr geöffnet, manche aber erst ab 11 oder 12 Uhr. Montags sind die meisten Museen geschlossen, einige aber auch am Dienstag. Fast alle Museen sind samstags und viele sonntags geöffnet. Reiseveranstalter verabreden mit Museen oft Sonderöffnungszeiten.

Andere Sehenswürdigkeiten wie Burgen und Kirchen haben im Sommer meist recht normale Öffnungszeiten, also dienstags bis samstags von 9 oder 10 bis 16 oder 17 Uhr.

Orthodoxe St.-Nikolaus-Kathedrale *(siehe S. 181)* in Liepāja

Im Winter öffnen viele Museen kürzer oder bleiben ganz geschlossen. Einige Sehenswürdigkeiten sind bei einer Führung zu besichtigen. Dann versuchen Organisatoren oftmals, Einzelpersonen in Gruppen unterzubringen.

Citycard

Die Citycard ist eine preisgünstige Art, sich Tallinn und Rīga näher anzusehen. Leider bietet Vilnius nichts Ähnliches. Die Tallinn Card kostet 185 Krooni für sechs Stunden, 375 Krooni für 24 Stunden, 435 Krooni für 48 Stunden und 495 Krooni für 72 Stunden. Für Kinder kostet die Karte die Hälfte. Mit ihr hat man freien Eintritt in 40 wichtige Museen, Sehenswürdigkeiten und einer Reihe von Vergnügungsstätten, darunter einem Bowlingcenter, einem Aquapark und einem Nachtclub. Man kann gratis Sightseeingtouren unternehmen und kostenlos die öffentlichen Verkehrsmittel benutzen. In vielen Restaurants und Läden bekommt man Preisnachlässe. Die Tallinn Card wird in Verkehrsämtern, Hotels, Reisebüros und im Tallinner Flughafen und Hafen verkauft. Die Rīga Card kostet 10 Latu für 24 Stunden, 14 Latu für 48 Stunden und 18 Latu für 72 Stunden. Mit der Karte erhält man freien Eintritt in zahlreichen Museen, eine Führung durch die Altstadt sowie Rabatt in einigen Hotels.

Eintrittspreise

In den drei baltischen Staaten variieren die Eintrittspreise je nach Art der Sehenswürdigkeit und ihrer Lage erheblich. So haben die meisten Museen außerhalb der Hauptstädte ziemlich zivile Preise. In Tallinn, Rīga und Vilnius sind die Eintrittspreise höher, aber immer noch vernünftig. Studenten und Senioren können Ermäßigungen erhalten. In Estland hat man freien Eintritt bei staatlichen Museen am letzten Samstag jedes Monats. In Lettland gewähren staatliche Museen freien Eintritt am letzten Mittwoch jedes Monats. In Litauen verlangen viele Museen an jedem Mittwoch keinen Eintritt.

Eintrittskarte Petrikirche, Rīga

Kleidung

Die kalten Winter im Baltikum verlangen nach dicker Kleidung, Handschuhen, Mützen und Hüten sowie wasserdichten Schuhen mit fester Sohle. Im Sommer ist meist leichte Kleidung richtig, aber eine Jacke für den Abend sollte man mitnehmen sowie im Frühling einen Regenschirm. Bequemes Schuhwerk ist für die Kopfsteinstraßen in Rīga und Tallinn anzuraten.

Mit Kindern reisen

Das Baltikum ist äußerst kinderfreundlich. In den meisten Parks gibt es Spielplätze, in einigen Anlagen sogar lustige Hüpfburgen und Trampoline. Viele traditionelle Gasthäuser und einige Volkskundemuseen bieten altmodische Spielgeräte für Kinder. Nicht wenige Hotels stellen Einrichtungen zur Kinderbetreuung zur Verfügung. Informationen zum Restaurantbesuch mit Kindern finden Sie auf Seite 317.

Behinderte Reisende

Es hat zwar in den letzten Jahren bedeutende Verbesserungen gegeben, aber Estland, Lettland und Litauen sind nach wie vor auf Behinderte nicht gut eingestellt. Die meisten neuen Nobelhotels und Edelrestaurants haben die Bedürfnisse von Behinderten berücksichtigt, aber sie sind klar in der Minderheit. Die historische Altstadt der drei Hauptstädte ist aufgrund ihrer Bauweise für behinderte Menschen äußerst schwer zu bewältigen. In Tallinn gibt es etliche steile, kurvenreiche, mit Kopfsteinen gepflasterte Straßen, und auch Rīgas Altstadt ist vorwiegend kopfsteingepflastert. Die Altstadt von Vilnius ist grundsätzlich zugänglicher, dennoch kommt man an vielen Stellen schwer durch, weil die Straßen und Gehwege extrem schmal sind.

Kinder im Fischerei-Freilichtmuseum *(siehe S. 177)* in Ventspils, Lettland

Die öffentlichen Verkehrsmittel sind ein weiteres Hindernis, weil zumindest in Tallinn und Rīga die Trams, Trolleybusse und Züge keine Rollstuhlzugänge haben. Nur wenige Busse sind damit ausgestattet. In Vilnius ist die Situation besser, wo viele neue Busse und Trolleybusse behindertengerecht ausgestattet sind. Informationen für behinderte Gäste hinsichtlich Hotels in den baltischen Staaten: *siehe S. 291.*

Wegweiser in Limbaži, Lettland

Sprachen

Lettisch und Litauisch gehören der ostbaltischen Sprachenfamilie an. Das Estnische hingegen ist eine finnisch-ugrische Sprache, die dem Finnischen und dem heute seltenen Livischen wesentlich näher ist. Deutsch ist in allen drei Ländern als Zweitsprache noch immer recht verbreitet, Russisch wird praktisch von jedermann flüssig beherrscht. Auf Englisch kann man sich vor allem in den Hauptstädten relativ leicht verständigen. Auf dem Land sind Englischkenntnisse weniger weit verbreitet. Wichtige Wörter und nützliche Redewendungen in den drei Sprachen bietet Ihnen der Sprachführer auf den Seiten 427–432.

Elektrizität

In Estland, Lettland und Litauen beträgt die Netzspannung 230 Volt, 50 Hertz. Normale flache zweipolige Eurostecker sollten immer passen. Ein Adapter ist also nicht nötig.

Zeit

Im Baltikum gilt die Osteuropäische Zeit (OEZ), die der Mitteleuropäischen Zeit (MEZ) Deutschlands, Österreichs und der Schweiz um eine Stunde voraus ist. Die Sommerzeit gilt auch hier: Die Uhren werden am letzten Sonntag im März eine Stunde vor- und am letzten Sonntag im Oktober wieder zurückgestellt.

Die kopfsteingepflasterte Viru tänav in Tallinns Altstadt

Sicherheit und Gesundheit

Die Baltenstaaten sind generell sichere Länder mit relativ wenigen Diebstählen und Raubüberfällen. Im Allgemeinen aber sind Tallinn, Rīga und Vilnius sicherer als viele westliche Hauptstädte, allerdings sollte man dieselbe Vorsicht walten lassen wie in jeder größeren Stadt der Welt. Das gilt vor allem für ihre Altstadt und in deren nahen Umgebung. Die medizinische Versorgung ist gut, auch wenn sie noch nicht in jeder Hinsicht europäische Standards erreicht. Apotheken in größeren Städten sind ganztägig geöffnet. Erste Hilfe ist in allen drei Ländern kostenlos.

Das Westende der Basanavičiaus gatvė in Palanga, Litauen

Polizei

Die estnische *politsei* trägt gewöhnlich eine dunkelblaue Uniform mit schwarzen Stiefeln und einer Art Baseballmütze. Polizeiwagen sind weiß mit blauem Streifen und dem Wort *politsei* auf Seitentüren und Kühler. In Tallinn sieht man viel Polizei auf der Straße, vor allem im Sommer in der Altstadt. Die städtische Polizei in dunkelgrüner Uniform hat begrenzte Machtbefugnisse. Deshalb sollte man sich im Fall eines Verbrechens gleich an die staatliche Polizei wenden.

In Lettland trägt die *policija* dunkelblaue Uniform, die aus einer Art Anzugjacke mit Epauletten und einem braunen Schlips besteht, aber im Einsatz tragen die Polizisten meist dunkelblaue Overalls mit gelber Leuchtweste. Die lettischen Polizeiwagen sind weiß mit einem grauen Streifen an der Seite. Die Rīgaer Stadtpolizei trägt schwarze Uniform und patrouilliert in der Altstadt, hat aber nur begrenzte Befugnisse. Im Notfall ruft man am besten die staatliche Polizei.

In Litauen trägt die *policija* dunkelgrüne Jacketts und Hosen, schwarze Stiefel und eine Mütze. Die Polizeiwagen sind weiß mit einem grünen Streifen an der Seite und dem Wort *policija* in großen Buchstaben auf der Kühlerhaube.

Grundregeln

Obwohl die meisten Besucher des Baltikums nicht mit Diebstahl in Berührung kommen, ist es immer gut, einige Vorsichtsmaßregeln zu beachten, um Wertsachen zu sichern. Autodiebstahl ist und bleibt ein Problem in allen drei Staaten, parken Sie also an zentralen, gut beleuchteten Stellen und lassen Sie teure Gegenstände nicht im Wagen. Bewachte Parkplätze sind noch sicherer. Taschendiebstähle gibt es seltener, passen Sie aber trotzdem auf Ihre Brief- und Handtaschen auf.

Meiden Sie in Rīga nachts die Tunnel um den Hauptbahnhof, benutzen Sie die Ampelkreuzungen. Meiden Sie zudem nachts Geldautomaten an stillen Ecken. Tragen Sie nie große Geldbeträge mit sich herum. Umgehen Sie dichtes Gedränge.

Persönliche Sicherheit

Vernunft hilft wie überall auch hier, für Ihre Sicherheit zu sorgen. Nehmen Sie nie Drinks von Fremden an, wie freundlich sie auch erscheinen, und lassen Sie sich nie überreden, mit irgendwelchen Leuten die Bar oder den Nachtclub zu wechseln. Meiden Sie anrüchig wirkende Clubs, da man dort allen möglichen Tricks zum Opfer fallen kann. Ratsam ist, ein Handy mit gespeicherten Notrufnummern bei sich zu haben.

Meiden Sie exzessiven Alkoholgenuss. In jeder der drei baltischen Hauptstädte lauern einige Leute darauf, betrunkene Ausländer auszurauben, wenn sie spät nachts aus Bars torkeln und sich zu ihrem Hotel aufmachen. Allerdings haben sie es meist nur auf Einzelpersonen abgesehen. Vermeiden sollte man auch, wertvolle Gegenstände wie Uhren zu deutlich zu zeigen.

Estnischer Polizeiwagen

Lettischer Polizeiwagen

Medizinische Versorgung

Im Baltikum wurden die Krankenhäuser (estnisch *haigla*, lettisch *slimnīca* und litauisch *ligoninė)* nach Jahren chronischer Unterfinanzierung deutlich verbessert.

EU-Bürger haben das Recht, im Baltikum gratis behandelt zu werden. Dazu legen sie im Krankenhaus oder beim Arzt die Europäische Krankenversichertenkarte (European Health Insurance Card, EHIC) vor. Sie ist identisch mit der normalen Krankenversichertenkarte einer (gesetzlichen) Krankenversicherung.

Privatkliniken gibt es in allen größeren Städten, sie sind immer die bessere Wahl. In Tallinn, Vilnius und Rīga gibt es einige Kliniken nach westeuropäischem Standard, die bessere Behandlung als staatliche Hospitäler bieten und obendrein billiger sind als Privatkliniken im Westen. Die Behandlung in einer Privatklinik erfordert einen entsprechenden Versicherungsschutz.

Da es im Baltikum keine nennenswerten Gesundheitsrisiken gibt, braucht man auch keine Schutzimpfungen. Es besteht aber das Risiko der Frühsommer-Enzephalitis durch Zeckenbiss: Wer viel Zeit in Waldgebieten verbringen will, sollte sich dagegen impfen lassen. In Tallinn, Rīga und Vilnius kann man Leitungswasser gefahrlos trinken, nur schmeckt es nicht besonders gut. Mineralwasser in Flaschen ist vorzuziehen.

Innenraum der Ratsapotheke *(siehe S. 60)* in Tallinns Altstadt

Medizinisch-Diagnostisches Zentrum in Vilnius

Apotheken

Kleine Wehwehchen und Unfälle kann oft das Personal von Apotheken (estnisch *apteek*, lettisch *aptieka* und litauisch *vaistinė*) behandeln, die meist internationale Medikamente sowie Kräuterarzneien aus heimischer Herstellung führen. Apotheken haben wochentags von 8 bis 19 oder 20 Uhr und samstags bis 15 oder 16 Uhr geöffnet. In Tallinn, Rīga und Vilnius gibt es einige rund um die Uhr geöffnete Apotheken.

Auf einen Blick

Europäische Notrufnummer

112 (kostenlos; gültig in allen drei baltischen Staaten).

Notrufnummern in Estland

Krankenwagen, Feuerwehr
112.

Polizei
110.

Pannenhilfe
1888.

Medizinische Versorgung Tallinn

24-Std.-Apotheke
Tõnismägi 5.
644 2282.

Medizinisches Zentrum Medicover Estland
Parnu mnt 102c.
605 1500.
www.medicover.com/ee

Zentralhospital Tallinn
Ravi 18. *620 7040.*
www.itk.ee

Mustamäe Hospital Tallinn
J Sütiste 19. *697 1049.*
www.regionaalhaigla.ee

Notrufnummern in Lettland

Krankenwagen
03, 112.

Feuerwehr
01, 112.

Polizei
02, 112.

Pannenhilfe
1888.

Medizinische Versorgung Rīga

24-Std.-Apotheke
Audēju 20.
6721 3340.

ARS
Skolas 5. *6720 1007.*

Universitätsklinik Paul Stradiņš
Pilsoņu 13.
6706 9600.
www.stradini.lv

Klinik Nr. 1 Rīga
Bruņinieku 5.
6727 0491.
www.1slimnica.lv

Notrufnummern in Litauen

Krankenwagen
03, 112.

Feuerwehr
01, 112.

Polizei
02, 112.

Pannenhilfe
1888.

Medizinische Versorgung Vilnius

24-Std.-Apotheke
Gedimino pr 27.
261 0135.

Baltisch-amerikanische Klinik
Antakalnio 124. *234 2020.* www.bak.lt

Unfallklinik der Universität Vilnius
Šiltnamių 29.
216 9140.

Banken und Währungen

Die baltischen Staaten haben ein blühendes Bankwesen und stabile Währungen, die seit einigen Jahren fest an den Euro gekoppelt sind. Alle drei Länder wollen den Euro übernehmen, aber wegen der hohen Inflation dauert der Prozess vermutlich länger als vorgesehen. Bis dahin gelten die Landeswährungen. Der beste und bequemste Weg, an Bargeld zu kommen, sind die Geldautomaten größerer Banken, die sowohl Kredit- als auch Maestro-/EC-Karten akzeptieren. Auch Reiseschecks werden angenommen. In Banken und Wechselstuben kann man Euro in die jeweilige Landeswährung umtauschen.

Öffnungszeiten

In Estland und Lettland haben die Banken meist wochentags von 9 bis 18 Uhr auf. Große Banken in Großstädten sind in Estland auch samstags von 9 bis 14 Uhr, in Lettland von 10 bis 15 Uhr geöffnet. In Litauen variieren die Öffnungszeiten, wochentags öffnen Banken meist von 8 bis 17 Uhr. In Großstädten haben Banken auch samstags von 8 bis 15 oder 10 bis 17 Uhr und selten sonntags ein paar Stunden geöffnet.

Geldautomaten

Es gibt ein extrem dichtes Netz von Geldautomaten in den Zentren aller größeren Städte der baltischen Staaten, auch die meisten Kleinstädte haben mindestens zwei oder drei, sogar in Tankstellen gibt es sie. Sie bieten zumeist Anleitungen auf Deutsch und akzeptieren alle gängigen Kreditkarten (American Express, Diners Club, MasterCard, Visa) sowie die Maestro- bzw. EC-Karte. Denken Sie daran, dass die meisten Banken und Kreditkartenunternehmen für Abhebungen im Ausland eine Gebühr verlangen.

Eine deutlich gekennzeichnete Wechselstube in Lettland

Banken und Wechselstuben

Im Baltikum gibt es erstaunlich viele Banken. Die größte ist die schwedische panbaltische **Hansabank**. Sie hat Filialen an nahezu jedem Ort und viele Filialen und Geldautomaten in den Großstädten. Sampo Bank und **SEB** sind größere Banken in Estland. Alteingesessene Banken in Lettland sind **Latvijas Banka**, Unibanka, Krājbanka und Parex. In Litauen haben Vilniaus Bankas, **Lietuvos Bankas** und Snoras die dichtesten Netze. Für Geldumtausch nehmen Banken zwischen zwei und drei Prozent Provision.

Wechselstuben sind in allen drei Ländern extrem weit verbreitet. Die Wechselkurse und Provisionen sind von Ort zu Ort sehr verschieden. Die zentraleren bieten meist höhere Kurse. In Hotels sollte man besser Geld nicht wechseln, weil sie oft sehr ungünstige Wechselkurse haben und hohe Provision verlangen.

Ein 24-Stunden-Geldautomat von Snoras, einer Bank in Litauen

Auf einen Blick

Banken und Wechselstuben

Hansabank
www.hansa.ee/eng

SEB (Estland)
Tornimäe 2, Tallinn. **www**.seb.ee

Latvijas Banka (Lettland)
Jana dalina 15, Rīga. **www**.lkb.lv

Lietuvos Bankas (Litauen)
Gedimino pr 6, Vilnius. **www**.lb.lt

Kreditkartenverlust

MasterCard
1-636-722-7111.
www.mastercard.com

Visa
800 406 9982 (EST); 800 2131 (LV); 800 406 9962 (LT).
www.visa.com

Maestro-/EC-Karte
0049 (0) 69 740 987.

Kreditkarten

Gängige Kreditkarten werden fast überall in Luxushotels, -restaurants und -boutiquen und zunehmend in kleineren Unternehmen akzeptiert. Außerhalb größerer und Großstädte ist das anders: Wenn man aufs Land fährt, sollte man unbedingt Bargeld mitnehmen.

Reiseschecks

Da es außerhalb des Baltikums fast unmöglich ist, baltische Währungen zu bekommen, sind Reiseschecks eine Option. Sie gibt es in verschiedenen Werten, man kann sie bei den meisten Banken einlösen. Dazu muss man den Pass vorlegen.

Estnische Währung

Die Währung in Estland ist die estnische Kroon, die in 100 Senti unterteilt ist. Die estnische Kroon (Krone) hat international den Code EEK. Die Krone wurde 1992 als Ersatz für den sowjetischen Rubel eingeführt, um die Wirtschaft des Landes zu erneuern und zu stabilisieren. Die Kroon ist seit 2004 offiziell Teil des Europäischen Wechselkursmechanismus (ERM II). Der Kurs der Krone ist ziemlich stabil, seit Estland sich verpflichtet hat, den Euro einzuführen, was bis Januar 2012 geschehen soll, sofern die Konvergenzkriterien erfüllt werden. Neue 1-Kroon-Scheine und 5-Senti-Münzen werden nicht mehr ausgegeben.

Banknoten

Estnische Banknoten gibt es im Wert von 1 Kroon sowie 2, 5, 10, 25, 50, 100 und 500 Krooni.

25 Krooni

1 Kroon

50 Krooni

2 Krooni

100 Krooni

5 Krooni

500 krooni

10 Krooni

1 Kroon

5 Krooni

Münzen

Estnische Münzen gibt es im Wert von 5, 10, 20 und 50 Senti sowie 1 Kroon und 5 Krooni.

5 Senti

10 Senti

20 Senti

50 Senti

Lettische Währung

Die lettische Währung ist der Lats, abgekürzt Ls, der in 100 Santīmi unterteilt ist. Der Lats wurde 1993 als Ersatz für den lettischen Rubel eingeführt, den es für kurze Zeit nach der Unabhängigkeit gegeben hatte. 2005 wurde der Lats Teil des Wechselkursmechanismus II und an den Euro gekoppelt. In Kleinstädten und Dörfern ist es manchmal schwierig, Wechselgeld auf große Geldscheine zu erhalten. Achtung: Es gibt immer wieder Berichte, dass Wechselgeld in litauischer Währung herausgegeben wurde, die der lettischen ähnlich sieht, aber weniger wert ist. Der Euro wird nicht vor 2012 eingeführt werden.

Banknoten

Lettische Banknoten gibt es im Wert von 5 Lati und 10, 20, 50, 100 und 500 Latu. Alle Scheine zeigen gedruckte Namenszüge auf einem Eichenblatt.

5 Lati

10 Latu

20 Latu

50 Latu

100 Latu

500 Latu

1 Santīm

2 Santīmi

5 Santīmi

10 Santīmi

20 Santīmi

50 Santīmi

Münzen

Lettische Münzen gibt es im Wert von 1 Santīm und 2 , 5, 10, 20 und 50 Santīmi sowie 1 Lats, 2 Lati und 100 Latu. Denkmünzen gibt es Wert von 2 Lati und 10, 20 und 100 Latu.

1 Lats

2 Lati

1 Lats

Litauische Währung

Die Währung Litauens ist der Litas, abgekürzt Lt. Der 1922 von der Bank von Litauen ausgegebene Litas wurde 1940 aus dem Verkehr gezogen, als Litauen von der Sowjetunion annektiert wurde. 1993 wurde der Litas nach einer Übergangsperiode vom Rubel zum Litas wiedereingeführt. Ein Litas ist in 100 Centai unterteilt. Die Vorderseite aller Münzen zeigt ihren Wert und die Rückseite das Landeswappen. Der Litas ist eine stabile Währung, die seit 2002 an den Euro gekoppelt ist. Der Euro soll in absehbarer Zeit auch in Litauen eingeführt werden, das geschieht aber wahrscheinlich nicht vor 2012. Ausländische Währungen können ohne Weiteres in Banken oder Wechselstuben umgetauscht werden.

Banknoten
Litauische Banknoten, die gegenwärtig im Umlauf sind, gibt es im Wert von 10, 20, 50, 100, 200 und 500 Litai.

10 Litai

20 Litai

50 Litai

100 Litai

200 Litai

500 Litai

1 Centas

2 Centai

5 Centai

10 Centai

20 Centai

50 Centai

Münzen
Litauische Münzen gibt es im Wert von 1 Centas und 2, 5, 10, 20 und 50 Centai sowie 1 Litas und 2 und 5 Litai. Die Rückseite zeigt das Nationalemblem des Vytis, eines das Schwert schwingenden Ritters zu Pferde.

1 Litas

2 Litai

5 Litai

Kommunikation und Medien

Die drei baltischen Staaten haben ein hoch entwickeltes Kommunikationssystem, das den westeuropäischen Standards durchaus gleichkommt. Mobiltelefone sind extrem gebräuchlich – Estland weist die europaweit größte Dichte an Handys auf –, Breitband-Internetzugänge weit verbreitet und die nationalen Postdienste meistens verlässlich. Auch internationale Kurierdienste operieren in allen drei Ländern. Da das Baltikum flach und ohne hohe Berge ist, ist der Handyempfang fast überall gut, nur in entlegenen Gegenden gibt es tote Ecken. Telefonkarten für Auslandsgespräche sind mühelos erhältlich. E-Mails sind auf Reisen eine der besten Möglichkeiten, in Verbindung zu bleiben. In Lettland und Litauen sind auf dem Land zum Teil öffentliche Internet-Zugänge selten und WLAN-Zugänge weniger häufig als in Estland.

Öffentliche Telefone

Das System öffentlicher Telefone im Baltikum ist sehr gut. Münzfernsprechzellen gibt es reichlich, die meisten sind mit Telefonkarten zu benutzen, die bei Kiosken, Postämtern und Supermärkten ohne Weiteres erhältlich sind. Englischsprachige Anweisungen zur Benutzung des Telefons findet man oft im Inneren der Zelle. Rabatte auf internationale Telefonkarten gibt es an vielen Kiosken. Um Kunden von Handyanbietern zurückzugewinnen, sind Inlandsgespräche billig, aber Anrufe zu Handys und Auslandsnummern sind teuer. In Lettland haben einige Telefonzellen in Zentren WLAN-Zugang im Umkreis von 100 Metern. Im Hotel sind Telefonate teuer.

Mit der Telefonkarte Comfort der Deutschen Telekom können Sie auch in den baltischen Staaten günstig telefonieren. Hier funktioniert sie wie eine Calling Card.

Mobiltelefone

Das GSM-Mobiltelefonnetz ist im Baltikum flächendeckend. Die großen Mobiltelefonnetze arbeiten mit Partnern in Westeuropa wie z. B. Orange und Vodafone zusammen. Eine andere Möglichkeit ist, eine Prepaid-SIM-Karte eines regionalen Anbieters zu kaufen, um so im jeweiligen Land relativ billig zu telefonieren.

Estnischer Briefkasten vor dem Hauptpostamt in Tallinn

Der EU-Standardtarif legt folgende Höchstgrenze für Roaming-Gebühren fest: 0,46 Euro pro Minute für abgehende, 0,22 Euro pro Minute für ankommende Gespräche, jeweils zuzüglich Mehrwertsteuer.

Post

Die Postdienste im Baltikum arbeiten sehr verlässlich. Die Postämter bieten eine Reihe von kostengünstigen Diensten an. Postlagernde Sendungen können an jedes Postamt im Baltikum verschickt werden, zur Abholung muss man einen Lichtbildausweis vorlegen.

Postkarten sind in den Postämtern billiger als in den meisten Läden.

Internet und Fax

Billige Internetcafés sind in den meisten größeren Städten des Baltikums reichlich vorhanden. Fast alle Hotels haben Internet, außerdem bieten viele Cafés und Restaurants WLAN-Zugang an. In kleineren Städten erkennt man sie an dem »@«-Zeichen. In fast allen Hotels gibt es Faxgeräte, Faxe kann man auch aus den Hauptpostämtern verschicken.

Fremdsprachige Medien

Aktuelle Ausgaben deutschsprachiger Zeitungen sind ohne Weiteres in Tallinn, Rīga und Vilnius, aber auch in vielen größeren Städten des Baltikums erhältlich.

Die deutschsprachige *Baltische Rundschau* erscheint einmal pro Monat in Vilnius und berichtet aus den drei baltischen Staaten. Darüber hinaus gibt es einige englischsprachige Publikationen für das gesamte Baltikum wie *The Baltic Times*, die jeden Donnerstag erscheint. *In Your Pocket* bringt Artikel über Restaurants, Bars, Nachtclubs und Shopping. *City Paper* enthält einen umfangreichen Programmteil.

Ein Zeitungskiosk in Ventspils, Lettland

Kommunikation in Estland

Die estnische Kommunikations-Infrastruktur ist sehr effizient. Alle Telefonleitungen sind digital, was sehr gute Verbindungen auch ins Ausland sicherstellt. Internet und Mobiltelefone sind extrem weit verbreitet. Viele Dienste wie die Parkgebühren sind per Handy bezahlbar. Die Postämter bieten eine Reihe von Express-Zustellungen, darunter eine im gesamten Baltikum. Es gibt mehr als 1000 WLAN-Zonen, die weite Teile des Landes abdecken, einschließlich der Hauptinseln und einiger Strände. In wenigen entlegenen Gebieten ist der Internet-Zugang eingeschränkt.

Auf einen Blick

Nützliche Nummern

R-Gespräche
☎ *16116.*

Auskunft
☎ *1182.*

Vermittlung
☎ *165.*

Mobiltelefone

EMT
www.emt.ee

Tele2
www.tele2.com

Post

Eesti Post
www.post.ee

Hauptpostamt Tallinn
Narva mnt 1. ☎ *661 6616.*
www.post.ee

Internetzugang

www.wifi.ee

Eine der vielen Münzfernsprechzellen in der Altstadt von Tallinn

Telefonieren

Estland besitzt ein äußerst einfaches und effizientes digitales Telefonnetz. Im Jahr 2004 wurden alle Ortsvorwahlnummern abgeschafft, so dass nun alle Festnetznummern siebenstellig sind. Die Vorwahl für Estland ist 372. Um aus dem Ausland in Estland anzurufen, wählt man 00, gefolgt von der Ländervorwahl und der Rufnummer.

Innerhalb Estlands wählt man die siebenstellige Nummer, wie sie ist, ohne Ortsvorwahl. Anrufe ins Festnetz sind billiger als zu Handys.

Öffentliche Telefone kann man nur mit *telefoniputka* (Prepaid-Telefonkarten) benutzen, die man im Wert von 30, 50 und 100 Krooni an Kiosken und in Postämtern erhält. Auch Auslandsanrufe kann man mit diesen Telefonkarten machen, aber die Gespräche sind teuer.

Mobiltelefone

Estnische Mobiltelefonnummern beginnen immer mit einer 5 und haben sieben oder acht Stellen. Die Hauptanbieter sind **EMT**, Elisa und die panbaltische **Tele2**. EMT Simpel und Tele2 bieten Prepaid-SIM-Karten, die für alle Besucher nützlich sind, die vorhaben, einige Zeit in Estland zu verbringen.

Post

Das staatliche estnische *postkontor* (Postamt) ist ein gut geführtes Unternehmen. Davon gibt es 500 im ganzen Land, die wochentags von 9 bis 18 oder 19 Uhr und samtags von 9 bis 15 Uhr geöffnet sind. Das **Hauptpostamt Tallinn** hat wochentags bis 20, samstags bis 18 und sogar sonntags bis 15 Uhr auf. **Eesti Post** (Estnische Post) ist der einzige universelle Anbieter von Postdiensten im Land. Dazu gehören traditionelle Dienste wie die Zustellung von Briefen, Päckchen und Zeitschriften neben Express-, Lagerungs- und Transportdiensten. Die Briefkästen sind orange und tragen die Aufschrift »Eesti Post«.

Internet und E-Mail

Internetcafés, estnisch *internetikohvik*, sind in Tallinn und Tartu reichlich vorhanden. In kleineren Orten gibt es manchmal nur eines oder zwei, die von Kindern an Computerspielen gefüllt sind. Die Preise reichen von 15 bis zu 30 Krooni für 30 Minuten. Alle Bibliotheken bieten gratis Internet-Zugang, aber nur jeweils für 15 Minuten. In kleineren Orten ist dies die einzige Möglichkeit. Über 350 oft kostenlose WLAN-Hotspots gibt es in Tallinn, meist in Hotels, Cafés, Kneipen, Parks und Tankstellen. Markante schwarz-orangefarbene Schilder machen die Stellen mit WLAN-Zugang kenntlich.

Wi-Fi-Internet-Logo, Estland

Vorwahlnummern

- Handynummern beginnen mit der Ziffer 5. Alle andern Nummern sind Festnetznummern.
- Landesvorwahl Deutschland: 0049; Österreich 0043; Schweiz 0041.
- Um aus dem Ausland in Estland anzurufen, wählen Sie 00372 und dann die siebenstellige Rufnummer.
- Englischsprachige Auskunft: 1182.

Kommunikation in Lettland

Sowohl das Telefonnetz als auch die Postdienste in Lettland sind effizient und zuverlässig, auch wenn einige Postämter dringend modernisiert werden müssten. Postämter gibt es in den meisten Städten und selbst in vielen Dörfern. Auch öffentliche Telefone sind trotz der Beliebtheit von Mobiltelefonen weit verbreitet, vor allem in größeren Orten. Der Internet-Zugang über WLAN-Hotspots in Cafés und Hotels in Rīga und in anderen großen Städten ist exzellent und verbessert sich im übrigen Land rapide.

Ein Plus-Punkts-Kiosk in Rīga, der SIM-Karten verkauft und auflädt

Telefonieren

Die teilweise staatliche **Lattelekom** hat kein Festnetzmonopol mehr, ist aber der einzige Betreiber von öffentlichen Telefonen. Diese benötigen meist eine *telekarte* (Telefonkarte), die im Wert von 2, 5 und 10 Latu in Postämtern und an Kiosken zu haben ist, oder eine Kreditkarte. Für Auslandsanrufe lohnt sich der Kauf einer Prepaid-Telefonkarte, die die Verbindung über eine gebührenfreie Nummer gestattet. Eine weitere Alternative ist die Telefonkarte Comfort *(siehe S. 388)*.

Seit August 2008 haben alle Festnetznummern acht Stellen; die zusätzliche Stelle ist eine 0 nach der dritten Stelle. Um mit einer alten siebenstelligen Festnetznummer zu telefonieren, muss man erst eine 6 wählen, bei einer Handynummer eine 2. Lettland hat keine Ortvorwahlnummern.

Mobiltelefone

Das relativ flache Lettland stellt eine exzellente Signalübertragung in allen größeren Städten sicher. Heute haben mehr Letten ein Handy als ein Festnetztelefon. **Lattelekom** ist der Hauptanbieter. Wer sein eigenes Handy benutzen will, muss vor der Abreise das Roaming aktivieren lassen. Sofern es zwischen Ihrem und dem lettischen Anbieter eine Partnerschaft gibt, sind die Roaming-Gebühren niedriger. Weitere Informationen zum Thema Roaming und Höchstgrenzen für Gebühren finden Sie auf Seite 388.

Um die Roamingkosten ganz zu vermeiden, sollte man sich eine SIM-Karte eines lokalen Netzbetreibers besorgen. Dafür muss Ihr Handy entsperrt sein, denn einige Betreiber sperren ihre Handys für bestimmte Netze. SIM-Cards kaufen und aufladen kann man in Kiosken und Supermärkten.

Post

Briefe und Pakete bis zehn Kilogramm werden von der staatlichen **Latvijas Pasts** (Lettische Post) befördert. Hauptpostämter sind wochentags meist von 8 bis 19 Uhr und samstags von 8 bis 16 Uhr geöffnet. Die größten Filialen in Rīga, am Brīvības bulvāris 19 und am Stacijas laukums 1, haben meist länger und auch sonntags auf, während kleinere Postämter in Dörfern und Städten wie Jēkabpils und Ludza oft kürzere Öffnungszeiten haben. Briefe und Postkarten kann man auch aufgeben, indem man sie frankiert einfach in die gelben Briefkästen steckt.

Internet und E-Mail

In den meisten Orten gibt es zumindest ein Internetcafé, lettisch *datorsalon*, *interneta kafenica* oder *interneta clubs*. Dort kostet die Stunde von 50 Santīmi bis 1 Lats. In Dörfern oder Kleinstädten gibt es den einzigen Internet-Zugang manchmal nur in der Leihbibliothek. Viele Hotels bieten WLAN-Zugang. Dieser kann gratis sein oder aber eine Prepaid-Karte der Lattelekom voraussetzen.

Schild eines Internetcafés in Rīga

Vorwahlnummern

- Alle Gratis-Nummern in Lettland beginnen mit der Ziffer 8, alle kostenpflichtigen Nummern mit der Ziffer 9.
- Um aus dem Ausland in Lettland anzurufen, wählt man 00371, gefolgt von der achtstelligen Festnetz- oder der Handynummer.
- Deutschland Direkt: 800 4040.

Auf einen Blick

Nützliche Nummern

Auskunft
☎ *118.*

Auslandsauskunft
☎ *115.*

Öffentliche Telefone

Lattelekom
www.lattelecom.lv

Post

Latvijas Pasts
Stacijas laukums 1. ☎ *6701 8800.* **www**.pasts.lv

Kommunikation in Litauen

Das dichte Telefon- und Postnetz in Litauen ist sehr effizient. Die große Beliebtheit der Mobiltelefone hat zur Folge, dass öffentliche Telefone eigentlich kaum noch benutzt werden, obwohl sie in vielen Städten und Dörfern betriebsfähig dastehen. Postämter gibt es in allen Städten und größeren Dörfern. Das Internet wird rasch immer beliebter. In einem größeren Ort einen Zugang zu finden, etwa in einem Internetcafé oder einem Hotel, ist so gut wie nie ein Problem.

Telefonkarte des Anbieters Teo LT

Telefonieren

Das Telefonfestnetz in Litauen betreibt die Privatfirma **Teo LT**. Die Telefonzellen funktionieren mit Karten und sind leicht zu bedienen. Karten erhält man in Postämtern und Zeitungskiosken im Wert von 9, 13 und 30 Litai. Die Tarife wechseln je nach Tageszeit, aber Auslandsgespräche kosten gewöhnlich um 2 Litai pro Minute. Die Telefonkosten in Hotels sind äußerst unterschiedlich, am besten erkundigen Sie sich, ehe Sie einen Anruf machen.

Das System der Vorwahlnummern in Litauen ist kompliziert und kann Fremde verwirren. Bei einem Anruf von einer Festnetznummer zur anderen in derselben Stadt oder Zone wählt man nur die Nummer. Ruft man in einer anderen Stadt an, wählt man vorher 8 und die Ortsvorwahl. Um von einem Handy oder Festnetztelefon im Ausland eine litauische Nummer anzurufen, wählt man den internationalen Zugangscode, gefolgt von der Rufnummer. Bei Telefonaten zweier litauischer Handys miteinander muss eine 8 vorgewählt werden. Ruft man vom Handy ins Festnetz an, wählt man erst die 8, dann die Ortsvorwahl und dann die Nummer.

Mobiltelefone

Derzeit gibt es in Litauen drei Mobiltelefonbetreiber – **Omnitel**, **Bitė** und **Tele2**. Wer die Roamingkosten umgehen will, sollte sich eine Prepaid-SIM-Karte von einem dieser drei besorgen. Mit diesen Karten, die an Zeitungskiosken erhältlich sind, spart man Kosten bei Inlands- und auch bei Auslandsgesprächen.

Post

Litauens Post ist sehr pünktlich. *Paštas* (Postämter) findet man fast überall im Land. Sie haben wochentags von 8 bis 18 Uhr und samstags von 9 bis 14 Uhr geöffnet. Das **Hauptpostamt Vilnius** hat wochentags von 7.30 bis 19 Uhr und samstags von 9 bis 16 Uhr auf. Eine Postkarte in ein Land der EU kostet 1,70 Litai. Briefe und Päckchen schickt man am besten per Einschreiben. Ins Hauptpostamt jeder Stadt können postlagernde Sendungen geschickt werden. Bei der Abholung muss man einen Lichtbildausweis vorlegen.

Internet und E-Mail

In Internetcafés toben sich meist Kinder an Computerspielen aus. Man findet sie in vielen Orten, aber meist in Kellern statt in leicht erkennbaren Cafés. Hotels bieten ihren Gästen Internet-Zugang an, manchmal aber nur als Anschluss für ihren Laptop. Die Zugangspreise sind mäßig, die Verbindungen sind in der Regel schnell.

Alltagsszene im Hauptpostamt Vilnius

Auf einen Blick

Nützliche Nummern

Auskunft
118.

Öffentliche Telefone

Teo LT
www.teo.lt

Mobiltelefone

Bitė
www.bite.lt

Omnitel
www.omnitel.lt

Tele2
www.tele2.lt

Post

Hauptpostamt Vilnius
Gedimino 7. *261 6759.*
www.post.lt

Vorwahlnummern

- Ortsvorwahlen in Litauen sind z.B. 5 für Vilnius, 37 für Kaunas, 46 für Klaipėda, 313 für Druskininkai, 460 für Palanga und 469 für Nida.
- Um aus dem Ausland in Litauen anzurufen, wählt man 00370, gefolgt von der Rufnummer.
- Deutschland Direkt: 8800 900 49

Reiseinformationen: Estland

Mit dem Flugzeug gelangt man bequem nach Estland. Mehrere internationale Fluggesellschaften bieten Flüge in die estnische Hauptstadt Tallinn an. Auch Fähren mit den Zielen Tallinn, Vormsi und Saaremaa steuern das Land regelmäßig an. In Tallinn liegen Fährhafen und Hauptbahnhof nahe zur Altstadt und zum Zentrum, während Flughafen und Busbahnhof nur eine kurze Taxifahrt entfernt sind. Die Stadt hat gute Busverbindungen mit dem übrigen Europa, auch wenn Busreisen dauern können. Mit dem Zug von Westeuropa nach Estland zu gelangen, ist fast unmöglich, da die einzige internationale Bahnverbindung über Russland führt. Eine gesamtbaltische Eisenbahn, Rail Baltica, soll ab 2015 verkehren.

Logo von Estonian Air, der nationalen Fluggesellschaft

Im Internationalen Flughafen Tallinn

Mit dem Flugzeug

Der elegante **Internationale Flughafen Tallinn** ist der einzige Flughafen in Estland mit regelmäßigen internationalen Linienflügen. In letzter Zeit ist er zu einem regionalen Luftkreuz für annähernd 15 Fluggesellschaften geworden, darunter **Finnair**, **airBaltic**, **Lufthansa** und **KLM**.

Estonian Air, 1991 gegründet, ist die nationale Fluggesellschaft. Sie ist in Tallinn zu Hause und bietet guten Standard in der Business- und Economyclass. Die Airline unterhält Direktverbindungen zu mehreren europäischen Zielen sowie vielen estnischen Städten und Inseln. Wer von kleineren Flughäfen anreist, muss mitunter in Helsinki, Kopenhagen, Stockholm oder auch Oslo umsteigen.

Als Folge der 2004 von der EU in Kraft gesetzten »Open Skies«-Politik bieten inzwischen mehrere Billigflieger regelmäßig Flüge von einigen europäischen Städten ins Baltikum an.

Vom Flughafen Tallinn ins Stadtzentrum

Der Internationale Flughafen Tallinn ist etwa drei Kilometer vom Zentrum entfernt. Die Fahrt mit dem Taxi kostet 100 Krooni. Der Bus 2 braucht 15 Minuten bis ins Zentrum und kostet 20 Krooni. Er fährt von Montag bis Samstag alle 20 Minuten und am Sonntag alle 30 Minuten.

Taxistand am Internationalen Flughafen Tallinn

Andere estnische Flughäfen

Die anderen Flughäfen Estlands sind Pärnu, Tartu, Kuressaare und Kärdla, die meist nur im Rahmen von Inlandsflügen über Tallinn angeflogen werden. Im Sommer gibt es auch spezielle Ferienflüge von Schweden zur Insel Saaremaa und von Finnland nach Tartu. Einige kleine private Flugfelder werden von Privatflugzeugen und Chartermaschinen genutzt.

Mit dem Schiff

Estland wird von viele Fähren angesteuert. Tallinns **Passagierhafen** *(reisisadam)* fertigt pro Jahr etwa sieben Millionen Passagiere ab. Die Hauptfährlinie **Tallink** fährt nach Helsinki, Rostock und Stockholm, während andere Linien wie **Viking Line** und Eckerö Line aus Helsinki und Stockholm nach Tallinn fahren. SuperSeaCat verbindet Tallinn mit Helsinki.

Reisende aus Helsinki haben die freie Auswahl mit einer Reihe von Katamaranen, Fähren und selbst einem Tragflächenboot, die regelmäßig die Überfahrt machen. Der Passagierhafen ist eine kurze Strecke zu Fuß von der Tallinner Altstadt entfernt. Ein Taxi kostet zwischen 40 und 60 Krooni. Tallinn wird immer öfter im Rahmen von Ostseekreuzfahrten angesteuert, die allerdings meist nur für

Eine Tallink-Fähre auf dem Weg von Helsinki nach Rīga

einen Tag anlegen. Auch Pärnu und die Insel Saaremaa liegen auf der Route einiger Kreuzfahrtschiffe.

Mit dem Bus

Internationale Busfahrten nach Estland führen **Eurolines** und **Ecolines** durch, die Verbindungen u.a. zwischen Tallinn und Berlin, München, Warschau und St. Peterburg anbieten. Diese Busse fahren zum **Busbahnhof Tallinn** (*bussijaam*), der eine kurze Taxifahrt vom Zentrum entfernt liegt. Oder man fährt mit den Trams 2 oder 4 oder den Bussen 17, 17a oder 23 vom Busbahnhof ins Zentrum. Wer mit dem Bus von Rīga oder Vilnius nach Tallinn fährt, kann an der zentraleren Bushaltestelle Viru väljak aussteigen. Es gibt auch einige internationale Busverbindungen nach Pärnu, Narva und Tartu. Das Busnetz funktioniert gut und ist billig. Die Fahrpläne hängen gut sichtbar in den Bussen und Busbahnhöfen aus.

Luxusbus von Eurolines, Europas größtem Bus-Netzwerk

Mit dem Zug

Von Tallinns Hauptbahnhof, Balti Jaam, sind die einzigen Auslandsverbindungen ein Nachtzug nach Moskau und gelegentlich einer nach St. Petersburg. Tickets sollte man im Voraus kaufen, da die russischen Visumsvorschriften auf Ein- und Ausreisedaten bestehen. Die Rail Baltica soll einmal Tallinn mit Rīga und Vilnius verbinden.

Mit dem Auto

Seit dem Beitritt der baltischen Staaten zum Schengen-Abkommen und dem Wegfall der Grenzkontrollen im Jahr 2007 ist die Einreise über Lettland für EU-Bürger problemlos und zügig. Der Grenzübertritt von und nach Russland ist deutlich komplizierter, zumal EU-Bürger für die Einreise nach Russland ein gültiges Visum benötigen. Wer mit dem eigenen Wagen nach Estland fahren will, muss neben dem Reisepass auch den Fahrzeugschein, den Führerschein und eine gültige grüne Versicherungskarte mitführen.

Mit dem Helikopter

Der Flug mit den 12-sitzigen Helikoptern von **Copterline** zwischen Helsinki und Tallinn dauert 18 Minuten. Montags bis samstags wird von 7 bis 20 Uhr stündlich geflogen, also 13-mal pro Tag. Tallinns Heliport ist fünf Autominuten vom Zentrum entfernt. Ein Minibus-Service steht zur Verfügung.

Auf einen Blick

Fluggesellschaften

airBaltic
☎ *630 6666.*
www.airbaltic.com

Estonian Air
☎ *640 1163.*
www.estonian-air.ee

Finnair
☎ *626 6309.*
www.finnair.com

KLM
☎ *699 9696.*
www.klm.com

Lufthansa
☎ *6814 630.*
www.lufthansa.com

Flughäfen

Kärdla
www.hiiumaa.ee/airport

Kuressaare
www.eeke.ee

Pärnu
www.eepu.ee

Internationaler Flughafen Tallinn
Lennujaama 1. ☎ *605 8888.*
www.tallinn-airport.ee

Tartu
www.hot.ee/tartuairport

Fährgesellschaften

Tallink
www.tallink.ee

Viking Line
www.vikingline.fi

Fährhafen

Passagierhafen Tallinn
Sadama 25. ☎ *631 8550.*
www.portoftallinn.ee

Busunternehmen

Ecolines
www.ecolines.ee

Eurolines
www.eurolines.ee

Busbahnhof

Tallinn
Lastekodu 46. ☎ *680 0900.*
www.bussireisid.ee

Helikopter

Copterline
www.copterline.com

In Estland unterwegs

Am besten kommt man mit dem Auto in Estland herum, da alle Hauptsehenswürdigkeiten höchstens einige Autostunden auseinander liegen. Die Eisenbahn ist billig, aber oft furchtbar langsam, das Netz ist zudem begrenzt. Ein viel besseres öffentliches Verkehrsmittel ist das gute estnische Bussystem, mit dem alle größeren Städte, aber auch entlegene Gegenden des Landes erreichbar sind. Auf dem Land fahren Busse allerdings selten und oft nicht schneller als um die 30 km/h. Es verkehren einige Fähren zwischen den Inseln, aber viele fahren nicht im Winter, wenn das Meer zufriert. Es gibt keine regelmäßigen Inlandflüge zwischen den estnischen Städten auf dem Festland, allerdings regelmäßige Flugverbindungen zu mehreren Inseln.

Nahverkehrszug im Bahnhof Tallinn

Mit dem Zug

Estlands Eisenbahnnetz eignet sich am wenigsten zur Besichtigung des Landes. Mit der Reduzierung der Strecken wurde zugleich das Angebot an Zielen eingeschränkt. Es fahren Züge zwischen Tallinn und Narva, Tartu, Pärnu und Viljandi. Ein Elektrozug verkehrt zehnmal pro Tag zwischen Tallinn und Paldiski. Man sollte auf alle Fälle einen *kiirrong* (Schnellzug) nehmen, aber selbst der ist im Vergleich zu Zügen in Westeuropa langsam. Immerhin gibt es Expresszüge mit Wagen erster Klasse zwischen Tallinn und Tartu. **Edelaraudtee** betreibt Intercityzüge, während **Elektriraudtee** elektrische Vorortbahnen im Einsatz hat.

Am besten kauft man das *pilet* (Ticket) im Zug, auch wenn man es online oder an den Fahrkartenschaltern in Tallinn bekommen kann. Ermäßigungen auf Zugreisen gibt es nicht. Fahrpläne sind selten oder nicht aktuell. Die Verbindungen sind meist auf großen Anzeigetafeln in den Bahnhöfen angeschrieben.

Mit dem Bus

Das Busnetz in Estland ist leistungsstark und preiswert. Intercitybusse fahren regelmäßig und sind meist bequem. Es gibt auch einige Expressrouten ohne ständige Zwischenstopps in kleinen Orten und Dörfern. Expressbusse sind mit einem roten »E« auf den Busfahrplänen gekennzeichnet. Busunternehmen sind u.a. **SEBE** und **Taisto**. Tickets erhält man im Busbahnhof oder beim Fahrer. Auf viel befahrenen Routen sollte man Tickets im Voraus kaufen. Die Ticketpreise variieren je nach Unternehmen, sind aber generell mäßig, wenn auch etwas höher als die Bahnpreise. Die Fahrpreise für Busse, die zu den Inseln fahren, sind höher, weil sie immer die Kosten für die Fähre enthalten. Die Busfahrpläne finden Sie auf der Website von **Bussireisid**.

Das Gepäck nimmt man meist einfach mit in den Bus. Müssen große Gepäckstücke im Gepäckraum unter dem Bus verstaut werden, kann das extra kosten.

Mit der Fähre

Die estnischen Inseln steuern mehrere Auto- und Passagierfähren an. Es gibt auch regelmäßige Verbindungen zwischen Rohuküla (nahe Haapsalu), Heltermaa (auf der Insel Hiiumaa) und Vormsi. Von Virtsu (nördlich von Pärnu) verkehrt stündlich eine Fähre zur Insel Muhu, die mit der nahen Insel Saaremaa durch eine Straße verbunden ist. Saaremaa selbst ist mit Hiiumaa über den Hafen Triigi im Nordosten verbunden. Von Saaremaa gibt es speziell einen Sommerfährdienst nach Ventspils in Lettland. Details enthält die Website von **Saaremaa Shipping Company Ltd.**

Klimatisierter Intercity-Expressbus von Bussireisid

Eine Fähre auf dem Weg von Virtsu zu der Insel Saaremaa

Zwischen Pärnu und den Inseln Kihnu und Vormsi betreibt **Veeteed** einen eher unregelmäßigen Fährdienst. Im Sommer sind Fähren oft schnell ausgelastet. Die Passagiere müssen dann in langen Schlangen warten, wenn sie nicht im Voraus gebucht haben. Man kann Tickets bis zu 30 Tagen im Voraus kaufen. Passagiere mit Auto sollten etwa 20 Minuten vor der fahrplanmäßigen Abfahrtszeit im Hafen sein.

Im Winter werden die Fährdienste eingestellt, wenn die See zugefroren ist. Wenn das Eis dick genug ist, werden exakt markierte Fahrbahnen übers Eis freigegeben.

Mit dem Flugzeug

Estonian Air, die nationale Fluglinie *(siehe S. 392)*, bietet Inlandsflüge zwischen den größeren Städten. Auch **Avies** fliegt mehrmals täglich zwischen Tallinn, Kuressaare und Kärdla. Man sollte rechtzeitig buchen, weil ihre kleinen Maschinen nur für bis zu sieben Passagiere Platz haben. Es gibt auch einige Flüge von Pärnu nach Kuressaare und Kihnu, die relativ preiswert und vor allem im Winter, wenn das Meer zugefroren ist, eine Alternative sind. Von Tartu gibt es keine regelmäßigen Inlandsflüge. Kärdla ist vor allem Umsteigeflugplatz für Charterflüge innerhalb Europas. Der tägliche Inlandsflug nach Tallinn ist der einzige regelmäßige Service ab dem Flughafen Kärdla.

Mit dem Auto

Nur mit dem Auto kommt man in alle Ecken Estlands. Die Hauptstraßen sind in gutem Zustand, die Entfernungen sind relativ kurz. Die Landstraßen hingegen sind teilweise baufällig, auf dem Land gibt es außerdem viele unbefestigte Straßen.

Autobahnen gibt es nicht, überholt wird gerne. Auch tagsüber muss mit Abblendlicht gefahren werden. Sowohl Fahrer als auch Mitfahrern müssen den Sicherheitsgurt anlegen. Die Höchstgeschwindigkeit ist 50 km/h in Ortschaften und 90 km/h auf Hauptstraßen. Alkohol am Steuer ist in Estland verboten. Von Dezember bis März sind Winterreifen gesetzlich vorgeschrieben.

In entlegenen Gegenden sind Tankstellen eher rar, tanken Sie also voll, ehe Sie eine Stadt oder größere Ortschaft verlassen.

Mit dem Mietwagen

Es gibt viele Mietwagenfirmen in Tallinn, darunter internationale Anbieter wie **Avis**, **Budget**, **Europcar**, **Hertz** und **National**. Alle verlangen eine Kreditkarte und einen internationalen Führerschein. Die Kosten sind ähnlich wie die in Westeuropa. Außerhalb Tallinns gibt es nur in größeren Städten Leihfirmen. Einige der in Tallinn ansässigen Ketten können jedoch Leihwagen in anderen Landesteilen bereitstellen.

Auf einen Blick

Eisenbahn

Edelaraudtee
www.edel.ee

Elektriraudtee
www.elektriraudtee.ee

Bus

Bussireisid
www.bussireisid.ee

SEBE
www.sebe.ee

Taisto
www.taisto.ee

Fähren

Saaremaa Shipping Company Ltd.
www.laevakompanii.ee

Veeteed
www.veeteed.com

Fluglinie

Avies
www.avies.ee

Mietwagen

Avis
www.avis.com

Budget
www.budget.com

Europcar
www.europcar.com

Hertz
www.hertz.com

National
www.nationalcar.com

Autorent-Terminal von Avis, einem der großen Leihwagen-Anbieter

In Tallinn unterwegs

Die meisten Sehenswürdigkeiten Tallinns liegen nur wenige Schritte voneinander entfernt. Die kompakte Altstadt ist mühelos zu Fuß zu durchstreifen. Die öffentlichen Verkehrsmittel sind billig und pünktlich. Sie bilden ein Verbundnetz aus Bussen, Trolleybussen und Trams, die Orte außerhalb des Zentrums bedienen. Auch auf dem Fahrrad kommt man gut in der Stadt herum. Das öffentliche Verkehrsnetz ist so gut, dass man gar kein Auto braucht, es sei denn, man plant einen Tagesausflug oder möchte die Außenbezirke kennenlernen.

Mit Bus, Trolleybus und Tram

Öffentliche Verkehrsmittel fahren täglich von 6 bis 24 Uhr. Mit Bussen kommt man am besten zum Flughafen und in andere Randbezirke. Endstation vieler Strecken ist das Viru väljak (Tor). Die neun Trolleybuslinien fahren vor allem in Wohnviertel nahe dem Zentrum. Haupthaltestellen sind Vabaduse väljak und Balti Jaam. Die Trams folgen den Hauptstraßen ins Stadtzentrum und heraus. Die vier Tramlinien, die quer durch die Stadt fahren, treffen an der Haltestelle Hobujaama in der Narva maanti zusammen.

Die Tickets gelten für alle drei Verkehrsmittel. Fahrpläne auf Englisch findet man auf der Website der **Busbetriebe Tallinn**. Da die Fahrer nur Einzeltickets mit Aufpreis anbieten, lohnt der Kauf von Tickets einzeln oder als Heftchen an Kiosken. Besitzer der Tallinn Card *(siehe S. 380)* können unbegrenzt alle öffentlichen Verkehrsmittel benutzen.

Busschild in Tallinn

Mit dem Minibus

Minibusse, auch oft Routentaxis genannt, verbinden das Zentrum mit Wohngebieten am Stadtrand. Diese weißen Kleinbusse vieler kleiner Privatunternehmen folgen festen Routen und nehmen Fahrgäste auf und setzen sie an jeder gewünschten Stelle an dieser Route ab. Die meisten Minibusse starten am Estonia puiestee direkt gegenüber dem Estnischen Dramentheater. Das Ziel ist meist an der Windschutzscheibe angezeigt. Die Fahrt kostet je nach Strecke zwischen 10 und 20 Krooni. Die Tickets kann man nur beim Einsteigen beim Fahrer kaufen.

Mit dem Auto

Das Autofahren in Tallinn kann für Fremde leicht verwirrend sein. Es gibt etliche unübersichtliche Einbahnstraßensysteme. Im Berufsverkehr sind Staus die Regel. Trams fahren oft in der Mitte der Straße. Wenn eine Tram hält, müssen auch die Autos halten und warten, sodass die Fahrgäste sicher aussteigen können. Nachts ist das Fahren besonders schwierig, weil in den engen Straßen viel zu schnell gefahren und hemmungslos überholt wird. Das Tempolimit in Tallinn ist 50 km/h, nur auf einigen größeren Straßen darf man 70 km/h fahren.

Parken

Es gibt in Tallinn viele Parkmöglichkeiten, aber wochentags einen guten Platz mitten in der City zu finden, kann schwierig sein. Gebührenpflichtig ist das Parken im Zentrum wochentags von 7 bis 19 Uhr und samstags von 8 bis 15 Uhr, nur die ersten 15 Minuten kosten nichts. Tickets erhält man an Automaten und Kiosken. Mitunter kann man sie auch bei den

Die Tram, ein bequemes Verkehrsmittel für kurze Strecken in Tallinn

Wartendes Taxi in einer Straße der Altstadt von Tallinn

Parkwächtern bekommen. Sie kosten von 16 Krooni pro 15 Minuten bis 72 Krooni pro Stunde. In der Altstadt ist das Parken an allen Tagen rund um die Uhr gebührenpflichtig, beginnend bei 12 Krooni pro 15 Minuten. Eine relativ bequeme Alternative wäre, den Wagen auf einem der zentralen bewachten Parkplätze stehen zu lassen. Die kosten zwischen ungefähr 12 und 30 Krooni die Stunde. In den Sommermonaten ist das Parken auch im Viertel Pirita gebührenpflichtig.

Mit dem Taxi

Taxis gibt es in Tallinn im Überfluss, aber es empfiehlt sich, am Taxistand einzusteigen oder bei einer der Taxifirmen wie **Linnatakso**, **Klubi Takso** oder **Reval Takso** zu bestellen. Taxistände findet man in der Nähe großer Hotels und Straßenkreuzungen sowie des Estnischen Dramentheaters. Ein Taxi auf der Straße anzuhalten, ist riskant, weil es einige Fahrer gibt, die von Fremden viel zu hohe Preise verlangen. Ein neues Gesetz hat aber inzwischen die Lage verbessert. Alle Taxifahrer müssen ihre Preise auf Englisch an der rechten Fondscheibe aushängen und auf Wunsch eine Quittung ausstellen. Sollte der Fahrer sich weigern, hat der Fahrgast das Recht, die Zahlung zu verweigern.

Der Grundpreis reicht von zirka 35 bis 70 Krooni. Hinzu kommen um die 7 Krooni pro Kilometer, aber die Preise können von einem Taxi zum andern erheblich variieren. Man sollte den Fahrer also vor Fahrtbeginn unbedingt nach dem ungefähren Preis fragen und sicherstellen, dass er den Taxameter anstellt. Gezahlt werden muss in estnischen Krooni.

Mit dem Fahrrad

Mit dem Fahrrad durch Tallinn zu kurven, macht viel Spaß, nur auf den Kopfsteinpflastern der Altstadt ist es nicht so einfach. Es gibt in der Stadt viele Fahrradverleihe wie **CityBike**, die zudem eine Vielzahl organisierter Touren mit Führer anbieten. Aber man kann auch ein Fahrrad leihen und sich selbst auf den Weg machen. Da es in Tallinn kaum Fahrradwege gibt, sollte man auf verkehrsreichen Straßen besonders vorsichtig sein.

Zu Fuss

Zu Fuss lernt man auf ideale Weise die geschäftigen Straßen der Altstadt und des Zentrums kennen. Im Grunde ist Tallinn fußgängerfreundlich, aber eine gute Straßenkarte ist angebracht, um sich in dem Straßengewirr nicht zu verirren. Die meisten Hotels und Verkehrsämter haben Vorschläge für viele schöne Spaziergänge.

Mit dem Velotaxi

Velotaxis sind eine für Tallinn neue Art, die Stadt zu besichtigen. Die überdachten Fahrradtaxis fahren von März bis Oktober. Sie kosten 35 Krooni pro Erwachsenem und 15 Krooni pro Kind.

Auf einen Blick

Busse, Trolleybusse und Trams

Busbetriebe Tallinn
www.tak.ee

Taxis

Klubi Takso
638 0638.
www.klubitakso.ee

Linnatakso
644 2442.
www.linnatakso.ee

Reval Takso
601 4600.
www.reval-takso.ee

Fahrräder

CityBike
683 6383.
www.citybike.ee

Velotaxi

www.velotakso.ee

Eines der neuartigen Velotaxis, die man in Tallinn mieten kann

Reiseinformationen: Lettland

Die meisten Besucher erreichen Lettland per Flugzeug. Der Internationale Flughafen Rīga ist der größte Flughafen des Landes. Seit der Unabhängigkeit steigt die Attraktivität Rīgas als Reiseziel stetig. Vor allem Billigflieger steuern die lettische Hauptstadt als Ziel von Wochenendtouren häufig an. Dagegen werden die Regionalflughäfen des Landes für internationale Verbindungen so gut wie gar nicht genutzt. Wer ungern fliegt und zudem viel Zeit hat, kann Lettland von Deutschland und Skandinavien aus per Schiff erreichen, außerdem gibt es bequeme Züge und Busse aus anderen Teilen Europas. Auch die Fahrt mit dem Auto ist durchaus machbar. Allerdings muss man sich als Fahrer auf sehr unterschiedliche, mitunter schwierige Straßenverhältnisse einstellen.

Ankunftsschild im Flughafen Rīga

Mit dem Flugzeug

Die meisten Besucher kommen auf dem **Internationalen Flughafen Rīga** an, der mit den meisten westeuropäischen Großstädten sowie mit Prag, Moskau, Kiew, Tallinn, Vilnius und Warschau verbunden ist. Es gibt hier u.a. Geldautomaten und Wechselstuben, die geöffnet sind, bis der letzte Flug gelandet ist.

Die nationale Fluglinie **airBaltic**, 1995 gegründet, bietet einige sehr erschwingliche Flüge. Rīga wird auch u.a. von **KLM**, **Aer Lingus**, **Lufthansa** und **Finnair** angeflogen und seit einiger Zeit auch von Billigfliegern wie **Ryanair** (ab Düsseldorf-Weeze).

Es gibt viele Direktflüge aus Deutschland, Österreich und der Schweiz nach Lettland, z.B. nach Rīga von Berlin (airBaltic, KLM, SAS), Bremen (Ryanair), Düsseldorf (airBaltic), Frankfurt (Lufthansa), Hamburg (airBaltic) München (airBaltic, Finnair), Wien (airBaltic, Austrian Airlines) und Zürich. Mit airBaltic kann man im Sommer von Hamburg nach Liepāja fliegen.

Ankunftsgebäude des Internationalen Flughafens Rīga

Vom Flughafen Rīga ins Stadtzentrum

Der Flughafen Rīga ist acht Kilometer vom Stadtzentrum entfernt. Am billigsten kommt man in die Stadt per Bus, der vor dem Terminal abfährt. Der Bus 22 fährt alle 10 bis 20 Minuten von 5.40 bis 23 Uhr, braucht 30 Minuten bis zur Abrenes iela und hält zwischendrin u.a. am Strēlnieku laukums und am Hauptbahnhof. Der Expressbus 22A, der halbstündlich von 7 bis 22.30 Uhr außer um 11.30 und 19.30 Uhr fährt, erreicht die orthodoxe Kathedrale in Centrs, dem modernen Geschäftszentrum, in 25 Minuten. Taxis brauchen 15 Minuten bis ins Zentrum.

Der Expressbus 22A wartet vor dem Internationalen Flughafen Rīga

Andere lettische Flughäfen

Internationale Flughäfen gibt es in Ventspils und Liepāja. AirBaltic fliegt täglich von Rīga und regelmäßig von Kopenhagen und Hamburg (nur im Sommer) nach Liepāja. Ventspils wird selten von Linienflügen angesteuert.

Mit dem Schiff

Fähren brauchen deutlich länger als Flugzeuge, aber eine Fahrt über die Ostsee hat ihren ganz eigenen Reiz. Fähren der Reederei **Lisco** fahren von Lübeck nach Rīga. Die Fähren der Tallink *(siehe S. 393)* verkehren zwischen Rīga und Stockholm. **Terrabalt** fährt von Liepāja nach Karlshamn (Schweden) und Travemünde. Ventspils ist durch die **Scandlines** mit Nynashamn (Schweden), Karlshamn und Rostock verbunden. **SSC Ferries** fahren von Ventspils zur Insel Saaremaa (Estland). Zu

Fahrgäste vor einem Fahrkartenschalter auf einem Busbahnhof

Rīgas **Fähranlegestelle** fahren die Trams 5, 7 oder 9 ab Busbahnhof oder Nationaloper. Yachthäfen gibt es in Rīga, Jūrmala, Liepāja, Pāvilosta, Salacgrīva und Ventspils. Die Website **Latvian Coast** enthält weitere Informationen.

Mit dem Bus

Von Deutschland fahren **Ecolines** und **Eurolines** ins Baltikum. Es gibt regelmäßige Busverbindungen zwischen Rīga und vielen deutschen Großstädten. Rīgas Hauptbusbahnhof, **Autoosta**, liegt fünf Minuten südlich der Altstadt.

Busfahrten kosten weniger als Flüge. Doch außer in der Hochsaison ist der Preisunterschied unwesentlich. Internationale Reisebusse sind klimatisiert und haben Liegesitze, können auf der langen Reise (Berlin–Rīga: 21 Stunden) aber recht unbequem und ermüdend sein.

Mit dem Zug

Nach Lettland gelangt man von Deutschland aus mit dem Zug nur über Berlin und Wien und weiter über Warschau. Die Fahrt von Warschau nach Rīga führt über Minsk und Brest in Weißrussland, wofür man ein Durchreisevisum benötigt. Auch von Vilnius nach Rīga gibt es täglich einen Zug, der fünf Stunden unterwegs ist. Für sehr lange Fahrten sollte man eine *kupeja* (Liegewagenabteil mit vier Plätzen) buchen.

Mit dem Auto

Seit dem Beitritt der baltischen Staaten zum Schengen-Raum *(siehe S. 393)* gibt es zwischen Estland, Lettland und Litauen keine Grenzkontrollen für EU-Bürger. Es kann aber dennoch bis zu 20 Minuten dauern, bis man die Grenze passiert hat, obwohl Pkw und Lkw gesondert abgefertigt werden.

Die Wagenpapiere inklusive Haftpflichtversicherung und eines europäischen oder internationalen Führerscheins muss man unbedingt mitführen. Das Auto muss fahrtüchtig sein und einen Verbandskasten, einen Feuerlöscher und ein Warndreieck enthalten. Von Dezember bis März sind Winterreifen Vorschrift, zwischen September und April kann man Schneeketten aufziehen lassen.

Mit dem Fahrrad

Seit dem Schengen-Abkommen können aus Estland oder Litauen auch Fahrradfahrer ohne Weiteres nach Lettland einreisen. In der flachen Landschaft macht das Radeln im Sommer Spaß. Geeignete Ersatzteile und eine wasserdichte Jacke sind ratsam.

Personenzug auf der Fahrt durch einen Kiefernwald in Lettland

Auf einen Blick

Flughäfen

Liepāja
www.liepaja-airport.lv

Internationaler Flughafen Rīga
10/1 Mārupes.
Tel. *9000 6006.*
www.riga-airport.com

Ventspils
www.airport.ventspils.lv

Fluggesellschaften

Aer Lingus
www.aerlingus.com

airBaltic
Tel. *90 00 11 00.*
www.airbaltic.com

Finnair
Tel. *720 7010.*
www.finnair.com

KLM
Tel. *6766 1305.*
www.klm.com

Lufthansa
Tel. *7507 711.*
www.lufthansa.com

Ryanair
www.ryanair.com

Fährgesellschaften

Lisco
www.lisco.lt

Scandlines
www.scandlines.lt

SSC Ferries
www.slkferries.ee

Terrabalt
www.terrabalt.lv

Fährhäfen

Freihafen Rīga
Eksporta iela 3A, Rīga.
Tel. *6732 6200.*
www.freeportofriga.lv

Latvian Coast
www.latviancoast.lv

Busunternehmen

Autoosta
Tel. *90 00 11 11.*
www.autoosta.lv

Ecolines
Tel. *6721 4512.*
www.ecolines.net

Eurolines
Tel. *6721 4080.*
www.eurolines.com

In Lettland unterwegs

Ein dichtes Netz öffentlicher Verkehrsmittel in Lettland ermöglicht preiswerte Reisen. Busse sind meist schneller als die Bahn, obwohl sie oft alt und unbequem sind. In größeren Städten und zu Sehenswürdigkeiten verkehren Busse oft in kurzen Abständen. Auf dem Land hingegen kann es täglich nur einen Bus oder Zug in jede Richtung geben. Wer abseits der Hauptstrecken unterwegs ist, kann Schwierigkeiten mit öffentlichen Verkehrsmitteln bekommen. Mietwagen sind eine beliebte Möglichkeit, dies zu umgehen, obwohl der Straßenzustand sehr unterschiedlich ist. Das flache Land und kurze Entfernungen machen das Radfahren zum Vergnügen, vor allem bei schönem Wetter.

Der Hauptbahnhof in Rīga

Mit dem Zug

Züge brauchen meist ein bisschen länger zu ihrem Ziel als Busse, aber die Reise ist etwas komfortabler, vor allem, wenn man ein Kissen für die harten Bänke hat. Die Fenster lassen sich selten öffnen, sodass es im Sommer stickig in den Wagen werden kann. Auch die Heizung ist unzuverlässig.

Die nützlichsten Strecken ab Rīga sind die nach Jūrmala, Jelgava und zum Nationalpark Gauja. Züge fahren auch zu entfernteren Orten wie Liepāja, Valmiera, Daugavpils und Rēzekne. Eisenbahnfans könnten Spaß an der Schmalspurbahn zwischen Alūksne und Gulbene haben.

Mit dem Bus

Zwischen den meisten größeren Städten verkehren regelmäßig Busse. In andere Orte fahren sie weniger häufig, sodass für den Besuch mehrerer Ziele an einem Tag gute Planung nötig ist. Busse sind teurer als die Bahn, aber sie sind immer noch recht preiswert. Auf Nachtfahrten sollte man eine Decke oder einen Schlafsack mitnehmen.

Vom **Autoosta** (Rīgas Hauptbusbahnhof) fahren Busse nach Bauska, Cēsis, Sigulda, Daugavpils, Liepāja, Valmiera und Ventspils. Beginnt die Fahrt an einem Haupthalt, sollte man die Tickets vor dem Einsteigen kaufen. Ansonsten erhält man sie beim Fahrer. Sehr großes Gepäck, das im Gepäckraum verstaut werden muss, kann extra kosten. Gepäck normaler Größe nimmt man mit in den Bus.

Fahrpläne

Außerhalb Rīgas kann es schwer sein, Englisch sprechendes Personal zu finden. Fahrpläne findet man auf Anschlagtafeln in Bahnhöfen oder im Internet. Sie sind auch telefonisch zu erfragen. Details über viel benutzte Strecken erfährt man auch aus der Broschüre *Rīga in Your Pocket* *(siehe S. 403)*. Weitere Informationen enthält die Website der **Lettischen Eisenbahnen**.

Fahrpläne in Bahn- oder Busbahnhöfen enthalten selten die Zeiten für Rückfahrten von bestimmten Orten. Expressbusse sind meist durch ein großes »E« gekenzeichnet, Expresszüge durch eine dreistellige Streckennummer. *Pietur* zeigt an, dass ein Zug oder Bus an einem bestimmten Ort hält, *nepietur* bedeutet, dass er es nicht tut. Busse und Züge mit dem Zusatz *darbdienās* verkehren werktags, die Tage sind mit ihren Initialen bezeichnet. Auf lettischen Bahnhöfen sind *perons* (Bahnsteig) und *ceļš* (Gleis) getrennt nummeriert.

Mit dem Flugzeug

Die lettische Fluggesellschaft airBaltic *(siehe S. 398)* bietet täglich zwei

Einer der überlangen Stadtbusse in Daugavpils

Hinweisschild der Mietwagenfirmen im Rīgaer Inlandflughafen

Flüge zwischen Rīga und Liepāja an. Frühzeitig gebucht kostet der Flug nach Liepāja nur wenig mehr als die Reise mit Bahn oder Bus und ist somit nach westeuropäischen Maßstäben sehr günstig.

Mit dem Auto oder Motorrad

Die Erkundung Lettlands mit dem eigenen Auto oder einem Mietwagen ist ideal für alle, die nur eine Kurzreise machen oder entlegene Ecken des Landes aufsuchen wollen. Aber weder Leihwagen noch Benzin sind billig, die Straßenbedingungen variieren erheblich. Die meisten Hauptstraßen sind in akzeptablem Zustand, Nebenstraßen eher nicht. Viele haben nur eine Schotterdecke. Im Winter wird kaum gestreut, dann werden Nebenstraßen ohne Vierradantrieb leicht unpassierbar.

Die Letten fahren oft aggressiv und überholen an unübersichtlichen Stellen. Außerhalb Rīgas sind Staus selten. 0,5 ist die Promillegrenze, bei Überschreitung drohen zehn Tage Haft. Auf den Vordersitzen besteht Gurtpflicht, hinten nur, wenn Gurte vorhanden sind. Für Motorradfahrer besteht Helmpflicht. Auch tagsüner muss mit Abblendlicht gefahren werden. Höchstgeschwindigkeit ist 50 km/h in Ortschaften und 90 km/h überall sonst. Die Verkehrspolizei ist außerhalb von Ortschaften nicht immer präsent, aber bei Geschwindigkeitsübertretungen ist sie streng und kassiert sofort. Müssen Sie zahlen, lassen Sie sich eine Quittung ausstellen.

Auf dem Land werden veränderte Höchstgeschwindigkeiten nicht immer angezeigt, der Fahrer muss erkennen, ob er sich innerhalb einer Ortschaft befindet. Ortsschilder sind weiße Rechtecke mit dem Namen der Ortschaft.

Bei Fahrten übers Land ist eine gute Straßenkarte wichtig. Hat man eine Panne und muss abgeschleppt werden, ruft man am besten **LAMB**, den lettischen Partnerclub des ADAC, an. An Hauptstraßen sind *degvielas stacija* (Tankstellen) oft 24 Stunden geöffnet, aber auf dem Land kann es schwierig sein, eine Tankstelle zu finden.

Außerhalb Rīgas ist Parken meist problemlos. In einigen Städten, z. B. Daugavpils und Liepāja, gibt es an bestimmten Stellen Parkuhren. Die Einfahrt nach Jūrmala kostet 1 Lats, der an einer Bude am Straßenrand kassiert wird.

Warnschild: Straßenschäden

Mit dem Mietwagen

Einen Mietwagen leiht man am einfachsten in Rīga, aber auch in anderen Städten gibt es Mietwagenbüros. Die meisten internationalen Mietwagenfirmen sind in Rīga vertreten, viele davon haben Büros am Flughafen. Es gibt auch viele kleinere Firmen, die durch Gesellschaften wie **Budget** vertreten werden. Überprüfen Sie den Zustand des Wagens und die Versicherungsleistungen. Für Anmietungen gilt meist ein Mindestalter. Der Führerschein des Fahrers sollte zudem mindestens ein Jahr alt sein. Meistens wird die Vorlage einer Kreditkarte oder eine hohe Kaution verlangt.

Mit dem Fahrrad

Mit einem Fahrrad kommt man in den relativ flachen Landschaften Lettlands gut herum. An vielen Orten kann man Räder leihen. Die Verkehrsämter informieren über Details zu Fahrradrouten, wie z. B. der beliebten und einfachen Tour von Rīga nach Jūrmala und zu Touren im Nationalpark Gauja und dem ihn umgebenden Tal.

Radfahrer radeln im Nationalpark Gauja durch ein Löwenzahnfeld

Auf einen Blick

Bahn

Lettische Eisenbahnen
Gogoļa iela 3. ☎ *1181*.
www.ldz.lv

Bus

Autoosta
Prāgas iela 1. ☎ *9000 0009*.
www.autoosta.lv

Pannendienst

Latvijas automoto biedriba (LAMB)
☎ *1888*. **www**.lamb.lv

Mietwagen

Budget Rent A Car
☎ *6720 7327*. **www**.budget.lv

In Rīga unterwegs

Rīgas kompakte Altstadt zu durchstreifen ist ein Vergnügen, vor allem zu Fuß. Die Kopfsteinstraßen können allerdings Gehbehinderten Schwierigkeiten bereiten. Mehrere Hotels liegen in der Altstadt, viele andere sind nur wenige Schritte von ihr entfernt. Nicht weit vom Zentrum entfernt liegt auch das unbedingt sehenswerte Jugendstil-Viertel. Attraktionen weiter auswärts, wie das Ethnografische Freilichtmuseum, sind mit Bussen, Minibussen, Trolleybussen und Trams zu erreichen. Tickets erhält man beim Schaffner, die in drei Varianten ausgegebene Rīga Card bekommt man an Zeitungskiosken. Außerhalb der Altstadt sind Taxis überall zu finden.

Fahrgäste besteigen einen Bus im Rīgaer Busbahnhof

Mit Bus, Trolleybus und Tram

Mit Bus-, Trolleybus- und Tramlinien stellen Rīgas öffentliche Verkehrsmittel eine billige und effiziente Möglichkeit dar, sich außerhalb der Altstadt zu bewegen. Fahrpläne findet man an Bushaltestellen, aber meist keine Streckenkarten, sodass man eine bei sich haben sollte, wenn man unterwegs ist. Auf den meisten Strecken fahren öffentliche Verkehrsmittel von 5.30 bis 23.30 Uhr, einige stündlich die ganze Nacht. Der Busbahnhof Autoosta *(siehe S. 401)* liegt unweit des Hauptbahnhofs und des Zentralmarkts. Ein weiterer Verkehrsknotenpunkt ist das Straßenstück vor der orthodoxen Kathedrale.

Mehrere Betriebe haben sich zu einem Verkehrsverbund, dem **SIA Rīgas Satiksme**, zusammengeschlossen. Das System ist noch nicht voll integriert, deshalb ist für jedes Verkehrsmittel ein eigenes Ticket nötig. Jede Fahrt, ganz gleich, wie lang, kostet 40 Santīmi. Tickets löst man beim Einsteigen in Busse und Trolleybusse beim Schaffner, während man Tramtickets entweder an einem Kiosk oder beim Fahrer kauft und dann in einem der Automaten in der Tram entwertet. Kioske verkaufen auch verschiedene Pässe, die aber nicht für alle öffentlichen Verkehrsmittel gelten. Sie können z. B. unentgeltliches Fahren nur auf Trams und Trolleybussen gestatten.

Mit dem Minibus

Das *mikroautobuss*-Netz der Stadt erstreckt sich auf die Hauptboulevards und in die Vororte und ist sehr komfortabel und schnell. Die Haupthaltestellen liegen vor dem Hauptbahnhof, der orthodoxen Kathedrale und der Hauptpost. Die Tickets kosten geringfügig mehr als die für andere öffentliche Verkehrsmittel.

Mit dem Auto

Autofahren ist in Rīga selten ein Vergnügen, vor allem wegen des dichten Verkehrs und der aggressiven Fahrer. In die Altstadt zu fahren, ist außerdem sehr teuer. Der Passierschein kostet 5 Lati pro Stunde. Man erhält die Scheine u. a. in Filialen der Parex-Bank in der Smilšu 3 und der Kaļķu 28 sowie in der 24-Stunden-Statoil-Tankstelle in der Eksport 1 C.

Parken

Im Zentrum einen Parkplatz zu finden, ist schwierig. Parken ist ebenfalls teuer: Es kostet auf den Straßen der Altstadt 1,40 Lats für die erste und 2 Lati für jede weitere Stunde. Wer wirklich ein Auto braucht, sollte ein Hotel mit Parkplatz wählen.

Mit dem Taxi

Taxis gibt es reichlich in Rīga. Sie sind eine bequeme, wenn auch relativ teure Art, sich fortzubewegen. Die Fahrzeuge haben keine Einheitsfarbe, aber alle offizi-

Wartendes Taxi am Internationalen Flughafen Rīga

ellen Taxis haben gelbe Kennzeichen. Von 6 bis 24 Uhr beginnt die Taxiuhr bei 0,40 Lats und steigt um 0,35 Lats pro Kilometer. Nach 24 Uhr beginnt die Uhr bei 0,60 Lats und steigt um 0,40 Lats pro Kilometer. Bessere Preise erhält man, wenn man Taxiunternehmen wie **Rīga Taxi** oder **Rīgas Taxometru Parks** ruft, was ohnehin besser ist, als Taxis auf der Straße anzuhalten. Taxis, die vor Luxushotels warten, sind meist teurer.

Man sollte wissen, dass sich Fahrer oft weigern, eine Fahrt für weniger als 3 Lati zu machen, und dass sie mindestens so viel für die kurze Fahrt vom Bahnhof oder Busbahnhof zu einem nahen Hotel verlangen. Der Taxameter sollte laufen, oder man handelt vorher einen Preis aus. Tagsüber findet man immer ein Taxi, nachts sammeln sie sich an beiden Enden der Kaļķu iela.

Fußgänger überquren auf einem Zebrastreifen den Aspazijas bulvāris

Das Fahrrad, ein schnelles und billiges Verkehrsmittel für Rīga

Mit dem Fahrrad

Mit dem Fahrrad kommt man in Rīga gut herum, trotz der holprigen Straßen der Altstadt und dem dichten Verkehr anderswo. Mehr Spaß macht das Radeln in dem schönen Vorort Mežaparks *(siehe S. 156)*. Das **Active Holiday Centre** am linken Daugava-Ufer bietet Hilfe beim Leihen von Fahrrädern.

Zu Fuss

Die Altstadt ist relativ klein und enthält viele Attraktionen, was den Spaziergang trotz der Kopfsteinstraßen vergnüglich macht. Im Sommer macht das Herumlaufen besonders Spaß, wenn viele Straßen und Plätze von Tischen und Stühlen der Bars und Cafés gesäumt sind und das Wetter schöner ist. In der Gegend unmittelbar nördlich der Altstadt gibt es eindrucksvolle Jugendstil-Gebäude und schicke Läden und Restaurants. Die Hauptstraße im Jugendstil-Viertel von Rīga ist die Elizabetes iela, die den Brīvības bulvāris kreuzt. Auch in der Alberta und der Strēlnieku iela gibt es einige Bauten des Jugendstils.

Die **Rīga Card** *(siehe S. 380)* bietet freien Eintritt in viele Museen, eine kostenlose Altstadtführung und die kostenlose Benutzung der öffentlichen Verkehrsmittel in Rīga und Jūrmala. Da die öffentlichen Verkehrsmittel im Land ohnehin preiswert sind, lohnt der Kauf der Karte nur, wenn man an der Altstadtführung oder am Besuch mehrerer Museen an einem einzigen Tag interessiert ist. Die Karte erhält man in Hotels, im Rīgaer Flughafen und in den Verkehrsämtern.

Stadtpläne

Der beliebteste Stadtplan von Rīga ist der von Jāņa Sēta im Maßstab 1:20 000 samt einer detaillierten Karte des Zentrums im Maßstab 1:7000. Ein kleinerer Stadtplan findet sich in dem Führer *Rīga In Your Pocket*, aber er reicht nur aus, wenn man sich nicht allzu weit vom Zentrum entfernt. Der Führer enthält aber auch die Routen der öffentlichen Verkehrsmittel.

Auf einen Blick

Bus, Trolleybus und Tram

SIA Rīgas Satiksme
8000 1919.
www.rigassatiksme.lv

Taxis

Rīga Taxi
8000 1010.
www.taxi.lv

Rīgas Taksometru Parks
8000 1313.
www.rtp.lv

Fahrräder

Active Holiday Centre
Bauskas iela 2.
6762 3122.
www.aac.lv

Stadtpläne

Rīga Card
6721 7217.
www.rigacard.lv

Rīga In Your Pocket
Elizabetes iela 75.
6722 0580.
www.inyourpocket.com

Reiseinformationen: Litauen

Am einfachsten kommt man per Flugzeug nach Litauen. Die meisten Fluglinien aus Westeuropa fliegen direkt nach Vilnius, einige auch nach Kaunas und Palanga. Litauen hat nur einen Seehafen, Klaipėda, den relativ wenig Passagierfähren aus Deutschland und Skandinavien über die Ostsee ansteuern. Auf dem Landweg fährt man am besten mit dem Bus nach Litauen. Aus mehr als 30 deutschen Städten bestehen regelmäßige Busverbindungen. Mit dem Auto nach Litauen zu fahren, dauert dagegen lange und kann mitunter auch beschwerlich sein. Eisenbahnen fahren über Warschau nach Kaunas und Vilnius, wobei man in Sestokai an der polnisch-litauischen Grenze umsteigen muss. Litauen beteiligt sich nicht an Eurail und InterRail, was die Bahnreise aus Westeuropa teuer macht.

Wappen des Hafens Klaipėda

Mit dem Flugzeug

Litauen hat gute Verbindungen nach ganz Europa. Vilnius wird täglich oder mehrmals wöchentlich aus Berlin, Frankfurt, Hamburg, München und Wien sowie Kaunas aus Frankfurt-Hahn angeflogen. Weitere Verbindungen gibt es im Sommer. Die Anschlüsse sind in letzter Zeit stark verbessert und auf den internationalen Flugplan nach und von Vilnius abgestimmt worden. Im März 2008 sind die Kontrollen an den Binnengrenzen der Schengenstaaten, zu denen auch Estland, Lettland und Litauen gehören, abgeschafft worden.

Der **Flughafen Vilnius** wurde 1944 eröffnet. Hier landen die meisten Flüge. Er ist der einzige Flughafen der baltischen Hauptstädte, der heute noch wie zu sowjetischer Zeit aussieht. Ein großer, kürzlich eröffneter Erweiterungsbau hat die Kapazität auf drei Millionen Passagiere pro Jahr erhöht. Mietwagenfirmen, Wechselstuben, Cafés und Zeitungsläden, die auch Bustickets verkaufen, bieten ihre Dienste an.

Abfertigungshalle für internationale Flüge im Flughafen Vilnius

FlyLAL, die nationale Fluggesellschaft, ging im Januar 2009 in Konkurs. Der Flughafen Vilnius wird von zahlreichen Fluglinien genutzt, z.B. von **Lufthansa**, **Finnair**, **Czech Airlines** und **Austrian Airlines**. **AirBaltic** und **Ryanair** fliegen den **Flughafen Kaunas** an. Inzwischen landen auf litauischen Flughäfen internationale und Billigflieger aus rund 40 Großstädten. Dazu zählen fast alle Hauptstädte Westeuropas, außerdem Prag, Moskau, Minsk, Gomel, Kiew, St. Petersburg, Tiflis, Kaliningrad, Baku, Tel Aviv und andere weiter östlich. Die vielen zusätzlichen Flüge der Airlines, die Litauen anfliegen, bedeuten eine größere Auswahl an Ankunfts- und Abflugterminen – eine gute Nachricht für die wachsende Zahl von Geschäftsreisenden im Land. Während der Wintermonate allerdings stellen einige Fluglinien die Verbindung nach Litauen ein.

Logo von FlyLAL

Seit airBaltic 2004 der bestehenden Preisstruktur in Vilnius den Kampf ansagte, ist viel Bewegung in die Gestaltung der Flugpreise gekommen. Mit der Durchsetzung ihres Einwegtickets hat die Fluggesellschaft sichergestellt, dass sich die Preise strikt nach der Nachfrage richten. Die alte Regel, wonach die Preise wochentags höher sind als am Wochenende, gilt nicht mehr. Die meisten Tickets werden über das Internet gekauft. Entsprechend internationalen Abkommen können bei den meisten Fluggesellschaften Kinder, Studenten und Rentner, sowie angemeldete Gruppen verbilligt fliegen.

Vom Flughafen Vilnius ins Stadtzentrum

Der Flughafen Vilnius liegt fünf Kilometer südlich vom Stadtzentrum. Vom Flughafen fährt der Bus 1 zum Bahnhof und der Bus 2 zum Lukiškių aikštė. Die an den Flughafenkiosken gekauften Bustickets sind billiger, man kann aber auch beim Einsteigen bezahlen. Bushaltestelle und Taxistand befinden sich vor dem Ankunftsgebäude. Die Taxis sind verlässlich. Sie brauchen 20 Minuten bis ins Stadtzentrum und verlangen dafür 30 Litai.

Andere litauische Flughäfen

Auf den Flughäfen Kaunas und Palanga landen einige wenige internationale Linienflüge. Beide Flughäfen werden ausgebaut und erhalten derzeit neue Terminals. Vom Flughafen Kaunas fährt der Bus Nummer 120 zum Savanorių prospektas und zur Altstadt sowie der Bus 29 zum Busbahnhof. Ein Minibus-Shuttle verkehrt zweimal täglich zwischen dem Flughafen Kaunas und Vilnius als Zubringer zu den Flügen von Ryanair, da dies im Moment die einzige Fluglinie ist, die Kaunas anfliegt. Informationen zu Flughafenbussen finden Sie auf der Website von **Aurakom**. Stündlich fahren Busse vom **Flughafen Palanga** nach Palanga, außerdem verkehren viele Linienbusse zwischen Palanga und Klaipėda. Einige Fluglinien bieten Minibus-Verbindungen vom Flughafen Palanga nach Klaipėda. Vom Flughafen Palanga fahren auch Busse nach Liepāja in Lettland.

Mit dem Auto

Da Litauen zum Schengen-Gebiet gehört, ist die Einreise aus Teilnehmerländern des Schengen-Abkommens kein Problem. Autofahrer benötigen keinen internationalen Führerschein, lediglich die Wagen- und Versicherungspapiere, einen Pass und ihren nationalen Führerschein. In allen Wagen muss ein Verbandskasten und ein Feuerlöscher vorhanden sein.

Ein Fracht- und Passagierschiff verlässt den Hafen von Klaipėda

Mit dem Schiff

Litauens einziger Handelshafen, der **Seehafen Klaipėda**, ist durch Fähren mit Häfen in Deutschland, Schweden und Dänemark verbunden. Von Klaipėda verkehren Fähren nach Kiel und Sassnitz, nach Kopenhagen-Fredericia und Århus in Dänemark sowie nach Karlshamn in Schweden.

Mit dem Bus

Litauen hat ein dichtes Straßennetz, das das Land mit seinen Nachbarn verbindet. Aus Estland oder Lettland mit dem Bus nach Litauen zu fahren, ist ganz einfach, da es viele Grenzübergänge gibt. Es fahren Expressreisebusse von Vilnius nach Rīga und Tallinn sowie in andere Großstädte wie Warschau, Berlin, Prag, Wien, Kaliningrad und Moskau. Eine Busfahrt aus Ländern wie z. B. Deutschland oder Österreich dauert lang – z. B. Berlin–Vilnius: 18 Stunden – und sollte deshalb gut überlegt sein.

Auf einen Blick

Fluggesellschaften

airBaltic
1825.
www.airbaltic.com

Austrian Airlines
210 50 30.
www.aua.com

Czech Airlines
215 15 03.
www.czechairlines.com

Finnair
272 30 38.
www.finnair.com

Lufthansa
232 9292.
www.lufthansa.com

Ryanair
www.ryanair.com

Flughäfen

Kaunas
Karmėlava.
(37) 399 396.
www.kaunasair.lt

Palanga
Liepojos pl 1.
(460) 52 020.
www.palanga-airport.lt

Vilnius
Raudūnios kelias.
273 9305.
www.vilnius-airport.lt

Flughafenbusse

Aurakom
www.airport-bus.lt

Fähr-Information

Seehafen Klaipėda
46 499 799.
www.portofklaipeda.lt

Abfertigungshalle des Flughafens Palanga in West-Litauen

In Litauen unterwegs

Das dichte Straßennetz Litauens und der exzellente Zustand der Straßen machen Autofahrten im Land zum reinen Vergnügen. Ein Mietwagen ist dabei oft die beste Wahl. Busse sind das schnellste und komfortabelste öffentliche Verkehrsmittel im Land. Expressbusse fahren praktisch in jede Stadt Litauens und sind ein idealer Weg, das Land kennenzulernen. Die Eisenbahn ist billiger, fährt aber seltener und auf viel weniger Strecken. Da das Land relativ flach ist und sich nur hier und da niedrige Hügel erheben, eignet sich Litauen auch ausgezeichnet zum Fahrradfahren.

Internationaler Luxusbus auf dem Busbahnhof in Panevėžys

Mit dem Bus

Busse sind das Rückgrat des öffentlichen Verkehrsnetzes Litauens. Das private Busunternehmen **Toks** bedient mit modernen Bussen landesweit mehr als 50 Strecken, dazu elf internationale Routen für **Eurolines**. Busreisen sind zwar gewöhnlich etwas teurer als die Bahn, dafür fahren sie aber schneller und zu deutlich mehr Zielen.

Fahrpläne findet man auf Hinweistafeln am Kopf jedes Stellplatzes und im Busbahnhofsgebäude. Expressbusse, im Fahrplan mit einem »E« gekennzeichnet, fahren bisweilen auf Intercityrouten und umgehen so kleinere Städte und Dörfer. Viele Busrouten zur Küste, z. B. nach Palanga oder Nida, sind saisonal und werden nur im Sommer befahren. Weitere Informationen zum Fahrplan der Busse entnehmen Sie bitte der Website von Toks.

Der **Busbahnhof Vilnius** ist ist das größte Verkehrskreuz des Landes, aber auch der **Busbahnhof Kaunas** hat Verbindungen nach Westeuropa.

Tickets bekommt man in größeren Orten in den Busbahnhöfen, aber man kann sie auch beim Einsteigen beim Fahrer kaufen, vor allem auf kurzen Strecken. Im Sommer oder an Wochenenden, wenn Busse häufiger benutzt werden, lohnt es, Tickets im Voraus zu kaufen. Sie sind bar zu bezahlen, man kann sie nicht telefonisch oder per Internet vorbestellen. Behinderte Reisende, Senioren über 70 Jahre und Kinder unter zehn Jahren haben Anspruch auf 50 Prozent Rabatt. Kinder im Vorschulalter fahren umsonst. Gruppen von zehn oder mehr Reisenden erhalten Preisnachlässe, wenn die Reise im Voraus reserviert worden ist.

Mit der Bahn

Das nationale Bahnnetz wird von **Lietuvos Geležinkeliai** (Litauische Eisenbahnen) betrieben. Hauptrouten sind die von Vilnius nach Šiauliai und Klaipėda, von Vilnius nach Visaginas, vorbei an Ignalina und dem Nationalpark Aukštaitija, von Šiauliai nach Panevėžys und Rokiškis und die relativ schnelle und regelmäßige Bahn von Vilnius nach Kaunas. Die Strecke Vilnius–Varėna führt weiter zum Nationalpark Dzūkija und nach Weißrussland. Eine der vergnüglichsten und schönsten Reisen in Litauen ist die mit der Schmalspurbahn von Panevėžys zum Rubikiai-See.

Alle Bahnfahrkarten muss man an den Schaltern der Bahnhöfe lösen. Preisnachlässe gibt es für kleine Kinder, Pensionäre und für behinderte Reisende.

Litauens *autobusų stotis* (Busbahnhöfe) und *traukinių stotis* (Bahnhöfe) liegen meist dicht beieinander und recht nahe zum Stadtzentrum. Diebstähle kommen selten vor, aber man hat besser ein Auge auf seine Habseligkeiten. Die persönliche Sicherheit gerät auf Reisen nach Litauen selten in Gefahr, aber für alle Fälle sind Sicherheitsbeamte auf dem Busbahnhof Vilnius im Einsatz.

In den Bahn- und Busbahnhöfen wird jedoch wenig Wert auf Sauberkeit und Hygiene gelegt, obwohl sie in Vilnius und Kaunas inzwischen modernisiert worden sind. In

Die Schmalspurbahn verspricht eine äußerst vergnügliche Zugreise

Die gepflegte Schalterhalle im Bahnhof von Vilnius

größeren Bahnhöfen kann man sein Gepäck für eine geringe Gebühr bei der Gepäckaufbewahrung aufgeben oder aber in einem Schließfach unterstellen.

Mit dem Auto

Die Straßen in Litauen sind nach postsowjetischen Maßstäben exzellent und stellen Autofahrer vor keine besonderen Probleme. Es gibt verschiedene Kategorien von Straßen mit unterschiedlichen Höchstgeschwindigkeiten. Die erste Kategorie ist die Autobahn, davon gibt es aber nur zwei, die von Kaunas nach Klaipėda (A1) und die von Vilnius nach Panevėžys (A2). Obwohl die Straßen Vilnius–Kaunas und Kaunas–Klaipėda genauso aussehen, sind sie wegen ihres hügeligen Geländes keine Autobahnen. Mautstrecken gibt es nicht bis auf die Straße durch den Nationalpark Kurische Nehrung.

In Litauen ist in jedem Wagen ein kleiner Feuerlöscher, ein Verbandskasten, ein Warndreieck und eine reflektierende Sicherheitsweste vorgeschrieben. Die Sicherheitsgurte sind unbedingt anzulegen. Alle Kraftfahrer müssen stets mit eingeschaltetem Abblendlicht fahren. Die Verkehrspolizei ist auch bei ausländischen Fahrern unnachsichtig und kann Bußgelder sofort kassieren.

Die Höchstgeschwindigkeit auf Autobahnen beträgt von Mai bis Oktober 130 km/h, im übrigen Jahr 110 km/h, Ausnahme ist die Autobahn Vilnius–Kaunas, auf der man immer nur 110 km/h fahren darf. Höchstgeschwindigkeit in Ortschaften ist 50 km/h, aber angehalten wird man meist erst, wenn man schneller als 60 km/h gefahren ist.

Alkohol am Steuer ist strafbar (Promillegrenze: 0,4), örtliche Polizeibehörden setzen manchmal Straßensperren und Atemprüfgeräte zur Kontrolle ein.

Mit dem Mietwagen

Viele regionale sowie bekannte internationale Leihwagenfirmen bieten eine Großauswahl an Mietwagen an. Einige haben Büros im Flughafen Vilnius und in Luxushotels. Viele andere findet man im Stadtzentrum. Heimische Firmen wie **Aunela** bieten neuere wie ältere Wagen westlicher Marken. Die Mindestleihdauer beträgt gewöhnlich 24 Stunden. Die Bezahlung kann sowohl in bar als auch über eine der gängigen Kreditkarten erfolgen.

Auf einen Blick

Busunternehmen

Eurolines
☎ *215 1377.*
www.eurolines.com

Busbahnhof Kaunas
Vytauto 24. ☎ *(37) 409 060.*

Toks
www.toks.lt

Busbahnhof Vilnius
Sodų 22. ☎ *8900 01661.*
www.toks.lt/en/schedule

Bahn

Lietuvos Geležinkeliai
www.litrail.lt

Mietwagen

Aunela
www.aunela.lt

Verkehrsschilder

Verkehrsschilder in Litauen sind verständlich. Ortseingänge sind durch weiße Schilder mit dem Ortsnamen in schwarzer Schrift bezeichnet. Hier ist das Tempo auf die Höchstgeschwindigkeit in Ortschaften zu drosseln. Kleine blaue Schilder an Kreuzungen im Zentrum von Vilnius weisen den Weg zu Sehenswürdigkeiten. Zu den Schildern, die strikt zu beachten sind, gehören die, die eine Höchstgeschwindigkeit vorschreiben und das Parken am Straßenrand oder das Links- oder Rechtsabbiegen verbieten. Sie werden oft polizeilich überwacht.

Ein Teil des kürzlich modernisierten Straßennetzes in Klaipėda

In Vilnius unterwegs

Am besten erkundet man Vilnius zu Fuß: Die meisten Kirchen, Museen, Restaurants und Cafés sind nur Schritte voneinander entfernt. Von der Hauptdurchgangsstraße Gedimino prospektas ist es nur ein kurzer Weg zu den wichtigsten Sehenswürdigkeiten. Die Altstadt gehört zu den größten Europas. Große Teile des Innenstadtverkehrs werden um sie herumgeführt. Zu den Sehenswürdigkeiten und Restaurants außerhalb des Zentrums fahren regelmäßig Trolleybusse und Busse. Taxis sind meist zuverlässig. In den Stoßzeiten sollte man besser nicht mit dem eigenen Auto unterwegs sein.

Moderner Trolleybus des öffentlichen Verkehrsnetzes in Vilnius

Mit Bus und Trolleybus

Vilnius hat ein sehr verlässliches Netzwerk aus Trolleybussen und Bussen, die in kurzen Abständen in der ganzen Stadt unterwegs sind. Ältere Fahrzeuge werden derzeit durch neue Modelle ersetzt. In der Rushhour, wenn die Busse überfüllt sind, benutzt man sie besser nicht.

Eine detaillierte Karte des Busnetzes gibt es auf der Website von **Vilnius Transport**. Den Fahrplan jeder *stotelė* (Haltestelle) finden Sie mit einem Klick auf »*autobusų*« (Busse) oder »*troleibusų*« (Trolleybusse). Zwischen 23 und 5 Uhr fahren nur wenige Busse.

Ein Normal-*bilietas* (Ticket) gilt für Busse und Trolleybusse. Man kann es im Voraus an einem Kiosk oder direkt beim Fahrer lösen und dann in einem der Automaten im Bus entwerten. Es gibt Pässe für einen, drei und zehn Tage. Die Geldstrafen für das Fahren ohne gültige Fahrkarte sind hoch.

Mit dem Auto

Die Verkehrsdichte in Vilnius hat in den letzten Jahren rapide zugenommen, was in der Rushhour frühmorgens und spätabends zu Staus führt. Die einstige sowjetische Stadtplanung verschlimmert die Lage erheblich. Schlechte Straßen sind ein ernstes Problem, das die Stadt mit EU-Mitteln zu lösen versucht. Aber der Straßenbau zieht Sperrungen nach sich, die den Autofahrern auf kurze Sicht neuen Kummer bereiten. Mit der Zunahme der Fahrzeuge sind dichtes Auffahren und rasantes Überholen ständige Übung geworden. Im Zentrum gibt es ein kompliziertes Einbahnstraßensystem, das ohne guten Stadtplan kaum zu bewältigen ist.

Parken

Parkhäuser gibt es in Vilnius kaum. Meistens wird am Straßenrand geparkt. Im Zentrum kann man kontrollierte Parkzonen nutzen, wofür man von 8 bis 18 Uhr einen Parkschein lösen muss. Teurer ist das Parken in der Altstadt. Wer nicht zahlt, bekommt eine Parkkralle und später eine hohe Geldstrafe.

In geparkten Wagen sollte man nichts, auch nicht Kleidung und Taschen, offen liegen lassen.

Mit Taxis

Taxis findet man überall, aber in der Rushhour und an Wochenenden spätabends muss man manchmal mehrere Unternehmen anrufen, um ein Taxi zu bekommen. Ein Taxi telefonisch zu ordern ist billiger, als eines auf der Straße anzuhalten. Der Durchschnittspreis ist 2 Litas pro Kilometer, aber Unternehmen wie **Mar-**

Viel befahrene Straße in Vilnius während des Berufsverkehrs

Martono Taksi, eine teure, aber zuverlässige Wahl

tono Taksi, die meist verlässlicher sind, verlangen 3 Litas. **Ekipažas** berechnet 2 Litas pro Kilometer. Taxis kosten nachts mehr. Alle müssen einen funktionierenden Taxameter haben. Überprüfen Sie beim Einsteigen den Grundpreis.

Mit dem Fahrrad

Die Bedingungen für Fahrradfahrer sind in Vilnius sehr unterschiedlich. Fahrradwege sind auf vielen Fahrbahnen der Altstadt, auf Straßen wie Gedimino und Konstitucijos und in Vierteln wie Žvėrynas und dem Vingis-Park klar markiert. Die EuroVelo-Route 11 des Europäischen Radfahrer-Verbandes ist die Osteuropa-Fahrradroute von Norwegen nach Griechenland, die durch das Ostbaltikum verläuft und Vilnius und Tartu einschließt. Das Fahren auf Straßen, die keine Fahrradwege haben, ist nicht zu empfehlen. Fahrräder kann man bei **Baltic Cycle** leihen.

Zu Fuss

In Vilnius sind es von einer Attraktion zur nächsten meist nur wenige Schritte. Zu Fuß kann man die hinreißende Architektur der Altstadt ganz aus der Nähe genießen. Es gibt viele Fußgängerzonen, und trotz manchem rücksichtslosem Autofahrer ist der Verkehr selten hinderlich.

Das Überqueren der Straßen kann für Fußgänger riskant sein. An vielen Übergängen geben rote und grüne Männchen Fußgängern das Zeichen. An Straßenkreuzungen hingegen gibt es nur Ampeln für Autos. An einem Fußgängerübergang ohne Ampeln müssen Autos den Fußgängern den Vorrang lassen, aber das tun sie nicht immer. Gedimino prospektas ist in Vilnius die Hauptstraße für Shopping, Festivals und Paraden, nebenbei ist er selber eine Attraktion. Der Boulevard zwischen Kathedralenplatz im Osten und Žvėrynas im Westen wird abends und nachts zur Fußgängerzone. Die grünen Viertel Žvėrynas und Užupis liegen beiderseits der Altstadt. Von Žvėrynas hat man einen herrlichen Blick auf die Neris und den Vingis-Park, in den man über eine Fußgängerbrücke gelangt. Ein Spaziergang nach Užupis führt zu dem Restaurant Tores *(siehe S. 339)* mit Blick auf den Bernadinų-Friedhof oder bis nach Belmontas mit der Kirche St. Peter und Paul.

Besucher in der Pilies gatvė auf dem Weg zur Oberen Burg

Sightseeing-Touren

Fremdenführer in Vilnius sind Profis und sprechen fließend Deutsch. Eine typische Führung von **Senamiesčio Gidas** oder **Mano Gidas** umfasst die Altstadt, Užupis und die Kirche St. Peter und Paul. Auch individuelle Führungen sind möglich. Reisebüros wie **Visit Lithuania** organisieren Führungen, Hotelunterkünfte und Beförderungsmittel. **West Express** bietet Spezialführungen wie »Das jüdische Vilnius« an.

Mietwagen

Wer viel in Vilnius unterwegs ist und Tagestouren etwa nach Trakai unternehmen will, ist mit einem Mietwagen gut beraten. In Vilnius sind internationale Anbieter wie **Europcar**, **Avis** und **Hertz** sowie heimische Firmen wie Aunela präsent.

Auf einen Blick

Bus und Trolleybus

Vilnius Transport
Sodų 22. ☎ *216 0054.*
www.vilniustransport.lt

Taxis

Ekipažas
Justiniškių 14. ☎ *240 0064.*
www.ekipazas.lt

Martono Taksi
Kalvarijų gatvė 53.
☎ *(85) 246 1487.*
www.martonas.lt

Fahrräder

Baltic Cycle
Vytenio 6–110. ☎ *6995 6009.*
www.bicycle.lt

Sightseeing-Touren

Mano Gidas
Krokuvos 59-1a. ☎ *6123 4000.*

Senamiesčio Gidas
Aušros vartų 7. ☎ *6995 4064.*
www.vilniuscitytour.com

Visit Lithuania
Odminių 5. ☎ *262 5241.*
www.visitlithuania.net

West Express
A Stulginskio 5. ☎ *255 3255.*
www.westexpress.lt

Mietwagen

Avis
www.avis.com

Europcar
www.europcar.com

Hertz
www.hertz.com

Textregister

Fett gedruckte Seitenzahlen beziehen sich auf Haupteinträge

G

N

O

Danksagung und Bildnachweis

Dorling Kindersley dankt allen Personen und Institutionen, durch deren Arbeit und Engagement dieses Buch möglich wurde.

Hauptautoren

Howard Jarvis ist Chefredakteur mehrerer Publikationen, u. a. von *The Baltic Times*, *VilniusNOW!* und *Baltic Stand By*. Er liefert seit 2000 regelmäßig Beiträge für *Jane's Information Group*.

John Oates, Gewinner des Preises *Guardian Newspaper's Young Travel Writer of the Year*, schreibt für zahlreiche Zeitungen, Zeitschriften und Reiseführer.

Tim Ochser lebt seit 2001 als freier Journalist in Rīga. Er ist Mitarbeiter lettischer Medien und hat mehrere lettische Theaterstücke verfasst.

Neil Taylor ist Autor, Reiseveranstalter und Berater. Er schreibt für englische Zeitungen im Baltikum und hat mehrere Reiseführer über die Region veröffentlicht.

Fact Check

Nicholas Archdeacon, Joel Dullroy, Brigita Pantelejeva

Korrektor

Deepthi Talwar

Textregister

Ajay Lal Das

Redaktion und Design

Chefredakteur Douglas Amrine
Leitender Art Editor Jane Ewart
Leitende Redakteurin Michelle Crane
Herstellung Lousie Daly
Foto-Recherche Ellen Root
DTP Designer Natasha Lu

Zusätzliche Fotografien

Peter Dennis, Rose Horridge, Rajnish Kashyap, Ian O'Leary.

Zusätzliche Illustrationen

Chapel Design & Marketing Ltd

Kartografie

Casper Morris, Stuart James

Kartografische Recherche

Netmaps

Besondere Unterstützung

Dorling Kindersley dankt für besondere Hilfe: Sonata Šiaučiulytė beim Verkehrsbüro Vilnius.

Genehmigung für Fotografien

Dorling Kindersley bedankt sich bei folgenden Personen und Institutionen für die freundlich gewährte Genehmigung, ihre Räumlichkeiten zu fotografieren:

Ainaži Schifffahrtsmuseum, Andrejs-Pumpurs-Museum, Anton-Hansen-Tammsaare-Museum, Aquapark, Arsenal Kunstmuseum, Art Nouveau in Rīga, Aviation Museum, Imkerei-Museum, Fahrradmuseum, Kalvarienkirche zum hl. Kreuz, Christ-König-Kathedrale, Kathedrale St. Antonius von Padua, Kathedrale St. Marien (Toomkirik), Boris-und-Gleb-Kathedrale, Katzenhaus, St. Kasimirkirche, Kirche der hl. Theresa, Kirche Peter und Paul, Coca Cola Plaza Tallinn, Zentrum für zeitgenössische Kunst, Dauderi, Déjà Vu Lounge Bar Tallinn, Dom, Dominikanerkirche, Dominikanerkloster Altstadt, Dundaga, Europa Mall Vilnius, Volkskundehaus der Liven, Franziskanerkirche, Kloster der Jungfrau Maria Tytuvenai, Schwarzhäupterhaus, KGB-Museum Vilnius, Kohtla Unterirdisches Bergwerksmuseum, Kiek in de Kök Tallinn, KUMU Kunstmuseum, Latgale Museum für Kultur und Geschichte, Lettisches Ethnografisches Freilichtmuseum, Lettisches Museum für Fotografie Rēzekne, Liepāja-Museum, Litauisches Nationalmuseum, Littera Buchhandlung, Universität Vilnius, Mentzendorff-Haus, Mihkli-Bauernhofmuseum, Mikalojus Konstantinas Čiurlionis Kunstmuseum, Motormuseum, Museum der Barrikaden von 1991, Museum für angewandte Kunst und Design, Museum für Geschichte und angewandte Kunst Preiļi, Hornmuseum, Museum für Stadtgeschichte und Schifffahrt Rīga, Niguliste kirik Tallinn, Gutshaus Palmse, Freilichtmuseum Pedvāle, Museum Sommerhaus Peters des Großen, Bernsteinmuseum Palanga, Fotomuseum Tallinn, Porzellanmuseum, Pulverturm/Lettisches Kriegsmuseum, Bahnhof Vilnius, Schloss Rundāle, Meeresmuseum-Aquarium und Delfinarium in Smiltynė, Setu-Dorfmuseum (Peipsi-See), Shakespeare Boutique Hotel, Skaistkalne Katholische Kirche, Skyline Bar (Reval Hotel, Lettland), St-Anna-Basilika, St. Johanniskirche, Tallinn International Airport, Tamsta Club, Tērvete Naturpark, Museum für Theater, Musik und Film, Ratsapotheke Tallinn, Inselfestung Trakai, Tukums, Kathedrale Vilnius, Städtische Gemäldegalerie Vilnius, Universität Vilnius, Vincents Restaurant Rīga, Kriegsmuseum Vytautas der Große, Žemaitija-Nationalpark

Bildnachweis

o=oben; om=oben Mitte; or=oben rechts; mlo=Mitte links oben; mo=Mitte oben; mro=Mitte rechts oben; ml=Mitte links; m=Mitte; mr=Mitte rechts; mlu=Mitte links unten; mu=Mitte unten; mru=Mitte rechts unten; ul=unten links; um =unten Mitte; ur=unten rechts; gol=ganz oben links; gor=ganz oben rechts; mglo=Mitte ganz links oben; mgro=Mitte ganz rechts oben; mgl=Mitte ganz links; mgr=Mitte ganze rechts; mglu=Mitte ganz links unten; mgru=Mitte ganz rechts unten; gul=ganz unten links; gur=ganz unten rechts.

Dorling Kindersley hat sich intensiv bemüht, alle Urheber ausfindig zu machen. Sollte uns das in einigen Fällen nicht gelungen sein, bitten wir dies zu entschuldigen und uns zu benachrichtigen. In der nächsten Auflage werden wir versäumte Nennungen nachholen.

Dorling Kindersley dankt den folgenden Personen, Firmen und Bibliotheken für ihre freundliche Erlaubnis, ihre Fotos zu reproduzieren:

Kunstwerke wurden mit freundlicher Erlaubnis der folgenden Copyright-Inhaber reproduziert:

Das Opfer 1909 von M. K. Ciurlionis, Tempera auf Leinwand, 71 x 78,5. Inv. No Ct- 172 © Mikalojus Konstantinas Čiurlionis National Museum of Art; *Trauersymphony II* aus einem Zyklus von sieben Gemälden von M. K. Ciurlionis, 1903 Pastell auf Papier, 62,3 x 73. Inv. No Ct-107 © Mikalojus Konstantinas Čiurlionis National Museum of Art Tarvas 2002 von Tauno Kangro, 9 x 4 x 2 m, Bronze, *Rakvere auf dem Burgberg*, Estland 112um

4CORNERS IMAGES: Cozzi Guido 249u

AKG-IMAGES: 32ml, 34ur, 36or, 36-37m, 50mru, 51ol, 135um, 136om, 215ol; Erich Lessing 30, 212-213m; RIA Nowosti 39o, 39m, 212ml

ALAMY: A.P. 84, 163u, 181ur; Urmas Ääro 45u, 102; Stuart Abraham 42ur; Ace Stock Limited 17ur, 93mru, 291um; AllOver photography 206u; Arco Images 233mu; Andrew Barnes 26um; Caro 202ul, 206or; China Span/Keren Su 183u; Content Mine International 129u, 131or; Gary Cook 187ol; Kitt Cooper-Smith 27mo; Dennis Cox 2-3; Danita Delimont 12um, 24ur, 131ur, 174-175, 371ol, 401ur; Ilja Dubovskis 284ml; Cody Duncan 19mr; Sindre Ellingsen 253ol; Maciej Figiel 27ol, 27mlo; Peter Erik Forsberg 45m; FotoIJ 54; Johan Furusjö 133ul; Christopher Griffin 69mr; Andrew Harrington 85u; Simon Hathaway 318ml; Pete Hill 390mlo; Ula Holigrad 18mr; Peter Horree 3m; !hotimagery! 248; Imagebroker 19ml, 93ol, 80or, 138; Images&Stories 129m; INSADCO Photography 388m; InterFoto Pressebildagentur 201m; Jevgenija 187ur; Michael Juno 288m; Stanislovas Kairys 239ul; Christian Klein 363ol; Stan Kujawa 319m; Yadid Levy 37mr, 243ol; Robin Mckelvie 110mru, 172ul; The Natural History Museum 27om; Natural Visions 26ur; Kari Niemeläinen 397ur; Indrek Parli 48ul; PCL 133ol; Pictorial Press Ltd 22ml; Les Polders 58ur; The Print Collector 125m; Robert Harding Picture Library Ltd 130o/Yadid Levy 376-7; Jonathan Smith 24mlo; David Soulsby 394ml; Sylvia Cordaiy Photo Library Ltd 362om; Vario images GmbH & Co. KG/Stefan Kiefer 395ur; Tiit Veermae 17or, 18or, 47o, 57mr, 96-7, 106mlu, 110mro, 117ur; Martyn Vickery 20ur, 68mlu, 243or, 356u; Visual&Written SL 70ol; World Pictures 47ur; Sven Zacek 92mlo, 103u
APOLLO RAAMATUD : 349ul
AUKSTAITIJOS SIAURASIS GELEZINKELIS: 406ur
BOGAPOTT: 348or
THE BRIDGEMAN ART LIBRARY: König Karl XII. (1682–1718) von Schweden zu Pferde, 1702 (Stich) (s/w-Foto), Picart, Bernard (1673–1733)/ Bibliotheque Nationale, Paris, France, Archives Charmet/The Bridgeman Art Library 33ur, Katharina die Große, 1793, Lampi, Johann Baptist I (1751–1830)/Eremitage St. Petersburg/The Bridgeman Art Library 34ul, Wappen der Hanse (Stein), deutsche Schule/© Museum of London, UK/The Bridgeman Art Library 134bc, Schiffe in einem baltischen Hafen (Öl auf Leinwand), Larsen, Carl E. (1823–1859) & Neumann, Carl Johan (1833–1891)/Privatsammlung, Bourne Gallery, Reigate, Surrey/The Bridgeman Art Library 135mru
Bussi Reisid: 394ur
CLUB ILLUSION: 358u
CORBIS: Niall Benvie 370ul; Christophe Boisvieux 57ur; Epa/Toms Kalnins 207ur/Kay Nietfeld 119um/Ljubo Vukelic 39um; Franz-Marc Frei 202ml; Jon Hicks 40-1, 232o; Robert Harding World Imagery/Yadid Levy 21or; Hans Georg Roth 364ul; Sygma/ Gérard Rancinan 22ul; Peter Turnley 215mru; Zefa/Goebel 16ml, 203ur
DANITA DELIMONT STOCK PHOTOGRAPHY: Janis Miglavs 11ur, 182; Keren Su 216, 217u
VYDAS DOLINSKAS: 213ol, 213om
EESTI PANK: 385ol, 385or, 385mlo, 385mro, 385ml, 385mr, 385mlu, 385mu, 385mu(1), 385mru, 385ul, 385um, 385ur, 385gur.
ESTONIAN AIR: 392om
FOCUS: Kaido Haagen 24mlu; Tiit Hunt 90ol; Jarek Jõepera 10ml, 19mro, 46ol, 119mro, 119mlu, 119mru, 123or; Didzis Kadaks 26mru, 171ur, 186um; Mati Kose 49mr; Arnold Kristjuhan 19mo; Heinrich Lukk 29ur; Kalju Suur 23om, 23mro, 25ol, 53ol; Tiina Tammet 75ol; Andres Teiss 44, 359ol, 361ol, 373or; Toomas Tuul 10ur, 11o, 15or, 46ur, 48om, 48mr, 74ml, 89u, 92ul, 93ul, 94ml, 101ur, 105mr, 106mlo, 107mro, 113ur, 321or, 358or, 372ol, 373um, 395ol; Tips International/Didier Givois/Vandystadt 119om
GETTY IMAGES: AFP/Tim Sloan 137um/Ilmars Znotins 130ur/Stringer 37ur; AFP/Petras Malukas/ Stringer 207ol; De Agostini 204; Hulton Archive/ Austrian Archives/Imagno 212ur; Hulton Archive/ Stringer 36ur, 136mlu, 214m; Jeff Gross 374ol; Robert Harding World Imagery/Gary Cook 12ol; Stu Forster 23ul; Time & Life Pictures/Ben Martin 196ul/David Rubinger 137ol
THE GRANGER COLLECTION, NEW YORK: Ullstein Bild 137mru
ILGI BAND: 25or

HOWARD JARVIS: 220ml
JONATHAN SMITH PHOTOGRAPHY: 24-5m, 208um, 209ol, 268, 269u, 319ol, 366mr
KALEV CHOCOLATES: 349m
LATVIJAS BANKA: 386mlo, 386mro, 386ml, 386mr, 386mlu, 386mru, 386ur, 386gur
LIETUVOS BANKAS: 31m, 39ul
LINAS KARDASEVICIUS: 262–263
KAUBAMAJA STORE: 349om
KGB CELLS MUSEUM: 115mu
KLAIPEDA CLOCK MUSEUM: 280mru
THE LATVIAN ETHNOGRAPHIC OPEN AIR MUSEUM: Uldis Veisbuks 159mlo, 159mlu
ARCHIVE OF THE LATVIAN TOURISM DEVELOPMENT AGENCY: 198ml, 198um
LIEPAJA THEATRE: 362ur
LILIJA PLUS LTD.: 289mu
LITHUANIAN NATIONAL TOURISM OFFICE: 379m
LITHUANIAN STATE DEPARTMENT OF TOURISM: 212ol
DAOYONG LIU: 16mo
LONELY PLANET IMAGES: Jonathan Smith 208ml
MARY EVANS PICTURE LIBRARY: 9m, 34ol, 52m, 134ul, 287m; Mary Evans Iln Pictures 41m; Rue Des Archives 377m
MIKALOJUS KONSTANTINAS ČIURLIONIS NATIONAL MUSEUM OF ART: 22mro
MOLLY MALONE'S: 360m
MONIKA CENTRUM: 288om
NATIONAL AERONAUTICS AND SPACE ADMINISTRATION: 14ml
NATIONAL GEOGRAPHIC IMAGE COLLECTION: Klaus Nigge 18ul
NATUREPL.COM: Niall Benvie 19mru; William Osborn 19mlu; Igor Shpilenok 19um; Artur Tabor 18ur.
NORTH WIND PICTURE ARCHIVES: 26ml
PALANGOS TOURISM INFORMATION CENTRE: Tomas Smilingis 27ur
JOAN PARENTI: 275ur
PHOTOGRAPHERS DIRECT: Andrew Bain Photography 200-201, Peter Erik Forsberg 346ml, Didzis Kadaks 153; James A. Krug 8-9, Stefan Sollfors Photography 132om, Wandering Spirit Travel Images/Louise Batalla Duran 55u.
PHOTOLIBRARY: Niall Benvie 124-125; Jon Arnold Travel/Peter Adams 13ol; JTB Photo 128, 347u; Roland Marske/Voller Ernst 205u
PHOTOSHOT: NHPA/Lee Dalton 18mu
PRIVATE COLLECTION: 22or, 24or, 33ol, 33mru, 34mu, 35m, 35mu, 35um, 36ml, 36ul, 38ol, 50mo, 51mr, 52ol, 77or, 79ml, 79mr, 79ul, 99mr, 135om, 198mro, 210m, 210mru, 210um, 211om, 211mru, 212ul, 213or, 213ul, 213ur, 214ur, 239ml, 239mr.
PROMENADE HOTEL: 291ol
JON REKSTEN: 132ul
ERIKS REMESS: 13ur
REUTERS: Alexander Demianchuk 119ur
AIVAR RUUKEL: 100ml, 100mlo, 100ur, 101ml
SALACGRVAS NOVADA TIC: 190mr
SCANPIX BALTICS: 133mr; F64 23mru, 132mr; LT 25mr; Postimees/Lauri Kulpsoo 19om/Henn Soodla 19mlo
SIGADE REVOLUTSIOON LLC: 359um
STAROVER.EE: Piirissaare 122um
STATE SMALL THEATRE OF VILNIUS: Dmitrij Matvejev 368ml
SUPERSTOCK: Age Fotostock 148tl/Wojtek Buss 257ml; Yoshio Tomii 49ul
TALLINER STADTMUSEUM: 73m
TALLINER STADTTHEATER: Siim Vahur 360ml

TEATER VANEMUINE: 358om

TOPFOTO.CO.UK: The British Library/HIP 214ol

TRAVEL-IMAGES.COM: A. Dnieprowsky 43ur, 165or, 184ul; G. Frysinger 243ur

VILNIUS CONGRESS CONCERT HALL: 368ur

VILNIUS JAZZ FESTIVAL: Vytautas Suslavicius 209ul

JONATHAN WASSERSTEIN: 72mru

WIKIMEDIA COMMONS: 23ml, 118ur

WIKIPEDIA, THE FREE ENCYCLOPEDIA: 20ml, 22mru, 38mu, 38um, 51um, 378om; GNU Free Documentation License 26ul, 37ol, 51mru, 52ur, 53ul, 211um [http://en.wikipedia.org/wiki/Wikipedia:Text_of_the_GNU_Free_Documentation_License]; U.S. Department of Defense 53um

Vordere Umschlaginnenseite: ALAMY: A.P. gul, Urmas Ääro ol, FotoIJ mgl, !hotimagery! ul, Imagebroker gor; DANITA DELIMONT STOCK PHOTOGRAPHY: Janis Miglavs gur, Keren Su ur; JONATHAN SMITH PHOTOGRAPHY gul.

Umschlag

VORNE: DK IMAGES: Linda Whitwam mlu; PHOTOLIBRARY: Gary Cook m.
HINTEN: ALAMY IMAGES: China Span/Keren Su ul; Inga Sõelsepp mlo; DK IMAGES: Linda Whitwam ol; FOCUS: Andres Teiss ml.
RÜCKEN: DK IMAGES: Linda Whitwam u; PHOTOLIBRARY: Gary Cook o

Weitere Informationen unter
www.dkimages.com

Sprachführer Estnisch

Im Notfall

Hilfe!	**Appi!**
Halt!	**Peatuge!**
Rufen Sie einen Arzt!	**Kutsuge arst!**
Rufen Sie einen Krankenwagen!	**Kutsuge kiirabi!**
Rufen Sie die Polizei!	**Kutsuge politsei!**
Rufen Sie die Feuerwehr!	**Kutsuge tuletõrje!**
Wo ist das nächste Telefon?	**Kus on lähim telefon?**
Wo ist das nächste Krankenhaus?	**Kus on lähim haigla?**

Grundwortschatz

Ja	**Jah**
Nein	**Ei**
Bitte	**Palun**
Danke	**Aitäh**
Entschuldigen Sie	**Vabandage**
Hallo	**Tere**
Auf Wiedersehen	**Head aega**
Gute Nacht	**Head õhtut**
Morgen	**hommik**
Nachmittag	**pärastlõuna**
Abend	**õhtu**
gestern	**eile**
heute	**täna**
morgen	**homme**
Was?	**Mida?**
Wann?	**Millal?**
Warum?	**Miks?**
Wo?	**Kus?**

Aussprache

Das estnische Alphabet enthält folgende Buchstaben: a, b, d, e, f, g, h, i , j, k, l, m, n, o, p, r, s, š, z, ž, t, u, v, õ, ä, ö, ü. Die Buchstaben c, q, x, y, z kommen nur in Eigennamen (von Orten und Menschen) und in Lehnwörtern vor. Im Estnischen werden alle Buchstaben ausgesprochen.

Einige Buchstaben klingen wie:

a	wie das »a« in »Apfel«
b	wie das »p« im Deutschen
g	ähnlich wie »k« im Deutschen
j	wie in »ja«
r	wie im Deutschen, aber gerollt
š	»sch«
ž	stimmhaftes »sch« wie in »Gelee«
õ	wie das »o« im englischen »own«
ä	wie im Deutschen
ö	wie im Deutschen
ü	wie im Deutschen

Einige Buchstabenverbindungen:

ai	klingt wie »ei« in »fein«
ei	klingt wie im englischen »vein«
oo	ist ein langes, offenes »o«
uu	ist ein langes geschlossenes »u«
öö	ist ein langes offenes »ö«

Zu beachten ist:

- Meist wird die erste Silbe eines Wortes betont. Allerdings folgen eine ganze Menge Wörter fremder Herkunft und einige estnische wie *aitäh* dieser Regel nicht.
- Vokale und Konsonanten können kurz (mit einem Buchstaben geschrieben), lang oder extralang sein (mit zwei Buchstaben geschrieben).

Nützliche Redewendungen

Wie geht's?	**Kuidas läheb?**
Danke, sehr gut.	**Aitäh, väga hästi.**
Schön, Sie zu sehen.	**Meeldiv tuttavaks saada.**
Bis bald!	**Varsti näeme!**
Gibt es … hier?	**Kas siin on …?**
Wo bekomme ich …?	**Kust ma saaksin …?**
Wie kommt man nach …?	**Kuidas minna …?**
Wie weit ist …?	**Kui kaugel on …?**
Sprechen Sie Englisch?	**Kas te räägite inglise keelt?**
Ich spreche nicht Estnisch.	**Ma ei oska eesti keelt.**
Ich verstehe nicht.	**Ma ei saa aru.**
Können Sie mir helfen?	**Kas saate mind aidata?**
Sprechen Sie bitte langsam.	**Palun rääkige aeglaselt.**
Tut mir leid!	**Vabandust!**

Nützliche Wörter

groß	**suur**
klein	**väike**
heiß	**kuum**
kalt	**külm**
gut	**hea**
schlecht	**halb**
genug	**küllalt**
gut (Adv.)	**hästi**
offen	**avatud**
geschlossen	**suletud**
links	**vasak**
rechts	**parem**
geradeaus	**otse**
nahe	**lähedal**
weit	**kaugel**
oben	**ülal**
unten	**all**
früh	**vara**
spät	**hilja**
Eingang	**sissepääs**
Ausgang	**väljapääs**
Toilette	**tualett**
frei/nicht besetzt	**vaba**
frei/gratis	**tasuta**

Telefonieren

Kann ich von hier ins Ausland telefonieren?	**Kas ma saan sii välismaale helistada?**
Ich möchte ein R-Gespräch *führen.*	**Tahaksin helistada vastaja kulul.**
Ortsgespräch	**kohalik kõne**
Ich rufe später wieder an.	**Helistan hiljem tagasi.**
Kann ich eine Nachricht hinterlassen?	**Kas ma saaksin teate jätta?**
Könnten Sie bitte etwas lauter *sprechen?*	**Kas saate natuke valjemini rääkida?**

Shopping

Wieviel kostet das hier?	**Kui palju see maksab?**
Ich hätte gern …	**Tahaksin …**
Haben Sie …?	**Kas teil on …?**
Ich schaue nur.	**Vaatan lihtsalt.**
Nehmen Sie Kreditkarten?	**Kas krediitkaardiga saab maksta?**
Wann öffnen Sie?	**Mis kell teil avatakse?**
Wann schließen Sie?	**Mis kell teil suletakse?**
dieses hier	**see**
jenes dort	**too**
teuer	**kallis**
billig	**odav**
Größe	**suurus**
Antiquitätenhändler	**antiigipood**
Souvenirladen	**suveniiripood**
Buchhandlung	**raamatupood**
Café	**kohvik**
Apotheke	**apteek**
Zeitungskiosk	**ajalehekiosk**
Kaufhaus	**kaubamaja**
Markt	**turg**

Im Hotel

Haben Sie Zimmer frei?	**Kas teil on vaba tuba?**
Doppelzimmer mit Doppelbett	**kahene tuba laia voodiga**
Zweibettzimmer	**kahe voodiga tuba**
Einzelzimmer	**ühene tuba**
Nichtraucher	**mittesuitsetajatele**
Zimmer mit Bad/Dusche	**Tuba vanniga/dušiga**
Portier	**portjee**
Schlüssel	**võti**
Ich habe reserviert.	**Mul on reserveeritud.**

Sightseeing

Bus	**buss**
Tram	**tramm**
Trolleybus	**troll**
Zug	**rong**
Bushaltestelle	**bussipeatus**
Tramhaltestelle	**trammipeatus**
Galerie	**kunstigalerii**
Palast	**palee**
Schloss	**loss**
Kathedrale	**katedraal**
Kirche	**kirik**
Garten	**aed**
Bibliothek	**raamatukogu**
Museum	**muuseum**
Verkehrsamt	**turismiinfo**
für die Öffentlichkeit geschlossen	**külastajatele suletud**
Feiertag	**puhkepäev**
Reisebüro	**reisibüroo**

Im Restaurant

Einen Tisch für ..., bitte.	**Palun üks laud ... inimesele.**
Ich möchte einen Tisch reservieren.	**Tahaksin reserveerida lauda.**
Die Rechung, bitte.	**Palun arve**
Ich bin Vegetarier.	**Olen taimetoitlane.**
Ich hätte gern ...	**Tahaksin ...**
Kellner/in	**kelner/ettekandja**
Speisekarte	**menüü**
Weinkarte	**veinimenüü**
Tagesgericht	**firmaroog**
Trinkgeld	**jootraha**
Glas	**klaas**
Flasche	**pudel**
Messer	**nuga**
Gabel	**kahvel**
Löffel	**lusikas**
Frühstück	**hommikusöök**
Mittagessen	**lõuna**
Abendessen	**õhtusöök**
Hauptgerichte	**praed**
Vorgerichte	**eelroad**
Gemüse	**köögiviljad**
Desserts	**magustoidud**
blutig	**pooltoores**
durchgebraten	**küps**

Auf der Speisekarte

Äädikas	Essig
aurutatud	gedünstet
friikartul	Pommes frites
grillitud	gegrillt
jäätis	Eiscreme
juustx	Käse
kala	Fisch
kana	Huhn
kartul	Kartoffeln
kaste	Soße
keedetud	gekocht
klimbid	Knödel
kohv	Kaffee
kook, saiad	Kuchen, Gebäck
koor	Sahne
küüslauk	Knoblauch
lambaliha	Lamm
leib/sai	Brot
liha	Fleisch
loomaliha	Rindfleisch
mereannid	Meeresfrüchte
mineraalvesi	Mineralwasser
muna	Ei
õli	Öl
õlu	Bier
pannkook	Eierkuchen
peekon	Speck
piim	Milch
pipar	Pfeffer
pirukas	Teigtasche
praeliha	Steak
praetud	gebraten
punane vein	Rotwein
puuvili	Obst
puuviljamahl	Fruchtsaft
riis	Reis
rull	Brötchen
salat	Salat
sealiha	Schweinefleisch
seened	Pilze
sink	Schinken
šokolaad	Schokolade
sool	Salz
suhkur	Zucker
suitsukala	Räucherfisch
supp	Suppe
tee	Tee
täidetud	gefüllt
valge vein	Weißwein
vorst	Wurst
võileib	Sandwich

Zahlen

0	**Null**
1	**üks**
2	**kaks**
3	**kolm**
4	**neli**
5	**viis**
6	**kuus**
7	**seitse**
8	**kaheksa**
9	**üheksa**
10	**kümme**
11	**üksteist**
12	**kaksteist**
13	**kolmteist**
14	**neliteist**
15	**viisteist**
16	**kuusteist**
17	**seitseteist**
18	**kaheksateist**
19	**üheksateist**
20	**kakskümmend**
30	**kolmkümmend**
40	**nelikümmend**
50	**viiskümmend**
60	**kuuskümmend**
70	**seitsekümmend**
80	**kaheksakümmend**
90	**üheksakümmend**
100	**sada**
1000	**tuhat**

Zeit

eine Minute	**üks minut**
Stunde	**tund**
halbe Stunde	**pool tundi**
Sonntag	**pühapäev**
Montag	**esmaspäev**
Dienstag	**teisipäev**
Mittwoch	**kolmapäev**
Donnerstag	**neljapäev**
Freitag	**reede**
Samstag	**laupäev**

Sprachführer Lettisch

Im Notfall

Hilfe!	**Palīgā!**
Halt!	**Apstāties!!**
Rufen Sie einen Arzt!	**Izsauciet ārstu**
Rufen Sie einen Krankenwagen!	**Izsauciet ātro palīdzību!**
Rufen Sie die Polizei!	**Izsauciet policiju!**
Rufen Sie die Feuerwehr!	**Izsauciet ugunsdzēsējus!**
Wo ist das nächste Telefon?	**Kur ir tuvākais telefons?**
Wo ist das nächste Krankenhaus?	**Kur ir tuvākā slimnīca?**

Grundwortschatz

Ja	**Jā**
Nein	**Nē**
Bitte	**Lūdzu**
Danke	**Paldies**
Verzeihung	**Atvainojiet**
Hallo	**Sveiki / Labdien**
Auf Wiedersehen	**Uz redzēšanos**
Gute Nacht	**Ar labu nakti**
Morgen	**rīts**
Nachmittag	**pēcpusdiena**
Abend	**vakars**
gestern	**vakar**
heute	**šodien**
morgen	**rīt**
Was?	**Ko?**
Wann?	**Kad?**
Warum?	**Kāpēc?**
Wo?	**Kur?**

Aussprache

Das Lettische ist größtenteils eine phonetische Sprache, die Betonung liegt immer auf der ersten Silbe. Jeder Buchstabe und jede Vokalverbindung (Diphthong) hat einen bestimmten Klang:

Vokale

Kurz oder lang (mit Längestrich):

a	wie »a« in »anders«
ā	wie »a« in »Star«
e	wie »e« in »Bett« oder »ä« in »Glätte«
ē	wie »ee« in »Heer« oder »ä« in »Bär«
i	wie »i« in »Sinn«
ī	wie »ie« in »Biene«
o	wie »o« in »Korn«
u	wie »u« in »Bus«
ū	wie »u« in »Schule«

Diphthonge

ai	wie »ei« in »kein«
au	wie »au« in »Bau«
ei	wie »äi«
ie	wie »ie« in »Biene«
oi	wie »eu« in »Eule«
ui	wie »ui« oder »üi«

Konsonanten

Wie im Deutschen, außer:

c	immer wie »z« in »Zoo«
č	wie »tsch« »Rutsch«
dz	wie »ds« (mit stimmhaftem »s«)
dž	wie »dsch« (mit stimmhaftem »sch«)
ģ	wie »d«
ķ	wie »k«
ļ	wie »lj« in »Milieu«
ņ	wie »n«
r	gerolltes Zungen-»r«
š	wie »sch«
ž	stimmhaftes »sch« wie in »Gelee«

Nützliche Redewendungen

Wie geht's?	**Kā jums klājas?**
Sehr gut	**Ļoti labi**
Schön, Sie zu sehen.	**Prieks iepazīties.**
Bis bald!	**Uz drīz redzēšanos!**
Gibt es … hier?	**Vai šeit ir ….?**
Wo bekomme ich …?	**Kur es varu dabūt …?**
Wie kommt man nach …?	**Kā es varu tikt līdz?**
Wie weit ist es nach …?	**Cik tālu atrodas …?**
Sprechen Sie Englisch?	**Vai jūs runājat angliski?**
Ich spreche nicht Lettisch.	**Es nerunāju latviski.**
Ich verstehe nicht.	**Es nesaprotu.**
Können Sie mir helfen?	**Vai varat man palīdzēt?**
Sprechen Sie bitte langsam.	**Lūdzu, runājiet lēnām.**
Tut mir leid!	**Atvainojiet!**

Nützliche Wörter

groß	**liels**
klein	**mazs**
heiß	**karsts**
kalt	**auksts**
gut	**labs**
schlecht	**slikts**
genug	**pietiekami**
gut (Adv.)	**vesels**
offen	**atvērts**
geschlossen	**slēgts**
links	**kreisi**
rechts	**labi**
geradeaus	**taisni**
nahe	**tuvu**
weit	**tālu**
oben	**augšā**
unten	**lejā**
hier	**šeit**
dort	**tur**
früh	**agri**
spät	**vēlu**
Eingang	**ieeja**
Ausgang	**izeja**
Toilette	**tualete**
frei/nicht besetzt	**brīvs**
frei/gratis	**bezmaksas**

Telefonieren

Kann ich von hier ins Ausland telefonieren?	**Vai no šejienes var zvanīt uz ārzemēm?**
Ich möchte ein R-Gespräch führen.	**Es gribu, lai maksā zvana saņēmējs.**
Ortsgespräch	**vietējā saruna**
Ich rufe später wieder an.	**Es atzvanīšu vēlāk.**
Kann ich eine Nachricht hinterlassen?	**Vai es varu atstāt ziņu?**
Könnten Sie bitte etwas lauter sprechen?	**Lūdzu, runājiet mazliet skaļāk?**

Shopping

Wieviel kostet das?	**Cik tas maksā?**
Ich hätte gern …	**Es vēlētos …**
Haben Sie …?	**Vai Jums ir …?**
Ich schaue nur.	**Es tikai skatos.**
Nehmen Sie Kreditkarten?	**Vai es varu maksāt ar kredītkarti?**
Wann öffnen Sie?	**Cikos tiek atvērts veikals?**
Wann schließen Sie?	**Cikos tiek slēgts veikals?**
dieses hier	**šo**
jenes dort	**to**
teuer	**dārgs**
billig	**lēts**
Größe	**izmērs**
Antiquitätenladen	**antikvariāts**
Souvenirladen	**suvenīru veikals**

Buchhandlung	**grāmatu veikals**
Café	**kafējnīca**
Apotheke	**aptieka**
Zeitungskiosk	**avīžu kiosks**
Kaufhaus	**universālveikals**
Markt	**tirgus**

Im Hotel

Haben Sie Zimmer frei?	**Vai jums ir brīvas istabas?**
Doppelzimmer mit Doppelbett	**istaba ar divvietīgu gultu**
Zweibettzimmer	**divvietīga istaba**
Einzelzimmer	**vienvietīga istaba**
Nichtraucher	**nesmēķētāju**
Zimmer mit Bad/Dusche	**istaba ar vannu/dušu**
Portier	**portjē**
Schlüssel	**atslēga**
Ich habe reserviert	**Man ir pasūtīts**

Sightseeing

Bus	**autobuss**
Tram	**tramvajs**
Trolleybus	**trolejbuss**
Zug	**vilciens**
Bushaltestelle	**autobusa pietura**
Tramhaltestelle	**tramvaja pietura**
Galerie	**mākslas galerija**
Schloss/Burg	**pils**
Kathedrale	**katedrāle**
Kirche	**baznīca**
Garten	**dārzs**
Bibiliothek	**biblioteka**
Museum	**muzejs**
Fremdenverkehrsamt	**tūristu informācija**
geschlossen	**slēgts**
Feiertag	**brīvdiena**
Reisebüro	**ceļojumu aģentūra**

Im Restaurant

Einen Tisch für … bitte.	**Galdiņu … personām, lūdzu.**
Die Rechnung …	**Rēķinu …**
Ich bin Vegetarier.	**Es esmu veģetārietis.**
Ich hätte gern …	**Es vēlos …**
Kellner/in	**oficiants/oficiante**
Speisekarte	**ēdienkarte**
Weinkarte	**vīnu karte**
Spezialität des Hauses	**īpašais šefpavāra ieteikums**
Trinkgeld	**dzeramnauda**
Flasche	**pudele**
Messer	**nazis**
Gabel	**dakša**
Löffel	**karote**
Frühstück	**brokastis**
Mittagessen	**pusdienas**
Abendessen	**vakariņas**
Hauptgerichte	**galvenie ēdieni**
Vorgerichte	**uzkodas**
Gemüse	**dārzeņi**
Desserts	**saldie ēdieni/deserti**
blutig	**asiņains**
durchgebraten	**labi sacepts**

Auf der Speisekarte

alus	Bier
augļu sula	Fruchtsaft
baltvīns	Weißwein
bekons	Speck
cepts	gebraten
cūkgaļa	Schweinefleisch
cukurs	Zucker
desa	Wurst
etiķis	Essig
frī kartupeļi	Pommes frites
grilēts	gegrillt
jēra gaļa	Lamm
jūras veltes	Meeresfrüchte
kafija	Kaffee
kartupeļi	Kartoffeln
kūpinātas zivis	Räucherfisch
krējums	Sahne
liellopa gaļa	Rindfleisch
maize	Brot
mērce	Soße
minerālūdens	Mineralwasser
ola	Ei
pankūka	Eierkuchen
piens	Milch
pildīts	gefüllt
pipars	Pfeffer
rīsi	Reis
saldējums	Eiscreme
sāls	Salz
salāti	Salat
sarkanvins	Rotwein
siers	Käse
šķiņķis	Schinken
smalkmaizīte	Gebäck
šokolāde	Schokolade
steiks	Steak
tēja	Tee
tvaicēts	gedünstet
vārīts	gekocht
vista	Huhn
zivis	Fisch
zupa	Suppe

Zahlen

0	**nulle**
1	**viens**
2	**divi**
3	**trīs**
4	**četri**
5	**pieci**
6	**seši**
7	**septiņi**
8	**astoņi**
9	**deviņi**
10	**desmit**
11	**vienpadsmit**
12	**divpadsmit**
13	**trīspadsmit**
14	**četrpadsmit**
15	**piecpadsmit**
16	**sešpadsmit**
17	**septiņpadsmit**
18	**astoņpadsmit**
19	**deviņpadsmit**
20	**divdesmit**
30	**trīsdesmit**
40	**četrdesmit**
50	**piecdesmit**
60	**sešdesmit**
70	**septiņdesmit**
80	**astoņdesmit**
90	**deviņdesmit**
100	**simts**
1000	**tūkstotis**

Zeit

eine Minute	**viena minūte**
Stunde	**stunda**
halbe Stunde	**pus stunda**
Sonntag	**svētdiena**
Montag	**pirmdiena**
Dienstag	**otrdiena**
Mittwoch	**trešdiena**
Donnerstag	**ceturtdiena**
Freitag	**piektdiena**
Samstag	**sestdiena**

Sprachführer Litauisch

Im Notfall

Hilfe!	**Gelbėkit!**
Halt!	**Sustokit!**
Vorsicht!	**Atsargiai!**
Rufen Sie einen Arzt!	**Kvieskit gydytoją!**
Rufen Sie einen Krankenwagen!	**Kvieskit greitąją!**
Rufen Sie die Polizei!	**Kvieskit policiją!**
Rufen Sie die Feuerwehr!	**Kvieskit gaisrinę!**
Wo ist das nächste Telefon?	**Kur yra artimiausias telefonas?**
Wo ist das nächste Krankenhaus?	**Kur yra artimiausia ligoninė?**

Grundwortschatz

Ja	**Taip**
Nein	**Ne**
Bitte	**Prašom**
Danke	**Ačiū**
Verzeihung	**Atsiprašau**
Hallo	**Sveiki**
Auf Wiedersehen	**Viso gero**
Gute Nacht	**Labanakt**
Morgen	**rytas**
Nachmittag	**popietė**
Abend	**vakaras**
gestern	**vakar**
heute	**šiandien**
morgen	**rytoj**
Was?	**Kas?**

Aussprache

Das Litauische hat einen schwebenden Akzent, der sich immer dann ändert, wenn das Wort seine Endung verändert, wie z. B. bei »*mato matoe*« (er/sie/es sieht) und »*matau matoe*« (ich sehe).

In Diphthongen werden die Vokale getrennt ausgesprochen:

ai	wie »ä-i« oder wie »a-i« »kein«
au	wie »au« in »Bau« oder wie »o-u«
ei	wie »ä-i«
ie	wie »i-e« in »Sienna«
ui	wie »u-i« in »Ruine«
uo	wie »wou« (mit gehauchtem »w«)

Vokale haben nur einen Klang:

a	wie »a« in »Vater«
e	wie »e« in »Bett«
ę	wie ein kurzes »ä«
ė	wie »äi«
i	wie »i« in »Biss«, aber vor »a«, »o« oder »u« klingt es wie »j«
į	wie y
o	wie ein langes »o«
u	wie »u« in »Bus«

ą, į, ų, und ū halten den Klang länger als a, i, und u

Jeder Konsonant vor einem »e«, »i« oder »y« wird palatalisiert oder erweicht wie z. B. das »n« in »Cañon«. Konsonaten, die anders als im Deutschen ausgesprochen werden, sind:

c	klingt immer wie »z« in »Zunge«
č	wie »tsch« in »Kutsche«
š	wie »sch« in »Schuh«
ž	als stimmhaftes »sch« wie in »Gelee«
g	klingt immer guttural wie in »gut«
r	wird mit der Zungenspitze gerollt.

Wann?	**Kada?**
Warum?	**Kodėl?**
Wo?	**Kur?**

Nützliche Redewendungen

Wie geht's?	**Kaip sekasi?**
Danke, sehr gut.	**Ačiū, labai gerai.**
Schön, Sie zu sehen.	**Malonu susipažinti soosipaazhinti.**
Bis bald!	**Iki greito pasimatymo!**
Gibt es … hier?	**Ar čia yra …?**
Wo bekomme ich…?	**Kur galiu gauti …?**
Wie kommt man nach…?	**Kaip nuvykti iki …?**
Wie weit ist es nach…?	**Koks atstumas iki …?**
Sprechen Sie Englisch?	**Ar kalbate angliškai?**
Ich spreche nicht Litauisch.	**Aš nekalbu lietuviškai.**
Ich verstehe nicht.	**Aš nesuprantu.**
Können Sie mir helfen?	**Ar galite man padėti?**
Sprechen Sie bitte langsam.	**Prašau kalbėti lėčiau.**
Tut mir leid!	**Apgailestauju!**

Nützliche Wörter

groß	**didelis**
klein	**mažas**
heiß	**karštas**
kalt	**šaltas**
gut	**geras**
schlecht	**blogas**
genug	**gana**
gut (Adv.)	**gerai**
offen	**atidarytas**
geschlossen	**uždarytas**
links	**kairė**
rechts	**dešinė**
geradeaus	**tiesiai**
nahe	**šalia**
weit	**toli**
oben	**aukštyn**
unten	**žemyn**
früh	**anksti**
spät	**vėlai**
Eingang	**įėjimas**
Ausgang	**išėjimas**
Toilette	**tualetas**
frei/nicht besetzt	**laisva/neužimta**
frei/gratis	**nemokamai**

Telefonieren

Kann ich von hier ins Ausland telefonieren?	**Ar galiu iš čia paskambinti į užsienį?**
Ich möchte ein R-Gespräch führen	**Aš norėčiau paskambinti abonentui jo sąskaita.**
Ortsgespräch	**vietinis pokalbis**
Ich rufe später wieder an.	**Aš pats vėliau paskambinsiu.**
Kann ich eine Nachricht hinterlassen?	**Ar galiu palikti žinutę?**
Würden Sie bitte etwas lauter sprechen?	**Ar galite kalbėti šiek tiek garsiau?**

Shopping

Was kostet das?	**Kiek tai kainuoja?**
Ich hätte gern …	**Aš norėčiau …**
Haben Sie …?	**Ar turite …?**
Ich schaue nur	**Aš tik žiūriu**
Nehmen Sie Kreditkarten?	**Ar priimate kreditines korteles?**
Wann öffnen Sie?	**Kada pradedate darbą?**
Wann schließen Sie?	**Kada baigiate darbą?**
dieses hier	**šitas**
jenes dort	**anas**
Antiquitätenladen	**antikvariatas**
Buchhandlung	**knygynas**
Kaufhaus	**universalinė parduotuvė**
Markt	**turgus**
Zeitungskiosk	**spaudos kioskas**
Souvenirladen	**suvenyrų parduotuvė**

Im Hotel

Haben Sie Zimmer frei?	**Ar turite laisvų kambarių?**
Doppelzimmer mit Doppelbett	**dvivietis kambarys su**
Zweibettzimmer	**kambarys su dviem lovom**
Einzelzimmer	**vienvietis kambarys**
Nichtraucher	**nerūkantiems**
Zimmer mit Bad/Dusche	**kambarys su vonia/dušu**
Portier	**nešikas**
Schlüssel	**raktas**
Ich habe reserviert.	**Mano vardu rezervuotas.**

Sightseeing

Bus	**autobusas**
Tram	**tramvajus**
Trolleybus	**troleibusas**
Zug	**traukinys**
Bushaltestelle	**autobusų stotelė**
Tramhaltestelle	**tramvajaus stotelė**
Galerie	**meno galerija**
Schloss	**rūmai**
Burg	**pilis**
Kathedrale	**katedra**
Kirche	**bažnyčia**
Garten	**sodas**
Bibliothek	**biblioteka**
Museum	**muziejus**
Fremdenverkehrsamt	**turizmo informacija**
Wegen Feiertag geschlossen.	**nedirbama – valstybinės šventės**

Im Restaurant

Einen Tisch für … bitte.	**Ar yra staliukas …**
Ich möchte einen Tisch reservieren.	**Norėčiau rezervuoti staliuką.**
Bitte zahlen!	**Prašom sąskaitą!**
Ich bin Vegetarier.	**Aš vegetaras.**
Ich hätte gern …	**Norėčiau …**
Kellner/in	**padavėjas/padavėja**
Speisekarte	**meniu**
Weinkarte	**vynų sąrašas**
Tagesgericht	**rekomenduojama paragauti**
Trinkgeld	**arbatpinigiai**
Glas	**stiklinė**
Flasche	**butelis**
Messer	**peilis**
Gabel	**šakutė**
Löffel	**šaukštas**
Frühstück	**pusryčiai**
Mittagessen	**pietūs**
Abendessen	**vakarienė**
Hauptgerichte	**pagrindiniai patiekalai**
Vorspeisen	**pirmieji patiekalai**
Desserts	**desertai**
blutig	**pusžalis**
durchgebraten	**gerai išvirtas**

Auf der Speisekarte

actas	Essig
alus	Bier
arbata	Tee
baltas vynas	Weißwein
bekonas	Speck
bifšteksas	Steak
blynas	Eierkuchen
cukrus	Zucker
dešra	Wurst
duona	Brot
druska	Salz
ėriena	Lamm
grietinėle	Sahne
įdarytas	gefüllt
jautiena	Rindfleisch
jūros gėrybės	Meeresfrüchte
kava	Kaffee
kepenėlės	Leber
keptas ant grotelių	gegrillt
keptas keptuvėje/ orkaitėje	gebraten/ gebacken
kiauliena	Schweinefleisch
kiaušinis	Ei
košė	Brei
kumpis	Schinken
ledai	Eiscreme
mėsa	Fleisch
mineralinis vanduo	Mineralwasser
padažas	Sauce
pienas	Milch
pipirai	Pfeffer
pyragas	Teigtasche
raudonas vynas	Rotwein
rūkyta žuvis	Räucherfisch
ryžiai	Reis
salotos	Salat
šokoladas	Schokolade
sumuštinis	Sandwich
sūris	Käse
sriuba	Suppe
vaisių sultys	Fruchtsaft
virtas	gekocht
virtas garuose	gedünstet
virtiniai	Knödel
vištiena	Huhn
žuvis	Fisch

Zahlen

0	**nulis**
1	**vienas**
2	**du**
3	**trys**
4	**keturi**
5	**penki**
6	**šeši**
7	**septyni**
8	**aštuoni**
9	**devyni**
10	**dešimt**
11	**vienuolika**
12	**dvylika**
13	**trylika**
14	**keturiolika**
15	**penkiolika**
16	**šešiolika**
17	**septyniolika**
18	**aštuoniolika**
19	**devyniolika**
20	**dvidešimt**
30	**trisdešimt**
40	**keturiasdešimt**
50	**penkiasdešimt**
60	**šešiasdešimt**
70	**septyniasdešimt**
80	**aštuoniasdešimt**
90	**devyniasdešimt**
100	**šimtas**
1000	**tūkstantis**

Zeit

eine Minute	**minutė**
Stunde	**valanda**
halbe Stunde	**pusvalandis**
Sonntag	**sekmadienis**
Montag	**pirmadienis**
Dienstag	**antradienis**
Mittwoch	**trečiadienis**
Donnerstag	**ketvirtadienis**
Freitag	**penktadienis**
Samstag	**šeštadienis**

Straßenkarte Baltikum

ENTFERNUNGSTABELLE

10 = Entfernung in Kilometern

		TALLINN	NARVA	TARTU	PÄRNU	VENTSPILS	RĪGA	LIEPĀJA	DAUGAVPILS	ŠIAULIAI	KLAIPĖDA	KAUNAS
Estland	NARVA	207										
Estland	TARTU	193	179									
Estland	PÄRNU	127	289	184								
Lettland	VENTSPILS	500	619	440	374							
Lettland	RĪGA	308	427	248	182	196						
Lettland	LIEPĀJA	522	641	462	395	117	218					
Lettland	DAUGAVPILS	519	504	342	392	427	243	514				
Litauen	ŠIAULIAI	437	566	377	310	243	133	186	271			
Litauen	KLAIPĖDA	609	728	549	483	220	306	109	415	172		
Litauen	KAUNAS	595	712	535	469	424	293	313	208	178	214	
Litauen	VILNIUS	600	717	540	474	518	298	406	213	216	307	100